Schriftenreihe «Finanzwirtschaft und Finanzrecht»   Band 49

Steuerfolgen von Änderungen im Bestand der Beteiligten bei Unternehmungen

von Dr. Josef Bühler

Verlag Paul Haupt Bern und Stuttgart

CIP-Kurztitelaufnahme der Deutschen Bibliothek

Bühler, Josef:
Steuerfolgen von Änderungen
im Bestand der Beteiligten bei Unternehmungen /
von Josef Bühler.
Bern; Stuttgart: Haupt, 1986.
(Schriftenreihe Finanzwirtschaft und Finanzrecht; Bd. 49)
ISBN 3-258-03654-3
NE: GT

Alle Rechte vorbehalten
Copyright © 1986 by Paul Haupt Berne
Printed in Switzerland

VORWORT

Die vorliegende Dissertation wurde von Prof. Dr. Ernst Höhn angeregt. Ihm möchte ich für seine wertvollen Hinweise und das grosse Interesse, das er meiner Arbeit jederzeit entgegenbrachte, herzlich danken. Seine fachliche und menschliche Förderung sowie die Aufmunterung während der Doktorandenzeit waren mir eine grosse Stütze. Besonders danken möchte ich auch Herrn Prof. Dr. Francis Cagianut für seine Anregungen und die Uebernahme des Korreferates.

Ein spezieller Dank geht an die Steuerverwaltungen des Bundes sowie der Kantone, die mir stets bereitwillig Auskünfte erteilten. Ebenso danke ich meinen Freunden und Kollegen, mit denen ich in zahlreichen Gesprächen umstrittene Fragen meiner Arbeit klären konnte, und die Teile des Manuskriptes kritisch würdigten.

Bedanken möchte ich mich auch bei den Herren H.N. Matthews und Dr. H.-J. Schmid von Peat, Marwick, Mitchell & Co. AG, Zürich, die mir während des ganzen Doktorandenstudiums verschiedene Arbeitsunterbrüche zugestanden haben sowie bei Dr. H.-U. Kneubühler, der sich für meine Probleme stets Zeit nahm.

Der herzlichste Dank gehört schliesslich meiner Frau Doris. Durch ihr Verständnis, ihre Geduld und die Unterstützung mit der Uebernahme der Schreibarbeiten war sie mir während all den Jahren eine unschätzbare Hilfe. Ihr widme ich diese Arbeit.

Luzern, Ende Mai 1986

Josef Bühler

Inhaltsübersicht

Einleitung

Erster Teil: Grundlagen

§ 1 Beteiligung

§ 2 Aenderungen im Bestand der Beteiligten bei Unternehmungen

§ 3 Inventar der Steuerprobleme und Stellungnahme zu Fragen der Verkehrssteuern sowie der Sozialabgaben und der Bemessung

Zweiter Teil: Ausgestaltung im schweizerischen Steuerrecht

Erstes Kapitel: Aenderungen im Bestand der Beteiligten bei Personenunternehmungen

Erster Abschnitt: Einzelunternehmung

§ 4 Entgeltliche Aenderungen

§ 5 Unentgeltliche Aenderungen

Zweiter Abschnitt: Personengesellschaften

§ 6 Entgeltliche Aenderungen

§ 7 Unentgeltliche Aenderungen

Zweites Kapitel: Aenderungen im Bestand der Beteiligten bei Kapitalgesellschaften

Dritter Abschnitt: Beteiligungsrechte im Geschäftsvermögen (GV)

§ 8 Entgeltliche Aenderungen

§ 9 Unentgeltliche Aenderungen

Vierter Abschnitt: Beteiligungsrechte im Privatvermögen (PV)

§ 10 Entgeltliche Aenderungen bei privater Kapitalgewinnbesteuerung

§ 11 Entgeltliche Aenderungen ohne private Kapitalgewinnbesteuerung

§ 12 Besteuerung von Gewinnen auf Aktiven der Gesellschaft bei entgeltlicher Uebertragung von Beteiligungsrechten (im PV)

§ 13 Besteuerung geldwerter Leistungen der Gesellschaft bei entgeltlicher Uebertragung von Beteiligungsrechten (im PV)

§ 14 Unentgeltliche Aenderungen (im PV)

<u>Drittes Kapitel</u>: Vergleich der Unternehmungsformen

Fünfter Abschnitt: Vergleich bei entgeltlichen Aenderungen

§ 15 Beteiligungen an Personenunternehmungen - Beteiligungsrechte an Kapitalgesellschaften im Geschäftsvermögen (GV)

§ 16 Beteiligungen an Personenunternehmungen - Beteiligungsrechte an Kapitalgesellschaften im Privatvermögen (PV) in Steuerordnungen mit Kapitalgewinnbesteuerung

§ 17 Beteiligungen an Personenunternehmungen - Beteiligungsrechte an Kapitalgesellschaften im Privatvermögen (PV) in Steuerordnungen ohne Kapitalgewinnbesteuerung

Sechster Abschnitt: Vergleich bei unentgeltlichen Aenderungen

§ 18 Erbschafts- und Schenkungssteuern

§ 19 Auswirkungen der unentgeltlichen Aenderungen auf andere Steuerarten (aus der Sicht des/der Begünstigten)

<u>Dritter Teil</u>: Gesamtbeurteilung, Schlussfolgerungen und Postulate

§ 20 Entgeltliche Aenderungen

§ 21 Unentgeltliche Aenderungen

§ 22 Schlussfolgerungen und Postulate

Inhaltsverzeichnis

Vorwort	I
Inhaltsübersicht	II
Inhaltsverzeichnis	IV
Abkürzungsverzeichnis	XIX
Literaturverzeichnis	XXII
Verzeichnis der Steuerrechtsquellen Materialien und Entscheidsammlungen	XXXVI
Einleitung	1
Erster Teil: GRUNDLAGEN	2
§ 1 BETEILIGUNG	2
I. Die Beteiligung im Zivilrecht	2
A. Beteiligung an Unternehmungen	2
1. Personenunternehmungen	3
2. Kapitalgesellschaften	5
B. Abgrenzungen	6
1. Geschäftsanteil - partiarisches Darlehen	6
2. Beteiligungen - Wertschriften	8
C. Bewertungsfragen für Beteiligungen im Geschäftsvermögen	9
1. Bewertungsvorschriften	9
2. Einzel- oder Gruppenbewertung?	11
II. Die Beteiligung im Steuerrecht	12
A. Trägerschaft und Beteiligung	12
1. Bei Personenunternehmungen	12
2. Bei Kapitalgesellschaften	12
3. Beteiligungen im Rahmen dieser Arbeit	13
B. Qualifikation als Geschäftsvermögen oder Privatvermögen	14
1. Beteiligung an einer Personenunternehmung	14
2. Beteiligung an einer Kapitalgesellschaft	14
3. Bedeutung der Qualifikation	15
§ 2 AENDERUNGEN IM BESTAND DER BETEILIGTEN BEI UNTERNEHMUNGEN	16
I. Inventar der behandelten Tatbestände im Zivilrecht	16
A. Personenunternehmungen	16
1. Einzelunternehmung	16
a) Geschäftsübertragung	16
b) Eintritt eines Teilhabers	17
2. Personengesellschaften	17
a) Uebertragung eines Geschäftsanteils	18
b) Eintritt eines zusätzlichen Teilhabers	19
c) Ersatzloser Austritt eines Teilhabers	20
B. Kapitalgesellschaften	21
1. Uebertragung von Beteiligungsrechten	22
2. Eintritt eines Anteilsinhabers	24
3. Austritt eines Anteilsinhabers	25

II.	Umfang von Leistung und Gegenleistung	27
	A. Entgeltliche Aenderungen	27
	1. Zu Verkehrswerten bzw. zum Verkehrswert	27
	2. Zu Buchwerten bzw. zum Buch- oder Anlagewert (bei Uebertragung), zu Buchwerten bzw. zum Nominalwert (bei Eintritt und Austritt)	28
	B. Unentgeltliche Aenderungen	29

§ 3 INVENTAR DER STEUERPROBLEME UND STELLUNGNAHME ZU FRAGEN DER VERKEHRSSTEUERN SOWIE DER SOZIALABGABEN UND DER BEMESSUNG   30

I.	Einkommens-, Ertrags- und Gewinnsteuern	30
	A. Uebertragung	30
	1. Beteiligungen an Personenunternehmungen	30
	2. Beteiligungen an Kapitalgesellschaften	31
	B. Eintritt	33
	1. Beteiligungen an Personenunternehmungen	33
	2. Beteiligungen an Kapitalgesellschaften	33
	C. Austritt	35
	1. Beteiligungen an Personenunternehmungen	35
	2. Beteiligungen an Kapitalgesellschaften	35
II.	Erbschafts- und Schenkungssteuern	37
	A. Verhältnis zur Einkommenssteuer	37
	B. Steuerbare Tatbestände	40
	1. Uebertragung	40
	2. Eintritt und Austritt	42
	C. Bewertungsprobleme	43
III.	Verrechnungssteuern	43
	A. Uebertragung von Beteiligungsrechten	44
	B. Eintritt und Austritt von Anteilsinhabern	44
IV.	Stempelabgaben	46
	A. Uebertragung von Beteiligungsrechten	46
	B. Eintritt und Austritt von Anteilsinhabern	47
V.	Handänderungssteuern	49
	A. Uebertragung	49
	B. Eintritt und Austritt	50
VI.	Warenumsatzsteuer	53
	A. Uebertragung eines Geschäftes oder Geschäftsanteils	53
	B. Eintritt und Austritt eines Teilhabers	54
VII.	Sozialabgaben	55
	A. Voraussetzungen der Beitragspflicht	55
	B. Sozialabgaberechtlich relevante Tatbestände	56
	1. Uebertragung eines Geschäfts oder Geschäftsanteils	56
	2. Eintritt und Austritt eines Teilhabers	57
	3. Uebertragung von Beteiligungsrechten im GV natürlicher Personen	57
	C. Bedeutung für den Vergleich der Unternehmungsformen	58
VIII.	Probleme der zeitlichen Bemessung	58
	A. Uebertragung	58
	B. Eintritt und Austritt	60

Zweiter Teil: AUSGESTALTUNG IM SCHWEIZERISCHEN STEUERRECHT ... 61

Erstes Kapitel: AENDERUNG IM BESTAND DER BETEILIGTEN BEI PERSONENUNTER-
NEHMUNGEN ... 61

Erster Abschnitt: EINZELUNTERNEHMUNG ... 61

§ 4 ENTGELTLICHE AENDERUNGEN ... 61

I. Geschäftsübertragung ... 62
   A. Uebertragung zu Verkehrswerten ... 62
      1. Barabfindung ... 65
      2. Einräumung einer Leibrente ... 66
         a) Behandlung beim Veräusserer ... 67
         b) Behandlung beim Erwerber ... 70
   B. Uebertragung zu Buchwerten ... 73

II. Eintritt eines Teilhabers ... 75
   A. Einlage in Höhe der Verkehrswerte ... 75
      1. Besteuerung stiller Reserven beim bisherigen Beteiligten ... 76
         a) Aufgeld für den vollen Wert der stillen Reserven
(Variante 1) ... 77
            aa) Zuweisung des Aufgeldes an den neuen Beteiligten
(Buchungsarten A und B) ... 77
            ab) Hälftige Zuweisung des Aufgeldes an den neuen und
den bisherigen Beteiligten (Buchungsart C) ... 79
         b) Aufgeld für den hälftigen Wert der stillen Reserven
(Variante 2) ... 80
      2. Behandlung einer Sacheinlage mit stillen Reserven ... 81
         a) Bewertung bei der Unternehmung ... 81
         b) Steuerfolgen beim Einleger ... 84
   B. Einlage in Höhe der Buchwerte ... 85

§ 5 UNENTGELTLICHE AENDERUNGEN ... 86

I. Geschäftsübertragung ... 86
   A. Erbschafts- und Schenkungssteuern ... 86
      1. Substanzwert als Bemessungsgrundlage ... 86
      2. Vorzugsbewertung für einzelne Vermögensrechte ... 87
   B. Steueraufschub für die übertragenen stillen Reserven ... 89
      1. Ablehnung der Privatentnahme im Einkommenssteuerrecht ... 89
         a) Schenkung ... 89
         b) Erbgang ... 91
      2. Fehlende Entgeltlichkeit im Grundstückgewinnsteuerrecht ... 92

II. Eintritt eines Teilhabers ... 93
   A. Erbschafts- und Schenkungssteuern ... 93
   B. Steueraufschub für die übertragenen stillen Reserven ... 94

Zweiter Abschnitt: PERSONENGESELLSCHAFTEN 96

§ 6 ENTGELTLICHE AENDERUNGEN 96

I. Uebertragung eines Geschäftsanteils bzw. eines Anteils daran 96
   A. Uebertragung zu Verkehrswerten 97
      1. Uebertragung auf einen neuen Teilhaber 97
         a) Liquidation des Geschäftsanteils 97
         b) Teilliquidation des Geschäftsanteils 99
      2. Uebertragung auf einen bisherigen Mitteilhaber 100
      3. Uebertragung im Rahmen der Erbteilung 102
   B. Uebertragung zu Buchwerten 105

II. Eintritt eines zusätzlichen Teilhabers 106
   A. Einlage in Höhe der Verkehrswerte 107
   B. Einlage in Höhe der Buchwerte 109

III. Ersatzloser Austritt eines Teilhabers 110
   A. Entnahme in Höhe der Verkehrswerte 111
      1. Realisierung stiller Reserven 111
         a) Barabfindung 111
         b) Sachabfindung 112
      2. Realisierung von Grundstückgewinnen 113
   B. Entnahme in Höhe der Buchwerte 114
      1. Schenkungssteuerlich relevanter Vorgang? 114
      2. Steueraufschub für die übertragenen stillen Reserven 116

§ 7 UNENTGELTLICHE AENDERUNGEN 117

I. Uebertragung eines Geschäftsanteils bzw. eines Anteils daran 117
   A. Erbschafts- und Schenkungssteuern 117
   B. Steueraufschub für die übertragenen stillen Reserven 119
      1. Schenkung und Erbvorbezug 119
      2. Vermächtnis 120
      3. Erbgang 120
         a) Auflösung der Gesellschaft 121
         b) Fortsetzung unter den verbleibenden Teilhabern 121
         c) Fortsetzung nur mit einem Teil der Erben 122
         d) Fortsetzung mit allen Erben 123

II. Eintritt eines zusätzlichen Teilhabers 124
   A. Schenkung 124
   B. Einkommenssteuerliche Behandlung 125

III. Ersatzloser Austritt eines Teilhabers 125
   A. Schenkung? 126
   B. Einkommenssteuerliche Behandlung 127

Zweites Kapitel: AENDERUNGEN IM BESTAND DER BETEILIGTEN BEI KAPITAL-
GESELLSCHAFTEN — 128

Dritter Abschnitt: BETEILIGUNGSRECHTE IM GESCHAEFTSVERMOEGEN (GV) — 128

§ 8 ENTGELTLICHE AENDERUNGEN — 128

    I. Uebertragung — 128
        A. Uebertragung zum Verkehrswert — 129
           1. Uebertragung an Dritte — 129
               a) Durch Personenunternehmungen — 129
               b) Durch Kapitalgesellschaften — 130
                  ba) Gemischte Beteiligungsgesellschaften — 131
                  bb) Holdinggesellschaften — 131
           2. Uebertragung an eine Konzerngesellschaft — 133
           3. Uebertragung im Rahmen der Erbteilung — 133
        B. Uebertragung zum Buchwert — 134
           1. Uebertragung an Dritte — 134
           2. Uebertragung an eine Konzerngesellschaft — 135
               a) Unterverkauf — 135
               b) Sacheinlage — 141

    II. Eintritt eines Anteilsinhabers — 142
        A. Eintritt zum Verkehrswert — 142
           1. Kapitalerhöhende Gesellschaft — 142
               a) Offene Kapitaleinlage — 143
               b) Verdeckte Kapitaleinlage — 144
           2. Neuer Anteilsinhaber — 147
           3. Bisherige Anteilsinhaber — 148
        B. Eintritt zum Nominalwert — 148
           1. Kapitalerhöhung — 148
           2. Abtretung von Bezugsrechten — 149
               a) Durch Personenunternehmungen an Personenunternehmung — 149
               b) Durch "Muttergesellschaften" an Tochtergesellschaft — 150
               c) Durch Tochtergesellschaften an Muttergesellschaft — 152

    III. Austritt eines Anteilsinhabers — 154
        A. Austritt zum Verkehrswert — 154
           1. Kapitalherabsetzende Gesellschaft — 154
               a) Offene Kapitalentnahme — 155
               b) Verdeckte Kapitalentnahme — 156
           2. Austretender Anteilsinhaber — 156
           3. Verbleibende Anteilsinhaber — 157
        B. Austritt zum Nominalwert — 157
           1. Kapitalherabsetzung — 157
           2. Abtretung des Teilliquidationsüberschusses — 158
               a) Durch Personenunternehmung an Personenunternehmungen — 158
               b) Durch Tochtergesellschaft an "Muttergesellschaften" — 159
               c) Durch Muttergesellschaft an Tochtergesellschaften — 161

§ 9 UNENTGELTLICHE AENDERUNGEN 163

    I. Uebertragung 163
        A. Erbschafts- und Schenkungssteuern 163
           1. Verkehrswertermittlung kotierter Wertpapiere 163
           2. Verkehrswertermittlung nichtkotierter Wertpapiere 164
        B. Einkommens- und Ertragssteuern 165
           1. Beteiligungsrechte sind Bestandteil eines Vermögenskomplexes 165
              a) Erbfolge 165
              b) Schenkung 165
           2. Beteiligungsrechte werden als einzelnes Aktivum übertragen 166
              a) Durch eine Personenunternehmung 166
              b) Durch eine Kapitalgesellschaft 166

    II. Eintritt eines Anteilsinhabers 167
        A. Ausgabe von Gratisaktien 168
           1. Gesellschaft 168
           2. Bisherige Anteilsinhaber 168
        B. Abtretung der Bezugsrechte 169
           1. Schenkung 169
           2. Kapitaleinlage 170
           3. Geldwerte Leistung 171

    III. Austritt eines Anteilsinhabers 172
        A. Folgen der Kapitalherabsetzung 172
           1. Gesellschaft 172
           2. Austretender Anteilsinhaber 173
        B. Abtretung des Teilliquidationsergebnisses 173
           1. Schenkung 173
           2. Geldwerte Leistung 174
           3. Kapitaleinlage 175

Vierter Abschnitt: BETEILIGUNGSRECHTE IM PRIVATVERMOEGEN (PV) 177

§ 10 ENTGELTLICHE AENDERUNGEN BEI PRIVATER KAPITALGEWINNBESTEUERUNG 177

    I. Uebertragung 177
        A. Uebertragung zum Verkehrswert 177
           1. Realisationstatbestände 177
           2. Besteuerungssysteme 178
              a) Uebersicht 178
              b) Beurteilung 179
        B. Uebertragung zum Anlagewert 182
           1. Uebertragung an Dritte 182
           2. Uebertragung an eine beherrschte Gesellschaft 184

II.	Eintritt eines Anteilsinhabers	186
	A. Eintritt zum Verkehrswert	186
	1. Agio-Einlage	187
	2. Nominalwert-Einlage mit Bezugsrechtskauf	187
	B. Eintritt zum Nominalwert	189
III.	Austritt eines Anteilsinhabers	191
	A. Austritt zum Verkehrswert	192
	1. Gesellschaft	192
	2. Qualifikation des Liquidationserlöses	192
	a) Theorie	192
	b) Praxis	193
	B. Austritt zum Nominalwert	196

§ 11 ENTGELTLICHE AENDERUNGEN OHNE PRIVATE KAPITALGEWINNBESTEUERUNG — 197

I.	Uebertragung	197
	A. Uebertragung zum Verkehrswert	197
	1. Steuerfreiheit des Kapitalgewinnes als Grundsatz	197
	2. Einschränkungen	197
	a) Besteuerung als Gewinn auf Aktiven der Gesellschaft	198
	b) Besteuerung als geldwerte Leistung der Gesellschaft aufgrund des Nennwertprinzips	198
	B. Uebertragung zum Anlagewert	200
	1. Fehlen eines Kapitalgewinnes	200
	2. Besteuerung aufgrund des Nennwertprinzips	200
II.	Eintritt eines Anteilsinhabers	201
	A. Eintritt zum Verkehrswert	201
	1. Agio-Einlage	201
	2. Nominalwert-Einlage und Bezugsrechtskauf	202
	3. Eintritt zum Nominalwert	202
III.	Austritt eines Anteilsinhabers	203
	A. Austritt zum Verkehrswert	203
	1. Nennwertsystem	203
	2. Beispiele	204
	a) Direkte Bundessteuern	204
	b) Zürcher Staatssteuern	204
	3. Rücknahme in specie	206
	B. Austritt zum Nominalwert	209

§ 12 BESTEUERUNG VON GEWINNEN AUF AKTIVEN DER GESELLSCHAFT BEI ENTGELTLICHER UEBERTRAGUNG VON BETEILIGUNGSRECHTEN (IM PV) — 210

I.	Liquidationsgewinn auf Geschäftsvermögen (GV) aus der Umwandlung einer Personenunternehmung in eine Kapitalgesellschaft	210
	A. Steuerneutrale Umwandlung	210
	1. Voraussetzungen	210
	2. Im Besonderen: Gleichbleibende Beteiligungsverhältnisse	211

    B. Uebertragung innerhalb der Sperrfrist   213
       1. Uebertragung zum Verkehrswert   214
          a) Steuerordnungen mit Kapitalgewinnbesteuerung   214
          b) Steuerordnungen ohne Kapitalgewinnbesteuerung   216
          c) Sachgemässe Lösung   217
       2. Uebertragung zum Anlagewert   219
    C. Eintritt bzw. Austritt eines Anteilsinhabers
       im Zuge der Umwandlung (Gemischte Umwandlung)   220
       1. Eintritt   221
       2. Austritt   222

II. Veräusserungsgewinn auf Grundstücken einer Immobiliengesellschaft durch Uebertragung von Verfügungsmacht   223
    A. Ausgangslage   223
       1. Romanische Lösung   223
       2. Berner Lösung   224
       3. Zürcher Lösung   225
    B. Abgrenzung der erfassten Tatbestände   225
       1. Qualifikation als Immobiliengesellschaft   226
          a) Allgemeines   226
          b) Zürcher Staatssteuern   228
       2. Uebertragung der Verfügungsmacht   229
          a) Fehlende gesetzliche Verankerung der wirtschaftlichen Betrachtungsweise   229
          b) Gesetzliche Verankerung im Zürcher Steuerrecht   231
             ba) Mehrheits- und abhängige Minderheitsbeteiligung   231
             bb) Unabhängige Minderheitsbeteiligung   232

§ 13 BESTEUERUNG GELDWERTER LEISTUNGEN DER GESELLSCHAFT BEI ENTGELTLICHER UEBERTRAGUNG VON BETEILIGUNGSRECHTEN (IM PV)   236

    I. Uebertragung an Dritte   236
       A. Verkauf einer wirtschaftlich liquidierten bzw. zu liquidierenden Gesellschaft (Faktische Liquidation)   236
          1. Tatbestände   236
             a) Mantelhandel   236
             b) Nachträgliche Aushöhlung der Gesellschaft   237
          2. Steuerliche Folgen   238
             a) Liquidation bei den Verrechnungssteuern   238
             b) Neugründung bei den Stempelabgaben   241
             c) Auswirkungen auf die direkten Steuern   243
       B. Formeller Mitverkauf nicht betriebsnotwendiger flüssiger Mittel (Faktische Teilliquidation?)   244
       C. Entnahme von Aktiven aus der Gesellschaft gegen Begründung einer Darlehensschuld vor der Uebertragung (Direkte Teilliquidation)   244
       D. Finanzierung des Kaufs aus Mitteln der erworbenen Gesellschaft (Indirekte Teilliquidation)   251

    II. Vermögensumdispositionen mit Umwandlung potentiell steuerpflichtiger Reserven in steuerfrei beziehbare Werte durch Uebertragung an eine beherrschte Gesellschaft (Transponierung)   256
       A. Das konzernrechtliche Verfügungsgeschäft an sich   256
          1. Problem   256
          2. Entwicklung der Rechtsprechung   257

	3. Lehre	260
	a) Transponierungstheorie	260
	b) Teilliquidationstheorie	262
B.	Berechnung der geldwerten Leistung	265
	1. Rechtsprechung	265
	2. Auswirkungen in der Praxis	266
	a) Aufspaltung der geldwerten Leistung	266
	b) Nach entgeltlichem Erwerb	267
	c) Nach unentgeltlichem Erwerb	268
	3. Lehre	269
C.	Beherrschung	270
	1. Rechtsprechung	270
	2. Entwicklung in der Praxis	272
D.	Sachgemässe Lösung	273
	1. Konsensfähige Entscheidungsnorm durch Auslegung	274
	2. Besteuerung unter Berufung auf Steuerumgehung	279

III. Uebertragung an die emittierende Gesellschaft bzw. eine Tochtergesellschaft (Rückkauf eigener Aktien ohne Kapitalherabsetzung)   280

§ 14 UNENTGELTLICHE AENDERUNGEN (IM PV)   283

I. Uebertragung   283
   A. Erbschafts- und Schenkungssteuern   283
      1. Unternehmungswert als Bemessungsgrundlage   283
      2. Bewertungskorrekturen   284
         a) Für Minderheitenstellung?   284
         b) Für latente Kapitalgewinn- bzw. Einkommenssteuern?   284
   B. Massgebender Anlagewert in Steuerordnungen mit Kapitalgewinnbesteuerung   285
      1. Erwerbspreis des Rechtsvorgängers oder Verkehrswert im Zeitpunkt des steuerfreien Erwerbs   285
      2. Anwendungsfall Erbteilung   288
   C. Unmassgeblichkeit des Anlagewertes in Steuerordnungen ohne Kapitalgewinnbesteuerung   290
      1. Folgen in der Erbteilung   290
      2. Ausnahme: Einbringung zum Verkehrswert in eine beherrschte Gesellschaft   291

II. Eintritt eines Anteilsinhabers   291
   A. Einkommensbesteuerung von Gratisaktien   292
      1. Steuerordnungen mit Kapitalgewinnbesteuerung   293
      2. Steuerordnungen ohne Kapitalgewinnbesteuerung   294
         a) Besteuerung anlässlich der Ausgabe   294
         b) Besteuerung bei der Liquidation der Gesellschaft   295
         c) Auswirkungen des Besteuerungszeitpunktes auf die subjektive Steuerpflicht   295
   B. Abtretung der Bezugsrechte als Schenkung, Kapitaleinlage oder geldwerte Leistung   296
   C. Erwerbspreis und Erwerbszeitpunkt von Gratisaktien in Steuerordnungen mit Kapitalgewinnbesteuerung   298

III. Austritt eines Anteilsinhabers   301
   A. Abtretung des Ergebnisses der Teilliquidation als Schenkung, geldwerte Leistung oder Kapitaleinlage   301
   B. Unmassgeblichkeit eines privaten Kapitalverlustes   301

XIII

Drittes Kapitel: VERGLEICH DER UNTERNEHMUNGSFORMEN   302

Fünfter Abschnitt: VERGLEICH BEI ENTGELTLICHEN AENDERUNGEN   303

§ 15 BETEILIGUNGEN AN PERSONENUNTERNEHMUNGEN - BETEILIGUNGSRECHTE
AN KAPITALGESELLSCHAFTEN IM GESCHAEFTSVERMOEGEN (GV)   304

    I. Uebertragung   304
        A. Uebertragender Beteiligter   304
            1. Bei Personenunternehmungen   304
            2. Bei Kapitalgesellschaften   307
            3. Vergleich   308
        B. Erwerbender Beteiligter   311
            1. Bei Personenunternehmungen   311
            2. Bei Kapitalgesellschaften   312
            3. Vergleich   314
        C. Tabellarische Darstellung der Vergleiche   315
        D. Gesamtwürdigung   316

    II. Eintritt eines Beteiligten   319
        A. Eintretender Beteiligter   319
            1. Bei Personenunternehmungen   319
            2. Bei Kapitalgesellschaften   320
            3. Vergleich   321
        B. Bisherige Beteiligte   322
            1. Bei Personenunternehmungen   322
            2. Bei Kapitalgesellschaften   323
            3. Vergleich   323
        C. Tabellarische Darstellung der Vergleiche   325
        D. Gesamtwürdigung   326

    III. Austritt eines Beteiligten   327
        A. Austretender Beteiligter   327
            1. Bei Personenunternehmungen   327
            2. Bei Kapitalgesellschaften   328
            3. Vergleich   329
        B. Verbleibende Beteiligte   330
            1. Bei Personenunternehmungen   330
            2. Bei Kapitalgesellschaften   330
            3. Vergleich   331
        C. Tabellarische Darstellung der Vergleiche   332
        D. Gesamtwürdigung   333

§ 16 BETEILIGUNGEN AN PERSONENUNTERNEHMUNGEN - BETEILIGUNGSRECHTE
AN KAPITALGESELLSCHAFTEN IM PRIVATVERMOEGEN (PV) IN
STEUERORDNUNGEN MIT KAPITALGEWINNBESTEUERUNG   335

    I. Uebertragung   335
        A. Uebertragender Beteiligter   335
            1. Bei Personenunternehmungen   335
            2. Bei Kapitalgesellschaften   336
            3. Vergleich   339
        B. Erwerbender Beteiligter   341
            1. Bei Personenunternehmungen   341
            2. Bei Kapitalgesellschaften   341
            3. Vergleich   341

		C. Tabellarische Darstellung der Vergleiche	342
		D. Gesamtwürdigung	343
	II.	Eintritt eines Beteiligten	345
		A. Eintretender Beteiligter	345
		1. Bei Personenunternehmungen	345
		2. Bei Kapitalgesellschaften	346
		3. Vergleich	346
		B. Bisherige Beteiligte	347
		1. Bei Personenunternehmungen	347
		2. Bei Kapitalgesellschaften	347
		3. Vergleich	348
		C. Tabellarische Darstellung der Vergleiche	349
		D. Gesamtwürdigung	350
	III.	Austritt eines Beteiligten	351
		A. Austretender Beteiligter	351
		1. Bei Personenunternehmungen	351
		2. Bei Kapitalgesellschaften	351
		3. Vergleich	352
		B. Verbleibende Beteiligte	353
		1. Bei Personenunternehmungen	353
		2. Bei Kapitalgesellschaften	353
		3. Vergleich	353
		C. Tabellarische Darstellung der Vergleiche	354
		D. Gesamtwürdigung	355

§ 17 BETEILIGUNGEN AN PERSONENUNTERNEHMUNGEN - BETEILIGUNGS-
RECHTE AN KAPITALGESELLSCHAFTEN IM PRIVATVERMOEGEN (PV)
IN STEUERORDNUNGEN OHNE KAPITALGEWINNBESTEUERUNG   356

	I.	Uebertragung	356
		A. Uebertragender Beteiligter	357
		1. Bei Personenunternehmungen	357
		2. Bei Kapitalgesellschaften	357
		3. Vergleich	358
		B. Erwerbender Beteiligter	360
		1. Bei Personenunternehmungen	360
		2. Bei Kapitalgesellschaften	361
		3. Vergleich	363
		C. Tabellarische Darstellung der Vergleiche	365
		D. Gesamtwürdigung	366
	II.	Eintritt eines Beteiligten	369
		A. Eintretender Beteiligter	369
		1. Bei Personenunternehmungen	369
		2. Bei Kapitalgesellschaften	370
		3. Vergleich	371
		B. Bisherige Beteiligte	371
		1. Bei Personenunternehmungen	371
		2. Bei Kapitalgesellschaften	372
		3. Vergleich	372
		C. Tabellarische Darstellung der Vergleiche	373
		D. Gesamtwürdigung	374

III.	Austritt eines Beteiligten		375
	A. Austretender Beteiligter		375
		1. Bei Personenunternehmungen	375
		2. Bei Kapitalgesellschaften	376
		3. Vergleich	376
	B. Verbleibende Beteiligte		378
		1. Bei Personenunternehmungen	378
		2. Bei Kapitalgesellschaften	378
		3. Vergleich	378
	C. Tabellarische Darstellung der Vergleiche		379
	D. Gesamtwürdigung		380

Sechster Abschnitt: VERGLEICH BEI UNENTGELTLICHEN AENDERUNGEN 381

§ 18 ERBSCHAFTS- UND SCHENKUNGSSTEUERN 381

I.	Bemessungsgrundlage	381
	A. Für Beteiligungen an Personenunternehmungen	381
	B. Für Beteiligungsrechte an Kapitalgesellschaften	382
	C. Vergleich	383
II.	Bewertungskorrekturen	384
	A. Für Beteiligungen an Personenunternehmungen	384
	B. Für Beteiligungsrechte an Kapitalgesellschaften	385
	C. Vergleich	386
III.	Gesamtwürdigung	386
IV.	Rechtsvergleich: BRD	388

§ 19 AUSWIRKUNGEN DER UNENTGELTLICHEN AENDERUNGEN AUF ANDERE STEUERARTEN (AUS DER SICHT DES/DER BEGUENSTIGTEN) 390

I.	Unentgeltliche Uebertragung aus der Sicht des Erwerbers		390
	A. Bei Personenunternehmungen		391
		1. Berücksichtigung latenter Steuern und Sozialabgaben	391
		2. Anwendungsfall: Erbteilung (de lege ferenda)	393
	B. Bei Kapitalgesellschaften		395
		1. Beteiligungsrechte im GV	395
		2. Beteiligungsrechte im PV in Steuerordnungen mit Kapitalgewinnbesteuerung	396
		3. Beteiligungsrechte im PV in Steuerordnungen ohne Kapitalgewinnbesteuerung	397
	C. Vergleich		398
II.	Unentgeltlicher Eintritt aus der Sicht des eintretenden Beteiligten		402
	A. Bei Personenunternehmungen		402
	B. Bei Kapitalgesellschaften		403
		1. Beteiligungsrechte im GV	403
		2. Beteiligungsrechte im PV in Steuerordnungen mit Kapitalgewinnbesteuerung	403
		3. Beteiligungsrechte im PV in Steuerordnungen ohne Kapitalgewinnbesteuerung	404
	C. Vergleich		405

III. Unentgeltlicher Austritt aus der Sicht der verbleibenden
     Beteiligten   406
     A. Bei Personenunternehmungen   406
     B. Bei Kapitalgesellschaften   406
        1. Beteiligungsrechte im GV   406
        2. Beteiligungsrechte im PV in Steuerordnungen
           mit Kapitalgewinnbesteuerung   407
        3. Beteiligungsrechte im PV in Steuerordnungen
           ohne Kapitalgewinnbesteuerung   407
     C. Vergleich   408

IV. Gesamtwürdigung   409

Dritter Teil: GESAMTBEURTEILUNG, SCHLUSSFOLGERUNGEN UND POSTULATE   410

§ 20 ENTGELTLICHE AENDERUNGEN   411

I.   Einschränkungen der Realisierbarkeit privater Kapitalgewinne
     bei der Uebertragung von Beteiligungsrechten   412
     A. Besteuerung trotz grundsätzlicher Steuerfreiheit aufgrund
        der Anwendung der wirtschaftlichen Betrachtungsweise   412
        1. Rechtsgrund der Besteuerung: Steuerumgehung   413
           a) Besteuerung von Kapitalgewinn   413
           b) Besteuerung von Vermögensertrag   414
        2. Rechtsgrund der Besteuerung: Wirtschaftliche
           Anknüpfungspunkte einer Steuernorm   415
           a) Berechnung von Vermögensertrag nach den Regeln
              der Kapitalgewinne   415
           b) Besteuerung des Nennwertüberschusses   416
              ba) Bei richtiger Behandlung der Transponierungsfälle   416
              bb) Bei Annahme einer direkten bzw. indirekten
                  Teilliquidation   417
              bc) Bei Annahme einer faktischen Liquidation
                  bzw. Teilliquidation   420
        3. Zusammenfassung   422
     B. Reduktion des realisierbaren Kapitalgewinnes als
        Folge der Geltendmachung der Ausschüttungsbelastung
        durch den Erwerber   423
     C. Folgerungen   426

II. Nichtbesteuerung privater Kapitalgewinne als Wertungsproblem   428
     A. Qualifikation des Veräusserungsergebnisses als Wertungsproblem 428
        1. Nichtbesteuerung als Lücke des Gesetzes   428
        2. Beachtung dieser Lücke in der Rechtsprechung?   428
        3. Tendenzen in der Steuerrechtslehre   429
           a) Möglicher Wortsinn als Schranke der Auslegung   429
           b) Unerlässlichkeit von Wertungen bei der Auslegung   431
        4. Qualifikation des Veräusserungsergebnisses bei
           integrierender Berücksichtigung und Gewichtung
           aller Auslegungselemente   432

　　　　B. Qualifikation des Liquidationsergebnisses als Wertungsproblem 433
　　　　　1. Behandlung des Liquidationserlöses als Ergebnis
　　　　　　einer Wertung 433
　　　　　2. Verfassungsmässigkeit der Besteuerung 434
　　　　　3. Qualifikation des Liquidationsergebnisses bei
　　　　　　integrierender Berücksichtigung und Gewichtung
　　　　　　aller Auslegungselemente 436

　　III. Lösungsmöglichkeiten zur Behandlung privater
　　　　Kapitalgewinne de lege lata und de lege ferenda 440
　　　　A. Behandlung des Liquidationsergebnisses bei Steuer-
　　　　　freiheit von Kapitalgewinnen aus Veräusserung 440
　　　　　1. Nichtbesteuerung bei Abgrenzung von Kapitalgewinn
　　　　　　und Vermögensertrag aufgrund der Beziehung des
　　　　　　Anteilsinhabers zum Vermögensobjekt (Vorschlag Höhn) 440
　　　　　2. Besteuerung im Umfang der tatsächlichen Bereicherung 442
　　　　　　a) Aufgrund einer Neudefinition des Begriffs "Rück-
　　　　　　　zahlung bestehender Kapitalanteile" 442
　　　　　　b) Aufgrund der Unabhängigkeit von Qualifikation bei
　　　　　　　der Gesellschaft und Bemessung beim Anteilsinhaber 444
　　　　B. Besteuerung wesentlicher bzw. beherrschender Beteili-
　　　　　gungsgewinne im Rahmen der Steuerharmonisierung und/
　　　　　oder Milderung der wirtschaftlichen Doppelbelastung 446
　　　　　1. Beteiligungsgewinnsteuer 446
　　　　　2. Behandlung wesentlicher bzw. beherrschender
　　　　　　Beteiligungen im PV als GV (Geschäftsvermögenstheorie) 448
　　　　　3. Besteuerung von Beteiligungsgewinnen und Milderung
　　　　　　der wirtschaftlichen Doppelbelastung 449

§ 21 UNENTGELTLICHE AENDERUNGEN 453

　　I. Eignung der Lösungsmöglichkeiten (§ 20 III.) in bezug
　　　auf die Behandlung von Gratisaktien am Beispiel des
　　　unentgeltlichen Eintritts eines Anteilsinhabers 453
　　　A. Bei Besteuerung von Beteiligungsgewinnen 453
　　　　1. Beteiligungsgewinnsteuer 453
　　　　2. Behandlung von Beteiligungsrechten als GV 454
　　　B. Bei Steuerfreiheit auch des Liquidationsergebnisses
　　　　bzw. bei dessen Besteuerung im Umfang der Bereicherung 455
　　　　1. Steuerfreiheit des Liquidationsergebnisses 455
　　　　2. Besteuerung eines "Kapitalgewinnes aus Liquidation" 456

　　II. Anforderungen an eine von der Unternehmungsform unabhän-
　　　　gige Gestaltung des Erbschafts- und Schenkungssteuerrechts 457
　　　A. Einheitliche Bemessungsgrundlage 457
　　　B. Gleichwertige Bewertungskorrekturen 458
　　　C. Berücksichtigung latenter Steuern 459
　　　D. Gleiche Zahlungserleichterungen 461

XVIII

§ 22 SCHLUSSFOLGERUNGEN UND POSTULATE		463
I.	Behandlung von Mehrwerten aus Beteiligungen an Unternehmungen beim Beteiligten	463
	A. Behandlung von Mehrwerten aus Beteiligungen an Personengesamtheiten	463
	1. Aufschub der Besteuerung bei Erbteilung	463
	2. Sonderbesteuerung aller Kapitalgewinne im Rahmen der Steuerharmonisierung	464
	B. Behandlung von Mehrwerten aus Beteiligungen an Kapitalgesellschaften im GV	465
	1. Aufschub der Besteuerung bei Erbteilung	465
	2. Sonderbesteuerung der Kapitalgewinne	466
	C. Behandlung von Kapitalgewinnen aus Beteiligungen an Kapitalgesellschaften im PV	469
	1. Bei Qualifikation nur "beherrschender" Beteiligungen als GV	469
	a) Probleme der Besteuerung von Kapitalgewinnen aus "beherrschenden" Beteiligungen	469
	b) Folgen der Steuerfreiheit von Kapitalgewinnen aus "nicht beherrschenden" Beteiligungen	471
	2. Bei der Besteuerung eines "Kapitalgewinnes aus Liquidation"	472
	a) Probleme der Besteuerung dieses Kapitalgewinnes	472
	b) Steuerfreiheit von Kapitalgewinnen aus Uebertragung unter dem Vorbehalt der Steuerumgehung	474
	3. Postulat: Besteuerung eines "Kapitalgewinnes aus Liquidation"	475
II.	Postulate für die Erbschafts- und Schenkungssteuern	477

Abkürzungsverzeichnis[1]

A.	Auflage
a.a.O.	am angeführten Ort
Abs.	Absatz
a.E.	am Ende
Abt.	Abteilung
AG	Aktiengesellschaft
AHVG	Bundesgesetz über die Alters- und Hinterlassenenversicherung vom 20. Dezember 1946
AHVV	Vollziehungsverordnung zum Bundesgesetz über die Alters- und Hinterlassenenversicherung vom 31. Oktober 1947
a.M.	anderer Meinung
Anm.	Anmerkung
Art.	Artikel
ASA	Archiv für Schweizerisches Abgaberecht
BBl	Bundesblatt
Bd.	Band
BdBSt	Bundesbeschluss über die direkte Bundessteuer
betr.	betreffend
BFH	Bundesfinanzhof
BG	Bundesgesetz
BGE	Bundesgerichtsentscheid
BGr	Bundesgericht, des Bundesgerichts
BRD	Bundesrepublik Deutschland
BV	Schweizerische Bundesverfassung
bzw.	beziehungsweise
CCR	Commission cantonale de recours
CG	Coupongesetz
DBA	Doppelbesteuerungsabkommen
DBGE	Entwurf zu einer direkten Bundessteuer (in der Botschaft Steuerharmonisierung als DBG bezeichnet)
d.h.	das heisst
E	Entscheid(e)
E.	Erwägung(en)

---

[1] Für weitere Abkürzungen sei auf das Verzeichnis der Steuerrechtsquellen, Materialien und Entscheidsammlungen verwiesen.

EB	Ergänzungsband
EG	Europäische Gemeinschaften
EStG	Einkommensteuergesetz (BRD)
EStV	Eidgenössische Steuerverwaltung
FD	Finanzdirektion
FN	Fussnote
gl.M.	gleicher Meinung
GmbH	Gesellschaft mit beschränkter Haftung
GV	Geschäftsvermögen
HRegV	Verordnung über das Handelsregister vom 7. Juni 1937
Hrsg.	Herausgeber
HSG	Hochschule St. Gallen
idR	in der Regel
IFF	Institut für Finanzwirtschaft und Finanzrecht an der Hochschule St. Gallen
insbes.	insbesondere
i.S.	in Sachen; im Sinne
Jg.	Jahrgang
Jud.	Judikatur
Kom.	Kommentar
KS	Kreisschreiben
KStV	Kantonale Steuerverwaltung
KV	Kantonsverfassung
lit.	litera
m.a.W.	mit anderen Worten
m.E.	meines Erachtens
m.W.	meines Wissens
N	Note
n.publ.	nicht publiziert
Nr.	Nummer
NZZ	Neue Zürcher Zeitung
OR	Schweizerisches Obligationenrecht vom 30. März 1911
ORK	Oberrekurskommission
Pr	Die Praxis des Bundesgerichts
PV	Privatvermögen
RB	Rechenschaftsbericht

RDAF	Revue de droit administratif et de droit fiscal
RHB	Revisionshandbuch
RK	Rekurskommission
RR	Regierungsrat
SAG	Die Schweizerische Aktiengesellschaft: Zeitschrift für Rechts-, Steuer- und Wirtschaftsfragen der Aktiengesellschaft
SJZ	Schweizerische Juristenzeitung
sog.	sogenannte
StHGE	Entwurf zur Harmonisierung der Steuern der Kantone und Gemeinden (in der Botschaft Steuerharmonisierung als StHG bezeichnet)
SR	Systematische Rechtssammlung
StG	Steuergesetz
StR	Steuer Revue
StuW	Steuer und Wirtschaft
u.a.	unter anderem; und andere
u.U.	unter Umständen
V	Verordnung
vgl.	vergleiche
VGr	Verwaltungsgericht, des Verwaltungsgerichts
VV	Vollziehungsverordnung
WStB	Bundesratsbeschluss über die Erhebung einer Wehrsteuer (Wehrsteuerbeschluss)
WuR	Wirtschaft und Recht
WUST	Warenumsatzsteuer
ZAK	Zeitschrift für die Arbeitslosenkassen
z.B.	zum Beispiel
ZBGR	Schweizerische Zeitschrift für Beurkundungs- und Grundbuchrecht
ZBJV	Zeitschrift des bernischen Juristenvereins
ZBl	Schweizerisches Zentralblatt für Staats- und Gemeindeverwaltung
ZGB	Schweizerisches Zivilgesetzbuch vom 10. Dezember 1907
ZGB SchlT	Schlusstitel des Schweizerischen Zivilgesetzbuches
Ziff.	Ziffer
zit.	zitiert
ZSR	Zeitschrift für Schweizerisches Recht, Neue Folge

Literaturverzeichnis

Zitiert wird grundsätzlich nach dem Verfassernamen; ein Zusatz ist nur in Fällen angebracht, in denen sonst Verwechslungen möglich sind. Beiträge aus Sammelwerken sind soweit im Literaturverzeichnis aufgeführt, als damit die mehrfache Zitierung auch mit dem Verfassernamen allein ermöglicht wird.

Nur am Rande benutzte Literatur wird in den Fussnoten mit den erforderlichen bibliographischen Angaben zitiert.

Zit.	
Banderet StR 36	Banderet Fritz, Vermögensertrag und Kapitalgewinn, StR 36 (1981), 383.
Beisse	Beisse Heinrich, Die wirtschaftliche Betrachtungsweise bei der Auslegung der Steuergesetze in der neueren deutschen Rechtsprechung, StuW 58 (1981), 1.
Bericht Kapitalgesellschaften	Finanzdirektion des Kantons Zürich (Hrsg.), Bericht der Kommission für die Besteuerung der Kapitalgesellschaften, Zürich 1976.
Bieri	Bieri Hans, Die Besteuerung der Renten und Kapitalabfindungen, (Diss.) St. Gallen 1970.
Blöchliger	Blöchliger Roman, Steuerliche Probleme bei ererbten Unternehmungen, (Diss.) St. Gallen 1974.
Blöchlinger	Blöchlinger Peter, Die latente Steuerlast, (Diss.) Zürich 1975.
Blumer/Graf	Blumer Karl/Graf Adolf, Kaufmännische Bilanz und Steuerbilanz, 6. A. Zürich 1977.
Böckli Indirekte Steuern	Böckli Peter, Indirekte Steuern und Lenkungssteuern, (Habil.) Basel/Stuttgart 1975.
Böckli Rechtsvergleich	Böckli Peter, Betriebsvermögen/Privatvermögen; Der einkommensteuerliche Dualismus im Rechtsvergleich mit der Rechtslage in den USA, Frankreich und der Schweiz, in H. Söhn (Hrsg.): Die Abgrenzung der Betriebs- und Berufssphäre von der Privatsphäre im Einkommensteuerrecht, Köln 1980, 339.
Böckli Darlehen	Böckli Peter, Aktienrechtliches Sondervermögen und Darlehen an Aktionäre, Festschrift für Frank Vischer, Basel 1983, 527.
Böckli/Staehelin	Böckli Peter/Staehelin Thomas, Steuerliche Aspekte des Familienunternehmens im Generationenwechsel, Notizen zum IFA-Kongress 1979, ASA 48 (1979/80), 317.
Böckli ASA 42	Böckli Peter, Die Beteiligungsgewinnsteuer, eine kritische Untersuchung, ASA 42 (1973/74), 369.
Böckli ASA 46	Böckli Peter, Rechtliche Bemerkungen zu der neuen "Wegleitung zur Bewertung von Wertpapieren ohne Kurswert für die Vermögenssteuer (Ausgabe 1977)", ASA 46 (1977/78), 481.

Böckli ASA 47	Böckli Peter, Die Transponierungstheorie, Ueberlegungen zur neueren Bundesgerichtspraxis bei Sachwerteinbringungen und zur "wirtschaftlichen Betrachtungsweise", ASA 47 (1978/79), 31.
Böckli StR 28	Böckli Peter, Gesellschaftsrechtliche und steuerliche Aspekte bei der Gründung einer Aktiengesellschaft durch Umwandlung einer Personengesellschaft, StR 28 (1973), 393.
Böckli StR 34	Böckli Peter, Die "steuerlich nicht beachtliche" Realisierung im Fall der Schwyzer Fabrikliegenschaft, StR 34 (1979), 21.
Böckli StR 40	Böckli Peter, Haftung des Verwaltungsrates für Steuern, StR 40 (1985), 519.
Böckli Schweizer Treuhänder 1/86	Böckli Peter, Zur steuerrechtlichen Behandlung des Personenunternehmens im Erbgang, Der Schweizer Treuhänder 1/86, 1.
Boemle	Boemle Max, Unternehmungsfinanzierung, 6. A., Zürich 1983.
Borkowsky ASA 49	Borkowsky Rudolf, Wirtschaftliche Doppelbesteuerung, ASA 49 (1980/81), 635.
Borkowsky ASA 51	Borkowsky Rudolf, Einkünfte und Vermögensveränderungen bei der Besteuerung, ASA 51 (1982/83), 577.
Borkowsky ZBl 82	Borkowsky Rudolf, Die Besteuerung der Liquidationsüberschüsse einer Aktiengesellschaft als Vermögensertrag des Aktionärs, Ein Rechtsprechungsbericht, ZBl 82 (1981), 440.
Bossard OR... N...	Bossard Ernst, Zürcher Kommentar zum Obligationenrecht, 32. Titel, Die kaufmännische Buchführung, Art. 957 - 964, Zürich 1984.
Bourquin	Bourquin Marcel, Steuerrechtliche Probleme beim Handel mit Aktienmänteln, (Diss.) Zürich 1985.
Brélaz	Brélaz Claude, L'imposition des gains en capital réalisé par une entreprise qui les réinvestit, ASA 54 (1985/86), 2.
Bürgi OR... N...	Bürgi W.F., Zürcher Kommentar zum Obligationenrecht, 26. Titel, Die Aktiengesellschaft. b1) Rechte und Pflichten des Aktionärs, Art. 660 - 697, Zürich 1957. b2) Art. 698 - 738, Zürich 1969.
Burckhardt	Burckhardt Sebastian, Der Erwerb eigener Aktien und Stammanteile, (Diss.) Basel 1983.
Caflisch	Caflisch Gilli, Praktische Erfahrungen mit dem revidierten Stempelgesetz von 1973, ASA 51 (1982/83), 3.
Cagianut/Höhn Unternehmungssteuerrecht	Cagianut Francis/Höhn Ernst, Unternehmungssteuerrecht, Bern/Stuttgart 1986.
Cagianut/Höhn Realisierung	Cagianut Francis/Höhn Ernst, Die Realisierung von Gewinnen im schweizerischen Unternehmungssteuerrecht, in: Ruppe Hans Georg (Hrsg.), Gewinnrealisierung im Steuerrecht, Köln 1981, 269.

Cagianut Grundprobleme	Cagianut Francis, Die Grundprobleme der Personengesellschaft aus der Sicht des Steuerrechts der Schweiz, in: H.W. Kruse (Hrsg.), Die Grundprobleme der Personengesellschaft im Steuerrecht, Köln 1979, 221.
Cagianut Grundriss	Cagianut Francis, Grundriss des schweizerischen Buchführungs- und Revisionsrechtes, Vorlesungsskriptum HSG, St. Gallen 1979.
Cagianut Unternehmernachfolge	Cagianut Francis, Steuerliche Probleme bei der Unternehmernachfolge, in: Peter Forstmoser (Hrsg.), Der Generationenwechsel im Familienunternehmen, Zürich 1982, 43.
Cagianut Steuerplanung	Cagianut Francis, Steuerplanung im Hinblick auf die Nachfolge in Personenunternehmungen, Referat am St. Galler Seminar 1982 über Unternehmungsbesteuerung vom 23./24. März, vervielfältigt, n. publ.
Cagianut ASA 37	Cagianut Francis, Bedeutung der kaufmännischen Buchhaltung und Bilanz im Steuerrecht unter besonderer Berücksichtigung der Bilanzkorrekturen, ASA 37 (1968/69), 137.
Cagianut ASA 42	Cagianut Francis, Die Besteuerung der Beteiligungsgewinne nach st. gallischem Steuerrecht, ASA 42 (1973/74), 433.
Cagianut StR 20	Cagianut Francis, Das neue sanktgallische Grundstückgewinnsteuerrecht, StR 20 (1965), 233 ff.
Cagianut SAG 56	Cagianut Francis, Besprechung der Habilitationsschrift von M. Reich, Die Realisation stiller Reserven im Bilanzsteuerrecht, in SAG 56 (1984), 44.
Cagianut SAG 57	Cagianut Francis, Bemerkungen zum Urteil des BGr vom 25.11.1983 (ASA 53, 54) in SAG 57 (1985), 176.
Cagianut StuW 62	Cagianut Francis, Steuerharmonisierung in der Schweiz, StuW 62 (1985), 408.
Chavanne	Chavanne Michel, Die Liquidation der AG aus steuerlicher Sicht, Der Schweizer Treuhänder 1/1983, 42.
Christen	Christen Thomas, Kapitalgewinne auf beweglichem Privatvermögen im basellandschaftlichen und baselstädtischen Steuerrecht, (Diss.) Basel/Frankfurt a.M. 1983.
David	David Eugen, Die st.gallische Beteiligungsgewinnsteuer, Grundlagen, Verfassungsmässigkeit, Probleme der Ausgestaltung, (Diss.) Zürich 1974.
Dormond	Dormond Maurice, L'imposition des gains en capital sur la fortune mobilière privée, (Thèse) Lausanne 1974.
Dubs	Dubs Hans, Wirtschaftliche Betrachtungsweise und Steuerumgehung, in: Mélanges Henri Zwahlen, Lausanne 1977, 569.
Duss	Duss Marco, Steuerprobleme bei Uebertragung von Beteiligungen und Betriebsteilen, St. Galler Seminar 1982 über Unternehmungsbesteuerung vom 23./24. März, vervielfältigt, n. publ.

Escher ZGB...N...	Escher Arnold, Zürcher Kommentar zum Erbrecht 1. Abt. Die Erben (Art. 457 - 536) Zürich 1959. 2. Abt. Der Erbgang (Art. 537 - 640) Zürich 1960.
Feldmann	Feldmann Hans, Die Unternehmung im Erbgang, Steuerrechtliche Fragen, Referat gehalten am Seminar der Schweiz. Treuhand- und Revisionskammer vom 21.11.1985, vervielfältigt, n. publ.
Fleischli	Fleischli Edmund, Die Steuerfolgen der Liquidation von Unternehmungen, St. Galler Seminar 1979 über Unternehmungsbesteuerung, vervielfältigt, n. publ.
Flüge	Flüge Hanspeter, Gratisaktien und Liquidationsüberschüsse gemäss Art. 21 Abs. 1 lit. c in fine des Wehrsteuerbeschlusses, SAG 32 (1959/60), 201.
Forstmoser/Meier-Hayoz	Forstmoser Peter/Meier-Hayoz Arthur, Einführung in das schweizerische Aktienrecht, 2. A. Bern 1980.
Gnehm	Gnehm Markus, Aenderungen in den Beteiligungsverhältnissen bei Personengesellschaften, Ein- und Austritt von Gesellschaftern - Aenderungen der Gewinnverteilung, St. Galler Seminar 1979 über Unternehmungsbesteuerung vom 27./28. 8., vervielfältigt, n. publ.
Greminger	Greminger Bernhard J., Die Liquidation des Personenunternehmens, Der Schweizer Treuhänder 4/86, 143.
Groh	Groh Manfred, Gemischte Schenkung und gemischte Sacheinlage im Ertragssteuerrecht, StuW 61 (1984), 217.
Grossmann	Grossmann Benno, Die Besteuerung der Gewinne auf Geschäftsgrundstücken, (Diss.) St. Gallen 1977.
Gruber	Gruber Hans, Handkommentar zum bernischen Gesetz über die direkten Staats- und Gemeindesteuern vom 29.10.1944, 4. A. Bern/Frankfurt a.M./Las Vegas 1981.
Grüninger	Grüninger Harold, Bemerkungen zum Urteil des BGr vom 19.12.1984 (ASA 54, 211 = StR 41, 263 = StE 1985 B. 24.4. Nr. 5) in SAG 58 (1986), 44.
Grüninger/Studer	Grüninger Emanuel/Studer Walter, Kommentar zum Basler Steuergesetz, 9. A. Basel 1970.
Guhl OR	Guhl T./Merz H./Kummer M., Das Schweizerische Obligationenrecht, 6. A. Zürich 1972.
Guhl Grundstückgewinne	Guhl Heinrich, Die Spezialbesteuerung der Grundstückgewinne in der Schweiz, (Diss.) Zürich 1953.
Gurtner ASA 45	Gurtner Peter, Geschäftsvermögen und Privatvermögen - Erbrechtlicher Uebergang von Unternehmungen (einige steuerwirtschaftliche Ueberlegungen), ASA 45 (1976/77), 1.
Gurtner ASA 49	Gurtner Peter, Die einkommen- und vermögensgewinnsteuerliche Behandlung der Gratisaktien, ASA 49 (1980/81), 577.

Gurtner Schweizer Treuhänder 9/83	Gurtner Peter, Veräusserung von Aktien an eine Holdinggesellschaft, Bemerkungen zum Entscheid der Rekurskommission des Kantons Bern vom 20.4.1982 in NStP 37 (1983) 43, Der Schweizer Treuhänder 9/83, 18.
Gurtner Schweizer Treuhänder 10/84	Gurtner Peter, Liquidationsverluste auf Aktien, Bemerkungen zum Entscheid der Rekurskommission des Kantons Bern vom 21.6.1983 in BVR 1984, 126, Der Schweizer Treuhänder 10/84, 341.
Gurtner Steuerplanung	Gurtner Peter, Die Steuerplanung aus betriebswirtschaftlicher Sicht, Die Unternehmung 33 (1979), 147.
Gutachten 1955	Gutachten über die Steuerverhältnisse bei Familienaktiengesellschaften, verfasst von einer Expertenkommission, hrsg. von der Schutzorganisation der privaten Aktiengesellschaften, Basel, Zürich 1955.
Gutachten 1970	Gutachten über steuerrechtliche Fragen beim Zusammenschluss von Unternehmungen, verfasst von einer Expertenkommission, hrsg. von der Schutzorganisation der privaten Aktiengesellschaften, Basel, Zürich 1970.
Gutachten Milderung Doppelbelastung	Gutachten zur Frage der Milderung der steuerlichen Doppelbelastung von Aktiengesellschaft und Aktionär, verfasst von einer Expertenkommission, hrsg. von der Schutzorganisation der privaten Aktiengesellschaften Basel 1982, vervielfältigt, n. publ.
Häfelin	Häfelin Ulrich, Zur Lückenfüllung im öffentlichen Recht, in: Festschrift zum 70. Geburtstag von Hans Nef, Zürich 1981.
Höhn Steuerrecht	Höhn Ernst, Steuerrecht, 4. A. Bern/Stuttgart 1981.
Höhn Kapitalgewinnbesteuerung	Höhn Ernst, Die Besteuerung der privaten Gewinne (Kapitalgewinnbesteuerung), (Diss.)Zürich 1955.
Höhn Auslegungsverständnis	Höhn Ernst, Legalitätsprinzip und modernes Auslegungsverständnis, in: Festschrift zum 70.Geburtstag von Hans Nef, Zürich 1981, 157.
Höhn ASA 31	Höhn Ernst, Zur Auslegung des Steuerrechts, ASA 31 (1962/63), 417, 465.
Höhn ASA 45	Höhn Ernst, Aspekte verfassungsmässiger Besteuerung, ASA 45 (1976/77), 209.
Höhn ASA 46	Höhn Ernst, Steuerumgehung und rechtsstaatliche Besteuerung, ASA 46 (1977/78), 145.
Höhn ASA 47	Höhn Ernst, Steuerliche Ueberlegungen bei der Wahl der Rechtsform, ASA 47 (1978/79), 103.
Höhn ASA 50	Höhn Ernst, Die Abgrenzung von Vermögensertrag und Kapitalgewinn im Einkommensteuerrecht, ASA 50 (1981/82), 529.

Höhn ASA 51	Höhn Ernst, Gesetzesauslegung, Rechtsfortbildung und richterliche Gesetzesergänzung, ASA 51 (1982/83), 385.
Höhn StR 18	Höhn Ernst, Wirtschaftliche Betrachtungsweise im Steuerrecht, StR 18 (1963), 387.
Höhn StR 29	Höhn Ernst, Steuereinsparung und Steuerumgehung, StR 29 (1974), 141.
Höhn ZBl 62	Höhn Ernst, Die steuerliche Behandlung von Gewinnen auf dem Privatvermögen in der Schweiz, ZBl 62 (1961), 201,233.
Höhn ZBl 80	Höhn Ernst, Verfassungsmässige Schranken der Steuerbelastung, ZBl 80 (1979), 241.
Höhn StuW 61	Höhn Ernst, Gedanken zum Analogie-Problem im Steuerrecht aus schweizerischer Sicht, StuW 61 (1984), 255.
Helbling Unternehmungs- bewertung	Helbling Carl, Unternehmungsbewertung und Steuern, 4. A. Düsseldorf 1982.
Helbling SAG 52	Helbling Carl, Das Problem der Aufwertung von Aktiven, SAG 52 (1980), 112.
Hensel	Hensel Johannes, Die Verfassung als Schranke des Steuerrechts,(Diss.)St. Gallen, Bern/Stuttgart 1973.
Iseli	Iseli Rudolf, Die Uebertragung einer Immobiliengesellschafts-Beteiligung im zürcherischen Grundsteuerrecht, ASA 51 (1982/83), 321.
Jakob	Jakob Walter, Die steuerliche Behandlung der Unternehmungsteilung, Bern/Stuttgart 1983.
Jenny	Jenny Kurt, Zwei aktuelle Steuerfragen; Die Besteuerung der Holding-, Domizil- und Hilfsgesellschaften sowie Kapitalgewinnbesteuerung bei natürlichen Personen, BJM 1985, 169.
Käfer OR...N...	Käfer Karl, Berner Kommentar zum Obligationenrecht, 2. Abteilung: Die kaufmännische Buchführung Lieferung 1: Art. 957 OR, Bern 1976. Lieferung 2: Art. 958 - 960 OR, Bern 1980.
Kammertagung 1979 1981	Schweiz. Treuhand- und Revisionskammer (Hrsg.) Kammertagung 1979, Schriftenreihe Bd. 44, Zürich 1980. Kammertagung 1981, Schriftenreihe Bd. 62, Zürich 1982.
Känzig Kom. 1962 WStB...N...	Känzig Ernst, Die eidgenössische Wehrsteuer, Basel 1962.
Känzig Kom. EB WStB...N...	Känzig Ernst, Die eidgenössische Wehrsteuer, Ergänzungsband, 2. A. Basel 1972.
Känzig Kom. 1982 WStB...N...	Känzig Ernst, Die eidgenössische Wehrsteuer (Direkte Bundessteuer), 2. A., I. Teil, Art. 1 - 44 WstB, Basel 1982.

Känzig Unternach- folge	Känzig Ernst, Die Unternehmernachfolge als steuerrechtliches Problem, in: Die Erhaltung der Unternehmung im Erbgang, Berner Tage für juristische Praxis 1970, Bern 1972, 155.
Känzig Einzelbewertung	Känzig Ernst, Die Einzelbewertung des Geschäftsvermögens nach schweizerischem Steuerrecht, Festschrift Kuno Barth Stuttgart 1971, 375; zitiert nach: Grundfragen des Unternehmungssteuerrechts, Festschrift zum 75. Geburtstag von Ernst Känzig, Basel 1983.
Känzig Beilage zu ASA 34	Känzig Ernst, Die steuerliche Behandlung der Veräusserung von Unternehmungen und Unternehmungsanteilen, Festschrift für Irene Blumenstein, Beilage zu ASA 34 (1965/66), 87.
Känzig ASA 39	Känzig Ernst, Steuerbarer Ertrag und steuerfreie Kapitaleinlagen bei Kapitalgesellschaften, ASA 39 (1970/71), 81.
Känzig ASA 41	Känzig Ernst, Der Begriff der Realisation von Unternehmungsgewinnen, ASA 41 (1972/73), 81.
Känzig ASA 42	Känzig Ernst, Das Grundkapital der Aktiengesellschaft in der Handelsbilanz und in der Steuerbilanz, Bemerkungen zum Urteil des BGr v. 2.3. 73 in ASA 42, 319, ASA 42 (1973/74), 456, ebenfalls publ. in SAG 46 (1974), 88.
Känzig ASA 42	Känzig Ernst, Einbringung der Beteiligung an einer Aktiengesellschaft durch den Steuerpflichtigen gegen Gutschrift in eine von diesem beherrschte andere Aktiengesellschaft, ASA 42 (1973/74), 527.
Känzig ASA 44	Känzig Ernst, Von der wirtschaftlichen zur fiskalischen Betrachtungsweise, ASA 44 (1975/76), 1.
Känzig ASA 45	Känzig Ernst, Verkauf der Fabrikliegenschaft einer Einzelfirma zum Buchwert an die vom Firmeninhaber beherrschte Aktiengesellschaft (Bemerkungen zum BGE 102 I b 50 = ASA 45, 254), ASA 45 (1976/77), 321.
Känzig ASA 49, 158 ASA 49, 283 ASA 50, 685 ASA 53, 681	Känzig Ernst, Besprechung der Rechenschaftsberichte der VGr des Kantons BL 1978 und 1979, ASA 49 (1980/81), 158. des Kantons ZH 1979, ASA 49 (1980/81), 283. des Kantons ZH 1980, ASA 50 (1981/82), 685. des Kantons ZH 1982, ASA 53 (1984/85), 681.
Känzig SAG 38	Känzig Ernst, Die Sacheinlage nach Aktien- und nach Steuerrecht, SAG 38 (1966), 161.
Känzig ZBl 66	Känzig Ernst, Erhöhung und Herabsetzung des Unternehmungskapitals und ihre steuerlichen Folgen, ZBl 66 (1965), 465, 489.
Knobbe-Keuk Bilanz- und Unternehmenssteuerrecht	Knobbe-Keuk Brigitte, Bilanz- und Unternehmenssteuerrecht, 4. A. Köln 1983.
Knobbe-Keuk StbJb 1978/79	Knobbe-Keuk Brigitte, Erbschaftsteuer bei unentgeltlichem Erwerb von Gesellschaftsanteilen, StbJb 1978/79, 413.
Kratz	Kratz Peter, Zur Behandlung der Gratisaktien im Rahmen der Vermögensgewinnsteuer, ASA 49 (1980/81), 289.

Krauer	Krauer H., AHV-Beiträge auf Liquidationsgewinnen, StR 36 (1981), 77.
Künzli	Künzli Martin, Die Veräusserung von Aktienmehrheiten aus zivilrechtlicher und steuerrechtlicher Sicht, (Diss.) Diessenhofen 1982.
Lanz	Lanz Thomas, Die Wahl der Rechtsform als Entscheidungsproblem, Berlin 1978.
Locher Grundstückgewinnsteuer	Locher Peter, Das Objekt der bernischen Grundstückgewinnsteuer, (Diss.) Bern 1976.
Locher Rechtsfindung	Locher Peter, Grenzen der Rechtsfindung im Steuerrecht, (Habil. Bern), Bern 1983.
Marti	Marti P.J., Wertzunahmen und ausserordentliche Wertabnahmen auf den Gegenständen des Anlagevermögens in handelsrechtlicher, unternehmungs- und steuerwirtschaftlicher sowie steuerrechtlicher Sicht, (Diss.) Bern 1975.
Masshardt Kom. 1980 WStB...N...	Masshardt Heinz, Wehrsteuerkommentar Ausgabe 1980, Zürich 1980.
Masshardt Kom. EB WStB...N...	Masshardt Heinz, Kommentar zur direkten Bundessteuer 1983-1994, Ergänzungsband zum Wehrsteuerkommentar 1980, Zürich 1982.
Masshardt ASA ...	Masshardt Heinz, Fragen aus dem Gebiete der Besteuerung von Liquidationsgewinnen bei der Wehrsteuer, ASA 26 (1957/58), 161; ASA 28 (1959/60), 193; ASA 30 (1961/62), 1.
Meier-Hayoz ZGB...N...	Meier-Hayoz Arthur, Berner Kommentar zum Sachenrecht, 1. Abt. Das Eigentum, 1. Teilband: Systematischer Teil und allgemeine Bestimmungen Art. 641 - 654, 5. A. Bern 1981.
Meier-Hayoz/ Forstmoser	Meier-Hayoz Arthur/Forstmoser Peter, Grundriss des schweizerischen Gesellschaftsrechts, 4. A. Bern 1981.
Meili	Meili Markus, Die Steuerumgehung im schweizerischen Recht der direkten Steuern, unter Einbezug der missbräuchlichen Inanspruchnahme von Doppelbesteuerungsabkommen des Bundes, (Diss.) Winterthur 1976.
Mossu	Mossu Claude, Problèmes en matière d'impôt pour la défense nationale résultant de la remise d'un commerce contre le versement d'une rente viagère, ASA 41 (1972/73), 1.
Mühlebach/Bürgi	Mühlebach Urs/Bürgi Heini, Kommentar zum aargauischen Aktiensteuergesetz, Brugg 1982.
Noher Besprechung	Noher Erich, Besprechung der steuerrechtlichen Beiträge in den Mélanges Henri Zwahlen, ASA 46 (1977/78), 588.
Noher Protokoll	Noher Erich, Steuerumgehung durch Einbringen von Beteiligungen in eine Holdinggesellschaft und durch ähnliche Rechtsgeschäfte, Protokoll der Wehrsteuer-Konferenz 1969, 49, n. publ.

Nold	Nold Hans-Jakob, Die zeitliche Bemessung des Gewinnes im Unternehmungssteuerrecht, (Diss.) St. Gallen, Bern/ Stuttgart 1984.
Ochsner	Ochsner Peter, Die Besteuerung der Grundstückgewinne in der Schweiz, (Diss.) Zürich 1976.
Oesch	Oesch Max P., Die steuerliche Behandlung der Wertzuwachsgewinne auf dem beweglichen Privatvermögen, (Diss.) Bern 1975.
Pichon	Pichon Maurice - Transformation d'une raison individuelle en une société anonyme, StR 40 (1985), 203. - Augmentation du capital-action StR 40 (1985), 293. - L'amortissement et le remboursement du capital-actions, l'assainissement des sociétés de capitaux, StR 40 (1985), 342. - La liquidation des sociétés de capitaux, StR 40 (1985), 427.
Praxis II/1	Die Praxis der Bundessteuern, (Loseblattform) Basel I. Teil: Die direkte Bundessteuer, 3 Bände. II.Teil: Stempelabgaben und Verrechnungssteuern, 3 Bände (z.B. II. Teil/Band 1)
Pfund VStG.. N...	Pfund Robert W., Die eidgenössische Verrechnungssteuer, I. Teil, Art. 1 - 20, Basel 1971.
Pfund/Zwahlen VStG.. N...	Pfund Robert W./Zwahlen Bernhard, Die eidgenössische Verrechnungssteuer, II. Teil, Art. 21 - 33, Basel 1985.
Reich Realisation	Reich Markus, Die Realisation stiller Reserven im Bilanzsteuerrecht, (Habil. Zürich) Zürich 1983.
Reich ASA 53	Reich Markus, Das Leistungsfähigkeitsprinzip im Einkommenssteuerrecht, ASA 53 (1984/85), 5.
Reich StR 33	Reich Markus, Die Steuerfolgen der Aktienveräusserung nach Umwandlung eines Personenunternehmens in eine Aktiengesellschaft, StR 33 (1978), 496.
Reich StR 37	Reich Markus, Die Besteuerung der Holding-, Beteiligungs- und Verwaltungsgesellschaften im Kanton Zürich, StR 37 (1982), 541.
R/Z/S ... ZH...N...	Reimann A./Zuppinger F./Schärrer E., Kommentar zum Zürcher Steuergesetz, 4 Bände, Bern 1961 - 1969.
Reymond	Reymond Jacques-André, L'influence du droit fiscal sur le droit commercial, ZSR 97 (1978), II. Halbband, 277.
RHB	Revisionshandbuch der Schweiz, 2. Lieferung; Hrsg. Schweizerische Treuhand- und Revisionskammer, Zürich 1979.
Rivier Droit fiscal	Rivier Jean-Marc, Droit fiscal suisse, L'imposition du revenu et de la fortune, Neuchâtel 1980.

Rivier ASA 54	Rivier Jean-Marc, Réflexions sur le prêt d'une société anonyme à son actionnaire, ASA 54 (1985/86), 14.
Rosenberger	Rosenberger Thomas, Die steuerrechtlichen Probleme der Umwandlung einer Personen- in eine Kapitalgesellschaft, (Diss.) Zürich 1985.
Rouiller Konferenz 1980	Rouiller André, Tatbestände mit Teilliquidationscharakter, Protokoll der Wehrsteuer-Konferenz 1980, 109, n. publ.
Rouiller Konferenz 1985	Rouiller André, Vorteilszuwendungen unter Schwestergesellschaften (sog. "Dreieckstheorie"), Protokoll der Konferenz Direkte Bundessteuer 1985, 61 ff., n. publ.
Rouiller Aktionärs- darlehen	Rouiller André, Geldwerte Leistungen in Form von Aktionärsdarlehen, Kurzreferat gehalten am Seminar der Schweiz. Treuhand- und Revisionskammer zum Thema "Revisionshandbuch und Steuern" vom 12.11.85, vervielfältigt, n. publ.
Ryser Réflexions	Ryser Walter, Réflexions sur la notion de revenu, in: Mélanges Henri Zwahlen, Lausanne 1977, 665.
Ryser Einfluss	Ryser Walter, Einfluss des Steuerrechts auf das Handelsrecht, ZSR 97 (1979), II. Halbband, 136.
Safarik	Safarik Frantisek J., Die marginale Steuerbelastung, Der Schweizer Treuhänder 12/83, 2.
Saurer	Saurer Werner, Einbringen von Beteiligungen in Holdinggesellschaften, Protokoll der Wehrsteuer-Konferenz 1971, 45, n. publ.
Sommer	Sommer Eduard, Steuerfreie Einkünfte aus Erbschaft, Vermächtnis, Schenkung und Unterstützung nach zürcherischem Steuerrecht, ZBl 58 (1957), 233, 257.
Spori Steuerplanung	Spori Peter, Steuerplanung im Hinblick auf die Nachfolge in personenbezogenen Kapitalgesellschaften, St. Galler Seminar 1982 über Unternehmungsbesteuerung vom 23./24. März, vervielfältigt, n. publ.
Spori Eigene Aktien	Spori Peter, Erwerb und Veräusserung eigener Aktien, Kurzreferat, gehalten am Seminar der Schweiz. Treuhand- und Revisionskammer zum Thema "Revisionshandbuch und Steuern", vom 12.11.1985, vervielfältigt, n. publ.
Spori Schweizer Treuhänder 9/84	Spori Peter, Im Spiegelbild des verdeckten Eigenkapitals - Altbekanntes und Neues, Bemerkungen des Urteils des BGr v. 25.11.83 (ASA 53, 54 = StE 1984 B 24.4 Nr. 3), Der Schweizer Treuhänder 9/84, 294.
Spori Schweizer Treuhänder 11/85	Spori Peter, Verkaufserlös für Aktien als Beteiligungsertrag, Anmerkungen zum Entscheid des BGr v. 19.12.84 (StE 1985 B. 24.4 Nr. 5 = ASA 54, 211).
Schärli	Schärli Franz, Die Besteuerung der Unternehmensgewinne auf dem Anlagevermögen, (Diss.) Basel 1981.

Schärrer Leibrente	Schärrer Erwin, Uebertragung einer Unternehmung auf den Nachfolger gegen Einräumung einer Rente, Referat gehalten am St. Galler Seminar 1982 über Unternehmungsbesteuerung vom 23./24. März, vervielfältigt, n. publ.
Schärrer Steuerfolgen	Schärrer Erwin, Steuerfolgen der Liquidation von Personen- und Kapitalunternehmungen, Seminar gehalten am St. Galler Seminar 1984 über Unternehmungsbesteuerung vom 4.-6.4., vervielfältigt, n. publ.
Schärrer Liquidation	Schärrer Erwin, Besonderheiten der Liquidation und Teilung von Unternehmungen, Referat gehalten am Seminar der Schweizerischen Treuhand- und Revisionskammer vom 13.9.1984, vervielfältigt, n. publ.
Schärrer ASA 43	Schärrer Erwin, Von Kapitaleinlagen und Gewinnausschüttungen und deren steuerlicher Behandlung bei der Aktiengesellschaft und beim Aktionär, ASA 43 (1974/75), 273.
Schäuble	Schäuble Rolf, Die Besteuerung der Personengesellschaften, (Diss.), St. Gallen 1972.
Schild	Schild Claus, Erbschaftssteuer und Erbschaftssteuerpolitik bei der Unternehmernachfolge, (Diss.) Thun/Frankfurt a.M. 1980.
Staehelin ASA 53	Staehelin Thomas, Milderung der steuerlichen Doppelbelastung, ASA 53 (1984/85), 241.
Staehelin Schweizer Treuhänder 6/84	Staehelin Thomas, Beteiligungsgewinnsteuer - eine unerwünschte Sondersteuer, Schweizer Treuhänder 6/84, 197.
Steiner	Steiner Martin, Die neuere Praxis zur wirtschaftlichen Betrachtungsweise im zürcherischen Grundsteuerrecht, ASA 52 (1983/84), 305.
Steuerinformationen	Steuerinformationen der Interkantonalen Kommission für Steueraufklärung, Bern (aperiodische Nachträge) zitiert nach: Register (A-G), Unterregister (für einzelne Steuerarten) und Seitenzahl.
Stockar Uebersicht/ Fallbeispiele	Stockar Conrad, Uebersicht und Fallbeispiele zu den Stempelabgaben und zur Verrechnungssteuer, Basel 1983.
Stockar ASA 53	Stockar Conrad, Ueberlegungen zum Grundsatzentscheid des Bundesgerichts in Sachen Bellatrix SA betreffend die Erfassung untersetzter Mietzinse als geldwerte Leistungen bei Mieter-Aktiengesellschaften, ASA 53 (1984/85), 177.
Strickler	Strickler Hansjakob, Das Bezugsrecht, Eine steuerwirtschaftliche Betrachtung, (Diss.) Bern 1974.
Styger	Styger Fredi, Objekt und Bemessung der kantonalen Erbanfall- und Schenkungssteuern, (Diss.) Zürich 1950.

Tinner	Tinner Hanspeter, Konzernstruktur und Steuerplanung, (Diss.) St. Gallen, Bern/Stuttgart 1984
Tipke	Tipke Klaus, Steuerrecht, Systematischer Grundriss, 7. A. Köln 1979.
Vallender	Vallender Klaus A., Die Auslegung des Steuerrechts unter besonderer Berücksichtigung der Aktienübertragung auf Holdinggesellschaften, (Habil. St. Gallen) Bern/Stuttgart 1985.
von Greyerz Unternehmernachfolge	von Greyerz Christoph, Die Unternehmernachfolge in den Personengesellschaften, in: Die Erhaltung der Unternehmung im Erbgang, Berner Tage für juristische Praxis 1970, Bern 1972, 69.
von Greyerz Aktiengesellschaft	von Greyerz Christoph, Die Aktiengesellschaft, in: Schweiz. Privatrecht, Band VIII/2, Basel 1982, 1.
von Greyerz SAG 54	von Greyerz Christoph, Bewertungsgrundsätze im Aktienrecht, SAG 54 (1982), 1.
von Steiger	von Steiger Werner, Gesellschaftsrecht, in: Schweizerisches Privatrecht, Bd. VIII/1, Basel 1976, 215.
Tuor/Picenoni ZGB... N...	Tuor Peter/Picenoni Vito, Berner Kommentar zum Erbrecht, Der Erbgang, Bern 1966.
Vuillemin	Vuillemin Fred, Zum Begriff des steuerbaren Ertrages im Verrechnungssteuer-Recht, Der Schweizer Treuhänder 5/81,20.
Weber	Weber Arnold, Das Verhältnis von Handelsbilanz und Steuerbilanz, (Diss.)Bern 1979.
Weidmann Wegweiser	Weidmann Heinz, Wegweiser durch das st. gallische Steuerrecht, 3. A. Bern 1979.
Weidmann StR 23	Weidmann Heinz, Möglichkeiten und Grenzen der betrieblichen Steuerplanung, StR 23 (1968), 58 ff.
Weidmann StR 37	Weidmann Heinz, Die steuerliche Behandlung von Sanierungen, StR 37 (1982), 1 ff.
Wettstein	Wettstein George, Die Behandlung von land- und forstwirtschaftlichen sowie gewerblichen Liegenschaften im Erbschafts- und Schenkungssteuerrecht, (Diss.) Zürich 1985.
Widmer	Widmer Erwin, Die Bedeutung der Erbteilung im Erbschaftssteuerrecht, in: Festschrift 500 Jahre Solothurn im Bund, Solothurn 1981, 347.
Wöhe	Wöhe Günter, Betriebswirtschaftliche Steuerlehre, Bd II 1. Halbband: Der Einfluss der Besteuerung auf die Wahl und den Wechsel der Rechtsform des Betriebes, 3. A. München 1978.
Würth	Würth Wendolin K., Kapitaleinlagen, sonstige Kapitalzuführungen und steuerbare Erträge bei Kapitalgesellschaften, (Diss.) St. Gallen 1973.

Yersin Thèse.	Yersin Danielle, Apports et retraits de capital propre et bénéfice imposable, (Thèse) Lausanne 1977.
Yersin ASA 47	Yersin Danielle, De quelques problèmes relatifs à la déduction des intérêts passifs et à la réalité de certaines dettes, ASA 47 (1978/79), 578.
Yersin ASA 49	Yersin Danielle, Quelques réflexions sur l'apport de biens à une entreprise, ASA 49 (1980/81), 161.
Yersin ASA 50	Yersin Danielle, A propos de la distinction entre le rendement de fortune et les gains en capital, questions choisies, ASA 50 (1981/82), 465.
Yersin StR 39	Yersin Danielle, L'imposition de la donation mixte, Note de jurisprudence, StR 39 (1984), 271.
ZH Bodenrechtsbericht	Schlussbericht der Kommission für die Reform des zürcherischen Bodenrechts, Zürich 1972.
Zindel	Zindel Gaudenz, Bezugsrechte in der Aktiengesellschaft, (Diss.) Zürich 1984.
Zobl	Zobl Dieter, Aenderungen im Personenbestand von Gesamthandschaften, (Diss.) Zürich 1973.
Z/S/F/R E3 ZH...N...	Zuppinger F./Schärrer E./Fessler F./Reich M., Kommentar zum Zürcher Steuergesetz, Ergänzungsband zum Kommentar Bd I-IV, 2. A. Bern 1983.
Zuppinger/Böckli/ Locher/Reich	Zuppinger F./Böckli P./Locher P./Reich M., Steuerharmonisierung, Probleme der Harmonisierung der direkten Steuern der Kantone und Gemeinden, Bern 1984.
Zuppinger/Höhn	Zuppinger Ferdinand/Höhn Ernst, Die Abgrenzung des Einkommens von den Erbschaften und Schenkungen und den steuerfreien Einkünften unter besonderer Berücksichtigung des zürcherischen Steuerrechtes, StR 16 (1961), 494.
Zuppinger ASA 53	Zuppinger Ferdinand,Einige Gedanken zur Besteuerung der Aktiengesellschaften in der Schweiz, ASA 53 (1984/85), 529.
Zuppinger StR 24	Zuppinger Ferdinand, Die wirtschaftliche Handänderung im Steuerrecht, StR 24 (1969), 455.
Zuppinger StR 31	Zuppinger Ferdinand, Der Begriff der "capital gains" im schweizerischen Steuerrecht, StR 31 (1976), 447.
Zuppinger ZBl 66	Zuppinger Ferdinand, Das zürcherische Erbschafts- und Schenkungssteuerrecht, ZBl 66 (1965), 289, 313.
Zuppinger Steuerrecht II	Zuppinger Ferdinand, Steuerrecht II, Grundsteuern, Erbschafts- und Schenkungssteuern, Einführung in das interkantonale und internationale Steuerrecht, Vorlesungsskriptum Zürich 1984.
Zuppinger ZSR 104	Zuppinger Ferdinand,Bericht zu aktuellen Steuerproblemen und Literaturspiegel der Jahre 1981 - 1985, ZSR Neue Folge Band 104 (1985) I, 575.

Anmerkung:

Die Dissertation wurde Ende Mai 1986 abgeschlossen. Deshalb konnten die folgenden wichtigen Beiträge in der Literatur nicht mehr berücksichtigt werden:

- Böckli Peter   Kapitalunternehmung und Anteilsinhaber, Unterlagen zum Seminar Nr. 2 im Weiterbildungsseminar über Unternehmungssteuerrecht des IFF vom 25. - 28. August 1986.

- Duss Marco   Geldwerte Leistungen zwischen Aktiengesellschaft und Aktionär, Unterlagen zum Seminar Nr. 1 über "Die Besteuerung von Aktiengesellschaft und Aktionär" der Schweiz. Treuhand- und Revisionskammer (Kammerseminar) vom 25./26. Juni 1986.

- Reich Markus Verdeckte Vorteilszuwendungen zwischen verbundenen Unternehmen, ASA 54 (1985/86), 609.

XXXVI

Verzeichnis der Steuerrechtsquellen, Materialien und Entscheidsammlungen[1]

zit.	
	1. Zürich
ZH	a) Gesetz über die direkten Steuern vom 8. Juli 1951.
ZH ESchG	Gesetz über die Erbschafts- und Schenkungssteuern vom 26. April 1936.
Antrag RR. ZH	b) Antrag des Regierungsrates vom 11. März 1981 zuhanden des Kantonsrates über die Aenderung des Gesetzes über die direkten Steuern vom 8. Juli 1951.
Antrag RR. ZH ESchG	Antrag des Regierungsrates vom 28. November 1984 zuhanden des Kantonsrates über ein neues Gesetz über die Erbschafts- und Schenkungssteuer (Erbschafts- und Schenkungssteuergesetz).
ZR	c) Blätter für zürcherische Rechtsprechung.
ZH RB	Rechenschaftsbericht - der Oberrekurskommission des Kantons Zürich an den Kantonsrat (bis 1959). - des Verwaltungsgerichts des Kantons Zürich an den Kantonsrat (ab 1960).
	2. Bern
BE	a) Gesetz über die direkten Staats- und Gemeindesteuern vom 29. Oktober 1944.
BVR	c) Bernisches Verwaltungsrecht. Entscheide und Abhandlungen zum bernischen Verwaltungsrecht.
MBVR	Monatsschrift für bernisches Verwaltungsrecht und Notariatswesen.
NStP	Die neue Steuerpraxis (Monatsschrift für bernisches und eidgenössisches Steuerrecht).
	3. Luzern
LU	a) Steuergesetz vom 27. Mai 1946.
LU RK E	c) Entscheide der Steuerrekurskommission des Kantons Luzern (bis 1973).
LGVE	Luzerner Gerichts- und Verwaltungsentscheide, II. Teil, Verwaltungsgericht (ab 1974).

1) **Stand der Gesetzgebung**: 1. Januar 1986

  Für publizierte Entscheide sei auch auf die allgemeinen Periodika verwiesen (vgl. Abkürzungsverzeichnis)
  a) Rechtsquellen
  b) Materialien
  c) Entscheidsammlungen

XXXVII

UR	4. Uri a) Steuergesetz des Kantons Uri vom 16. Mai 1965.
SZ	5. Schwyz a) Steuergesetz vom 28. Oktober 1958.
OW	6. Obwalden a) Steuergesetz vom 21. Oktober 1979.
NW	7. Nidwalden a) Gesetz über die Steuern des Kantons und der Gemeinden (Steuergesetz) vom 25. April 1982.
GL	8. Glarus a) Gesetz über das Steuerwesen vom 10. Mai 1970.
ZG	9. Zug a) Gesetz über die Kantons- und Gemeindesteuern vom 7. Dezember 1946.
FR	10. Freiburg a) Gesetz über die Kantonssteuern vom 7. Juli 1972.
SO	11. Solothurn a) Gesetz über die direkte Staats- und Gemeindesteuer vom 1. Dezember 1985.
Bericht FD SO	b) Bericht des Finanz-Departements vom 16. März 1981 betreffend die Grundzüge der Steuergesetzrevision.
SO RK RB	c) Bericht der Solothurnischen Kantonalen Rekurskommission in Steuersachen an den Kantonsrat von Solothurn.
SO RK Entscheide	Grundsätzliche Entscheide der Solothurnischen kantonalen Rekurskommission in Steuersachen.
BS	12. Basel-Stadt a) Gesetz über die direkten Steuern vom 22. Dezember 1949.
Ratschlag und Entwurf	b) Ratschlag und Entwurf zu einem Gesetz betreffend Abänderung und Ergänzung des Gesetzes über die direkten Steuern vom 22. Dezember 1949 in der Fassung vom 30. September 1976 (Steuerrevision 80) und Bericht zu 25 Auszügen, die Neuerungen, Ergänzungen oder Aenderungen des Steuergesetzes zum Gegenstand haben (20. Juli 1979).

13. Basel-Landschaft

BL a) Gesetz über die Staats- und Gemeindesteuern und den Finanzausgleich vom 7. Februar 1974.

BlStpr c) Basellandschaftliche Steuerpraxis.

14. Schaffhausen

SH a) Gesetz über die direkten Steuern vom 17. Dezember 1956.

15. Appenzell A.Rh.

AR a) Gesetz über die direkten Steuern für den Kanton Appenzell Ausserrhoden vom 27. April 1958.

16. Appenzell I.Rh.

AI a) Steuergesetz für den Kanton Appenzell Innerrhoden vom 28. April 1968.

17. St. Gallen

SG a) Steuergesetz vom 23. Juni 1970.

SG VV Vollzugsverordnung zum Steuergesetz vom 10. November 1970.

GVP c) St. Gallische Gerichts- und Verwaltungspraxis.

18. Graubünden

GR a) Steuergesetz des Kantons Graubünden vom 21. Januar 1964.

19. Aargau

AG a) Steuergesetz vom 13. Dezember 1983 (Gesetz über die Steuern auf Einkommen, Vermögen, Grundstückgewinnen, Erbschaften und Schenkungen).

AG AStG Gesetz über die Besteuerung der Kapitalgesellschaften (Aktiengesellschaften, Kommanditaktiengesellschaften, Gesellschaften mit beschränkter Haftung) und Genossenschaften vom 5. Oktober 1971.

AGVE c) Aargauische Gerichts- und Verwaltungsentscheide.

AGStpr Aargauische Steuerpraxis, I. und II. Teil (Loseblattsammlung).

20. Thurgau

TG a) Gesetz über die Staats- und Gemeindesteuern vom 9. Juli 1964.

XXXIX

	21. Tessin
TI	a) Legge tributaria del 28 settembre 1976.
	22. Waadt
VD	a) Loi sur les impôts directs cantonaux du 26 novembre 1956.
	23. Wallis
VS	a) Loi fiscale du 10 mars 1976.
	24. Neuenburg
NE	a) Loi sur les contributions directes du 9 juin 1964.
	25 Genf
GE	a) Loi générale sur les contributions publiques du 9 novembre 1887.
	26. Jura
JU	a) Loi sur les impôts directs de l'Etat et des communes du 26 octobre 1978.
	27. Bund
BdBSt	a) "Bundesratsbeschluss über die Erhebung einer direkten Bundessteuer (BdBSt)" vom 9. Dezember 1940 (vor dem 13. Januar 1982 Bundesratsbeschluss über die Erhebung einer Wehrsteuer (WStB).
VStG	Bundesgesetz über die Verrechnungssteuer vom 13. Oktober 1965.
StG	Bundesgesetz über die Stempelabgaben (StG) vom 27. Juni 1973.
WUB	Bundesratsbeschluss über die Warenumsatzsteuer vom 29. Juli 1941.
Botschaft Aktienrecht	b) Botschaft des Bundesrates über die Revision des Aktienrechts vom 23.2.1983 (BBl 1983 II 745 ff.).
Botschaft Steuerharmonisierung	Botschaft des Bundesrates über die Harmonisierung der direkten Steuern der Kantone und Gemeinden (StHG) sowie die direkte Bundessteuer (DBG) vom 25.5.1983 (BBl 1983 III 1 ff.).
StHGE	Entwurf zur Harmonisierung der Steuern der Kantone und Gemeinden enthalten in der Botschaft des Bundesrates vom 25.5.1983 (Botschaft Steuerharmonisierung: StHG).
DBGE	Entwurf zu einer direkten Bundessteuer enthalten in der Botschaft des Bundesrates vom 25.5.1983 (Botschaft Steuerharmonisierung: DBG).

Einleitung

In der Praxis wird des öftern versucht, aufgrund von individuellen Belastungsvergleichen zwischen Personenunternehmungen und Kapitalgesellschaften allgemein gültige Aussagen über die steuerliche Besserstellung der einen oder andern Unternehmungsform zu machen. Solches Unterfangen stösst indessen idR bald auf Grenzen, weil die Beurteilung von den konkreten Gegebenheiten des Einzelfalles abhängt. Dieser Tatsache Rechnung tragend, stellt sich die vorliegende Arbeit die Aufgabe, nur einen Aspekt der Wahl der Unternehmungsform zu beleuchten: jenen der steuerlichen Behandlung von Aenderungen im Bestand der Beteiligten. Es kann jedoch auch nicht Ziel dieser Untersuchung sein, für die an den Aenderungen Beteiligten je nach anwendbarer Steuerordnung unterschiedliche Steuerbelastungen zu berechnen. Vielmehr geht es zum einen darum, die mit den Aenderungen verbundenen steuerlichen Folgen und Wirkungen (insbes. Uebergang latenter Steuerlasten) aufzuzeigen und für die beiden Unternehmungsformen einander gegenüberzustellen; zum andern soll als Folge der sich ergebenden Unterschiede versucht werden, politisch realisierbare Wege zu finden, um die steuerliche Behandlung von Aenderungen im Bestand der Beteiligten unternehmungsformunabhängiger zu gestalten.

Im <u>ersten Teil</u> der Untersuchung sind Grundlagen und Steuerprobleme darzustellen. Im <u>zweiten Teil</u> werden zuerst die steuerlichen Folgen der Aenderungen im Bestand von Beteiligten bei Personenunternehmungen (Erstes Kapitel) bzw. bei Kapitalgesellschaften (Zweites Kapitel) behandelt. Anschliessend sind diese Unternehmungsformen für die Beteiligten aus wirtschaftlicher Sicht unter Verwendung verschiedener Kriterien miteinander zu vergleichen (Drittes Kapitel). Der <u>dritte Teil</u> vermittelt aus einer kombinierten rechtlich-wirtschaftlichen Sicht eine Gesamtbeurteilung für die entgeltlichen (§ 20) und die unentgeltlichen (§ 21) Aenderungen und leitet daraus Schlussfolgerungen und Postulate ab (§ 22).

ERSTER TEIL: GRUNDLAGEN

§ 1 BETEILIGUNG

I. Die Beteiligung im Zivilrecht

A. BETEILIGUNG AN UNTERNEHMUNGEN

Ein Rechtssubjekt kann sich an einer kaufmännischen Personengesellschaft (Kollektiv- und Kommanditgesellschaft)[1] oder einer Kapitalunternehmung (Kapitalgesellschaften und Genossenschaften) beteiligen oder Mitglied einer die kaufmännische Unternehmung des Erblassers fortführenden Erbengemeinschaft[2] sein. Daneben kann eine natürliche Person eine kaufmännische Unternehmung als Einzelfirma führen.

In dieser Arbeit wird unterschieden zwischen Beteiligungen an Personenunternehmungen (Einzelfirma, Kollektiv- und Kommanditgesellschaft) sowie solchen an Kapitalgesellschaften[3] (Aktiengesellschaft, Kommanditaktiengesellschaft und GmbH).

---

1) Die einfache Gesellschaft fällt im weiteren ausser Betracht, da sich der einzelne Gesellschafter als Einzelfirma ins Handelsregister eintragen lassen muss, wenn er auf Rechnung der Gesellschaft, aber mit Dritten in seinem eigenen Namen handelnd, ein Handels-, Fabrikations oder ein anderes nach kaufmännischer Art geführtes Gewerbe betreibt (Guhl, OR, 524).

2) Sie ist eine vertraglich begründete, privatrechtliche Personenverbindung, jedoch keine Gesellschaft (Meier-Hayoz/Forstmoser, 45 f.). Die Erbengemeinschaft verkörpert eine Personenverbindung auf gesetzlicher Grundlage (ZGB 602), welche ipso jure im Augenblick des Todes des Erblassers entsteht (Meier-Hayoz/Forstmoser, 33). Die gesetzlichen Erben als Beteiligte an einer Personenverbindung organisieren sich im Gegensatz zu den Personengesellschaften nicht aus freiem Entschluss, sondern unabhängig von ihrem Willen kraft Gesetz und sind deshalb keine Gesellschafter (Meier-Hayoz/Forstmoser, 32).

3) "Der Sammelbegriff "Kapitalgesellschaft" findet sich als solcher weder im Beschluss über die direkte Bundessteuer noch im Obligationenrecht; er hat sich jedoch im allgemeinen Sprachgebrauch als Oberbezeichnung für die Rechtsform der Aktiengesellschaft, der Kommanditgesellschaft und der Gesellschaft mit beschränkter Haftung eingebürgert" (Botschaft Steuerharmonisierung, 185).

1. Personenunternehmungen

Eine Personenunternehmung kann als Einzel- oder Gesellschaftsunternehmung geführt werden. Beteiligte sind die Personen, welche Einlagen in das Eigenkapital der Personenunternehmung vorgenommen haben.

Wird eine natürliche Person allein unter einer Geschäftsfirma kaufmännisch tätig, liegt eine Einzelunternehmung vor. Der Einzelunternehmer ist Alleininhaber und nicht bloss Beteiligter der kaufmännischen Unternehmung[1]. Zur Vereinfachung wird auch er in dieser Arbeit als "Beteiligter" an einer Personenunternehmung bezeichnet.

Die Kollektiv- und Kommanditgesellschaften als hier zu behandelnde Personengesellschaften[2] sind Gemeinschaften zur gesamten Hand, und als solche Personengesamtheiten ohne eigene Rechtspersönlichkeit. Dies bedeutet zum einen, dass das Recht eines Personengesellschafters auf die Gesamtheit der der Gesellschaft gehörenden Vermögenswerte geht, so dass das Verfügungsrecht des Einzelnen über einzelne Teile ausgeschlossen ist. Zur Ausübung des Eigentums und zur Verfügung über die Sache bedarf es gemäss ZGB 653 II des einstimmigen Beschlusses aller Gesamteigentümer. Zum andern wird mit dem Gesellschaftsvertrag keine Gesellschaft mit juristischer Rechtspersönlichkeit geschaffen, das Vermögen der Gesellschaft somit juristisch nicht verselbständigt.

---

[1] Die Begriffe Unternehmung, Geschäft, Gewerbe, Betrieb sind einander in dieser Arbeit gleichgestellt.

[2] Auf die stille Gesellschaft, einer aus dem Gewohnheitsrecht hervorgegangenen und grundsätzlich dem Recht der einfachen Gesellschaft unterstellten Gesellschaftsform wird hier nicht näher eingegangen. Immerhin ist darauf hinzuweisen, dass bei dieser Personenverbindung nach aussen nur der Hauptgesellschafter als Einzelunternehmer auftritt. Dem stillen Gesellschafter eröffnet diese Rechtsform jedoch die Möglichkeit, sich finanziell an einer geschäftlichen Tätigkeit zu beteiligen. Im Innenverhältnis ist wesentlich, dass die Einlage des stillen Gesellschafters idR in das Alleineigentum des Hauptgesellschafters übergeht. Im Gegensatz zu den Personengesellschaften und Erbengemeinschaften besteht somit bei den stillen Gesellschaften keine Gemeinschaft zur gesamten Hand. Der stille Gesellschafter hat folglich gegenüber dem Hauptgesellschafter nur obligationenrechtliche Ansprüche (vgl. Cagianut/Höhn, Unternehmungssteuerrecht, § 2 N 23 f.). Wie ein als stiller Gesellschafter erzielter Gewinn zu versteuern ist, kann auch ein aus der stillen Beteiligung erlittener Verlust vom steuerbaren Einkommen abgesetzt werden (ZH RB 1961 Nr. 44).

Die Erbengemeinschaft entsteht von Gesetzes wegen durch Gesamtrechtsnachfolge mit dem Tod des Erblassers[1]. Ist eine Unternehmung Bestandteil des Erbschaftsvermögens, wird die Erbengemeinschaft zum Unternehmungsträger. Im Hinblick auf die steuerliche Beurteilung ist dabei wesentlich, dass der einzelne Erbe nicht anteilmässig an einzelnen Vermögensgegenständen der ererbten Unternehmung, sondern anteilmässig am Gesamtvermögen berechtigt ist[2]. Er hat dabei Anspruch auf eine quotenmässige Beteiligung am Gewinn sowie am Liquidationsergebnis im Falle der Auflösung der Erbengemeinschaft[3]. Obwohl die Eigenschaft als Anteilsberechtigter dem Miterben das Recht auf Mitverwaltung, Mitbesitz und Mitverfügung gibt[4], ist die Erbengemeinschaft jedoch strukturell für die Unternehmertätigkeit nicht geeignet, denn Nutzung und Verwaltung setzen die Zustimmung aller Erben voraus. Das Einstimmigkeitsprinzip hindert oft eine zielstrebige Führung und ermöglicht geschäftsunerfahrenen Erben einen unerwünschten Einfluss auf die Unternehmenstätigkeit. Deshalb ist das Fortbestehen der Erbengemeinschaft nur so lange angezeigt, als der Entscheid über die personelle Trägerschaft und die Struktur der Unternehmung für die Zukunft noch nicht getroffen ist[5]. Die Erbengemeinschaft wird zur Gesellschaft, wenn die Erben vereinbaren, das Erbschaftsvermögen ganz oder teilweise für bestimmte, gemeinsam zu verfol-

---

1) vgl. Cagianut, Unternehmernachfolge, 47
2) vgl. Escher, ZGB 602 N 6
3) vgl. Meier-Hayoz, ZGB 602 - 606 N 9
4) vgl. Escher, ZGB 602 N 6
5) vgl. H. Hausheer, Die Unternehmernachfolge als erbrechtliches Problem, insbesondere bei der Einzelunternehmung, in: Die Erhaltung der Unternehmung im Erbgang, Berner Tage für die juristische Praxis 1970, Bern 1972, 33 ff.; insb. 47; Cagianut, Steuerplanung, 8; nach Piotet (Paul Piotet, Erbrecht, in: Schweiz. Privatrecht, Band IV/2 Basel 1978, 16) ist die Erbengemeinschaft "nur ein vorübergehendes Stadium, eine zu liquidierende Gemeinschaft. Die Liquidation betrifft im wesentlichen die Erbteilung - vertragliche oder gerichtliche -, welche in der Verteilung des Vermögens unter die Erben besteht, wobei die gemeinsame Berechtigung durch eine einzelne Berechtigung ersetzt wird (die Bezahlung aller Schulden oder eines Teiles davon kann der Teilung vorausgehen). Der Erwerb auf Grund der Teilung stellt eine Singularsukzession dar. Mit ihm endet die Erbengemeinschaft, sobald alle Vermögenswerte aufgehört haben, gemeinsames Eigentum der Erben zu sein".

gende, wirtschaftliche Zwecke einzusetzen[1]. Führen alle oder eine Mehrheit der Erben die ererbte Unternehmung unter gemeinsamer Firma weiter, wandelt sich die Erbengemeinschaft zur Kollektivgesellschaft[2]. "Das Kapitalkonto des Erblassers wird nach Massgabe der Berechtigung in die Kapitalkonten der einzelnen Erben bzw. Gesellschafter aufgegliedert"[3].

2. Kapitalgesellschaften[4]

Im Gegensatz zu den Teilhabern an Personengesellschaften steht den Anteilsinhabern an Kapitalgesellschaften kein gesamthänderisches Eigentum am Gesellschaftsvermögen zu; vielmehr begründet die Kapitalgesellschaft als Gesellschaft mit eigener juristischer Rechtspersönlichkeit selbst das Alleineigentum[5] am Vermögen. Die Anteilsinhaber sind idR über Beteiligungspapiere am Grundkapital der Kapitalgesellschaft beteiligt.

Die anteilmässige Beteiligung der Anteilsinhaber bemisst sich nach dem übernommenen Teil des festen Grundkapitals, d.h. das investierte Kapital eines Anteilsinhabers repräsentiert einen oder mehrere Kapitalanteile an den feststehenden Mitgliedschaftsstellen der Gesellschaft[6].

---

1) Meier-Hayoz/Forstmoser, 39

2) von Steiger, 331; Cagianut, Unternehmernachfolge, 48.

3) Cagianut, Unternehmernachfolge, 48; derselbe, Steuerplanung, 8.

4) Die Genossenschaft als weitere Rechtsform der Kapitalunternehmungen weist insbes. aus zivilrechtlicher Sicht Eigenheiten auf. Unterschiede zu den Kapitalgesellschaften ergeben sich insbesondere hinsichtlich Grundkapital, Zweck, Verwendung der Netto-Wertschöpfung, des ausgewiesenen Nettoergebnisses, des Verteilungsmodus für das erarbeitete Nettoergebnis, die Dividendenlimite sowie das Liquidationsergebnis (vgl. Zuppinger/Böckli/Locher/Reich, 217 f.).

5) vgl. Meier-Hayoz/Forstmoser, 67

6) Diese Gesellschaftsanteile bleiben vorbehältlich einer Kapitalveränderung fest. Man spricht vom System der festen Kapitalanteile (von Greyerz, Unternehmernachfolge, 100).

B. ABGRENZUNGEN

1. Geschäftsanteil - partiarisches Darlehen

Diese Abgrenzung interessiert vor allem deshalb, weil sich für den Geldgeber je nach der Qualifikation als Gesellschaftsvertrag oder partiarisches Darlehen im Konkurs der <u>Personenunternehmung</u> unterschiedliche Folgen ergeben. Wird das Vertragsverhältnis als Gesellschaftsvertrag qualifiziert, kann der Beteiligte mit dem anderen Gesellschafter für die Schulden der Personengesellschaft unbeschränkt und solidarisch haftbar werden. Bei Qualifikation als Darlehen kann er die ganze Forderung als Gläubiger anmelden[1].

Das partiarische Darlehen stellt seiner rechtlichen Natur nach ein Darlehen (OR 312 ff.) dar. Abweichend von der typischen Form wird anstelle eines Zinses oder zusätzlich zu einem festen Zins ein Anteil am Gewinn des Darlehensnehmers vereinbart[2]. "Besteht das Entgelt ausschliesslich in einem Anteil am Reingewinn, dann ist im Einzelfall die Grenzziehung zur einfachen Gesellschaft und vor allem ihrer Abart, der stillen Gesellschaft, schwierig"[3].

Die Verlustbeteiligung wird meist als ausschlaggebendes Abgrenzungskriterium betrachtet[4]. Das BGr[5] hat jedoch dazu festgehalten, dass auch der Partiar am Verlust beteiligt sein könne; es hat damit zum Ausdruck gebracht, dass die Verlustbeteiligung allein zur Annahme einer Gesellschaft nicht genügt. Die Verlustbeteiligung stellt allerdings ein gewichtiges Indiz für das Vorliegen einer Gesellschaft dar[6].

---

1) vgl. Meier-Hayoz/Forstmoser, 42; Guhl, OR 552 f.
2) vgl. Guhl, OR 552; Meier-Hayoz/Forstmoser, 42.
3) Meier-Hayoz/Forstmoser, 42
4) vgl. Meier-Hayoz/Forstmoser, 43
5) BGE 99 II 303
6) vgl. Meier-Hayoz/Forstmoser, 43

Als Folge der idR fehlenden Verlustbeteiligung hat der Partiar anderseits auch keinen Anspruch auf eine sorgfältige Geschäftsführung im Hinblick auf einen grösstmöglichen Gewinn sowie auf ein allgemeines Kontroll- und Mitspracherecht. Das Interesse des Darlehensgebers an der Erfüllung des partiarischen Rechtsgeschäftes verlangt aber vom Darlehensnehmer erhöhte Anforderungen an die Pflicht zur Annahme und zur vertragskonformen Verwendung der Darlehenssumme sowie an die Berechnungsart des Gewinnes, der die Grundlage des Entgelts darstellt. Bleibt jedoch ein Gewinn aus, kann der Darlehensgeber nicht subsidiär den gesetzlich möglichen Zins beanspruchen[1].

Guhl[2] unterscheidet im Zusammenhang mit Vermögenseinlagen je nach den Absichten der Beteiligten oder je nach dem Schein, den sie nach aussen erwecken, drei Abstufungen: der Geldgeber tritt nach aussen nicht als Gesellschafter auf, mischt sich nicht in die gesellschaftlichen Angelegenheiten und übernimmt keine Pflicht zur Mittragung eines Verlustes (partiarisches Darlehen); der Geldgeber tritt nach aussen nicht als Gesellschafter auf, betätigt sich jedoch im Innern als solcher (stille Gesellschaft); der Geldgeber tritt nach aussen als Gesellschafter auf oder seine Beteiligung an der Gesellschaft ist nach aussen öffentlich kundgegeben oder sein Name ist in der Firma aufgenommen (einfache oder Kollektivgesellschaft).

Zusammenfassend können somit folgende Umstände einen Vertrag als partiarisches Darlehen charakterisieren:

- Gewinnbeteiligung und u.U. Verabredung eines festen Zinses
- fehlende Verlustbeteiligung
- fehlendes Mitbestimmungsrecht
- fehlendes Auftreten nach aussen

---

1) vgl. Peter Graf, Das Darlehen mit Gewinnbeteiligung oder das partiarische Darlehen, besonders seine Abgrenzung von der Gesellschaft, Diss. Zürich 1951, S. 22 ff.
2) vgl. Guhl, OR, 552 f.

2. Beteiligungen - Wertschriften

Diese Abgrenzung drängt sich hinsichtlich der Beteiligung von buchführungspflichtigen Unternehmungen an Kapitalgesellschaften für Bilanzierungszwecke und die damit verbundenen Bewertungsprobleme[1] auf.

Beteiligungen grenzen sich von Wertschriften durch folgende Merkmale ab:

a) Absicht der dauernden Anlage
b) Mass der Einflussnahme (Beteiligungsquote)
c) andere wirtschaftliche Tatbestände (z.B. VR-Sitz für Minderheitsbeteiligte, Einsichtsrecht).

Nach Cagianut[2] sind für die Qualifikation als Beteiligung u.a. von Bedeutung die Beteiligungsquote sowie die mit dem Erwerb der Beteiligung verbundenen geschäftlichen Beziehungen. Für Känzig[3] macht aus unternehmungswirtschaftlicher Sicht der Umstand, dass eine Mehrzahl von Beteiligungsrechten ihrem Eigentümer einen mehr oder weniger grossen Einfluss auf die Geschäftstätigkeit der Gesellschaft gewährt, diese zu einer Beteiligung. Der Entwurf zu einem neuen Aktienrecht[4] verlangt für die als Anlagevermögen zu bewertenden Beteiligungen zwei Kriterien: Absicht dauernder Anlage und Vermittlung eines massgebenden Einflusses[5].

Im folgenden ist davon auszugehen, dass die Beteiligungsrechte bilanzrechtlich als Anlagevermögen zu qualifizieren sind[6].

---

1) vgl. hinten C.

2) vgl. Cagianut, Grundriss, 65

3) vgl. Känzig, Einzelbewertung, 166

4) rev. OR 665 a II

5) "Nicht verlangt wird ein beherrschender Einfluss, sodass auch Minderheitsbeteiligungen als Beteiligungen im gesetzlichen Sinne gelten können" (Botschaft Aktienrecht, 892). Rev. OR 665 a III setzt den auslegungsbedürftigen Begriff des massgebenden Einflusses so fest, dass dafür ein Anteil von mindestens einem Fünftel des Stimmrechtes gegeben sein muss.

6) Zur Problematik vgl. auch Marti, 85 ff.

C. BEWERTUNGSFRAGEN FUER BETEILIGUNGEN IM GESCHAEFTSVERMOEGEN

Bei den buchführenden Unternehmen[1] stellt sich für die Beteiligungen an Kapitalgesellschaften zum einen die Frage der massgebenden Bewertungsvorschriften. Zum andern ist zu entscheiden, ob diese Beteiligungen an Kapitalgesellschaften einzeln oder als Gruppe mit den übrigen Beteiligungen zu bewerten sind.

1. Bewertungsvorschriften

Die Bewertungsregeln des Handelsrechts sind zum Schutze der Gläubigerinteressen und "des Unternehmens an sich" Höchstwertvorschriften. Dagegen ist die Bilanzierung zu tieferen Ansätzen mit Ausnahme der vom Gesetz für die Bildung von stillen Reserven gesetzten Grenzen (OR 663 II) gesetzlich und auch aufgrund der allgemein anerkannten kaufmännischen Grundsätze zulässig[2].

Für Personenunternehmungen sind die allgemeinen Buchführungsvorschriften von OR 957 ff. anwendbar. Bewertungsbasis bildet gemäss OR 960 II der Wert, der den Beteiligungsrechten im Zeitpunkt der Bilanzerstellung für die Personenunternehmung zukommt, d.h. nicht die Anlagekosten, sondern die beim Erwerb in Betracht gezogenen Wertfaktoren, insbesondere die zu erwartenden Geldbeträge. Dabei ist grundsätzlich der in der Beteiligung liegende Anteil am Gesamtwert der betreffenden Unternehmung abzuschätzen. Fehlt bei zahlenmässig bedeutenden Beteiligungen ein allgemein bekannter Wert (dem Bilanzierenden bekannter Unternehmungswert, Börsenwert oder vorbörsliche Notierung als Richtschnur oder Anhaltspunkt), ist mit Hilfe der erforderlichen Unterlagen (Bilanzen, Revisionsberichte) eine Unternehmungsbewertung vorzunehmen[3].

---

1) buchführungspflichtige Personenunternehmungen und Kapitalgesellschaften
2) vgl. Bossard, OR 960 N 49; Cagianut/Höhn, Unternehmungssteuerrecht, § 8 N 14; RHB 2.2. S.18; Marti, 85 ff.; Weber, 30.
3) Bossard, OR 958 N 52; RHB 2.2. S.91.

Speziell für solche höheren Anteilquoten ist indessen bei der Berücksichtigung von auf dem Ertrag der Gesellschaft basierenden, u.U. nicht leicht quantifizierenden Leistungen und sonstigen Vorteilen Zurückhaltung angebracht[1]. Bei unterpreislich oder unentgeltlich erworbenen Beteiligungsrechten ist die Einbuchung zu einem der Beteiligung für die Personenunternehmung zukommenden Geschäftswert erlaubt.

Beteiligungen gehören zu den Finanzanlagen. Diese sind in den Büchern einer **Kapitalgesellschaft** grundsätzlich - gleich wie die Sachanlagen nach OR 665, d.h. höchstens zu den Anschaffungskosten zu bewerten[2]. Zu diesem sachlich richtigen Ergebnis gelangt man auch bei Anwendung der Bewertungsregeln nicht kotierter Wertpapiere; bei diesen schliesst OR 667 II einen über dem Kostenwert liegenden Wertansatz aus. Da Beteiligungen mit Kurswert bei Absicht dauernder Anlage als Anlagegut zu qualifizieren sind, rechtfertigt sich auch aus dieser Sicht eine Bewertung nach OR 665[3]. Beteiligungen sind somit idR nach dem Niedrigstwertprinzip zu bewerten. Die Praxis bejaht die Frage, ob Beteiligungen u.U. über die Anschaffungskosten hinaus bewertet werden dürfen, unter einschränkenden Bedingungen, "z.B. wenn ein erheblicher Mehrwert von Beteiligungen feststeht und die Aufwertung offen zur Beseitigung einer Unterbilanz erfolgt, die nach Auflösung aller stiller (evtl. auch der offenen) Reserven verbleibt"[4]. Nach Bossard[5] dürfen anstelle von Gewinnausschüttungen gratis erhaltene Titel höchstens zum Werte des entsprechenden Gewinnbetrages bilanziert werden. Da geschenkte Beteiligungen keinen Anschaffungs-

---

1) vgl. Käfer, OR 960 N 239; Bossard, OR 960 N 113.

2) vgl. Bürgi, OR 665 N 9; Cagianut, Grundriss, 65.

3) Bei Qualifikation als Wertpapier wären die Beteiligungen nach OR 667 II zu bewerten und folglich ein Bilanzansatz über den Anschaffungskosten zulässig (vgl. Cagianut, Grundriss, 65).

4) Käfer, OR 960 N 238; auch nach RHB 2.2.S.181-184 sind solche Aufwertungen unter bestimmten Bedingungen gestattet (vgl. dazu Helbling, SAG 52, 119 f.; R. Dieterle, Die Revision des Aktienrechts und die stillen Reserven, ASA 46 (1977/78), 49 ff.).

5) vgl. Bossard, OR 960 N 113

wert haben, bejaht Bürgi[1] eine Bilanzierung zum Verkehrswert zur Zeit der Einbringung. Dies muss folglich auch beim Erwerb aufgrund gemischter Rechtsgeschäfte gelten.

2. Einzel- oder Gruppenbewertung?

Nach OR 960 II sind alle Aktiven zu bewerten; damit wird, wenn auch undeutlich, das Prinzip der Einzelbewertung zum Ausdruck gebracht[2]. Die schweizerische Praxis räumt der Gruppenbewertung idR den Vorzug ein[3]. Nach von Greyerz[4] sind Zusammenfassungen und damit Saldierungen in der Bilanz notwendig und auch zulässig, soweit sie sich auf gleichartige Aktiven erstrecken. Da jedoch Beteiligungen untereinander oft verschiedenartige Güter sind, sollte nach dieser Ansicht eine Saldierung von Mehr- und Minderwerten nicht zugelassen werden; denn in diesen Fällen liegen die Voraussetzungen für eine Gruppenbewertung nicht vor[5]. Den Prinzipien der Bilanzvorsicht und der -wahrheit Rechnung tragend, wird im folgenden vorausgesetzt, dass die Beteiligungen verschiedener Unternehmungen getrennt zu bewerten sind. Damit folgt man den internationalen Tendenzen, wonach die Bewertungsgrundsätze je Bewertungseinheit anzuwenden sind[6][7].

---

1) vgl. Bürgi, OR 665 N 21
2) vgl. von Greyerz, Bewertungsgrundsätze, 6; R/Z/S II ZH 19 b N 177 ff.
3) vgl. RHB 2.2.S.96; Kammertagung 1981, 210 f.; Helbling, SAG 52, 115 f. vertritt mit dem RHB (2.2.S.17) die Auffassung, dass, sachgerechte Gliederung vorausgesetzt, die Bilanzposition als Ganzes den gesetzlichen Bewertungsvorschriften entsprechen müsse.
4) vgl. von Greyerz, Bewertungsgrundsätze, 6 inkl. FN 25 und dort zitierten Autoren; vgl. Blumer/Graf, 428 f.
5) Nach Weber (75 ff.) leiten sich die Grundsätze von Einzelbilanzierung und Einzelbewertung aus den aktienrechtlichen Höchstbewertungsvorschriften ab; die Ansicht von Känzig (Einzelbewertung, 382 ff.), es bestehe daneben ein eigenständiger steuerrechtlicher Grundsatz auf Einzelbilanzierung und -bewertung, wird abgelehnt.
6) In der BRD müssen die Bewertungsgrundsätze je Bewertungseinheit angewendet werden (vgl. Helbling, SAG 52, 116).
7) Auch die 4. EG-Richtlinie schreibt das Prinzip der Einzelbewertung vor (vgl. Apropos, Informationen der Schweiz. Treuhandgesellschaft, Nr. 59, S. 8).

II. Die Beteiligung im Steuerrecht

Im Steuerrecht ist zu beachten, dass Personenunternehmungen und Kapitalgesellschaften "von <u>verschiedenen Steuersubjekten</u> (natürliche und juristische Personen) getragen werden und beide Trägerkategorien <u>verschiedenen Steuersystemen</u> mit verschiedenen Steuerarten unterstehen"[1].

A. TRAEGERSCHAFT UND BETEILIGUNG

1. Bei Personenunternehmungen

Träger einer Einzelunternehmung ist ihr Inhaber, jener einer Personengesellschaft sind ihre Teilhaber. Diese können mit Ausnahme des Kommanditärs einer Kommanditgesellschaft nur natürliche Personen sein. Eine Person ist somit an einer Personenunternehmung beteiligt, wenn sie Einzelkaufmann oder Mitglied einer Personenverbindung ist, welche eine Unternehmung betreibt[2]. Der Inhaber einer Einzelunternehmung verfügt über die alleinige, die Teilhaber an einer Personengesellschaft über eine ihrer ideellen Quote entsprechenden Beteiligung am Unternehmungsvermögen[3]. Die Beteiligung an einer Einzelunternehmung wird deshalb in dieser Arbeit als Geschäft, jene an einer Personengesellschaft als Geschäftsanteil bezeichnet.

2. Bei Kapitalgesellschaften

Träger einer Kapitalgesellschaft sind nicht ihre Anteilsinhaber. Vielmehr ist Trägerin einer Kapitalgesellschaft die juristische Person selbst. Die Anteilsinhaber sind daran bloss mit ihrem Kapitaleinsatz beteiligt.

---

1) Cagianut/Höhn, Unternehmungssteuerrecht, § 2 N 5 (Im Original Hervorgehobenes ist unterstrichen).

2) vgl. Cagianut/Höhn, Unternehmungssteuerrecht, § 15 N 2

3) vgl. Reich, Realisation, 225

Im Gegensatz zu den Beteiligten an einer Personenunternehmung sind die Anteilsinhaber einer Kapitalgesellschaft somit nicht unmittelbar am Gesellschaftsvermögen beteiligt. Die Beteiligung ist nur eine wirtschaftliche, denn sie "verkörpert lediglich die Mitgliedschaftsrechte, welche dem Beteiligten einen seiner Beteiligungsquote entsprechenden wirtschaftlichen Einfluss auf das Unternehmen und einen anteilmässigen Anspruch auf Reingewinn und Liquidationserlös verleihen"[1]. Stellvertretend für die Bezeichnung der Beteiligungen an den verschiedenen Rechtsformen[2] der Kapitalgesellschaft wird hier idR von Beteiligungsrechten gesprochen.

3. Beteiligungen im Rahmen dieser Arbeit

Dem Charakter einer Personengesellschaft entsprechend sind an dieser nur wenige Teilhaber beteiligt, sodass der einzelnen Beteiligung idR eine quantitativ wesentliche Bedeutung zukommt. Das geltende Steuerrecht unterscheidet jedenfalls nicht zwischen wesentlichen und nicht wesentlichen Beteiligungen an <u>Personengesellschaften</u>. Dagegen dient die Beteiligungsquote von 20 % am Grundkapital bzw. am Stimmrecht von <u>Kapitalgesellschaften</u> bereits nach geltendem Recht (Beteiligungsgewinnsteuer, Beteiligungsabzug, Vermögenssteuer) zur Abgrenzung wesentlicher von nicht wesentlichen Beteiligungen. Diese Beteiligungsquote wird denn auch im Rahmen dieser Arbeit für die einzelnen Aenderungstatbestände als gegeben vorausgesetzt.

---

[1] Reich, Realisation, 226

[2] Aktiengesellschaft und Kommanditaktiengesellschaft: Aktien; GmbH: Gesellschaftsanteile; Genossenschaften idR Anteilscheine.

B. QUALIFIKATION ALS GESCHAEFTSVERMOEGEN ODER PRIVATVERMOEGEN

1. Beteiligung an einer Personenunternehmung

Da die Beteiligten einer Personenunternehmung selbst Unternehmungsträger sind, stellt die Beteiligung an einer Personenunternehmung zwingenderweise GV dar. Eine Ausnahme ist auch nicht für beschränkt haftende Teilhaber einer Kommanditgesellschaft zu machen, sofern dieser Kommanditär eine natürliche Person ist[1].

2. Beteiligung an einer Kapitalgesellschaft

Ist der Anteilsinhaber eine Kapitalgesellschaft, sind die Beteiligungsrechte definitionsgemäss GV. Ist der Anteilsinhaber eine natürliche Person, bedeutet dies keineswegs, dass die Beteiligungsrechte ohne weiteres dem GV des Anteilsinhabers zuzuordnen sind, denn Trägerschaft und Beteiligung sind voneinander unabhängig. Für die Zurechnung sind allein die Verhältnisse beim Anteilsinhaber massgebend. Beteiligungsrechte sind <u>Alternativgüter</u>, d.h. sie können ihrem Wesen nach sowohl PV als auch GV darstellen. Nach der Praxis des Bundesgerichts hat die Zuteilung von Alternativgütern nicht nach dem Willen des Steuerpflichtigen, sondern nach objektiven Gesichtspunkten und der Gesamtheit der tatsächlichen Verhältnisse zu erfolgen. Den Zuteilungskriterien kann je nach Anteilsinhaber (Einzelunternehmer, Personengesellschaft) unterschiedliche Bedeutung zukommen. Es ist nicht Aufgabe dieser Arbeit, die Problematik der Qualifikation von Beteiligungsrechten als GV oder PV auszuleuchten. Dazu kann auf Litera-

---

[1] Ist dieser eine Kapitalgesellschaft, liegt ohnehin GV vor.

tur[1] und Judikatur[2] verwiesen werden. Im folgenden wird deshalb angenommen, die Qualifikation der Beteiligungsrechte als GV oder PV stehe nicht in Frage.

3. Bedeutung der Qualifikation

Die Qualifikation von Beteiligungsrechten als GV oder PV bei einer natürlichen Person ist von grundlegender Bedeutung, weil <u>Wertveränderungen</u> (z.B. Abschreibungen, Rückstellungen) an solchen Vermögenswerten nur bei Zugehörigkeit zum GV berücksichtigt werden. Im weiteren sind realisierte <u>Kapitalgewinne des GV</u> steuerpflichtig und Kapitalverluste absetzbar, während Kapitalgewinne des PV beim Bund und in den meisten kantonalen Steuerordnungen grundsätzlich nicht steuerpflichtig sind und Kapitalverluste folglich auch nicht abgezogen werden können. Schliesslich ist die Zuordnung zum GV oder PV <u>sozialabgaberechtlich</u> relevant, indem diese Beiträge für nur Kapitalgewinne aus Beteiligungsrechten des GV zu entrichten sind. Auf die doppelbesteuerungsrechtlichen Unterschiede aus der Qualifikation von Beteiligungsrechten als GV oder PV ist hier nicht einzugehen. Dazu kann auf die Literatur[3] verwiesen werden.

---

1) vgl. Werner Altorfer, Geschäfts- und Privatvermögen im Einkommenssteuerrecht, Diss. St. Gallen 1959; Markus Reich, Die Abgrenzung von Geschäfts- und Privatvermögen im Einkommenssteuerrecht, SJZ 80 (1984), 221; Cagianut/Höhn, Unternehmungssteuerrecht, § 7.

2) vgl. die Verweise bei R. Zigerlig, Unterlagen zum Seminar Abgrenzung von Geschäftsvermögen und Privatvermögen, gehalten am St. Galler Seminar 1984 über Unternehmungsbesteuerung v. 4.-6.4. sowie das m.W. letzte Urteil des BGr in LGVE 1984 II Nr. 8.

3) vgl. Ernst Höhn, Interkantonales Steuerrecht, Bern/Stuttgart, 1983, insb. 289, 300; derselbe (Hrsg.), Handbuch des internationalen Steuerrechts der Schweiz, Bern/Stuttgart 1984, insb. 289 ff.; 293 ff.; Kurt Alig, Personengesellschaften im interkantonalen und internationalen Steuerrecht, Bern/Stuttgart 1980.

§ 2 AENDERUNGEN IM BESTAND DER BETEILIGTEN BEI UNTERNEHMUNGEN

I. Inventar der behandelten Tatbestände im Zivilrecht

Der Haupttatbestand von Aenderungen im Bestand der Beteiligten ist die Uebertragung von Beteiligungen an Personenunternehmungen oder Kapitalgesellschaften. Daneben sind Aenderungen im Bestand zufolge Eintritt oder Austritt von Beteiligten möglich.

A. PERSONENUNTERNEHMUNGEN

1. Einzelunternehmung

Da die Geschäftsübertragung einer Einzelfirma sowohl den Tatbestand des Inhaberwechsels wie jenen des Austrittes eines Beteiligten erfüllt, sind hier als Bestandesänderungen nur die Geschäftsübertragung und die Aufnahme eines oder mehrerer Beteiligter möglich[1].

a) Geschäftsübertragung

Die Veräusserung einer Einzelunternehmung erfolgt durch Uebertragung von Aktiven und Passiven des Geschäftes auf einen oder mehrere neue Rechtsträger[2][3]. Zivilrechtliche Formvorschriften gelten für die Uebernahme von Forderungen (Zession)[4] sowie für die Uebertragung von Eigentum an Grundstücken (öffentliche Beurkundung und Eintragung im Grundbuch)[5]. Bei Uebertragung an einen Dritten erwirbt dieser das ausschliessliche Eigentum an den Ver-

---

1) vgl. Cagianut/Höhn, Unternehmungssteuerrecht, § 15 N 16
2) vgl. Cagianut/Höhn, Unternehmungssteuerrecht, § 15 N 17
3) Zivilrechtlich erfolgt die Uebertragung nach OR 181.
4) OR 164 ff.
5) ZGB SchlT 55, ZGB 959, 963 ff.

mögenswerten und die ausschliessliche Haftung für die Verbindlichkeiten. Mehrere Dritte als neue Rechtsträger übernehmen die Vermögenswerte in gesamthänderisches Eigentum und die Verbindlichkeiten in solidarischer Haftung[1].

b) Eintritt eines Teilhabers

Handelsrechtlich bedeutet der Eintritt eines Teilhabers in eine Einzelfirma die Umwandlung in eine Personengesellschaft[2]. Dabei richtet sich die Stellung des bisherigen Einzelfirma-Inhabers und des neuen Beteiligten nach den Bestimmungen des Gesellschaftsvertrages. Mit der Pflicht zur Eintragung in das Handelsregister unterliegt die Personengesellschaft handelsrechtlich der Buchführungspflicht und den Vorschriften des allgemeinen Buchführungsrechtes[3].

Mit dem Eintritt ändert auch das sachenrechtliche Eigentum der in der Einzelfirma vorhandenen Vermögenswerte. Das Alleineigentum geht unter; an seiner Stelle wird Gesamteigentum der Gesellschafter am Gesellschaftsvermögen begründet. Dies trifft ebenfalls zu für Vermögenswerte, die der eintretende Teilhaber in die neue Personengesellschaft einbringt.

2. Personengesellschaften

Der freie Wechsel der Gesellschafter entspricht nicht dem personenbezogenen Wesen der Personengesellschaften. Deshalb kann die Mitgliedschaft grundsätzlich nicht übertragen werden - weder

---

[1] vgl. Känzig, Beilage zu ASA 34, 89; der bisherige Schuldner haftet mit dem/den neuen Schuldner(n) noch während zwei Jahren, welche für fällige Forderungen mit der Mitteilung oder Auskündigung und bei später fällig werdenden Forderungen mit Eintritt der Fälligkeit zu laufen beginnen (OR 181 II).

[2] vgl. Cagianut/Höhn, Unternehmungssteuerrecht, § 15 N 45

[3] OR 957 ff.

unter Lebenden noch von Todes wegen[1]. Ebenso ist eine Erweiterung der Mitgliederzahl durch Neueintritt oder der Wegfall auch nur eines Gesellschfters nicht vorgesehen. Nach Gesetz[2] wird bei Ausscheiden eines Gesellschafters mit Ausnahme des Todes des Kommanditärs einer Kommanditgesellschaft die Gesellschaft aufgelöst. Immerhin kann durch Vereinbarung im Gesellschaftsvertrag (Eintritts-, Nachfolge- oder Fortsetzungsklausel) von dieser Ordnung abgewichen werden[3].

a) Uebertragung eines Geschäftsanteils

Die Mitgliedschaft[4] an einer Personengesellschaft kann grundsätzlich nur mit Zustimmung aller übrigen Gesellschafter übertragen werden[5]. Besonders im Hinblick auf die erbrechtliche Nachfolge lassen sich im Gesellschaftsvertrag besondere Vorkehren zur Uebertragung der Mitgliedschaft treffen: die Eintritts- und die Nachfolgeklausel.

Die _Eintrittsklausel_ in einem Gesellschaftsvertrag gestattet den(m) Erben des durch Tod ausgeschiedenen Gesellschafters, in die Gesellschaft einzutreten[6]. Die einfache Eintrittsklausel gesteht das Eintrittsrecht allen Erben zu, während die qualifizierte Eintrittsklausel von mehreren Erben nur einen zum Eintritt berechtigt.

---

1) vgl. Meier-Hayoz/Forstmoser, 89; von Greyerz, Unternehmernachfolge, 90. Es gilt der Grundsatz der personellen Geschlossenheit, auch als Prinzip der festen Mitgliederzahl bezeichnet.

2) für die Kollektivgesellschaft OR 574 ff.; für die Kommanditgesellschaft OR 619 II.

3) von Greyerz, Unternehmernachfolge, 74

4) von Greyerz (Unternehmernachfolge, 73) versteht unter Mitgliedschaft die Rechtsstellung als Ganzes, die dem Gesellschafter einer Personengesellschaft als Gesellschafter zukommt.

5) vgl. Cagianut/Höhn, Unternehmungssteuerrecht, § 15 N 55

6) vgl. von Greyerz, Unternehmernachfolge, 80

Durch die Aufnahme einer Nachfolgeklausel kommt die Mitgliedschaft nicht wie bei der Eintrittsklausel zum Erlöschen und muss folglich auch nicht neu begründet werden. Sie lässt vielmehr die unmittelbare Uebertragung der Mitgliedschaft auf die Erbengemeinschaft zu[1]. Mit der einfachen Nachfolgeklausel wird die Mitgliedschaft für alle, mit der qualifizierten Nachfolgeklausel bloss für bestimmte Erben des Erblasser-Gesellschafters vererblich erklärt[2].

Zobl[3] bejaht trotz Gesellschafterwechsel, aber auch bei Eintritt oder Austritt die Identität der durch Gesellschaftsvertrag begründeten Gemeinschaft hinsichtlich des Gemeinschaftsvertrages (gemeinsame Organisation, innere Ordnung) sowie des Gemeinschaftsvermögens.

b) Eintritt eines zusätzlichen Teilhabers

Der Eintritt eines neuen Gesellschafters in einer Personengesellschaft ist nach OR 542 I ebenfalls von der Zustimmung aller Gesellschafter abhängig. Eine anderslautende Bestimmung im Gesellschaftsvertrag lässt allerdings diese dispositive Regelung zurücktreten.

Sachenrechtlich bedeutet der Eintritt eines Teilhabers eine Aenderung der dinglichen Berechtigung am Gesellschaftsvermögen; der neueintretende Teilhaber erhält einen Anteil am Gesamteigentum; ihm wächst eine ideelle Quote im gleichen Umfang zu, wie diese

---

1) Zur Frage der Zumutbarkeit der mit einer Nachfolgeklausel den Erben auferlegten Arbeitsverpflichtung vgl. R. Schaub, Die Nachfolgeklausel im Personengesellschaftsvertrag, SAG 56 (1984), 17.

2) vgl. von Greyerz, Unternehmernachfolge, 90

3) vgl. Zobl, 82 f., 113, 167; eine Ausnahme sei zu machen, wenn alle bis auf einen ausscheiden. Diesfalls verliere das Gemeinschaftsvermögen seine Identität, weil es sich infolge Verlustes seiner Sondervermögensqualität vom übrigen Vermögen des "Verbleibenden" nicht mehr abhebe. Die innere Ordnung falle gänzlich dahin (113).

den übrigen Teilhabern abwächst[1].

c) Ersatzloser Austritt[2] eines Teilhabers

Grundsätzlich führt das Ausscheiden eines solidarisch haftenden Gesellschafters einer Personengesellschaft zur Auflösung der Gesellschaft. Eine Fortsetzungsklausel im Gesellschaftsvertrag bewirkt jedoch, "dass der Tod eines Gesellschafters die Gesellschaft nicht auflöst, sondern dass diese vielmehr durch die verbleibenden Gesellschafter fortgesetzt wird oder dass das Geschäft im Falle einer Zweimanngesellschaft vom Ueberlebenden als Einzelfirma weitergeführt wird"[3].

Scheidet ein Gesellschafter durch Austritt aus der Gesellschaft aus und wurde ein Weiterbestehen unter den verbleibenden Gesellschaftern durch gesellschaftsvertragliche Uebereinkunft gesichert, endigt die Gesellschaft nur für den Ausscheidenden. Für die übrigen Gesellschafter besteht sie mit allen bisherigen Rechten und Verbindlichkeiten fort[4]. Die gleiche Wirkung hat der Ausschluss eines oder mehrerer Gesellschafter durch den Richter[5]. Das Ausscheiden eines Gesellschafters[6] sowie die Fortsetzung des Geschäftes durch einen Gesellschafter[7] müssen gemäss OR 581 in das Handelsregister eingetragen werden.

---

1) Nach Meier-Hayoz (ZGB 652 N 9) bedeutet diese Machteinbusse der bisherigen Gesellschafter eine Rechtsdekonsolidation (üblicherweise als Dekreszenz bezeichnet); vgl. zum Eintritt in eine Gesamthand auch Zobl, 65 ff.

2) Obwohl das Gesetz (OR 576) von "Ausscheiden" spricht, wird i.S. einer Vereinfachung beim Vergleich mit den Kapitalgesellschaften durchwegs von Austritt gesprochen.

3) von Greyerz, Unternehmernachfolge, 78

4) vgl. CR 576

5) OR 577 ff.

6) OR 576 - 578

7) OR 579

Das Ausscheiden eines Gesellschafters hat wiederum Konsequenzen für die dingliche Berechtigung der Beteiligten, denn der austretende Gesellschafter verliert seinen Anteil am Gesamteigentum; seine ideelle Quote wächst den verbleibenden Gesellschaftern zu[1].

B. KAPITALGESELLSCHAFTEN

Die Zahl der festen Mitgliedschaftsstellen bei den Kapitalgesellschaften verlangt, dass alle Mitgliedschaftsstellen stets besetzt sind[2]. Unter der Voraussetzung des gleichbleibenden Kapitals ist somit nur eine Uebertragung von Beteiligungsrechten, nie jedoch ein Eintritt oder Austritt im technischen Sinne möglich[3][4]. Zur <u>terminologischen Vereinfachung</u>, insbesondere beim Vergleich mit den Personenunternehmungen wird dennoch auf diese zivilrechtlich unzutreffenden Begriffe abgestellt. Der Eintritt eines zusätzlichen Beteiligten ist ohne Uebertragung bisheriger Beteiligungsrechte nur mit einer Kapitalerhöhung, der ersatzlose Austritt ohne Uebertragung auf einen verbleibenden Anteilsinhaber nur mit einer Kapitalherabsetzung möglich[5].

---

1) vgl. Meier-Hayoz (ZGB OR 652 N 11) bezeichnet diese Verstärkung in der Eigentumsausübung durch die verbleibenden Gesellschafter als Rechtskonsolidation (üblicherweise als Akkreszenz bezeichnet); zum Austritt aus einer Gesamthandgemeinschaft vgl. Zobl, 96 ff.

2) vgl. Forstmoser/Meier-Hayoz, 264

3) Einem Dritten steht denn auch kein Recht zum Eintritt in eine Kapitalgesellschaft zu; denn der Bezug neu ausgegebener Beteiligungsrechte steht vorbehältlich des Verkaufs von Bezugsrechten ausschliesslich den bisherigen Anteilsinhabern zu (OR 652).

4) Der einzelne Anteilsinhaber hat denn auch kein Recht, den einbezahlten Betrag zurückzufordern (OR 680 III). Dagegen ist ein Verlust der Mitgliedschaft gegen den Willen des betroffenen Aktionärs durch Kaduzierung (OR 681 f.) möglich (vgl. Forstmoser/Meier-Hayoz, 264).

5) Eine eingehende aktienrechtliche Darstellung dieser Aenderungen des Grundkapitals gibt Forstmoser (Forstmoser Peter, Schweizerisches Aktienrecht, Band 1/Lieferung 1, Grundlagen, Gründung und Aenderungen des Grundkapitals, Zürich 1981, 441 ff., 513 ff.; eine Uebersicht auch der zivilrechtlichen Aspekte vermittelt M. Pichon, StR 40, 293 ff. und 342 ff.

1. Uebertragung von Beteiligungsrechten

Die erwähnte Gebundenheit der Mitgliedschaftsstellen bei der AG wird kompensiert durch das Prinzip der freien Uebertragbarkeit[1]. Trotzdem sind Uebertragungserschwerungen möglich, die sich einerseits aus der Art der Verurkundung, anderseits aus zusätzlichen statutarischen Uebertragungsbeschränkungen (z.B. Vinkulierung[2]) ergeben. Vertrags- und vorbehältlich solcher Beschränkungen auch gesellschaftsrechtlich wird die Uebertragung an einen neuen oder einen bisherigen Anteilsinhaber bzw. eine von einem solchen beherrschte Gesellschaft nicht behindert: Durch den Kaufvertrag wird der Erwerber Eigentümer und gleichzeitig Beteiligter an der Kapitalgesellschaft. Wertpapierrechtlich ist für die Uebertragung der Beteiligungsrechte je nach der Ausgestaltung der Urkunden als Inhaber-, Order- oder Namenpapier die blosse Uebergabe, zusätzlich ein Indossament (sowie die Eintragung im Aktienbuch) oder der Nachweis der formellen und materiellen Berechtigung erforderlich. Zivilrechtliche Probleme wirft dagegen der Erwerb eigener Aktien durch die Kapitalgesellschaft (direkter Erwerb) oder eine Tochtergesellschaft (indirekter Erwerb) auf; der Erwerb kann das Erwerbs- und Bevorschussungsverbot (OR 659) sowie das Kapitalrückzahlungsverbot (OR 680 II) verletzen[3][4].

---

1) vgl. dazu Dieter von Graffenried, Uebertragbarkeit und Handelbarkeit von Gesellschaftsanteilen, Bern 1981; Das Recht auf freie Uebertragbarkeit der Aktien ist nach herrschender Lehre relativ wohlerworben: Sehen die ursprünglichen Statuten Uebertragungserschwerungen nicht vor, ist eine spätere Einschränkung der Uebertragbarkeit nur noch möglich, wenn sachliche Gründe dies erfordern, der Eingriff als angemessen zu rechtfertigen ist und der Grundsatz der Gleichbehandlung gewahrt bleibt (vgl. Forstmoser/Meier-Hayoz, 270).

2) Sind vinkulierte Namenaktien infolge Erbganges erworben worden, so kann gemäss OR 686 IV die Aktiengesellschaft die Eintragung der Erben ins Aktienbuch verweigern, wenn Mitglieder der Verwaltung oder einzelne Aktionäre sich bereit erklären, die Aktien zum Börsenkurs, und wenn ein solcher nicht besteht, zum wirklichen Wert im Zeitpunkt der Anmeldung zur Eintragung zu übernehmen (BGE vom 29.5.84, BGE 110 II 293 = Pr 73 (1984), 676).

3) vgl. Burckhardt, 60 ff.; dort werden auch die zivilrechtlichen Wirkungen des Erwerbs eigener Anteile dargestellt (S. 93 ff.).

4) Einen Rechtsvergleich bietet Ziebe Jürgen, Der Erwerb eigener Anteile und eigener GmbH-Geschäftsanteile in den Staaten der europäischen Gemeinschaft, Diss. Frankfurt/Bern, 1982.

Das geltende Recht verlangt denn auch, dass eigene Aktien, die nicht zur Kapitalherabsetzung verwendet werden, mit tunlichster Beschleunigung wieder zu veräussern sind[1][2].

Bei der <u>Umwandlung einer Personenunternehmung in eine Kapitalgesellschaft</u> bringt der einzelne Unternehmer Vermögenswerte als Sacheinlage in Anrechnung an seine Liberierungspflicht ein[3]. Nach Jäggi[4] ist die Uebertragung von <u>Beteiligungen an Immobiliengesellschaften</u> eine "geduldete Gesetzesumgehung", denn damit wird gegen die sachenrechtlichen Uebertragungserfordernisse (öffentliche Beurkundung des Grundstückverkehrs und Oeffentlichkeit des Grundbuches) verstossen. Der <u>Mantelhandel</u> ist handelsrechtlich unzulässig, weil mit der Uebertragung von Beteiligungsrechten an wirtschaftlich liquidierten Unternehmungen die Bestimmungen bezüglich der Liquidation (OR 739/747) sowie der Neugründung (OR 625 ff.) umgangen werden. Der Kauf eines solchen Aktienmantels ist widerrechtlich und daher nichtig[5]. Die <u>Einbringung von Beteiligungsrechten in eine beherrschte Gesellschaft</u> ist durch Rechtsgeschäft oder Begründung bzw. Erweiterung der gesellschaftsrechtlichen Beziehung möglich. Vertragsrechtlich liegt im ersten Fall ein Kaufvertrag vor, wobei die Kaufpreisschuld in eine Darlehensschuld umgewandelt werden kann[6]. Gesellschaftsrechtlich ist in diesem Falle eine Sachübernahme i.S. von OR 628 I gegeben.

---

1) OR 659 III

2) Nach künftigem Recht (rev OR 659) darf die Gesellschaft eigene Aktien nur dann zu Eigentum erwerben, wenn frei verfügbares Eigenkapital in der Höhe der aufgewendeten Mittel vorhanden ist und der gesamte Nennwert dieser Aktien 10 Prozent des Aktienkapitals nicht übersteigt. Werden im Zusammenhang mit einer Uebertragungsbeschränkung Namenaktien erworben, so erhöht sich diese Grenze, jedoch höchstens auf 20 Prozent. Die über 10 Prozent des Aktienkapitals hinaus erworbenen eigenen Aktien sind binnen zweier Jahre zu veräussern oder durch Kapitalherabsetzung zu vernichten. Nach Böckli (SJZ 80, 263) kann der beschränkte Rückkauf eigener Aktien insbesondere für kleine und mittlere Aktiengesellschaften ein sinnvoller Vorgang sein; dabei sind insbesondere Flexibilitätsvorteile zu nennen, da ein Ausweichen auf den Kapitalmarkt bei diesen Gesellschaften kaum möglich ist.

3) vgl. Böckli, StR 28, 401

4) vgl. Jäggi, SAG 46, 149

5) BGE 64 II 361

6) vgl. Känzig, ASA 44, 13

Besteht die Gegenleistung des empfangenden Rechtssubjektes (Gesellschaft) in Beteiligungsrechten, ist aus der Sicht des Beteiligten ein Tauschgeschäft gegeben; gesellschaftsrechtlich liegt eine Sacheinlage i.S. von OR 628 I vor[1].

2. Eintritt eines Anteilsinhabers

Der Eintritt eines zusätzlichen Beteiligten durch Kapitalerhöhung erfordert aus der Sicht der Gesellschaft eine Statutenänderung[2], welche auf einem doppelten Beschluss der GV (über die Erhöhung sowie die Feststellung der Zeichnung sämtlicher Aktien und deren Liberierung in erforderlichem Umfang) basiert sowie deren Anmeldung beim Handelsregister[3]. Das geltende OR regelt die Kapitalerhöhung durch Ausgabe neuer Aktien nur rudimentär[4] und verweist im übrigen auf die für die Gründung geltenden Vorschriften[5], was zu zahlreichen Unklarheiten geführt hat[6][7]. Bei der Erhöhung des Grundkapitals ohne Zufluss neuer Mittel durch Ausgabe neuer Aktien (Gratisaktien) entfällt die Zeichnung, da die Mittel zur Liberierung aus dem Gesellschaftsvermögen aufgebracht werden. Da das Gesetz diese Art der Kapitalerhöhung nicht explizit regelt, fehlen Schutzvorkehren, welche das tatsächliche Vorhandensein von Aktiven im Wert der Erhöhung sicherstellen, was als unbefriedigend zu bezeichnen ist[8].

---

1) vgl. Böckli, ASA 47, 35 ff.

2) OR 626 Ziff. 3

3) vgl. Forstmoser/Meier-Hayoz, 215

4) OR 650 - 653

5) OR 650 I

6) vgl. Jäggi Peter, Zum Verfahren bei der Erhöhung des Aktienkapitals, in Festschrift Bürgi, Zürich 1971, 105 ff.

7) Mit rev OR 652 d soll insbesondere dafür gesorgt werden, dass der Bestand der Reserven, die in Aktienkapital umgewandelt werden, gewährleistet bleibt (vgl. Botschaft Aktienrecht, 865).

8) vgl. Forstmoser/Meier-Hayoz, 216; vgl. aber die in BGE 99 I b 145 ff. genannten Anforderungen.

Ein bisheriger Aktionär muss eine Kapitalerhöhung dulden, da es kein wohlerworbenes Recht auf Beibehaltung des Grundkapitals in seiner bisherigen Höhe gibt[1]. Grundsätzlich hat aber jeder Aktionär das Recht, neu ausgegebene Aktien im Verhältnis zu seinem bisherigen Aktienbesitz zu zeichnen[2]. Da das Bezugsrecht kein wohlerworbenes Recht ist, kann es jedoch dem Aktionär generell durch die Statuten oder im Einzelfall durch GV-Beschluss entzogen werden, soweit sachliche Gründe dies rechtfertigen und das Verbot missbräuchlichen Verhaltens, namentlich der Grundsatz der Gleichbehandlung aller Aktionäre beachtet wird[3]. Bei Ausgabe neuer Aktien unter dem inneren Wert der bisherigen Beteiligungsrechte verkörpert das Bezugsrecht einen Vermögenswert, den der Aktionär börsenkotierter und je nach den Verhältnissen auch nicht kotierter Gesellschaften durch Verkauf realisieren kann.

3. Austritt eines Anteilsinhabers

Die Festigkeit des Grundkapitals als Grundprinzip des Aktienrechts setzt die Unkündbarkeit der Mitgliedschaft voraus. Ein statutarisches Austrittsrecht des Aktionärs würde deshalb gegen das Verbot der Einlagerückgewähr oder das Verbot des Erwerbs eigener Aktien verstossen und ist deshalb abzulehnen[4]. Dagegen kann die Generalversammlung die Herabsetzung des Grundkapitals beschliessen, welche den Austritt eines Aktionärs erlaubt.

Da jede Kapitalherabsetzung zu einer Reduktion der Sperrquote "Grundkapital" und damit zu einer Verminderung der Haftungsbasis

---

1) vgl. Forstmoser/Meier-Hayoz, 217; BGE 99 II 55 hat jedoch festgehalten, dass in Grenzfällen eine von der Mehrheit beschlossene Kapitalerhöhung rechtsmissbräuchlich sein oder den Grundsatz der schonenden Rechtsausübung verletzen kann (vgl. dazu Kritik von M. Kummer in: ZBJV 1975, 137 ff.).

2) OR 652

3) vgl. Forstmoser/Meier-Hayoz, 217, 245; zu einem widerrechtlichen, weil sachlich nicht gerechtfertigten Entzug vgl. BGE 91 II 298.

4) vgl. von Greyerz, Aktiengesellschaft, 136

der Gesellschaft führt, lässt das Gesetz die Kapitalreduktion nur in engen Grenzen zu und verlangt erhebliche Schutzvorkehren zugunsten der Gläubiger[1]: Die GV kann den Herabsetzungsbeschluss nur aufgrund eines besonderen Revisionsberichtes, in welchem festgehalten wird, dass die Forderungen der Gläubiger trotz Herabsetzung des Grundkapitals voll gedeckt sind[2], fassen. Anschliessend sind die Gläubiger durch einen dreimaligen Schuldenruf auf die bevorstehende Kapitalreduktion aufmerksam zu machen[3], wobei ihnen das Recht zusteht, die Befriedigung oder Sicherstellung ihrer Forderungen zu verlangen. Das Wahlrecht zwischen Befriedigung und Sicherstellung von noch nicht fälligen Schulden steht jedoch der Gesellschaft zu[4]. Nach Befriedigung oder Sicherstellung der angemeldeten Gläubiger erfolgt die Reduktion des Kapitals; dies geschieht beim ersatzlosen Austritt eines Anteilsinhabers aufgrund eines statutarisch vorgesehenen Erwerbs oder durch freiwilligen Verkauf verbunden mit anschliessender Amortisation dieser Beteiligungsrechte[5]. Schliesslich ist die Herabsetzung - unter Beilegung des Revisionsberichtes - dem Handelsregister zum Eintrag anzumelden[6]. Ein bei der Herabsetzung infolge Rückkaufs unter dem Nennwert entstehender Buchgewinn kann für Abschreibungen verwendet werden[7]. Die Herabsetzung des Grundkapitals ist auch bei Vorliegen einer Unterbilanz (somit zur Deckung und zum Ausgleich von Verlusten) nur zulässig, wenn die Forderungen der Gläubiger voll gedeckt sind. Ein Austritt eines Anteilsinhabers verbunden mit einer Kapitalherabsetzung kann daher nicht erfolgen, wenn die Gesellschaft überschuldet ist[8].

---

1) vgl. Forstmoser/Meier-Hayoz, 218
2) OR 732 III
3) OR 733
4) vgl. Bürgi, OR 733 N 17
5) Nach OR 659 III in Verbindung mit II Ziff. 1 sind zum Zwecke der Herabsetzung des Grundkapitals erworbene Aktien sofort zu vernichten.
6) OR 734
7) OR 732 IV; vgl. Boemle, 419 ff.
8) vgl. Forstmoser/Meier-Hayoz, 219 f.

II. Umfang von Leistung und Gegenleistung

Ist die Aenderung im Bestand der Beteiligten mit einer Gegenleistung für die Uebertragung, die Begründung bzw. die Aufgabe des Beteiligungsverhältnisses verbunden, ist die Transaktion entgeltlich, andernfalls ist sie unentgeltlich.

A. ENTGELTLICHE AENDERUNGEN

Hier wird unterschieden zwischen vollständig und teilweise entgeltlichen Aenderungen. Die vollständig entgeltlichen Aenderungen erfolgen zu Verkehrswerten (bei Personenunternehmungen) bzw. zum Verkehrswert (bei Kapitalgesellschaften); für die teilweise entgeltlichen Aenderungen wird hier unterstellt, sie vollziehen sich zu den steuerlich massgebenden Buchwerten (Uebertragung von Beteiligungen an Personenunternehmungen) bzw. zum Buchwert oder Anlagewert (Uebertragung von Beteiligungsrechten an Kapitalgesellschaften) oder in Höhe der Buchwerte (Eintritt und Austritt von Teilhabern bei Personenunternehmungen) bzw. zum Nominalwert (Eintritt und Austritt von Anteilsinhabern bei Kapitalgesellschaften).

1. Zu Verkehrswerten bzw. zum Verkehrswert

Bei der Uebertragung zu Verkehrswerten bzw. zum Verkehrswert entspricht die Gegenleistung des Erwerbers dem Verkehrswert der übertragenen Beteiligung. Es stehen sich Leistung und Gegenleistung gegenüber; der Veräusserer erhält somit auch eine Vergütung für die auf der Beteiligung angewachsenen Mehrwerte. Beim Eintritt eines Beteiligten zum Verkehrswert (Einlage in Höhe der Verkehrswerte bzw. Eintritt zum Verkehrswert) beinhaltet der Eintrittspreis auch eine Leistung für die Mehrwerte, welche auf die zu schaffende Beteiligung entfallen.

Bei Austritt eines Beteiligten zum Verkehrswert (Entnahme in Höhe der Verkehrswerte bzw. Austritt zum Verkehrswert) enthält der Austrittspreis auch eine Leistung für die Mehrwerte, welche auf der zu vernichtenden Beteiligung angewachsen sind.

2. Zu Buchwerten bzw. zum Buch- oder Anlagewert (bei Uebertragung), zu Buchwerten bzw. zum Nominalwert (bei Eintritt und Austritt)

Erfolgt die Uebertragung zu den Buchwerten (für Beteiligungen an Personenunternehmungen) bzw. zum Buch- (für Beteiligungsrechte an Kapitalgesellschaften im GV) oder Anlagewert (für solche im PV), erbringt der Erwerber eine Gegenleistung nur in Höhe dieser Werte. Der Veräusserer erhält somit für die auf der Beteiligung angewachsenen unversteuerten Mehrwerte keine Vergütung. Solche Rechtsgeschäfte werden als gemischte Schenkungen bezeichnet[1]. Diese Terminologie ist jedoch abzulehnen, denn eine Schenkung kann als solche nicht gemischt sein. Vielmehr beinhaltet ein Rechtsgeschäft in diesem Falle einen entgeltlichen und einen unentgeltlichen Teil[2]. Daher wird im folgenden von einem gemischten Rechtsgeschäft gesprochen.

Wie ist das Kriterium der Unentgeltlichkeit zu quantifizieren? Nach Zuppinger/Höhn[3] wird nur bei geringfügigem Unterschied zwischen den Werten von Leistung und Gegenleistung regelmässig keine Schenkung angenommen. Eine steuerpflichtige Schenkung liegt jedoch vor, wenn jemand gegen eine Leistung eine offensichtlich höhere Gegenleistung erwirkt hat. "Der Umfang der steuerbaren Zuwendung ist dabei auf den offenbaren, in die Augen springenden Wertunterschied der beidseitigen Leistung beschränkt"[4].

---

1) z.B. RB ZH 1960 Nr. 99
2) Das Rechtsgeschäft enthält als zusammengesetzter Vertrag Elemente des Kauf- sowie des Schenkungsvertrages.
3) vgl. Zuppinger/Höhn, 509
4) RB ZH 1960 Nr. 99

Die Gewinnermittlung führt beim gemischten Rechtsgeschäft zu unterschiedlichen Resultaten, je nachdem, ob man die Einheits- oder die Trennungstheorie anwendet. Bei Anwendung der Einheitstheorie muss die Leistung als Ganzes einem einzigen Vertragstyp unterstellt werden. Folgt man der Trennungstheorie, sind "unterschiedliche Regelungen nebeneinander anzuwenden, indem wertmässige Teile des Geschäfts dem einen oder andern Vertragstypen zugeordnet werden"[1]. Während das deutsche Steuerrecht in Anlehnung an das Zivilrecht offensichtlich zur Aufteilung gemischter Steuersachverhalte neigt[2], entscheidet sich die Behandlung in der Schweiz an der konkreten Ausgestaltung bzw. aufgrund der Auslegung der einzelnen Steuergesetze.

Beim <u>Eintritt zu Buchwerten bzw. zum Nominalwert</u> liegt die Leistung des eintretenden Beteiligten unter der Gegenleistung, indem der innere Wert der neu zu schaffenden Beteiligung den Wert der Kapitaleinlage übersteigt.

Beim <u>Austritt zu Buchwerten bzw. zum Nominalwert</u> übersteigt die Leistung des austretenden Beteiligten die Gegenleistung, indem der innere Wert der zu vernichtenden Beteiligung über dem Wert der Kapitalentnahme liegt.

B. UNENTGELTLICHE AENDERUNGEN

Bei unentgeltlichen Aenderungen (Uebertragung, Eintritt, Austritt) steht den Leistungen der einen Beteiligten bzw. der hinter diesen stehenden Unternehmung keine Gegenleistung der andern Beteiligten bzw. der hinter diesen stehenden Unternehmung gegenüber. Dadurch werden wirtschaftlich betrachtet die begünstigten Beteiligten (Erwerber, neuer Beteiligter, verbleibende Beteiligte) zulasten der verzichtenden Beteiligten (Veräusserer, bisherige Beteiligte, austretender Beteiligter) bereichert.

---

1) Groh, 218
2) vgl. Groh, 219

§ 3 INVENTAR DER STEUERPROBLEME UND STELLUNGNAHME ZU FRAGEN DER VERKEHRSSTEUERN SOWIE DER SOZIALABGABEN UND DER BEMESSUNG

I. Einkommens-, Ertrags- und Gewinnsteuern

Bei Aenderungen im Bestand der Beteiligten bei Unternehmungen stehen im Mittelpunkt Fragen der Realisierung stiller Reserven aus den Beteiligungen im Unternehmungssteuerrecht sowie der Realisation angewachsener Mehrwerte im Bereich des beweglichen PV. Da in den §§ 15 - 19 Unternehmungsformen miteinander zu vergleichen sind, werden hier die Steuerprobleme getrennt nach diesen aufgezeigt. Dabei ist für die Realisierung von Mehrwerten idR wesentlich, ob die Aenderungen entgeltlich, teilweise entgeltlich oder unentgeltlich stattfinden.

A. UEBERTRAGUNG

1. Beteiligungen an Personenunternehmungen[1]

Gegenstand dieser Arbeit sind nur rechtliche Aenderungen im Bestand der Beteiligten; deshalb wird z.B. die Verpachtung einer Personenunternehmung als wirtschaftlicher Aenderungstatbestand nicht behandelt[2].

Bei der Uebertragung zu Verkehrswerten realisiert der Veräusserer eines Geschäftes bzw. eines Geschäftsanteils die auf der Beteiligung angewachsenen stillen Reserven; soweit die Personenunternehmung Geschäftsliegenschaften besitzt, sind die Steuerfolgen unterschiedlich, je nachdem, ob die massgebende Steuer-

---

[1] vgl. dazu §§ 4 I. und 6 I. (entgeltlich) bzw. §§ 5 II. und 7 I. (unentgeltlich)

[2] Steuerprobleme der Verpachtung ergeben sich hauptsächlich hinsichtlich des Zeitpunktes, "in dem eine spätere Rückkehr zur Selbstbewirtschaftung ausgeschlossen erscheint und die Verpachtung als definitive Massnahme gilt, die eine Besteuerung der stillen Reserven auslöst ... Sodann kann die Bemessung des Liquidationsgewinnes zu Schwierigkeiten führen". (Cagianut/ Höhn, Unternehmungssteuerrecht, § 15 N 44). Zur Problematik vgl. Känzig, Kom. 1982, WStB 21 N 171.

ordnung Grundstückgewinne auf solchen Liegenschaften nach dem
St. Galler- oder Zürcher-System besteuert[1]. Besondere Beachtung
findet die Frage der Realisation stiller Reserven im Einkommens-
und Grundstückgewinnsteuerrecht, wenn Erben anlässlich der Erbteilung ihre Erbanteile an den Unternehmererben übertragen. Bei
der Uebertragung eines Geschäftes oder Geschäftsanteils zu Buchwerten sowie bei der unentgeltlichen Uebertragung stellt sich für
die zu übertragenden stillen Reserven insbesondere im Einkommenssteuerrecht die Frage der Gewährung eines Steueraufschubes.

2. Beteiligungen an Kapitalgesellschaften

Die steuerlichen Probleme der Realisierung stiller Reserven bzw.
angewachsener Mehrwerte sind für Beteiligungsrechte im GV und
solchen im PV der Anteilsinhaber entsprechend ihrer späteren
Behandlung[2] getrennt darzustellen.

Die Uebertragung von Beteiligungsrechten des GV zum Verkehrswert
an Dritte führt beim Anteilsinhaber zu einer Realisation stiller
Reserven. Werden Beteiligungsrechte des GV zum Anlagewert an
Dritte übertragen, sind die steuerrechtlichen Folgen der unentgeltlichen Uebertragung der stillen Reserven zu prüfen. Bringt
der Anteilsinhaber Beteiligungsrechte des GV als Sacheinlage in

---

1) Der Bund und eine Mehrheit der Kantone (LU, OW, NW, GL, FR, BS, SH, AR, SG, GR, AG, TG (jur. P.), VG, VS) erfassen die Gewinne auf Geschäftsgrundstücken von natürlichen Personen mit der Einkommens- bzw. Ertragssteuer (St. Galler-System); eine Minderheit der Kantone besteuert die Gewinne auf Geschäftsgrundstücken mit einer Spezialsteuer in Form der Grundstückgewinnsteuer (ZH, UR, SZ, BL, AI, TG (nat. P.), BE (Zürcher-System). Der Spezialsteuer unterliegt dabei allerdings nur die Wertzuwachsquote (Differenz zwischen Anlagewert und Verkaufserlös), während die Abschreibungsquote ("wiedereingebrachte Abschreibungen"= Differenz zwischen tieferem Einkommens- bzw. Ertragssteuerwert und Anlagewert) mit der Einkommens- bzw. Ertragssteuer erfasst wird. Im folgenden werden nur die Steuerfolgen im St. Galler- und Zürcher-System der Besteuerung von Geschäftsgrundstücken behandelt; auf die Darstellung der Mischformen (Zuger-Modell) wird verzichtet. Für Probleme im Zusammenhang mit der Besteuerung von Geschäftsgrundstücken verweise ich auf die gründliche Arbeit von Benno Grossmann, Die Besteuerung der Gewinne auf Geschäftsgrundstücken, Diss. St. Gallen 1977.

2) vgl. dazu §§ 8 I., 10 I. und 11 I. (entgeltlich) bzw. §§ 9 I und 14 I (unentgeltlich).

eine Gesellschaft ein, ist im Hinblick auf die Möglichkeit des
Steueraufschubes die Frage nach der wirtschaftlichen Identität
von hingegebenen und erhaltenen Beteiligungsrechten zu beurteilen. Bei unentgeltlicher Uebertragung verzichtet die Unternehmung vollständig auf eine Gegenleistung für die abgetretenen
Beteiligungsrechte; dieser Verzicht ist steuerlich zu würdigen.

Befinden sich Beteiligungsrechte im PV des veräussernden oder
erwerbenden Anteilsinhabers, ist zwischen Steuerordnungen mit
und solchen ohne Kapitalgewinnbesteuerung zu unterscheiden: Der
anlässlich der Uebertragung zum Verkehrswert realisierte Kapitalgewinn wird idR steuerlich verschieden behandelt, je nachdem, ob
der Veräusserer seinen Wohnsitz in einer Steuerordnung mit oder
einer solchen ohne Kapitalgewinnbesteuerung hat. In diesem Zusammenhang ist auf die Behandlung der Erbteilung einzugehen. Werden
Beteiligungsrechte zum Anlagewert an Dritte übertragen, ist die
Frage der Erfassung angewachsener Mehrwerte in Steuerordnungen
mit Kapitalgewinnbesteuerung unterschiedlich zu beantworten, je
nachdem, ob die Einheits- oder die Trennungstheorie[1] angewandt
wird. Die Frage nach der Anwendung von Einheits- oder Trennungstheorie kann sich u.U. ebenfalls für die Uebertragung von Beteiligungen an Personenunternehmungen, welche zu Buchwerten erfolgen, stellen. Steuerlich heikle Probleme ergeben sich bei
wirtschaftlicher Identität von Veräusserer und Erwerber: Werden
Beteiligungsrechte des PV in eine beherrschte Gesellschaft eingebracht, ist die Interessenlage für die einbringenden Beteiligten hinsichtlich des Anrechnungswertes je nach Wohnsitz (Steuerordnung mit oder ohne Kapitalgewinnbesteuerung) unterschiedlich.
Bei unentgeltlicher Uebertragung ist die Bedeutung des Anlagewertes abhängig von der Steuerordnung, welcher der begünstigte
Erwerber untersteht.

---

1) Trotz der gleichen Bezeichnung sind diese Begriffe nicht zu verwechseln mit
den im Konzernsteuerrecht massgebenden beiden Theorien; dort wird bei Beachtung der integralen Einheitstheorie ein einheitliches Recht für Gesellschaften anerkannt, die eine wirtschaftliche Einheit bilden. Dagegen geht
die Trennungstheorie "von der rechtlichen Selbständigkeit der juristischen
Personen aus und bedeutet auf das Steuerrecht übertragen, dass die zivilrechtliche Selbständigkeit der einzelnen Konzerngesellschaften stets ihre
getrennte Besteuerung nach sich zieht" (Tinner, 12 f.).

B. EINTRITT

1. Beteiligungen an Personenunternehmungen[1]

Beim Eintritt eines neuen Teilhabers zu den Verkehrswerten in eine Personenunternehmung ist nach der Realisation stiller Reserven bei den bisherigen Beteiligten zu fragen; die Antwort fällt je nach Umfang des geleisteten Aufgeldes sowie der Vereinbarung, wem dieses zusteht, unterschiedlich aus. Im Grundstückgewinnsteuerrecht ist zu prüfen, ob die mit der Aenderung im Mitgliederbestand verbundene Umgestaltung der Eigentumsverhältnisse an den vorhandenen Grundstücken eine Besteuerung auslöst. Bringt der eintretende Teilhaber Sachwerte ein, ist einkommens- oder grundstückgewinnsteuerlich zu untersuchen, ob die Einlage bei ihm einen Realisationstatbestand darstellt. Erbringt der neue Teilhaber einen Eintrittspreis in Höhe der bisherigen Buchwerte, ist von Interesse, ob die Abtretung stiller Reserven für den/die bisherigen Personenunternehmer zu einer Realisation führt. Im Grundstückgewinnsteuerrecht stellt sich wiederum die Frage der Realisation infolge der Aenderung der quotalen Eigentumsverhältnisse. Auch beim unentgeltlichen Eintritt fragt sich, ob die Verminderung der quotalen Berechtigung der stillen Reserven bei den bisherigen Unternehmern zu einer Realisation führt.

2. Beteiligungen an Kapitalgesellschaften[2]

Bei Beteiligungen an Kapitalgesellschaften ist zu unterscheiden, ob sich die Beteiligungsrechte bei den Bisherigen und beim Eintretenden im GV oder im PV befinden. Erfolgt bei Beteiligungsrechten im GV der Eintritt zum Verkehrswert der bisherigen Beteiligungsrechte, kann das ganze Aufgeld an die Gesellschaft geleistet werden. Wird dabei ein unterbewerteter Sachwert eingelegt, können sich für den neuen Beteiligten und die Gesellschaft Steuerfolgen ergeben.

---

1) vgl. dazu §§ 4 II. und 6 II. (entgeltlich) bzw. §§ 5 II. und 7 II. (unentgeltlich).

2) vgl. dazu §§ 8 II., 10 II. und 11 II. (entgeltlich) bzw. §§ 9 II. und 14 II. (unentgeltlich).

Der Eintretende kann auch nur den Nominalwert einlegen und die Differenz zum Verkehrswert den bisherigen Anteilsinhabern direkt vergüten; dabei stellt sich bei letzteren die Frage der Realisierung stiller Reserven auf den Beteiligungsrechten des Geschäftsvermögens. Durch den Eintritt des neuen Anteilsinhabers zum Nominalwert sinkt der innere Wert der Beteiligungsrechte der bisherigen Anteilsinhaber die Steuerfolgen sind vom Verhältnis des neuen zu den bisherigen Anteilsinhabern abhängig. Der unentgeltliche Eintritt eines zusätzlichen Anteilsinhabers ist nur durch die Ausgabe von Gratisaktien möglich. Die steuerlichen Hauptprobleme bilden hier die Behandlung der unentgeltlichen Abtretung der Bezugsrechte durch die bisherigen Anteilsinhaber sowie die Einbuchung der neuen Beteiligungsrechte beim neuen Anteilsinhaber.

Erfolgt bei Beteiligungsrechten im PV der Eintritt zum Verkehrswert der bestehenden Beteiligungsrechte, können sich für die bisherigen Anteilsinhaber Steuerfolgen ergeben, wenn ihnen der eintretende Anteilsinhaber einen Teil des Eintrittspreises für die Abtretung von Bezugsrechten direkt vergütet. Der innere Wert der Beteiligungsrechte der bisherigen Anteilsinhaber sinkt ebenfalls, wenn der eintretende Anteilsinhaber einen Eintrittspreis nur in der Höhe des Nominalwertes leistet; hier interessiert insbes. die steuerliche Qualifikation der Abtretung von Bezugsrechten im PV. Hauptprobleme des unentgeltlichen Eintritts bilden die Einkommensbesteuerung der Gratisaktien und wiederum die Behandlung der unentgeltlichen Abtretung der Bezugsrechte. In Steuerordnungen mit Kapitalgewinnbesteuerung sind im Hinblick auf eine spätere Kapitalgewinnbesteuerung Erwerbspreis und Erwerbszeitpunkt der Gratisaktien zu bestimmen. Werden solche Beteiligungsrechte später zum Verkehrswert in eine Gesellschaft eingebracht, stellt sich auch in Steuerordnungen ohne Kapitalgewinnbesteuerung die Frage nach dem massgebenden Anlagewert.

Da gesetzliche Bestimmungen über die Realisierung von Mehrwerten anlässlich des Eintritts von Anteilsinhabern in Kapitalgesellschaften weitgehend fehlen, sind die steuerlichen Wirkungen aus den Grundsätzen der einkommenssteuerlichen Gewinnermittlung abzuleiten.

C. AUSTRITT

1. Beteiligungen an Personenunternehmungen [1]

Beim ersatzlosen <u>Austritt eines Teilhabers</u> aus einer Personengesellschaft zum <u>Verkehrswert</u> seines Geschäftsanteils ist nach der steuerlichen Behandlung der Vergütung für die stillen Reserven zu fragen.

Im Grundstückgewinnsteuerrecht ist wiederum zu prüfen, ob die Umgestaltung der Eigentumsverhältnisse auch für die verbleibenden Teilhaber zu einer Abrechnung über die stillen Reserven führt. Dasselbe Problem stellt sich, wenn der austretende Teilhaber z.B. mit einer Liegenschaft in Höhe des Verkehrswertes des Geschäftsanteils abgefunden wird. Erfolgt der <u>Austritt</u> zu den bisherigen <u>Buchwerten</u>, interessiert insbesondere die steuerliche Beurteilung der Abtretung stiller Reserven an die verbleibenden Teilhaber. Im Grundstückgewinnsteuerrecht besteht die Möglichkeit einer Realisation aufgrund der Aenderung der quotalen Eigentumsverhältnisse. Beim <u>unentgeltlichen Austritt</u> ist wiederum zu untersuchen, ob im Verzicht auf Reserven und Kapitalanteil ein Realisationstatbestand liegt. Infolge Aenderung der quotalen Eigentumsverhältnisse ist im Grundstückgewinnsteuerrecht eine allfällige Abrechnungspflicht zu prüfen.

2. Beteiligungen an Kapitalgesellschaften [2]

Wird ein <u>austretender Anteilsinhaber</u> mit Beteiligungsrechten im GV in Höhe des <u>Verkehrswertes</u> dieser Beteiligungsrechte abgefunden, realisiert er stille Reserven, soweit der steuerlich massgebende Buchwert dieses Aktivums unter dem wirklichen Wert liegt.

---

1) vgl. dazu § 6 III. (entgeltlich) bzw. § 7 III. (unentgeltlich).
2) vgl. dazu §§ 8 II., 10 III. und 11 III. (entgeltlich) bzw. § 9 III. und 14 III. (unentgeltlich).

Besteht die Abfindung beim Austritt in einem Sachwert, realisiert auch die abtretende Kapitalgesellschaft die auf dem Sachwert angewachsenen stillen Reserven. Beim Austritt zum <u>Nominalwert</u> verzichtet der austretende Anteilsinhaber auf den Teilliquidationsüberschuss, welcher den verbleibenden Anteilsinhabern in Form einer Stärkung des innern Wertes ihrer Beteiligungsrechte zugute kommt. Die steuerlichen Folgen dieses Verzichts hangen vom Verhältnis des austretenden zu den verbleibenden Anteilsinhabern ab. Tritt der Anteilsinhaber <u>unentgeltlich</u> aus, verzichtet er auf das ganze ihm zustehende Liquidationsergebnis. Dieser Verzicht ist auf die einkommens- bzw. ertragssteuerlichen Folgen zu prüfen.

Befinden sich die Beteiligungsrechte des austretenden Anteilsinhabers im <u>PV</u>, erfordert die Geltung des Nominalwertprinzips in Steuerordnungen ohne Kapitalgewinnbesteuerung gegenüber den Steuerordnungen mit Kapitalgewinnbesteuerung eine getrennte Behandlung. Soweit auch Steuerordnungen mit Kapitalgewinnbesteuerung das Nominalwertprinzip übernehmen, stellen sich zusätzliche Probleme, für die auf die Literatur zu verweisen ist. Im Hinblick auf die Besteuerung nach der wirtschaftlichen Leistungsfähigkeit ist bei <u>Austritt zum Verkehrswert</u> der Beteiligungsrechte insbesondere nach der Qualifikation des Liquidationsergebnisses (Kapitalgewinn oder Vermögensertrag) zu fragen. Tritt ein Anteilsinhaber zum <u>Nominalwert</u> aus, stellt sich in beiden Steuerordnungen wiederum die Frage nach den steuerlichen Folgen der Abtretung des Liquidationsüberschusses. Diese sind je nach Rechtsform und gegenseitigem gesellschaftsrechtlichen Verhältnis der Beteiligten unterschiedlich. Gleiches gilt für die steuerliche Beurteilung der Abtretung des Teilliquidationsergebnisses bei <u>unentgeltlichem Austritt</u>.

Auch für den Austritt von Anteilsinhabern fehlen weitgehend gesetzliche Bestimmungen über die Behandlung realisierter Mehrwerte. Deshalb ist auf die Grundsätze der einkommenssteuerlichen Gewinnermittlung zurückzugreifen.

II. Erbschafts- und Schenkungssteuern

Wesensgemäss stellen sich Steuerprobleme hinsichtlich der Erbschafts- und Schenkungssteuern nur bei teilweise entgeltlichen und unentgeltlichen Aenderungen im Bestand der Beteiligten an Unternehmungen. Ausgehend vom Verhältnis zwischen Erbschafts- und Schenkungssteuer sind hier die einzelnen steuerbaren Tatbestände aufzuzeigen. Im Rahmen dieser Arbeit interessieren im weiteren vor allem Bewertungsprobleme.

A. VERHAELTNIS ZUR EINKOMMENSSTEUER

Grundsätzlich ist die Vermögensbildung mit der Einkommenssteuer belastet, während Vermögensübergänge der Erbschafts- oder Schenkungssteuer unterworfen sind[1].

Beide Steuerarten können damit nicht gleichzeitig beim gleichen Steuersubjekt zur Anwendung gelangen. So ergibt sich im zürcherischen Steuerrecht aus ZH 24 a der Grundsatz, dass "ein und derselbe Wertzufluss beim gleichen Empfänger nicht gleichzeitig sowohl mit der Einkommens- als auch mit der Erbschafts- und Schenkungssteuer belegt werden kann"[2]. Da positivrechtliche Vorschriften, die bestimmen würden, wann die Einkommenssteuer und wann die Erbschafts- und Schenkungssteuern zu erheben sind, im allgemeinen nicht existieren, ist eine Abgrenzung aus den allgemeinen Bestimmungen der beiden Gesetze über den Umfang der Steuerobjekte abzuleiten[3]. Die Abgrenzung zwischen <u>Einkommenssteuer und Erbschaftssteuer</u> erscheint offensichtlich: "Was der Erbe durch Erbfolge, Vermächtnis, auf Grund eines Erbvertrages oder als Nach-

---

1) vgl. Zuppinger, Steuerrecht II, 81; Zuppinger/Höhn, 495; Antrag RR ZH ESchG, 18; StHGE 8 III c; DBGE 24 lit. a.
2) Zuppinger/Höhn, 499; vgl. Sommer, 236; Antrag RR ZH ESchG, 18.
3) vgl. Zuppinger/Höhn, 506; Sommer, 237 f.

erbe erhält, unterliegt der Erbschaftssteuer. Aus der nachfolgenden Erbteilung resultiert weder eine Einkommens- noch eine nochmalige Erbschaftssteuerpflicht, mit Ausnahme einer allfälligen Einkommens- bzw. Grundstückgewinnsteuerpflicht für realisierte Wertsteigerungen, die jene Erben trifft, welche die betreffenden Vermögensobjekte in der Teilung nicht übernehmen"[1].

Die meisten Abgrenzungsprobleme ergeben sich im Verhältnis zwischen <u>Einkommenssteuer und Schenkungssteuer</u>; dies ist wohl bedingt durch die Tatsache, dass bei solchen Zuwendungen unter Lebenden ein dem Erbgang analoger Anknüpfungspunkt fehlt und der Schenkungsbegriff unterschiedlich definiert ist. So sind dem steuerrechtlichen Schenkungsbegriff nach dem Erbschafts- und Schenkungssteuerrecht des Kantons Zürich[2] sowie den entsprechenden Gesetzen der Mehrheit der übrigen Kantone[3] in Abweichung vom zivilrechtlichen Schenkungsbegriff von OR 239 I drei Elemente eigen: die Zuwendung, die Bereicherung und die Unentgeltlichkeit[4]. Der Wille des Schenkgebers - der animus donandi - ist somit für die Annahme einer steuerbaren Schenkung nicht erforderlich. Die innere Rechtfertigung der Schenkungssteuer wird hier allein im Umstand gesehen, dass der Empfänger der Zuwendung einen unentgeltlichen Vermögenszuwachs erfahren hat und dass seine wirtschaftliche Leistungsfähigkeit damit gestiegen ist[5]. Setzt die Annahme einer steuerbaren Schenkung das Bestehen eines Schenkungswillens voraus, wird dieser in der Praxis offenbar vermutet, sofern eine unentgeltliche Zuwendung vorliegt oder zwischen Leistung und Gegenleistung ein Missverhältnis besteht[6].

---

1) Zuppinger/Höhn, 507; vgl. Yersin, Thèse, 72 f.

2) ESchG 5 a

3) z.B. SG 154 III vgl. dazu GVP 1984 Nr. 27 und die dortigen Verweise auf den Schenkungsbegriff in anderen Kantonen.

4) Antrag RR ZH ESchG, 28

5) vgl. ZH RB 1973 Nr. 45

6) Dies entspricht der neueren Rechtsprechung des zürcherischen Verwaltungsgerichtes (VGr v. 16.12.1983 SR 1/1983, m.W.n.publ.); folglich ist es Sache des Beschenkten, der die Schenkungssteuerpflicht bestreitet, das Fehlen des Schenkungswillens zu beweisen. Im Gegensatz zu dieser neueren Praxis hält jedoch der RR ZH im Antrag an den Kantonsrat für ein neues Erbschafts- und Schenkungssteuergesetz dafür, es solle daran festgehalten

Mit der Regel, dass derselbe Wertzufluss beim Empfänger nicht gleichzeitig mit der Erbschafts- oder Schenkungssteuer und der Einkommenssteuer erfasst werden kann, ist jedoch eine wirtschaftliche doppelte Belastung des gleichen Wertes nicht ausgeschlossen[1]; denn eine Kumulation von Einkommens- und Erbschafts- oder Schenkungssteuern kann in zwei Formen auftreten. "Entweder werden Einkommens- und Erbschafts- und Schenkungssteuer anlässlich des gleichen Vorganges, jedoch bei zwei verschiedenen Steuersubjekten erhoben, oder sie sind vom gleichen Steuersubjekt, jedoch in zwei verschiedenen Zeitpunkten geschuldet"[2]. Die gleichzeitige Einkommens- und Schenkungssteuerpflicht bei verschiedenen Steuersubjekten ist bei Schenkung von einzelnen Gegenständen des GV gegeben[3]; der wichtigste Tatbestand der Einkommens- und Erbschafts- oder Schenkungssteuerpflicht der gleichen Person in verschiedenen Zeitpunkten liegt im erbrechtlichen Uebergang von Betriebsvermögen[4].

---

werden, dass für die steuerbare Schenkung ein Schenkungswille nicht erforderlich sei, denn wird "die Schenkungssteuer als sachlich gebotene Ergänzung der Erbschaftssteuer verstanden, so rechtfertigt es sich, wie bei der Erbschaftssteuer alleine auf den unentgeltlichen Vermögenszuwachs abzustellen. Auch dort ist der Wille des Zuwendenden unmassgeblich, indem - ohne zwischen gesetzlicher und gewillkürter Erbfolge zu unterscheiden - nur an den erbrechtlichen Vermögensübergang angeknüpft wird" (Antrag RR ZH ESchG, 28).

1) vgl. Zuppinger/Höhn, 499; Zuppinger bezeichnet solche Kumulationen von Erbschafts- und Schenkungssteuern und Einkommenssteuern als "unechte Ausnahmen"; als Beispiel erwähnt er den unentgeltlichen Uebergang von Rechten auf periodische Leistungen: "Der unentgeltliche Uebergang des Stammrechts unterliegt der Erbschafts- und Schenkungssteuer; die Annuitäten werden der Einkommenssteuer unterworfen (Beispiel: Rente)". Zuppinger, Steuerrecht II, 82).

2) Zuppinger/Höhn, 504

3) vgl. Zuppinger/Höhn, 504; vgl. Yersin, Thèse 66.

4) vgl. Zuppinger/Höhn, 505; vgl. Yersin, Thèse, 66; im Gegensatz zu Yersin (Thèse, 65) erachtet Würth (59) bei der verdeckten Kapitaleinlage eine solche Kumulation von Erbschafts- und Schenkungssteuern und Reinertragssteuern als nicht willkürlich. Die Kontroverse wird hinfällig, wenn man der Kapitalgesellschaft gestattet, den Buchwert (Anschaffungswert) nachträglich auf den Verkehrswert zu erhöhen (ZBl 81, 274 = StR 37, 470 f.).

B. STEUERBARE TATBESTAENDE

Neben den völlig unentgeltlichen Vorgängen fallen als steuerbare Tatbestände auch die teilweise unentgeltlichen Aenderungen in Betracht. Da die Steuerpflicht insbes. bei diesen teilweise unentgeltlichen (und damit auch teilweise entgeltlichen) Aenderungen oft in Frage gestellt wird, ist hier kurz auf diese Tatbestände einzugehen.

1. Uebertragung

Die möglichen Steuerprobleme lassen sich anhand von Beispielen der teilweise unentgeltlichen Uebertragung von Beteiligungen an einer Personenunternehmung sowie einer Kapitalgesellschaft darstellen.

Beispiel 1: Im Rahmen der Uebertragung einer Einzelunternehmung wird eine Liegenschaft mit Verkehrswert 100 und einem amtlichen Schätzungswert von 10 zum Buchwert von 20 auf den Erwerber übertragen.

Die Veranlagungsbehörden des Kt. VD haben bei der isolierten Uebertragung einer Liegenschaft von der Tante auf ihren Neffen eine steuerpflichtige Schenkung im Umfang von 80 angenommen. Der Steuerpflichtige vertrat dagegen den Standpunkt, es liege keine Schenkung vor. Die kantonale Rekurskommission hat 80_2% des Schätzungswertes von 10 als steuerbare Schenkung qualifiziert[1]. Yersin vertritt dagegen die Auffassung, als steuerpflichtige Schenkung erscheine 6,4 (80 % von 80 % von 10), während zusätzlich eine Grundstückgewinnsteuer geschuldet sei. Da im obigen, abgeänderten Beispiel die Uebertragung zum Buchwert erfolgt, liegt m.E. im Umfang von 80 eine Schenkung vor, während die Erhebung einer Einkommens- bzw. Grundstückgewinnsteuer in Anwendung der Einheitstheorie entfällt[3].

Beispiel 2: Beteiligungsrechte an einer Kapitalgesellschaft (im GV oder im PV) mit einem Verkehrswert von 100 und einem Buch- bzw. Anlagewert von 40 werden zu den letzteren Werten auf einen Dritten übertragen.

---

1) CCR VD v. 21.7.83, StR 39, 307 = RDAF 1984, 72.

2) vgl. Yersin, StR 39, 271 ff.;

3) vgl. I. A. 2.

Befinden sich die Beteiligungsrechte im GV einer Personenunternehmung, liegt idR im Umfang von 60 eine (Privatentnahme mit anschliessender) Schenkung vor.[1]
Gehören Beteiligungsrechte zum PV eines Anteilsinhabers, erbringt der Veräusserer dem Erwerber wiederum im Umfang von 60 eine steuerbare Schenkung[2].

Bringt ein Anteilsinhaber Beteiligungsrechte zu einem unter dem wirklichen Wert liegenden Preis in eine Kapitalgesellschaft ein, an welcher er z.b. nur eine Minderheitsbeteiligung besitzt, kann sich die Frage einer steuerbaren Schenkung stellen.

In einem solchen Fall hat die Steuerrekurskommission AG[3] entschieden, der übertragende Anteilsinhaber erbringe im Umfange, in dem er nicht an der Kapitalgesellschaft beteiligt sei, den übrigen Anteilsinhabern eine "anderweitige Vermögenszuwendung" i.S. des kantonalen Schenkungssteuergesetzes. Die Anwendung der wirtschaftlichen Betrachtungsweise bei sogenannten Kettenschenkungen wurde vom Verwaltungsgericht in anderem Zusammenhang[4] trotz Kritik am Entscheid der Rekurskommission[5] geschützt.

Das Mass der Gegenleistung für die übertragenen Beteiligungsrechte hängt von der Beherrschung der empfangenden Gesellschaft durch den Einbringer ab. Beim Verkauf wirkt sich diese Gegenleistung indirekt auf die bisherige, bei der Sacheinlage auch auf die neue Beteiligung aus. Ist der Einbringer einziger Be-

---

1) vgl. § 8 I. B. 1.; Gehören die unterpreislich übertragenen Beteiligungsrechte einer Kapitalgesellschaft, erbringt diese idR in der Differenz des Veräusserungs- zum Verkehrswert eine geldwerte Leistung.

2) Bei Anwendung der Einheitstheorie ist in Steuerordnungen mit Kapitalgewinnbesteuerung keine Kapitalgewinnsteuer geschuldet; vgl. § 10 I. B. 1.

3) E v. 9.9.81, ZBl 83, 274 = StR 37, 468

4) AGVE 1984 Nr. 28

5) Gegen den Entscheid der Rekurskommission wurde insbesondere vorgebracht, der Durchgriff durch die bereicherte Kapitalgesellschaft auf die einzelnen Aktionäre und damit deren Schenkungssteuerpflicht lasse sich nicht a priori mit dem Hinweis auf die "personalistische Struktur der Erbschafts- und Schenkungssteuer" rechtfertigen. Wenn dem steuerlichen Schenkungsbegriff, wie ausgeführt wird, der zivilrechtliche Schenkungsbegriff zugrunde liegt, d.h. ein Schenkungswillen Voraussetzung der steuerbaren Zuwendung ist, müssen auch m.E. zuerst die Gründe untersucht werden, welche für den Verkauf zu einem Unterpreis massgebend waren, erst nachher ist zu entscheiden, ob eine Schenkung bzw. eine der Schenkungssteuer unterliegende "anderweitige Vermögenszuwendung" vorliegt (gl.M. H.P.M. in: ZBl 83, 280). Das VGr AG rechtfertigt seinen Entscheid nachträglich (AGVE 1984 Nr. 27) mit der Zulässigkeit der wirtschaftlichen Betrachtungsweise bei sog. Kettenschenkungen.

teiligter der empfangenden Gesellschaft, wird die tiefere Gegenleistung durch eine Steigerung des innern Wertes seiner Beteiligungsrechte ausgeglichen. Verfügt der Einleger über eine beherrschende Beteiligung an der empfangenden Gesellschaft, wird die tiefere Gegenleistung wiederum über eine Erhöhung des innern Wertes seiner Beteiligungsrechte vollständig ausgeglichen, denn materiell ist keine Aenderung der Verfügungsmacht eingetreten. Wird der unterbewertete Sachwert in eine Gesellschaft eingebracht, an welcher der Einbringer keine beherrschende Beteiligung hat, erfolgt keine Kompensation der tieferen Gegenleistung über den innern Wert der Beteiligungsrechte, denn der Einbringer hat materiell die Verfügungsmacht über die eingebrachten Mehrwerte aufgegeben[1].

2. Eintritt und Austritt

Leistet der <u>eintretende</u> Beteiligte eine <u>Einlage</u> nur <u>in der Höhe der anteiligen Buchwerte bzw. des Nominalwertes der bisherigen Beteiligungen</u>, wird er in der Differenz zwischen seiner Einlage und dem Verkehrswert seiner neuen Beteiligung von den bisherigen Beteiligten begünstigt; denn in dieser Wertdifferenz erbringt er den bisherigen Beteiligten bzw. der dahinter stehenden Gesellschaft keine Gegenleistung für die Ueberlassung der neuen Beteiligung; der neue Beteiligte erhält von den bisherigen Beteiligten in der Differenz zwischen dem Wert der Einlage und dem Wert der erhaltenen Beteiligung eine Zuwendung.

Wird der <u>austretende</u> Beteiligte mit Vermögenswerten nur <u>in der Höhe der anteiligen Buchwerte bzw. des Nominalwertes seiner Beteiligung abgefunden</u>, begünstigt er die verbleibenden Beteiligten in der Differenz zwischen seinem Abfindungsbetrag und dem Verkehrswert der zurückgegebenen Beteiligung; denn in dieser Wertdifferenz erbringen die verbleibenden Beteiligten selbst bzw. die dahinter stehende Gesellschaft dem austretenden Beteiligten für die Rückgabe der Beteiligung keine Gegenleistung.

---

[1] vgl. Höhn, Kapitalgewinnbesteuerung, 96

C. BEWERTUNGSPROBLEME

Grundsätzlich sind Beteiligungen an Unternehmungen zum Verkehrswert zu bewerten. Die Schwierigkeit einer einheitlichen Ermittlung dieses Verkehrswertes für Beteiligungen an Personenunternehmungen und Kapitalgesellschaften besteht idR darin, dass diese auf verschiedenen Ebenen erfolgt. Bei Personenunternehmungen ist die Bewertung der Beteiligung direktes Resultat der bewerteten Substanz. Dagegen bildet der Substanzwert bei Kapitalgesellschaften bloss eine Teilgrösse für die Unternehmungsbewertung. Je nach dem angewendeten Verfahren wird der Ertragswert gleich oder stärker gewichtet. Erst die Verbindung dieser beiden Werte führt zum Unternehmungswert. Dieser wiederum ist nur Ausgangspunkt, nicht aber notwendiges Resultat bei der Ermittlung des Verkehrswertes der Beteiligungsrechte.

Bewertungsprobleme ergeben sich im weiteren, wenn der Betriebsgebundenheit des GV, Minderheitsbeteiligungen und den latenten Steuern auf den stillen Reserven der Beteiligung Rechnung getragen werden soll.

III. Verrechnungssteuer

Verrechnungssteuerprobleme stellen sich bei Aenderungen im Bestand der Beteiligten nur für Kapitalgesellschaften; hier ist die Verrechnungssteuer Sicherungssteuer zur wirtschaftlichen Doppelbelastung. Fragen der Verrechnungssteuer werden demnach nur relevant, wo <u>Kapitalgesellschaften</u> als Anteilsinhaber an der Uebertragung von Beteiligungsrechten oder als kapitalerhöhende Gesellschaft beim Eintritt bzw. als kapitalherabsetzende Gesellschaft beim Austritt eines Anteilsinhabers beteiligt sind[1].

---

1) Fragen der Rückforderungsberechtigung des privaten Verkäufers für die Verrechnungssteuer auf nach dem Aktienverkauf an Ausländer ausbezahlte Dividenden werden hier nicht behandelt; vgl. dazu Pfund/Zwahlen, VStG 21 N 2.19 ff. sowie zur Tragweite der neuen BG-Praxis (E v. 25.1.85, ASA 54, 386) Conrad Stockar, Rückerstattung der Verrechnungssteuer beim Verkauf von Beteiligungen ex coupon, Der Schweizer Treuhänder 2/86, 60.

A. UEBERTRAGUNG VON BETEILIGUNGSRECHTEN

Die Uebertragung von Beteiligungsrechten zum Verkehrswert durch Kapitalgesellschaften hat keine Verrechnungssteuerfolgen, da der Veräusserer bei diesem Rechtsgeschäft für die abgetretenen Beteiligungsrechte den vollen Gegenwert vergütet erhält.

Die nur teilweise entgeltliche sowie die unentgeltliche Uebertragung von Beteiligungsrechten an Anteilsinhaber bzw. nahestehende Dritte sind als geldwerte Leistung zu würdigen, welche in der Differenz von Gegenleistung und wirklichem Wert der veräusserten Beteiligungsrechte der Verrechnungssteuer unterliegen[1][2].

B. EINTRITT UND AUSTRITT VON ANTEILSINHABERN

Der vollständig entgeltliche Eintritt eines neuen Anteilsinhabers bietet verrechnungs- und idR auch ertragssteuerlich keine Behinderungen. Dagegen ist beim vollständig entgeltlichen Austritt die Rückzahlung von früheren Einlagen der Beteiligten in die Reserven (Agio und Zuschüsse) ausserhalb von Kapitalerhöhungen grundsätzlich verrechnungssteuerpflichtig. Dies gilt in jedem Falle, wenn die Einlage seinerzeit in bar geleistet wurde. Bei Rückerstattung von Sacheinlagen konnte nach der bisherigen Praxis in bestimmten Fällen eine Ausnahme gemacht werden[3]. Ist die Verrechnungssteuer in solchen Fällen geschuldet, kann die Steuerpflicht durch Meldung der steuerbaren Leistung erfüllt werden, sofern die Voraussetzungen von VStV 24 II zutreffen[4].

---

1) Soweit die Verrechnungssteuer in diesen Fällen nicht auf den Begünstigten überwälzt wird, ist sie bei der Gesellschaft durch Aufrechnung "ins Hundert" nach der Bewertungsformel Wert der geldwerten Leistung x 100 : 65 selbst steuerpflichtig (vgl. Pfund VStG 13 N 3.5).

2) Ertragssteuerlich ist die Differenz zwischen Buchwert und wirklichem Wert als Gewinnvorwegnahme zu qualifizieren.

3) vgl. Cagianut/Höhn, Unternehmungssteuerrecht, § 12 N 58 (sowie FN 58).

4) Die Leistungsempfänger müssen Anspruch auf Rückerstattung der Verrechnungssteuer haben und ihre Zahl darf 20 nicht übersteigen (vgl. dazu im einzelnen: Max Kramer, Die Voraussetzungen des Meldeverfahrens bei Kapitalerträgen, ASA 54 (1985/86), 329).

Der <u>teilweise entgeltliche Eintritt</u> bzw. <u>Austritt in Höhe des Nominalwertes</u> berührt die kapitalerhöhende bzw. kapitalherabsetzende Gesellschaft nicht. Dagegen stellt sich beim Eintritt für die bisherigen Anteilsinhaber infolge Absinkens des innern Wertes ihrer Beteiligungsrechte die Frage der geldwerten Leistung an den neuen Anteilsinhaber. Ebenso kann im Verzicht des austretenden Anteilsinhabers auf die anteiligen Reserven eine geldwerte Leistung an die verbleibenden Anteilsinhaber liegen.

Beim <u>unentgeltlichen Eintritt</u> erfolgt eine Ausgabe von Gratisaktien. Nach Pfund[1] ist das Einräumen von Gratis-Beteiligungsrechten nur steuerbar, sofern die Begünstigten (schon) Inhaber gesellschaftsrechtlicher Beteiligungsrechte oder solchen nahestehende Personen sind[2]. Die Steuerpflicht kann gemäss VStV 24 I b auch hier auf Gesuch hin durch Meldung der steuerbaren Leistung erfüllt werden, sofern die in VStV 24 II aufgeführten Bedingungen gegeben sind. Da der kapitalherabsetzenden Gesellschaft beim <u>unentgeltlichen Austritt</u> keine Mittel entzogen werden, stellt sich in diesen Fällen das Verrechnungssteuerproblem nicht.

Im Konzernverhältnis ist dagegen beim unentgeltlichen Eintritt für die bisherigen Anteilsinhaber infolge Absinkens des innern Wertes ihrer Beteiligungsrechte eine geldwerte Leistung gegeben. Ebenso stellt der Verzicht des austretenden Anteilsinhabers auf den Gegenwert des herabgesetzten Kapitals sowie der anteiligen Reserven eine geldwerte Leistung dar. Die Qualifikation als geldwerte Leistung bedingt jedoch, dass der (die) begünstigte(n) Anteilsinhaber Mutter- oder Schwestergesellschaft(en) der(s) verzichtenden Anteilsinhaber(s) ist (sind)[3].

---

1) vgl. Pfund, VStG 4 I b N 3.37

2) So unterliegt z.B. die Ausgabe von Gratisaktien an Arbeitnehmer der kapitalerhöhenden Gesellschaft, die bisher nicht Anteilsinhaber waren, der Verrechnungssteuer nicht (vgl. Praxis II/3, CG 5 II Ziff. 1 Nr. 89).

3) Die Begünstigung einer (von) Tochtergesellschaft(en) stellt eine Kapitaleinlage dar.

IV. Stempelabgaben

Stempelabgaberechtliche Probleme stellen sich nur bei Beteiligungen an Kapitalgesellschaften (sowie Genossenschaften und Anlagefonds), weil das Beteiligungsverhältnis nur hier durch Urkunden begründet werden kann.

A. UEBERTRAGUNG VON BETEILIGUNGSRECHTEN

Die *entgeltliche Uebertragung* von Beteiligungsrechten unterliegt der eidgenössischen *Umsatzabgabe* von 1,5 bzw. 3 o/oo[1], wenn - auf Seite des Veräusserers oder des Erwerbers - ein Effektenhändler[2] als Partei oder als Vermittler beteiligt ist. Bei der *teilweise entgeltlichen Uebertragung* (Uebertragung zum Buchwert) fragt sich, von welchem Wert die Umsatzabgabe zu erheben ist. Im Falle einer Fusion (durch Absorption) hat das BGr[3] entschieden, diese erfolge in dem Masse entgeltlich, als die absorbierende Gesellschaft mit der Vermögensübernahme bestehende Verpflichtungen gegenüber Dritten übernehme. Das BGr hat sich damit im Bereich der Verkehrssteuern m.E. richtigerweise zur Trennungstheorie in Gestalt der Aufspaltungsmethode bekannt[4].

---

1) 1,5 o/oo für von einem Inländer ausgegebene Urkunden (StG 16 I a), 3 o/oo für von einem Ausländer ausgegebene Urkunden (StG 16 I b).

2) Die Qualifikation als Effektenhändler ergibt sich aus StG 13 III.

3) BGE 108 I b 450 = ASA 52, 374.

4) Nach Ansicht von Locher in Gygi (Die verwaltungsrechtliche Rechtsprechung des Bundesgerichts im Jahre 1982, ZBJV 120, 416 f.) vermag der Entscheid nicht zu überzeugen, sowohl was die Entgeltlichkeit der Fusion angelangt und noch weniger, was die Berechnung des Entgeltes betrifft; für die Berechnungsgrundlage müsste s.E. bei dieser Verkehrssteuer auf den Verkehrswert der übergehenden Wertschriften abgestellt werden. Es ist indessen zu beachten, dass sich das Entgelt für die Wertschriften nicht notwendigerweise mit dem Verkehrswert deckt, sondern tiefer liegen kann, wenn solche im Rahmen eines Vermögenskomplexes übernommen werden. Diesfalls entspricht die Gegenleistung nicht dem Verkehrswert; vielmehr liegt ein gemischtes Rechtsgeschäft vor. Der Leistung (Uebernahme der Aktiven) liegt eine reduzierte Gegenleistung (Uebernahme von Verbindlichkeiten) gegenüber. Dieses Verhältnis ist auf das einzelne Vermögensobjekt zu übertragen. Das BGr hat somit m.E. richtig entschieden, wenn es als Entgelt für die übertrage-

Auch bei isolierter Uebertragung von Beteiligungsrechten in Höhe des Buch- bzw. Anlagewertes rechtfertigt sich somit die Erhebung der Umsatzabgabe im Umfang des Entgeltes, denn nur das geleistete Entgelt, nicht ein realisierter Gewinn ist Steuerobjekt.

Beispiel: Beteiligungsrechte (Anlagewert 200, Verkehrswert 400) werden von einer Privatperson durch Vermittlung eines Effektenhändlers zum Anlagewert auf eine Drittperson übertragen. Der entgeltliche Teil des Rechtsgeschäftes (200) ist der Umsatzabgabe unterworfen.

Von der Umsatzabgabe ausgenommen sind u.a. die Sacheinlage von Urkunden zur Liberierung inländischer Beteiligungsrechte (StG 14 I c) sowie der Handel mit Bezugsrechten (StG 14 I c).

Werden Beteiligungsrechte zu einem unter dem Verkehrswert liegenden Wertansatz in eine Kapitalgesellschaft eingebracht, berechnet sich die Emissionsabgabe von 3 % nach StG 8 III vom Verkehrswert der Sachen im Zeitpunkt ihrer Einbringung. Dieser Tatbestand von StG 5 II a ist sowohl bei der Umwandlung einer Personenunternehmung in eine Kapitalgesellschaft als auch bei der Einbringung von Beteiligungsrechten unter dem Verkehrswert in eine Kapitalgesellschaft gegeben. Beim Vorliegen eines Mantelhandels (StG 5 II b) wird die Emissionsabgabe vom Reinvermögen berechnet, das sich im Zeitpunkt des Handwechsels in der Gesellschaft befindet, mindestens aber vom Nennwert aller bestehenden Beteiligungsrechte (StG 8 I c).

B. EINTRITT UND AUSTRITT VON ANTEILSINHABERN

Bei der entgeltlichen oder unentgeltlichen Begründung von Beteiligungsrechten im Zusammenhang mit dem Eintritt eines zusätzlichen Anteilsinhabers in eine Kapitalgesellschaft ist nach StG

---

nen steuerbaren Urkunden nur jenen Anteil an übernommenen Verpflichtungen gegenüber Dritten betrachtete, welcher dem Verhältnis des Wertes der Beteiligungsrechte zu den gesamten übernommenen Aktiven entsprach, d.h. mithin nur den proportionalen Gegenwert als steuerbar erklärte.

5 I a die Emissionsabgabe von 3 % geschuldet. Diese berechnet sich von der Gegenleistung, die der Gesellschaft für die ausgegebenen Beteiligungsrechte zufliesst, mindestens aber von deren Nennwert (StG 8 I a). Die Emissionsabgabe ist somit auch auf einem allfälligen Agio zu entrichten. In diesem Falle gestattet die EStV der abgabepflichtigen Gesellschaft jedoch, die Abgabe selbst sowie die Emissionsspesen (Beurkundungs- und Handelsregistergebühren) von der Berechnungsgrundlage in Abzug zu bringen[1]. Wie erwähnt ist grundsätzlich auch die unentgeltliche Begründung von Beteiligungsrechten Gegenstand der Emissionsabgabe. StG 6 I d nimmt jedoch u.a. Beteiligungsrechte von der Besteuerung aus, die unter Verwendung früherer Aufgelder und Zuschüsse der Gesellschafter begründet werden, sofern die Gesellschaft nachweist, dass sie auf diesen Leistungen die Abgabe entrichtet hat. Dabei ist ohne Belang, ob die Leistungen zum ordentlichen Satz von 3 % oder zum Vorzugssatz von 1 % besteuert werden[2].

Dagegen ist mit der Rückgabe von Beteiligungsrechten zur Kapitalherabsetzung im Zusammenhang mit dem Austritt eines Anteilsinhabers weder eine emissionsabgaberechtlich relevante Veränderung des Nennwertes von Beteiligungsrechten noch ein umsatzabgabepflichtiger Tatbestand (StG 14 I e) verbunden.

---

1) vgl. Stockar, Uebersicht/Fallbeispiele, 17.
2) vgl. Praxis II/1 StG 6 I d Nr. 4 "Die Anwendung von Art. 6, Abs. 1, lit. d StG setzt bloss voraus, dass die Emissionsabgabe auf den früheren Aufgeldern und Zuschüssen effektiv entrichtet wurde. Unerheblich ist demgegenüber, ob die auf den früheren Aufgeldern und Zuschüssen geschuldete Abgabe seinerzeit zum ordentlichen Satz oder zu dem in Art. 9, Abs. 1, lit. a StG vorgesehenen reduzierten Satz abgeliefert wurde.(Im Original Hervorgehobenes ist unterstrichen)

V. Handänderungssteuern

A. UEBERTRAGUNG

Die Uebertragung von Grundstücken ist als Verkehrsvorgang Gegenstand der Handänderungssteuer[1]. Hält eine <u>Personenunternehmung</u> Grundstücke, wird mit der Uebertragung eines Geschäftes auch das zivilrechtliche Eigentum an diesen Grundstücken übertragen. Bei vollständig entgeltlicher Uebertragung (<u>Uebertragung zu Verkehrswerten</u>) ist die Handänderungssteuer stets vom Verkehrswert der Grundstücke als Kaufpreis geschuldet. Wird nur ein Geschäftsanteil an einer Personenunternehmung übertragen, ist zivilrechtlich dennoch ein Eigentumswechsel bezüglich des ganzen Grundstückes gegeben, denn das Recht des Gesellschafters geht auf die Gesamtheit der der Gesellschaft gehörenden Vermögenswerte[2]. Da wirtschaftlich nur eine quotale Handänderung stattfindet, erfasst die Praxis idR nur die quotale Eigentumsübertragung im Umfang des anteiligen Verkehrswertes[3] mit der Handänderungssteuer. Bei Uebertragung nur eines Teils eines Geschäftsanteils an einen Mitteilhaber erfolgt bei wirtschaftlicher Betrachtungsweise eine Besteuerung nur im Umfang der quotenmässigen Aenderung der Beteiligungen[4]. Werden sämtliche oder eine Mehrheit von <u>Beteiligungsrechten an einer Immobiliengesellschaft</u> übertragen, kann eine Besteuerung nicht nur bei gesetzlicher Verankerung der Ersatztatbestände[5] erfolgen, sondern auch, "ohne dass eine ausdrückliche Vorschrift ein solches Abweichen vom zivilrechtlichen Begriff der Handänderung gestattet"[6].

---

1) vgl. Höhn, Steuerrecht, 357
2) vgl. R/Z/S IV ZH 161 N 36
3) GVP 1976 Nr. 63
4) ZH RB 1983 Nr. 69
5) Eine konzise Darstellung über die wirtschaftlichen Ersatztatbestände, insbesondere den Erwerb der Mehrheitsbeteiligung an Immobiliengesellschaften gibt Peter Ruf, Handänderungsabgaberecht, Kommentar zu den Artikeln 1-10 des bernischen Gesetzes betreffend die Handänderungs- und Pfandrechtsabgaben, Bern 1984, 147 ff.); dort findet sich auch eine Uebersicht über die Rechtsprechung des BGr zur wirtschaftlichen Betrachtungsweise (76 f.,153ff.).
6) BGE 79 I 19

Bei der Uebertragung eines Geschäftes bzw. Geschäftsanteils zu den Buchwerten muss abweichend von der für die Einkommens- und Grundstückgewinnsteuern[1] befürworteten Einheitstheorie die Trennungstheorie in Form der Aufspaltungsmethode zur Anwendung kommen, d.h. das Rechtsgeschäft ist in einen entgeltlichen und einen unentgeltlichen Teil aufzuspalten[2]. Für den entgeltlichen Teil ist die Handänderungssteuer geschuldet, der unentgeltliche Teil bleibt steuerfrei. Dies entspricht dem Charakter der Handänderungssteuer als Rechtsverkehrssteuer[3]. Folglich ist auch bei Uebertragung von Beteiligungsrechten an Immobiliengesellschaften zum Anlagewert die Handänderungssteuer nur von diesem Wert zu bemessen.

Unentgeltliche Uebertragungen (eines Geschäftes, Geschäftsanteils oder von Beteiligungsrechten an Immobiliengesellschaften) sind idR analog dem Steueraufschub bei den Einkommens- bzw. Grundstückgewinnsteuern von der Handänderungssteuer befreit[4].

B. EINTRITT UND AUSTRITT

Ausgangspunkt für die steuerliche Beurteilung ist die Frage, ob ein kantonales Steuergesetz nur die zivilrechtlichen oder auch die wirtschaftlichen Handänderungen erfasst. Dabei ist zu unterscheiden zwischen Aenderungen bloss quotenmässiger Anteile (Eintritt eines neuen Teilhabers in eine Personengesellschaft bzw. ersatzloser Austritt eines bisherigen Teilhabers aus einer wei-

---

1) BGE 79 I 19 f.; vgl. jedoch Pr 71 Nr. 167.
2) vgl. R./Z/S IV ZH 180 N 112
3) Demgegenüber folgert Fessler (vgl. Fessler F., Das Handänderungssteuerrecht des Kantons Zürich, ZBGR 62 (1981) 1 ff.) aus der Bejahung der Einheitstheorie für das Grundstückgewinnsteuerrecht durch das VGr ZH (ZH RB 1978 Nr. 68) m.E. zu Unrecht, Handänderungen infolge gemischter Schenkungen seien nicht handänderungssteuerpflichtig (S. 14).
4) z.B. ZH 180 a-e; eine detaillierte Darstellung gibt Blöchliger, 165 ff.

terbestehenden Personengesellschaft) und der Aenderung in der Art des Eigentums (Eintritt eines Teilhabers in eine Einzelfirma und Austritt eines von zwei Kollektivgesellschaftern und Weiterführung des Geschäftes als Einzelfirma).

Die Steuerpraxis betrachtet <u>Aenderungen der quotenmässigen Anteile</u> bei Personengesellschaften teils als zivilrechtliche, teils als wirtschaftliche Handänderungen. Stellt man dabei auf das <u>Aussenverhältnis</u> ab, nach dem die Personengesellschaft Eigentümerin der Grundstücke ist, können Eintritt und Austritt nur als wirtschaftliche, nicht aber als zivilrechtliche Handänderungen erfasst werden, denn die Stellung der Gesellschaft als Liegenschaftseigentümerin wird durch den Wechsel im Gesellschafterbestand nicht beeinflusst[1]. Bekennt sich eine Steuerordnung zum Charakter dieser Vorgänge nur als wirtschaftliche Handänderungen und bezeichnet ein Steuergesetz diese Tatbestände nicht als steuerbar, entfällt eine Steuerpflicht[2]. Berücksichtigt man jedoch das <u>Innenverhältnis</u>[3], so haben sowohl Ein- als auch Austritt zivilrechtliche Wirkungen, denn es erfolgt eine Verschiebung der ideellen Anteile der Beteiligten am Gesellschaftsvermögen und mithin am Grundstück. Eine Steuerpflicht ist hier bereits aufgrund der zivilrechtlichen Betrachtungsweise gegeben. Unterwirft schliesslich ein Steuergesetz zivilrechtliche und wirtschaftliche Handänderungen der Steuerpflicht, braucht nicht entschieden zu werden, ob Aenderungen im Gesellschafterbestand einer grundbesitzenden Personengesellschaft als zivilrechtliche oder als wirtschaftliche Handänderungen zu betrachten sind[4].

<u>Aenderungen in der Art des Eigentums</u> liegen z.B. vor bei Uebergang von Allein- in Gesamteigentum und umgekehrt. Auch wenn kontrovers ist, ob diese Vorgänge eigentliche zivilrechtliche Ei-

---

1) ZBl 60, 248
2) z.B. LU: LGVE 1979 II Nr. 26
3) z.B. ZH: ZH RB 1978 Nr. 82; 1983 Nr. 69.
4) BL StPr VIII, 274 = StE 1984 B 42.21 Nr. 1.

gentumsübertragungen i.S. von ZGB 657 darstellen[1], besteht doch Einigkeit darüber, dass ein Vertrag, nach welchem ein Grundstück aus dem Gesamt- ins Alleineigentum eines früheren Gesamthänders überführt wird, das ganze Grundstück erfasst und somit sachenrechtlich vom Erwerber keine Anteile zurückbehalten werden[2]. Analoges gilt umgekehrt auch für die Ueberführung von Allein- in Gesamteigentum. Betrachtet eine Steuerordnung diese Aenderungen in der Art der Eigentumszuständigkeit als zivilrechtliche Handänderungen, rechtfertigt sich die Erhebung der Handänderungssteuer auf dem Wert des ganzen Grundstückes[3]. Vertritt dagegen eine Steuerordnung die Auffassung, wirtschaftlich betrachtet sei der Uebernehmer bei Ueberführung von Gesamt- in Alleineigentum bereits "Eigentümer" eines ideellen Teiles gewesen und deshalb liege nur eine Teilveräusserung vor, rechtfertigt sich nur die anteilmässige Erhebung der Handänderungssteuer, wenn das betreffende Steuergesetz die wirtschaftliche Betrachtungsweise vorsieht[4].

Der Ein- und Austritt eines Anteilsinhabers einer Kapitalgesellschaft verändert die Eigentumszuständigkeit am Grundstück nicht, denn der einzelne Beteiligte hat weder Gesamt- noch Miteigentum am Gesellschaftsvermögen, sondern nur einen obligatorischen Anspruch auf einen Liquidationsanteil[5]. Kennt ein Steuergesetz den Tatbestand der wirtschaftlichen Handänderung nicht, ist eine Steuerpflicht in diesen Fällen zu verneinen, soweit nicht Beteiligungsrechte an reinen Immobiliengesellschaften übertragen werden; nur für diese Gesellschaften ist die Anwendung der wirtschaftlichen Betrachtungsweise trotz fehlender gesetzlicher Grundlage bei Steuerumgehung zulässig (BGE 99 I a 465).

1) Während die ältere Lehre eine Eigentumsübertragung annimmt (z.B. Guhl, Grundstückgewinne, 108 sowie die bei Locher, Grundstückgewinsteuer, 148 und 159 zitierten Autoren), vertritt Meier-Hayoz (ZGB 654 N 3) neu die Auffassung, die Uebertragung von Gesamt- in Alleineigentum stelle keinen Eigentumswechsel dar, da auf einen bisherigen Gesamteigentümer einer Sache das Eigentum nicht nochmals übertragen werden könne.

2) vgl. Locher, Grundstückgewinsteuer, 159

3) LGVE 1979 II Nr. 26

4) ZH RB 1964 Nr. 79; 1968 Nr. 27; vgl. Steiner, 322.

5) vgl. Meier-Hayoz/Forstmoser, 67

VI. Warenumsatzsteuer

Warenumsatzsteuerprobleme bei Aenderungen im Bestand der Beteiligten stellen sich grundsätzlich nur für Personenunternehmungen[1].

A. UEBERTRAGUNG EINES GESCHAEFTES ODER GESCHAEFTSANTEILS

Wird eine Einzelfirma auf einen neuen Inhaber übertragen, der bisher nicht Grossist war, kann der Erwerber die Waren vom veräussernden Unternehmer als neu einzutragender Grossist steuerfrei beziehen, wenn nach den Umständen anzunehmen ist, der im laufenden Jahr erzielte Umsatz werde, auf ein volles Jahr umgerechnet, Fr. 35'000 überschreiten[2]. Erfolgt die Uebertragung des Geschäftes an einen bereits in das Register eingetragenen Grossisten, kann dieser die Waren steuerfrei gegen GE beziehen. Dies gilt auch für die Betriebsmittel, soweit damit kein Handel betrieben wird. Bei Umwandlung einer Personenunternehmung in eine Kapitalgesellschaft tritt letztere keine Steuernachfolge an[3]. Die Personenunternehmer bleiben für die in der Steuerperiode (idR Quartal) geschuldete Steuer nach WUB 12 IV haftbar. Erfolgt die Umwandlung im Laufe einer Steuerperiode, wird die Abrechnung in der Praxis[4] bis Ende dieser Periode bei der Personenunternehmung vorgenommen. Die Kapitalgesellschaft wird auf Beginn der neuen Steuerperiode als WUST-Grossist ins Register der Steuerpflichtigen eingetragen.

---

1) Dies ist insbesondere bedingt durch den Umstand, dass Personengesellschaften auch für die Zwecke der Warenumsatzsteuer (wie in bestimmten Belangen für jene des Verrechnungs- und Stempelsteuerrechts) als selbständiges Steuersubjekt behandelt werden (vgl. Cagianut, Grundprobleme, 229).

2) WUB 9 III 2. Satz; Nach Metzger (Dieter Metzger, Handbuch der Warenumsatzsteuer, Bern 1983, N 226) muss neben der Höhe selbstverständlich auch die erforderliche Zusammensetzung des Umsatzes gegeben sein.

3) Eine Steuernachfolge ist nach WUB 12 III nur für die Fusion zwischen juristischen Personen vorgesehen.

4) Auskunft EStV v. 6.8.1985

Bei <u>unentgeltlicher Uebertragung</u> infolge <u>Tod</u> des Steuerpflichtigen haben die Erben persönlich und solidarisch für die Erfüllung der WUST-Verpflichtung einzustehen. Sie haften dabei bis zur Höhe ihrer Erbteile[1]. Wird eine Einzelfirma durch <u>Schenkung</u> unentgeltlich auf einen Rechtsnachfolger übertragen, tritt dieser in die Pflichten als WUST-Grossist ein.

Die Uebertragung eines Geschäftsanteils auf einen neuen oder bisherigen Teilhaber hat warenumsatzsteuerlich keine Folgen, soweit die Personengesellschaft als solche weitergeführt wird[2].

B. EINTRITT UND AUSTRITT EINES TEILHABERS

Tritt ein Teilhaber in eine Einzelfirma ein, erhält die Personengesellschaft eine neue Grossistennummer. Der <u>Eintritt</u> eines zusätzlichen Teilhabers in eine bestehende Personengesellschaft bleibt vorbehältlich einer Namensänderung auch formalrechtlich ohne Folgen[3].

Gleiches gilt beim <u>Austritt</u> eines Teilhabers aus einer weiterbestehenden Personengesellschaft. Betreibt ein Personenunternehmer nach dem Austritt seines Teilhabers die Unternehmung als Einzelfirma weiter, wird aufgrund der Namensänderung eine neue Grossistennummer zugeteilt. Auch bei einem solchen Austritt kann der ausgeschiedene Gesellschafter nicht wegen Auflösung der Gesellschaft i.S. von OR 568 III für deren Steuerschuld gemäss WUB 12 IV belangt werden[4].

---

1) WUB 12 I, WUB 12 IV

2) Zum Ausscheiden eines von zwei Personengesellschaftern und der damit verbundenen Umwandlung in eine Einzelfirma vgl. bei B.

3) Auskunft EStV v. 6.8.1985

4) BGE 1C1 I b 456 = ASA 44, 523 : "Tritt aus einer Kollektivgesellschaft mit zwei Teilhabern der eine aus und wird das Geschäft vom andern fortgesetzt (Art. 579 OR), so kann der ausscheidende Gesellschafter nicht wegen Auflösung der Gesellschaft im Sinne von Art. 568 Abs. 3 OR für deren Steuerschuld belangt werden (Art. 12 Abs. 4 WUB; ...).

VII. Sozialabgaben

A. VORAUSSETZUNGEN DER BEITRAGSPFLICHT

Als Bestandteil des beitragspflichtigen Einkommens aus selbständiger Erwerbstätigkeit i. S. von AHVG 9 I gelten nach AHVV 17 d eingetretene und verbuchte Wertvermehrungen und Kapitalgewinne von zur Führung kaufmännischer Bücher verpflichteten Unternehmungen[1].

Sozialabgaberechtlich ist nach AHVG 9 I Einkommen aus selbständiger Erwerbstätigkeit jedes Erwerbseinkommen, das nicht Entgelt für in unselbständiger Stellung geleistete Arbeit darstellt. Veranlagungspraxis und Rechtsprechung bezeichnen aus dieser negativen Umschreibung als in selbständiger Stellung erwerbstätig, wer in eigenem Namen und für eigene Rechnung, also unter eigenen wirtschaftlichen Risiken und ohne fremden Weisungen unterworfen zu sein, als freier Unternehmer tätig ist. Diese Erfordernisse sind ohne weiteres erfüllt beim Einzelfirma-Inhaber, den Kollektivgesellschaftern sowie den Komplementären von Kommanditgesellschaften. Dagegen hat es die Rechtsprechung hinsichtlich des laufenden Einkommens abgelehnt, den Kommanditär in jedem Falle als Selbständigerwerbenden zu betrachten[2]. Grundsätzlich gilt das Einkommen des Kommanditärs aus der Kommanditgesellschaft unter dem Gesichtspunkt des AHV-Rechts als Kapitalertrag und nicht als Einkommen aus selbständiger Erwerbstätigkeit. Als massgebende Kriterien für die ausnahmsweise Beitragspflicht als Selbständigerwerbender fallen primär der Umfang der im Einzelfall bestehenden Dispositionsbefugnis sowie des Geschäftsrisikos in Betracht. Meyer[3] schlägt vor, die verschiedenen Kriterien zu werten und in eine Rangfolge zu stellen.

---

1) einschliesslich beim Geschäftsverkauf realisierter Goodwill (BGE 99 V 81).

2) BGE 100 V 140

3) vgl. Heinz Meyer, Abgrenzung der selbständigen von der unselbständigen Erwerbstätigkeit in der AHV, Schweizerische Zeitschrift für Sozialversicherung und berufliche Vorsorge (SZS), 28 (1984), 125 ff.

B. SOZIALABGABERECHTLICH RELEVANTE TATBESTAENDE

Hier wird vorausgesetzt, dass die an einem sozialabgaberechtlich relevanten Tatbestand Beteiligten selbständig erwerbende Personen sind. Bei diesen beträgt der Abgabesatz gegenwärtig 9.4%[1)2)].

1. Uebertragung eines Geschäfts oder Geschäftsanteils

Bei Geschäftsübertragung oder Uebertragung eines Geschäftsanteils an einer Personengesellschaft wird idR die selbständige Erwerbstätigkeit aufgegeben, was zu einer Zwischenveranlagung führt. Bis 31.12.1983 gehörten aufgrund der bundesgerichtlichen Praxis[3)] Liquidationsgewinne, die wegen Vornahme einer Zwischenveranlagung (BdBSt 96) der Jahressteuer auf Kapitalgewinnen (BdBSt 43) unterworfen waren, nicht zum AHV-rechtlich massgebenden Erwerbseinkommen. Diese Lücke in der Beitragsfestsetzung ergab sich, weil die in der AHVV vorgesehenen Methoden der Beitragsfestsetzung - ordentliches und ausserordentliches Verfahren - für Zwischeneinschätzungsfälle nicht anwendbar sind[4)].

Mit der Aufnahme der Art. 23bis und 23ter in die AHVV besteht seit 1.1.1984 eine gesetzliche Grundlage für die sozialabgaberechtliche Erfassung der anlässlich von Zwischeneinschätzungen realisierten Kapitalgewinne [5)]. Solche Gewinne werden mit einem "Sonderbeitrag" idR zum ordentlichen Satz belastet[6)].

---

1) AHV 7,3 %, IV 1,0 %, EO 0,6 %

2) Für den Vergleich mit den Beteiligten bei Kapitalgesellschaften (§ 15-19) wird allerdings mit einem pauschalen Satz von 10 % gerechnet.

3) BGE 106 V 193 = ZAK 1981, 36

4) Zur damaligen uneinheitlichen Praxis vgl. Krauer StR 36, 77.

5) AHVV 17 lit.d i.V. mit 23bis, 23ter und 6bis (SR 831.101).

6) Hat der Unternehmer das 50. Altersjahr noch nicht vollendet, sind nach dieser ziemlich komplizierten neuen Regelung Kapitalgewinne nicht in vollem Umfang beitragspflichtig. Im weiteren sind verhältnismässig geringfügige Gewinne stark entlastet oder beitragsfrei, während verhältnismässig hohe Gewinne nur wenig entlastet werden (vgl. Cagianut/Höhn, Unternehmungssteuerrecht, § 3 N 33 FN 22).

2. Eintritt und Austritt eines Teilhabers

Realisieren ein Geschäftsinhaber oder bisherige Teilhaber von Personengesellschaften anlässlich des Eintritts eines Teilhabers stille Reserven, sind diese bei Vornahme einer Zwischenveranlagung[1] im ausserordentlichen Verfahren[2], ansonsten im ordentlichen Verfahren[3] den Sozialabgaben unterworfen. Das ausserordentliche Verfahren kommt idR auch für den eintretenden Teilhaber bei Aufnahme der selbständigen Erwerbstätigkeit zur Anwendung.

Der Austritt eines Teilhabers löst bei diesem idR eine Zwischeneinschätzung wegen Aufgabe der Erwerbstätigkeit oder Berufswechsels aus, womit der "Sonderbeitrag" zu erheben ist. Für die verbleibenden Teilhaber kommt für das laufende Einkommen je nach den Verhältnissen das ausserordentliche oder das ordentliche Verfahren zur Anwendung.

3. Uebertragung von Beteiligungsrechten im GV natürlicher Personen

Werden Beteiligungsrechte an Kapitalgesellschaften durch Personenunternehmungen mit Kapitalgewinn veräussert, erfolgt die Beitragsfestsetzung beim Geschäftsinhaber oder (anteilmässig) den Teilhabern[4] idR zusammen mit dem übrigen Geschäftseinkommen im ordentlichen Verfahren. Ist mit der Veräusserung von Beteiligungsrechten eine Zwischenveranlagung verbunden, kommt das ausserordentliche Verfahren für die Beitragserhebung zur Anwendung. Erfolgt die gewinnbringende Veräusserung anlässlich der Liquidation einer Personenunternehmung, ist die Abgabepflicht bei Vornahme einer Zwischeneinschätzung mit einem Sonderbeitrag zu erfüllen.

---

1) vgl. dazu hinten VIII. B.
2) AHVV 24 ff.
3) AHVV 22 f.
4) AHVV 20 III i.V. mit 17 lit.c.

C. BEDEUTUNG FUER DEN VERGLEICH DER UNTERNEHMUNGSFORMEN

Da die Sozialabgaben für Personenunternehmer mit rund 10 % des steuerbaren Gewinnes neben den Einkommenssteuern die wesentlichste Belastung darstellen, werden neben den Gewinnsteuern (I.) nur diese Abgaben in den Vergleich (§§ 15 - 17 und 19) einbezogen.

VIII. Probleme der zeitlichen Bemessung

Probleme der zeitlichen Bemessung ergeben sich in dieser Arbeit vorwiegend für Beteiligte an Personenunternehmungen. Solche können jedoch auch für Beteiligte bei Kapitalgesellschaften auftreten. Hier sind nur die Verhältnisse bei den direkten Bundessteuern sowie den Zürcher Staatssteuern zusammenfassend darzustellen[1].

A. UEBERTRAGUNG

Unabhängig von der Frage der Entgeltlichkeit ist für den veräussernden Einzelunternehmer mit der Geschäftsübertragung idR eine Aufgabe der selbständigen Erwerbstätigkeit verbunden, welche nach Bundessteuerrecht (BdBSt 96 I) und nach zürcherischem Steuerrecht (ZH 59 I e) einen Zwischentaxationsgrund darstellt. Gleich ist zu urteilen, wenn ein selbständig erwerbender Personengesellschafter seinen Geschäftsanteil veräussert. Uebeträgt ein solcher Personenunternehmer nur einen Teil seines Geschäfts bzw. seines Geschäftsanteils, gibt er die selbständige Erwerbstätigkeit nicht auf, sondern schränkt diese nur ein.

---

1) Für detaillierte Ausführungen vgl. Kurt H. Beer, Die Zwischenveranlagung bei Aufnahme resp. Aufgabe der Erwerbstätigkeit sowie bei Berufswechsel, unter besonderer Berücksichtigung der Eidgenössischen Wehrsteuer sowie der Staats- und Gemeindesteuern der Kantone Aargau und Bern, Diss. Basel 1979; als auch Ernst Känzig, Die Zwischenveranlagung wegen Aufnahme und Aufgabe der Erwerbstätigkeit, ASA 45, 178 ff. Für Fragen der zeitlichen Bemessung bei Beginn bzw. Beendigung der Steuerpflicht vgl. Nold, 170 ff.; 234 ff.

Nach der jüngsten Praxis des BGr[1] zur dBSt stellt die teilweise Einschränkung (oder Ausdehnung) der Erwerbstätigkeit idR keine tiefgreifende strukturelle Aenderung der gesamten beruflichen Situation dar, welche eine Zwischenveranlagung rechtfertigen würde. Beim Erwerber ist idR eine Zwischenveranlagung wegen Aufnahme der Erwerbstätigkeit oder Berufswechsels vorzunehmen; anders ist zu urteilen, wenn mit dem Erwerb seine selbständige Erwerbstätigkeit nur ausgedehnt wird. Wird ein Geschäft oder Geschäftsanteil teilweise oder vollständig unentgeltlich übertragen, ist im zürcherischen Recht (ZH 59 I a) der Zwischeneinschätzungsgrund der Schenkung gegeben. Der Zwischeneinschätzungsgrund der Schenkung ist nach zürcherischem Recht auch bei der teilweise entgeltlichen bzw. unentgeltlichen Uebertragung von Beteiligungsrechten zu bejahen. Gehen ein Geschäft, ein Geschäftsanteil oder Beteiligungsrechte anlässlich der Erbfolge unentgeltlich auf die Erbengemeinschaft über, ist für die beteiligten Erben per Todestag des Erblassers eine Zwischenveranlagung für die Einkommens- und Vermögenssteuern vorzunehmen (BdBSt 96 I, ZH 59 I a).

Bei der direkten Bundessteuer wird die Zwischenveranlagung bei Vorliegen eines Zwischeneinschätzungsgrundes von Amtes wegen oder auf Verlangen des Steuerpflichtigen vorgenommen, wobei das Ausmass der Aenderung grundsätzlich unbeachtlich ist[2]. Im Kanton Zürich ist eine Zwischeneinschätzung bei einer entsprechenden Erhöhung der Steuerfaktoren von Amtes wegen, bei einer Verminderung derselben dagegen nur auf fristgerechtes Verlangen des Steuerpflichtigen durchzuführen[3][4].

---

1) ASA 54, 48 = Pr 74, Nr. 104 = StE 1985 B. 63.13 Nr. 6.
2) vgl. Masshardt, Kom. 1980, WStB 96 N 4; vgl. auch EStV, Hauptabteilung Direkte Bundessteuer, KS Nr. 11 zur Veranlagungsperiode 1985/86 v. 17.2.85: Wegleitung zur Anwendung der Artikel 42 und 96 (Zwischenveranlagung) des Beschlusses über die direkte Bundessteuer.
3) Diese Regelung ist nicht verfassungswidrig (BGr v. 21.12.82, ZBl 84, 143).
4) Die Pflicht zur Einreichung einer Steuererklärung zwecks Vornahme einer Zwischeneinschätzung ist gegeben, wenn sich durch die Aenderung der Erwerbsgrundlagen das Einkommen um mehr als Fr. 3'000, das Vermögen um mehr als Fr. 30'000 erhöht.

B. EINTRITT UND AUSTRITT

Der Eintritt eines neuen, voll haftenden Teilhabers in eine Personenunternehmung erfüllt idR bei diesem den Zwischeneinschätzungsgrund der Aufnahme der Erwerbstätigkeit oder des Berufswechsels[1]. Für die bisherigen Teilhaber löst die Aufnahme eines neuen Teilhabers bei der direkten Bundessteuer idR keine Zwischenveranlagung aus, da dieser Tatbestand nicht zu einer tiefgreifenden strukturellen Aenderung der gesamten beruflichen Situation führt. Nach zürcherischem Steuerrecht stellt dieser Tatbestand dagegen idR eine dauernde und tiefgreifende Strukturänderung dar, was auf Begehren des Steuerpflichtigen Anlass zu einer Zwischeneinschätzung bildet[2]. Der teilweise entgeltliche oder unentgeltliche Eintritt eines neuen Anteilsinhabers in eine Kapitalgesellschaft kann nach zürcherischem Recht den Zwischeneinschätzungsgrund der Schenkung erfüllen. Mit dem Austritt eines bisherigen voll haftenden Teilhabers aus einer Personenunternehmung ist bei diesem idR eine Aufgabe der Erwerbstätigkeit oder ein Berufswechsel als Zwischeneinschätzungsgrund gegeben[3]. Bei den verbleibenden Teilhabern ist für die direkten Bundessteuern idR keine Zwischenveranlagung vorzunehmen. Nach zürcherischem Steuerrecht ist m.E. analog zum Eintritt eine dauernde und tiefgreifende Strukturänderung zu bejahen, was zu einer Zwischeneinschätzung i.S. von 59 I e führt[4]. Bei teilweise entgeltlichem oder unentgeltlichem Austritt des Anteilsinhabers einer Kapitalgesellschaft kann bei den verbleibenden Anteilsinhabern im Kanton Zürich der Zwischeneinschätzungsgrund der Schenkung erfüllt sein.

---

1) Eine Zwischenveranlagung ist jedoch idR nicht vorzunehmen, wenn ein bereits selbständig Erwerbender durch den Eintritt seine Erwerbstätigkeit ausdehnt (vgl. ASA 54, 48).

2) vgl. ZH VGr vom 4.12.1981 SB 50/1981 (nicht veröffentlicht).

3) Gibt jedoch ein selbständig Erwerbender mit dem Austritt aus einer Personengesellschaft nur eine von mehreren selbständigen Erwerbstätigkeiten auf, bewirkt diese Einschränkung der Erwerbstätigkeit idR keine tiefgreifende Aenderung der gesamten beruflichen Situation, die eine Zwischenveranlagung rechtfertigen würde (gl.M. Cagianut/Höhn, Unternehmungssteuerrecht, § 20 N 16).

4) vgl. ZH RB 1984 Nr. 48

ZWEITER TEIL: AUSGESTALTUNG IM SCHWEIZERISCHEN STEUERRECHT

ERSTES KAPITEL: AENDERUNGEN IM BESTAND DER BETEILIGTEN BEI PERSONENUNTERNEHMUNGEN

Im folgenden wird unterschieden zwischen Aenderungen bei Einzelunternehmungen (1. Abschnitt) und Personengesellschaften (2. Abschnitt). Bei den letzteren sind neben den Personengesellschaften insbesondere die Erbengemeinschaften zu behandeln.

Haupttatbestand bildet die Uebertragung eines Geschäftes bzw. eines Geschäftsanteils auf eine natürliche Person als neuen Rechtsträger[1]. Daran schliessen Betrachtungen über die Erweiterung und Schmälerung im Bestand der Beteiligten. Es wird davon ausgegangen, die Personenunternehmung bleibe anlässlich solcher Aenderungen als wirtschaftliche Einheit erhalten. In allen diesen Fällen sind insbesondere die Beteiligten steuerrechtlich betroffen, da Personenunternehmungen als solche keinen eigenen steuerrechtlichen Status besitzen. Dabei ist für die steuerliche Beurteilung entscheidend, ob diese Aenderungen entgeltlich oder unentgeltlich erfolgen[2].

ERSTER ABSCHNITT: EINZELUNTERNEHMUNG

§ 4 ENTGELTLICHE AENDERUNGEN

Wie erwähnt[3], sind hier bloss zwei Fälle zu untersuchen: die Geschäftsübertragung und der Eintritt eines neuen Teilhabers.

---

1) Die Uebertragung eines Geschäftsanteils führt zur Gründung einer Personengesellschaft und bewirkt gleichzeitig eine Teilliquidation beim bisherigen Einzelunternehmer. Dazu kann auf die Ausführungen zur Uebertragung des Anteils an einem Geschäftsanteil (§ 6 I. A. 1. b)) verwiesen werden.
2) vgl. Cagianut/Höhn, Unternehmungssteuerrecht, § 15 N 4
3) vgl. § 2 I. A. 1.

I. Geschäftsübertragung

A. UEBERTRAGUNG ZU VERKEHRSWERTEN

Die Uebertragung der Unternehmung an Dritte stellt nur für den Einzelunternehmer, nicht aber für die Unternehmung selbst als Faktor des Wirtschaftsverkehrs eine Liquidation dar[1].

Steuerrechtlich bewirkt die entgeltliche Veräusserung eine Abrechnung über die im Zeitpunkt der Uebertragung in der Einzelfirma enthaltenen stillen Reserven und die Besteuerung eines allenfalls mit der Uebertragung veräusserten Goodwills[2]. Der Unternehmer realisiert durch das Zufliessen eines Entgeltes den gegenüber dem Einkommenssteuerwert des Eigenkapitals angewachsenen Mehrwert[3]; die Differenz zwischen dem Einkommenssteuerwert und dem höheren Verkaufserlös stellt idR einen steuerbaren Liquidationsgewinn dar[4].

Die Besteuerung der Liquidationsgewinne in der Schweiz ist uneinheitlich. Es kann nicht Aufgabe dieser Arbeit sein, die einzelnen Regelungen im Detail darzustellen[5]. Vielmehr erfolgt die Darstellung nur soweit, als dies für den Vergleich mit den Kapitalgewinnen aus der Veräusserung von Beteiligungsrechten an Kapitalgesellschaften erforderlich ist[6].

---

1) vgl. Cagianut/Höhn, Unternehmungssteuerrecht, § 20 N 2; Greminger, 143 ff.

2) vgl. Cagianut/Höhn, Unternehmungssteuerrecht, § 15 N 18

3) vgl. Grossmann, 59

4) Zur Berechnung des Liquidationsgewinnes vgl. Masshardt, Kom. 1980, WStB 53 N 5.

5) Eine Uebersicht über die Besteuerung der Liquidationsgewinne findet sich in: Die Steuern der Schweiz, Allgemeine Uebersicht, III. Teil, Besonderes Nr. 1.

6) Eine detaillierte Uebersicht findet sich u.a. in Steuerinformationen der Interkantonalen Kommission für Steueraufklärung, Band 2, A. Einzelne Steuern, Die Einkommens- und Vermögenssteuern natürlicher Personen.

Im Bund und in der überwiegenden Zahl der Kantone unterliegt der gesamte Liquidationsgewinn (einschliesslich allfälliger Grundstückgewinne) allein der Einkommenssteuer[1]. Bei der direkten Bundessteuer gilt dies nur, soweit die Liquidationsgewinne in einem zur Führung kaufmännischer Bücher verpflichteten Unternehmen erzielt werden[2]; in diesem Falle unterliegen diese Kapitalgewinne auch den Sozialabgaben[3]. Eine Minderheit der Kantone besteuert dagegen Gewinne, die aus der Veräusserung von Geschäftsgrundstücken realisiert werden, mit der Grundstückgewinnsteuer[4]. Steuerobjekt der speziellen Gewinnsteuer bildet jedoch nur die Wertzuwachsquote[5], während die Abschreibungsquote[6] mit der Einkommenssteuer erfasst wird.

Neben den eigentlichen Liquidationsgewinnen sind auch die ausserordentlichen Gewinne der Steuer- und Bemessungsperiode Gegenstand einer vollen Jahressteuer zu dem Satz, welcher sich für dieses Einkommen allein ergibt[7][8]. Soweit Grundstückgewinne (Wertzuwachsquote) mit einer Spezialsteuer erfasst werden, ist

---

1) sog. St. Galler-System der Grundstückgewinnbesteuerung; vgl. Grossmann, 67 ff.

2) In den meisten kant. Steuerordnungen ist Voraussetzung der Steuerpflicht allein die Veräusserung von GV. Die Regelung bei der direkten Bundessteuer und den ihr folgenden Kantonen wird allgemein als sachwidrig bezeichnet (vgl. z.B. Grossmann, 18 ff. mit weiteren Literaturverweisen). Aus diesem Grunde sieht auch der Harmonisierungsentwurf zu einer direkten Bundessteuer (DBGE 18 II) eine Kapitalgewinnsteuerpflicht grundsätzlich für den ganzen Bereich selbständiger Erwerbstätigkeit vor (vgl. Botschaft Steuerharmonisierung, 162).

3) vgl. § 3 VII.; gegenwärtig 9.4 %.

4) sog. Zürcher System der Grundstückgewinnbesteuerung; vgl. Grossmann, 73 ff.

5) Differenz zwischen Anlagekosten und höherem Veräusserungserlös

6) Differenz zwischen Einkommenssteuerwert und höheren Anlagekosten

7) z.B. BdBSt 43, ZH 32 V.i.V. mit 59 lit.c, SG 32.

8) Das Steuerobjekt der Jahressteuer ergibt sich somit aus dem Total der eigentlichen Liquidations- und ausserordentlichen Gewinne der Steuer- und Bemessungsperiode unter Abzug der ausserordentlichen Aufwendungen und Liquidationskosten. Für die Ermittlung des Steuerobjektes sowie die Gewinnberechnung in Sonderfällen kann auf die Ausführungen bei Cagianut/Höhn, Unternehmungssteuerrecht, § 20 N 30 ff. verwiesen werden; vgl. auch Nold, 244.

idR ohnehin ein auf die Objektsteuer ausgerichteter eigener Steuertarif anwendbar[1]. Während im Rahmen der Einkommenssteuer ein Besitzdauerabzug idR nicht gewährt wird[2], kann im Rahmen einer Spezialsteuer idR mit einem solchen Abzug gerechnet werden[3].

Mit der Veräusserung der Unternehmung ist die Geschäftsaufgabe verbunden, welche idR das Ende der selbständigen Erwerbstätigkeit bedeutet. Dieser Tatbestand bildet in Steuerordnungen mit Pränumerandobesteuerung und Vergangenheitsbemessung einen Zwischenveranlagungsgrund, sodass die von der Veränderung betroffenen Einkommens- und Vermögensbestandteile der Gegenwartsbemessung unterliegen[4]. Beim Erwerber tritt idR ebenfalls eine dauernde wesentliche und tiefgreifende Aenderung der Erwerbsgrundlagen ein (z.B. infolge Berufswechsels), was Anlass gibt zu einer Zwischenveranlagung.

Für die Besteuerung des Liquidationsgewinnes sind idR Herkunft und Art der Mittel, die dem veräussernden Unternehmer ausgerichtet werden, unerheblich[5]. So kann die Geschäftsübertragung u.a. gegen Abfindung mit einem Geldbetrag (Barabfindung), Abfindung mit Sachwerten, Begründung einer Zeit- oder Leibrente (als Veräusserungs- oder Versorgungsrente), Abgeltung mit einer Forderung oder Einräumung einer künftigen Gewinn- bzw. Umsatzbeteiligung erfolgen. Im weiteren kann der Kaufpreis in gemischter Form

---

1) z.B. ZH 170

2) vgl. Die Steuern der Schweiz, Allgemeine Uebersichten, III. Teil, Besonderes Nr. 1: Besteuerung der Liquidationsgewinne - Gesamtübersicht, insbes. Anmerkungen.

3) vgl. Die Steuern der Schweiz, Allgemeine Uebersichten, III. Teil, Besonderes Nr. 1: Besteuerung der Gewinne auf Geschäftsgrundstücken - Gesamtübersicht, insbes. Anmerkungen.

4) z.B. BdBSt 96, ZH 59 e; SG 85 a; vgl. Zuppinger, StR 31, 58.

5) vgl. Cagianut/Höhn, Unternehmungssteuerrecht, § 15 N 19

geleistet werden[1]. Im folgenden gehe ich nur auf die Abgeltung des Kaufpreises in Form einer Barabfindung sowie der Einräumung einer Leibrente als Veräusserungsrente ein[2][3].

1. Barabfindung

Beispiel:[4] Der Gärtner A veräussert seine Einzelunternehmung an B für 320. Die Bilanz des letzten Jahresabschlusses weist folgende Werte auf: Umlaufvermögen (UV) 40 (Verkehrswert 60); Liegenschaft 250 (Einstandspreis 220, Investitionen 50, Verkehrswert 400); übriges Anlagevermögen (AV) 30, Fremdkapital (FK) 180.

Das buchmässig ausgewiesene (= steuerlich massgebende) Eigenkapital (EK) beträgt 140. Der veräussernde Unternehmer erzielt einen Liquidationsgewinn von 180. Dieser setzt sich zusammen aus den realisierten Mehrwerten auf dem UV (20) und der Liegenschaft (150) sowie einem Goodwill (10). In Steuerordnungen mit dem St. Galler-System der Grundstückgewinnbesteuerung unterliegt der gesamte Liquidationsgewinn (180) der Einkommenssteuer. Für die

---

[1] Der Kaufpreis wird z.B. nur teilweise bezahlt und zum andern Teil durch ein Leibrentenversprechen abgegolten, oder ein bestimmter Wert des Geschäftes wird dem Erwerber unter Anrechnung an die künftige Erbschaft vorempfangsweise zugewandt und nur der Rest als Kaufpreis behandelt (vgl. Schärrer, Leibrente, 2).

[2] Die Abfindung mit einem Sachwert wird beim Austritt eines Personengesellschafters behandelt (vgl. § 6 III. A. 1. b.).

[3] Die Einräumung einer betrieblichen Versorgungsrente sowie die künftige Gewinn- oder Umsatzbeteiligung werden hier nicht behandelt. Dazu finden sich ausführliche Darstellungen insbesondere bei Schäuble, 171, 173, 186, 188. Es ist indessen darauf hinzuweisen, dass bei diesen Abfindungsarten idR keine Liquidationsgewinnbesteuerung eintritt (vgl. Masshardt, Kom. 1980, WStB 43 N 13; Schäuble, 188 FN 426; Gnehm, 19); auch in solchen Fällen ist jedoch eine Liquidationsgewinnbesteuerung möglich; vgl. VGr ZH v. 16.10.69, SB 24/1969 (zitiert bei Schärrer, Leibrente, 10): dort wurde die Bestellung einer Versorgungsrente für den Geschäftsinhaber im Zusammenhang mit dem Geschäftsverkauf zuerst mit dem Barwert als Goodwill-Liquidationsgewinn besteuert.

[4] Das Beispiel ist Cagianut/Höhn, Unternehmungssteuerrecht, § 15, Frage 1, entnommen.

Zwecke der direkten Bundessteuer sowie der Sozialabgaben erfolgt eine Belastung jedoch nur, sofern der Veräusserer zur Führung kaufmännischer Bücher verpflichtet war. In Steuerordnungen mit dem Zürcher-System der Grundstückgewinnbesteuerung werden nur stille Reserven von 50 (UV 20; wiedereingebrachte Abschreibungen Liegenschaft 20; Goodwill 10) mit der Einkommenssteuer erfasst, während die Wertzuwachsquote von 130 (400 - 270) auf der Liegenschaft der Grundstückgewinnsteuer unterworfen ist. Im übrigen löst der Eigentumswechsel der Liegenschaft idR die Handänderungssteuer von deren Verkehrswert aus.

Der erwerbende Unternehmer ist berechtigt, die versteuerten stillen Reserven in den einzelnen Bilanzpositionen aufzuwerten. Die Eröffnungsbilanz zeigt folgende Werte: UV 60; Liegenschaft 400; übriges AV 40 (enthaltend derivativ erworbener Goodwill 10); FK 180; EK 320.

2. Einräumung einer Leibrente

Da die als Leibrente ausgestaltete Veräusserungsrente im Steuerrecht je nach Steuerordnung unterschiedlich behandelt wird, erfährt sie hier eine eingehendere Darstellung.

Für die Veräusserungsrente ist typisch, dass Leistung und Gegenleistung nach kaufmännischen Grundsätzen festgelegt werden, d.h. die Beteiligten als unabhängige Dritte ein echtes Entgelt für die Veräusserung des Geschäftsbetriebes vereinbaren[1]. Wie bei der Veräusserung gegen Barabfindung ist das Grundgeschäft idR ein Kaufvertrag über ein Geschäft (Aktiven und Passiven) als Kaufgegenstand[2]. Mit dem Leibrentenvertrag wird der Anspruch

---

1) vgl. Schäuble, 168; im Gegensatz dazu stellt die Versorgungsrente kein Entgelt für eine veräusserte Beteiligung, sondern eine Vergütung für die dem Betrieb erbrachten guten Dienste dar, welche unabhängig vom Gegenwert festgesetzt wird (vgl. Schäuble, 171).

2) vgl. Känzig, Kom. 1982, WStB 21 N 201; Das Leibrentenversprechen kann aber auch durch Erbvertrag, Vermächtnis, Vergleich oder Urteil begründet werden (vgl. Stofer Helmuth, Leibrentenversprechen und Verpfründungsvertrag, in: Schweizerisches Privatrecht Band VII/2, Basel 1979, 73).

des veräussernden Unternehmers auf periodische Leistungen des Erwerbers gesamthaft im Umfang des wirklichen Wertes des übertragenen Geschäftes begründet. Wird das Leibrentenversprechen ohne bestimmte Sicherheit eingeräumt, trägt der Veräusserer das Risiko des Versiegens der Rentenquelle. Diese Unsicherheit kann durch den Kauf einer auf das Leben des Veräusserers gestellten Rente durch den Erwerber bei einer Versicherungsgesellschaft beseitigt werden[1].

a) Behandlung beim Veräusserer

Das Guthaben des Verkäufers ergibt sich aus dem Kapitalwert der Rente. Uebersteigt dieser den steuerlich massgebenden Buchwert des Kapitalkontos, liegt nach dem Recht der direkten Bundessteuer sowie den ihr folgenden kantonalen Steuerordnungen ein steuerbarer Kapitalgewinn vor[2].

Beispiel: Der 64-jährige Verkäufer einer Einzelunternehmung erhält aufgrund des Leibrentenvertrages eine jährliche Rente von Fr. 68'190.--. Sein buchmässig ausgewiesenes Eigenkapital beträgt Fr. 640'000.--. Liquidationsgewinn?.

Die Jahresrente beläuft sich auf 68.19 o/oo[3] des Barwertes der Rente; dieser beträgt somit Fr. 1'000'000.--; der Verkäufer erzielt einen Liquidationsgewinn von Fr. 360'000.--.

Während das den Buchwert des Kapitalkontos übersteigende Rentenstammrecht nach der Praxis verschiedener Kantone[4] als <u>Liquidationsgewinn besteuert</u> wird, geht die Praxis zur direkten Bundes-

---

1) vgl. Schärrer, Leibrente, 5

2) vgl. Känzig, Kom. 1982, WStB 21 N 201

3) Zur Berechnung des Rentenbarwertes oder der für ein bestimmtes Kapital zu gewährenden Leibrente werden idR die auf dem Einzeltarif der schweizerischen Lebensversicherungsgesellschaften beruhenden Rententabellen herangezogen. (vgl. R/Z/S II ZH 19 b N 387). Für steuerliche Zwecke gilt die von der EStV mit KS vom 18.10.1980 als anwendbar erklärte Umrechnungstabelle (vgl. ASA 49, 238).

4) z.B. ZH: RB 1963 Nr. 48; BE MBVR 60, 458.

steuer[1] sowie einzelner Kantone[2] dahin, den Liquidationsgewinn (aus Billigkeitsgründen) nicht zu erfassen, die Rente jedoch abhängig von der Finanzierung zu besteuern. Der Verzicht auf die Liquidationsgewinnbesteuerung wird damit begründet, dass der Kapitalgewinn nur sukzessive mit jeder Rentenzahlung verwirklicht und steuerbar werde[3]. Känzig[4] sieht in der Nichtbesteuerung des Liquidationsgewinnes eine Verkennung der wirtschaftlichen und rechtlichen Bedeutung des dem Leibrentenvertrag zugrunde liegenden Kaufvertrages; denn die Ursache der als stossend empfundenen steuerlichen Folgen einer doppelten Erfassung (einmal als Liquidation, dann als laufendes Einkommen) liege darin, dass die Aufwendungen für den Erwerb eines Leibrentenanspruches nicht als Gewinnungskosten abgezogen werden können. Soweit die Rentenstammschuld des Erwerbers als Erlös des Veräusserers aus hingegebenen Vermögensrechten betrachtet wird, ist die Besteuerung als Liquidationsgewinn konsequente Folge dieser Beurteilung[5]. Wird ein Liquidationsgewinn besteuert, vermag idR auch der Tod des Rentengläubigers vor Erreichen des Tarifalters keine Revision der Einschätzung der Liquidationssteuer zu bewirken, da das Ableben keine neue Tatsache i.S. der Steuergesetze darstellt[6]. Soweit für die direkte Bundessteuer eine Liquidationsgewinnbesteuerung unterbleibt, sind u.U. auch die <u>Sozialabgaben nicht geschuldet</u>[7].

---

1) vgl. Masshardt, Kom. 1980, WStB 43 N 23 1

2) z.B. SO: RB 1952 Nr. 14

3) vgl. Masshardt, ASA 26, 172; Mossu, ASA 41, 6 ff.

4) vgl. Känzig, Kom. 1982, WStB 21 N 201

5) vgl. R/Z/S II ZH 19 b 255; Gnehm, 17; Die Liquidationsgewinnbesteuerung kann auch nicht mit der Begründung abgelehnt werden, dass das Rentenstammrecht der laufenden Rente nicht der Vermögenssteuer unterliege (ZH RB 1960 Nr. 36), denn Einkommenssteuer- und Vermögenssteuerbilanz decken sich nicht notwendigerweise (ZH RB 1954 Nr. 16; 1960 Nr. 19).

6) vgl. Schärrer, Leibrente, 17

7) Nach Auskunft des Steueramtes Zürich (Tf. v. 5.11.85) würde wohl für die dBSt auf eine Liquidationsgewinnbesteuerung verzichtet. In diesem Falle bleibt offen, ob die AHV-Behörden bei Kenntnis des Liquidationsgewinnes die Sozialabgaben erheben würden. M.E. bestünde dazu keine Rechtsgrundlage.

Erfolgt anlässlich der Einräumung einer Veräusserungsrente eine Liquidationsgewinnbesteuerung, mag der Steuerbezug auf echte Schwierigkeiten stossen, da der Steuerpflichtige den derart geschuldeten Steuerbetrag nicht wie bei der Abfindung in Geld dem Verkaufserlös entnehmen kann. Die <u>Gewährung eines Steueraufschubes</u> für die mit der Entstehung des Rechtsanspruches auf die Leibrente realisierten stillen Reserven scheitert am formalistischen Ertragsbegriff[1]. Dennoch liesse sich nach Schärrer[2] ein Steueraufschub dann rechtfertigen, wenn für den Geschäftsveräusserer eine <u>Leibrente mit dem Barwert nur im Umfang der stillen Reserven</u> bestellt und der Käufer des Geschäftes die Buchwerte fortführen und mithin die Einkommenssteuerpflicht für die auf diese Weise übernommenen stillen Reserven bei deren späteren Realisierung übernehmen würde. Aus Liquiditätsgründen ist eine solche Lösung zweifellos vorteilhaft; der Veräusserer muss sich jedoch in diesem Falle einen Abzug vom Verkaufspreis für die Uebernahme der latenten Steuerlast durch den Erwerber gefallen lassen.

Unabhängig von der Liquidationsgewinnbesteuerung entrichtet der Veräusserer <u>auf den laufenden Renten</u> nach Massgabe der gesetzlichen Bestimmungen[3] die <u>Einkommenssteuern</u>. Nach der Praxis zur direkten Bundessteuer[4] werden die Renten mit 60 % besteuert, wenn die Rentenstammschuld das buchmässige Vermögen nicht übersteigt, mit 80 %, wenn diese nicht mehr als das Fünffache des buchmässigen Vermögens beträgt und mit 100 % in allen andern[5]

---

1) vgl. Schärrer, Leibrente, 9
2) vgl. Schärrer, Leibrente, 10
3) Für eine Uebersicht über den aktuellen Stand der Besteuerung in den einzelnen Kantonen vgl.: Die Steuern der Schweiz, Allgemeine Uebersichten, I. Teil. Besonderes Nr. 2.
4) vgl. Masshardt, Kom. 1980 WStB 43 N 23 1
5) So werden z.B. Einkünfte aus einer Leibrente voll als Einkommen besteuert, auch wenn der Rentenschuldner die Zahlungen aufgrund eines Vermächtnisses ausrichtet, mit dem sein Erbteil belastet ist. Solche Rentenzahlungen der Erben sind nicht steuerfreie Eingänge aus gesetzlicher Verwandtenunterstützung, ebenso wenig familienrechtliche Alimente i.S. von WStB 21 III (vgl. BGE 110 I b 234).

Fällen[1]. Nach Berner Praxis[2] hat der Steuerpflichtige die Renten mit 60 % zu versteuern, weil diese als selbsterworben betrachtet werden[3]. Die Zürcher Lösung der Besteuerung als Liquidationsgewinn <u>und</u> laufender Rentenbesteuerung zu 60 % geht auf Entscheide der ORK[4] in den frühen Fünfzigerjahren zurück und wird vom Verwaltungsgericht[5] konsequent fortgeführt.

b) Behandlung beim Erwerber

Trotz des aleatorischen Charakters[6] der als Leibrente ausgestalteten Veräusserungsrente rechtfertigt sich handelsrechtlich die Bilanzierung der übernommenen Aktiven und der eingegangenen Leibrentenverpflichtung mit den vollen Werten[7]. Nach der Massgeb-

---

1) Dies bedeutet, dass die Besteuerung zu 60 % erfolgt, wenn der Veräusserer die Rente in vollem Umfang aus eigenen Mitteln finanziert hat; zu 80 %, wenn der Veräusserer selbst mindestens 20 % selbst beigetragen hat und zu 100 %, wenn der Rentengläubiger weniger als 20 % selbst finanziert hat (vgl. Schärrer, Leibrente, 7).

2) MBVR 65, 420

3) Diese Lösung ist bei Verneinung der Liquidationsgewinnbesteuerung konsequenter als die nach der Finanzierung abgestufte Einbeziehung der Renten in die Besteuerung, denn der Veräusserer hat die stillen Reserven mit eigenen Mitteln erarbeitet (gl.M. Gnehm, 16).

4) ZH RB 1952 Nr. 9 = ZBl 54, 345

5) ZH RB 1963 Nr. 48

6) Für den Veräusserer steht infolge der Unsicherheit in der Lebenserwartung keineswegs fest, dass er mit den ihm periodisch zufliessenden Rentenbeträgen wirklich den im Zeitpunkt der Veräusserung erwarteten Gegenwert erhält. Je nach dem erreichten Alter kann er mit den Renten mehr oder weniger als den bei der Veräusserung hingegebenen Vermögenswert vergütet erhalten. Aus dem gleichen Grund kann der Rentenschuldner gesamthaft mehr oder weniger als den ursprünglich vorgesehenen Preis bezahlen müssen (vgl. Schärrer, Leibrente, 4).

7) vgl. Käfer, OR 959 N 318; Die Gegenstände des UV werden in den Unternehmenskreislauf eingesetzt und jene des AV werden ab Zeitpunkt der Geschäftsübernahme voll genutzt. Trotz der Möglichkeit eines vorzeitigen Wegfalls ist auch die Rentenverpflichtung mit dem vollen Wert einzusetzen, denn sie ist eine effektive Schuld in Höhe des versicherungsmathematisch berechneten Rentenbarwertes (vgl. Schärrer, Leibrente, 13).

lichkeit der (richtigen) Handelsbilanz ist auch steuerrechtlich die Bilanzierung der übertragenen Aktiven und Passiven (inklusive des Barwertes der auf das Leben des Geschäftsveräusserers bestellten Rente) mit den wirklichen Werten (inklusive stille Reserven) zuzulassen. Dies hat zur Folge, dass einerseits auf den Aktiven die steuerrechtlich zulässigen Abschreibungen vorgenommen werden können und anderseits mit den Einzelrenten im Umfang der Kapitalquote eine nicht der Erfolgsrechnung belastbare Schuldabzahlung geleistet wird[1]. In diesem Sinne hat das VGr SG[2] entschieden, als Aufwand <u>abzugsfähig</u> sei lediglich der in den Renten enthaltene <u>Zinsanteil</u>, während die mit der Zeit steigende Amortisationsquote als Schuldentilgung anzusehen sei. Dennoch sind im Bund[3] und in einer Mehrzahl der Kantone[4] die Rentenzahlungen vollständig vom steuerbaren Einkommen abziehbar. Bei dieser anerkanntermassen[5] sachwidrigen Behandlung muss konsequenterweise eine Passivierung der Rentenverpflichtung abgelehnt werden[6]. Damit verliert aber der Erwerber eine entsprechende Abschreibungsmarge bzw. hat gegebenenfalls latente Einkommenssteuern und Sozialabgaben auf den erworbenen stillen Reserven zu übernehmen[7]. Die Praxis verschiedener Kantone[8] lässt dage-

---

1) vgl. Schärrer, Leibrente, 14 f.; Cagianut/Höhn, Unternehmungssteuerrecht, § 15 N 19 FN 10; Schäuble, 170 f.

2) GVP 1974 Nr. 10; Dem Einwand des Beschwerdeführers, die Aufteilung der Renten in eine Tilgungs- und eine Zinsquote könne u.U. kompliziert sein, hält das VGr entgegen, dass diese Aufteilung keine unüberwindlichen Schwierigkeiten biete, nachdem die Rentenbarwertberechnung bekannt sei (S. 33).

3) BdBSt 22 I d

4) z.B. ZH 25 d

5) vgl. Bieri, 123; Känzig, Kom. 1982, WStB 22 N 151; Schäuble, 170; Schärrer, Leibrente, 15.

6) Zu dieser Behandlung bekennt sich z.B. der Kanton Zürich; sie gilt auch, wenn der Rentenschuldner die Rentenverpflichtung in der Buchhaltung als Schuld und die Rentenzahlungen als Schuldentilgung verbucht werden (vgl. R/Z/S II ZH 19 b N 255).

7) vgl. Cagianut/Höhn, Unternehmungssteuerrecht, § 15 N 19 FN 10

8) z.B. BE 33; vgl. Gruber, 73 f.

gen richtigerweise die Rentenzahlungen solange nicht als Abzug vom rohen Einkommen zu, bis die Rentenstammschuld abgetragen ist; nachher gelten die Rentenzahlungen vollumfänglich als Gewinnungskosten[1]. Diese Lösung, welche als Grundidee für eine gesamtschweizerische Lösung bezeichnet wurde[2], ist denn auch vom Bundesrat in die Harmonisierungsentwürfe[3] aufgenommen worden.

Stirbt der Rentengläubiger vor Erreichen seines Tarifalters, gehen Rentenrecht und Rentenschuld unter. Damit ist nach Känzig[4] die verbleibende Rentenstammschuld erfolgswirksam aufzulösen. Ebenso sieht das bernische Steuergesetz[5] vor, den Unterschied zwischen dem Gesamtbetrag der schuldnerischen Leistungen und der vom Rentenschuldner erhaltenen Gegenleistung als Einkommen zu besteuern. Da die Harmonisierungsentwürfe diese Frage nicht regeln, dürfte es zweckmässig sein, zur Schliessung dieser Lücke eine entsprechende Bestimmung einzufügen[6].

Bei Ableben des Rentengläubigers kurz nach Geschäftsübertragung lässt sich nach Schärrer[7] u.U. eine erfolgsneutrale Behandlung erreichen: Sofern in diesem Zeitpunkt noch alle übernommenen Aktiven vorhanden seien, könne es sich rechtfertigen, den Wegfall der Kaufpreisrentenschuld (zuzüglich des Betrages der übernommenen gewöhnlichen Schulden) als Kaufpreisminderung anzusehen und den einzelnen Aktiven - ausgenommen die Geld- und Forderungs-Bestandeskonten - gutzuschreiben, vorausgesetzt, die Buchwerte ha-

---

1) StRK TG v. 11.11.81, E Nr. 100/1981; Gruber, 74.
2) vgl. Bieri, 123, 144 ff.
3) StHGE 10 II b; DBGE 33 I b; Nach diesen Bestimmungen kann der Rentenschuldner, der eine Gegenleistung erhalten hat, seine Leistungen erst dann von seinen Einkünften abziehen, wenn der Gesamtbetrag der bezahlten Renten den Wert der Gegenleistung übersteigt.
4) vgl. Känzig, Kom. 1982, WStB 22 N 41
5) BE 33 I; vgl. Gruber, 74.
6) vgl. Zuppinger/Böckli/Locher/Reich, 88
7) vgl. Schärrer, Leibrente, 17

ben die unterste Abschreibungsgrenze noch nicht erreicht. Damit würden im Umfang der Kaufpreisminderung buchmässig stille Reserven geschaffen, für die wie im Falle der Schenkung oder Erbschaft bis zu deren Realisierung ein Steueraufschub erreicht werden könnte. Der Steueraufschub muss jedoch durch Preisgabe von Abschreibungsmöglichkeiten erkauft werden.

B. UEBERTRAGUNG ZU BUCHWERTEN

Wird eine Einzelunternehmung mit stillen Reserven zu den steuerlich massgebenden Buchwerten auf den Erwerber übertragen, liegt ein gemischtes Rechtsgeschäft vor, denn die stillen Reserven der Unternehmung gehen ohne Gegenleistung auf den Erwerber über. Da der Veräusserungserlös in diesem Falle den Einkommenssteuerwert nicht übersteigt, wird kein Liquidationsgewinn realisiert[1]. Der Veräusserer schuldet weder Einkommenssteuer noch Sozialabgaben. Die steuerneutrale Behandlung hat jedoch zur Folge, dass der Erwerber die Uebernahmebilanz gegen sich gelten lassen muss[2]. Mit der Weiterführung der Buchwerte übernimmt er auf der Differenz dieser Werte zum wirklichen Geschäftswert latente Einkommenssteuern und Sozialabgaben.

Gehen mit der Geschäftsübertragung auch Grundstücke auf den Erwerber über, wird idR auch im Zürcher-System der Grundstückgewinnbesteuerung ein Steueraufschub gewährt, soweit der anteilige Veräusserungserlös die Anlagekosten des übertragenden Unternehmers nicht übersteigt[3]. Diese Behandlung kann mit den gleichen Gründen wie bei der Einkommenssteuer gerechtfertigt werden. Dagegen

---

1) Diese Behandlung folgt der Einheitstheorie. Dieser ist auch im Unternehmungssteuerrecht, wie zu zeigen sein wird (§ 10 I. B. 1.), vor der Trennungstheorie der Vorzug zu geben.
2) vgl. Cagianut/Höhn, Unternehmungssteuerrecht, § 15 N 30
3) vgl. § 10 I. B. 1.; dazu VGr ZH v. 31.1.78 (ZH RB 1978 Nr. 68), wonach bei gemischten Schenkungen unabhängig von einer allfälligen Gewinnrealisation ein Steueraufschub zu gewähren ist. Dagegen liegt nach Ansicht der Zürcher Kommentatoren (Z/S/F/R EB ZH 161 N 115) keine Schenkung vor, soweit eine Gegenleistung erbracht wird; insoweit könne auch kein Aufschub gewährt werden.

wird im Ausmass des Entgelts sachgerechterweise die Handänderungssteuer erhoben[1].

Die Differenz zwischen der Gesamtheit der Buchwerte als Veräusserungserlös und dem höheren Substanzwert aller Vermögensrechte unterliegt in den meisten Kantonen[2] beim begünstigten Erwerber der Schenkungssteuer[3].

Die Uebertragung einer Einzelunternehmung zu Buchwerten kann auch im Rahmen eines Erbvorbezuges erfolgen. Der Erwerber muss sich diesfalls die stillen Reserven an den Erbteil anrechnen lassen. Da er jedoch latente Einkommenssteuern und Sozialabgaben übernimmt, empfiehlt es sich, dafür bei der Anrechnung einen Einschlag geltend zu machen[4]. Im übrigen sind für den teilweise entgeltlichen Erbvorbezug die oben gemachten Ausführungen analog anwendbar[5].

---

[1] Für die Rechtsverkehrssteuern wurde die Anwendung der Trennungstheorie bejaht (vgl. § 3 V. A.).

[2] Ausnahmen LU und SO; in LU werden Schenkungen, die in den letzten 5 Jahren vor dem Tod des Erblassers stattgefunden haben, besteuert. Eine detaillierte Uebersicht über die Erbschafts- und Schenkungssteuern findet sich u.a. in: Die Steuern der Schweiz, III. Teil, A. Erbschafts- und Schenkungssteuern; für die einzelnen Kantone siehe A1-26 daselbst; vgl. auch Steuerinformationen der Interkantonalen Kommission für Steueraufklärung, Band 2,D. Einzelne Steuern: Die Erbschafts- und Schenkungssteuern.

[3] vgl. Känzig, Kom. 1982, WStB 21 N 196; R/Z/S II ZH 19 b N 389.

[4] vgl. § 19 I. A. 1.

[5] Insbesondere greift dort der Steueraufschub nur dann Platz, "wenn der Veräusserer mit Rücksicht auf die Person des Erbanwärters in einer Art und in einem Umfang teilweise auf ein Entgelt verzichtet, die auffallen, weil zwischen dem Verkehrswert des übergebenen Objektes und der hierfür erbrachten Gegenleistung ein in die Augen springendes Missverhältnis besteht. Ob ein solches teilweise unentgeltliches Rechtsgeschäft vorliege, ergibt sich aus der Gegenüberstellung des (durch Schätzung zu ermittelnden) Verkehrswertes einerseits und des vereinbarten Uebernahmewertes anderseits" (ZH RB 1982 Nr. 99).

II. Eintritt eines Teilhabers

Die Einlage des eintretenden Teilhabers in die neu gegründete Personengesellschaft kann in Höhe der Verkehrswerte oder der Buchwerte der bisherigen Beteiligung erfolgen. Unabhängig von der Höhe der Einlage kann der Eintritt eines neuen Beteiligten bei den nunmehrigen Gesellschaftern Grund sein zur Vornahme einer Zwischenveranlagung, wenn die Erwerbsgrundlagen mit der ab Gründung der Personengesellschaft eine dauernde, wesentliche und tiefgreifende Aenderung erfahren[1].

A. EINLAGE IN HOEHE DER VERKEHRSWERTE

Die Einlage kann in bar, durch Sacheinlage oder die Uebernahme von Verbindlichkeiten[2] geleistet werden. Soll der neue Beteiligte mit dem bisherigen Einzelunternehmer gleichgestellt werden, müssen gleiche Anteile am Gesellschaftsvermögen geschaffen werden[3][4]. Dies kann durch die Einlage des neuen Teilhabers auf sein Kapitalkonto in Höhe des Kapitalkontos des bisherigen Beteiligten und je nach Vereinbarung durch Zahlung eines Aufgeldes für den Einkauf in die stillen Reserven erreicht werden. Die wertmässige Gleichstellung verlangt somit in jedem Falle die Leistung eines Aufgeldes, wobei zwei Möglichkeiten offenstehen:

---

[1] Beim bisherigen Einzelunternehmer infolge Ausdehnung der selbständigen Erwerbstätigkeit (vgl. jedoch § 3 VIII. B., beim eintretenden Teilhaber idR infolge Berufswechsels oder Aufnahme der Erwerbstätigkeit.

[2] vgl. Känzig, ZBl 66, 467; Die Uebernahme von Verbindlichkeiten wirkt sich steuerlich wie eine Bar- oder Sacheinlage aus, wobei der neue Teilhaber jedoch anstelle von Einlagen Verbindlichkeiten des bisherigen Einzelunternehmers als Schuldner übernimmt. Die zivilrechtlichen Folgen sind bei Schäuble (149) beschrieben. Für weitere Ausführungen vgl. beim Eintritt eines zusätzlichen Teilhabers in eine Personengesellschaft (§ 6 II. erste FN).

[3] vgl. Cagianut/Höhn, Unternehmungssteuerrecht, § 15 N 49

[4] Vereinbaren die Beteiligten im Gesellschaftsvertrag, dass die Altreserven nur dem bisherigen Beteiligten zustehen sollen, sind die Beteiligungen einander wertmässig nicht gleichgestellt; die Zahlung eines Aufgeldes für den neuen Teilhaber entfällt (vgl. Cagianut/Höhn, Unternehmungssteuerrecht, § 15 N 50).

Das Aufgeld umfasst den vollen Wert der stillen Reserven (Variante 1) oder nur deren hälftigen Wert (Variante 2). Bei Variante 2 tritt der bisherige Beteiligte den hälftigen Anteil an den stillen Reserven an den neuen Teilhaber ab; dafür fällt ihm das geleistete Aufgeld allein zu. Bei Variante 1 kann das geleistete Aufgeld entweder dem neuen Teilhaber allein oder dem bisherigen und dem neuen Beteiligten je zur Hälfte zustehen[1].

Die Beteiligten entscheiden über Höhe und Berechtigung am Aufgeld. Die Steuerbehörden haben sich bei der steuerlichen Beurteilung an die vertraglichen Abmachungen zu halten[2].

Unabhängig von den Vereinbarungen der Vertragsparteien bezüglich des Aufgeldes ist die Einlage aus der Sicht der Unternehmung steuerlich neutral. Dagegen kann eine Sacheinlage beim neuen Teilhaber Steuerfolgen auslösen[3]. Die steuerlichen Folgen beim bisherigen Beteiligten hangen davon ab, ob stille Reserven aufgelöst werden oder ob er für die Uebertragung der Berechtigung an einem Teil der stillen Reserven entschädigt wird[4].

1. Besteuerung stiller Reserven beim bisherigen Beteiligten

Ausgangspunkt für die verschiedenen Eintrittsmöglichkeiten[5] bilden die oben aufgezeigten beiden Varianten. Sie lassen sich an folgendem Grundtatbestand[6] verdeutlichen:

---

1) vgl. Cagianut/Höhn, Unternehmungssteuerrecht, § 15 N 50; unten aa) und ab).
2) vgl. Cagianut/Höhn, Unternehmungssteuerrecht, § 15 N 51
3) vgl. hinten 2.
4) vgl. Cagianut/Höhn, Unternehmungssteuerrecht, § 15 N 54
5) Diese sind schematisch dargestellt bei Cagianut/Höhn, Unternehmungssteuerrecht, § 15 im Anschluss an N 60.
6) Dieser lehnt sich an Cagianut/Höhn, Unternehmungssteuerrecht, § 15 N 50, rechnet jedoch mit anderen Zahlen; die verwendeten Abkürzungen haben folgende Bedeutung: EK = Eigenkapital; EF = Einzelfirma.

Bilanz der Einzelfirma A vor dem Eintritt von B
(Grundtatbestand)

Aktiven	400	EK A	400
(Stille Reserven 600)			

Variante 1: Aufgeld für den vollen Wert der stillen Reserven

Einlage:	- Einlage auf EK B	400
	- Aufgeld für stille Reserven	600
	- gesamte Einlage	1000

Das Aufgeld kann B allein oder A und B je zur Hälfte zugewiesen werden.

Variante 2: Aufgeld für den hälftigen Wert der stillen Reserven

Einlage:	- Einlage auf EK B	400
	- Aufgeld für stille Reserven	300
	- gesamte Einlage	700

Hier fällt das Aufgeld allein A für die Abtretung des hälftigen Anteils an den stillen Reserven zu.

a) Aufgeld für den vollen Wert der stillen Reserven (Variante 1)

Das Aufgeld im vollen Wert der Altreserven kann dem neuen Beteiligten allein oder dem neuen und dem bisherigen Beteiligten je zur Hälfte zugewiesen werden.

aa) Zuweisung des Aufgeldes an den neuen Beteiligten (Buchungsarten A und B)

Die Steuerfolgen sind verschieden, je nachdem, ob Altreserven aufgelöst (Buchungsart A) oder dem bisherigen Beteiligten ohne Auflösung zugeteilt werden (Buchungsart B).

Bei <u>Auflösung der gesamten Altreserven</u> (Buchungsart A) unterliegen diese beim bisherigen Einzelunternehmer den Einkommenssteuern und Sozialabgaben. Die Höhe der Belastung mit Einkommenssteuern ist abhängig davon, ob die Kapitalgewinne wegen Vornahme einer

Zwischenveranlagung separat besteuert oder zusammen mit dem übrigen Einkommen erfasst werden; sie wird infolge der progressiv ausgestalteten Steuersätze im zweiten Fall höher ausfallen. Die Besteuerung bewirkt, dass die Aktiven aufgewertet werden und das Kapitalkonto des bisherigen Beteiligten um die aufgelösten Altreserven erhöht wird. Die Abrechnung über sämtliche stillen Reserven hat den Vorteil, dass für die künftige Berechtigung der Personengesellschafter an den stillen Reserven klare Verhältnisse geschaffen werden[1]. Eine zusätzliche Steuerbilanz ist weder für den bisherigen noch den neuen Beteiligten erforderlich[2].

Ausgehend vom Grundtatbestand ergibt sich für die neugegründete Kollektivgesellschaft folgende Eröffnungsbilanz.

A + B & Co.

Aktiven	1000	Kapital A	1000
Einlage B	1000	Kapital B	1000
	2000		2000

(Stille Reserven 0)

Die Besteuerung der Altreserven kann vermieden werden, wenn eine **buchmässige Auflösung der Altreserven unterbleibt** und **diese allein dem bisherigen Beteiligten zugeteilt** werden (Buchungsart B)[3]. Das Aufgeld muss in diesem Falle dem Privatkonto des neuen Beteiligten gutgeschrieben werden, wenn die Festlegung eines separaten Gewinnverteilungsschlüssels vermieden werden soll. Obwohl für beide Beteiligten auch hier keine separate Steuerbilanz zu führen ist, muss die Entwicklung der Altreserven im Hinblick auf die Auflösung und Zurechnung an den bisherigen Einzelunternehmer in speziellen Konten nachgetragen werden[4]. Wird das Auf-

---

1) vgl. Cagianut/Höhn, Unternehmungssteuerrecht, § 15 N 56

2) vgl. Cagianut/Höhn, Unternehmungssteuerrecht, § 15 N 58

3) Die buchmässige Auflösung der stillen Reserven kann von den Veranlagungsbehörden nicht erzwungen werden (vgl. Cagianut/Höhn, Unternehmungssteuerrecht, § 14 N 64).

4) vgl. Känzig, ZBl 66, 468; Schäuble, 143 f.; Cagianut/Höhn, Unternehmungssteuerrecht, § 15 N 57.

geld dem Kapitalkonto des neuen Beteiligten gutgeschrieben, müssen zudem komplizierte Vereinbarungen über die Kapitalverzinsung sowie die Beteiligung an ordentlichen und ausserordentlichen Gewinnen getroffen werden[1]. Die Praxis zeigt, dass eine solche Lösung insbesondere bei einer späteren Ermittlung der Liquidationsansprüche im Falle der Auflösung der Personengesellschaft oder bei Austritt eines Teilhabers zu Schwierigkeiten führt[2].

Die Eröffnungsbilanz der Kollektivgesellschaft präsentiert sich nach dieser Lösung, ausgehend vom Grundtatbestand, wie folgt:

A + B & Co.

Aktiven EF	400	Kapital A	400
Einlage B	1000	Kapital B	400
		Privatkonto B	600
	1400		1400
	====		====

(Stille Reserven 600)

ab) **Hälftige Zuweisung des Aufgeldes an den neuen und den bisherigen Beteiligten (Buchungsart C)**

Mit diesem Vorgehen wird ein kapitalmässiger Gleichstand erreicht, ohne dass eine buchmässige Auflösung stiller Reserven erfolgt. Dagegen führt die Erhöhung des Kapitalkontos des bisherigen Beteiligten bei diesem zu einem Vermögenstandsgewinn, welcher den Einkommenssteuern und Sozialabgaben unterliegt. Vorbehältlich einer Zwischenveranlagung erfolgt die Einkommensbesteuerung zusammen mit den übrigen Einkünften, was gegenüber der gesonderten Erfassung eine höhere Belastung zur Folge hat. Anstelle der Erhöhung des Kapitalkontos kann sich der bisherige Beteiligte die erhaltene Vergütung für die Abtretung der hälftigen Berechtigung an den stillen Reserven auch auf einem Privatkonto gutschreiben lassen[3].

---

1) vgl. Gnehm, 8
2) vgl. Cagianut, Grundprobleme, 229
3) vgl. Cagianut/Höhn, Unternehmungssteuerrecht, § 15 N 59

Bei Gutschrift auf dem Kapitalkonto ergibt sich für die Kollektivgesellschaft, ausgehend vom Grundtatbestand, folgende Eröffnungsbilanz.

A + B & Co.

Aktiven EF	400	Kapital A	700
Einlage B	1000	Kapital B	700
	1400		1400

(Stille Reserven 600)

Nach dieser Verbuchungsart muss für den neuen Beteiligten eine separate Steuerbilanz geführt werden. Diese zeigt aufgewertete Aktiven bzw. herabgesetzte Passiven im Umfang des geleisteten Aufgeldes. Damit wird sichergestellt, dass bei einer späteren Realisierung der Altreserven (300) nur der bisherige Einzelunternehmer besteuert wird[1]. Dieses Vorgehen bewirkt für den bisherigen Beteiligten, dass er bei einer späteren Realisierung nur noch die Hälfte der Altreserven versteuern muss. Zudem muss für die Berechtigung an künftigen Gewinnen kein separater Gewinnverteilungsschlüssel geführt werden.

b) Aufgeld für den hälftigen Wert der stillen Reserven (Variante 2)

Insbesondere aus Rücksicht auf die finanziellen Möglichkeiten des eintretenden Beteiligten kann vereinbart werden, dass dieser dem bisherigen Beteiligten eine Vergütung für die Abtretung des hälftigen Anteils an den Altreserven leistet. Der bisherige Beteiligte realisiert einen Kapitalgewinn durch die Veräusserung von Altreserven[2]; dieser ist idR zusammen mit dem übrigen Einkommen einkommenssteuer- und sozialabgabepflichtig. Als Folge der Besteuerung kann der bisherige Beteiligte seinem Privatkonto die aufgelösten stillen Reserven gutschreiben.

---

1) vgl. R/Z/S II ZH 19 b N 410; Schäuble, 142.
2) vgl. Cagianut/Höhn, Unternehmungssteuerrecht, § 15 N 60; Gnehm, 8 f.

Die Eröffnungsbilanz der Kollektivgesellschaft zeigt, ausgehend vom Grundtatbestand, folgendes Bild:

A + B & Co.

Aktiven EF	400	Kapital A	400
Einlage B	700	Privatkonto A	300
		Kapital B	400
	1100		1100
	====		====

(Stille Reserven 600)

Auch diese Variante verlangt für den neuen Beteiligten das Führen einer speziellen Steuerbilanz[1]. Diese zeigt in Abweichung von der Eröffnungsbilanz der Kollektivgesellschaft eine Aufwertung der Aktiven der bisherigen Einzelfirma (EF) um 300 (total 700) unter gleichzeitiger Gutschrift dieses Betrages auf dem Kapitalkonto des neuen Beteiligten (total 700).

2. Behandlung einer Sacheinlage mit stillen Reserven

Der eintretende Teilhaber kann seine Beitragspflicht erfüllen, indem er ein oder mehrere Wirtschaftsgüter oder eine Einzelunternehmung in die bisherige Einzelunternehmung einlegt. Hier ist nur auf die Sacheinlage einzelner Wirtschaftsgüter einzugehen[2].

a) Bewertung bei der Unternehmung

In Uebereinstimmung mit dem Handelsrecht sind Sacheinlagen bei der Unternehmung auch aus steuerlicher Sicht mit dem wirklichen

---

1) vgl. Cagianut/Höhn, Unternehmungssteuerrecht, § 15 N 60
2) Die Steuerfolgen bei Unternehmungszusammenschlüssen sind am Beispiel der Einbringung einer Einzelfirma in eine Personengesellschaft dargestellt u.a. bei Ernst Känzig, Unternehmungskonzentrationen, Bern 1971, 174 ff, 208 ff.; derselbe Kom. 1982, WStB 21 N 180.

Wert einzubuchen[1]; denn die Anrechnung zu einem anderen Wertansatz würde letztlich das Prinzip der Besteuerung nach der wirtschaftlichen Leistungsfähigkeit verletzen. Dieses verlangt aber, dass sich die steuerliche Gewinnermittlung am wirklich erzielten Gewinn ausrichtet[2]. Daher ist weder eine Ueberbewertung noch idR eine Unterbewertung von Sacheinlagen zulässig.

Da Sacheinlagen handelsrechtlich höchstens zum Geschäftswert[3] in die Bilanz der Personenunternehmung eingebucht werden dürfen, begründet eine Ueberbewertung von Sacheinlagen wegen der Massgeblichkeit der handelsrechtlichen Bewertungsgrundsätze für das Steuerrecht eine Pflicht der Steuerbehörde zur Bilanzberichtigung[4]. Die Differenz zwischen dem handelsrechtlich zulässigen Wert und dem höheren Anrechnungswert stellt ein fiktives Aktivum dar; die darauf vorgenommenen Abschreibungen sind steuerlich nicht zu beachten[5]. Der handelsrechtlich zulässige Höchstwert ist somit - von bis zur Veräusserung vorgenommenen und steuerlich anerkannten Abschreibungen abgesehen - für die Berechnung des Veräusserungsgewinnes als Einkommenssteuerwert massgebend[6].

---

1) Die Ueberbewertung von Sacheinlagen verstösst gegen die handelsrechtlichen Höchstbewertungsvorschriften. Eine Unterbewertung von Sacheinlagen ist handelsrechtlich und kaufmännisch bedenklich, weil damit Abschreibungsmöglichkeiten preisgegeben werden (vgl. Cagianut/Höhn, Unternehmungssteuerrecht, § 8 N 44 f.
2) vgl. Cagianut/Höhn, Unternehmungssteuerrecht, § 8 N 32
3) OR 960 II
4) vgl. Cagianut, ASA 37, 144; Die steuerliche Korrektur des Bilanzansatzes bei der Unternehmung hat für den Einleger zur Folge, dass sich ein steuerbarer privater Kapitalgewinn entsprechend reduziert.
5) vgl. Cagianut/Höhn, Unternehmungssteuerrecht, § 8 N 44
6) vgl. Känzig, SAG 38, 164

Eine Unterbewertung von Sacheinlagen ist handelsrechtlich bedenklich, weil sie u.U. bei gleichbleibendem oder steigendem Wert des eingelegten Aktivums zur Besteuerung fiktiver Mehrwerte bzw. bei sinkendem Wert zum Verlust von Abschreibungen führt. In beiden Fällen wird die Ermittlung des wirklichen Gewinnes der Unternehmung verfälscht[1]. Das BGr[2] hat in diesem Sinne für die direkte Bundessteuer entschieden, der vor der Einlage angewachsene Mehrwert müsse bei der Personenunternehmung von der Besteuerung ausgenommen werden. Dies gilt jedenfalls, wenn der Verkehrswert zum Zeitpunkt der Sacheinlage zweifelsfrei rekonstruiert werden kann. Ist dies nicht möglich, verlangt Yersin[3] in Anlehnung an die Massgeblichkeit der Handelsbilanz, die Gesellschaft bei ihrer Buchhaltung zu behaften und sie die nachteiligen Steuerfolgen tragen zu lassen. Diese Forderung lässt sich aus dem rechtlichen Grundsatz ableiten, dass derjenige eine Tatsache zu beweisen hat, der daraus Rechte ableitet. Bilanziert eine Personenunternehmung ein eingebrachtes Wirtschaftsgut unter dem wirklichen Wert, obwohl die Steuerordnung einen Steueraufschub für die eingelegten Mehrwerte nicht zulässt, kann der Fiskus für die Besteuerung beim Einleger eine Korrektur des Einbringungswertes vornehmen. Unterlassen die Steuerbehörden eine Aufrechnung beim Einleger, kann sich die Unternehmung später nicht auf einen höheren Verkehrswert im Zeitpunkt der Einbringung berufen, sondern ist steuerlich an ihren Bilanzansatz gebunden.

---

1) vgl. Cagianut/Höhn, Unternehmungssteuerrecht, § 8 N 45; Eine Sacheinlage ist jedoch dann zu einem unter dem wirklichen Wert liegenden Bilanzansatz zu bewerten, wenn die Steuerordnung selbst auf die steuerliche Erfassung der stillen Reserven des übertragenen Wirtschaftsgutes verzichtet und die Besteuerung aufschiebt. Dies ist z.B. bei Umwandlung einer Personenunternehmung in eine Kapitalgesellschaft durch Sacheinlage der Fall.
2) ASA 40, 346; 27, 37; 26, 32.
3) vgl. Yersin, ASA 49, 177

Weichen der wirkliche Wert der Sacheinlage und der vereinbarte
Einlagewert voneinander ab, hat je nach den Verhältnissen der
bisherige Einzelunternehmer bzw. der neue Teilhaber entsprechende Ausgleichsleistungen zu erbringen, damit eine kapitalmässige
Gleichstellung erreicht werden kann; dem gleichen Ziel dient eine Veränderung des Kapitalkontos des bisherigen Einzelunternehmers[1].

b) Steuerfolgen beim Einleger

Die Sacheinlage in eine neu zu gründende Personengesellschaft
bewirkt eine Aenderung der Beteiligungsverhältnisse, indem der
Sachwert aus dem Alleineigentum des Einlegers in das Gesamteigentum der Personengesellschafter übergeht. Der Umfang der besteuerten Mehrwerte ist je nach Steuersystem verschieden. Sacheinlagen
aus dem PV bewirken im St. Galler-System der Grundstückgewinnbesteuerung sowie in Steuerordnungen mit einer speziellen Besteuerung von Gewinnen auf beweglichem PV die Erfassung des vollen
Mehrwertes[2]. Entgegen der zivilrechtlichen Gestaltung wird im
Zürcher-System der Grundstückgewinnbesteuerung eine Steuerpflicht
für die Wertzuwachsquote nur insoweit ausgelöst, als sich die
Eigentumsverhältnisse quotenmässig ändern[3]. Werden Sacheinlagen
aus dem GV des Einlegers in die Personengesellschaft eingebracht,
ist eine Realisierung der Mehrwerte im Ausmass der entgeltlichen
Uebertragung stiller Reserven auf den bisherigen Einzelunternehmer gegeben[4]. Vereinbaren die Personengesellschafter, dass die
eingebrachten stillen Reserven weiterhin dem neuen Teilhaber verbleiben sollen, kann die Besteuerung aufgeschoben werden[5].

---

1) vgl. Cagianut/Höhn, Unternehmungssteuerrecht, § 15 N 53
2) vgl. Cagianut/Höhn, Unternehmungssteuerrecht, § 12 N 12
3) vgl. R/Z/S IV ZH 161 N 32 ff.; ZH RB 1964 Nr. 79; vgl. Steiner, 322.
4) vgl. Cagianut/Höhn, Unternehmungssteuerrecht, § 12 N 12
5) vgl. vorne A. 1. a) aa) Buchungsart B. in Umkehrung der dort für den bisherigen Beteiligten gemachten Ausführungen.

B. EINLAGE IN HOEHE DER BUCHWERTE

Der Verzicht des bisherigen Einzelunternehmers auf eine Vergütung für die Abtretung der hälftigen stillen Reserven stellt eine Schenkung dar. In Anlehnung an die steuerliche Behandlung der Schenkung einzelner Wirtschaftsgüter[1] müsste im <u>Einkommenssteuerrecht</u> über die übertragenen stillen Reserven abgerechnet werden. Eine Liquidationsgewinnbesteuerung unterbleibt jedoch in der Praxis, wenn die beiden Beteiligten die Buchwerte weiterführen[2]. und diese damit einer allfälligen späteren Abrechnung über die realisierten Mehrwerte zugrunde legen[3]. Im <u>Grundstückgewinnsteuerrecht</u> ist eine Besteuerung angewachsener Mehrwerte ebenfalls abzulehnen, soweit die einkommenssteuerlich massgebenden Buchwerte die Anlagekosten nicht übersteigen; denn diesfalls werden keine Grundstückgewinne realisiert[4]. Dagegen ist für die <u>Handänderungssteuern</u> als Rechtsverkehrssteuern im Umfang des entgeltlichen Teils des Rechtsgeschäftes die anteilmässige Steuerpflicht gegeben[5].

Die Differenz zwischen dem vom neuen Teilhaber bezahlten Eintrittspreis und dem hälftigen Substanzwert der Personengesellschaft unterliegt bei diesem idR der kantonalen <u>Schenkungssteuer</u>[6].

---

1) vgl. hinten § 9 I. A. 2. b) bb)

2) vgl. R/Z/S II ZH 19 b N 408

3) vgl. Cagianut/Höhn, Unternehmungssteuerrecht, § 15 N 52

4) Insbesondere kann von den Steuerbehörden nicht geltend gemacht werden, das Rechtsgeschäft sei in einen entgeltlichen und einen unentgeltlichen Teil aufzuspalten, wobei für den entgeltlichen Teil im Umfang der Verschiebung der Wertzuwachsquote eine Grundstückgewinnbesteuerung einzusetzen habe, denn im ganzen Bereich der Gewinnsteuern ist die Anwendung der Trennungstheorie in Anlehnung an die Behandlung bei den privaten Kapitalgewinnsteuern (vgl. § 3 I. A. 2.) abzulehnen.

5) In § 3 V. A. wurde die Anwendung der Trennungstheorie in Form der Aufspaltungsmethode für die Handänderungssteuer als Rechtsverkehrssteuer bejaht.

6) vgl. R/Z/S II ZH 19 b N 398; vgl. Cagianut, Grundprobleme, 229.

§ 5 UNENTGELTLICHE AENDERUNGEN

Während die unentgeltliche Geschäftsübertragung ihren Rechtsgrund in einer Schenkung, einem Erbvorbezug oder dem Erbgang haben kann, erfolgt der unentgeltliche Eintritt in eine Personenunternehmung stets aufgrund einer Schenkung oder als Erbvorbezug.

I. Geschäftsübertragung

A. ERBSCHAFTS- UND SCHENKUNGSSTEUERN

Bei der unentgeltlichen Uebertragung bildet der Verkehrswert der Personenunternehmung die sachliche Bemessungsgrundlage für die Erbschafts- und Schenkungssteuern[1]. Was ist unter diesem Verkehrswert zu verstehen?

1. Substanzwert als Bemessungsgrundlage

Der Verkehrswert der Personenunternehmung ergibt sich aus dem Total der Verkehrswerte der einzelnen Vermögensrechte mit Einschluss ihrer stillen Reserven abzüglich dem wirklichen Wert der übernommenen Verbindlichkeiten. Bemessungsgrundlage ist somit der Saldo der Substanzwerte der übertragenen Vermögensrechte und Verbindlichkeiten[2]. Unberücksichtigt bleibt folglich idR ein aus dem Ertragswert abgeleiteter Mehrwert (Goodwill) oder Minderwert ("Badwill")[3].

---

1) vgl. Cagianut/Höhn, Unternehmungssteuerrecht, § 15 N 29; Styger, 124 ff.

2) Resultiert aus der Gegenüberstellung der wirklichen Werte der Aktiven und Passiven ein negatives Kapitalkonto, ist der übertragende Unternehmer der Begünstigte. Je nach dem Umfang der übrigen Nachlassaktiven können die Erben die gesamte Erbschaft ausschlagen (ZGB 566 - 579). Bei der Uebertragung unter Lebenden wird in diesem Falle der veräussernde Unternehmer schenkungssteuerpflichtig.

3) vgl. Böckli, Schweizer Treuhänder 1/86, 3

Der Verkehrswert des beweglichen GV wird idR nach den für die Staats- und Gemeindesteuern geltenden Kriterien ermittelt. Beim unbeweglichen GV kann ebenfalls auf diese Bewertungskriterien abgestellt werden; möglich ist jedoch auch, dass für die Bewertung von Liegenschaften bei den Erbschafts- und Schenkungssteuern eigene Bewertungsrichtlinien herangezogen werden[1], welche den besonderen Verhältnissen des Einzelfalles besser Rechnung tragen als z.B. die für die Vermögenssteuer herangezogenen Bewertungsrichtlinien[2].

2. Vorzugsbewertung für einzelne Vermögensrechte

Einzelne Kantone[3] sehen in Analogie zur Vorzugsbewertung bei land- und forstwirtschaftlichen Liegenschaften eine solche auch für gewerbliche Liegenschaften vor[4]. Diese privilegierte Behandlung besteht darin, dass Grundstücke, die dem Geschäftsbetrieb des Erblassers oder Schenkgebers gedient haben, zu 3/4 des Verkehrswertes bewertet werden, sofern ein gesetzlicher oder eingesetzter Erbe[5] oder ein beschenkter Einzelunternehmer diese Grundstücke übernimmt, um darin das Geschäft des Rechtsvorgängers fortzusetzen. Die Vorzugsbewertung kommt somit nur in Frage, wenn der Betrieb von den Rechtsnachfolgern in der betreffenden Liegenschaft fortgeführt wird[6]. Der übernehmende Unternehmer muss dabei der Art nach das gleiche Geschäft betreiben wie der übertragende Unternehmer[7]. Damit soll im Fall der unent-

---

1) z.B. Interne Weisungen der FD ZH zur Bewertung von Liegenschaften für die Erbschafts- und Schenkungssteuer (n.publ.).

2) vgl. ZH RB 1967 Nr. 41

3) ZH ESchG 14 III; TG ErbStG 14 III; zum historischen Hintergrund in ZH vgl. Wettstein, 145 f.

4) Im Zivilrecht erfahren die Geschäftsliegenschaften, im Gegensatz zu den landwirtschaftlichen Liegenschaften keine Sonderregelung (vgl. Wettstein, 155).

5) Vermächtnisnehmer fallen dagegen ausser Betracht (vgl. Wettstein, 148).

6) vgl. Zuppinger, Steuerrecht II, 120; derselbe, ZBl 66, 314.

7) vgl. Wettstein, 148

geltlichen Uebertragung die Erhaltung der Unternehmung erleichtert werden[1]. Die Vorzugsbewertung muss folglich auch zum Zuge kommen, wenn eine Erbengemeinschaft eine Geschäftsliegenschaft kurz nach dem Todestag dem das Geschäft fortführenden Erben im Rahmen der Erbteilung zu Alleineigentum überlässt[2].

Dagegen sind die übrigen Geschäftsaktiven auch in diesen Steuerordnungen zum Verkehrswert zu bewerten, d.h. die Differenz zwischen Buchwert und Verkehrswert der einzelnen Geschäftsaktiven, die stillen Reserven, werden aufgerechnet. Eine Ausnahme gilt idR nur für von Nachkommen übernommene Geschäftsmobilien, für die ein Freibetrag[3] gewährt wird.

Veräussert oder vererbt ein Erbe bzw. ein Beschenkter eine bevorzugt bewertete Geschäftsliegenschaft innert 10 Jahren seit der Uebernahme zu einem höheren Wert, erfolgt eine Nachbelastung in der Differenz zwischen dem bisher versteuerten Wert und dem Verkehrswert im Zeitpunkt des Erbanfalles bzw. der Schenkung. In diesem Sinne liess das VGr ZH[4] für eine ererbte, bevorzugt bewertete Betriebsliegenschaft, welche innert 10 Jahren seit dem unentgeltlichen Erwerb in eine neu gegründete Aktiengesellschaft eingebracht wurde, eine Nachveranlagung zu[5].

---

[1] vgl. Blöchliger, 206

[2] In diesem Fall wird die Erbteilung als unentgeltliches Rechtsgeschäft betrachtet; vgl. Cagianut/Höhn, Unternehmungssteuerrecht, § 14 N 46; hinten § 6 I. A. 3.

[3] ZH ESchG 8 I a Ziff. 3: Fr. 15'000

[4] ZH RB 1965 Nr. 65

[5] Diese Nachveranlagungsfrist soll nach dem rev. ESchG des Kantons Zürich auf 20 Jahre verlängert werden (vgl. Antrag RR ZH ESchG zu § 17 I).

B. STEUERAUFSCHUB FUER DIE UEBERTRAGENEN STILLEN RESERVEN

1. Ablehnung der Privatentnahme im Einkommenssteuerrecht

a) Schenkung

Mit der Schenkung einer Einzelunternehmung gehen Aktiven und Passiven unentgeltlich auf einen neuen Rechtsträger über[1]. Mangels eines Entgeltes ist die echte Realisierung als Besteuerungstatbestand ausgeschlossen. Soweit der Beschenkte die Aktiven und Passiven zu Buchwerten übernimmt, entfällt auch eine buchmässige Realisierung. Es bleibt zu fragen, ob die schenkweise Uebertragung eines Geschäftes eine steuersystematische Realisierung in Form der Privatentnahme darstellt.

Im Gegensatz zur Schenkung eines einzelnen Wirtschaftsgutes wird jene einer Einzelunternehmung als Ganzes nicht als Privatentnahme betrachtet, denn die Unternehmung erfährt durch die unentgeltliche Uebertragung auf einen neuen Rechtsträger keine Zweckänderung[2].

Nach Reich[3] rechtfertigt sich die einkommenssteuerlich neutrale Behandlung der Schenkung einer Einzelunternehmung, weil die objektive, die subjektive und die fiskalische Verknüpfung der stillen Reserven gegeben sind. Die _objektive_ Voraussetzung ist erfüllt, weil die stillen Reserven im übertragenen Betrieb verhaftet bleiben[4]. Obwohl mit der schenkweisen Uebertragung der

---

1) vgl. Cagianut/Höhn, Unternehmungssteuerrecht, § 15 N 25

2) vgl. Känzig, Kom. 1962, WStB 21 N 104; BGr v. 26.9.69, ASA 39, 170.

3) vgl. Reich, Realisation, 189; Die _objektive Verknüpfung_ fragt nach dem Verhältnis der stillen Reserven zum Betrieb; die _subjektive Zuordnung_ prüft die Beziehung der stillen Reserven zum Träger dieses Betriebes; für die _fiskalische Verknüpfung_ ist entscheidend, dass die stillen Reserven nach erfolgsneutraler Transaktion weiterhin der gleichen oder einer gleichartigen Steuer unterliegen. Obwohl jede Voraussetzung für sich betrachtet zwar conditio sine qua non der steuerneutralen Reservenübertragung bildet, vermag keine einen Rechtstitel darauf zu begründen (vgl. Reich, Realisation, 249).

4) vgl. Reich, Realisation, 192 f.; der gesamtheitlich übertragene Vermögenskomplex vermag seine wirtschaftlichen Ziele unter dem neuen Rechtsträger weiterhin zu verfolgen.

Personenunternehmung die unmittelbare Beziehung der stillen Reserven zum rechtlichen Unternehmungsträger gelöst wird, bleibt auch die <u>subjektive</u> Verknüpfung bestehen; denn der Veräusserer zieht durch diese Transaktion keinen irgendwie gearteten wirtschaftlichen Nutzen aus den übertragenen Mehrwerten. Es würde daher dem Leistungsfähigkeitsprinzip widersprechen, den übertragenden Einzelunternehmer für etwas zu besteuern, was sein Rechtsnachfolger vereinnahmen wird. Zudem tritt der erwerbende Einzelunternehmer hier gleichsam unbemerkt an die Stelle des bisherigen Trägers und setzt dessen wirtschaftliches Engagement unverändert fort[1]. Mit der Uebernahme der Buchwerte durch den Erwerber ist auch die <u>fiskalische</u> Voraussetzung erfüllt, denn die stillen Reserven können auch nach erfolgter Uebertragung mit der gleichen oder doch gleichartigen Steuer erfasst werden[2].

Die Uebernahme der Aktiven und Passiven zu Buchwerten bewirkt, dass der Beschenkte für die in einem späteren Zeitpunkt realisierten Kapital- oder Liquidationsgewinne steuerlich einzustehen hat, denn die Schenkung ist lediglich ein Steueraufschubtatbestand[3]. Der neue Geschäftsinhaber übernimmt folglich auf der Differenz der Buchwerte zu den Verkehrswerten latente Einkommenssteuern und Sozialabgaben[4].

---

1) vgl. Reich, Realisation, 212; die Beachtung der wirtschaftlichen Leistungsfähigkeit und die Wahrung der objektiven Verknüpfung der stillen Reserven überdecken damit die Auflösung der unmittelbaren Beziehung zwischen den stillen Reserven und dem rechtlichen Unternehmungsträger.
2) vgl. Reich, Realisation, 250; die Buchwerte bilden einerseits Ausgangspunkt bei der Ermittlung des Abschreibungsvolumens und anderseits Anschaffungswert bei der Bestimmung des Veräusserungsgewinnes.
3) vgl. Masshardt, Kom. 1980 WStB 43 N 23 h; R/Z/S II ZH 19 b N 93; Blöchliger, 116.
4) vgl. Cagianut/Höhn, Unternehmungssteuerrecht, § 15 N 27

b) Erbgang

Mangels Entgelt wird bei der erbrechtlichen Uebertragung einer Einzelunternehmung kein Gewinn realisiert. Der Besteuerungstatbestand der echten Realisierung entfällt. Werden im Rahmen des Erbganges keine buchmässigen Aufwertungen vorgenommen, sodass der oder die Erben das GV des Erblassers zu Buchwerten übernehmen, ist auch eine buchmässige Realisierung nicht gegeben. Im weiteren liegt auch eine Verwertung (Privatentnahme) nicht vor, weil das GV keine Zweckänderung erfährt[1]. Zum selben Ergebnis gelangt Reich[2], denn wie bei der Schenkung sind alle Voraussetzungen zur einkommenssteuerlich neutralen Uebertragung gegeben: die stillen Reserven bleiben in objektiver, subjektiver und fiskalischer Hinsicht verknüpft.

Da mit der Uebertragung der Aktiven und Passiven der Unternehmung zu den Buchwerten für die mit übertragenen stillen Reserven ein Steueraufschub eintritt, übernehmen der oder die Erben dafür latente Einkommenssteuern und Sozialabgaben[3].

Nach ZGB 560 wird das Vermögen in Gesamtrechtsnachfolge (Universalsukzession) übertragen. Existieren mehrere Erben, bilden sie die Erbengemeinschaft; auf diese gehen Eigentum, Besitz, beschränkt dingliche Rechte und Forderungen des Erblassers über. Ebenso werden Schulden des Erblassers zu persönlichen Schulden der Erben[4]. Die Beteiligung der einzelnen Erben an der Unternehmung richtet sich nach Massgabe der Anteile am Gesamthands-

---

1) Nach Blöchliger (118 f.) ist eine Privatentnahme zu verneinen, "da das Vermögen dem Unternehmen der Rechtsnachfolger in gleicher Weise wie es dem Erblasser gedient hat, wiederum dient und sei dies auch nur bis zu seiner Veräusserung".

2) vgl. Reich, Realisation, 192, 212, 250.

3) vgl. Cagianut/Höhn, Unternehmungssteuerrecht, § 15 N 35; Dies trifft für die dBSt jedoch nur zu, wenn der verstorbene Steuerpflichtige ein zur Führung kaufmännischer Bücher verpflichtetes Unternehmen betrieben hatte; ob eine solche Pflicht bestand, ist aufgrund der Verhältnisse in zurückliegenden Jahren festzustellen (RK BE v. 23.2.82, NStP 37, 59).

4) vgl. Cagianut/Höhn, Unternehmungssteuerrecht, § 15 N 33

verhältnis. Diese haben daher den während der Dauer der Erbengemeinschaft erzielten Gewinn sowie das Eigenkapital anteilmässig als Einkommen aus selbständiger Erwerbstätigkeit bzw. als GV zu versteuern[1]. Vereinbaren die Erben, die Unternehmung gemeinsam weiterzuführen, wandelt sich die Erbengemeinschaft zur Personengesellschaft[2].

2. Fehlende Entgeltlichkeit im Grundstückgewinnsteuerrecht

Soweit mit dem unentgeltlichen Uebergang einer Einzelunternehmung Grundstücke übertragen werden, stellt sich in Steuerordnungen mit dem Zürcher-System der Grundstückgewinnbesteuerung die Frage der Realisation angewachsener Mehrwerte. Da in diesen Steuerordnungen sowohl Grundstückgewinne des PV wie solche des GV mit der Grundstückgewinnsteuer erfasst werden, ist der Realisationstatbestand der Privatentnahme hier objektiv unmöglich[3]. Infolge der Massgeblichkeit des Anlagewertes ist grundstückgewinnsteuerlich auch eine Veränderung des Buchwertes bis zu diesem Wert unbeachtlich. Nach dem im Grundstückgewinnsteuerrecht geltenden Realisationsbegriff wird eine Grundstückgewinnsteuer nur dann ausgelöst, wenn der Steuerpflichtige anlässlich einer Veräusserung bzw. Handänderung einen Gewinn realisiert[4]. Dies ist weder bei der Schenkung noch beim Erbgang der Fall. Das geltende Grundstückgewinnsteuerrecht behandelt diese unentgeltlichen Eigentumsübertragungen denn auch regelmässig als steueraufschiebende Tatbestände[5]. Die übertragenen stillen Reserven (Differenz zwischen Anlagewert und Verkehrswert) werden bei der

---

1) vgl. Cagianut/Höhn, Unternehmungssteuerrecht, § 15 N 35
2) vgl. Känzig, Unternehmernachfolge, 158; Zum Austritt aus einer Erbengemeinschaft vgl. § 6 III. A. 3.
3) vgl. Grossmann, 164
4) vgl. Grossmann, 156
5) z.B. ZH 161 III b + c

nächsten massgebenden Handänderung grundsteuerlich erfasst. Der Aufschub der Besteuerung bewirkt auch hier, dass der Beschenkte bzw. die Erbengemeinschaft als Ganzes auf den übertragenen stillen Reserven latente Grundstückgewinnsteuern übernehmen.

Je nach Steuerordnung sind die Tatbestände, für welche bei den Einkommens- bzw. Grundstückgewinnsteuer ein Steueraufschub gewährt wird, von den Handänderungssteuern befreit[1].

II. Eintritt eines Teilhabers

Der bisherige Einzelunternehmer kann einen Teilhaber unentgeltlich auf dem Wege der Schenkung oder des Erbvorbezuges in die Unternehmung aufnehmen. Obwohl der Begriff des Erbvorbezuges zivilrechtlich nicht voll geklärt ist[2], wird im folgenden in Uebereinstimmung mit der Praxis[3] unterstellt, die steuerlichen Wirkungen des Erbvorbezuges entsprächen grundsätzlich jenen der Schenkung. Der bisherige Geschäftsinhaber überträgt dem in die neu gegründete Personengesellschaft eintretenden Teilhaber unentgeltlich einen Anteil an den Aktiven und Passiven der Unternehmung.

A. ERBSCHAFTS- UND SCHENKUNGSSTEUERN

Wie bei der unentgeltlichen Uebertragung ermittelt sich die Bemessungsgrundlage ausgehend vom Verkehrswert der einzelnen Ver-

---

1) z.B. ZH 180 c; in SG (185 b) sind von der Steuer nur befreit Handänderungen zufolge erbrechtlichen Erwerbs von Grundstücken durch eine Erbengemeinschaft, wenn der Erwerb innert zwei Jahren nach dem Tod des Erblassers im Grundbuch eingetragen wird; ansonsten ist bei unentgeltlichen Uebertragungen die amtliche Verkehrswertschätzung massgebend (SG 184 II).

2) Die ORK ZH umschreibt den Erbvorbezug als Rechtsgeschäft, welches der Veräusserer mit Rücksicht auf die Person des Erwerbers als Erbanwärter vornimmt und daher auf ein Entgelt ganz oder teilweise verzichtet (vgl. ZH RB 1955 Nr. 84).

3) vgl. R/Z/S II ZH 19 b N 405; Masshardt, ASA 26, 170; ASA 30,21; Blöchliger, 485, 491.

mögensrechte. Wird der neue Teilhaber als gleichberechtigter Partner in die Personenunternehmung aufgenommen, ist er für die Hälfte des Nettosubstanzwertes des Vermögens der Unternehmung steuerpflichtig; der übertragene Anteil am Goodwill (Geschäftswert)[1] bleibt somit unberücksichtigt.

Die Aufnahme eines neuen Teilhabers dient dem Ziel der Erhaltung des Gewerbebetriebes. Soweit Steuerordnungen[2] in diesen Fällen insbesondere für Geschäftsliegenschaften eine Vorzugsbewertung vorsehen, ist es sachlich geboten, diese auch beim schenkweisen bzw. vorempfangsweisen Eintritt eines Teilhabers zu gewähren[3].

B. STEUERAUFSCHUB FUER DIE UEBERTRAGENEN STILLEN RESERVEN

Sowohl die schenkweise als auch die vorempfangsweise Uebertragung des hälftigen Anteils des GV gelten nach herrschender Praxis als Fortsetzung der Unternehmung, welche nicht zur einkommenssteuerlichen Abrechnung über die übertragenen stillen Reserven führt[4]. Diese Behandlung ist sachlich gerechtfertigt, denn zum einen fehlt es mangels eines Veräusserungserlöses an den Voraussetzungen einer echten Realisierung, zum andern ist weder nach den allgemeinen Grundsätzen der Kapital- bzw. Liquidationsgewinnbesteuerung[5] noch aufgrund der Voraussetzungen der Steuer-

---

1) Der Goodwill lässt sich als Ueberschuss des Ertragswertes einer Unternehmung über ihren Substanzwert definieren (vgl. RB ZH 1984 Nr. 35).

2) ZH 14 III, TG 14 III.

3) vgl. Blöchliger, 503

4) vgl. R/Z/S II ZH 19 b N 405; Schäuble, 147 ff.; eine Ausnahme ist jedoch z.B. nach der kantonalen Praxis zu SO 60 dann zu machen, wenn der Inhaber einer Einzelfirma einen Teil seines Kapitalkontos unentgeltlich seinen Söhnen zuwendet und dann eine Aktiengesellschaft gründet. In diesem Falle erfolgt zwar "eine an sich steuerneutrale lebzeitige Abtretung, die Gründung einer Personengesellschaft aus 3 Personen und deren sofortige Umwandlung in eine Aktiengesellschaft ohne Verschiebung der Beteiligungsrechte zwischen den beiden Gesellschaften. Doch erfüllt die Gründung der nur äusserst kurzfristig existierenden Personengesellschaft den objektiven Sachverhalt der Steuerumgehung; die Liquidationsgewinnbesteuerung wird darum trotz lebzeitiger Abtretung nicht aufgeschoben" (SO RK Entscheide 1976 Nr. 22 E. IV).

5) vgl. Cagianut/Höhn, Unternehmungssteuerrecht, § 15 N 62

neutralität von Reich[1] eine Privatentnahme zu bejahen[2]. Die steuerneutrale Behandlung setzt jedoch stets voraus, dass die Buchwerte der Unternehmung unverändert weitergeführt werden. Mit der Aufteilung des Kapitalkontos zwischen dem bisherigen Inhaber und dem eintretenden Teilhaber und der gleichzeitigen Vereinbarung über die Gleichberechtigung an den vorhandenen stillen Reserven übernimmt der neue Beteiligte anteilmässig latente Einkommensteuern und Sozialabgaben[3].

Im Grundstückgewinnsteuerrecht entfällt eine Besteuerung der stillen Reserven schon infolge der Unentgeltlichkeit der Aenderung der Beteiligungsverhältnisse[4]. Der neue Teilhaber übernimmt somit auch hier die hälftige latente Steuerlast auf der Wertzuwachsquote im Zeitpunkt seines Eintritts.

Trotz der Aenderung von Allein- in Gesamteigentum bleibt der unentgeltliche Eintritt eines Teilhabers idR von der Handänderungssteuer befreit[5].

Unabhängig von der Entgeltlichkeit ist je nach den Verhältnissen beim bisherigen Inhaber und beim eintretenden Teilhaber eine Zwischenveranlagung vorzunehmen. Diese hat ihren Rechtsgrund in einer dauernden qualitativ[6] und u.U. auch quantitativ wesentlichen und tiefgreifenden Aenderung der Erwerbsgrundlagen, beim bisherigen Inhaber bedingt durch den Eintritt eines neuen Teilhabers, bei diesem selbst idR durch einen Berufswechsel.

---

1) Obwohl Reich (Realisation, 212) den Erbvorbezug wie die Schenkung grundsätzlich als Rechtsgeschäft der privaten Sphäre betrachtet, rechtfertigt sich ein Steueraufschub, da die unveränderte objektive Verknüpfung der stillen Reserven schwerer wiegt als die Aenderung der Rechtsträgerschaft (Auflösung der unmittelbaren subjektiven Verknüpfung).
2) vgl. auch Känzig, Kom. 1982, WStB 21 N 196; a.M. derselbe, Kom. 1962, WStB 21 N 104.
3) vgl. Cagianut/Höhn, Unternehmungssteuerrecht, § 15 N 63
4) vgl. R/Z/S IV ZH 161 N 95 ff.; Grossmann, 167.
5) vgl. dagegen z.B. die Regelung in SG (oben I. B. 2. letzte FN).
6) RB ZH 1984 Nr. 48

ZWEITER ABSCHNITT: PERSONENGESELLSCHAFTEN

Da sich die steuerlichen Probleme bei allen Personengesamtheiten[1] im wesentlichen gleich stellen[2], wird für die einzelnen entgeltlichen und unentgeltlichen Bestandesveränderungen die Kollektivgesellschaft und, soweit erforderlich, die Erbengemeinschaft als Beispiel herangezogen.

§ 6 ENTGELTLICHE AENDERUNGEN

I. Uebertragung eines Geschäftsanteils bzw. eines Anteils daran

Der Geschäftsanteil an einer Personengesellschaft kann, vorbehältlich der zivilrechtlichen Erfordernisse (Abtretungsvertrag, Zustimmung aller übrigen Gesellschafter), ganz oder teilweise auf einen Dritten oder auf einen bisherigen Mitteilhaber übertragen werden. Die Veräusserung des <u>ganzen Geschäftsanteils</u> an einen Dritten bedeutet den Wechsel eines Teilhabers. Der Erwerber übernimmt alle Rechte und Pflichten seines Vorgängers. Die Uebertragung eines Geschäftsanteils auf einen bisherigen Teilhaber bewirkt eine Verminderung im Bestand der Beteiligten, ohne dass das Gesellschaftskapital reduziert wird[3]. Die Veräusserung nur eines <u>Teils eines Geschäftsanteils</u> an einen zusätzlichen Teilhaber führt zu einer Zunahme im Bestand der Beteiligten[4]. Dagegen wird bei Uebertragung nur eines Teils eines Geschäftsanteils an einen bisherigen Mitteilhaber der Bestand der Beteiligten nicht verändert; hier verschieben sich nur die quotenmässigen Anteile der an der Uebertragung beteiligten Gesellschafter am Gesellschaftsvermögen.

---

1) Kollektiv-, Kommandit-, stille Gesellschaft, Erbengemeinschaft.

2) vgl. Känzig, Kom. 1982, WStB 21 N 175

3) Dagegen führt der unter § 6 III. zu behandelnde ersatzlose Austritt auch zu einer Reduktion des Gesellschaftskapitals.

4) In diesem Falle wird jedoch anders als bei Eintritt eines zusätzlichen Beteiligten (§ 6 II.) das Gesellschaftskapital nicht erhöht.

Im Hinblick auf die Realisation stiller Reserven ist wiederum zu unterscheiden zwischen der Uebertragung zu (anteiligen) Verkehrswerten des Geschäftsanteils und jener zu (anteiligen) Buchwerten.

A. UEBERTRAGUNG ZU VERKEHRSWERTEN

Bei der Total- oder Teilliquidation eines Geschäftsanteils wird die Unternehmungssphäre der Personengesellschaft nicht berührt; es werden ihr keine Vermögenswerte entzogen. Ebenfalls nicht betroffen sind die an der Uebertragung nicht beteiligten Gesellschafter. Diese trifft idR keine Steuerpflicht[1]; ihre Berechtigung an den stillen Reserven bleibt gewahrt. Steuerliche Konsequenzen ergeben sich nur für den übertragenden sowie den <u>erwerbenden</u> neuen Teilhaber bzw. bisherigen Mitteilhaber.

1. Uebertragung auf einen neuen Teilhaber

a) Liquidation des Geschäftsanteils

Die Stellung des übertragenden Teilhabers ist bei Veräusserung des ganzen Geschäftsanteils nicht anders als jene des veräussernden Einzelunternehmers. Der einkommenssteuerlich relevante Liquidationsgewinn entspricht der Differenz zwischen dem steuerlich massgebenden Kapitalkonto und dem aufgrund einer Unternehmungsbewertung ermittelten höheren Uebernahmepreis (= Verkaufserlös)[2]. Der <u>ausscheidende Teilhaber</u> schuldet idR auf diesem

---

[1] vgl. Cagianut/Höhn, Unternehmungssteuerrecht, § 15 N 67
[2] vgl. Känzig, Kom. 1982, WStB 21 N 175; Schäuble, 150 f.; Dabei ist nicht entscheidend, ob der eintretende Teilhaber das Entgelt direkt an den ausscheidenden Teilhaber leistet oder dieses an die Gesellschaft erbringt, welche es zur Abfindung an den ausscheidenden Beteiligten verwendet (ASA 16, 355); der Veräusserungserlös steht in jedem Falle dem ausscheidenden Teilhaber zu (vgl. Cagianut/Höhn, Unternehmungssteuerrecht, § 15 N 67).

Gewinn eine volle Jahressteuer zum Satze, der sich für dieses Einkommen allein ergibt[1]. Im weiteren unterliegt der Liquidationsgewinn den Sozialabgaben. Soweit mit der Uebertragung eines Geschäftsanteils die Aufgabe der selbständigen Erwerbstätigkeit verbunden ist, muss beim ausscheidenden Teilhaber wegen dauernder Aenderung der Erwerbsgrundlagen eine Zwischeneinschätzung vorgenommen werden[2].

In Steuerordnungen mit dem Zürcher-System der Grundstückgewinnbesteuerung wird beim übertragenden Teilhaber die anteilige Wertzuwachsquote an den Grundstücken im Eigentum der Personengesellschaft mit der Grundstückgewinnsteuer erfasst, während der Anteil an den wiedereingebrachten Abschreibungen der Einkommenssteuer unterliegt[3]. Je nach Steuerordnung haben die Vertragsparteien hälftig oder bloss der eintretende Teilhaber entsprechend der übertragenen Kapitalbeteiligungsquote anteilmässig[4] die Handänderungssteuer zu entrichten.

Der <u>eintretende Teilhaber</u>, welcher den Geschäftsanteil erwirbt, wird daraus nicht steuerpflichtig; er ist vielmehr berechtigt, für die steuerliche Bemessung seines Geschäftseinkommens von den um die (beim Veräusserer als Einkommen besteuerten) anteiligen stillen Reserven erhöhten Aktiven bzw. verminderten Passiven auszugehen[5]. Der Erwerber kann den Erwerbspreis m.a.W. als erfolgsneutrale Kapitaleinlage seinem steuerlich massgebenden Kapitalkonto gutschreiben[6]. Korrekturen in der Handelsbilanz sind,

---

1) vgl. Cagianut/Höhn, Unternehmungssteuerrecht, § 15 N 68
2) vgl. § 3 VIII. B.
3) vgl. R/Z/S IV ZH 161 N 37; Grossmann, 266 f.
4) In diesem Sinne hat die VRK SG entschieden, das nach Zivilrecht bestehende Eigentum zur gesamten Hand berechtige steuerrechtlich nicht zu einer weiteren Belastung der verbleibenden Gesellschafter (GVP 1976 Nr. 63).
5) vgl. Känzig, Kom. 1982, WStB 21 N 175
6) vgl. Schäuble, 150

soweit sie steuerlich anerkannt sind, in seiner Steuerbilanz nachzutragen[1]. Je nach den Verhältnissen ist beim neuen Teilhaber wegen Aufnahme der Erwerbstätigkeit oder Berufswechsels eine Zwischenveranlagung vorzunehmen.

b) Teilliquidation des Geschäftsanteils

Ueberträgt ein <u>bisheriger Teilhaber</u> nur einen Teil seines Geschäftsanteils auf einen neuen Teilhaber, nimmt er eine Teilliquidation vor[2]. Er hat nur für den veräusserten Teil der stillen Reserven steuerlich abzurechnen. Der Kapitalgewinn unterliegt nur bei Vornahme einer Zwischenveranlagung einer gesonderten Jahressteuer zum Satz, der sich für diesen Gewinn allein ergibt. Andernfalls ist der Kapitalgewinn mit dem übrigen Einkommen aus selbständiger Erwerbstätigkeit zum Satz des Gesamteinkommens zu versteuern. In jedem Falle ist der Kapitalgewinn sozialabgabepflichtig[3]. Die durch die Teilliquidation bedingte Einschränkung der selbständigen Erwerbstätigkeit ist idR nicht als tiefgreifende, strukturelle Aenderung der gesamten beruflichen Situation zu würdigen, welche Anlass zu einer Zwischenveranlagung gibt[4].

Die Steuerfolgen in Steuerordnungen mit dem Zürcher-System der Grundstückgewinnbesteuerung unterscheiden sich grundsätzlich nicht von denjenigen bei der Totalliquidation. Da jedoch hier nur ein Teil des Geschäftsanteils übertragen wird, ist auch nur über

---

1) vgl. Känzig, Kom. 1982, WStB 21 N 175.
2) vgl. Känzig, Beilage zu ASA 34, 91, 97.
3) die Buchführungspflicht der Personengesellschaft vorausgesetzt.
4) Pr 74 Nr. 104; In diesem Entscheid hielt das BGr entgegen der früheren Rechtsprechung (BGE 101 I b 403 ff. E.2.c./E.3 = Pr 65 Nr. 141) zur Aufgabe einer von mehreren Nebenerwerbstätigkeiten dafür, eine bloss quantitativ erhebliche Ausweitung der Geschäftstätigkeit stelle keinen Berufswechsel i.S. von WStB 96 und damit keinen Zwischenveranlagungsgrund dar.

diese anteilige Wertzuwachsquote grundsteuerlich abzurechnen; die anteiligen wiedereingebrachten Abschreibungen unterliegen der Einkommensbesteuerung. Entsprechend der Aenderung nur der quotalen Anteile wird die Handänderungssteuer idR auch bloss anteilmässig erhoben[1].

Die steuerlichen Wirkungen beim neuen Teilhaber sind grundsätzlich gleich wie bei der vollständigen Liquidation: Dieser ist berechtigt, seinen Erwerbspreis als steuerlich massgebendes Kapitalkonto einzusetzen. Der Eintritt in eine Personengesellschaft als geschäftsführender Teilhaber ist idR Anlass zu einer Zwischenveranlagung[2].

2. Uebertragung auf einen bisherigen Mitteilhaber

Die Uebertragung des ganzen Geschäftsanteils auf einen bisherigen Mitteilhaber löst beim ausscheidenden Gesellschafter die gleichen Steuerfolgen aus wie jene an einen neuen Teilhaber[3]; an die Stelle des neuen Gesellschafters tritt jedoch ein bisheriger Mitteilhaber, der damit seinen quotenmässigen Anteil am unveränderten Gesellschaftsvermögen entsprechend erhöht. Im Gegensatz zum neuen Gesellschafter weist dessen Steuerbilanz sowohl versteuerte als auch unversteuerte stille Reserven auf[4].

---

1) In diesem Sinne hat das VGr ZH (ZH RB 1983 Nr. 69) entschieden, eine Akkreszenz bzw. Dekreszenz finde auch dann statt, wenn sich die (quotenmässigen) Beteiligungen der Gesellschafter ohne Aus- bzw. Eintritt ändern. Obwohl sachenrechtlich keine Handänderung eintrete, verschöben sich aufgrund gesellschaftsrechtlicher Vorgänge die ideellen Anteile der Beteiligten am Gesellschaftsvermögen und mithin am Grundstück. Dabei sei nach geltender Praxis (ZH RB 1978 Nr. 82) ausschliesslich die Verschiebung im Innen- und nicht jene im Aussenverhältnis massgebend.

2) Der geschäftsführend tätige Kommanditär einer Kommanditgesellschaft ist je nach den Umständen des Einzelfalles steuerlich als Selbständigerwerbender oder als Unselbständigerwerbender zu betrachten (ZH RB 1984 Nr. 32).

3) vgl. Känzig, Kom. 1982, WStB 21 N 176.

4) Beim übertragenden Teilhaber stellt sich die Frage der Vornahme einer Zwischenveranlagung, während die Ausdehnung der Geschäftstätigkeit beim erwerbenden Mitteilhaber nach der neuen Praxis des BGr (Pr 74 Nr. 104) idR keine Zwischenveranlagung rechtfertigt.

Hier interessiert vor allem die Uebertragung nur eines _Teils eines Geschäftsanteils_ auf einen bisherigen Mitteilhaber. In diesem Falle finden bloss Verschiebungen der Geschäftsanteile unter den bisherigen Teilhabern statt; folglich erfährt die Zahl der Beteiligten keine Abnahme. Einkommenssteuerlich und sozialabgaberechtlich unterscheidet sich die Behandlung beim veräussernden Beteiligten wiederum nicht von jener bei der Uebertragung an einen neuen Teilhaber[1]. In Steuerordnungen mit dem Zürcher-System der Grundstückgewinnbesteuerung ist nach der steuerlichen Wirkung der Verschiebung der gesamthänderischen Berechtigung an den Gesellschaftsgrundstücken zu fragen. Nach der früheren Praxis[2] wurden im Kanton Zürich blosse Verschiebungen der Geschäftsanteile ohne Teilhaberwechsel grundsteuerlich nicht erfasst. Nach Ansicht der Zürcher Kommentatoren[3] kann an dieser Rechtsprechung für die Grundstückgewinnsteuern nicht festgehalten werden, denn Verschiebungen der Geschäftsanteile bedeuten idR quotenmässige Aenderungen der Eigentumsverhältnisse an den Gesellschaftsgrundstücken, die in diesem Umfang zu einer Steuerpflicht führen. Dieser Ansicht ist auch das VGr ZH[4] gefolgt.

Nach der neueren Rechtsprechung des BGr[5] drängt sich m.E. idR weder beim übertragenden Teilhaber (wegen Einschränkung der selbständigen Erwerbstätigkeit) noch beim erwerbenden Teilhaber (wegen deren Ausdehnung) eine Zwischenveranlagung auf.

---

1) vgl. oben 1. b.
2) ZH RB 1939 Nr. 73 = ZBl 40, 467
3) vgl. R/Z/S IV ZH 161 Nr. 37
4) ZH RB 1983 Nr. 69; dort wurde allerdings für die _Handänderungssteuer_ die Verschiebung quotenmässiger (ideeller) Anteile an einem Grundstück unter einfachen Gesellschaften als steuerbare Handänderung beurteilt. Es ist jedoch m.E. kein Grund ersichtlich, weshalb diese Regelung nicht auch für die _Grundstückgewinnsteuern_ gelten sollte (vgl. vorne 1. b. zweitletzte FN).
5) Pr 74 Nr. 104; vgl. vorne 1. b. dritte FN; vgl. auch § 3 VIII. B.

3. Uebertragung im Rahmen der Erbteilung

Wird im Anschluss an den Erbgang ein ererbtes Unternehmen nicht von allen Erben, sondern z.B. nur von einem Erben in Form der Einzelfirma weitergeführt, findet eine Erbteilung statt, indem die ausscheidenden Erben ihren Erbanteil z.B. gegen bar, Abfindung mit Sachwerten, Einräumung einer Rente oder einer künftigen Umsatz- bzw. Gewinnbeteiligung an den Unternehmererben übertragen.

In Literatur und Praxis[1] wird die Erbteilung idR als Realisation behandelt, mit der Folge, dass die ausscheidenden Erben für die stillen Reserven an den einzelnen Vermögensständen anteilmässig besteuert werden. Diese **steuerliche Beurteilung** lässt sich damit begründen, dass die Erbengemeinschaft nicht als Steuersubjekt gilt und die einzelnen Erben ab Todestag des Erblassers für ihre Anteile am ererbten Vermögen selbst steuerpflichtig werden. Bei **zivilrechtlicher Beurteilung** stehen den einzelnen Erben während der Dauer der Erbengemeinschaft keine selbständigen Anteile an einzelnen Vermögensgegenständen zu; vielmehr haben alle Erben eine anteilige Berechtigung am Gesamtvermögen[2]. Sie haben somit auch keinen Anspruch auf eine Quote an den auf bestimmten geschäftlichen Vermögenswerten entstandenen stillen Reserven.

---

1) Känzig, Unternehmernachfolge, 160; derselbe, Kom. 1982, WStB 21 N 189; Z/S/F/R EB ZH 19 b N 401; Blöchliger, 342 ff.; Reich, Realisation, 291 f. Dagegen betrachtet Masshardt (Kom. 1980, WStB 43 N 23 e) die Erbteilung als solche nicht als Realisationstatbestand und fordert eine Besteuerung nur, wenn die Miterben aus GV der Erbschaft oder aus Vermögen der Erben abgefunden werden. Diese Ansicht ist zu Recht auf Kritik gestossen (vgl. Reich, Realisation, 291 ff. und die dort zitierten Autoren; Gnehm, 5 ff.) und gilt heute soweit ersichtlich als überholt (vgl. Praxis I/1 BdBSt 21 I d Nr. 182).

2) vgl. Escher, ZGB 602 N 6; Tuor/Picenoni, ZGB 602-606 N 9; Tuor/Schnyder (Peter Tuor/Bernhard Schnyder, Das schweizerische Zivilgesetzbuch, 9. Auflage Zürich 1975, 425) sprechen deshalb von einem unselbständigen Anteil am Gesamtvermögen. Da dieser Anteil nur sehr beschränkt eines eigenen rechtlicher Schicksals fähig sei (jeder Erbe kann z.B. seinen Erbanteil veräussern), könne von latenten, verborgenen Anteilen gesprochen werden, die regelmässig erst im Anspruch auf ein bestimmtes Teilungsergebnis in Erscheinung treten. Im Resultat gleich ist die Erbengemeinschaft in der BRD strukturiert (vgl. Suse Martin, Grunderwerbssteuer bei Uebertragung von Anteilen an Personengesellschaften und Erbteilen, Der Betrieb 42/1985, 2169 ff., insbes. 2171).

Aus zivilrechtlicher Sicht erfolgt der Erwerb von Nachlassaktiven in der Erbteilung daher soweit unentgeltlich, als der Wert der von den einzelnen Erben übernommenen Nachlassobjekte den Wert der jeweiligen Erbteile nicht übersteigt[1].

Beispiel: Ein Erblasser hinterlässt den Erben A/B/C/D Barwerte (200), Wertschriften (Anlagewert 100, Verkehrswert 200), Liegenschaften (Anlagewert 100, Verkehrswert 200) sowie eine Unternehmung (Buchwerte 100, Verkehrswerte 200). Die Erbteilung wird wie folgt durchgeführt: A erhält die Barwerte, B die Wertschriften, C die Liegenschaften und D die Unternehmung.

Anm.: Steuerliche Probleme, die sich aus der Teilung des Nachlasses bei der Auflösung der Ehe durch den Tod des Ehemannes ergeben (insbes. die Berücksichtigung der latenten Steuern für die güterrechtliche Auseinandersetzung), werden hier nicht behandelt; vgl. dazu Ernst Känzig, Das eheliche Güterrecht im schweizerischen Zivilrecht und im Wehrsteuerrecht, ASA 44 (1975/76), 420 ff., insbes. 453 ff.; derselbe, Kom. 1982, WStB 21 N 195[2].

Nach der geltenden Steuerpraxis realisieren die einzelnen Erben stille Reserven im folgenden Umfang:

	Bar	Wertschriften	Liegenschaft	Unternehmung	Total
A	-	25	25	25	75
B	-	-	25	25	50
C	-	25	-	25	50
D	-	25	25	-	50
versteuerte stille Reserven	75	75	75		225
nicht versteuerte stille Reserven bei B bzw. C bzw. D	25	25	25		75
	100	100	100		300

Soweit B, C und D auf den zu übernehmenden Nachlassaktiven keine latenten Steuern geltend machen, beträgt der Wert eines Erbteils (gleichzeitig Anrechnungswert) 200.

Betrachtet man die Erbteilung aus zivilrechtlicher Sicht, erwerben die Erben die Nachlassaktiven bis zur Höhe ihres Erbteils unentgeltlich. Machen diese Erben z.B. als Barwert für die latenten Steuern je 17,5 (B und C) bzw. 25 (D) geltend, realisiert A stille Reserven von 15, weil er statt der Berechtigung von 185 Barwerte von 200 erhält. Die restlichen Erben werden hier aus der Erbteilung nicht steuerpflichtig, da der Wert ihrer Erbteile unter der anteilmässigen Berechtigung liegt. Sie realisieren ihre stillen Reserven erst anlässlich der Veräusserung und haben in diesem Zeitpunkt dafür Einkommenssteuern (B und C) sowie Sozialabgaben (D) zu entrichten.

---

1) vgl. Cagianut/Höhn, Unternehmungssteuerrecht, § 14 N 46

2) vgl. im weiteren Böckli, Schweizer Treuhänder 1/86, 4

Der Forderung nach Behandlung der Erbteilung als unentgeltliche
Uebertragung, soweit die Erben Nachlassaktiven übernehmen, deren
Wert jenen ihres Erbanteils nicht übersteigt, liegen Entscheide
des BGr[1] zur Beurteilung der Erbteilung bei den Kapitalgewinnsteuern zugrunde. Cagianut/Höhn[2] verlangen, dass dieser Rechtsprechung sowie der zivilrechtlichen Situation auch im Unternehmungssteuerrecht Rechnung getragen wird. Die Behandlung als
unentgeltliche Uebertragung rechtfertigt sich nach diesen Autoren jedoch nur, wenn der Erblasser durch letztwillige Verfügung
z.B. einem bestimmten Erben das Geschäft zugewiesen hat und das
Erbschaftsvermögen "kurz" nach dem Tod derart aufgeteilt wird,
dass rückwirkend auf den Todestag der eine Erbe das Geschäft
und die übrigen Miterben das Privatvermögen übernehmen[3]; denn
in diesem Falle werden die ausscheidenden Erben gleich wie beim
Erbvorbezug tatsächlich nie Mitinhaber des Betriebes. Dagegen
ist ein Steueraufschub ohne gesetzliche Grundlage sachlich nicht
gerechtfertigt, wenn die Erbengemeinschaft - mit oder ohne Tei-
lungsvorschrift - während einiger Zeit bestand und der Nachlass
den Erben steuerlich anteilmässig zugerechnet wurde; zudem geht
es hier aus Gründen der Rechtssicherheit nicht an, die bei den
einzelnen Erben durchgeführte Gewinnbesteuerung rückgängig zu
machen und die gemeinsam realisierten Gewinne nachträglich dem
übernehmenden Erben zuzurechnen; denn "es kann bei den periodischen Steuern nicht einfach über eine seit dem Todestag geltende
anteilmässige steuerliche Zurechnung von Gewinn und Kapital hin-
weggegangen werden. In solchen Fällen ist es unvermeidlich, dass
die spätere Erbteilung steuerrechtlich als Realisierung behandelt werden muss"[4].

Gehört im obigen Beispiel ein <u>Grundstück zum Vermögen der Unter-
nehmung</u>, wird die Erbteilung in Steuerordnungen mit dem Zürcher-
System der Grundstückgewinnbesteuerung idR als steueraufschiebender Tatbestand behandelt[5]. Diese Regelung bezweckt, die Mehrwerte

---

1) BGE 81 I 332; ASA 39, 56, unter Verweis auf BGE 91 II 90 E. 3 und 4.
2) vgl. Cagianut/Höhn, Unternehmungssteuerrecht, § 14 N 46
3) gl.M. Reich, Realisation, 292
4) Cagianut/Höhn, Unternehmungssteuerrecht, § 14 N 46
5) vgl. R/Z/S IV ZH 161 N 109

erst bei einem Verkauf an Dritte zu erfassen[1]; sie hat jedoch zur Folge, dass dem das Grundstück übernehmenden Erben der Anlagewert des Erblassers angerechnet wird, womit er die bei diesem entstandene Steuerlast zu tragen hat[2].

B. UEBERTRAGUNG ZU BUCHWERTEN

Veräussert der Teilhaber einer Personengesellschaft seinen Geschäftsanteil oder einen Teil desselben mit der Zustimmung der übrigen Gesellschafter an einen neuen oder einen bisherigen Mitteilhaber zu Buchwerten (gemischtes Rechtsgeschäft), erzielt er nach der Einheitstheorie[3] keinen Liquidationsgewinn. Der Veräusserer schuldet daher weder <u>Einkommenssteuern</u> noch Sozialabgaben. Der Erwerber muss sich jedoch das einkommenssteuerlich massgebende Kapitalkonto des Veräusserers anrechnen lassen; damit übernimmt er auf den unentgeltlich erworbenen stillen Reserven latente Einkommenssteuern und Sozialabgaben.

Auch im Zürcher-System der <u>Grundstückgewinnbesteuerung</u> entfällt eine Steuerpflicht des Veräusserers, da bei Uebertragung zu Buchwerten die anteiligen Anlagekosten der Gesellschaftsgrundstücke nicht überschritten werden[4]. Dagegen ist das Rechtsgeschäft für die <u>Handänderungssteuern</u> richtigerweise in einen entgeltlichen und einen unentgeltlichen Teil aufzuspalten, wobei auf dem entgeltlichen Teil die Rechtsverkehrssteuer geschuldet ist[5].

---

1) VGr ZH v. 25.4.85, StE 1986 B 42.39 Nr. 1
2) vgl. R/Z/S IV ZH 161 N 109; Grossmann, 160 f.
3) In § 3 I. A. 2. wurde für die Kapitalgewinnsteuern die Anwendung der Trennungstheorie, d.h. die Aufspaltung des Rechtsgeschäftes in einen entgeltlichen und einen unentgeltlichen Teil, abgelehnt. Richtigerweise ist das Rechtsgeschäft für alle Gewinnsteuern als Einheit zu betrachten, denn die wirtschaftliche Leistungsfähigkeit des Veräusserers wird gesamthaft betrachtet nicht erhöht.
4) vgl. R/Z/S IV ZH 161 N 115; die Aufteilung in einen entgeltlichen und einen unentgeltlichen Teil des Rechtsgeschäftes entfällt aus den gleichen Gründen wie bei den Einkommenssteuern
5) vgl. R/Z/S IV ZH 180 N 12

Der Erwerber wird in jedem Falle für die Differenz zwischen den steuerlich massgebenden Buchwerten und dem anteiligen Substanzwert des Geschäftsanteils nach Massgabe der kantonalen Bestimmungen <u>schenkungssteuerpflichtig</u>. Je nach den Verhältnissen kann er für Geschäftsliegenschaften anteilmässig die Vorzugsbewertung beanspruchen[1].

Für die Frage nach einer <u>Zwischenveranlagung</u> sowohl beim Veräusserer als auch beim Erwerber kann auf die einzelnen Tatbestände bei Uebertragung zu Verkehrswerten verwiesen werden[2].

II. Eintritt eines zusätzlichen Teilhabers

Mit der vertraglichen Vereinbarung über den Eintritt erwirbt der neue Beteiligte einen gegenüber den bisherigen Gesellschaftern gleichberechtigten Anteil am Vermögen der Personengesellschaft. Je nach Abmachung hat er eine Kapitaleinlage in Höhe der Verkehrswerte oder der Buchwerte eines bisherigen Geschäftsanteils zu erbringen. Die Beitragsleistung kann wiederum in bar, durch Sacheinlage oder Uebernahme von Verbindlichkeiten[3] erfolgen und stellt für den eintretenden Teilhaber eine steuerlich neutrale Kapitaleinlage dar. Aus der Sacheinlage selbst können sich wiederum Steuerfolgen ergeben[4].

---

1) vgl. Wettstein, 147

2) vgl. oben A. 1. und 2.; vgl. auch § 3 VIII. A.

3) Mit der Uebernahme von Verbindlichkeiten erwirbt der neue Teilhaber einen Anteil an den negativen Kapitalkonti der bisherigen Personengesellschafter. Das Handelsrecht lässt negative Kapitalkonti zu. Diese können sich infolge Verlusten aus der Geschäftstätigkeit ergeben; durch deren Belastung auf dem Kapitalkonto kann dieses u.U. vorübergehend passiv werden. Künftige Gewinne bzw. Gewinnanteile sind in der Folge zuerst bis zur Höhe der vertraglich vereinbarten Einlage dem Kapitalkonto der Gesellschafter gutzuschreiben, bevor sie anderweitig verwendet werden dürfen (vgl. Cagianut, Grundprobleme, 225).

4) vgl. § 4 II. A. 2. b)

A. EINLAGE IN HOEHE DER VERKEHRSWERTE

Für die bisherigen Beteiligten gelten grundsätzlich die gleichen steuerrechtlichen Grundsätze wie beim Eintritt eines Teilhabers in eine Einzelunternehmung[1], m.a.W. werden die bisherigen Personengesellschafter einkommenssteuer- und sozialabgabepflichtig, wenn sie für die Uebertragung eines Teils der stillen Reserven vom neuen Gesellschafter entschädigt werden oder durch Aufwertung stille Reserven aufgelöst werden[2].

Bei Zuweisung des Aufgeldes an die bisherigen Personengesellschafter und den neuen Beteiligten oder an den neuen Beteiligten allein berechnet sich dieses aus der Teilung der stillen Reserven durch die Anzahl der bisherigen Teilhaber[3]. Kommt das Aufgeld den bisherigen Personengesellschaftern allein zu, ermittelt es sich mittels Teilung der stillen Reserven durch die Anzahl der Beteiligten nach dem Eintritt[4].

Die verschiedenen Eintrittsmöglichkeiten und deren steuerliche Folgen lassen sich am folgenden **Beispiel**[5] zusammenfassen:

Die Kollektivgesellschaft E und F nimmt als neuen Teilhaber G auf. Dieser soll zu gleichen Teilen wie E und F an der Gesellschaft beteiligt sein. Die Bilanz der Gesellschaft vor dem Eintritt von G lautet wie folgt: Diverse Aktiven 400 (stille Reserven 600), Schulden 200, Eigenkapital E und F je 100.

	Variante 1	Variante 2
Einlage auf EK G	100	100
Aufgeld	300	200
Einlage insgesamt	400	300

---

1) vgl. § 4 II. A. 1.
2) vgl. Cagianut/Höhn, Unternehmungssteuerrecht, § 15 N 71
3) Variante 1 (vgl. § 4 II. A. 1. a))
4) Variante 2 (vgl. § 4 II. A. 1. b))
5) Das Beispiel ist Cagianut/Höhn, Unternehmungssteuerrecht, § 15 Frage 4 entnommen.

- Variante 1: Aufgeld für den vollen Wert der stillen Reserven

Buchungsarten A und B: Zuweisung des Aufgeldes an den neuen Beteiligten: Nach Buchungsart A werden die gesamten Altreserven (600) aufgelöst. Die bisherigen Personengesellschafter sind für ihren Anteil an den stillen Reserven (je 300) einkommenssteuer- und sozialabgabepflichtig. Ihr steuerlich massgebendes Kapitalkonto beträgt je 400. Eine zusätzliche Steuerbilanz ist weder für E und F noch für G zu führen. Nach Buchungsart B werden die Altreserven den bisherigen Beteiligten ohne Auflösung zugeteilt. In diesem Falle realisieren die bisherigen Beteiligten keine stillen Reserven. Das Aufgeld ist dem neuen Beteiligten auf ein Privatkonto gutzuschreiben. Da die bisherigen Gesellschafter allein an den Altreserven (je 300) berechtigt sind, muss deren Entwicklung im Hinblick auf die spätere Auflösung in speziellen Steuerbilanzen festgehalten werden. Dagegen muss in diesem Falle kein von den Kapitalkonti abweichender Gewinnverteilungsschlüssel vereinbart werden. Zudem ist weder für den neuen noch die bisherigen Gesellschafter eine separate Steuerbilanz erforderlich.

Buchungsart C: Anteilmässige Zuweisung des Aufgeldes an den neuen und die bisherigen Beteiligten: Obwohl hier keine buchmässige Auflösung stiller Reserven erfolgt, bewirkt die Erhöhung des Kapitalkontos der bisherigen Beteiligten E + F bei diesen einen steuerpflichtigen Vermögensstandsgewinn (je 100). Anstelle des Kapitalkontos der bisherigen Beteiligten kann auch ein Privatkonto erkannt werden. Nach dieser Buchungsart ist für den neuen Beteiligten eine spezielle Steuerbilanz zu führen, wenn sichergestellt werden soll, dass bei einer späteren Realisierung der Altreserven nur die bisherigen Beteiligten steuerpflichtig sind (je 200).

- Variante 2: Aufgeld für den anteiligen Wert der stillen Reserven

Nach dieser Variante leistet der eintretende den bisherigen Beteiligten eine Vergütung für die anteilige Abtretung (je 1/3) der Altreserven. Die bisherigen Gesellschafter werden für den Kapitalgewinn (je 100) aus der Veräusserung von Altreserven einkommenssteuer- und sozialabgabepflichtig. Die besteuerten stillen Reserven werden den bisherigen Beteiligten je auf einem Privatkonto gutgeschrieben[1]. Die separate Steuerbilanz des eintretenden Beteiligten zeigt bei Aufwertung der Aktiven der Kollektivgesellschaft um 200 (total 600) eine Gutschrift auf seinem Kapitalkonto von 300[2].

1)

Bilanz der Kollektivgesellschaft E+F+G			
Aktiven bisher	400	Schulden	200
Aktiven neu	300	Kapital E	100
		Kapital F	100
		Privatkonto E	100
		Privatkonto F	100
		Kapital G	100
	700		700

2)

Steuerbilanz für G			
Aktiven bisher	600	Schulden	200
Aktiven neu	300	Kapital E	100
		Kapital F	100
		Privatkonto E	100
		Privatkonto F	100
		Kapital G	300
	900		900

- Varianten 1 und 2: Zwischenveranlagung

Der Eintritt eines zusätzlichen Beteiligten kann für die bisherigen Beteiligten eine dauernde wesentliche und tiefgreifende Aenderung der Erwerbsgrundlagen zur Folge haben; nur dann ist eine Zwischenveranlagung vorzunehmen[1]. Für den neuen Beteiligten ist mit dem Eintritt idR ein Berufswechsel verbunden, welcher ebenfalls Anlass zu einer Zwischeneinschätzung gibt[2].

B. EINLAGE IN HOEHE DER BUCHWERTE

Wird im Gesellschaftsvertrag vereinbart, dass auch der eintretende Beteiligte an den Altreserven gleichmässig berechtigt sein soll, verzichten die bisherigen Beteiligten bei Einlage in Höhe der Buchwerte auf eine Vergütung für die Abtretung der anteiligen stillen Reserven. Die Fortführung der Buchwerte auf den Vermögenswerten der Personengesellschaft vorausgesetzt, realisieren die bisherigen Teilhaber keinen Kapitalgewinn; folglich sind keine Einkommenssteuern und Sozialabgaben geschuldet. Anderseits übernimmt der neue Teilhaber auf den abgetretenen stillen Reserven latente Einkommenssteuern und Sozialabgaben.

Auch nach dem Zürcher-System der Grundstückgewinnbesteuerung tritt in diesem Falle ein Steueraufschub ein, da der vom neuen Teilhaber geleistete Eintrittspreis die anteiligen Anschaffungskosten der Gesellschaftsgrundstücke nicht übersteigt[3]. Für die Handänderungssteuern ist dagegen idR im Umfang des entgeltlichen Teils des Eintritts eine anteilmässige Steuerpflicht zu bejahen[4].

Die Differenz zwischen dem geleisteten Einlagewert und dem Verkehrswert des neuen Geschäftsanteils unterliegt beim eintretenden Teilhaber idR der Schenkungssteuer[5].

---

1) in ZH z.B. aufgrund StG 59 I e, VGr v. 4.12.81, SB 50/1981 (n. publ., zit. bei Schärrer, Steuerfolgen, Lösung zu Fall 3).
2) z.B. nach BdBSt 96; ZH 59 I e.
3) vgl. § 4 II. B.
4) vgl. § 4 II. B.
5) vgl. § 4 II. B.

Die Höhe der Einlage ist für die Beurteilung einer Zwischenveranlagung unerheblich. Bei den bisherigen Beteiligten ist in erster Linie entscheidend, ob der Eintritt des zusätzlichen Teilhabers qualitativ eine dauernde, wesentliche und tiefgreifende Aenderung der Erwerbsgrundlagen verursacht. Der neue Teilhaber nimmt idR eine Erwerbstätigkeit auf oder einen Berufswechsel vor, was ebenfalls eine Zwischenveranlagung auslöst[1].

III. Ersatzloser Austritt eines Teilhabers

Ein bisheriger Gesellschafter kann aufgrund vertraglicher oder gesetzlicher Ausscheidungsgründe aus der Personengesellschaft ausscheiden[2]. Ebenso kann die Erbengemeinschaft durch die Erbteilung aufgelöst oder ein Erbe (Personengesellschafter) aus einer als Personengesellschaft weitergeführten Erbengemeinschaft austreten[3].

Der als Teilhaber ausscheidende Gesellschafter gibt seine Beteiligung auf; an deren Stelle erwirbt er in Höhe des Verkehrswertes seines Geschäftsanteils einen Abfindungsanspruch. Dieser umfasst idR das buchmässig ausgewiesene Kapitalkonto, einen Anteil an den stillen Reserven der einzelnen Vermögensrechte und u.U. einen Anteil am Goodwill[4]. Es lässt sich jedoch im Gesellschaftsvertrag vereinbaren, dass dem ausscheidenden Teilhaber nur eine Abfindung in Höhe des buchmässig ausgewiesenen Kapitalanteils zukommen soll; der ausscheidende Gesellschafter kann anderseits auch erst anlässlich seines Ausscheidens auf seinen Anspruch auf die stillen Reserven verzichten.

---

1) vgl. oben A.; Ausführungen zum Beispiel a.E.

2) vgl. dazu Schäuble, 154 f.

3) Ein ersatzloser Austritt aus einer von einer Erbengemeinschaft geführten Personengesellschaft liegt im Gegensatz zur Uebertragung im Rahmen der Erbteilung (I. A. 3.) vor, wenn ein Gesellschafter (Erbe) mit Vermögenswerten des Unternehmungsvermögens abgefunden wird und sich deren Vermögenssphäre dadurch verkleinert.

4) vgl. Cagianut/Höhn, Unternehmungssteuerrecht, § 15 N 73

A. ENTNAHME IN HOEHE DER VERKEHRSWERTE

Der dem ausscheidenden Teilhaber zustehende Abfindungsbetrag ist aufgrund einer Auseinandersetzungsbilanz zu ermitteln[1]. Diese enthält die wirklichen Werte der Aktiven und Passiven sowie je nach den Bestimmungen im Gesellschaftsvertrag auch einen Geschäftswert (Goodwill) und nicht die in den Betriebsbilanzen aufgeführten, im Falle einer Liquidation einzusetzenden Werte[2][3]. Der Liquidationsanteil ermittelt sich idR im Verhältnis der Kapitalbeteiligungsquote des ausscheidenden Teilhabers am gesamten Gesellschaftskapital.

1. Realisierung stiller Reserven

Der als Liquidationsanteil ermittelte Abfindungsbetrag kann in bar oder durch Uebertragung eines Sachwertes an den ausscheidenden Teilhaber geleistet werden.

a) Barabfindung

Soweit die Barvergütung den Einkommenssteuerwert des Kapitalkontos übersteigt, realisiert der <u>austretende Gesellschafter</u> einen Kapital- bzw. Liquidationsgewinn. Dieser unterliegt idR einer gesonderten Jahressteuer, soweit mit dem Ausscheiden die Aufgabe der selbständigen Erwerbstätigkeit verbunden ist oder sich die Erwerbsgrundlagen in anderer Weise grundlegend ändern (z.B. Pensionierung), sodass eine Zwischenveranlagung vorgenommen werden muss. Neben den Einkommenssteuern schuldet der ausscheidende Gesellschafter die Sozialabgaben.

---

[1] vgl. dazu Schäuble, 156

[2] BGE 93 II 247

[3] Enthält der Gesellschaftsvertrag keine Bestimmung über den dem ausscheidenden Teilhaber zukommenden Liquidationsanteil, ist dieser unter Berücksichtigung der Vermögenslage der Gesellschaft im Zeitpunkt des Ausscheidens festzusetzen (OR 580 II).

Die verbleibenden Gesellschafter führen ihre Kapitalkonten unverändert weiter; das Ausscheiden des Mitteilhabers begründet für sie vorbehältlich der Aenderung der Buchwerte keine Steuerpflicht. Werden dem ausscheidenden Gesellschafter stille Reserven vergütet, sind die verbleibenden Gesellschafter berechtigt, die entsprechenden Aktiv- und Passivkonten aufzuwerten bzw. herabzusetzen[1]. Der Austritt eines Teilhabers kann auch bei den verbleibenden Gesellschaftern mit einer dauernden, wesentlichen und tiefgreifenden Aenderung der Erwerbsgrundlagen verbunden sein; trifft dies zu, ist eine Zwischenveranlagung vorzunehmen[2].

b) Sachabfindung

Wird der austretende Gesellschafter mit Sachwerten abgefunden, die eine Vergütung für die anteilige Berechtigung an den stillen Reserven darstellen, realisiert dieser in der Differenz zwischen dem einkommenssteuerlich massgebenden Kapitalkonto und dem höheren wirklichen Wert der Sachwerte einen Kapitalgewinn, der wiederum den Einkommenssteuern und Sozialabgaben unterliegt[3]. Für die verbleibenden Gesellschafter ergibt sich bei Entnahme der Sachwerte nur dann eine Steuerpflicht, wenn die stillen Reserven auf den entnommenen Sachwerten den dem austretenden Gesellschafter zustehenden Anteil an den stillen Reserven übersteigen[4]. Bildet eine Liegenschaft die Sachabfindung, wird trotz der Aenderung der Art des zivilrechtlichen Eigentums (Gesamteigentum wird zu Alleineigentum) die Handänderungssteuer idR nur quotenmässig erhoben[5].

---

1) vgl. Cagianut/Höhn, Unternehmungssteuerrecht, § 15 N 74

2) vgl. Schärrer, Steuerfolgen, Lösung zu Fall 4

3) vgl. dazu GVP 1971 Nr. 12

4) vgl. Reich, Realisation, 229; Cagianut/Höhn, Unternehmungssteuerrecht, § 15 N 75; a.M. Schäuble (159 ff.), nach dem die verbleibenden Gesellschafter in jedem Falle ihren Anteil an den stillen Reserven auf dem Sachwert realisieren. Diese Betrachtungsweise widerspricht den wirtschaftlichen Gegebenheiten, denn die verbleibenden Gesellschafter führen ihr wirtschaftliches Engagement in der Personengesellschaft weiter.

5) vgl. Z/S/F/R EB ZH 161 N 36; vgl. § 3 V. B.

Beispiel[1]: Der Gesellschafter H tritt aus der Kollektivgesellschaft H, I und K aus. Die Kapitalkonten der Gesellschafter betragen je 100, die stillen Reserven 600. H wird mit einer Liegenschaft im Verkehrswert von 300 abgefunden. Der Buchwert beträgt alternativ 80 (Variante 1), 100 (Variante 2) und 150 (Variante 3).

Der Abfindungsanspruch von H beträgt 300 (Kapitalkonto 100, stille Reserven 200). Unter der Voraussetzung, dass alle Geschäftsgewinne mit der Einkommenssteuer erfasst werden[2], ergeben sich für die einzelnen Varianten folgende steuerlichen Wirkungen:

<u>Variante 1</u>: Realisierung stiller Reserven 220. H realisiert 200, I und K realisieren je 10 stille Reserven. H wird für 20 schenkungssteuerpflichtig.

<u>Variante 2</u>: Realisierung stiller Reserven 200. H realisiert 200; keine Steuerfolgen für I und K.

<u>Variante 3</u>: Realisierung stiller Reserven 150. H realisiert auf der entnommenen Liegenschaft stille Reserven von 150 und auf weiteren, in der Personengesellschaft verbleibenden Aktiven solche von 50; diese Aktiven können entsprechend aufgewertet werden; I und K erhöhen ihr Abschreibungspotential, werden jedoch für je 25 schenkungssteuerpflichtig.

<u>Nach allen Varianten</u> ist für den anteiligen Verkehrswert der Liegenschaft von 200 (2/3 von 300) die Handänderungssteuer geschuldet.

2. Realisierung von Grundstückgewinnen

Befinden sich im Eigentum der Personengesellschaft Liegenschaften mit stillen Reserven, unterliegt der realisierte Kapital- bzw. Liquidationsgewinn nach dem St. Galler-System der Grundstückgewinnbesteuerung (die Grundstückgewinnsteuer beschränkt sich auf das PV) vollumfänglich der Einkommenssteuer. Nach dem Zürcher-System der Grundstückgewinnbesteuerung (die Grundstückgewinnsteuer erstreckt sich auch auf das GV), ist auf der anteiligen Wertzuwachsquote die Grundstückgewinnsteuer geschuldet, während die anteiligen wiedereingebrachten Abschreibungen mit der Einkommenssteuer erfasst werden[3].

Die Handänderungssteuer ist in aller Regel nur vom anteiligen Verkehrswert zu entrichten.

---

1) Das Beispiel lehnt an Cagianut/Höhn, Unternehmungssteuerrecht, § 15 Frage 5 an.
2) Zur steuerlichen Behandlung geschäftlicher Grundstückgewinne vgl. 2. hienach.
3) vgl. R/Z/S IV ZH 161 N 37; Z/S/F/R EB ZH 161 N 37.

B. ENTNAHME IN HOEHE DER BUCHWERTE

1. Schenkungssteuerlich relevanter Vorgang?

Verzichtet der ausscheidende Teilhaber erst **beim Austritt** ganz oder teilweise auf eine Vergütung für seinen Anspruch auf die stillen Reserven, liegt eine Schenkung vor[1]. In diesem Falle ist der Wille einer unentgeltlichen Zuwendung beim austretenden Teilhaber ohne weiteres gegeben. Die verbleibenden Teilhaber werden im Ausmass der übertragenen stillen Reserven anteilmässig schenkungssteuerpflichtig.

Enthält dagegen der Gesellschaftsvertrag eine "Buchwertklausel", wonach der jeweils aus irgend einem Grunde (z.B. Tod) ausscheidende Teilhaber nur mit dem Buchwert seines Kapitalkontos abgefunden werden soll, **kann** eine steuerpflichtige Schenkung vorliegen[2]. Basiert der steuerrechtliche auf dem zivilrechtlichen Schenkungsbegriff, ist nach der Praxis des BGr[3] im Einzelfall vorerst entscheidend, dass der Wille unentgeltlicher Zuwendung im Zeitpunkt des Vertragsabschlusses bestand und für diesen wesentlich war. Zur Annahme einer steuerpflichtigen Schenkung ist jedoch zudem erforderlich, dass die Buchwertklausel "einem und nur einem"[4] der Teilhaber ohne ersichtliche Gegenleistung einen zusätzlichen Anteil an den stillen Reserven verschafft[5]. Dagegen kann im Falle einer die jeweils verbleibenden Teilhaber begünstigenden Abfindungsklausel keine Schenkung erblickt werden, denn im Zeitpunkt, "in dem diese Abmachung unter den Gesellschaftern getroffen wird, weiss keiner von ihnen, ob er der Be-

---

1) vgl. Cagianut/Höhn, Unternehmungssteuerrecht, § 15 N 77
2) BGE 98 I a 263
3) BGE 65 I 213
4) Böckli, Indirekte Steuern, 358; vgl. BGr v. 22.5.57 i.S. Sch (n. publ., bei R/Z/S II ZH 24 N 21).
5) Dies ist nur bei einer Personengesellschaft mit zwei Teilhabern möglich.

nachteiligte oder der Begünstigte sein wird"[1]. Hier schliesst der aleatorische Charakter der Klausel die Annahme einer Schenkung aus[2]. Diese Beurteilung rechtfertigt sich aus dem Umstand, dass die alternative Begünstigung allein aus wirtschaftlichen und betrieblichen Rücksichten zugestanden wird. Im Gegensatz zur einseitigen Begünstigung eines bestimmten Teilhabers ohne ersichtliche Gegenleistung (Vermögensübergang "soci causa") geschieht der Vermögensübergang hier "societatis causa"[3].

Setzt der Tatbestand der steuerpflichtigen Schenkung nach dem im kantonalen Schenkungssteuerrecht entwickelten Schenkungsbegriff keinen Schenkungswillen voraus, vermag selbst der aleatorische Charakter eines Rechtsgeschäftes eine steuerlich neutrale Behandlung nicht zu begründen. So sind der steuerbaren Schenkung nach der bisherigen Zürcher Praxis nur die Elemente der Zuwendung, der Bereicherung aus dem Vermögen eines andern und der Unentgeltlichkeit eigen. Die innere Rechtfertigung der Besteuerung liegt hier im Umstand, "dass der Empfänger der Zuwendung einen unentgeltlichen Vermögenszuwachs erfahren hat und seine wirtschaftliche Leistungsfähigkeit gestiegen ist"[4]. Nachdem die neueste Praxis[5] für die Annahme einer steuerpflichtigen Schenkung auch das Bestehen eines Schenkungswillens voraussetzt, sollte die Zuwendung aufgrund einer gesellschaftsvertraglich vereinbarten Buchwertklausel indessen im zürcherischen Schenkungssteuerrecht nicht mehr Anlass zu einer Besteuerung sein[6].

---

1) Känzig, Unternehmernachfolge, 178
2) BGE 98 I a 264; vgl. auch ZBl 62, 400; ZBl 67, 291.
3) vgl. Böckli, Indirekte Steuern, 357
4) ZH RB 1973 Nr. 45
5) VGr v. 16.12.1983, SR 1/1983 (n. publ., vgl. bei Antrag RR ZH ESchG, 28).
6) Da jedoch der RR ZH in seinem Antrag zuhanden des Kantonsrates daran festhält, dass auch nach künftigem Recht ein Schenkungswillen zur Erfüllung des Steuertatbestandes nicht erforderlich sein soll, ist damit zu rechnen, dass in ZH die alte Praxis wieder Einzug halten wird (vgl. § 3 II. A.).

Verfügt eine Personengesellschaft über Liegenschaften, ist in Steuerordnungen, welche für solche Vermögenswerte im Erbfalle Vorzugsbewertungen vorsehen, auch hier eine solche Privilegierung zu prüfen. M.E. ist unabhängig davon, ob die verbleibenden Gesellschafter Erben sind oder nicht, eine Vorzugsbewertung zu gewähren, denn die Uebertragung von stillen Reserven dient in beiden Fällen der Erhaltung der Unternehmung[1].

2. Steueraufschub für die übertragenen stillen Reserven

Der austretende Gesellschafter erzielt keinen Liquidationsgewinn und hat daher weder Einkommenssteuern noch Sozialabgaben zu entrichten. Auch im Grundstückgewinnsteuerrecht ist eine Steuerpflicht nicht gegeben, da der austretende Gesellschafter infolge der unentgeltlichen Abtretung der stillen Reserven keinen Grundstückgewinn realisiert hat.

Einkommenssteuerlich bewirkt die Zunahme des Reserveanteils bei den verbleibenden Gesellschaftern solange keinen steuerpflichtigen Kapitalgewinn, als die bisherigen Buchwerte der Aktiven und Passiven weitergeführt werden; eine handelsrechtlich zulässige Aufwertung zieht jedoch auf dem Buchgewinn eine Besteuerung nach sich[2]. Im Grundstückgewinnsteuerrecht ist eine Steuerpflicht zu verneinen, da aus dem quotenmässigen Anwachsen der Eigentumsanteile kein Gewinn entsteht, sondern erst ein Mehrwert verschafft wird, auf dem bis zur Veräusserung der Liegenschaft eine latente Grundstückgewinnsteuer lastet[3]. Dagegen wird sachgerechterweise auf dem entgeltlichen Teil des Rechtsgeschäftes anteilmässig eine Handänderungssteuer erhoben[4].

---

1) a.M. Wettstein, 153, nach dem im Falle, dass die verbleibenden Gesellschafter keine Erben sind, gemäss ZH ESchG 14 IV eine Nachveranlagung stattfinden muss, da sich das Ausscheiden als Veräusserung qualifiziere. Im Falle des Ausscheidens infolge Erbteilung sei anhand von Indizien (z.B. Zeitablauf seit dem Tod des Erblassers, Grundbucheintrag, Behandlung als Liegenschaft im GV für die Staats- und Gemeindesteuern) zu entscheiden, ob eine Gesellschaft vorliege. Sofern dies bejaht werde, sei ein Ausscheiden in Bezug auf die Liegenschaft als Veräusserung zu qualifizieren.
2) vgl. Schäuble, 177
3) vgl. Z/S/F/R EB ZH 161 N 115
4) vgl. R/Z/S IV ZH 180 N 12

§ 7 UNENTGELTLICHE AENDERUNGEN

I. Uebertragung eines Geschäftsanteils bzw. eines Anteils daran

Der Wechsel eines Teilhabers einer Personengesellschaft durch unentgeltliche Uebertragung eines Geschäftsanteils ist wie im Falle einer Geschäftsübertragung durch Schenkung, Erbvorbezug oder auf dem Erbwege möglich. Dagegen kann die Uebertragung bloss eines Teils eines Geschäftsanteils nur durch Schenkung oder Erbvorbezug erfolgen[1]. Neben erbschafts- und schenkungssteuerlichen Fragen interessiert im folgenden vor allem die steuerliche Behandlung der stillen Reserven bei der erbrechtlichen Uebertragung eines Geschäftsanteils.

A. ERBSCHAFTS- UND SCHENKUNGSSTEUERN

Hier gelten die für die Uebertragung einer Einzelunternehmung[2] gemachten Ausführungen sinngemäss. Sachliche Bemessungsgrundlage für die Erbschafts- bzw. Schenkungssteuern ist der anteilige Substanzwert der Personengesellschaft nach Massgabe der Kapitalbeteiligungsquote des übertragenden Gesellschafters. Ein auf den Geschäftsanteil entfallender, aus dem Ertragswert abgeleiteter Goodwill (oder "Badwill") bleibt idR unberücksichtigt[3].

Steuerordnungen, welche Geschäftsliegenschaften für die Erbschafts- und Schenkungssteuern bevorzugt (mit 3/4 des Verkehrswertes) bewerten (ZH, TG), gewähren diese Privilegierung anteilmässig auch für Geschäftsanteile an Personengesellschaften[4].

---

1) Im weiteren wird nicht mehr auf diesen Fall eingegangen, da die Steuerfolgen sich grundsätzlich mit denen bei der unentgeltlichen Uebertragung eines Geschäftsanteils decken.
2) vgl. § 5 I. A.
3) vgl. Böckli, Schweizer Treuhänder 1/86, 3 f.
4) vgl. Wettstein, 147

Dies ist sicher dort gerechtfertigt, wo ein Gesellschafter seinen Geschäftsanteil an einen neu eintretenden Gesellschafter verschenkt; denn die unentgeltliche Uebertragung dient der Erhaltung der Unternehmung. Wird die Gesellschaft durch den Tod eines Gesellschafters aufgelöst, stehen den Erben bloss obligatorische Ansprüche aus der Gesellschaft zu. Eine anteilmässige Vorzugsbewertung ist in diesem Falle nur zu gewähren, soweit sich alle Gesellschafter auf eine Realteilung einigen und die Erben des verstorbenen Gesellschafters die Unternehmung in vermindertem Umfang weiterführen[1]. Wird im Gesellschaftsvertrag eine Weiterführung der Personengesellschaft mit den Erben des verstorbenen Gesellschafters vereinbart, findet auf den Geschäftsliegenschaften eine dem Geschäftsanteil entsprechende anteilmässige Vorzugsbewertung statt[2]. Verbleiben die Erben nur als Kommanditäre in der Personengesellschaft, rechtfertigt sich eine Vorzugsbewertung m.E. nur, wenn diesen im Einkommenssteuerrecht die Stellung als Selbständigerwerbende zukommt, d.h. idR dann, wenn sie mit der Geschäftsführung betraut sind[3][4].

Schliesslich kann sich die Frage stellen, in welchem Umfang die einzelnen Erben bei einer Erbteilung kurz nach dem Tod, welche in Abweichung vom erbrechtlichen Anspruch aufgrund eines Teilungsvertrages vorgenommen wird, erbschaftssteuerpflichtig werden. Soweit ein Gesetz ausdrücklich regelt, dass entweder der Rechtsanspruch oder das Teilungsergebnis massgebend sein soll, ergeben sich keine Probleme[5]. Enthält ein Gesetz keine entsprechende Regelung, stellt die Praxis idR auf den Rechtsanspruch

---

1) vgl. Wettstein, 148 f.

2) vgl. Wettstein, 149

3) für die Qualifikation vom Kommanditären im Einkommenssteuerrecht vgl. ZH RB 1984 Nr. 32.

4) a.M. Wettstein, der nicht nur auf das Aussenverhältnis abstellen will, sondern eine Vorzugsbewertung allein aufgrund der Gesellschaftereigenschaft zugesteht. Dies widerspricht jedoch der Voraussetzung, wonach ein Begünstigter selbst den Betrieb in der betreffenden Liegenschaft fortführen muss.

5) In ZH (ESchG 2 a) und SG (154 I) ist der Rechtszustand massgebend. Dagegen besteuert z.B. Uri (ESchG 10 IV) aufgrund des Teilungsvertrages.

im Zeitpunkt der Eröffnung des Erbganges ab[1]. Abweichungen von diesem Grundsatz können sich aufgrund gesetzlicher Ausnahmebestimmungen[2] oder Ausnahmen in der Praxis[3] ergeben. Im weiteren ist ein Teilungsvertrag erbschaftssteuerlich dann relevant, wenn mit ihm ein unklarer Rechtszustand beseitigt worden ist[4].

B. STEUERAUFSCHUB FUER DIE UEBERTRAGENEN STILLEN RESERVEN

1. Schenkung und Erbvorbezug

Die unentgeltliche Uebertragung eines Geschäftsanteils durch Schenkung oder Erbvorbezug gilt sowohl im Einkommens[5]- als auch im Grundstückgewinnsteuerrecht[6] für die übertragenen stillen Reserven als steueraufschiebender Tatbestand. Mit dem Steueraufschub ist jedoch die Uebernahme latenter Einkommens- bzw. Grundstückgewinnsteuern und Sozialabgaben verbunden. Im übrigen gelten die Ausführungen zur schenkweisen Uebertragung einer Einzelunternehmung hier sinngemäss[7].

---

1) vgl. Widmer, 351

2) z.B. für Leistungen aus privaten Personenversicherungen (ZH ESchG 2 a Ziff. 2).

3) So wurde nach der früheren Praxis der solothurnischen Erbschaftssteuerbehörden ein mit einer Nutzniessung belasteter Erbe so besteuert, wie wenn kein Nutzniessungsrecht seine Erbquote belastete; eine gegen diese Praxis gerichtete Willkürbeschwerde wurde vom BGr (v. 14.9.29 i.S.R) abgewiesen (vgl. Widmer, 354, inkl. FN 41).

4) vgl. Widmer, 357; im einzelnen setzt die Massgeblichkeit des Teilungsvertrages voraus, dass die Zweifel an der Rechtsklage ernsthaft sind und sich der Vertrag im Rahmen vernünftiger Auslegung von Gesetz und Verfügung von Todes wegen hält (vgl. Grüninger/Studer, 508); vgl. dazu BGE 105 I a 54).

5) vgl. Känzig, Kom. 1982, WStB 21 N 196; Masshardt, Kom. 1980, WStB 43 N 23 f/h; R/Z/S II ZH 19 b N 404 f.

6) vgl. Grossmann, 164 ff.; Gnehm, 4.

7) vgl. § 5 I. B. 1. a)

2. Vermächtnis

Im Unterschied zum erbrechtlichen Uebergang erwirbt der Vermächtnisnehmer einen Geschäftsanteil nicht kraft gesetzlicher Gesamtrechtsnachfolge; vielmehr steht dem neuen Personengesellschafter gegenüber den gesetzlichen Erben ein Rechtsanspruch auf Uebertragung des Geschäftsanteils zu[1]. Mit dem Vermächtnis sind somit idR zwei unentgeltliche Vermögensübergänge verbunden: der erste findet beim Erbanfall, der zweite bei der Ausrichtung des Vermächtnisses statt[2]. Die letztere Uebertragung erfolgt idR anlässlich der Erbteilung. Beide Vermögensübergänge werden idR sowohl im Einkommens- als auch im Grundstückgewinnsteuerrecht als erfolgsneutrale Vorgänge behandelt. Im Einkommenssteuerrecht ist zudem erforderlich, dass die Buchwerte beibehalten werden und das Vermächtnisobjekt eine geschäftliche Einheit bildet[3]. Dies ist bei einem Geschäftsanteil ohne weiteres der Fall.

3. Erbgang

Grundsätzlich führt der Tod eines Gesellschafters zur Auflösung der Personengesellschaft[4]. Der Gesellschaftsvertrag kann jedoch vorsehen, dass die Gesellschaft durch die verbleibenden Gesellschafter fortgesetzt wird (Fortsetzungsklausel)[5]. Soll die Personengesellschaft mit allen oder einzelnen Erben weitergeführt werden, muss der Gesellschaftsvertrag eine einfache oder qualifizierte Eintritts- bzw. Nachfolgeklausel enthalten[6]. Im folgenden sind die steuerlichen Wirkungen des Todes eines Gesellschafters abhängig von der gesellschaftsvertraglichen Regelung summarisch darzustellen.

---

1) vgl. R/Z/S II ZH 19 b N 397
2) vgl. Grossmann, 162
3) vgl. Grossmann, 162 f.
4) OR 574 I in Verbindung mit OR 545 I Ziff. 2
5) vgl. von Greyerz, Unternehmernachfolge, 78
6) vgl. § 2 I. A. 2. a)

a) Auflösung der Gesellschaft

Wird die Personengesellschaft mit dem Tod eines Gesellschafters aufgelöst, steht der Erbengemeinschaft ohne anderweitige Vereinbarung über die Gewinnbeteiligung ein vermögensrechtlicher Anspruch am ganzen Liquidationsergebnis im Verhältnis des Kapitalanteils am gesamten Gesellschaftskapital zu. Der den einkommenssteuerlich massgebenden Kapitalanteil übersteigende Liquidationserlös stellt einen Kapitalgewinn dar und ist bei den Erben des verstorbenen Teilhabers entsprechend ihren Erbteilen <u>einkommenssteuer- und sozialabgabepflichtig</u>[1].

Im <u>Grundstückgewinnsteuerrecht</u> wird die anteilige Wertzuwachsquote bei den Erben gemäss ihren Erbteilen mit der Grundstückgewinnsteuer erfasst, während die anteiligen wiedereingebrachten Abschreibungen nach Massgabe der Erbteile der Einkommenssteuer unterliegen.

b) Fortsetzung unter den verbleibenden Teilhabern

Die Gesellschaft endigt hier nur für die <u>Erben</u> des durch Tod ausgeschiedenen Gesellschafters. Diese müssen aufgrund einer Auseinandersetzungsbilanz für ihre vermögensrechtlichen Ansprüche abgefunden werden[2]. Dabei sind die Aktiven und Passiven wie beim entgeltlichen Austritt[3] zu den wirklichen Werten einzusetzen. Der in der Auseinandersetzungsbilanz ausgewiesene Anteil des Erblassers an den stillen Reserven der Personengesellschaft stellt einen steuerbaren Liquidationsgewinn dar[4]. Dieser ist bei den einzelnen Erben gemäss ihren Erbteilen einkommenssteuer- und sozialabgabepflichtig. Die Einkommenssteuer wird

---

1) vgl. Känzig, Unternehmernachfolge, 164; Cagianut, Grundprobleme, 230 f.
2) BGE 100 II 376
3) § 6 III. A.
4) vgl. Känzig, Kom. 1982, WStB 21 N 193 ; Cagianut, Grundprobleme, 231.

bei den einzelnen Erben im Umfang des anteiligen Liquidationsgewinnes mit der gesonderten Jahressteuer erfasst[1]. Im Grundstückgewinnsteuerrecht ist die realisierte Wertzuwachsquote bei den einzelnen Erben wiederum anteilmässig als Grundstückgewinn steuerbar.

Die die Personengesellschaft <u>fortsetzenden Teilhaber</u> sind berechtigt, die steuerrechtlich massgebenden Buchwerte der Aktiven bzw. Passiven um die von den Erben versteuerten Kapitalgewinne herauf- bzw. herabzusetzen[2].

c) Fortsetzung nur mit einem Teil der Erben

Wird die Personengesellschaft aufgrund einer qualifizierten Eintritts- oder Nachfolgeklausel nur mit einem Teil der Erben des verstorbenen Teilhabers fortgesetzt, ist mit den übrigen Erben eine vermögensrechtliche Auseinandersetzung vorzunehmen[3]. Ihre vermögensrechtlichen Ansprüche richten sich nach jenen des Erblassers[4]. Werden die ausscheidenden Erben zulasten des Kapitalkontos des Erblassers aus Mitteln der Gesellschaft abgefunden, erfahren die <u>eintretenden Erben</u> gegenüber der Stellung des Erblassers kapitalmässig und damit wohl auch in Bezug auf die künftige Gewinnberechtigung eine Einbusse.

---

[1] Die Frage der Besteuerungsart stellt sich insbesondere für unselbständig erwerbende Erben. In der Praxis wird der Liquidationsgewinn sowohl für die dBSt als auch die Staatssteuern ZH idR mit einer gesonderten Jahressteuer erfasst (Auskunft StV ZH v. 29.10.85); damit wird beim unselbständig erwerbenden Erben für einen Tag eine selbständige Erwerbstätigkeit unterstellt.

[2] vgl. Känzig, Unternehmernachfolge, 165

[3] Entgegen der Meinung von Blöchliger (139) und in Uebereinstimmung mit Känzig (Unternehmernachfolge, 165) spielt es für die steuerliche Beurteilung bei den in die Gesellschaft eintretenden Erben keine Rolle, ob die Fortsetzung der Personengesellschaft mit einem Teil der Erben seinerzeit zwischen dem Erblasser und den übrigen Teilhabern oder erst nach dessen Tod zwischen diesen und der Erbengemeinschaft vereinbart worden ist.

[4] vgl. Känzig, Kom. 1982, WStB 21 N 175 f.

Wollen die Unternehmererben die gesellschaftsrechtliche Stellung des Erblassers wahren, haben sie die ausscheidenden Erben aus eigenen Mitteln oder dem übrigen Nachlassvermögen abzufinden; steuerlich betrachtet bringen die die Gesellschaft fortsetzenden Erben hier die für ihre Miterben zu vergütenden Mittel als Kapitaleinlage in die Personengesellschaft ein; damit werden die Abfindungsansprüche der ausscheidenden Erben erfüllt[1]. Obwohl die von den ausscheidenden Erben realisierten Kapitalgewinne nach der zweiten Abfindungsart bei der Gesellschaft handelsrechtlich nicht als Buchgewinne in Erscheinung treten, rechtfertigt sich bei dieser eine Aufwertung des Gesellschaftsvermögens in der Steuerbilanz; denn die von den abgefundenen Erben versteuerten Reserven gelten auch für die Gesellschaft als realisiert[2].

Wiederum[3] realisieren die ausscheidenden Erben in der Differenz zwischen anteiligem Kapitalkonto und dem höherem Abfindungbetrag einen geschäftlichen Kapitalgewinn, welcher den Einkommenssteuern und Sozialabgaben unterliegt. Im Grundstückgewinnsteuerrecht ist die anteilige Wertzuwachsquote als Grundstückgewinn steuerpflichtig.

d) Fortsetzung mit allen Erben

In diesem Falle treten alle Erben in die vermögensrechtlichen Verhältnisse des Erblassers ein und führen dessen einkommenssteuerlich massgebende Buchwerte anteilmässig weiter; da keine stillen Reserven realisiert werden, ergeben sich hier keine gewinnsteuerlichen Folgen[4].

---

1) vgl. Känzig, Kom. 1982, WStB 21 N 192
2) vgl. Känzig, Unternehmernachfolge, 166
3) vgl. oben b) und c)
4) vgl. Känzig, Kom. 1982, WStB 21 N 191; derselbe, Unternehmernachfolge, 164; Cagianut, Grundprobleme, 230.

II. Eintritt eines zusätzlichen Teilhabers

Der Eintritt eines zusätzlichen Teilhabers ist möglich, indem ein oder mehrere bisherige Gesellschafter einen Teil ihres Geschäftsanteils unentgeltlich auf den Eintretenden übertragen. In diesem Falle gelten grundsätzlich die bei der Uebertragung eines Geschäftsanteils aufgezeigten Steuerfolgen[1]. Hier interessiert der Fall, bei dem ein neuer Teilhaber unentgeltlich in die Personengesellschaft eintritt, ohne dass die bisherigen Gesellschafter diesem einen Teil ihrer Geschäftsanteile überlassen; der neue Kapitalanteil wird aus den Privatkonten der bisherigen Gesellschafter oder aus aufgelösten stillen Reserven gebildet.

Beispiel: Die Kollektivgesellschaft E und F nimmt G als neuen Gesellschafter auf. Dieser soll zu gleichen Teilen wie E und F an der Gesellschaft beteiligt sein. Die Bilanz der Gesellschaft vor dem Eintritt von G weist folgende Positionen auf: Diverse Aktiven 400 (stille Reserven 400), Schulden 200, EK E und F je 100. Der neue Teilhaber G tritt unentgeltlich in die Kollektivgesellschaft ein. Sein Kapitalanteil wird aus stillen Reserven gebildet.

A. SCHENKUNG

Sowohl die unentgeltliche Ueberlassung des aus den aufgelösten stillen Reserven geschaffenen Kapitalanteils (100) als auch die weitere Abtretung anteiliger stiller Reserven durch die bisherigen Gesellschafter (je 50) lösen beim neuen Teilhaber eine Schenkungssteuerpflicht in Höhe des Verkehrswertes des neuen Geschäftsanteils aus (200). Soweit kantonale Gesetze für in der Personengesellschaft vorhandene Geschäftsliegenschaften eine Vorzugsbewertung vorsehen, ist diese m.E. hier zu gewähren, denn die Aufnahme eines Teilhabers dient der Weiterführung und u.U. Stärkung der Marktposition der Personengesellschaft[2].

---

1) vgl. § 7 I. A. und B. 1.

2) z.B. Aufnahme eines erfahrenen, branchenspezifisch ausgebildeten Neffen der Personengesellschafter, weil diese selbst über keine für die Unternehmungsführung geeigneten Nachkommen verfügen.

B. EINKOMMENSSTEUERLICHE BEHANDLUNG

Die Auflösung der stillen Reserven zur Bildung des Kapitalanteils des neuen Teilhabers (100) unterliegt bei den bisherigen Teilhabern anteilmässig (je 50) den Einkommenssteuern und Sozialabgaben. Im Zürcher-System der Grundstückgewinnbesteuerung ist die Besteuerung eines Grundstückgewinnes ausgeschlossen, da den bisherigen Teilhabern kein realer Mehrwert aus den Grundstücken zugeflossen ist[1]; Aufwertungen bis zum Anlagewert sind als wiedereingebrachte Abschreibungen einkommenssteuerpflichtig. Dagegen löst die unentgeltliche Abtretung stiller Reserven (100) bei den bisherigen Teilhabern keine Gewinnbesteuerung und folglich auch keine Sozialabgabepflicht aus, weil die Uebertragung stiller Reserven im Rahmen der Bildung eines ganzen Geschäftsanteils erfolgte. Der neu geschaffene Kapitalanteil (100) stellt für den eintretenden Teilhaber eine erfolgsneutrale Kapitaleinlage dar. Da er als gleichberechtigter Gesellschafter aufgenommen werden soll, übernimmt er auf den unentgeltlich erworbenen stillen Reserven latente Einkommens- bzw. Grundstückgewinnsteuern und Sozialabgaben.

Je nach den Verhältnissen zieht der Eintritt für die bisherigen und den neuen Teilhaber eine Zwischenveranlagung nach sich[2].

III. Ersatzloser Austritt eines Teilhabers

Im Unterschied zur unentgeltlichen Uebertragung eines Geschäftsanteils übernimmt hier kein bestimmter verbleibender Beteiligter dessen Kapitalanteil. Vielmehr geht dieser Kapitalanteil unter; damit wächst der ganze Abfindungsanspruch des austretenden Teilhabers den verbleibenden Gesellschaftern gleichmässig zu.

---

1) vgl. Grossmann, 96
2) vgl. § 6 II. A. a.E. sowie § 3 VIII. B.

Beispiel: Der Gesellschafter H tritt unentgeltlich aus der Kollektivgesellschaft H, I und K aus. Die Kapitalkonten der Gesellschafter betragen je 100, die stillen Reserven gesamthaft 600.

A. SCHENKUNG?

In Steuerordnungen, die den Schenkungssteuertatbestand vom Vorliegen der Voraussetzungen des zivilrechtlichen Schenkungsbegriffes abhängig machen, ist entscheidend, ob der unentgeltliche Austritt geplant war und daher die zum voraus bestimmten verbleibenden Beteiligten begünstigen soll oder ob der Austritt aufgrund einer aleatorischen Bestimmung im Gesellschaftsvertrag erfolgte[1]. Ist der Austritt Folge einer aleatorischen Bestimmung im Gesellschaftsvertrag, kann nicht auf eine steuerpflichtige Schenkung geschlossen werden, da ein Schenkungswillen fehlt. Beinhaltet dagegen der Gesellschaftsvertrag keine aleatorische Klausel, liegt die Vermutung nahe, dass die Zuwendung eine Massnahme der privaten Sphäre ist. Die beiden beschenkten verbleibenden Gesellschafter werden je im Umfang des hälftigen Abfindungsanspruches des ausscheidenden Teilhabers (150) schenkungssteuerpflichtig.

In Steuerordnungen, welche für das Vorliegen eines schenkungssteuerpflichtigen Tatbestandes den Schenkungswillen des Entreicherten nicht voraussetzen, ist die Unterscheidung zwischen geplantem und zufälligem Verzicht nicht wesentlich; eine Schenkungssteuer ist in beiden Fällen geschuldet.

---

[1] Wurde z.B. im Gesellschaftsvertrag vereinbart, dass sich der Firmengründer in einigen Jahren entschädigungslos aus der Personengesellschaft zurückziehen wird und die Unternehmung seinen beiden Söhnen überlassen soll, fehlt es an der geschäftlichen Begründetheit der unentgeltlichen Abtretung; es liegt vielmehr die Vermutung nahe, dass die einseitige Begünstigung vorwiegend auf familiäre Gründe zurückzuführen ist und unabhängigen Dritten nicht zugestanden worden wäre. Wird anderseits im Gesellschaftsvertrag festgehalten, dass bei Tod eines Teilhabers die Gesellschaft ohne die Erben weitergeführt werden und den Erben kein Abfindungsanspruch zustehen soll, liegt ein aleatorisches Rechtsgeschäft vor; denn keiner der Gesellschafter weiss, ob er begünstigt bzw. seine Erben benachteiligt sein werden. In diesem Falle fehlt es an einem Schenkungswillen.

B. EINKOMMENSSTEUERLICHE BEHANDLUNG

Für die verbleibenden Gesellschafter hat der unentgeltliche Austritt idR keine einkommenssteuerlichen Folgen. Da die Kollektivgesellschaft im Beispiel stille Reserven aufweist, wachsen die dem ausscheidenden Teilhaber zustehenden Mehrwerte (200) den verbleibenden Teilhabern anteilmässig (je 100) zu, ohne dass sie realisiert werden; die begünstigten Teilhaber übernehmen jedoch auch latente Steuern auf den stillen Reserven. Im weiteren fällt das Kapitalkonto des ausscheidenden Teilhabers (100) den verbleibenden Gesellschaftern durch Gutschrift z.B. auf dem Kapital- oder einem Privatkonto zu (je 50). Erfolgt der Austritt im Zusammenhang mit einer Sanierung, sind die Buchwerte der überbewerteten Aktiven bzw. der unterbewerteten Passiven erfolgsneutral herab- bzw. heraufzusetzen. Das Ausscheiden eines Teilhabers kann für die verbleibenden Personengesellschafter je nach den Verhältnissen und anwendbarer Steuerordnung Grund zur Vornahme einer Zwischenveranlagung bilden.

Für die einkommenssteuerliche Behandlung beim ausscheidenden Teilhaber ist m.E. zu unterscheiden zwischen dem freiwilligen Verlust der Mitgliedschaft und jenem aufgrund einer aleatorischen Bestimmung im Gesellschaftsvertrag. Erfolgt der unentgeltliche Austritt z.B. im Rahmen einer Sanierung freiwillig, ist die Abzugsfähigkeit eines Liquidationsverlustes in der Höhe des steuerlich massgebenden Kapitalkontos zum vornherein abzulehnen. Erfolgt dagegen der unentgeltliche Austritt bei Vorliegen stiller Reserven aufgrund einer aleatorischen Bestimmung im Gesellschaftsvertrag, ist dem austretenden Teilhaber bzw. dessen Rechtsnachfolgern ein Abzug für den erlittenen Liquidationsverlust in Höhe des wirklichen Wertes des Geschäftsanteils (im obigen Beispiel 300) zuzugestehen, denn in diesem Falle war der Verzicht auf den Abfindungsanspruch geschäftlich begründet und stellte im Gegensatz zum geplanten Verzicht zugunsten bestimmter Beteiligter eine unfreiwillige Massnahme dar. Ist der Austritt mit einer wesentlichen Aenderung der Erwerbsgrundlagen verbunden, ist eine Zwischenveranlagung vorzunehmen.

2. KAPITEL: AENDERUNGEN IM BESTAND DER BETEILIGTEN BEI KAPITALGESELLSCHAFTEN

Die unterschiedliche Behandlung von Beteiligungsrechten im GV und PV verlangt eine getrennte Darstellung. Dies betrifft sowohl die entgeltlichen wie die unentgeltlichen Aenderungen im Bestand der Beteiligten. Zuerst ist auf die Beteiligungsrechte im GV einzugehen, wobei hier trotz der Konzentration auf die Steuerfolgen bei den Beteiligten auch jene bei der betroffenen Gesellschaft (für die Kapitalerhöhung und Kapitalherabsetzung) aufzuzeigen sind[1]. Anschliessend sind die Aenderungen bei den Beteiligungsrechten im PV zu behandeln[2].

3. ABSCHNITT: BETEILIGUNGSRECHTE IM GESCHAEFTSVERMOEGEN (GV)

§ 8 ENTGELTLICHE AENDERUNGEN

I. Uebertragung

Im folgenden setze ich voraus, dass die Beteiligungsrechte zum Verkehrswert bzw. Buchwert übertragen werden. Die Uebertragung erfolgt idR in Form des Verkaufs an Dritte (inkl. Anteilsinhaber). Weiter ist hier die Einbringung (Verkauf, Sacheinlage) von Beteiligungsrechten in eine Konzerngesellschaft zu behandeln[3].

---

1) §§ 8 und 9

2) §§ 10 - 14

3) Dabei gehe ich nicht auf Uebertragungen ein, an denen ausländische Konzerngesellschaften beteiligt sind. Solche Uebertragungen sind möglich von einer inländischen an eine ausländische Konzerngesellschaft oder umgekehrt sowie zwischen zwei ausländischen Konzerngesellschaften. Die Steuerfolgen dieser Uebertragungsfälle sind weitgehend bei Tinner, 193 ff. dargestellt. Hier ist ergänzend auf die Probleme der Verrechnungssteuer hinzuweisen, wenn Beteiligungsrechte unter dem Verkehrswert von einer inländischen Konzerngesellschaft auf eine ausländische Schwestergesellschaft (zu Tinner S. 195) übertragen werden (vgl. hinten B. 2. a)).

A. UEBERTRAGUNG ZUM VERKEHRSWERT

Sowohl der Verkauf als auch die Einbringung können durch Personenunternehmungen oder Kapitalgesellschaften erfolgen. Der Erwerber kann die Beteiligungsrechte als Personenunternehmung oder Kapitalgesellschaft im GV, als natürliche Person auch im PV halten.

1. Uebertragung an Dritte

Vorab ist darauf hinzuweisen, dass die Uebertragung der Umsatzabgabe unterliegt, sofern eine der am Rechtsgeschäft beteiligten Parteien inländischer Effektenhändler ist[1].

a) Durch Personenunternehmungen

Die realisierten Kapitalgewinne von Einzelunternehmungen und Personengesellschaften aus dem Verkauf von Beteiligungsrechten des Anlagevermögens sind in der Differenz zwischen steuerlich massgebendem Buchwert und Veräusserungserlös <u>ausserordentliches Einkommen</u>[2]. Sofern solche Gewinne nicht anlässlich der Liquidation der Unternehmung erzielt werden, fallen sie in die periodischen Einkommensberechnungen. Andernfalls werden sie mit einer besonderen Jahressteuer erfasst[3]. Betreibt der Veräusserer gewerbsmässigen Handel mit Wertschriften, sind Gewinne aus der entgeltlichen Uebertragung von Beteiligungsrechten unabhängig von einer allfälligen Buchführungspflicht als <u>ordentliches Einkommen aus</u>

---

[1] vgl. § 3 IV. A.

[2] BdBSt 21 I d und die entsprechenden kantonalen Regelungen. Bei der dBSt ist jedoch Besteuerungsvoraussetzung die obligationenrechtliche Buchführungspflicht des Veräusserers; diese ist gegeben, sobald die Bedingungen von OR 947 erfüllt sind; d.h. wenn der Unternehmer verpflichtet ist, die Unternehmung ins Handelsregister eintragen zu lassen. Für Unternehmen, die ein Handels-, Fabrikations- oder ein anderes nach kaufmännischer Art geführtes Gewerbe betreiben, besteht die Eintragungspflicht bei einer jährlichen Roheinnahme von mindestens Fr. 100'000 (OR 934 und HRegV 52 ff.).

[3] BdBSt 43

selbständiger Erwerbstätigkeit[1] steuerbar.

Im St. Galler-System werden Kapitalgewinne aus der Veräusserung von Beteiligungsrechten des GV stets mit der Einkommenssteuer erfasst. Werden Mehrheitsbeteiligungen und abhängige Minderheitsbeteiligungen an Immobiliengesellschaften veräussert, unterliegen die erzielten Wertzuwachsgewinne in den Steuerordnungen des Zürcher-Systems der Grundstückgewinnsteuer[2].

Ist die veräussernde Personenunternehmung zur Führung kaufmännischer Bücher verpflichtet, werden die realisierten Kapitalgewinne je nach den Verhältnissen im ordentlichen oder ausserordentlichen Verfahren mit den Sozialabgaben belastet. Erfolgt die Uebertragung im Rahmen der Liquidation einer Personenunternehmung, ist die Abgabepflicht mit einem Sonderbeitrag zu erfüllen.

b) Durch Kapitalgesellschaften

Innerhalb des Konzerns können Beteiligungen u.a. von einer Holding gehalten werden. Weiter kann an der Konzernspitze das Stammhaus stehen, welches als Industrie- oder Handelsbetrieb tätig ist und zudem alle Beteiligungen der übrigen Konzerngesellschaften hält[3].

Im folgenden unterscheide ich ausgehend vom Oberbegriff "Beteiligungsgesellschaften" zwischen Kapitalgesellschaften, die zwar hauptsächlich Betriebsgesellschaften sind, sich aber zudem massgeblich am Kapital anderer Gesellschaften beteiligen (gemischte

---

1) BdBSt 21 I a; vgl. Känzig, Kom. 1982, WStB 21 N 222. Detaillierte Ausführungen finden sich bei Künzli, 132 ff.
2) vgl. Grossmann, 171; R/Z/S IV ZH 161 N 66; Kapitalgewinne aus der Veräusserung von unabhängigen Minderheitsbeteiligungen unterliegen im Zürcher-System der Einkommenssteuer. Dies gilt im St. Galler-System für alle Gewinne aus Beteiligungen an Immobiliengesellschaften.
3) Eine Uebersicht über weitere mögliche Konzernstrukturen gibt M. Baumgartner, Langfristige Steuerplanung und Unternehmungsstruktur, Der Schweizer Treuhänder 5/81, 26.

Beteiligungsgesellschaften) und Gesellschaften, die ausschliesslich oder hauptsächlich Beteiligungen an andern Gesellschaften besitzen und verwalten (Holdinggesellschaften)[1].

ba) <u>Gemischte Beteiligungsgesellschaften</u>

Die realisierten Kapitalgewinne sind im Umfang der Differenz zwischen Ertragssteuerwert und Verkaufserlös <u>ausserordentlicher Ertrag</u>. Sofern diese Gewinne nicht anlässlich der Liquidation der Kapitalgesellschaft erzielt werden, unterliegen sie als Bestandteil des Ertrages beim Bund wie in den Kantonen der periodischen Ertragssteuer[2]. Andernfalls werden sie ebenfalls mit einer besonderen Jahressteuer erfasst. Kapitalgewinne aus der Veräusserung von massgeblichen Beteiligungen gelten dabei nicht als Beteiligungserträge und fallen daher für die Berechnung des Beteiligungsabzuges je nach Steuerordnung nur als Bestandteil des Rohertrages bzw. des Reinertrages in Betracht.

Wie bei Personenunternehmungen ist für den Kapitalgewinn aus der Veräusserung von Mehrheitsbeteiligungen und abhängigen Minderheitsbeteiligungen an Immobiliengesellschaften in Steuerordnungen des Zürcher-Systems die <u>Grundstückgewinnsteuer</u> geschuldet.

bb) <u>Holdinggesellschaften</u>

Reine Beteiligungsgesellschaften, die nach den kantonalen Steuerordnungen ein Holdingprivileg geniessen, sind auch für die realisierten Kapitalgewinne aus der Veräusserung von Beteiligungsrechten von der kantonalen Ertragssteuer befreit[3]. Es ist je-

---

1) vgl. Reich, StR 37, 542.
2) detaillierte Ausführungen finden sich bei Künzli, 140 ff.; insbes.S.144 ff.
3) Für die direkte Bundessteuer erfolgt eine Besteuerung zum ordentlichen Satz.

doch zu beachten, dass die Veräusserung von Beteiligungsrechten den Verlust des kantonalen Holdingprivilegs bewirken kann[1].

---

[1] In ZH wird das Holdingprivileg nur solange gewährt, als die Beteiligungsrechte im Vergleich zu den übrigen Aktiven quantitativ überwiegen und idR auch die bei weitem wichtigste Ertragsquelle der Gesellschaft darstellen. (In der Praxis wird als Richtgrösse verlangt, dass die Beteiligungen bzw. Beteiligungserträge mindestens 75 % der Gesamtaktiven bzw. des gesamten Ertrages ausmachen.) Die Steuerbehörden stellen somit primär auf den Charakter der Gesellschaft ab. (vgl. Reich, StR 37, 544 f.) Deshalb wird Holdinggesellschaften, bei denen die Voraussetzungen für die privilegierte Besteuerung nicht mehr zweifelsfrei gegeben sind, idR eine Frist eingeräumt, innert welcher die Holdingbedingungen wieder herzustellen sind. Die bloss vorübergehende, kurzfristige Störung des Holdingcharakters, z.B. infolge Verkaufs einer grösseren Beteiligung, führt somit nicht zum Entzug des Holdingprivilegs (StR 21, 414). Liegt dagegen eine dauernde Zweckänderung vor, muss das Holdingprivileg aberkannt und auf den Zeitpunkt der Zweckänderung eine Zwischeneinschätzung vorgenommen werden (vgl. Reich, StR 37, 546 f.). Ebenso beharren die Steuerbehörden von AG nicht auf dem als Untergrenze gesetzten Anteil von 70 % des Anteils der Beteiligungserträge an den gesamten Erträgnissen und des Anteils der Beteiligungen an den Gesamtaktiven, wenn ein Unterschreiten dieser Werte nur vorübergehenden Charakter hat und nicht auf eine strukturelle Aenderung der Gesellschaft zurückzuführen ist (vgl. Mühlebach/Bürgi, 301). BS verlangt, dass mindestens 75 %, eher aber 80-90 % der Aktiven in Beteiligungen bestehen sollten. Früher galt das Mindestverhältnis zwischen Beteiligungen und übrigen Aktiven alternativ auch für die Erträge; heute liegt das Schwergewicht eindeutig auf den Anlagen, wobei ein vorübergehendes Absinken während kurzer Zeit dem Privileg nicht schädlich ist; die Toleranzgrenze bewegt sich um zwei Jahre. (vgl. Jenny, 174 f.) In ZG wird nach Auskunft der StV (vom 28.10.85) primär auf die Aktiven abgestellt, bei denen mindestens 50 % aus Beteiligungen (20 % oder 2 Mio Fr.) bestehen müssen; dagegen wird der Zusammensetzung des Ertrages nur insofern Bedeutung beigemessen, als dieser keine aktiven Erträge enthalten sollte. Sinkt der Anteil der Beteiligungen an den Aktiven unter 50 %, wird gemäss langjähriger Praxis abhängig vom Einzelfall eine Frist von 2-3 Jahren eingeräumt, um die erforderlichen Relationen wieder herzustellen. In FR müssen nach Auskunft der StV (v. 28.10.85) mindestens 60 % der Aktiven aus Beteiligungen oder 60 % der Erträge aus Dividenden bestehen, um das Privileg nach StG 96 beanspruchen zu können. Werden beide Voraussetzungen unterschritten, wird idR eine Karenzfrist von 2-3 Jahren gewährt, um zumindest eine der erforderlichen Bedingungen wieder zu erfüllen. Der StHGE 31 II sieht für die Gewährung und Aufrechterhaltung des Holdingprivilegs ein Mindestverhältnis der Beteiligungen zu den gesamten Aktiven, grundsätzlich berechnet zum Verkehrswert, bzw. des Beteiligungsertrages zum Gesamtertrag von 70 % vor. Auch hier soll ein vorübergehendes, wirtschaftlich gerechtfertigtes Absinken der Quote unter diese Werte nicht zum Verlust des Holdingprivilegs führen; die Detailregelung wird jedoch den Kantonen überlassen (vgl. Botschaft Steuerharmonisierung, 117). Im DBGE wird wie nach geltendem Recht auf die Gewährung eines Holdingprivilegs verzichtet. Die Frage nach den Bedingungen für den Verlust des Holdingprivilegs ist somit gegenstandslos.

2. Uebertragung an eine Konzerngesellschaft

Während die Uebertragung im Rahmen einer Sacheinlage bei der empfangenden Gesellschaft die Emissionsabgabe auslöst, ist der Verkauf an eine Konzerngesellschaft je nach den Verhältnissen umsatzabgabepflichtig. Erfolgt der Verkauf bzw. die Sacheinlage zu dem über dem steuerlich massgebenden Buchwert liegenden Verkehrswert der Beteiligungsrechte, realisiert die einbringende Personenunternehmung bzw. Kapitalgesellschaft in der Differenz dieser beiden Werte einen geschäftlichen Kapitalgewinn, der vorbehältlich eines kantonalen Holdingprivilegs (bei Kapitalgesellschaften) idR der ordentlichen Einkommens- bzw. Ertragsbesteuerung unterliegt. Bei der Sacheinlage ist die einbringende Unternehmung als Folge der Gewinnbesteuerung berechtigt, die erhaltenen Beteiligungsrechte zum Verkehrswert der übertragenen Beteiligungsrechte in ihre Bilanz aufzunehmen.

3. Uebertragung im Rahmen der Erbteilung

Schon in § 6 I. A. 3. wurde aufgezeigt, dass die Erbteilung im Unternehmungssteuerrecht entgegen der zivilrechtlichen Situation idR eine entgeltliche Uebertragung darstellt, wobei die ihre Anteile am GV nicht übernehmenden Erben im Umfang ihrer Berechtigung an den stillen Reserven steuerpflichtig werden. Die Uebernahme von Beteiligungsrechten im GV einer Erbengemeinschaft durch einzelne Erben in der Erbteilung ist ein Anwendungsfall der dort aufgezeigten Wirkungen. Die die Beteiligungsrechte nicht übernehmenden Erben geben das ihnen gesamthänderisch mit den übernehmenden Erben zustehende Recht auf die Beteiligungsrechte und damit auch deren stille Reserven auf und übernehmen andere Sachwerte in Alleineigentum bzw. erwerben einen Abfindungsanspruch; damit realisieren sie nach heutiger Praxis im Umfang der ihnen zustehenden Anteile an den stillen Reserven einen Kapitalgewinn, der als ausserordentliches Einkommen aus selbständiger Erwerbstätigkeit den Einkommenssteuern und Sozialabgaben unterliegt[1].

---

1) vgl. R/Z/S II ZH 19 b N 401; Reich, Realisation, 291; Cagianut/Höhn, Unternehmungssteuerrecht, § 16 N 20.

B. UEBERTRAGUNG ZUM BUCHWERT

1. Uebertragung an Dritte

Wie vorne[1] ausgeführt, hat sich das BGr im Bereich der Umsatzabgabe für die Trennungstheorie entschieden. Danach ist die Uebertragung in einen entgeltlichen und einen unentgeltlichen Teil aufzuspalten. Da ein Entgelt in Höhe des Buchwertes geleistet wird, ist nur dieses als Bemessungsgrundlage für die Umsatzabgabe heranzuziehen[2].

Tritt eine Personenunternehmung Beteiligungsrechte, auf denen stille Reserven angewachsen sind, zum Buchwert an eine natürliche Person als Erwerber ab, liegt darin eine Privatentnahme verbunden mit einer Schenkung. Beim übertragenden Einzelunternehmer bzw. den Personengesellschaftern ist die Differenz zwischen Buchwert und Verkehrswert als ausserordentliches Geschäftseinkommen zu versteuern. Der erwerbende Dritte hat für den gleichen Betrag die Schenkungssteuer zu entrichten. Hält dieser die Beteiligungsrechte im GV, sind die erworbenen Vermögenswerte zum wirklichen Wert zu bilanzieren. Die Differenz zwischen Buchwert und wirklichem Wert ist eine Kapitaleinlage[3].

Ueberträgt eine Kapitalgesellschaft Beteiligungsrechte an einen Anteilsinhaber oder an eine diesem nahestehende Person zu dem unter dem Verkehrswert liegenden Buchwert, wird für die Berechnung des Kapitalgewinnes dennoch der Verkehrswert der Beteiligungsrechte zugrunde gelegt. Die Differenz zwischen dem Buchwert und dem Verkehrswert wird bei der Gesellschaft ertragssteuerlich als Gewinnvorwegnahme besteuert[4] (Ausnahme: kantonales Holdingprivileg) und unterliegt als geldwerte Leistung der Verrechnungssteuer[5]. Beim Anteilsinhaber ist sie einkommenssteuerpflichtig.

---

1) vgl. § 3 IV. A.

2) Grundlegende Voraussetzung der Besteuerung ist wiederum, dass mindestens eine der Vertragsparteien inländischer Effektenhändler ist.

3) vgl. Cagianut/Höhn, Unternehmungssteuerrecht, § 12 N 22

4) vgl. Schärrer, ASA 43, 294, für das kantonale Recht z.B. ZH RB 1983 Nr. 48.

5) ASA 45, 107

2. Uebertragung an eine Konzerngesellschaft

Erfolgt die Uebertragung von Beteiligungsrechten an eine Konzerngesellschaft unter dem Verkehrswert im Zusammenhang mit einem Rechtsgeschäft, spricht man von Unterverkauf; werden Beteiligungsrechte im Zusammenhang mit Kapitalbegründungen oder -erhöhungen übertragen, erfolgt die verdeckte Kapitaleinlage durch eine unterbewertete Sacheinlage.

a) Unterverkauf

Im Schwyzer-Fabrikliegenschaftenfall hat das BGr am 14.5.76[1] die steuerrechtliche Realisierung der stillen Reserven auf einer Geschäftsliegenschaft, welche vom Inhaber einer Einzelfirma auf eine von ihm beherrschte Aktiengesellschaft übertragen wurde, verneint. Dieser Entscheid war in Fachkreisen harter Kritik ausgesetzt. Insbesondere Känzig[2] hat in Anlehnung an die Realisationsvoraussetzung der "wirtschaftlich freien Verfügbarkeit über das Entgelt" im erwähnten Tatbestand infolge Privatentnahme eine Realisierung stiller Reserven mit anschliessender Sacheinlage in die Kapitalgesellschaft erblickt. Auch nach Ansicht von Reich[3] sowie der Zürcher Kommentatoren[4] rechtfertigt sich die Buchwertübertragung nicht, denn die stillen Reserven werden der Einzelfirma entnommen und zweckentfremdet, die funktionelle Verknüpfung mit dem Betrieb der Einzelfirma wird gelöst. Ebenso lehnen Cagianut/Höhn[5] eine steuerneutrale Uebertragung einzelner Ver-

---

1) BGE 102 I b 50 = ASA 45, 254 = StR 32, 56
2) vgl. Känzig, ASA 45, 321; derselbe, Kom. 1982 WStB 21 N 170.
3) vgl. Reich, Realisation, 196
4) vgl. Z/S/F/R EB ZH 19 b N 308 a
5) vgl. Cagianut/Höhn, Realisierung, 272; Grundsätzlich realisiert der Beteiligte bei einem Unter-Verkauf von GV einen geschäftlichen Kapitalgewinn in der Differenz zwischen dem Einkommens- bzw. Ertragssteuerwert und dem höheren wirklichen Wert des veräusserten Vermögensrechtes. Die erwerbende Gesellschaft ihrerseits kann den Kaufgegenstand zum wirklichen Wert bilanzieren. Die Differenz zwischen dem geleisteten Entgelt und dem wirklichen Wert des Kaufobjektes ist eine Kapitaleinlage (vgl. Cagianut/Höhn, Unternehmungssteuerrecht, § 12 N 22; Reich, Realisation, 200 f.).

mögensbestandteile ab, weil damit keine Reorganisation (Umwandlung, Zusammenschluss, Teilung) verbunden ist. Auch Locher[1] und Jakob[2] schliessen auf eine Realisation. Einzig Böckli[3] unterstützt das BGr.

Aufgrund des ergangenen Entscheides hat die EStV, Hauptabteilung Wehrsteuer, nach Absprache mit der Konferenz staatlicher Steuerbeamter am 2.12.77 an die kantonalen Wehrsteuerverwaltungen ein Rundschreiben verfasst, dessen Richtlinien noch heute Gültigkeit haben[4]. Sie sind hier für die einzelnen Uebertragungstatbestände wiedergegeben.

"**1. Uebertragung einzelner Vermögenswerte von einer Personenunternehmung auf eine von den gleichen Unternehmern beherrschte Kapitalgesellschaft oder Genossenschaft**

Eine Besteuerung der stillen Reserven kann unterbleiben, wenn folgende Voraussetzungen erfüllt sind:

a. die Uebertragung zu Buchwerten erfolgt;

b. der übergeführte Vermögensgegenstand die gleiche wirtschaftliche Funktion beibehält;

c. die Beteiligungsverhältnisse gleich bleiben und die Beteiligungsrechte während mindestens 5 Jahren seit der Uebertragung nicht veräussert werden;

d. mit der Ueberführung keine Steuerumgehung beabsichtigt wird.

---

[1] vgl. Locher, Rechtsfindung, 208 f.

[2] Jakob (120) bejaht eine Realisation insbesondere aus steuerrechtlichen Gründen; im Vordergrund stehe dabei, dass jede Konzerngesellschaft als selbständiges Rechtssubjekt und eigenständige Wirtschaftseinheit zu betrachten sei; auch Rechtsgeschäfte zwischen verbundenen Gesellschaften seien daher nach dem arm's length-Prinzip zu beurteilen.

[3] vgl. Böckli, StR 34, 21; Nach Böckli findet eine Ueberführung von GV in PV wirtschaftlich eben gerade nicht statt: "Würde man einen Doppelvorgang hier bejahen, so fände derselbe Doppelvorgang bei einer Einbringung einer Einzelfirma in eine Aktiengesellschaft statt - und dort ist eine solche Betrachtungsweise verneint worden. Denn auch der Inhaber einer Einzelfirma hält vor der Einbringung nur Privatvermögen (sämtliche Aktien seiner AG)" (Böckli, StR 34, 25).

[4] vgl. Rouiller, Konferenz 1985, 61

2. Uebertragung einzelner Vermögenswerte von einer Personenunternehmung auf eine von den gleichen Unternehmern beherrschte andere Personenunternehmung

Eine Besteuerung der stillen Reserven kann unterbleiben, wenn die Vermögensgegenstände von einer buchführungspflichtigen Personenunternehmung (Einzelfirma, Kollektiv- und Kommanditgesellschaft) auf eine andere buchführungspflichtige Personenunternehmung übertragen werden und die unter Ziffer 1 genannten Voraussetzungen sinngemäss erfüllt sind.

3. Uebertragung einzelner Vermögenswerte von einer Kapitalgesellschaft oder Genossenschaft auf eine von den gleichen Unternehmern beherrschte Personenunternehmung

Ueber die stillen Reserven ist, weil sie inskünftig der steuerlichen Doppelbelastung (Gesellschaft/Gesellschafter bzw. Genossenschaft/Genossenschafter) entzogen werden, steuerlich abzurechnen.

4. Uebertragung einzelner Vermögenswerte von einer Kapitalgesellschaft oder Genossenschaft auf eine von den gleichen Unternehmern beherrschte andere Kapitalgesellschaft oder Genossenschaft

Bei Uebertragungen unter Schwestergesellschaften und von Tochtergesellschaften auf die Muttergesellschaft ist über die stillen Reserven steuerlich abzurechnen, nicht aber bei Uebertragungen der Muttergesellschaft auf Tochtergesellschaften"[1].

Während die steuerliche Behandlung im <u>ersten und zweiten Fall</u> dem Entscheid des BGr zum Schwyzer Fabrikliegenschaftenfall[2] folgt, ist die Abrechnung im <u>dritten Fall</u> steuersystematisch bedingt. Aus dem Rundschreiben geht nicht hervor, ob die Besteuerung auf Unternehmungs- und/oder Beteiligtenebene erfolgen soll. Will man dem Entscheid des BGr Nachachtung verschaffen, rechtfertigt sich eine Erfassung der stillen Reserven bei der Gesellschaft nicht, denn bei Uebertragung der Buchwerte auf das Personenunternehmen können die stillen Reserven bei ihrer späteren Realisierung als Einkommen aus selbständiger Erwerbstätigkeit besteuert werden. Dagegen ist eine spätere Besteuerung der übertragenen Mehrwerte auf Stufe Anteilsinhaber nicht mehr möglich. In Analogie zur in der Doktrin für die Umwandlung einer Kapitalgesellschaft in eine Personenunternehmung mehrheitlich vertrete-

---

1) Rouiller, Konferenz 1985, 61 f.
2) BGE 102 I b 50 = ASA 45, 254 = StR 32, 56

nen Auffassung[1] kann sich die Besteuerung folglich auf die Ebene der Beteiligten beschränken.

Im folgenden interessiert der Verkauf von Beteiligungsrechten zu einem unter dem Verkehrswert liegenden Preis durch eine Kapitalgesellschaft an eine von den gleichen Anteilsinhabern beherrschte andere Kapitalgesellschaft (Fall 4). Aufgrund der Richtlinien der EStV ist die Frage nach der Realisation je nach der Stellung der Vertragsparteien im Konzern unterschiedlich zu beantworten. Die sachliche Begründung der unterschiedlichen steuerlichen Würdigung ist an zwei Beispielen aufzuzeigen.

Beispiel 1: Die Muttergesellschaft verkauft Beteiligungsrechte im Verkehrswert von 500 zum Buchwert von 300 an ihre Tochtergesellschaft.

Nach Reich[2] ist für die Frage der Gewinnrealisation entscheidend, ob die stillen Reserven bei der Muttergesellschaft objektiv verknüpft bleiben. Trifft dies zu, ist in diesem Fall der verdeckten Kapitaleinlage ein Steueraufschub gerechtfertigt, zumal der Muttergesellschaft wertmässig nichts entzogen wird, denn sie bleibt mittelbar durch ihre Beteiligung an der Tochtergesellschaft mit den übertragenen Beteiligungsrechten verknüpft. Sofern hinreichend begründet werden kann, dass die Beteiligung an der Tochtergesellschaft und die übertragenen Beteiligungsrechte wirtschaftlich identische Güter sind und im Betrieb der Mutter dieselbe Funktion erfüllen, ist m.E. die objektive bzw. funktionelle Verknüpfung der stillen Reserven als Voraussetzung der erfolgsneutralen Uebertragung gewährleistet. Dagegen stellt eine Uebertragung unter dem Verkehrswert in der Differenz zwischen Buchwert und Verkehrswert der Beteiligung (200) einen steuerba-

---

[1] vgl. Reich, Realisation, 254 f. und die dort zitierten Autoren; a.M. Masshardt, Kom. 1980 WStB 53 N 38 und ASA 28, 205, der die stillen Reserven auf Gesellschaftsebene als Liquidationsgewinn besteuern will.

[2] vgl. Reich, Realisation, 200; die objektive bzw. funktionelle Verknüpfung ist danach nicht gewährleistet, wenn z.B. eine Liegenschaft zum Buchwert von der Muttergesellschaft auf die Tochtergesellschaft käuflich übertragen wird.

ren Zuschuss i.S. von StG 5 II a dar[1]. In der Höhe des Buchwertes (300) liegt dagegen ein umsatzabgabepflichtiger Tatbestand vor, sofern eine der beteiligten Parteien inländischer Effektenhändler ist[2].

Beispiel 2: Eine Tochtergesellschaft (B) verkauft Beteiligungsrechte (Verkehrswert 500) zum Buchwert von 300 an ihre Muttergesellschaft (A). Alternativ wird angenommen, die gleiche Uebertragung erfolge zwischen zwei Schwestergesellschaften (B) und (C), die beide der Gesellschaft A gehören.

Die Differenz zwischen Buchwert (300) und höherem Verkehrswert (500) ist als verdeckte Gewinnausschüttung der Tochter zu qualifizieren[3] und unterliegt in diesem Umfang den Ertrags- und Verrechnungssteuern, denn würde die Buchwertübertragung eines Vermögensobjektes mit stillen Reserven von der Tochter- auf die Muttergesellschaft steuerlich zugelassen, würden die Grundsätze der verdeckten Gewinnausschüttung aus den Angeln gehoben[4].

Aus den gleichen Gründen ist bei der Uebertragung von Wirtschaftsgütern auf Schwestergesellschaften eine Realisation zu befürworten[5]; fraglich ist in diesem Fall nur, ob der Verkauf unter dem Verkehrswert eine Vorteilszuwendung an die Muttergesellschaft darstellt, welche ihrerseits den Vorteil in Form der Kapitaleinlage an die andere Tochter weiterleitet (Dreieckstheorie) oder ob die Vorteilszuwendung direkt zwischen den Schwestergesellschaften stattfindet (keine Anwendung der Dreieckstheorie).

---

1) Praxis II/1 StG 5 II a Nr. 3

2) Diese Würdigung erklärt sich aus der Erkenntnis, dass ein gemischtes Rechtsgeschäft im Bereich der Rechtsverkehrssteuern in einen entgeltlichen und einen unentgeltlichen Teil aufzuspalten und nur der entgeltliche Teil der Steuer unterliegt (vgl. § 3 IV. A.).

3) gl.M. Reich, Realisation, 199

4) vgl. Jakob, 121

5) A.M. offensichtlich Böckli (StR 34, 26), wenn er schliesst, dass die Rechtsfortentwicklung im Schwyzer-Fall Grundlage für eine fruchtbare Praxis abgeben kann: Sofern nämlich das BGr alle Folgerungen aus seinen abstrakten Formulierungen ziehe, müsse auch die Uebertragung von Beteiligungsrechten zum Buchwert zwischen einheitlich beherrschten Konzerngesellschaften ohne steuerlich beachtliche Realisierung der gegebenenfalls auf ihnen ruhenden stillen Reserven möglich sein.

Reich[1]) befürwortet für die <u>direkten Steuern</u> offensichtlich aus steuersystematischen Erwägungen die Anwendung der Dreieckstheorie. Dagegen verzichtet die EStV nach neuester Praxis[2]) in Uebereinstimmung mit der Behandlung bei den <u>Verrechnungssteuern</u>[3]) unter dem Vorbehalt einer Steuerumgehung darauf, die Dreieckstheorie anzuwenden. Der Verzicht auf die Besteuerung der Muttergesellschaft A für die direkten Steuern bedingt aber, dass die empfangende Tochtergesellschaft C den Gegenwert der Aufwertung (200) buchmässig als Reserve ausweist und damit die Erhaltung des Steuersubstrates auf der Ebene der Tochtergesellschaft sichergestellt wird[4]). Nach dieser Praxis wird nicht der Muttergesellschaft ein Ertrag zugerechnet; vielmehr wird die empfangende Tochtergesellschaft (im Umfang von 200) direkt begünstigt[5]). Wird die Dreieckstheorie nicht angewendet, ist im weiteren die Verrechnungssteuer auf die Gesellschaft C zu überwälzen, sofern nicht das Meldeverfahren Platz greift; ein allfälliger Rückerstattungsanspruch steht somit ebenfalls dieser Gesellschaft zu. Zudem entfällt bei C auch die Entrichtung einer Emissionsabgabe für den Kapitalzuschuss (200). Im internationalen Verhältnis wird, soweit ersichtlich, die Dreieckstheorie nicht durchwegs abgelehnt. Aus steuersystematischen Gründen ist m.E. die Anwendung der Dreieckstheorie geboten; andernfalls wird u.U. der empfangenden ausländischen Schwestergesellschaft ein Rückerstattungsanspruch auf schweizerische Verrechnungssteuern eingeräumt, ohne dass diese an der leistenden Gesellschaft beteiligt ist.

---

1) vgl. Reich, Realisation, 199

2) vgl. Rouiller, Konferenz 1985, 63 ff. Die frühere Praxis bekannte sich offenbar zur Dreieckstheorie (vgl. Stockar, Uebersicht/Fallbeispiele,124).

3) vgl. Stockar, Uebersicht/Fallbeispiele, 124

4) Mit der Gutschrift auf dem Reservekonto "ist der buchmässige Nachweis erbracht, dass die stillen Reserven eben nicht ausgeschüttet wurden, sondern lediglich unter Schwestergesellschaften übertragen wurden und nach Besteuerung zu offenen Reserven geworden sind" (Rouiller, Konferenz 1985,64).

5) Der Verzicht auf die Anwendung der Dreieckstheorie fällt bei einer Kapitalgesellschaft als beherrschendem Aktionär umso leichter, als diese bei Erfassung einer verdeckten Gewinnausschüttung den Beteiligungsabzug beanspruchen könnte. Auf kantonaler Ebene würde die Anwendung der Dreieckstheorie bei Holdinggesellschaften gar ins Leere laufen. Dagegen kann mit dem Verzicht auf die Anwendung der Dreieckstheorie im Falle einer Privatperson als beherrschendem Aktionär eine rein steuersystematisch begründete Einkommensbesteuerung vermieden werden.

b) Sacheinlage

Die zu übertragenden Beteiligungsrechte werden hier durch eine Personenunternehmung oder Kapitalgesellschaft als verdeckte Kapitaleinlage zur Liberierung von Beteiligungsrechten an einer Konzerngesellschaft verwendet. Bei der __kapitalerhöhenden Gesellschaft__ wird die Emissionsabgabe auf dem Verkehrswert der eingebrachten Beteiligungsrechte erhoben. Bei der __einbringenden Unternehmung__ findet wirtschaftlich gesehen ein Austausch von zwei Wirtschaftsgütern mit der gleichen spezifischen Funktion, d.h. von zwei wirtschaftlich identischen Gütern statt[1]. In der Literatur[2] wird indessen die steuerlich neutrale Behandlung des Tauschvorganges nur anerkannt, wenn dieser unfreiwillig erfolgt. Da die Unfreiwilligkeit jedoch in der heutigen Praxis praktisch nur beim Austausch von Beteiligungen im Zuge von Umstrukturierungen eine Rolle spielt, wäre hier eine Realisation gegeben.

Gegen diese Beschränkung der Steuerneutralität auf Reorganisationsfälle (Umwandlungen, Zusammenschlüsse, Teilungen) spricht, dass die wirtschaftliche Leistungsfähigkeit des Einbringers auch durch eine Sacheinlage zum Buchwert nicht gesteigert wird. Der Anteilsinhaber erhält aus der Sacheinlage "kein grösseres Wirtschaftspotential, das er für andere betriebliche Zwecke einsetzen oder für seinen privaten Bereich verwenden könnte"[3]. Im weiteren ist gegen eine Abrechnung über die stillen Reserven einzuwenden, dass der Austausch der Beteiligungsrechte aus unternehmungswirtschaftlichen Gründen erfolgen und damit ein wirtschaftlicher Zwang bestehen kann. Zudem wird dem Fiskus kein Substrat entzogen; vielmehr tritt eine Verdoppelung der zu versteuernden stillen Reserven ein. Aus diesen Ueberlegungen ist eine neutrale Behandlung der Sacheinlage beim Einbringer m.E. zu bejahen; eine solche setzt sich offensichtlich auch in der Praxis allmählich durch[4].

---

1) vgl. Reich, Realisation, 203 f.

2) Reich, Realisation, 207; Cagianut/Höhn, Unternehmungssteuerrecht, § 14 N 53 ff.; Z/S/F/R RB ZH 19 b N 93 a.

3) Cagianut/Höhn, Unternehmungssteuerrecht, § 14 N 49

4) Auskunft Dr. M. Reich v. 20.11.85

II. Eintritt eines Anteilsinhabers

Der Eintritt eines zusätzlichen Anteilsinhabers[1] erfordert eine Kapitalerhöhung, da die bisherigen Anteilsinhaber ihre Beteiligungsrechte nicht veräussern. Der eintretende Beteiligte (Personenunternehmung oder Kapitalgesellschaft) zeichnet die neu geschaffenen Beteiligungsrechte und liberiert sie in bar oder mit einer Sacheinlage. Im folgenden wird angenommen, die Einlage erfolge entweder im Umfang des anteilmässigen Verkehrswertes der neuen Beteiligungsrechte oder nur im Umfang des Nominalwertes der neu ausgegebenen Beteiligungsrechte.

A. EINTRITT ZUM VERKEHRSWERT

Bei Eintritt zum Verkehrswert kann die gesamte Einlage an die Gesellschaft geleistet werden; im weiteren kann der eintretende Anteilsinhaber nur einen Teil der Einlage an die Gesellschaft leisten und zudem die bisherigen Anteilsinhaber für die Abtretung von Bezugsrechten direkt entschädigen.

Hier werden zuerst die Steuerfolgen bei der kapitalerhöhenden Gesellschaft dargestellt. Diese gelten natürlich auch, wenn sich die Beteiligungsrechte beim neuen Anteilsinhaber im PV befinden und zwar unabhängig davon, ob die privaten Kapitalgewinne der Besteuerung unterliegen oder nicht. Danach sind die Wirkungen beim neuen bzw. bei den bisherigen Anteilsinhabern aufzuzeigen.

1. Kapitalerhöhende Gesellschaft

Bareinlagen werden zum Verkehrswert angerechnet; Sacheinlagen können dagegen auch als verdeckte Kapitaleinlagen zu einem unter dem Verkehrswert liegenden Wertansatz eingebracht werden. Der <u>Emissionspreis</u> von 3 % unterliegt unabhängig vom Anrech-

---
[1] Zur zivilrechtlichen Problematik vgl. § 2 I. B.; Pichon, StR 40, 293 ff.

nungswert der Verkehrswert der eingelegten Wirtschaftsgüter im Zeitpunkt der Einbringung[1]. Werden Beteiligungsrechte eingebracht, sind im allgemeinen die von der EStV aufgestellten Richtlinien für die Bewertung nichtkotierter Wertpapiere bzw. die Kurswerte kotierter Beteiligungsrechte als Bemessungsgrundlage heranzuziehen[2].

a) Offene Kapitaleinlage

Die Agio-Einlage ist beim Bund und in den meisten Kantonen nicht der Ertragssteuer unterworfen[3]. Dagegen besteuern wenige Kantone das Agio sachwidrigerweise als Ertrag[4]. Das BGr bezeichnet jedoch die ganze oder teilweise Besteuerung des Agios als nicht willkürlich[5].

Die Steuerfolgen der Sachwerteinbringung zum Verkehrswert beim Einbringer sind vorne dargestellt worden[6]. Die Anrechnung nur eines Teils des Verkehrswertes auf das Grundkapitalkonto kann für den einbringenden Anteilsinhaber im Falle einer späteren Rücknahme einer Sacheinlage negative Folgen zeitigen[7]. Für den einbringenden Beteiligten empfiehlt sich daher die volle Anrechnung der Einlage auf das Grundkapital[8].

---

1) StG 8 III
2) ASA 37, 162; ASA 44, 396; ASA 48, 343.
3) ASA 42, 265; vgl. Cagianut/Höhn, Unternehmungssteuerrecht, § 10 N 45.
4) BS 73 II d; SZ 38 I b; AI 47 d; TI 66 II c; VD 54 e; VS 81 I e; GE 66 b.
5) BGr v. 29.5.74; ASA 44, 341; immerhin hat das BGr in diesem Entscheid deutlich erklärt, dass es bei freier Prüfung die Agiobesteuerung ablehnen würde; vgl. auch die Kritik bei Ernst Känzig, Urteil der staatsrechtlichen Kammer des Bundesgerichts vom 29.5.74, SAG 49 (1977), 69.
6) § 4 II. A. 2. b)
7) vgl. § 11 III. A. 3.
8) Dies führt jedoch gegenüber den bisherigen Beteiligten zu einer ungleichmässigen Beteiligung an Grundkapital, sodass das stimmenmässige Gleichgewicht nur über die Schaffung von Stimmrechtsaktien erreicht werden kann. Nach Bürgi (OR 693 N 27) ist die nachträgliche Umwandlung bestehender Aktien in Stimmrechtsaktien, obwohl im Gesetz nicht ausdrücklich vorgesehen, zweifellos zulässig.

b) Verdeckte Kapitaleinlage

Wird der eingebrachte Sachwert bei der empfangenden Unternehmung unter seinem wirklichen Wert angerechnet (Unterbewertung einer Sacheinlage)[1)2)], legt der eintretende Anteilsinhaber mehr in die Gesellschaft ein als dem Kapital- und Reservekonto zusammen gutgeschrieben werden. Die kapitalerhöhende Gesellschaft erhält stille Reserven übertragen, die beim Einleger angewachsen sind[3)].

Geht man trotz den Kontroversen in der Literatur[4)] davon aus, dass Investitionen aus zivil- und steuerrechtlichen Gründen zum Verkehrswert zu bewerten sind, müssen die Steuerfolgen insbes. bei Bilanzierung zu einem unter dem Verkehrswert liegenden Anrechnungswert untersucht werden. Nach Cagianut/Höhn kommt es für die steuerrechtliche Behandlung wesentlich darauf an, "dass beim Anteilsinhaber (Einleger) und bei der Gesellschaft übereinstimmende Werte als Erlös bzw. Einbuchungswert gelten, da andernfalls Besteuerungslücken oder Mehrfachbesteuerungen eintreten könnten. Es kann daher weder generell gesagt werden, dass die Gesellschaft beim angerechneten Wert zu behaften ist, noch dass

---

1) Die Unterbewertung einer Sacheinlage beim Eintritt ist zwar theoretisch möglich, jedoch praktisch wenig wahrscheinlich.

2) Das Gegenstück der Unterbewertung einer Sacheinlage, die Ueberbewertung einer Sacheinlage, ist handelsrechtlich unzulässig, da sie zu fiktiven Aktiven führt (OR 624 I, 650 I); vgl. dazu die Ausführungen in § 4 II. A. 2. a). Hier ist ergänzend anzumerken, dass die Steuerpraxis bei Unterlassung der Rückgängigmachung (durch erfolgsunwirksame Abschreibung auf den Verkehrswert verbunden mit einer entsprechenden Herabsetzung des AK) bzw. der Nachliberierung des Fehlbetrages eine geldwerte Leistung der Gesellschaft an den Anteilsinhaber im Ausmass der Ueberbewertung annimmt und diese entsprechend besteuert (vgl. Praxis II/1 VStG 4 I b Nr. 136 mit Verweis auf CG 5 I Ziff. 7 Nr. 70 und 196; zur zivilrechtlichen Problematik vgl. Katharina Schoop, Die Haftung für die Ueberbewertung von Sacheinlagen bei der Aktiengesellschaft und der Gesellschaft mit beschränkter Haftung, Diss. Bern 1981).

3) vgl. Cagianut/Höhn, Unternehmungssteuerrecht, § 10 N 33

4) vgl. z.B. Känzig, Kom. 1962, WStB 49 N 43; derselbe, SAG 38, 161; derselbe, ASA 39, 81; Würth, 143 ff.; Böckli, ASA 47, 31; Reich, StR 33, 496; Yersin, Thèse, 84 ff.; Cagianut/Höhn, Unternehmungssteuerrecht, § 10 N 28.

sie sich bei einer späteren Veräusserung der Aktiven stets deren wirklichen Wert anrechnen lassen kann, weil die stillen Reserven nicht bei ihr entstanden seien"[1]. Dieses Postulat der Kongruenz der Werte soll im folgenden ausgehend von einem Grundtatbestand anhand von zwei Varianten dargestellt werden.

Grundtatbestand:
Wirklicher Wert einer Sacheinlage 300; es wird angenommen, der Anrechnungswert entspreche dem Nominalwert der neuen Beteiligungsrechte (200); Anlagebzw. Einkommenssteuerwert der Sacheinlage beim Einleger 160. Die Sacheinlage wird zum wirklichen Wert von 300 (Variante 1) bzw. zu einem darunter liegenden geschätzten Wert z.B. 280 (Variante 2) bilanziert[2].

Variante 1: Bei Bilanzierung zu dem über dem Anrechnungswert (200) liegenden wirklichen Wert (300) ist die kapitalerhöhende Gesellschaft zur erfolgsneutralen Aufwertung im Ausmass der Differenz (100) berechtigt, weil die stillen Reserven nicht bei ihr entstanden sind. Für eine allfällige Kapitalgewinnbesteuerung beim Einleger ist diesfalls auf die Differenz (140) zwischen Anlagewert (160) und Bilanzierungswert (300) abzustellen.

Variante 2: Wird die Sacheinlage entgegen den handelsrechtlichen Vorschriften nicht zum wirklichen Wert, sondern zu einem infolge einer notwendigen Schätzung[3] angenommenen Verkehrswert (z.B. 280) bilanziert, sind die Steuerfolgen unterschiedlich, je nachdem, ob die übertragenen stillen Reserven beim Einbringer anlässlich der Sacheinlage steuerpflichtig (Variante 2.1.) oder -frei sind (Variante 2.2.), und im ersten Falle, welcher Erlös bei einer allfälligen Steuerpflicht angenommen worden ist (Varianten 2.1.1. und 2.1.2.).

---

1) Cagianut/Höhn, Unternehmungssteuerrecht, § 10 N 33; die Autoren anerkennen als Nachteil des Postulates der Kongruenz der Werte jedoch, dass eine Sache bei Einbringung durch mehrere Einleger u.U. in verschiedene Quoten mit unterschiedlichen massgebenden Werten aufgeteilt werden muss.

2) Die aufgezeigten Steuerfolgen basieren auf den Ausführungen von Cagianut/Höhn, Unternehmungssteuerrecht, § 10 N 34 ff.

3) Die einer Schätzung innewohnenden Unsicherheitsfaktoren können dazu führen, dass eine Bewertung abweichend vom wirklichen Wert resultiert (vgl. Cagianut/Höhn, Unternehmungssteuerrecht, § 10 N 28).

Ist der Einleger grundsätzlich steuerpflichtig und wird als gewinnsteuerlich massgebender Erlös der über dem Anrechnungswert (200) liegende geschätzte Verkehrswert (280) angenommen (Variante 2.1.1.)[1], kann die Gesellschaft die Sacheinlage zum geschätzten Verkehrswert (280) in ihre Steuerbilanz einsetzen. Wird dagegen für die Gewinnbesteuerung der Anrechnungswert (200) als massgebender Erlös angenommen (Variante 2.1.2.)[2], muss sich auch die Gesellschaft bei diesem Wert (200) behaften lassen; insbesondere kann nicht eingewendet werden, der Schätzungswert, welcher auch die Gewinnsteuerpflicht des Einlegers beeinflusst hätte, sei höher gewesen (280).

Ist ein allfälliger Gewinn aus der Sacheinlage beim Einbringer nicht steuerbar, muss der Gesellschaft zugestanden werden, den über dem Anrechnungswert (200) liegenden geschätzten Verkehrswert (280) in ihre Steuerbilanz einzusetzen. Nach Känzig[3] kann die Gesellschaft diesen Anspruch jederzeit geltend machen, spätestens aber im Zeitpunkt, in dem die eingebrachten stillen Reserven realisiert werden. Cagianut/Höhn[4] verlangen, dass ein den Anrechnungswert übersteigender wirklicher Wert sofort, d.h. bei der Veranlagung des betreffenden Geschäftsjahres geltend gemacht wird. Aus Gründen der Rechtssicherheit sowie der Veran-

---

1) Besteuerter Gewinn beim Einbringer 280 - 160 = 120
2) Besteuerter Gewinn beim Einleger 200 - 160 = 40
3) vgl. Känzig, ASA 39, 87
4) vgl. Cagianut/Höhn, Unternehmungssteuerrecht, § 10 N 37: "Eine sachgerechte Bewertung kann nur bezüglich eines gegenwärtigen Verkehrswertes vorgenommen werden und nicht Jahre oder Jahrzehnte später im Falle der Veräusserung. Ausserdem kann die Kenntnis eines höheren wirklichen Wertes und damit die Entstehung eines Gewinnes ein Anlass sein, um die steuerrechtliche Qualifikation der Uebertragung der Sache vom Einleger auf die Gesellschaft zu überprüfen; denn solange aufgrund des Anrechnungswertes kein Gewinn entsteht, hat die Steuerbehörde idR keine Veranlassung, einer allfälligen Gewinnsteuerpflicht nachzugehen. Erfolgt die Geltendmachung eines höheren wirklichen Wertes nicht sofort, so sind die Gesellschaft und der Anteilsinhaber (im Falle einer Kapitalgewinnbesteuerung bei Veräusserung der Beteiligungsrechte) später beim vereinbarten Anrechnungswert zu behaften".

lagungsökonomie ist der zweiten Ansicht zuzustimmen. Als Gegenbuchung wird die Steuerbehörde mit Blick auf das Nennwertprinzip darauf beharren, dass ein Reservekonto erkannt wird[1)2)].

2. Neuer Anteilsinhaber

Die einbringende Unternehmung ist bei der offenen Kapitaleinlage berechtigt, die neuen Beteiligungsrechte zum Verkehrswert in ihre Steuerbilanz einzusetzen. Bei der verdeckten Kapitaleinlage ist für die einzelnen Varianten wiederum von der Kongruenz der Werte auszugehen[3)4)]. Nach Variante 1 entsprechen die Anschaffungskosten der Beteiligung dem bilanzierten wirklichen Wert der Kapitaleinlage (300). In Variante 2.1.1. ist der geschätzte Verkehrswert (280) der Sacheinlage im Falle einer kapitalgewinnsteuerpflichtigen Veräusserung der massgebende Anlagewert. Bei Variante 2.1.2. ist der Anrechnungswert (200) der massgebende Anlagewert. Ist der Einleger für einen Gewinn aus der Sacheinlage nicht steuerpflichtig (Variante 2.2.), kann idR bei einer kapitalgewinnsteuerpflichtigen Veräusserung der neuen Beteiligungsrechte der Schätzungswert (280) als Anlagewert geltend gemacht werden. Anders ist nur zu entscheiden, wenn die Steuerpflicht anlässlich der Sacheinlage aufgeschoben wurde; dann ist der Anrechnungswert der kapitalgewinnsteuerlich massgebende Anlagewert.

---

1) Die Gutschrift an den Einleger hätte Folgen für die Verrechnungssteuern: "Wird das Aktivum, das eine AG (z.B. durch Sachübernahme) unter dem Verkehrswert von ihrem Aktionär erworben hat, in den Geschäftsbüchern nachträglich bis zu dem für die Bemessung der Emissionsabgabe massgebenden Betrag aufgewertet, und leistet die AG dem Aktionär eine entsprechende Gutschrift, so erbringt sie damit eine steuerbare geldwerte Leistung" (Praxis II/1 VStG 4 I b Nr. 117 mit Verweis auf CG 5 II Ziff. 7 Nr. 204 und 247) (Im Original Hervorgehobenes ist unterstrichen).

2) in Analogie an Reich, StR 35, 30

3) vgl. oben 1. b)

4) vgl. Cagianut/Höhn, Unternehmungssteuerrecht, § 10 N 33 ff. sowie § 12 N 13.

3. Bisherige Anteilsinhaber

Kauft sich der neue Anteilsinhaber vollständig in die offenen und/oder stillen Reserven der kapitalerhöhenden Gesellschaft ein und ist die gesamte Einlage in die Kapitalgesellschaft zu leisten, erleiden die bisherigen Anteilsinhaber keine Verwässerung des Wertes ihrer Beteiligungsrechte. Sie treten keine Vermögenssubstanz an den neuen Anteilsinhaber ab. Der Verkehrswert ihrer Beteiligungsrechte ist vor und nach der Kapitalerhöhung gleich. Damit war ihr Bezugsrecht wertlos. Legt dagegen der neue Anteilsinhaber z.B. nur den Nominalwert in die Gesellschaft ein und entschädigt zudem die bisherigen Anteilsinhaber für die Abtretung von Bezugsrechten, realisieren diese einen steuerbaren Bezugsrechtserlös[1]. Anderseits erfahren die Beteiligungsrechte der bisherigen Anteilsinhaber eine Einbusse des innern Wertes. Sinkt dabei der wirkliche Wert der Beteiligungsrechte unter den Buchwert, ist handelsrechtlich eine Wertkorrektur erforderlich und m.E. steuerlich zuzulassen. Im übrigen hat der Eintritt eines Anteilsinhabers zur Folge, dass der prozentuale Anteil der bisherigen Anteilsinhaber am Grundkapital der kapitalerhöhenden Gesellschaft abnimmt[2].

B. EINTRITT ZUM NOMINALWERT

1. Kapitalerhöhung

Die Einlage in das Grundkapital unterliegt bei der Gesellschaft der Emissionsabgabe von idR 3 % des Nominalwertes[3]. Ertragssteuerlich ist der Eintritt neutral, da kein Agio geleistet wird.

---

1) Bezugsrechtserlöse sind auch bei gemischten Beteiligungsgesellschaften idR zum ordentlichen Satz steuerbar, denn die direkte Bundessteuer (vgl. Merkblatt EStV v. 31.7.67, ASA 36, 19 = Masshardt, Kom. 1980, WStB 59 N 16) wie die Zürcher Staats- und Gemeindesteuern (vgl. Reich, StR 37, 548) qualifizieren den Erlös aus dem Verkauf von Bezugsrechten nicht als Beteiligungsertrag, sondern als Kapitalgewinn.

2) vgl. Cagianut/Höhn, Unternehmungssteuerrecht, § 16 N 23

3) vgl. Cagianut/Höhn, Unternehmungssteuerrecht, § 16 N 25

2. Abtretung von Bezugsrechten

Unter der Annahme, dass die kapitalerhöhende Gesellschaft offene und/oder stille Reserven aufweist, treten die <u>bisherigen</u> an den <u>neuen Anteilsinhaber</u> unentgeltlich Bezugsrechte ab, denn bei einer Kapitalerhöhung mit Ausgabe von neuen Beteiligungsrechten unter dem Verkehrswert erleiden die bestehenden Beteiligungsrechte (wenigstens kurzfristig) eine Kapitalverwässerung[1]. Die steuerliche Beurteilung hängt von der Rechtsform der Beteiligten und ihrem Verhältnis zueinander ab. Dabei sind folgende Konstellationen denkbar:

	Bisherige Anteilsinhaber	Neuer Anteilsinhaber
1.	Personenunternehmungen	Personenunternehmung
2.	Personenunternehmungen/Kapitalgesellschaften ("Muttergesellschaften")	Kapitalgesellschaft (Tochtergesellschaft)
3.	Kapitalgesellschaften (Tochtergesellschaften)	Personenunternehmung/Kapitalgesellschaft (Muttergesellschaft)

a) Durch Personenunternehmungen an Personenunternehmung

In diesem Falle liegt eine Zuwendung des Wertes der Bezugsrechte durch die bisherigen an den neuen Anteilsinhaber vor. Die <u>bisherigen Anteilsinhaber</u> tätigen in Höhe des Wertes der übertragenen Bezugsrechte eine Privatentnahme, welche beim Einzelunternehmer bzw. bei den einzelnen Personengesellschaften den Einkommenssteuern und Sozialabgaben unterliegt[2]. Sinkt der wirkliche Wert der Beteiligungsrechte unter den massgebenden Buchwert, ist der Wertminderung durch Belastung des Kapital- oder Privatkontos Rechnung zu tragen.

---

1) vgl. Boemle, 193; zur Zulässigkeit der Bezugsrechtsabtretung vgl. Zindel, 286.

2) Der Verzicht auf eine Gegenleistung für die Ueberlassung von Bezugsrechten stellt ein Akt der privaten Sphäre dar (vgl. Yersin 49, 173).

Die Zuwendung in der Differenz zwischen Nominalwert und Verkehrswert der neuen Beteiligungsrechte ist beim neuen Anteilsinhaber idR als Schenkung steuerpflichtig[1]. Der neue Anteilsinhaber ist im übrigen berechtigt, den Verkehrswert als Einkommensteuerwert einzusetzen[2].

Beispiel: Die X-AG hat ein AK von 400, offene Reserven von 500 und stille Reserven von 400. Anteilsinhaber sind die Personenunternehmungen A und B zu je 500 %. Der Buchwert der Beteiligung an der X-AG beträgt bei A 200, bei B 650. C soll gegen Bezahlung des Nominalwertes (200) als gleichberechtigter Anteilsinhaber in die kapitalerhöhende Gesellschaft eintreten. Steuerfolgen: Der Verkehrswert der Beteiligungsrechte der bisherigen Anteilsinhabers beträgt vor der Kapitalerhöhung je 650, nachher je 500; bei A liegt im Umfang von 150 eine Privatentnahme vor; bei B ist auf der Beteiligung eine Bewertungskorrektur handelsrechtlich notwendig; hier muss für Steuerzwecke das Kapital- oder Privatkonto belastet werden, da die Abschreibung idR nicht geschäftsmässig begründet ist. C erhält eine Schenkung im Umfang von 300. Der Einkommensteuerwert von C ist als Folge der Kapitaleinlage mit 500 einzusetzen.

b) Durch "Muttergesellschaften" an Tochtergesellschaft

Hier wird zuerst vorausgesetzt, die Personenunternehmungen und/oder Kapitalgesellschaften als bisherige Anteilsinhaber seien an der neu eintretenden Kapitalgesellschaft im Verhältnis ihrer Beteiligung an der kapitalerhöhenden Gesellschaft interessiert; die bisherigen Anteilsinhaber können zusammen als "Muttergesellschaften" des neuen Anteilsinhabers bezeichnet werden. Die "Muttergesellschaften" als bisherige Anteilsinhaber nehmen eine Vermögensumschichtung innerhalb ihrer Beteiligungen vor. In dem Masse, wie sich der innere Wert der Beteiligungsrechte an der kapitalerhöhenden Gesellschaft senkt, erfährt der innere Wert

---

1) vgl. ASA 35, 212; vgl. Yersin, ASA 49, 169 ff. insbes. 171.

2) Diese Behandlung rechtfertigt sich, weil die empfangenen Mehrwerte bei den bisherigen Anteilsinhabern besteuert worden sind und entspricht gleichzeitig dem Grundsatz, wonach Investitionen grundsätzlich zum Verkehrswert zu bewerten sind (vgl. Cagianut/Höhn, Unternehmungssteuerrecht, § 8 N 37). Ausgehend vom Entscheid des BGr vom 21.3.47 (ASA 16, 49) zeigt Yersin (ASA 49, 172 ff.) die Steuerfolgen auf, je nachdem, ob der bisherige und der neue Anteilsinhaber die Beteiligungsrechte zum Verkehrswert oder zum Erwerbspreis bilanzieren oder der eine zum Verkehrswert und der andere zum Erwerbspreis bilanziert.

der Beteiligungsrechte an der als Anteilsinhaber eintretenden Tochtergesellschaft eine Zunahme[1]. Da Beteiligungen einzeln zu bewerten sind[2], muss die Beteiligung an der kapitalerhöhenden Gesellschaft nach dem Niederstwertprinzip herabgesetzt werden, sofern deren wirklicher Wert durch den Verzicht auf die Bezugsrechte unter den Buchwert sinkt. Anderseits bewirkt die Kapitaleinlage in die Tochtergesellschaft, dass diese Beteiligungsrechte im gleichen Umfang eine Wertsteigerung erfahren[3]. Die <u>Tochtergesellschaft als neuer Anteilsinhaber</u> ist berechtigt, die Beteiligungsrechte an der kapitalerhöhenden Gesellschaft zum Verkehrswert in die Bilanz aufzunehmen. Die Differenz zwischen dem für die Beteiligungsrechte bezahlten Nominalwert und dem höheren Verkehrswert unterliegt als Kapitaleinlage der Emissionsabgabe[4].

Beispiel: A und B sind zu gleichen Teilen bisherige Anteilsinhaber an der kapitalerhöhenden Gesellschaft X-AG, welche über eigene Mittel von 1300 (AK 400, offene Reserven 500, stille Reserven 400) verfügt. C ist ein Gemeinschaftsunternehmen von A und B und tritt zum Nominalwert (200) in die X-AG ein. - Der innere Wert der Beteiligungsrechte von A und B an der X-AG fällt durch den Verzicht auf die Bezugsrechte um je 150 (von 650 auf 500). Dagegen erhöht sich der innere Wert der Beteiligungsrechte an C um je 150 (500-200= 300:2=150). Sofern der Buchwert der Beteiligungsrechte der X-AG bei A und/ oder B 500 übersteigt, muss eine Wertberichtigung bis zu diesem tieferen wirklichen Wert vorgenommen werden. Dagegen kann in diesem Umfang der Anschaffungswert der C-Beteiligung erhöht werden. C ist berechtigt, die Beteiligungsrechte aus der X-AG mit 500 zu bilanzieren. Auf der Differenz (300) zwischen dem Nominalwert der neuen Beteiligungsrechte (200) und deren Verkehrswert (500) ist die Emissionsabgabe zu entrichten.

Wird angenommen, die bisherigen Anteilsinhaber seien an der kapitalerhöhenden Gesellschaft sowie am neuen Anteilsinhaber <u>ungleichmässig beteiligt</u>, verzichten die am neuen Anteilsinhaber (gegenüber der Beteiligung an der kapitalerhöhenden Gesellschaft) unterproportional beteiligten gegenüber den überproportional beteiligten bisherigen Anteilsinhabern unentgeltlich auf einen Anteil am Wert des Bezugsrechtes.

---

1) vgl. Strickler, 67 ff., 137 ff.

2) Begründung vgl. § 1 I. C. 2.

3) Bei dieser Konstellation verbuchen die Muttergesellschaften die Wertveränderungen wie folgt: Beteiligung C an Beteiligung X-AG

4) vgl. Cagianut/Höhn, Unternehmungssteuerrecht, § 16 N 26 Beispiel b); diese Behandlung stützt sich auf Praxis II/1 StG 5 II a Nr. 3.

Beispiel: Als Variante zur gleichmässigen Beherrschung wird angenommen, A sei am eintretenden Anteilsinhaber C nur zu 25 %, B dafür zu 75 % beteiligt. - Die Beteiligungsrechte von A an der X-AG und an C haben vor dem Eintritt von C in die kapitalerhöhende Gesellschaft einen Wert von 700, nachher einen solchen von 625; B dagegen konnte den rechnerischen Wert der Beteiligungsrechte an der X-AG und an C durch den Eintritt von C von 800 auf 875 steigern.

Da B mit der beherrschenden Beteiligung an der eintretenden Gesellschaft C den Rechtsanspruch auf die ihr rechnerisch zustehende Reservenzunahme jederzeit geltend mach kann, greifen je nach der Rechtsform der bisherigen Anteilsinhaber die entsprechenden Steuerfolgen Platz: Sind die <u>bisherigen Anteilsinhaber natürliche Personen</u> mit Beteiligungsrechten im GV, liegt in diesem Verzicht (700-625=75) eine einkommenssteuerlich massgebende Privatentnahme von A idR verbunden mit einer steuerpflichtigen Schenkung bei B. Sind die bisherigen Anteilsinhaber <u>Kapitalgesellschaften</u>, erbringt die A-AG an die B-AG in diesem Umfang (75) eine geldwerte Leistung[1].

c) Durch Tochtergesellschaften an Muttergesellschaft

Hier wird angenommen, die bisherigen Anteilsinhaber an der kapitalerhöhenden Gesellschaft seien vollständig beherrschte Tochtergesellschaften des neuen Anteilsinhabers (Personenunternehmung oder Kapitalgesellschaft). Tritt eine Tochtergesellschaft ihr zustehende Bezugsrechte unentgeltlich an die Muttergesellschaft ab, bedeutet dies ein Ausscheiden von Substanz inklusive der darin enthaltenen potentiellen Kapitalgewinne aus ihrer Vermögenssphäre. Die <u>Tochtergesellschaften als bisherige Anteilsinhaber</u> erbringen der Muttergesellschaft eine geldwerte Leistung, welche bei ihnen idR ertrags- und verrechnungssteuerpflichtig ist[2].

---

1) Diese Qualifikation setzt voraus, dass A-AG und B-AG einander nahestehende Personen sind. Andernfalls muss eine geldwerte Leistung der A-AG an ihren Aktionär A, dessen anschliessende Schenkung an B und dessen folgende Kapitaleinlage in die B-AG angenommen werden.

2) ASA 25, 183; vgl. Cagianut/Höhn, Unternehmungssteuerrecht, § 16 N 26.

Für diese Qualifikation ist unwesentlich, dass die Muttergesellschaft als Begünstigte durch die Zuwendung nicht eigentlich bereichert worden ist, weil sie an den zugeteilten Werten wirtschaftlich schon vor dem Bezug der neuen Beteiligungsrechte Anteil hatte. Sofern der wirkliche Wert der Beteiligungsrechte an der kapitalerhöhenden Gesellschaft unter ihren Buchwert sinkt, sind die Tochtergesellschaften idR steuerrechtlich berechtigt, diese Beteiligungsrechte erfolgswirksam abzuschreiben.

Für die Muttergesellschaft als neuen Anteilsinhaber an der kapitalerhöhenden Gesellschaft stellt die unentgeltliche Ueberlassung von Bezugsrechten durch die Tochtergesellschaft eine Naturaldividende dar. Diese ist als Beteiligungsertrag zu versteuern. Ist die Muttergesellschaft eine Kapitalgesellschaft, kann gegebenenfalls für diesen Betrag der Beteiligungsabzug geltend gemacht werden. Die Muttergesellschaft ist als Folge dieser Ertragsbesteuerung berechtigt, die Beteiligungsrechte an der X-AG zum Verkehrswert in ihre Handels- und Steuerbilanz aufzunehmen. Anderseits ist ihr steuerlich eine Abschreibung auf der Beteiligung an den Tochtergesellschaften A und B zuzugestehen, sofern deren wirklicher Wert durch die geldwerte Leistung unter ihren Buchwert fällt.

Beispiel: A und B sind als Kapitalgesellschaften zu je 50 % bisherige Anteilsinhaber an der kapitalerhöhenden Gesellschaft X-AG, welche über eigene Mittel von 1300 (AK 400, offene Reserven 500, stille Reserven 400) verfügt. C ist Muttergesellschaft von A und B und tritt zum Nominalwert (200) in die X-AG ein. - Der Verkehrswert der Beteiligungsrechte von A und B an der X-AG beträgt vor deren Kapitalerhöhung je 650, nachher je 500. Die Tochtergesellschaften treten somit im Umfang von je 150 Bezugsrechte an ihre Muttergesellschaft ab, deren Verkehrswert an der kapitalerhöhenden Gesellschaft dadurch 500 (200+300) beträgt. Bei den Tochtergesellschaften unterliegt der Wert der abgetretenen Bezugsrechte (je 150) der Verrechnungs- und je nach den Verhältnissen der Ertragssteuer. Bei der Muttergesellschaft sind einerseits die erhaltenen Bezugsrechte als Beteiligungsertrag steuerpflichtig, anderseits kann je nach den Verhältnissen eine Substanzabschreibung auf der Beteiligung an den Tochtergesellschaften vorgenommen werden.

III. Austritt eines Anteilsinhabers

Beim ersatzlosen Austritt eines Anteilsinhabers[1] wird das Grundkapital um den Nominalwert der Beteiligungsrechte des austretenden Anteilsinhabers herabgesetzt[2]. Es wird angenommen, der Austretende werde mit dem Verkehrswert bzw. dem Nominalwert seiner Beteiligungsrechte abgefunden. Die Abfindung kann in bar oder in Form eines Sachwertes geleistet werden.

A. AUSTRITT ZUM VERKEHRSWERT

Zuerst sind die Steuerfolgen bei der kapitalherabsetzenden Gesellschaft darzustellen; diese gelten im übrigen auch, wenn sich die Beteiligungsrechte beim austretenden Anteilsinhaber im PV befinden und sind unabhängig davon, ob und wie private Kapitalgewinne besteuert werden. Anschliessend sind die steuerlichen Wirkungen beim austretenden bzw. den verbleibenden Anteilsinhabern zu untersuchen.

1. Kapitalherabsetzende Gesellschaft

Rückzahlungen in bar erfolgen in offener Form. Sachwerte können dagegen auch als verdeckte Kapitalentnahmen zu einem unter ihrem Verkehrswert liegenden Wertansatz an den austretenden Anteilsinhaber abgetreten werden. Unabhängig von der Art des Entgeltes unterliegt die Rückgabe von Beteiligungsrechten zur Kapitalherabsetzung durch Effektenhändler nicht der Umsatzabgabe[3].

---

1) Zur zivilrechtlichen Problematik vgl. § 2 I. B.

2) Die Beteiligungsrechte werden somit nicht von der Gesellschaft zurückgekauft, um sie zu einem späteren Zeitpunkt u.U. zu günstigeren Bedingungen wieder zu plazieren. Zum Problem des Rückkaufs eigener Aktien vgl. § 11 I. A. 2.c).

3) § 3 IV. B.

a) Offene Kapitalentnahme

Durch die Herabsetzung des Grundkapitals werden Mittel der Gesellschaft freigesetzt. Die folgende Kapitalentnahme bewirkt eine Verminderung des Eigenkapitals der Unternehmung[1]. Sie berührt aber weder die kaufmännische noch die steuerliche Gewinn- und Verlustrechnung der Gesellschaft[2]. Ebenso stellt die Rückzahlung von offenen Reserven einen ertragssteuerlich neutralen Vorgang dar[3]. Der Verrechnungssteuer unterliegen idR sowohl frühere Reserveeinlagen wie in der Gesellschaft erarbeitete Gewinne[4]. Eine Ausnahme war für Agio-Einlagen bisher nur im Zusammenhang mit der Rücknahme von Sacheinlagen in natura zu machen, sofern diese bei der Einlage unter ihrem wirklichen Wert angerechnet worden waren[5]. Die Frage der verrechnungssteuerlichen Behandlung der Rücknahme einer eingelegten Sache in specie, welche bei der Einlage zum wirklichen Wert angerechnet worden war, hat das BGr bisher nicht ausdrücklich entschieden. Da deren Beantwortung in diesem Zusammenhang nur sekundäre Bedeutung zukommt[6], wird an anderer Stelle darauf eingetreten[7].

---

1) vgl. Känzig, ZBl 66, 491; Pichon, StR 40, 344 ff.

2) Insbesondere stellt der Differenzbetrag zwischen Nominalwert und höherem Erwerbspreis der zurückgekauften Beteiligungsrechte keinen echten Verlust dar, und die Abschreibung, mit der dieser Betrag ausgeglichen werden soll, ist nicht geschäftsmässig begründet (ASA 30, 180).

3) vgl. Känzig, ZBl 66, 492

4) vgl. Cagianut/Höhn, Unternehmungssteuerrecht, § 10 N 47, 60

5) BGE 97 I 438; 98 I b, 140

6) Die Verrechnungssteuer hat nur Sicherungsfunktion und ist hier ohne Einfluss auf die endgültige Steuerbelastung, da der austretende Anteilsinhaber nur die Differenz zwischen Buchwert und höherem Liquidationsergebnis zu versteuern hat.

7) vgl. § 11 III. A. 3. Zusammenfassend ist jedoch in Uebereinstimmung mit Cagianut/Höhn (Unternehmungssteuerrecht, § 12 N 58) wegen der restriktiven Umschreibung der genannten Ausnahmeregelung damit zu rechnen, "dass bei der Rückerstattung in specie einer als Agio angerechneten Sacheinlage die Verrechnungssteuer auf dem ganzen zurückerstatteten Agio und nicht nur auf dem seit der Einlage entstandenen Mehrwert geschuldet ist".

b) Verdeckte Kapitalentnahme

Hier wird der austretende Anteilsinhaber von der kapitalherabsetzenden Gesellschaft mit einem unter dem Verkehrswert bilanzierten Sachwert abgefunden. Bei der Gesellschaft liegt eine stille Kapitalentnahme in Form der Gewinnvorwegnahme vor[1]. Für diese wird die kapitalherabsetzende Gesellschaft in der Differenz zwischen Buchwert und Verkehrswert des entnommenen Sachwertes ertragssteuerpflichtig[2]. Zudem unterliegt die gleiche Differenz idR als geldwerte Leistung der Verrechnungssteuer[3], welche durch Meldung erfüllt werden kann, sofern die Voraussetzungen gemäss VStV 24 erfüllt sind.

2. Austretender Anteilsinhaber

Das aus der Rückgabe der Beteiligungsrechte vereinnahmte Entgelt ist beim austretenden Anteilsinhaber (Personenunternehmung oder Kapitalgesellschaft) insoweit Einkommen bzw. Ertrag, als dieser Erlös den steuerlich massgebenden Buchwert übersteigt[4]. Diese Differenz ist im Falle des Austritts einer Personenunternehmung idR bei den einzelnen Teilhabern anteilmässig als ausserordentliches Geschäftseinkommen mit dem übrigen Einkommen steuerbar. Ist der austretende Anteilsinhaber eine Kapitalgesellschaft, unterliegt der Nettoerlös kantonalrechtlich nur bei gemischten Beteiligungs-, nicht aber bei Holdinggesellschaften der Ertragsbesteuerung[5]. Bundessteuerrechtlich entsteht in jedem Falle steuerbarer Ertrag.

---

1) vgl. Cagianut/Höhn, Unternehmungssteuerrecht, § 12 N 67 ff.

2) vgl. Känzig, Kom. 1962, WStB 49 N 57

3) ASA 45, 107; die geschuldete Verrechnungssteuer ist nach der Formel geldwerte Leistung: 65 x 35 zu berechnen, da die Verrechnungssteuer gemäss VStG 14 auf den Leistungsempfänger überwälzt werden muss (vgl. Pfund, Verrechnungssteuer, VStG 13 N 35); zur Ausnahme von der Verrechnungssteuer vgl. vorne a).

4) vgl. Känzig, ZBl 66, 492

5) vgl. Cagianut/Höhn, Unternehmungssteuerrecht, § 11 N 17

Da das Ergebnis der Teilliquidation idR als Beteiligungsertrag qualifiziert wird[1], kann dieser Betrag für die Berechnung des Beteiligungsabzuges herangezogen werden[2]. Geniesst der austretende Anteilsinhaber als Kapitalgesellschaft ein kantonales Holdingprivileg, ist wiederum auf den durch die Rückgabe der Beteiligungsrechte bedingten möglichen Verlust des Holdingprivilegs hinzuweisen[3].

3. Verbleibende Anteilsinhaber

Der Rückkauf eigener Beteiligungsrechte zum Verkehrswert und die anschliessende Kapitalherabsetzung verändert den innern Wert der Beteiligungsrechte der verbleibenden Anteilsinhaber nicht. Diese treten keine ihnen zustehende Vermögenssubstanz an den austretenden Anteilsinhaber ab, sodass kein Anlass besteht zu einer Aenderung des Buchwertes ihrer Beteiligungsrechte. Die Kapitalherabsetzung als Folge des Austrittes eines Anteilsinhabers bewirkt nur, dass sich der prozentuale Anteil der verbleibenden Anteilsinhaber am Grundkapital dieser Gesellschaft erhöht.

B. AUSTRITT ZUM NOMINALWERT

1. Kapitalherabsetzung

Für die Kapitalgesellschaft entsteht aus der Rückzahlung des Nominalwertes nach erfolgter Kapitalherabsetzung weder ein Buchgewinn noch ein Buchverlust[4].

---

1) BdBSt: Merkblatt EStV v. 31.7.67, ASA 36, 19 ff.; Masshardt, Kom. 1980, WStB 59 N 16. Diese Qualifikation gilt auch für das zürcherische (vgl. Reich, StR 37, 548) sowie das aargauische Steuerrecht (vgl. Mühlebach/Bürgi, 318).
2) vgl. ASA 42, 275
3) vgl. vorne I. A. 1. b) bb)
4) vgl. Känzig, ZBl 66, 492

2. Abtretung des Teilliquidationsüberschusses

Die unentgeltliche Abtretung des den Nominalwert übersteigenden Abfindungsanspruches durch den austretenden an die verbleibenden Anteilsinhaber hat analog der Abtretung von Bezugsrechten steuerliche Konsequenzen, denn bei einer Kapitalherabsetzung mit Rückkauf der Beteiligungsrechte unter dem Verkehrswert profitieren die verbleibenden Anteilsinhaber in Form des Zuwachses des innern Wertes ihrer Beteiligungsrechte. Zwischen dem austretenden und den verbleibenden Anteilsinhabern sind je nach Rechtsform und gesellschaftsrechtlichem Verhältnis drei Konstellationen möglich:

	Austretender Anteilsinhaber		Verbleibende Anteilsinhaber
1.	Personenunternehmung	-	Personenunternehmungen
2.	Kapitalgesellschaft (Tochtergesellschaft)	-	Personenunternehmungen/Kapitalgesellschaften ("Muttergesellschaften")
3.	Personenunternehmung/Kapitalgesellschaft (Muttergesellschaft)	-	Kapitalgesellschaften (Tochtergesellschaften)

a) Durch Personenunternehmung an Personenunternehmungen

Hier nehmen der Einzelfirma-Inhaber oder die Teilhaber einer Personengesellschaft als <u>austretender Anteilsinhaber</u> eine Privatentnahme in der Differenz zwischen dem Buchwert und dem Verkehrswert der zurückgegebenen Beteiligungsrechte vor, wofür diese Personenunternehmer den Einkommenssteuern und Sozialabgaben unterworfen sind. Die freiwillige Ueberlassung des ideellen Anteils an den stillen Reserven schliesst die gleichzeitige Geltendmachung eines Verlustes in der Differenz zwischen Nominalwert und höherem Buchwert aus.

Die verbleibenden Anteilsinhaber erhalten vom austretenden Anteilsinhaber in der Differenz des innern Wertes ihrer Beteiligungsrechte vor und nach Austritt eine steuerpflichtige Schenkung[1]. Ihre Einkommenssteuerwerte erhöhen sich im Umfang der "geschenkten" Kapitaleinlage.

Beispiel: Die X-AG hat ein AK von 600 und offene Reserven von 500; sie weist ferner stille Reserven von 400 auf. An der X-AG sind die Personenunternehmungen A, B und C zu je 1/3 beteiligt. A tritt gegen Rückgabe der Beteiligungswerte zum Nominalwert (200) aus der X-AG aus. Der Buchwert der Beteiligungsrechte bei A war 400. - In der Ueberlassung der Differenz zwischen Buchwert (400) und Verkehrswert (500) liegt eine Privatentnahme von 100. Der Verlust aus der Ausbuchung der Beteiligung (400-200=200) kann nicht geltend gemacht werden und ist dem Kapitalkonto zu belasten. B und C haben je 150 als Schenkung zu versteuern. Ihre Einkommenssteuerwerte erhöhen sich um je 150.

b) Durch Tochtergesellschaft an "Muttergesellschaften"

Im folgenden wird davon ausgegangen, die verbleibenden Anteilsinhaber (Personenunternehmungen und/oder Kapitalgesellschaften) seien am austretenden Anteilsinhaber im Verhältnis ihrer Beteiligung an der kapitalherabsetzenden Gesellschaft interessiert; die verbleibenden Anteilsinhaber lassen sich zusammen als "Muttergesellschaften" des austretenden Anteilsinhabers bezeichnen.

Die Tochtergesellschaft erbringt als austretender Anteilsinhaber den "Muttergesellschaften" (verbleibende Beteiligte) eine geldwerte Leistung, die bei ihr in der Differenz zwischen Buch- und höherem Verkehrswert der Beteiligungsrechte ertrags- sowie verrechnungssteuerpflichtig ist. Die Differenz zwischen Nominal- und höherem Buchwert der Beteiligungsrechte ist erfolgsneutral auszubuchen.

---

1) Eine Ausnahme wäre nur in jenem theoretischen Fall zu machen, wo die Statuten eine aleatorische Bestimmung enthalten, wonach bei Tod eines Anteilsinhabers im Umfang des Nominalwertes eine Kapitalherabsetzung stattfinden soll und die Erben nur mit dem Nominalwert abzufinden sind bzw. ihren Abfindungsanspruch verlieren (§ 9 III. B. 1.). Zudem wäre erforderlich, dass die massgebende Steuerordnung zur Annahme eines steuerbaren Tatbestandes einen Schenkungswillen voraussetzt.

Beispiel: Die X-AG hat ein AK von 600 und offene Reserven von 500; sie weist ferner stille Reserven von 400 auf. An der X-AG sind die Kapitalgesellschaften A, B und C je zu 1/3 beteiligt. A ist ein Gemeinschaftsunternehmen von B und C und tritt zum Nominalwert (200) aus der X-AG aus. Der Buchwert der Beteiligungsrechte bei A betrug 400. - A hat für 100 als Gewinnvorwegnahme die Ertragssteuer und als geldwerte Leistung die Verrechnungssteuer zu entrichten. Die Differenz zwischen Nominalwert (200) und Buchwert (400) ist als Ausschüttung zulasten der Reserven zu verbuchen.

Die "Muttergesellschaften" als verbleibende Anteilsinhaber profitieren einerseits vom Zuwachs des innern Wertes der Beteiligungsrechte an der kapitalherabsetzenden Gesellschaft, erfahren aber anderseits in gleichem Masse eine Einbusse des innern Wertes der Beteiligungsrechte an der gemeinsamen Tochtergesellschaft. Insofern nehmen sie nur eine Vermögensumschichtung innerhalb ihrer Beteiligungen vor. Da die Beteiligungsrechte getrennt zu bilanzieren sind[1], sind die verbleibenden Anteilsinhaber zum einen berechtigt, ihre Beteiligung an der gemeinsamen Tochtergesellschaft steuerwirksam abzuschreiben, sofern deren wirklicher Wert unter den Buchwert sinkt. Zum andern sind sie aber verpflichtet, die unentgeltlich erworbenen Bezugsrechte (= Naturaldividenden) aus der kapitalherabsetzenden Gesellschaft als Beteiligungsertrag zu versteuern; eine Kapitalgesellschaft kann darauf gegebenenfalls den Beteiligungsabzug geltend machen. Im Gegenzug zur Ertragsbesteuerung kann der Bilanzansatz der Beteiligung an der kapitalherabsetzenden Gesellschaft entsprechend heraufgesetzt werden.

Als Variante wird vorausgesetzt, die verbleibenden Anteilsinhaber seien an der kapitalherabsetzenden Gesellschaft und am austretenden Anteilsinhaber ungleichmässig beteiligt. In diesem Fall verzichten die am austretenden Anteilsinhaber (gegenüber der Beteiligung an der kapitalherabsetzenden Gesellschaft) überproportional beteiligten gegenüber den unterproportional beteiligten verbleibenden Anteilsinhabern unentgeltlich auf einen Anteil am Wert des Bezugsrechtes.

---

[1] Begründung vgl. § 1 I. C. 2.

Beispiel: Als Variante zur gleichmässigen Beherrschung wird angenommen, B sei an der austretenden Kapitalgesellschaft A zu 25 %, C zu 75 % beteiligt. - B steht rechnerisch vor dem Austritt von A gesamthaft ein Wert von 625, nachher ein solcher von 700 an der kapitalherabsetzenden Gesellschaft zu. C dagegen hat vor dem Austritt rechnerisch Anrecht auf 875, nachher auf 800. B ist im Umfang von 75 bereichert, während C in diesem Ausmass entreichert ist. B kann diesen Mehrwert durch Verkauf der Beteiligungsrechte an der X-AG jederzeit realisieren, während C die Verfügungsgewalt über diese Mehrwerte verliert. Sind B und C Personenunternehmungen, liegt im Umfang von 75 eine Privatentnahme des Einzelfirma-Inhabers C bzw. anteilmässig der Personengesellschafter von C verbunden mit einer Schenkung an B vor. Dieser kann den Betrag einkommenssteuerlich als Kapitaleinlage geltend machen. Sind B und C einander nahestehende Kapitalgesellschaften, erbringt die C-AG an die B-AG eine geldwerte Leistung (75). Werden diese beiden Kapitalgesellschaften nicht vom gleichen Anteilsinhaber beherrscht, erbringt die C-AG eine geldwerte Leistung an ihren Aktionär C (75). Dieser beschenkt B; B seinerseits macht in die B-AG in diesem Umfang eine Kapitaleinlage. Diese Gesellschaft ist in der Folge berechtigt, die Beteiligungsrechte an der kapitalherabsetzenden Gesellschaft in der Steuerbilanz entsprechend aufzuwerten.

c) Durch Muttergesellschaft an Tochtergesellschaften

Im folgenden wird vorausgesetzt, die verbleibenden Anteilsinhaber an der kapitalherabsetzenden Gesellschaft seien vollständig beherrschte Tochtergesellschaften des austretenden Anteilsinhabers (Personenunternehmung oder Kapitalgesellschaft). Tritt die Muttergesellschaft ihren Tochtergesellschaften das Ergebnis der Teilliquidation an einer Drittgesellschaft ab, bedeutet dies einen Verzicht auf den direkten Zugriff auf diese Reserven. Gesamthaft betrachtet liegt jedoch bei der Muttergesellschaft nur eine Vermögensumschichtung vor, da der Zugriff auf diese Reserven indirekt über die Beteiligung an den Tochtergesellschaften erhalten bleibt.

Beispiel: A ist Muttergesellschaft der ebenfalls zu je 1/3 an der kapitalherabsetzenden Gesellschaft beteiligten Kapitalgesellschaften B und C. Die Eigenmittel der kapitalherabsetzenden Gesellschaft betragen total 1500. A tritt zum Nominalwert (200) aus der kapitalherabsetzenden Gesellschaft aus. - Der Einbusse in der Differenz zwischen Nominalwert und Verkehrswert der zurückgegebenen Beteiligungsrechte (300) steht ein Zuwachs des innern Wertes der Beteiligungsrechte an B und C von je 150 gegenüber.

Die Muttergesellschaft als austretender Anteilsinhaber nimmt einerseits bei den Tochtergesellschaften als verbleibenden Anteilsinhabern eine Kapitaleinlage vor. Dieser Wertvermehrung steht eine Wertverminderung auf der Beteiligung an der kapitalherabsetzenden Gesellschaft in der Differenz zwischen Nominal- und höherem Buchwert der Beteiligung gegenüber. Da die Beteiligungen einzeln zu bewerten sind, schlagen sich Werterhöhung bzw. Wertverminderung in der Buchung Beteiligungen B und C an Beteiligung X-AG nieder[1].

Die Tochtergesellschaften als verbleibende Anteilsinhaber erfahren ihrerseits eine Stärkung des innern Wertes ihrer Beteiligungsrechte an der kapitalherabsetzenden Gesellschaft; diese ist bedingt durch den Verzicht der Muttergesellschaft auf die Reservenanteile an der kapitalherabsetzenden Gesellschaft und stellt bei den Tochtergesellschaften einen steuerbaren Zuschuss i.S. von StG 5 II a dar[2]. Diese sind damit berechtigt, die Beteiligungsrechte erfolgsneutral bis zum wirklichen Wert aufzuwerten.

---

1) vgl. II. B. 2. b)

2) vgl. Praxis II/1 StG 5 II a Nr. 3 "Ueberträgt eine Muttergesellschaft eine wertvolle Beteiligung zum Nominalwert auf ihre inländische Tochtergesellschaft, so stellt die Differenz zum höheren Verkehrswert der Beteiligung einen steuerbaren Zuschuss dar, selbst wenn die Muttergesellschaft die betreffende Beteiligung aufgrund eines ihr von der Tochter eingeräumten Options- oder Rückkaufsrechtes jederzeit wieder zum Nominalwert zurücknehmen kann". (EStV, 2.6.1981) (Im Original Hervorgehobenes ist unterstrichen)

§ 9 UNENTGELTLICHE AENDERUNGEN

I. Uebertragung

Der <u>erbrechtliche Uebergang</u> von Beteiligungsrechten <u>im GV</u> vollzieht sich im Rahmen der Universalsukzession der Einzelunternehmung oder des Anteils an einer Personengesellschaft, während der <u>schenkweise Uebergang</u> von Beteiligungsrechten im Zuge der Singularsukzession entweder des gesamten GV (Einzelunternehmung oder Anteil an einer Personengesellschaft) als einzelnes Geschäftsaktivum erfolgt. Im letzten Fall geht der Schenkung der Beteiligungsrechte eine Privatentnahme oder eine geldwerte Leistung des Anteilsinhabers voraus[1].

A. Erbschafts- und Schenkungssteuern

Für die Steuerbemessung sind die Beteiligungsrechte in beiden Fällen zum Verkehrswert zu bewerten[2]. Diese Bemessungsgrundlage gilt auch für Beteiligungsrechte im PV. Hier ist daher generell auf die Methoden zur Ermittlung des Verkehrswertes einzugehen, während in § 14 spezielle Fragen im Zusammenhang mit Beteiligungsrechten im PV zu behandeln sind. Der Verkehrswert wird nach allen kantonalen Steuergesetzen für kotierte und nichtkotierte Beteiligungsrechte unterschiedlich ermittelt.

1. Verkehrswertermittlung kotierter Wertpapiere

Bei kotierten Beteiligungsrechten wird als Verkehrswert idR auf den Kurswert im Zeitpunkt des Vermögenserwerbs abgestellt. Ist der Ertrag im Verhältnis zum Kurswert gering, sehen einzelne

---

[1] Die Uebertragung erfolgt somit zwischen natürlichen Personen oder im Konzernverhältnis. Auf die Uebertragung an Stiftungen wird hier nicht eingegangen.

[2] vgl. Cagianut/Höhn, Unternehmungssteuerrecht, § 16 N 17; Styger, 124 ff.

Kantone andere Bewertungsvorschriften vor[1]. In AG wird der Steuerwert von Wertpapieren, deren Ertrag und Kapital zur Hauptsache der aargauischen Steuerhoheit unterliegen, um 30 % herabgesetzt[2].

2. Verkehrswertermittlung nichtkotierter Wertpapiere

Der Verkehrswert nichtkotierter Wertpapiere muss geschätzt werden. Bei Beteiligungsrechten ist dabei insbesondere der Ertrags- und Substanzwert des Unternehmens angemessen zu berücksichtigen. Im Rahmen dieser Arbeit erscheint es nicht als sinnvoll, einzelne kantonale Regelungen herauszugreifen. Deshalb kann als Ueberblick die Stellungnahme der Interkantonalen Kommission für Steueraufklärung übernommen werden:

"Obschon der Wortlaut der verschiedenen Steuergesetze sehr unterschiedliche Formulierungen zeigt, sehen alle Kantone für die Bewertung nichtkotierter Wertpapiere grundsätzlich gleiche Regelungen vor. Daher schien es sinnvoll, dass alle Kantone sich auf eine Schätzung der Verkehrswerte nach einheitlichen Kriterien einigten. Sie stützten sich dabei auf die "Wegleitung zur Bewertung von Wertpapieren ohne Kurswert für die Vermögenssteuer", welche von der Konferenz staatlicher Steuerbeamter und der Eidg. Steuerverwaltung, Sektion Wertschriftenbewertung herausgegeben wird und welche letztmals 1982 neu festgelegt worden ist.

Massgebend zur Bewertung ist in der Regel der Verkehrswert im Zeitpunkt des Vermögenserwerbes durch den Erben oder Beschenkten. Dieser bemisst sich

- bei nichtkotierten Wertpapieren, die regelmässig vor- oder ausserbörslich gehandelt werden oder für die zuverlässige Geld- und Briefkurse bekannt sind, nach dem Mittel der im letzten Monat vor dem massgebenden Stichtag notierten Kurse;

- bei nichtkotierten Wertpapieren, die nur gelegentlich ausserbörsliche Kurse mit nicht einwandfrei überprüfbarem Aussagewert aufweisen, und bei nichtkotierten Wertpapieren, für die keine vor- oder ausserbörslichen Kursnotierungen bekannt sind, nach den Bewertungsregeln, welche die Wegleitung mit Beispielen näher erläutert, im ersten Fall unter angemessener Berücksichtigung der im letzten Monat vor dem massgebenden Stichtag notierten Kurse"[3][4].

---

1) LU, UR, GR, BS; Details siehe Steuerinformationen D. 12 S.24 f. (Stand Juli, 1985).

2) vgl. Steuerinformationen D. 12 S.25 (Stand Juli 1985)

3) Steuerinformationen D.12 S.25 (Stand Juli 1985)

4) Zur rechtlichen Situation der Wegleitung vgl. Peter Böckli, ASA 46, 481.

B. EINKOMMENS- UND ERTRAGSSTEUERN

1. Beteiligungsrechte sind Bestandteil eines Vermögenskomplexes

a) Erbfolge

Der erbrechtliche Uebergang von Beteiligungsrechten im GV auf die Erben löst zufolge Unentgeltlichkeit keine Besteuerung stiller Reserven aus. Die Beteiligungsrechte bleiben im übrigen bis zur Erbteilung im GV, sofern bis zu diesem Zeitpunkt keine Privatentnahme stattfindet[1]. Die einzelnen Erben sind über ihre anteilige Berechtigung am Vermögen der Erbengemeinschaft auch an den auf den Beteiligungsrechten angewachsenen stillen Reserven beteiligt[2]. Darauf übernehmen sie anteilmässig latente Einkommenssteuern und Sozialabgaben.

b) Schenkung

Vorne[3] wurde festgestellt, dass hier eine Realisation infolge Privatentnahme nicht stattfindet, da die stillen Reserven im GV objektiv und fiskalisch verknüpft bleiben[4]. Die Fortführung der Buchwerte des Veräusserers durch den Erwerber bewirkt jedoch, dass dieser auf den übertragenen stillen Reserven latente Einkommenssteuern und Sozialabgaben übernimmt.

---

1) vgl. Cagianut/Höhn, Unternehmungssteuerrecht, § 16 N 20
2) vgl. § 6 III. A. 3.
3) vgl. § 5 I. B. 1. a) und 7 I. B. 1.
4) vgl. Känzig, Kom. 1982, WStB 21 N 196: "Ein Vermögenskomplex, der eine betriebliche Einheit bildet und vom Eigentümer als Betrieb geführt wird, kann nicht Privatvermögen sein..."; vgl. Gurtner, ASA 45, 13 f. Zur Problematik der Schenkung von Geschäftsvermögen vgl. auch Christoph R. Fröhlich, Die Schenkung von Geschäftsvermögen in zivilrechtlicher, steuerwirtschaftlicher und steuerrechtlicher Sicht, (Diss.) Bern 1981.

2. Beteiligungsrechte werden als einzelnes Aktivum übertragen

a) Durch eine Personenunternehmung[1]

Die schenkweise Uebertragung von Beteiligungsrechten an eine **nahestehende Person** (z.B. einen Neffen des Geschäftsinhabers) ist einkommenssteuerlich als Ueberführung von GV ins PV zu qualifizieren[2]. Die Differenz zwischen Einkommenssteuerwert und Verkehrswert der Beteiligungsrechte unterliegt als Geschäftseinkommen des Veräusserers den Einkommenssteuern und Sozialabgaben. Der Neffe schuldet vom Verkehrswert die Schenkungssteuer und kann diesen als Einkommenssteuer- (im GV) oder Anlagewert (im PV geltend machen, da bei ihm eine Kapitaleinlage vorliegt.

Die unentgeltliche Uebertragung von Beteiligungsrechten im **Konzernverhältnis** zwischen Personenunternehmungen löst nach den Richtlinien der EStV v. 2.12.77[3] keine Besteuerung stiller Reserven aus, sofern auch der neue Anteilsinhaber buchführungspflichtig ist und auch die in Ziffer 1 der Richtlinien (Uebertragung von einer Personenunternehmung auf eine von den gleichen Unternehmern beherrschte Kapitalgesellschaft) genannten Voraussetzungen sinngemäss erfüllt sind.

b) Durch eine Kapitalgesellschaft

Die unentgeltliche Uebertragung von Beteiligungsrechten an eine **nahestehende Person** (z.B. einen Neffen des Hauptaktionärs) ist als geldwerte Leistung an den Anteilsinhaber zu qualifizieren.

---

1) vgl. Känzig, Kom. 1982, WStB 21 N 169.
2) vgl. SO RK Entscheide 1981 Nr. 10; nach Cagianut/Höhn (Unternehmungssteuerrecht, § 14 N 70) kann hier von einer Privatentnahme gesprochen werden, da die Entnahme unentgeltlich erfolgt.
3) vgl. § 8 I. B. 2. a)

Diese stille Kapitalentnahme bewirkt bei der übertragenden Kapitalgesellschaft als Gewinnvorwegnahme eine Aufrechnung der Differenz zwischen Ertragssteuerwert und Verkehrswert zum steuerbaren Gewinn[1] und zieht im Umfang des Verkehrswertes die Verrechnungssteuerpflicht nach sich. Die geldwerte Leistung unterliegt beim Anteilsinhaber im Umfang der Gewinnvorwegnahme der Einkommenssteuer sowie beim Neffen im Umfang des Verkehrswertes der Beteiligungsrechte der Schenkungssteuer[2].

Die steuerlichen Wirkungen der unentgeltlichen Uebertragung von Beteiligungsrechten zwischen Kapitalgesellschaften im <u>Konzernverhältnis</u> sind verschieden, je nachdem, ob die Uebertragung von der Mutter- auf eine Tochtergesellschaft oder von der Tochter- auf die Muttergesellschaft bzw. auf eine Schwestergesellschaft erfolgt. Während im ersten Fall eine steuerliche Abrechnung über die stillen Reserven unterbleiben kann, sind die stillen Reserven in den beiden andern Fällen zu besteuern, wobei im letzten Fall die Dreieckstheorie sowohl für die direkte Bundessteuer als auch für die Stempelabgaben und Verrechnungssteuern nicht angewendet wird. Bei Uebertragung von einer Kapitalgesellschaft auf eine von den gleichen Unternehmern beherrschte Personenunternehmung ist aus steuersystematischen Gründen abzurechnen[3].

II. Eintritt eines Anteilsinhabers

"Ein unentgeltlicher Neueintritt - ohne Uebertragung bestehender Beteiligungsrechte - kann nur in der Weise erfolgen, dass <u>Reserven in Beteiligungsrechte umgewandelt</u> werden ("Gratisaktien"), welche dem neuen Anteilsinhaber abgegeben werden"[4].

---

1) vgl. Känzig, Kom. 1962, WStB 49 N 57
2) Diese Behandlung gilt zum mindesten für die direkte Bundessteuer (Auskunft EStV v. 12.12.85).
3) vgl. Ziff. 3 + 4 der Richtlinien der EStV v. 2.12.77 (§ 8 I. B. 2. a)).
4) Cagianut/Höhn, Unternehmungssteuerrecht, § 16 N 32 (Im Original Hervorgehobenes ist unterstrichen).

A. AUSGABE VON GRATISAKTIEN

1. Gesellschaft

Von Ausnahmen abgesehen löst die Bildung von Grundkapital unter Verwendung von Reserven die Emissionsabgabe aus[1]. Eine Ertragsbesteuerung entfällt, sofern die nominelle Kapitalerhöhung aus Agio-Reserven oder aus von der Gesellschaft erwirtschafteten, besteuerten Gewinnen vorgenommen wird[2]. Dagegen ist die Liberierung der Gratisaktien durch offene oder stille Reserven der Gesellschaft verrechnungssteuerpflichtig[3]. Sofern die Bedingungen von VStG 20 und VStV 24 bei den anspruchsberechtigten Leistungsempfängern gegeben sind, kann die Verrechnungssteuerpflicht durch Meldung der steuerbaren Leistung (Verkehrswert der ausgegebenen Beteiligungsrechte) erfüllt werden[4].

2. Bisherige Anteilsinhaber

Handelsrechtlich stehen Gratisaktien nur den bisherigen Anteilsinhabern im Verhältnis ihrer bisherigen Quote an den Beteiligungsrechten zu. Diese Berechtigung ist das Bezugsrecht (OR 652), dessen Wert vom Ausgabepreis der neuen Beteiligungsrechte abhängt[5]. Grundsätzlich sind die bisherigen Anteilsinhaber berechtigt, die neuen Beteiligungsrechte erfolgswirksam zu bilanzieren[6]. Da die bisherigen Anteilsinhaber die Beteiligungsrechte unmittelbar nach der Ausgabe an den neuen Anteilsinhaber abtreten, ist indessen kein Grund für eine Verbuchung ersichtlich.

---

1) vgl. § 3 IV. B.
2) vgl. Würth, 98 f.
3) vgl. Praxis II/1 VStG 4 I b Nr. 132
4) vgl. Pfund, VStG 20 N 8; vgl. jedoch Praxis II/1 VStG 4 I b Nr. 25, 99, 134; VStV 24 Nr. 4; ASA 54, 396.
5) vgl. BGE 46 II 475
6) Ist der Anteilsinhaber an der kapitalerhöhenden Gesellschaft massgebend beteiligt, kann für die Kapitalerhöhung bei der direkten Bundessteuer der Beteiligungsabzug geltend gemacht werden, wenn die Verbuchung als Ertrag im Geschäftsjahr der Gratisaktienausgabe erfolgt (ASA 32, 277).

B. ABTRETUNG DER BEZUGSRECHTE

Mit der Ueberlassung von Gratisaktien an den neuen Anteilsinhaber treten die bisherigen Anteilsinhaber an diesen unentgeltlich Bezugsrechte ab[1]. Die steuerliche Beurteilung hängt wie beim Eintritt zum Nominalwert von der Rechtsform sowie vom Verhältnis zwischen den bisherigen und dem neuen Anteilsinhaber(n) ab[2]. Je nach der Konstellation liegt eine Schenkung, eine Kapitaleinlage oder eine geldwerte Leistung vor[3].

1. Schenkung

Sind sowohl die bisherigen wie der neue Anteilsinhaber Personenunternehmungen, nehmen die bisherigen Anteilsinhaber im Umfang der Differenz des Verkehrswertes ihrer Beteiligungsrechte vor und nach der Kapitalerhöhung eine einkommenssteuerpflichtige[4] Privatentnahme vor. Sinkt durch diese Kapitalentnahme der wirkliche Wert der Beteiligungsrechte unter den Buchwert, ist handelsrechtlich eine Bewertungskorrektur nötig. Einkommenssteuerlich kann diese Abschreibung nicht geltend gemacht werden, sondern hat zulasten des Kapital- oder Privatkontos zu erfolgen.

In der Differenz der Verkehrswerte vor und nach der Kapitalerhöhung liegt im weiteren eine Zuwendung an den neuen Anteilsinhaber vor, welche idR bei diesem als Schenkung steuerpflichtig ist. Anderseits kann er die Gratisaktien als Kapitaleinlage zu einem vorsichtig geschätzten Verkehrswert in seine Handels- und Steuerbilanz einsetzen.

---

1) vgl. Cagianut/Höhn, Unternehmungssteuerrecht, § 16 N 32

2) Die Steuerfolgen sind grundsätzlich mit jenen beim Eintritt zum Nominalwert identisch (§ 8 II. B. 2.), da sich der unentgeltliche Eintritt in Bezug auf die Abtretung der Bezugsrechte von jenem Tatbestand nur quantitativ unterscheidet.

3) vgl. Cagianut/Höhn, Unternehmungssteuerrecht, § 16 N 26

4) Damit sind auch die Sozialabgaben geschuldet.

Beispiel: Zur Veranschaulichung der Steuerfolgen kann grundsätzlich auf das Beispiel in § 8 II. B. 2. a) zurückgegriffen werden. Hier tritt jedoch C unentgeltlich als gleichberechtigter Anteilsinhaber in die kapitalerhöhende Gesellschaft ein. Daraus ergeben sich folgende Wirkungen bzw. Steuerfolgen: Der Verkehrswert der Beteiligungsrechte der bisherigen Anteilsinhaber A und B beträgt vor der Kapitalerhöhung je 650, nachher je 433; A und B nehmen im Umfang von je 217 eine Privatentnahme vor. Der Verkehrswert der Beteiligungsrechte des neuen Anteilsinhabers C beträgt 434, wofür er idR schenkungssteuerpflichtig wird. Bezüglich der Bewertung der Beteiligungsrechte bei A und B gelten grundsätzlich die in § 8 II. B. 2. a) gemachten Ausführungen. C ist berechtigt, die Beteiligungsrechte zum Verkehrswert (434) in seine Steuerbilanz einzusetzen.

2. Kapitaleinlage

Sind die Personenunternehmungen und/oder Kapitalgesellschaften als bisherige Anteilsinhaber am neuen Anteilsinhaber im gleichen Verhältnis wie an der kapitalerhöhenden Gesellschaft beteiligt, nehmen diese Anteilsinhaber eine Vermögensumschichtung innerhalb ihrer Beteiligungen vor. Die damit bewirkte Kapitaleinlage ist gewinnsteuerneutral. Zudem gelten die beim Eintritt zum Nominalwert gemachten Aussagen sinngemäss[1]. Dem neuen Anteilsinhaber ist zu gestatten, die Gratisaktien ohne Ertragssteuerfolgen zu einem vorsichtig ermittelten Verkehrswert in die Bilanz einzusetzen[2]. Die Ueberlassung der Bezugsrechte in Höhe des Verkehrswertes der Gratisaktien stellt einen der Emissionsabgabe unterliegenden Zuschuss der bisherigen Anteilsinhaber dar[3].

Beispiel: In Abänderung zum Beispiel in § 8 II. B. 2. b) fällt der innere Wert der Beteiligungsrechte von A und B an der kapitalerhöhenden Gesellschaft durch den Verzicht auf die Bezugsrechte um je 217. Im selben Ausmass erhöht sich jedoch der innere Wert der Beteiligungsrechte am eintretenden Anteilsinhaber C. Für die Bewertung bei den bisherigen Anteilsinhabern kann grundsätzlich auf die Ausführungen in § 8 II. B. 2. b) verwiesen werden. Der neue Anteilsinhaber C ist berechtigt, die Beteiligungsrechte zum Verkehrswert (434) in die Bilanz aufzunehmen. Dieser Betrag ist jedoch als Kapitaleinlage emissionsabgabepflichtig.

---

1) vgl. § 8 II. B. 2. b)

2) vgl. Cagianut/Höhn, Unternehmungssteuerrecht, § 8 N 20

3) In Anlehnung an Praxis II/1 StG 5 II a Nr. 3 (vgl. Wiedergabe des Textes in § 8 III. B. 2. c) S. 162 FN 2).

Bei ungleichmässiger Beteiligung der bisherigen Anteilsinhaber an der kapitalerhöhenden Gesellschaft und am neuen Anteilsinhaber verzichten die am neuen Anteilsinhaber gegenüber der Beteiligung an der kapitalerhöhenden Gesellschaft unterproportional beteiligten zugunsten der an dieser Gesellschaft überproportional beteiligten Anteilsinhaber auf Bezugsrechte. Je nach der Rechtsform der bisherigen Anteilsinhaber qualifiziert sich die Abtretung von Bezugsrechten zwischen diesen wiederum als Privatentnahme idR verbunden mit einer steuerpflichtigen Schenkung bzw. als geldwerte Leistung zwischen nahestehenden Personen[1].

Beispiel: Es gelten die Annahmen der Variante des Beispiels in § 8 II. B. 2. b). Der innere Wert der Beteiligungsrechte von A und B an der X-AG beträgt vor dem unentgeltlichen Eintritt von C 650. Nach dessen Eintritt beläuft sich der gesamte innere Wert der Beteiligungsrechte von A an der X-AG sowie an C auf 541; die Beteiligungsrechte von B an der X-AG sowie an C haben dagegen nach dem Eintritt von C einen gesamten innern Wert von 759. Die Besteuerung als Privatentnahme bzw. als geldwerte Leistung rechtfertigen sich aus dem Umstand, dass der verzichtende bisherige Anteilsinhaber die Verfügungsgewalt über diese Reservenanteile verliert.

3. Geldwerte Leistung

Hier gilt wiederum die Annahme, die bisherigen Anteilsinhaber an der kapitalerhöhenden Gesellschaft seien vollständig beherrschte Tochtergesellschaften des neuen Anteilsinhabers (Personenunternehmung oder Kapitalgesellschaft). Die Tochtergesellschaften als bisherige Anteilsinhaber erbringen der Muttergesellschaft wie beim Eintritt zum Nominalwert eine geldwerte Leistung[2]. Gleichzeitig sind sie je nach den Verhältnissen berechtigt, den Bilanzansatz der Beteiligungsrechte an der kapitalerhöhenden Gesellschaft steuerlich wirksam zu korrigieren.

Die Muttergesellschaft als neuer Anteilsinhaber ist nach der Besteuerung der Gratisaktien (Naturaldividende) in Höhe des Verkehrswertes als Beteiligungsertrag berechtigt, diesen Wert als

---

1) vgl. die zusätzlichen Ausführungen in § 8 II. B. 2. b) S. 152 FN 1.
2) vgl. § 8 II. B. 2. c)

massgebenden Anschaffungswert der Beteiligungsrechte an der kapitalerhöhenden Gesellschaft in ihre Bilanz einzusetzen. Anderseits kann sie die Beteiligung an den Tochtergesellschaften erfolgswirksam abschreiben, sofern deren wirklicher Wert durch die Abtretung der Bezugsrechte unter den Buchwert sinkt.

Beispiel: Es gelten die Annahmen des Beispiels in § 8 II. B. 2. c). C als Muttergesellschaft der bisherigen Anteilsinhaber A und B tritt jedoch unentgeltlich in die kapitalerhöhende Gesellschaft X-AG ein. Der Verkehrswert der Beteiligungsrechte von A und B an der X-AG beträgt vor deren Kapitalerhöhung wiederum je 650, nachher je 433. Die Tochtergesellschaften treten somit im Umfang von je 217 Bezugsrechte an ihre Muttergesellschaft ab, sodass sich deren Verkehrswert an der kapitalerhöhenden Gesellschaft X-AG auf 434 beläuft. In diesem Umfang liegt eine geldwerte Leistung der Tochtergesellschaften (A und B) an ihre Muttergesellschaft (C) vor. Die Muttergesellschaft erzielt daraus einen steuerbaren Beteiligungsertrag, ist aber anderseits je nach den Verhältnissen zu einer Substanzabschreibung auf den Beteiligungen an A und B berechtigt.

III. Austritt eines Anteilsinhabers

A. FOLGEN DER KAPITALHERABSETZUNG

1. Gesellschaft

Beim entschädigungslosen Austritt realisiert die kapitalherabsetzende Gesellschaft einen ertragssteuerfreien Buchgewinn. Liegen keine Verlustvorträge vor, kann der Buchgewinn unmittelbar einem Reservekonto gutgeschrieben werden[1]. War die Gesellschaft notleidend, wird der durch die Kapitalherabsetzung freiwerdende Betrag auf einem Sanierungskonto zur Wertberichtigung überbewerteter Aktiven, unterbewerteter Passiven sowie zur Beseitigung von Verlustvorträgen verwendet[2]. Die Sanierungsaufwendungen gelten dabei steuerlich als nicht vorgenommen[3].

---

1) vgl. Känzig, ZBl 66, 492; Weidmann, StR 37, 12.
2) vgl. Würth, 238; Weidmann, StR 37, 14 ff.
3) Ihre Verbuchung erfolgt zulasten des Eigenkapitals.

2. Austretender Anteilsinhaber

Der austretende Anteilsinhaber gibt das Eigentum an den Beteiligungsrechten unentgeltlich auf und verzichtet damit auf den Anspruch am ganzen Ergebnis der Teilliquidation. Das Ausscheiden aus der Vermögenssphäre verlangt bei ihm eine Ausbuchung der Beteiligungsrechte an der kapitalherabsetzenden Gesellschaft. Dabei entsteht jedoch idR kein steuerlich wirksamer Kapitalverlust, da der Verzicht freiwillig und aus privaten Motiven erfolgte[1]; vielmehr hat die Ausbuchung über ein Eigenkapitalkonto zu erfolgen.

B. ABTRETUNG DES TEILLIQUIDATIONSERGEBNISSES

Der austretende Anteilsinhaber überlässt das ihm zustehende Ergebnis der Teilliquidation den verbleibenden Anteilsinhabern, deren Beteiligungsrechte an der kapitalherabsetzenden Gesellschaft dadurch einen Zuwachs des innern Wertes erfahren. Die steuerliche Beurteilung richtet sich wie beim Austritt zum Nominalwert nach der Unternehmungsform der Beteiligten und dem Verhältnis zwischen dem austretenden und den verbleibenden Anteilsinhabern[2]. Je nach der Konstellation liegt eine Schenkung, eine geldwerte Leistung oder eine Kapitaleinlage des austretenden an die verbleibenden Anteilsinhaber vor[3].

1. Schenkung

Verzichtet ein Personenunternehmer als <u>austretender Anteilsinhaber</u> zugunsten von natürlichen Personen mit Beteiligungsrechten im GV auf das Ergebnis der Teilliquidation, nimmt er in der Differenz zwischen Buchwert und Verkehrswert der unentgelt-

---

1) vgl. Känzig, ZBl 66, 493
2) Die Steuerfolgen sind grundsätzlich gleich wie beim Austritt zum Nominalwert (§ 8 III. B. 2.), denn der Unterschied zum unentgeltlichen Austritt sind nur quantitativer Natur.
3) vgl. Cagianut/Höhn, Unternehmungssteuerrecht, § 16 N 33

lich aufgegebenen Beteiligungsrechte eine Privatentnahme vor.

Die verbleibenden Anteilsinhaber erhalten im Verhältnis ihrer Kapitalanteile vom austretenden Anteilsinhaber eine Zuwendung in Form des Zuwachses des innern Wertes ihrer Beteiligungsrechte, welche idR schenkungssteuerpflichtig ist. Zudem erhöhen sich als Folge der Kapitaleinlage ihre Einkommenssteuerwerte.

Beispiel: In Abänderung zum Beispiel unter § 8 III. B. 2. a) tritt A unter Rückgabe der Beteiligungsrechte unentgeltlich aus der kapitalherabsetzenden X-AG aus. Er verzichtet dabei auf den Verkehrswert der Beteiligungsrechte in Höhe von 500. Dieser Betrag wächst den verbleibenden Anteilsinhabern als Zunahme des innern Wertes der Beteiligungsrechte an der X-AG anteilmässig an. Deren Wert betrug vor der Kapitalherabsetzung 500, während er sich nachher auf 750 beläuft. A tätigt bei angenommen gleichem Buchwert (400) eine Privatentnahme von 100, während er den Verlust von 400 steuerlich nicht geltend machen kann. B und C haben idR je 250 als Schenkung zu versteuern. Dieser Betrag erhöht zudem den Einkommenssteuerwert ihrer Beteiligung.

2. Geldwerte Leistung

Der Verzicht eines austretenden Anteilsinhabers, an dem die verbleibenden Anteilsinhaber im gleichen Verhältnis wie an der kapitalherabsetzenden Gesellschaft beteiligt sind, stellt eine geldwerte Leistung der Tochtergesellschaft an ihre "Muttergesellschaften" dar. Diese ist beim austretenden Anteilsinhaber als geldwerte Leistung in der Differenz zwischen Buch- und Verkehrswert ertrags- und verrechnungssteuerpflichtig.

Beispiel: In Abänderung zu dem beim Austritt zum Nominalwert (§ 8 III. B. 2. b)) aufgezeigten Beispiel erfolgt der Austritt hier unentgeltlich. Die geldwerte Leistung an die Muttergesellschaften beträgt wiederum 100, während der ganze Buchwert (400) zulasten der Reserven auszubuchen ist.

Hinsichtlich der Bewertung der Beteiligungen bei den verbleibenden Anteilsinhabern kann auf die Ausführungen beim Austritt zum Nominalwert[2] verwiesen werden.

---

1) Der Wert der ausgebuchten Beteiligung ist dem Kapital- oder Privatkonto des Einzelfirma-Inhabers bzw. anteilmässig der Personengesellschafter zu belasten.

2) vgl. § 8 III. 2. b)

Sind die verbleibenden Anteilsinhaber am austretenden Anteilsinhaber nicht im gleichen Verhältnis beteiligt wie an der kapitalherabsetzenden Gesellschaft, verzichten die am austretenden Anteilsinhaber (gegenüber der Beteiligung an der kapitalherabsetzenden Gesellschaft) überproportional beteiligten zugunsten der unterproportional beteiligten verbleibenden Anteilsinhaber auf einen Anteil an den Reserven.

Beispiel: In Abänderung zu der beim Austritt zum Nominalwert (§ 8 III. B. 2. b)) aufgezeigten Variante zum Beispiel steht B rechnerisch vor dem unentgeltlichen Austritt von A gesamthaft ein innerer Wert von 625, nachher an der X-AG allein ein Wert von 750 zu. C dagegen hat vor dem Eintritt rechnerisch gesamthaft Anspruch auf einen Wert von 875, nachher an der X-AG allein einen solchen von 750. Da B den Mehrwert (125) jederzeit durch Verkauf der Beteiligungsrechte an der X-AG realisieren kann, liegt bei C im Falle einer Personenunternehmung eine Privatentnahme des Einzelfirma-Inhabers oder der Teilhaber einer Personengesellschaft vor. Ist C eine Kapitalgesellschaft, erfolgt eine geldwerte Leistung entweder an die B-AG direkt (bei Beherrschung durch den gleichen Aktionär) oder an ihren Aktionär C. Wie im Falle einer Personenunternehmung erbringt C als Privatperson eine bei B steuerpflichtige Schenkung. B seinerseits nimmt eine Kapitaleinlage entweder in seine Personenunternehmung B oder die Kapitalgesellschaft B-AG vor. Bei der Unternehmung B kann der Einkommens- bzw. Ertragssteuerwert der X-Beteiligung als Folge der Kapitaleinlage im Umfang der Schenkung steuerlich neutral heraufgesetzt werden.

3. Kapitaleinlage

Die als Anteilsinhaber austretende Muttergesellschaft nimmt zugunsten ihrer als Anteilsinhaber verbleibenden Tochtergesellschaften in dem Umfang eine Kapitaleinlage vor, als sie auf das Ergebnis der Teilliquidation an der X-AG verzichtet.

Beispiel: In Abänderung zum Beispiel bei Austritt zum Nominalwert (§ 8 III. B. 2. c)) tritt A als Muttergesellschaft der verbleibenden Anteilsinhaber B und C unentgeltlich aus der kapitalherabsetzenden Gesellschaft X-AG aus. Der Einbusse des Wertes der zurückgegebenen Beteiligungsrechte an der X-AG (500) steht ein Zuwachs des innern Wertes der Beteiligungsrechte an B und C von je 250 gegenüber. Die Kapitaleinlage beträgt je 250.

Bei der Muttergesellschaft als <u>austretendem Anteilsinhaber</u> ergeben sich gesamthaft betrachtet keine steuerlichen Wirkungen, denn sie nimmt nur eine Vermögensumschichtung innerhalb ihrer Beteiligungen vor. Der Ausbuchung der Beteiligungsrechte an der kapitalherabsetzenden Gesellschaft steht die Erhöhung des Bilanzwertes der Beteiligungsrechte an den Tochtergesellschaften als verbleibenden Anteilsinhabern gegenüber.

Die Tochtergesellschaften als <u>verbleibende Anteilsinhaber</u> haben auf dem Zuschuss der Muttergesellschaft die Emissionsabgabe zu entrichten. Sie sind im weiteren berechtigt, ihre Beteiligungsrechte an der kapitalherabsetzenden Gesellschaft bis zum geschätzten Verkehrswert erfolgsneutral aufzuwerten.

4. ABSCHNITT: BETEILIGUNGSRECHTE IM PRIVATVERMOEGEN (PV)

Bei den <u>entgeltlichen</u> Aenderungen im Bestand der Beteiligten ist zu unterscheiden zwischen Steuerordnungen mit (§ 10) und solchen ohne Kapitalgewinnbesteuerung (§ 11). Insbesondere in Steuerordnungen ohne Kapitalgewinnbesteuerung kann die Uebertragung von Beteiligungsrechten unter andern Rechtstiteln zur Besteuerung realisierter Mehrwerte führen (§§ 12 und 13). Die <u>unentgeltlichen</u> Aenderungen werden für beide Steuerordnungen zusammen dargestellt (§ 14).

§ 10 ENTGELTLICHE AENDERUNGEN BEI PRIVATER KAPITALGEWINNBESTEUERUNG

I. Uebertragung

Die Steuerfolgen beim übertragenden Anteilsinhaber sind im Regelfall unabhängig davon, ob die Uebertragung an einen neuen Anteilsinhaber, einen bisherigen Mitbeteiligten oder an eine von einem solchen beherrschte Gesellschaft bzw. an die emittierende Gesellschaft bzw. an deren Tochtergesellschaft erfolgt. Kapitalgewinnsteuerlich ist dagegen entscheidend, ob die Beteiligungsrechte zum Verkehrswert oder zum Anlagewert übertragen werden.

A. UEBERTRAGUNG ZUM VERKEHRSWERT

1. Realisationstatbestände

Mit der entgeltlichen Uebertragung von Beteiligungsrechten fliesst dem veräussernden Anteilsinhaber ein anderer Vermögenswert zu. Hat dieser Geld- oder geldwerten Charakter, realisiert der Veräusserer einen Kapitalgewinn auf beweglichem PV[1]. Als Realisationstatbestände fallen somit u.a. der Verkauf, der Tausch sowie die Uebertragung von PV ins GV (einer Personenunternehmung oder einer juristischen Person) in Betracht[2]. Im folgenden interessieren insbesondere der Verkauf sowie die Einbringung von Beteiligungsrechten des PV in das GV einer beherrschten Kapitalgesellschaft als Spezialfall des Tausches.

2. Besteuerungssysteme

a) Uebersicht

Im geltenden Recht besteuert nur eine Minderheit der Kantone[3] die Kapitalgewinne auf beweglichem PV. Allein der Kanton GR erfasst die Kapitalgewinne im Rahmen der Einkommenssteuer. Die Kantone BE, JU, BS, BL, TG erheben eine umfassende Sonderkapitalgewinnsteuer, während SG und VS nur Gewinne aus wesentlichen Beteiligungen (mindestens 20 % des Grundkapitals bzw. der Stimmrechte) zur Besteuerung heranziehen.

---

[1] Oesch (108) versteht unter der Realisation von Kapitalgewinnen auf beweglichem PV "das durch Veräusserung oder Verwertung bewirkte Ausscheiden von beweglichen Vermögensobjekten aus dem Privatvermögen des Steuerpflichtigen gegen Entgelt oder gegen andere geldeswerte Leistungen".

[2] Keine Realisationstatbestände sind nach Oesch (109) die unentgeltlichen Veräusserungen in Form des Erbganges, der Realerbteilung, des Erbvorbezuges, des Erbauskaufs i.S. von ZGB 495 sowie der Schenkung.

[3] BE 77, SO 35 (bis 31.12.85), BS 55, BL 37, SG 34, GR 19, TG 38, VS 34, JU 86; in TI (43) ist die Beteiligungsgewinnsteuer vorgesehen; sie wurde aber aufgrund einer Motion im Kantonsparlament bis zu einer allfälligen gesamtschweizerischen Einführung im Rahmen der Steuerharmonisierung sistiert. (vgl. Botschaft Steuerharmonisierung, 39; Zuppinger/Böckli/Locher/Reich, 12). Damit bleiben dort auch Beteiligungsgewinne auf wesentlichen Beteiligungen bis auf weiteres steuerfrei. In TG soll die Kapitalgewinnsteuer auf PV auf 1.1.87 aufgehoben werden (vgl. W. Maute, Partialrevision des Steuergesetzes per 1.1.1987, Der Schweizer Treuhänder 11/85, 349). Einen gleichen Schritt scheint der St. gallische Gesetzgeber zu erwägen. Dort wird die vorgesehene Abschaffung der Beteiligungsgewinnsteuer vor allem damit begründet, dass eine gesamtschweizerische Einführung auf Jahre hinaus unwahrscheinlich sei, sodass die angestrebte Wirkung nur bedingt erzielt werden könne (vgl. NZZ v. 19.11.85, 37). Auch der Berner Gesetzgeber strebt eine Abschaffung der Vermögensgewinnsteuer an (vgl. NZZ v. 21.11.85, 37). Zum Stand der Gesetzgebung per 1.1.1986 vgl. auch Steuerinformationen, D. 15.

Nur noch im Kanton GR werden die privaten Kapitalgewinne zusammen mit dem übrigen Einkommen besteuert. Die Kantone BL, SG, TG und VS erfassen die Gewinne auf beweglichem PV gesondert nach dem Tarif der Einkommenssteuer; SG und VS erheben die Steuer in Form einer speziellen Einkommenssteuer als Beteiligungsgewinnsteuer. BE, BS und JU erheben eine Sondersteuer. Diese ist in BE und JU als Vermögensgewinnsteuer, in BS als Kapitalgewinnsteuer ausgestaltet.

In den Kantonen BE, GR, TG und JU ist die Erhebungsdauer zeitlich beschränkt. Bei einer Besitzesdauer von mindestens 7 Jahren ist in TG, bei über 10 Jahren in BE, GR und JU auf den Kapitalgewinnen keine Steuer mehr zu entrichten.

Da die Gewinne auf PV nur noch in den Steuergesetzen von BE und JU in die Einkommensgeneralklausel einbezogen sind, ist in den übrigen Kantonen eine Besteuerung der privaten Kapitalgewinne nur aufgrund einer ausdrücklichen gesetzlichen Vorschrift möglich[1].

b) Beurteilung

Die Hinzurechnung aller Kapitalgewinne auf dem beweglichem PV zu den übrigen Einkommenselementen trägt der gesamten wirtschaftlichen Leistungsfähigkeit am konsequentesten Rechnung[2]. Die Ausgestaltung der Einkommenssteuer als Subjektsteuer bedingt jedoch die vollständige Verrechnungsmöglichkeit aller Kapitalverluste mit den übrigen Einkommensbestandteilen. Diesen Schluss hatte bis zum 31.12.85 nur SO gezogen[3]. Der Besteuerung mit den übrigen Einkommensbestandteilen wird jedoch entgegengehalten, die volle Ertrags-Poolwirkung lasse sich bei nicht linearen

---

[1] vgl. Zuppinger/Böckli/Locher/Reich, 97
[2] vgl. Böckli, Rechtsvergleich, 356
[3] vgl. Oesch, 94, 100; Böckli, Rechtsvergleich, 356, FN 94.

Steuersätzen mit dem Leistungsfähigkeitsprinzip kaum vereinbaren[1].

Der materielle Unterschied zwischen der gesonderten Besteuerung nach dem Tarif der Einkommenssteuer und der Erhebung einer Sondersteuer liegt darin, dass beim ersten System die Kapital- bzw. Beteiligungsgewinne Bestandteil des steuerbaren allgemeinen Einkommens darstellen, während die Steuergesetze beim zweiten System die privaten Kapitalgewinne als eigene steuerbare Vermögenszuflüsse behandeln. Der Vorteil einer Sondersteuer liegt darin, dass diese Kantone in ihre Steuergesetze eigene und gegenüber dem Einkommenssteuertarif u.U. erhöhte Kapitalgewinnsteuertarife aufnehmen können, ohne sich dem Vorwurf der Systemwidrigkeit auszusetzen[2]. Gegen eine umfassende Sonderkapitalgewinnsteuer spricht indessen neben dem ungünstigen Verhältnis zwischen Verwaltungsaufwand und Ergiebigkeit die rechtlich nicht akzeptable Konsequenz, dass Kapitalverluste, denen zeitgerecht keine oder nicht genügend Kapitalgewinne gegenüberstehen, unberücksichtigt bleiben[3].

Die Beteiligungsgewinnsteuer soll insbesondere dazu dienen, beherrschenden und wesentlich beteiligten privaten Anteilsinhabern zu verunmöglichen, die durch sukzessive Ansammlung von Reserven in der Kapitalgesellschaft auf der Beteiligung angewachsenen Mehrwerte steuerfrei zu realisieren[4]. Gegen diese Steuer wird jedoch vorgebracht[5], sie verletze mit der willkürlichen Abgrenzung zwischen wesentlichen und unwesentlichen Beteiligungen (bei 20 % des Grundkapitals bzw. der Stimmrechte) die Rechtsgleich-

---

1) Insbesondere wird geltend gemacht, die einmalige Globalbesteuerung führe wegen der Progression zu einer überproportionalen Belastung der über mehrere Steuerperioden akkumulierten Wertzuwächse und tangiere den Grundsatz der Periodizität der Steuer (vgl. Zuppinger/Böckli/Locher/Reich, 108 f.).

2) vgl. Oesch, 97, z.B. BE 90 I: Zuschlag von 40 %.

3) vgl. Zuppinger/Böckli/Locher/Reich, 108

4) vgl. Cagianut, ASA 42, 437

5) vgl. Böckli, ASA 42, 369

heit, sie könne eine Dreifachbesteuerung mit sich bringen, führe zu einer unzulässigen Verallgemeinerung von Steuerumgehungsabsichten, benachteilige die Eigentümer von Minderheitsbeteiligungen und strebe einen übertriebenen Perfektionismus an. Auf diese Vor- und Nachteile ist hier nicht einzugehen, nachdem die Beteiligungsgewinnsteuer im Rahmen der laufenden Steuerharmonisierung von verschiedensten Seiten eine Würdigung erfahren hat[1].

Im weiteren ist auch nicht auf einzelne Probleme der Besteuerung privater Kapitalgewinne einzugehen. Dazu kann auf die grundlegenden Arbeiten zu diesem Thema[2] sowie die Monographien[3] und Kommentare[4] zu einzelnen kantonalen Steuerrechten verwiesen werden[5].

---

1) vgl. z.B. Zuppinger/Böckli/Locher/Reich, 109 ff. und die dort zitierten Autoren.

2) W.A. Schütz, Einmalige Wertzugänge in der Einkommensbesteuerung, Zürich 1952; Claude Kahn, Die Besteuerung des Kapitalgewinnes, Zürich 1954; Ernst Höhn, Die Besteuerung der privaten Gewinne (Kapitalgewinnbesteuerung), Zürich 1955; Max Oesch, Die steuerliche Behandlung der Wertzuwachsgewinne auf dem beweglichen Privatvermögen, Bern 1975. Maurice Dormond, L'imposition des gains en capital sur la fortune mobiliére privée, Lausanne 1974.

3) F.A. Bodmer, Die Kapitalgewinnbesteuerung nach dem neuen zürcherischen Steuerrecht, Zürich 1955; Felix von Streng, Die Besteuerung der Kapital- und Liquidationsgewinne nach thurgauischem Steuerrecht, unter Berücksichtigung des gesamt-schweizerischen Steuerrechts, Freiburg 1956; Eugen David, Die sanktgallische Beteiligungsgewinnsteuer, Grundlagen, Verfassungsmässigkeit, Probleme der Ausgestaltung, Zürich 1974; Thomas Christen, Kapitalgewinne auf beweglichem Privatvermögen in basellandschaftlichem und baselstädtischem Steuerrecht, Basel 1983.

4) Heinz Weidmann, Wegweiser durch das st. gallische Steuerrecht, 3.A. Bern 1979; E. Grüninger/W. Studer, Kommentar zum Basler Steuergesetz, 2.A. Basel 1970; H. Gruber, Handkommentar zum bernischen Gesetz über die direkten Staats- und Gemeindesteuern 4. A. Bern 1981.

5) Für die Beteiligungsgewinnsteuer in SG ist immerhin darauf hinzuweisen, dass der Sondercharakter der privaten Kapitalgewinne dazu geführt hat, dass der Gesetzgeber mit dem III. Nachtragsgesetz per 1.1.83 Sonderregelungen vornehmen musste und damit diese Gewinne teilweise wieder aus dem Steuersystem für ordentliches Einkommen ausgegliedert hat. So wurde einerseits eine Ermässigung für lange Eigentumsdauer wiedereingeführt, anderseits die tarifarische Progression für höhere Gewinne weitergeführt (für weitere Ausführungen vgl. Heinz Weidmann, Neuerungen im st. gallischen Steuerrecht, StR 38)1983), 1 ff.; insbes. 9 ff.).

B. UEBERTRAGUNG ZUM ANLAGEWERT

1. Uebertragung an Dritte

Werden Beteiligungsrechte zum Anlagewert an Dritte übertragen, liegt ein gemischtes Rechtsgeschäft vor. Der Veräusserer realisiert keinen Kapitalgewinn. Kapitalgewinnsteuerlich ergeben sich keine Folgen, wenn das Rechtsgeschäft als Ganzes betrachtet, d.h. die Einheitstheorie angewandt wird. Nach der vom deutschen BFH seit 1980[1] befolgten Trennungstheorie wäre das Geschäft dagegen im Verhältnis Entgelt/Verkehrswert in eine voll entgeltliche und eine voll unentgeltliche Anteilsübertragung aufzuspalten[2].

Beispiel:
Ein Vater veräussert an seine Kinder Beteiligungsrechte zum Anlagewert von 100, obwohl der Verkehrswert 400 beträgt. Bei Anwendung der Trennungstheorie realisiert der Vater einen Veräusserungsgewinn von 75 (100 ./. 1/4 des Anlagewertes (25) = 75).

Nach der Einheitstheorie wird das gemischte Rechtsgeschäft als Ganzes betrachtet und im aufgeführten Beispiel keine Realisation von Mehrwerten angenommen, da der Veräusserungspreis den Anlagewert nicht übersteigt. Die Trennungstheorie wird in der Schweiz für die Kapitalgewinnsteuern, soweit ersichtlich, nur in BS verfochten[3]. Als Rechtfertigung dieser Behandlung wird geltend gemacht, die Anwendung der Einheitstheorie führe zu sachlich nicht begründeter Verlustanrechnung, wenn der reduzierte Erlös niedriger sei als der Gestehungswert des ganzen Ver-

---

1) Urteil vom 17.7.1980 IV R 15/76, BFHE 131, 329 = BStBL. II 1981, 11 = StRK EStG (bis 1974) § 17 R 52. Groh (225) räumt ein, dass der BFH möglicherweise anders entschieden hätte, sofern er über die gemischte Schenkung einer kompletten wesentlichen Beteiligung zu befinden gehabt hätte. In einem solchen Falle wären die Anteile zeitlich unbegrenzt steuerverhaftet geblieben, sodass der Erwerber die stillen Reserven des Rechtsvorgängers hätte fortführen können. Im Urteilsfall schieden jedoch die Anteile, soweit entgeltlich veräussert, aus der Steuerverhaftung aus, sodass die stillen Reserven realisiert werden mussten.

2) vgl. Groh, 217

3) vgl. Christen, 94

mögensobjektes[1]. Dieser Argumentation ist entgegenzuhalten, dass die Geltendmachung eines Kapitalverlustes ohnehin entfällt, wenn die Vereinbarung eines unangemessen tiefen Kaufpreises ihre Ursache in persönlichen oder gesellschaftsrechtlichen Beziehungen zum Erwerber hat[2]. In den übrigen Fällen ist die Anerkennung eines Kapitalverlustes hinzunehmen. Dann wird sich allerdings der Erwerber den reduzierten Erwerbspreis seinerseits als Anlagewert[3] anrechnen lassen müssen. Dies hat zur Folge, dass er anlässlich der Veräusserung einen (um diesen tieferen Anlagewert) höheren Kapitalgewinn zu versteuern hat; eine solche Behandlung entspricht dem Prinzip der Besteuerung nach der wirtschaftlichen Leistungsfähigkeit[4].

Entscheidend ist m.E. in erster Linie, ob der Veräusserer einen Kapitalgewinn realisiert, mit dem er die Steuer finanzieren kann. Dies ist jedoch bei Anwendung der Trennungstheorie nicht gegeben. Deshalb stellt sich im Falle der Besteuerung ernsthaft die Frage der Verfassungsmässigkeit einer solchen Regelung[5].

---

1) Erstaunlicherweise vertraten im Gegensatz zur ORK (ZH RB 1938 Nr. 11) auch die Zürcher Kommentatoren (vgl. R/Z/S II ZH 23 N 22) für die auf 1.1.71 aufgehobene Kapitalgewinnsteuer die Aufspaltungsmethode. Auch für Christen (94) stellt die Aufspaltungsmethode eine überzeugende Berechnungsmethode dar.

2) vgl. Knobbe-Keuk, Bilanz- und Unternehmenssteuerrecht, 567; gl.M. Dr. h.c. E. Schärrer (Tf. v. 22.10.85).

3) Wird im obigen Beispiel angenommen, der Vater habe zwei Söhnen Beteiligungsrechte mit gleichem Verkehrswert überlassen, müssen sich diese einen Anlagewert von je 50 anrechnen lassen.

4) Die negativen Folgen der Aufspaltungsmethode zeigen sich mit aller Schärfe bei der Schenkung hypothezierter Liegenschaften. Wird die Uebernahme der hypothekarischen Belastung als Gegenleistung an den Schenkgeber qualifiziert, realisiert dieser einen steuerbaren Kapitalgewinn, sofern die Belastung höher ist als der Erwerbspreis (oder ein als Ersatz dafür berechneter Steuerwert vor 10 Jahren). Die Schuldübernahme wird als Realisationsakt betrachtet, obwohl der Schenkgeber keine liquiden Mittel erhalten hat (vgl. M. Baumgartner, Schenkungen von Liegenschaften haben ihre Tücken, Der Schweizer Treuhänder 2/83, 350).

5) vgl. dazu, Francis Cagianut, Grundsätzliche Erwägungen über die Schranken der steuerlichen Belastung des Eigentums nach schweizerischem Recht, ASA 47 (1978/79), 67 ff. Höhn, ZBl 80, 241 ff. Aufgrund des Urteils des BGr v. 29.2.80 (ASA 51, 552) müsste wohl mit der Abweisung einer Willkürbeschwerde gerechnet werden.

Jedenfalls liefert im Hinblick auf das Gleichheitsgebot
das Leistungsfähigkeitsprinzip ein gewichtiges Argument, der
Einheitstheorie den Vorzug einzuräumen. Wird die gesamtheitliche
Betrachtungsweise bei den Kapitalgewinnsteuern angewandt und
somit für die übertragenen Mehrwerte bis zur nächsten massgebenden Handänderung ein Steueraufschub gewährt, ist nicht einzusehen, weshalb das Unternehmungssteuerrecht im gleichen Fall eine
Realisation annehmen sollte. Auch im Einkommens- und Grundstückgewinnsteuerrecht rechtfertigt sich die Gewährung eines Steueraufschubes; im Einkommenssteuerrecht ist jedoch erforderlich,
dass ein ganzes Geschäft oder ein Geschäftsanteil zu Buchwerten
übertragen bzw. deren stille Reserven einem eintretenden bzw.
den verbleibenden Teilhabern überlassen werden.

Bei Uebertragung zum Anlagewert ist der begünstigte Erwerber
für die Differenz zwischen Anlagewert und höherem Verkehrswert
der Beteiligungsrechte schenkungssteuerpflichtig.

2. Uebertragung an eine beherrschte Gesellschaft

Die Uebertragung zum Anlagewert an eine beherrschte Gesellschaft
ist eine verdeckte Kapitaleinlage. Vorne[1] wurden die unterschiedlichen steuerlichen Wirkungen bei der Gesellschaft im Fall
der Steuerpflicht des Einlegers aufgezeigt. Im Hinblick auf diese Behandlung ist deshalb zu prüfen, ob eine Steuerordnung,
welche den Einbringungstatbestand nicht generell als steuerpflichtig erklärt, bei Uebertragung zum Anlagewert allein aufgrund
des Realisationstatbestandes des Tausches den eingebrachten Mehrwert beim Einleger besteuern kann.

Beim Unterverkauf an eine beherrschte Gesellschaft nimmt der
innere Wert der bestehenden Beteiligungsrechte zu. Bei der Sacheinlage erscheint der Mehrwert in den neuen Beteiligungsrechten.

---

1) § 8 II. A. 1. b)

In beiden Fällen hat eine Besteuerung m.E. zu unterbleiben, wenn das erhaltene Entgelt mit den veräusserten Beteiligungsrechten wirtschaftlich identisch ist. In der schweizerischen Literatur[1] wird der Austausch von Beteiligungsrechten insbesondere bei Fusionen und fusionsähnlichem Tatbestand wegen der wirtschaftlichen Identität der Vermögensobjekte nicht als Gewinnrealisierung betrachtet; dennoch nimmt die Steuerpraxis auch in diesen Fällen vielfach eine Realisierung an[2]. Wird die Verneinung der Gewinnrealisierung wie im GV von der Unfreiwilligkeit des Tausches abhängig gemacht, kann auch im vorliegenden Falle ein Steueraufschub nicht gewährt werden[3]. Wird dagegen bloss verlangt, dass der Einleger seine Kapitalanlage fortsetzt, scheint im Falle der Einbringung von Beteiligungsrechten zum Anlagewert in eine beherrschte Gesellschaft ein Steueraufschub gerechtfertigt. Entgegen der Ansicht von Oesch[4] ist die Fortsetzung der Kapitalanlage durchaus ein taugliches Kriterium zur Abgrenzung der steuerfreien von den steuerbaren Tatbeständen. Die bei der Sacheinlage neu herausgegebenen Beteiligungsrechte sind auch objektiv betrachtet ein Surrogat der eingebrachten Beteiligungsrechte. Dies trifft vermehrt zu beim Unterverkauf, bei welchem bloss der innere Wert der bestehenden Beteiligungsrechte zunimmt und der Einleger kein Ersatzgut erhält. Die Fortsetzung der Kapitalanlage ist nach Strickler[5] dann gewährleistet, wenn einerseits die spezifische objektive Beziehung zwischen dem Beteiligten und der Gesellschaft fortbesteht und anderseits die Kontinuität der spezifischen subjektiven Beziehung zwischen dem Beteiligten und der Gesellschaft gewahrt bleibt; beides trifft idR zu,

---

1) vgl. Gutachten 1970, 129 ff.; Oesch, 119 ff.; Reich, Realisation, 150 ff.
2) vgl. Cagianut/Höhn, Unternehmungssteuerrecht, § 16 N 7; § 18 N 42.
3) Bereits an jener Stelle (§ 8 I. B. 2.) wurde gefordert, dass auch ein wirtschaftlicher Zwang genügen sollte, um eine steuerneutrale Behandlung zu erreichen. Ein wirtschaftlicher Zwang zu einer Umgestaltung der Beteiligungsverhältnisse kann auch für den Anteilsinhaber von Beteiligungsrechten des PV z.B. im Hinblick auf den Erbgang gegeben sein.
4) vgl. Oesch, 113 f.
5) vgl. Strickler, 59

denn beherrscht der Einleger die übernehmende Gesellschaft, hat er bloss die direkte in eine indirekte Einflussmöglichkeit umgetauscht. Erfüllen somit bei Sacheinlage die erhaltenen Beteiligungsrechte in objektiver Hinsicht die Funktion der Kapitalanlage, ist die Neutralität der Transaktion kapitalgewinnsteuerlich zu bejahen, denn in subjektiver Sicht bleibt die Beziehung zwischen dem Beteiligten und den eingebrachten Beteiligungsrechten über die beherrschende Stellung an der übernehmenden Gesellschaft gewahrt. An den Nachweis der Funktion als Kapitalanlage sollten zur Ermöglichung wirtschaftlich sinnvoller Umstrukturierungen keine allzu hohen Anforderungen gestellt werden. Dabei sollte genügen, dass der Beteiligte glaubhaft macht, dass er die Kapitalanlage mit den neuen Beteiligungsrechten fortsetzen will. Die Neutralität des Einbringungsvorganges könnte u.U. an die Bedingung geknüpft werden, dass die Beteiligungsrechte innerhalb einer Sperrfrist nicht veräussert werden dürfen.

II. Eintritt eines Anteilsinhabers

Hier wird vorausgesetzt, der Eintrittspreis des neuen Anteilsinhabers entspreche dem Verkehrswert bzw. dem Nominalwert[1] der neu ausgegebenen Beteiligungsrechte. Die Steuerfolgen bei der Gesellschaft wurden vorne[2] dargestellt. Hier ist insbes. auf die Steuerfolgen der Beteiligten (mit Beteiligungsrechten im PV) einzugehen.

A. EINTRITT ZUM VERKEHRSWERT

Zum vollständigen Einkauf in die offenen und stillen Reserven stehen dem neuen Anteilsinhaber abgesehen von der vollen Anrechnung auf Grundkapital zwei Wege offen: Kapitaleinlage mit Agio

---

1) Für die Folgen im umgekehrten Fall, d.h. bei Einlage über dem Verkehrswert der Beteiligungsrechte vgl. Knobbe-Keuk, StbJb 1978/79, 438 ff.; Schärrer, Liquidation, 9; vgl. auch ZBl 83, 274 = StR 37, 468.
2) vgl. § 3 II. A. 1.

und Kapitaleinlage ohne Agio mit Bezugsrechtskauf. Selbstverständlich ist auch eine Kombination dieser Varianten möglich.

1. Agio-Einlage

Die Agio-Einlage (Gutschrift auf dem Reservekonto) stellt wie die Gutschrift auf dem Grundkapitalkonto im gesamten Umfang der Einlage für den neuen Anteilsinhaber eine Vermögensumschichtung[1] in seinem PV dar: Abnahme Kassenbestand, Zunahme Wertschriftenbestand. Der Emissionspreis der neuen Beteiligungsrechte stellt somit bei späterer Veräusserung den massgebenden Anlagewert dar. Da die Kapitaleinlage des neuen Anteilsinhabers dem anteiligen Verkehrswert seiner Kapitalquote entspricht, hat die Abtretung des Bezugsrechts für die bisherigen Anteilsinhaber keine Verwässerung des innern Wertes ihrer Beteiligungsrechte zur Folge. Rechnerisch nimmt ihre Beteiligungsquote an der kapitalerhöhenden Gesellschaft jedoch ab.

2. Nominalwert-Einlage mit Bezugsrechtskauf

In Kantonen mit Agiobesteuerung lässt sich die Ertragsbesteuerung bei der Gesellschaft vermeiden, wenn der neue Anteilsinhaber die neuen Beteiligungsrechte zu pari liberiert und den bisherigen Anteilsinhabern die Verwässerung des innern Wertes ihrer Beteiligungsrechte entschädigt (Bezugsrechtskauf).

Beim neuen Anteilsinhaber stellt der ganze für den Erwerb der Beteiligungsrechte aufgewendete Betrag Gestehungskosten dar. Die bisherigen Anteilsinhaber nehmen mit dem Verkauf der Bezugsrechte eine Teilveräusserung vor; ein Teil der alten Beteiligungsrechte wird verselbständigt, m.a.W. ihre Vermögenssubstanz vermindert[2]. Der Substanzverzehr verlangt, den Bezugsrechtserlös

---

1) vgl. Känzig, ZBl 66, 470
2) vgl. Strickler, 56; Christen, 153; Grüninger/Studer, 230.

im Rahmen der Kapitalgewinnbesteuerung zu erfassen.

Dem Charakter der Teilveräusserung entsprechend, muss dem Bezugsrechtserlös bei der Berechnung des steuerbaren Kapitalgewinnes ein Einstandswert gegenübergestellt werden[1]. Dessen Ermittlung bietet indessen in der Praxis oft erhebliche Schwierigkeiten, denen mit der Anwendung folgender Berechnungsmethoden begegnet wird: Verfahren der vollen Gewinnanrechnung, Verfahren mit festem Kostenanteil und Verfahren mit voller Kostenanrechnung[2]. Das <u>Verfahren der vollen Gewinnanrechnung</u> geht davon aus, dass den Bezugsrechten kein Einstandspreis zuzurechnen ist. Der Erlös aus der Veräusserung der Bezugsrechte wird daher in vollem Umfang als Kapitalgewinn betrachtet. Als Folge davon bleibt der Einstandswert der alten Beteiligungsrechte trotz Abspaltung des Anrechtes unverändert. Diese sachwidrige Behandlung wird in der Literatur abgelehnt[3]. Beim <u>Verfahren mit festem Kostenanteil</u>, welches sich gegenüber den übrigen Berechnungsmethoden durchgesetzt hat, können die Gestehungskosten des Bezugsrechts mit einer Formel errechnet werden[4]. Die Gestehungskosten der alten

---

1) vgl. Zindel, 311; Strickler, 55.

2) Nähere Ausführungen finden sich bei Käfer K.; Besteuerung von Aktien-Bezugsrechten, in: Fragen des Verfahrens- und Kollisionsrechtes, Festschrift zum 70. Geburtstag von H. Fritsche, Zürich 1952, 59; Strickler, 26 ff.; Christen, 153 ff.; Zindel, 311 f.

3) für BS und BL vgl. Christen, 153; das Festhalten an der unwiderlegbaren Regel, wonach der Erlös aus dem Anrechtsverkauf in vollem Umfang Kapitalgewinn sei, kann den wirtschaftlichen Gegebenheiten widersprechen, sodass ein allfälliger Verlust in einen Gewinn umgedeutet wird. "Man fragt sich, wie eine solche "Umgestaltung" eines Verlustes in einen Gewinn lediglich aus Gründen der erhebungstechnischen Vereinfachung verfassungsrechtlich Bestand haben kann" (Zuppinger/Böckli/Locher/Reich, 105).

4) $\dfrac{\text{Anzahl neue Aktien}}{\text{Anzahl alte + Anzahl neue Aktien}} \times (\text{Erwerbspreis alte Aktie} - \text{Emissionspreis neue Aktie})$

"Der besondere Vorteil dieser "Methode der festen Anteile" am Anlagewert liegt darin, dass der Tageskurs der alten Aktie nicht bekannt sein muss, was besonders bei nichtkotierten Papieren von grossem Vorteil ist" (Strickler, 56).

Aktie reduzieren sich hier entsprechend den Gestehungskosten des von ihr abgetrennten Bezugsrechtes[1]. Das <u>Verfahren der vollen Kostenanrechnung</u> findet vorzugsweise dort Anwendung, wo das Bezugsrecht nicht verkauft, sondern ausgeübt wird; dabei gelten Gewinne aus der Veräusserung von Bezugsrechten, soweit sie die Gestehungskosten der bisherigen Aktien nicht übersteigen, nicht als Kapitalgewinn. Dagegen ist dieser bei einer allfälligen späteren Veräusserung von deren Gestehungskosten abzuziehen. Mit dieser Methode wird eine "vorzeitige Besteuerung von Teilgewinnen, die später durch Verluste auf dem Verkauf der Restaktie wieder aufgehoben werden können, unbedingt verhindert"[2]. Wohl mit aus diesem Grunde wird dieses Verfahren im System der Beteiligungsgewinnsteuer angewendet[3].

B. EINTRITT ZUM NOMINALWERT

Weist die Gesellschaft offene und/oder stille Reserven auf, kommt den zum Nominalwert liberierten Beteiligungsrechten ein höherer innerer Wert zu. Rechtlich liegt eine unentgeltliche Uebertragung von Bezugsrechten von den bisherigen auf den neuen Anteilsinhaber vor[4]. Die steuerliche Beurteilung hängt von der Unternehmungsform und vom gegenseitigen Verhältnis der Anteilsinhaber ab. Sind die bisherigen und der neue Anteilsinhaber natür-

---

1) vgl. Christen, 155; Diese Methode wurde z.B. in ZH unter der Herrschaft der Kapitalgewinnsteuer (1950-1970) bei der Veräusserung von Bezugsrechten angewandt, während bei der Ausübung der Bezugsrechte das Verfahren mit voller Kostenanrechnung Anwendung fand (vgl. R/Z/S II ZH 23 N 132 ff.). In SO ist dieses Verfahren ausdrücklich (SO 37 IV) vorgesehen.

2) R/Z/S II ZH § 23 N 135

3) SG 22 VV; vgl. David, 138; vgl. jedoch GVP 1982 Nr. 19. Auch nach DBGE 45 III gilt der Erlös aus der Veräusserung von Bezugsrechten nicht als Beteiligungsgewinn. Die Besteuerung wird in dem Sinne aufgeschoben, als nach DBGE 47 V allfällige Erlöse aus der Veräusserung von Bezugsrechten von den Gestehungskosten der "wesentlichen Beteiligungen" abzuziehen sind.

4) vgl. Cagianut/Höhn, Unternehmungssteuerrecht, § 16 N 26

liche Personen, liegt in der Höhe des Wertes der abgetretenen
Bezugsrechte idR eine Schenkung der bisherigen an den neuen Anteilsinhaber[1]. Sofern der neue Anteilsinhaber eine Kapitalgesellschaft ist, an der die bisherigen Anteilsinhaber mit Beteiligungsrechten im PV im gleichen Verhältnis wie an der kapitalerhöhenden Gesellschaft beteiligt sind, liegt nur eine Kapitaleinlage der bisherigen Beteiligten in diesen neuen Anteilsinhaber vor[2]. Sind die bisherigen Anteilsinhaber (natürliche Personen) am eintretenden Anteilsinhaber (Kapitalgesellschaft) und an der kapitalerhöhenden Gesellschaft ungleichmässig beteiligt, erbringen die am neuen Anteilsinhaber gegenüber der kapitalerhöhenden Gesellschaft unterproportional beteiligten den an dieser überproportional beteiligten bisherigen Anteilsinhabern zudem eine idR steuerpflichtige Schenkung.

Beispiel: An der X-AG mit stillen Reserven von 600 sind A und B zu je 50 % beteiligt. Als gleichberechtigter Anteilsinhaber tritt anlässlich der Kapitalerhöhung der X-AG die Z-AG zum Nominalwert ein. An der Z-AG mit stillen Reserven von 400 sind A zu 20 % und B zu 80 % beteiligt. A hat vor der Kapitalerhöhung der X-AG einen ideellen Anspruch auf die stillen Reserven der X-AG und der Z-AG von zusammen 380, nachher einen solchen von 320. B hat vorher gesamthaft einen Anspruch auf die stillen Reserven von 620, nachher einen solchen von 680. A erbringt B im Umfang von 60 eine idR steuerpflichtige Zuwendung.

Lassen Kapitalgesellschaften als bisherige eine natürliche Person als neuen Anteilsinhaber unentgeltlich in ihren Anspruch auf die Reserven der kapitalerhöhenden Gesellschaft eintreten, ist dies nur mit einer beabsichtigten Vorteilszuwendung an eine nahestehende Person zu erklären. Die bisherigen Anteilsinhaber erbringen dem neuen Anteilsinhaber in der Höhe der überlassenen Bezugsrechte eine geldwerte Leistung, welche bei ihnen der Verrechnungssteuer[3] und beim neuen Beteiligten der Einkommenssteuer unterliegt. Zudem ist die unentgeltliche Abtretung von Bezugs-

---

1) vgl. Cagianut/Höhn, Unternehmungssteuerrecht, § 16 N 26
2) vgl. Cagianut/Höhn, Unternehmungssteuerrecht, § 16 N 27
3) Praxis II/1 VStG 4 I b Nr. 44

rechten bei den bisherigen Beteiligten als Gewinnvorwegnahme ertragssteuerpflichtig[1].

Veräussert der zum Nominalwert eingetretene Anteilsinhaber seine Beteiligungsrechte, sind für die Kapitalgewinnbesteuerung Erwerbspreis und Erwerbszeitpunkt zu ermitteln[2]. Bei der Schenkung unter Privaten fragt sich zudem, ob die Schenkungssteuer als Anlagekosten zum Nominalwert geschlagen werden kann. Nach der Berner Regelung[3] ist die für die Differenz zwischen Nominalwert und höherem Verkehrswert der neuen Beteiligungsrechte berechnete Schenkungssteuer zurückzuerstatten. In diesem Falle ist als Anlagewert der beim Eintritt liberierte Nominalwert massgebend. Auch im Zürcher Kapitalgewinnsteuerrecht[4] konnten die Schenkungssteuer nicht als Anlagekosten geltend gemacht werden. Im Kapitalgewinnsteuerrecht beider Basel (BL und BS)[5] gilt dagegen beim gemischten Rechtsgeschäft aus Gründen der Praktikabilität der Verkehrswert im Zeitpunkt des Erwerbes als Anlagewert.

III. Austritt eines Anteilsinhabers

Analog zum Eintritt wird hier vorausgesetzt, der Austritt eines Anteilsinhabers erfolge zum Verkehrswert bzw. zum Nominalwert[6]

---

1) vgl. Cagianut/Höhn, Unternehmungssteuerrecht, § 16 N 27
2) vgl. dazu die Ausführungen in § 14 II. C.; Gurtner, ASA 49, 616 FN 98.
3) BE ESchG 32 a; vgl. Gruber, 64
4) ZH RB 1957 Nr. 14 = ZBl 58, 510
5) vgl. Christen, 148 f.
6) Im umgekehrten Fall (Abfindung über dem Verkehrswert) kann sich die Frage stellen, ob die verbleibenden Anteilsinhaber an den ausscheidenden Anteilsinhaber eine Schenkung vornehmen (für das deutsche Recht vgl. Knobbe-Keuk, StbJb 1978/79, 440 f.

der an die Gesellschaft zurückgegebenen und zur Kapitalherabsetzung verwendeten Beteiligungsrechte. Für die Steuerfolgen bei der Gesellschaft kann auf die früheren Ausführungen verwiesen werden[1]. Im Mittelpunkt der Betrachtungen stehen die Steuerfolgen bei den Anteilsinhabern mit Beteiligungsrechten im PV.

A. AUSTRITT ZUM VERKEHRSWERT

1. Gesellschaft

Bei der leistenden Gesellschaft unterliegt die über den Nennwert hinausgehende Abfindung als Ausschüttung von Liquidationsanteilen der Verrechnungssteuer; dies gilt auch, wenn die Vergütung mit dem vom ausscheidenden Anteilsinhaber seinerzeit für die Beteiligungsrechte aufgebrachten Kaufpreis übereinstimmt[2]. Wird der austretende Anteilsinhaber mit einem unterbewerteten Sachwert abgefunden, ist die Differenz zwischen Gewinnsteuerwert und höherem Verkehrswert als Gewinnvorwegnahme ertragssteuerpflichtig[3].

2. Qualifikation des Liquidationserlöses

a) Theorie

Für die Behandlung beim austretenden Anteilsinhaber ist steuerlich entscheidend, ob der in bar ausbezahlte (Teil-) Liquidationserlös als Kapitalgewinn oder Vermögensertrag qualifiziert wird. Ist für die Qualifikation als Kapitalgewinn der Weiterbestand der beteiligungsrechtlichen Beziehung überhaupt ausschlaggebend,

---

[1] vgl. § 8 III. A. 1.
[2] vgl. Praxis II/3 CG 5 II Ziff. 7 Nr. 8, 26.
[3] vgl. Cagianut/Höhn, Unternehmungssteuerrecht, § 12 N 69

liegt ein Kapitalgewinn nur bei Veräusserung an einen Dritten vor. In diesem Falle ist der Teilliquidationserlös als Vermögensertrag zu werten, soweit dieser den Nennwert übersteigt in der Abfindung wird ein Entgelt für die Ablieferung wertlos gewordener Beteiligungsrechte erblickt[1]. Wird dagegen als Kapitalgewinn jedes Entgelt für die Aufgabe der beteiligungsrechtlichen Beziehung durch den einzelnen Anteilsinhaber betrachtet, ist der Liquidationserlös als Kapitalgewinn zu qualifizieren[2].

Aus der Sicht des austretenden Anteilsinhabers ist der letzten Betrachtungsweise der Vorzug zu geben, denn es macht für ihn keinen Unterschied, ob die beteiligungsrechtliche Beziehung mit seinem Rechtsnachfolger weiterbesteht oder aufhört. Wesentlich ist m.E., dass der austretende Anteilsinhaber das Eigentum am Beteiligungsrecht aufgibt. Das Entgelt ist deshalb als Veräusserungserlös zu qualifizieren. Der austretende Anteilsinhaber realisiert somit auch bei der Rückgabe von Beteiligungsrechten zur Kapitalherabsetzung einen Kapitalgewinn.

b) Praxis

In den Kantonen BS und BL wird der (Teil-) Liquidationserlös als Kapitalgewinn qualifiziert[3]. Es wird davon ausgegangen, die Aktie werde durch die Auszahlung des Liquidationsanteiles konsumiert. An deren Stelle trete wirtschaftlich betrachtet der vermögensrechtliche Gegenwert des Liquidationsanspruches. Es liege somit eine Substanzveränderung vor, welche Anlass zu einer Kapitalgewinnbesteuerung gebe[4].

---

1) vgl. Känzig, Kom. 1982 WStB 21 I c N 112.
2) vgl. Höhn, ASA 50, 540 f.; Cagianut/Höhn, Unternehmungssteuerrecht, § 21 N 25.
3) vgl. Christen, 83; nach Gurtner (ASA 49, 583) wird hier das subjektive System der Kapitalgewinn-Besteuerung konsequent angewendet.
4) vgl. Christen, 82; BL VGE v. 8.8.79; BLStpr VII, 157; vgl. Grüninger/Studer, 223.

In BE wurde die Einlösung von Beteiligungsrechten anlässlich der Liquidation einer Kapitalgesellschaft bis Ende 1974 gemäss ausdrücklicher Gesetzesvorschrift[1] unter dem Gesichtspunkt der Kapitalgewinnsteuer beurteilt. Seit 1975 gelten geldwerte Leistungen, die anlässlich der Total- oder Teilliquidation einer Kapitalgesellschaft an die Anteilsinhaber ausgerichtet werden, als steuerbares Einkommen aus beweglichem Vermögen[2]. Damit wurde die Regelung der direkten Bundessteuer übernommen[3]. Die Rechtsprechung hat seither in konstanter Praxis[4] festgehalten, die Total- oder Teilliquidation einer Kapitalgesellschaft komme keiner Veräusserung i.S. des bernischen Kapitalgewinnsteuerrechts gleich. Diese knüpfe vielmehr an den Rechtsverkehr mit bestimmten Sachen und nicht an die Vermögensvermehrung bzw. -verminderung als solche an[5]. Die Kapitalgewinnsteuerpflicht setze den Umsatz, d.h. die Veräusserung eines Vermögensgegenstandes, voraus. Da aber die Beteiligungsrechte nach der Liquidation oder Teilliquidation keinen Vermögenswert mehr hätten, könne die Einlösung der Beteiligungsrechte nicht der Veräusserung gleichgesetzt werden. Die Erlöse aus Teil- oder Totalliquidation qualifizierten sich deshalb nicht als Kapitalgewinn, sondern als Vermögensertrag. Die Uebernahme des Nennwertprinzips und das damit bewirkte Nebeneinander zweier Kapitalgewinnsteuersysteme ist in der Praxis auf herbe Kritik gestossen[6], weil dies zu einer verfassungs-

---

1) BE a StG 78 I
2) BE 28 I c
3) vgl. Gruber, 64; Känzig, Kom. 1982, WStB 21 N 112.
4) NStP 36, 103; BVR 1984, 126.
5) BGE 103 I a 119
6) vgl. Gurtner, Schweizer Treuhänder 10/84, 343; solche Steuerordnungen übernehmen sachwidrigerweise das objektive System der Kapitalgewinnbesteuerung. Für diesen Fall kennt wohl das StG BE als einziges der Schweiz ein systemwidriges Nebeneinander von subjektiver und objektiver Kapitalgewinnbesteuerung.

rechtlich kaum haltbaren Dreifachbelastung des Gewinnsubstrates einer Aktiengesellschaft führen könne[1]. Dieser Kritik ist zuzustimmen, zumal das Nennwertsystem und die damit verbundene fehlende Verrechnungsmöglichkeit von Liquidationsverlusten zu einer krassen Missachtung des Leistungsfähigkeitsprinzips führt.

Den **St. Galler Gesetzgeber** hat für wesentlich und unwesentlich Beteiligte unterschiedliche Lösungen getroffen. Bei Beteiligungen unter 20 % des einbezahlten Grundkapitals bzw. der Stimmrechte stützt sich das StG[2] auf den im Recht der direkten Bundessteuern angewandten formalisierten Ertragsbegriff und besteuert Gewinnanteile aus Beteiligungen zusammen mit dem übrigen Einkommen als Vermögensertrag, soweit diese keine Rückzahlung bestehender Kapitalanteile darstellen[3]. Demgegenüber gelten geldwerte Leistungen aus einer wesentlichen Beteiligung (Kapital- bzw. Stimmrechtquote mindestens 20 %) bei der endgültigen Liquidation und damit auch bei einer Teilliquidation als Beteiligungsgewinn[4]. Obwohl diese Qualifikation sachlich richtig ist, wurde auch schon auf das Vorliegen von Vermögensertrag erkannt[5]. Folglich müssen auch Erlöse aus der Rückgabe wesentlicher Beteiligungen mit anschliessender Kapitalherabsetzung als Vermögensertrag idR zusammen mit dem übrigen Einkommen erfasst werden[6].

---

1) Gewinnsteuer der Aktiengesellschaft, Kapitalgewinnsteuer des Veräusserers (subjektive Kapitalgewinnsteuer) und Besteuerung des Liquidationsüberschusses (objektive Kapitalgewinnsteuer); Diese Dreifachbelastung trifft vor allem die Immobiliengesellschaften, da Gewinne aus der Veräusserung von Beteiligungsrechten einer Immobiliengesellschaft in BE zeitlich unbeschränkt erfasst werden (vgl. Gurtner, Schweizer Treuhänder 10/84, 343).

2) SG 20 II f.

3) vgl. David, 210

4) SG VV 22

5) Entscheid VRK v. 19.3.80 GVP 1980 Nr. 56, StR 36, 444; danach gelten als Veräusserung i.S. von StG 35 I nur Rechtsgeschäfte, mit denen rechtlich oder wirtschaftlich Eigentum an einer Beteiligung ganz oder teilweise übertragen wird. Da diese eng gefasste Umschreibung des Begriffs "Veräusserung" die Beendigung von Gesellschaftsverhältnissen nicht umfasst, würde mit SG VV 22 ein zusätzlicher Tatbestand geschaffen (gl.M. David, 212 f.).

6) vgl. David, 211

B. AUSTRITT ZUM NOMINALWERT

Der austretende Anteilsinhaber verzichtet hier zugunsten der verbleibenden Anteilsinhaber auf das den Nominalwert übersteigende Ergebnis der Teilliquidation.

Sind der austretende und die verbleibenden Anteilsinhaber natürliche Personen, ist im Umfang der Differenz zwischen Nominalwert und höherem Ergebnis der Teilliquidation idR eine Schenkung anzunehmen. Der austretende Anteilsinhaber kann dabei die Differenz zwischen Nominal- und höherem Anlagewert als Folge des freiwilligen Verzichts nicht als Kapitalverlust geltend machen. Ist der austretende Anteilsinhaber eine Kapitalgesellschaft, an der die verbleibenden Anteilsinhaber (natürliche Personen) im gleichen Verhältnis wie an der kapitalherabsetzenden Gesellschaft beteiligt sind, ist nur eine geldwerte Leistung des austretenden an die verbleibenden Anteilsinhaber gegeben. Sind die verbleibenden Anteilsinhaber (natürliche Personen) an der austretenden Kapitalgesellschaft und an der kapitalherabsetzenden Gesellschaft ungleichmässig beteiligt, erbringen die am austretenden Anteilsinhaber gegenüber der kapitalherabsetzenden Gesellschaft überproportional beteiligten Anteilsinhaber den am austretenden Anteilsinhaber unterproportional beteiligten Anteilsinhabern zusätzlich eine idR steuerpflichtige Schenkung.

Beispiel: An der X-AG sind A und B sowie die Z-AG gleichmässig beteiligt; der innere Wert ihrer Beteiligungsrechte beträgt je das Grundkapital + 200. An der Z-AG sind A zu 20 % und B zu 80 % beteiligt. Der gesamte innere Wert von A beträgt vor der mit dem Austritt der Z-AG verbundenen Kapitalherabsetzung 240 (200 an der X-AG, 20 % von 200 = 40 an der Z-AG), nach dem Austritt der Z-AG zum Nominalwert 300 (50 % von 600 an der X-AG); B hat vor der Kapitalherabsetzung der X-AG rechnerisch einen Anspruch aus seinen Beteiligungsrechten von 360 (200 an der X-AG, 80 % von 200 = 160 an der Z-AG); nach dem Austritt der Z-AG zum Nominalwert nur noch einen solchen von 300 (50 % von 600 an der X-AG). B erbringt dem A eine idR steuerpflichtige Schenkung von 60, kann diesen Minderwert jedoch kapitalgewinnsteuerlich nicht geltend machen.

Ist der austretende an den verbleibenden Anteilsinhabern beteiligt, stellt der Verzicht auf den Anspruch am Bezugsrecht eine Kapitaleinlage dar.

§ 11 ENTGELTLICHE AENDERUNGEN OHNE PRIVATE KAPITALGEWINNBESTEUERUNG

I. Uebertragung

A. UEBERTRAGUNG ZUM VERKEHRSWERT

1. Steuerfreiheit des Kapitalgewinnes als Grundsatz

Die direkte Bundessteuer und die Mehrheit der Kantone[1] lassen die Kapitalgewinne aus der Veräusserung von beweglichem PV grundsätzlich steuerfrei[2]. Die Gründe für die Nichtbesteuerung dieser Gewinne sind vor allem die mangelnde Ergiebigkeit infolge der konsequenterweise zuzulassenden Verlustverrechnung und die verwaltungstechnischen Schwierigkeiten bei der Feststellung des Anlagewertes[3].

2. Einschränkungen

Die steuerfreie Realisation privater Kapitalgewinne wird jedoch nach der heutigen Praxis in doppelter Hinsicht eingeschränkt. Zum einen werden private Kapitalgewinne aus der Uebertragung von Beteiligungsrechten in bestimmten Fällen als Gewinne auf den im Eigentum der Gesellschaft stehenden Aktiven behandelt und gemäss den für diese Gewinne massgebenden Regeln besteuert. Zum andern kann auch ohne Realisation eines Gewinnes eine Besteuerung eintreten, wenn die Uebertragung der Beteiligungsrechte als Erbringen einer geldwerten Leistung der Gesellschaft interpretiert wird[4].

---

[1] ZH, LU, UR, OW, NW, GL, ZG, FR, SH, AR, AI, AG, VD, NE, GE; zur speziellen Situation in TI vgl. § 10 I. A. 2.a; SO ab 1.1.86.

[2] Die Steuerfreiheit ist in diesen Steuerordnungen systemkonform, denn die gesetzlichen Einkommensgeneralklauseln umfassen die Gewinne auf dem Privatvermögen nicht; private Grundstückgewinne können somit nur aufgrund einer ausdrücklichen gesetzlichen Vorschrift besteuert werden (vgl. Zuppinger/Böckli/Locher/Reich, 97).

[3] vgl. Zuppinger/Böckli/Locher/Reich, 100 ff.

[4] vgl. Cagianut/Höhn, Unternehmungssteuerrecht, § 16 N 4

a) Besteuerung als Gewinn auf Aktiven der Gesellschaft

Die Realisierung eines Gewinnes auf Aktiven der Gesellschaft wird insbes. in Zusammenhang mit der Uebertragung von Beteiligungsrechten "kurz" nach Umwandlung einer Personenunternehmung in eine Kapitalgesellschaft sowie bei der Uebertragung von Beteiligungsrechten an einer Immobiliengesellschaft angenommen. Ihrer Bedeutung wegen verdienen diese Tatbestände, vertieft behandelt zu werden[1].

b) Besteuerung als geldwerte Leistung der Gesellschaft aufgrund des Nennwertprinzips

Grundsätzlich ist davon auszugehen, dass die Uebertragung von Beteiligungsrechten an Kapitalgesellschaften vom Veräusserer auf den Erwerber das Vermögen der Gesellschaft nicht vermindert[2]. Trotzdem qualifizieren die Steuerbehörden das Uebertragen von Beteiligungsrechten oft als Kapitalentnahme und behandeln solche Vorgänge als Erbringung einer geldwerten Leistung durch die Gesellschaft an den veräussernden Anteilsinhaber. Die Besteuerung solcher Tatbestände hat ihre Ursache insbes. in der Anwendung des Nennwertprinzips. Das aus dem Verrechnungssteuer- in das Einkommenssteuerrecht übernommene Nennwertprinzip besagt, dass nur die Rückzahlung des nominellen Grundkapitals steuerbefreit ist, während alle übrigen Ausschüttungen des Eigenkapitals die Einkommenssteuerpflicht des Anteilsinhabers auslösen. Daraus ergibt sich die Versuchung, jeden Vorgang, mit welchem potentiell steuerpflichtiges Eigenkapital in Fremd- oder Nominalkapital "umgewandelt" wird, dem Erbringen einer geldwerten Leistung gleichzustellen. Im Einkommenssteuerrecht wurde die Ausdehnung des Begriffs der geldwerten Leistung zudem durch die Tatsache gefördert, dass private Kapitalgewinne bei der direkten Bundessteuer sowie in den meisten Kantonen von der Besteuerung ausgenommen sind.

---

[1] vgl. § 12 I. und II.
[2] vgl. dazu Cagianut/Höhn, Unternehmungssteuerrecht, § 12 N 71

Mit einer sehr extensiven Interpretation des Begriffs des steuerbaren Vermögensertrages kann nämlich vermieden werden, dass die Beteiligten potentiell steuerbares Eigenkapital (insbes. die aus Gewinnen der Gesellschaft gebildeten Reserven) steuerfrei in ihre Verfügungsmacht überführen können. Die Praxis zeigt, dass die Uebertragung von Beteiligungsrechten insbes. bei Vorliegen folgender Voraussetzungen zu steuerlichen Problemen führen kann[1]:

- Die veräusserte Gesellschaft ist wirtschaftlich liquidiert oder in liquide Form gebracht worden (Mantelhandel).

- Die veräusserte Gesellschaft enthält unter den Aktiven nicht betriebsnotwendige, "liquide" Mittel.

- Die veräusserte Kapitalgesellschaft wird im Anschluss an den Aktienverkauf ganz oder teilweise liquidiert.

- Der neue Aktionär muss den Erwerb der Beteiligungsrechte durch Darlehensaufnahme oder Dividendenausschüttungen der erworbenen Gesellschaft finanzieren.

- Ein Teil des Verkaufspreises für die veräusserte Gesellschaft wird aus Mitteln derselben finanziert ("indirekte" Teilliquidation).

- Der Erwerber muss eine vom Veräusserer eingegangene Schuldverpflichtung übernehmen.

- Der Erwerber ist eine Holdinggesellschaft, welche bei der Tilgung der übernommenen Darlehensschuld durch Verrechnung mit Dividendengutschriften in den Genuss des Beteiligungsabzuges (z.B. BdBSt 59) gelangt.

- Als Erwerber tritt eine vom Veräusserer beherrschte Gesellschaft auf (Verkauf an sich selbst).

- Als Erwerber tritt die Kapitalgesellschaft selbst bzw. eine Tochtergesellschaft auf (Rückkauf eigener Aktien ohne Kapitalherabsetzung).

---

1) Die Ausführungen basieren auf Lösungshinweisen von P. Agner/C. Stockar zum Seminar Nr. 2 am Weiterbildungsseminar im Steuerrecht für Kaderkräfte des IFF vom 14. - 16. April 1986.

Die geschilderten Tatbestände sensibilisieren die Veranlagungsbehörden vor allem bei einer ausgeprägten Gewinnthesaurierungspolitik der veräusserten Gesellschaft.

Die einschneidenden Urteile der Steuerjustizbehörden in den letzten Jahren rechtfertigen eine eingehendere Darstellung ausgewählter Fälle[1]. Dabei wird zu unterscheiden sein zwischen der Uebertragung an Dritte, der Uebertragung an eine beherrschte Gesellschaft sowie der Uebertragung an die emittierende Gesellschaft bzw. deren Tochtergesellschaft (ohne Kapitalherabsetzung).

B. UEBERTRAGUNG ZUM ANLAGEWERT

1. Fehlen eines Kapitalgewinnes

Erfolgt die Uebertragung zum Anlagewert, realisiert der Veräusserer keinen Kapitalgewinn, welcher ein Steuersubstrat abgeben könnte. Diese Tatsache wird von den Steuerbehörden, soweit ersichtlich, zum mindesten bei der Uebertragung an einen unabhängigen Erwerber anerkannt. Dieser schuldet jedoch auf der Differenz zwischen Anlage- und Verkehrswert die Schenkungssteuer.

2. Besteuerung aufgrund des Nennwertprinzips

Liegt der Anlagewert über dem Nominalwert, ermöglicht die Anwendung des Nennwertprinzips in den unter A. 2. b) genannten Fällen trotz Fehlen eines (im Realisierungsfalle steuerbefreiten) Kapitalgewinnes eine Besteuerung als geldwerte Leistung beim Veräusserer. Obwohl aus Billigkeitserwägungen bisher idR auf eine Besteuerung verzichtet wurde, liegt die Versuchung offenbar nahe, zur konsequenten Anwendung des Nennwertprinzips insbes. bei Uebertragungen an eine beherrschte Gesellschaft die Differenz zwischen Nominal- und Anlagewert als Vermögensertrag zu besteuern[2].

---
1) vgl. § 13 I. und II.
2) vgl. § 20 I. A. 2 b) ba).

II. Eintritt eines Anteilsinhabers

A. EINTRITT ZUM VERKEHRSWERT

Die Liberierung der Kapitalerhöhung kann durch den neuen Anteilsinhaber wiederum in Form einer Barzahlung, einer Sacheinlage, einer Verrechnung mit Forderungen oder einer Dienstleistung erfolgen[1]. Die folgenden Ausführungen beschränken sich auf die Bareinlagen[2] und sind teilweise als Zusammenfassung zu verstehen.

1. Agio-Einlage

Die Steuerfolgen für die Gesellschaft wurden vorne dargestellt[3]. Für die bisherigen Anteilsinhaber ergeben sich wie in Steuerordnungen mit Kapitalgewinnbesteuerung keine Steuerprobleme.

Für den neuen Anteilsinhaber ist die Kapitaleinlage als Anschaffungswert nach der heutigen Praxis der EStV einkommensteuerlich nur dann von Bedeutung, wenn er seine Beteiligungsrechte später zu einem höheren Anrechnungswert in eine beherrschte Gesellschaft einbringen will[4]. Dagegen muss er sich im Falle der Liquidation oder einer Teilliquidation die Rückzahlung des Agios idR als geldwerte Leistung anrechnen lassen[5]. Diese Einkommensbesteuerung lässt sich nur vermeiden, wenn der ganze Betrag auf Grundkapital angerechnet wird.

---

[1] vgl. Känzig, ZBl 66, 465

[2] Die steuerlichen Probleme bei Sacheinlagen wurden in § 8 II. A. 1. b) und 2. behandelt.

[3] vgl. § 8 II. A. 1. a)

[4] In diesem Falle wird ihm die Steuerverwaltung zum mindesten die Differenz zwischen Anlagewert und höherem Anrechnungswert als geldwerte Leistung anrechnen (vgl. § 13 II. B.). Stellt sie konsequent auf das Nennwertprinzip ab (vgl. I. A. 2. b)), muss sie indessen die Differenz zwischen dem Nominalwert der neuen Beteiligungsrechte und ihrem Anrechnungswert erfassen.

[5] vgl. Cagianut/Höhn, Unternehmungssteuerrecht, § 16 N 29; § 10 N 48.

2. Nominalwert-Einlage und Bezugsrechtskauf

Soll der innere Wert der bestehenden Beteiligungsrechte gesenkt werden, kann der neue Anteilsinhaber den bisherigen Anteilsinhabern diesen Wertverlust ausgleichen, indem er diesen direkt eine Entschädigung für die Abtretung der Bezugsrechte leistet. Für den <u>neuen Anteilsinhaber</u> ist der Erwerbspreis nur bei Einbringung in eine Gesellschaft relevant[1]. Bei den <u>bisherigen Anteilsinhabern</u> ist die Qualifikation des Bezugsrechtserlöses zu beurteilen. Nach Känzig[2] stellt der Erlös aus dem Verkauf von Bezugsrechten einen steuerfreien Kapitalgewinn dar. Der Bund und die meisten Kantone verzichten denn auch - zumeist stillschweigend - auf die Besteuerung des Bezugsrechtserlöses[3].

B. EINTRITT ZUM NOMINALWERT

Die unentgeltliche Uebertragung von Bezugsrechten stellt je nach Verhältnissen eine Schenkung, eine Kapitaleinlage oder eine geldwerte Leistung dar. Letztere ist beim begünstigten eintretenden Anteilsinhaber eine steuerbare Zuwendung[4].

Abgesehen vom Tatbestand der späteren Einbringung zu einem höheren Anrechnungswert in eine Unternehmung ist der Nominalwert beim neuen Anteilsinhaber nicht beachtlich. In diesem Falle müsste sachgerechterweise für die Bemessung der geldwerten Leistung aus einem "konzernrechtlichen Verfügungsgeschäft"[5] nach einer Schenkung oder Kapitaleinlage auf den Nominal-, nach einer geldwerten Leistung auf den Verkehrswert beim Eintritt abgestellt werden.

---

1) vgl. § 13 II.
2) vgl. Känzig, Kom. 1982, WStB 21 N 108
3) vgl. Zindel, 307
4) vgl. ASA 25, 183; vgl. Masshardt, Kom. 1980, WStB 21 N 85.
5) Zur Praxis hinsichtlich des "konzernrechtlichen Verfügungsgeschäftes" vgl. § 13 II.

III. Austritt eines Anteilsinhabers

A. AUSTRITT ZUM VERKEHRSWERT

1. Nennwert-System

Wie in Steuerordnungen mit Kapitalgewinnbesteuerung fragt sich, ob die mit der Teilliquidation verbundene Rückzahlung des Verkehrswertes der Beteiligungsrechte als Kapitalgewinn oder Vermögensertrag zu qualifizieren ist.

Die Steuerordnungen ohne Kapitalgewinnbesteuerung übernehmen regelmässig das Nennwertsystem[1]. Danach werden all jene Leistungen der Gesellschaft, welche dem austretenden Anteilsinhaber über den einbezahlten Nominalwert seiner Aktien hinaus zufliessen, als Vermögensertrag betrachtet und mit der Einkommenssteuer erfasst. Diese Behandlung ist auf die fehlende Besteuerung privater Kapitalgewinne zurückzuführen, denn für "solche Steuerordnungen liegt es nahe, den den Nennwert übersteigenden Teil des Liquidationsüberschusses als Ausschüttung eines in früheren Jahren erzielten und einbehaltenen Ertrages zu verstehen und wie regelmässig ausgeschüttete Dividenden zu behandeln"[2]. Hier ist nicht im einzelnen auf die Kontroverse zur Qualifikation ausgeschütteter Gewinne Stellung zu nehmen. Dazu kann auf die Literatur[3] sowie auf spätere Ausführungen[4] verwiesen werden. Vielmehr ist im folgenden beispielhaft auf die Praxis zu den direkten Bundessteuern sowie die Zürcher Staats- und Gemeindesteuern einzugehen.

---

1) Gurtner (ASA 49, 583) bezeichnet dieses System in Anlehnung an Flüge (201) als objektives System der Kapitalgewinnbesteuerung.
2) Cagianut/Höhn, Unternehmungssteuerrecht, § 21 N 24
3) z.B. Yersin, ASA 50, 465 ff.; Höhn, ASA 50, 529 ff.; Locher, Rechtsfindung, 517; Vuillemin, 21 ff.; Fleischli, 22.
4) vgl. § 20 II. B.

2. Beispiele

a) Direkte Bundessteuern

Die Praxis zur direkten Bundessteuer unterwirft den Liquidationsüberschuss seit jeher als Vermögensertrag der Einkommenssteuer[1]. Dies gilt unabhängig davon, zu welchem Preis die Beteiligungsrechte bei der Ausgabe liberiert oder von einem Dritten erworben worden sind. "Diese Lösung ist sachwidrig, wenn der Anschaffungswert den Nennwert der Beteiligung übersteigt"[2].

Dem Einwand der stossenden Ungerechtigkeit hält das BGr regelmässig entgegen, der Aktienerwerber habe die Möglichkeit, einer voraussehbaren steuerlichen Belastung von Gewinnausschüttungen der Gesellschaft bei der Vereinbarung des Kaufpreises Rechnung zu tragen[3].

b) Zürcher Staatssteuern

Diese Praxis interessiert insbesondere, weil das Liquidationsergebnis offensichtlich abhängig von der Geltung der Kapitalgewinnsteuer als Vermögensertrag bzw. als Kapitalgewinn betrachtet wurde. Während das Liquidationsergebnis unter der Herrschaft der Kapitalgewinnsteuer in der Differenz zwischen Anlagewert und Liquidationserlös als Kapitalgewinn qualifiziert wurde[4], beurteilten die kantonalen Rechtsmittelinstanzen nach deren Abschaffung dieses Ergebnis in der Differenz zwischen Nennwert und Liquidationserlös als Vermögensertrag[5]. Gegen diese Entscheide

---

1) ASA 26, 283; BGE 83 I 278 = ASA 29, 77; vgl. Masshardt, Kom.1980, WStB 21 N 81
2) Känzig, Kom. 1982, WStB 21 N 112; vgl. Chavanne, 45 f.; Fleischli, 21 ff.
3) BGE 86 I 47; vgl. dazu Känzig, Kom. 1982, WStB 21 N 100.
4) ZH RB 1956 Nr. 12 = ZBl 57, 315
5) ZH RB 1972 Nr. 27; 1975 Nr. 35; VGr v. 22.9.78 (SB 63/1976); 1979 Nr. 30; vgl. dazu auch Z/S/F/R EB ZH 19 c und d N 54 - 55; Borkowsky, ZBl 82, 440.

gerichtete Willkürbeschwerden wurden vom BGr zuerst für die Thesaurierungsgesellschaften, zuletzt auch für die Verteilung betrieblich begründeter Reserven von personenbezogenen Aktiengesellschaften abgewiesen[1].

"Kauft eine Aktiengesellschaft von einem Aktionär eigene Aktien zum Zweck der Kapitalherabsetzung zurück, so nimmt sie eine Teilliquidation vor, deren Ueberschuss für den Aktionär als Vermögensertrag steuerbar ist"[2]. Diese Beurteilung des VGr ZH hat das BGr als nicht willkürlich qualifiziert[3]. Auch nach Känzig[4] ist der Entscheid des VGr nicht zu beanstanden. Ebenso muss nach Ansicht der Zürcher Kommentatoren[5] das Vorliegen eines Kapitalgewinnes verneint werden, da jede Leistung der Gesellschaft an den Aktionär, der keine gleichwertige Gegenleistung des Aktionärs gegenübersteht, primär als Beteiligungsertrag zu qualifizieren ist. Die Hingabe solcher Aktien stellt aus dieser Sicht keine dem Verkehrswert dieser Beteiligungsrechte entsprechende Leistung des Anteilsinhabers an die Gesellschaft dar, denn die Gesellschaft erwirbt bei diesem "Kauf" keine neuen Rechte. Eine grundsätzliche Kritik an dieser Betrachtungsweise wurde beim Austritt zum Verkehrswert in Steuerordnungen mit Kapitalgewinnbesteuerung abgegeben[6]. Auch hier ist zuzugeben, dass im Gegensatz zum Tatbestand der Veräusserung an die emittierende Gesellschaft bzw. an deren Tochtergesellschaft beim Rückkauf eigener Aktien zur Kapitalherabsetzung die Beteiligungsrechte vernichtet werden. Diese Tatsache ist indessen <u>aus der Sicht des Anteilsinhabers</u> ohne Bedeutung[7]. Im weiteren wurde diesem Umstand auch

---

1) zuletzt BGr v. 24.2.84, StE 1984 A 21.12 Nr. 4 mit entsprechenden Verweisen auf die früheren Fälle.
2) ZH RB 1980 Nr. 39
3) BGr v. 13.5.83 i.S.L. (nicht veröffentlicht)
4) vgl. Känzig, ASA 50, 686
5) vgl. Z/S/F/R EB ZH 19 c und d N 54 a - 55 a.
6) vgl. § 10 III. A. 1. a)
7) Entscheidend darf für den austretenden Anteilsinhaber einzig die Tatsache sein, dass er die Beziehung zum Vermögensobjekt aufgibt; liegt der Erlös der Teilliquidation über dem Anlagewert, resultiert ein Kapitalgewinn, andernfalls ein Kapitalverlust.

unter der Herrschaft der Zürcher Kapitalgewinnsteuer keine Bedeutung beigemessen, denn Theorie und Praxis beurteilten damals die Differenz zwischen Anlagewert und höherem Liquidationserlös als Kapitalgewinn[1].

3. Rücknahme in specie

Die Besteuerung des Liquidationsüberschusses setzt idR auch bei Entnahme eines Wirtschaftsgutes ein, dessen Verkehrswert über dem Nominalwert liegt. Die Rechtsprechung des Kantons Zürich[2] hat jedoch die Besteuerung des Liquidationsüberschusses in zwei Fällen abgelehnt. Der erste Fall betrifft die Rückzahlung von Agioeinlagen, die nach einer sanierungsbedingten Kapitalherabsetzung bei der späteren Liquidation als Liquidationserlös verblieben sind[3]. Im zweiten hier besonders interessierenden Fall waren zwei Familien-Aktiengesellschaften durch Einbringung der Beteiligungsrechte in eine neu gegründete Beteiligungsgesellschaft zusammengefasst worden. Vom Anrechnungswert von 2,4 Mio. Fr. wurden 2 Mio. Fr. in Form neuer Beteiligungsrechte ausgegeben, 0,4 Mio. Fr. als Reserven verbucht. Die Beteiligungsgesellschaft wurde wegen unvorhergesehener Schwierigkeiten bereits nach 21 Monaten wieder liquidiert, und die eingebrachten Beteiligungsrechte den Anteilsinhabern in natura zurückgegeben. Die Steuerrekurskommission würdigte die Rückzahlung der offenen Reserven als steuerfreie Kapitalrückzahlung, weil die Auflösung der Beteiligungsgesellschaft bereits kurze Zeit nach der Gründung erfolgt, die Sacheinlage in specie an die Einbringer selbst bzw. deren Erben zurückerstattet und der Wert der Sacheinlage offensichtlich un-

---

1) ORK v. 24.3.56, ZB 57, 312; Mit der Mehrheit der Oberrekurskommission betrachteten die Zürcher Kommentatoren (R/Z/S II ZH 23 N 49) die Beendigung des Gesellschaftsverhältnisses als Realisation des Beteiligungsrechtes, denn der Aktionär erhalte anstelle der bisherigen Beteiligung als Gegenwert Bargeld oder andere Vermögensrechte. Im Liquidationsstadium seien keine (als Ertragseinkommen zu besteuernde Dividendenausschüttungen) mehr möglich. Vielmehr seien Liquidationserlös und Veräusserungserlös für den Aktionär wirtschaftlich dasselbe (vgl. ZBl 57, 314).

2) Steuerrekurskommission I, vgl. Borkowsky, ZBl 82, 441

3) vgl. Borkowsky, ZBl 82, 442

verändert geblieben war[1]. Mit diesem Entscheid werden Abgrenzungsschwierigkeiten in Kauf genommen zur Frage, "wann der hinter den eingebrachten Aktien liegende Vermögenskomplex sich in einem solchen Ausmass gewandelt hat, dass die Aktien - wiederum wirtschaftlich gesehen - nicht mehr dasselbe Gut sind wie bei der Einbringung und sie in diesem Sinne nicht "in natura" zurückgenommen werden"[2]. Eine solche Praxis, eine steuerliche Entlastung dort zu gewähren, wo aus einer Zwangslage heraus Kapitaleinlagen zu Liquidationsüberschüssen werden, entspricht den wirtschaftlichen Gegebenheiten und ist als angemessen zu bezeichnen.

Nach Känzig[3] ist bei der Beurteilung der Folgen der Liquidation (und damit auch der Teilliquidation) für die Beteiligten aus der Sicht der direkten Bundessteuer auch die Rechtsprechung des BGr zu VStG 4 I b zu berücksichtigen[4]. Dabei muss in erster Linie unterschieden werden zwischen der Entnahme von Sachwerten, die als verdeckte und solchen, die als offene Kapitaleinlagen eingebracht wurden[5]. Wird ein Sachwert, den die Gesellschafter zu einem offensichtlich untersetzten Preis auf die Gesellschaft übertragen hatten, in einem späteren Zeitpunkt in natura auf die gleichen Gesellschafter zurückübertragen, blieb diese Rückleistung nach der bisherigen Praxis zur Verrechnungssteuer bis zur Höhe des wirklichen Wertes im Zeitpunkt der Einbringung steuerfrei[6)7)].

---

1) vgl. Borkowsky, ZBl 82, 444 f.

2) Borkowsky, ZBl 82, 445

3) vgl. Känzig, Kom. 1982, WStB 21 N 112

4) gl.M. Stockar, ASA 53, 183

5) vgl. Cagianut/Höhn, Unternehmungssteuerrecht, § 12 N 58

6) BGE 97 I 438 = ASA 41, 49; BGE 98 Ib 140 = ASA 43, 337; Die verrechnungssteuerfreie Rücknahme in specie bedingt aber, dass die Gesellschaft anlässlich der Einbringung des Sachwertes auf dem eingelegten Mehrwert die Emissionsabgabe entrichtet hat. War dies nicht der Fall, verstösst es gegen Treu und Glauben, wenn die Gesellschaft bei der späteren Rückübertragung des betreffenden Vermögenswertes geltend macht, es liege eine verrechnungssteuerfreie "Rücknahme in specie" vor (Praxis II/1 VStG 4 I b Nr. 109).

7) Känzig (Kom. 1982, WStB 21 N 112) erachtet eine solche Auslegung für die direkte Bundessteuer als nicht möglich und auch für die Verrechnungssteuer als fragwürdig.

Wie ist jedoch bei Entnahme eines zum Verkehrswert eingebrachten Sachwertes zu urteilen? Soweit ersichtlich[1], ist die Frage der verrechnungssteuerlichen Behandlung der Rücknahme einer zum wirklichen Wert angerechneten Sache bisher nicht entschieden worden. Die Ueberlegungen der EStV[2] zum Fall "Bellatrix"[3] lassen jedoch wenig Hoffnung, dass in diesem Falle eine verrechnungssteuerfreie Rückerstattung möglich ist. Vielmehr ist damit zu rechnen, dass die Verrechnungssteuer "auf dem ganzen zurückerstatteten Agio und nicht nur auf dem seit der Einlage entstandenen Mehrwert geschuldet ist"[4]. Die Befürchtungen gehen noch weiter. Die Bemerkungen des BGr im Fall Bellatrix zum Problem der Gesetzmässigkeit von VStV 20 I[5] lassen die EStV[6] schliessen, dass das BGr diese jetzt ohne wesentliche Vorbehalte bejaht. Nach ihrer Ansicht dürfte deshalb die Steuerfreiheit der Rückübertragung von Sacheinlagen für die Verrechnungssteuer der Vergangenheit angehören, zumal auch die direkte Bundessteuer für den Fall der Rücknahme in specie keine Ausnahme von der Einkommensbesteuerung kenne.

---

1) § 8 III. A. 1. a)

2) vgl. Stockar, ASA 53, 183

3) BGE 107 I b 325 = Pr 71 Nr. 130 = ASA 51, 546; Allgemeine Urteilsanmerkungen zum Fall "Bellatrix" finden sich bei Koller Thomas, Die Besteuerung der geldwerten Leistungen einer AG an die Aktionäre im Lichte der neuen bundesgerichtlichen Rechtsprechung, Recht 2 (1984), 22; J.-A. Reymond, Dividendes cachés et rendement minimum des sociétés anonymes, SAG 55 (1983), 14 ff. sowie P. Spori, Verdeckte Gewinnausschüttung an Mieter-Aktionäre, Der Schweizer Treuhänder 11/82, 57 f.

4) Cagianut/Höhn, Unternehmungssteuerrecht, § 12 N 58

5) Das BGr hat im wesentlichen festgestellt, VStV 20 I beruhe nicht auf einer Delegationsnorm, die den Bundesrat ermächtigen würde, die gesetzlichen Vorschriften zu ergänzen oder zu modifizieren. Dennoch stehe der Berücksichtigung von VStV 20 I bei der Auslegung von VStG 4 I b nichts entgegen, zumal sich diese Vorschrift im wesentlichen mit BdBSt 21 I c decke. Erfassen aber die Verrechnungssteuer und die direkte Bundessteuer die gleichen Einkünfte, rechtfertige es sich auch im Hinblick auf den Zweck der Verrechnungssteuer nicht, VStG 4 enger auszulegen als BdBSt 21.

6) vgl. Stockar, ASA 53, 183

B. AUSTRITT ZUM NOMINALWERT

Ist der zum Nominalwert austretende Anteilsinhaber eine natürliche Person, bleibt der Abfindungsbetrag einkommenssteuerfrei, sofern der Nennwert voll einbezahlt worden war. Mit a.W. ist von der Rückzahlung des Nominalwertes soweit eine Ausnahme zu machen, "als das nominelle Kapital aus Reserven gebildet worden ist, die aus Gewinnen entstanden sind, sofern die Bildung des "Gratisnominalkapitals" nicht als Einkommen besteuert worden ist"[1].

Die Abtretung des den Nominalwert übersteigenden Ergebnisses der Teilliquidation stellt wiederum je nach den Verhältnissen eine Schenkung, eine geldwerte Leistung oder eine Kapitaleinlage dar.

---

[1] Cagianut/Höhn, Unternehmungssteuerrecht, § 12 N 49

§ 12 BESTEUERUNG VON GEWINNEN AUF AKTIVEN DER GESELLSCHAFT BEI ENTGELTLICHER UEBERTRAGUNG VON BETEILIGUNGSRECHTEN (IM PV)

I. Liquidationsgewinn auf Geschäftsvermögen (GV) aus der Umwandlung einer Personenunternehmung in eine Kapitalgesellschaft

A. STEUERNEUTRALE UMWANDLUNG

1. Voraussetzungen

"Bringt der Inhaber einer Einzelfirma die Aktiven und Passiven seiner Unternehmung als Sacheinlage in eine neugegründete AG ein, so liegt darin eine Veräusserung von Geschäftsvermögen"[1]. Dieser entgeltliche Apport wird mit Beteiligungsrechten abgegolten, welche idR zum PV gehören[2]. Die damit verbundene zivilrechtliche Liquidation der Einzelfirma würde bei Anwendung einer formal zivilrechtlichen Betrachtungsweise zu einer Abrechnung über die vorhandenen stillen Reserven führen[3]. Steuerrechtslehre und -praxis nehmen indessen bei Vorliegen bestimmter Voraussetzungen schon seit längerer Zeit an, in der Umwandlung liege keine Realisation der stillen Reserven, sofern mit der Uebertragung der Aktiven und Passiven nur eine Aenderung der Rechtsform, nicht aber wirtschaftlich eine Geschäftsveräusserung verwirklicht werde[4][5]. Zu diesem Zwecke müssen die in den übertragenen Wirtschaftsgütern enthaltenen stillen Reserven

---

1) Känzig, Kom. 1982, WStB 21 I N 179

2) Eine Ausnahme ist gegeben, wenn der Inhaber des übertragenen Betriebes nach wie vor Inhaber eines weiteren Personenunternehmens bleibt. Sind der übertragene Betrieb und damit auch die dafür erhaltene Beteiligung funktionell mit dem weitergeführten Personenunternehmen verbunden, stellen die Beteiligungsrechte GV des Sacheinlegers dar (vgl. Reich, Realisation, 271 FN 28).

3) vgl. Reich, StR 33, 497; Känzig, Kom. 1982, WStB 21 N 179.

4) vgl. Reich, StR 33, 497; Känzig, Kom. 1982, WStB 21 N 179; Grossmann, 206.

5) Der Anspruch auf Steueraufschub ergibt sich in diesen Fällen aus den gesetzlichen Gewinnermittlungsvorschriften, die den Unternehmer vor einschneidenden Substanzeingriffen schützen (vgl. Reich, Realisation, 187, ZH RB 1984 Nr. 34).

- wirtschaftlich in den Händen des (der) bisherigen Unternehmer verbleiben,
- dem in der neuen Rechtsform weitergeführten Geschäftsbetrieb in unveränderter Weise dienen
- und bei späterer Realisation mit der gleichen oder wenigstens mit einer gleichartigen bzw. gleichwertigen Steuer erfasst werden können[1].

2. Im Besonderen: Gleichbleibende Beteiligungsverhältnisse

Ueber die Voraussetzung der gleichbleibenden Beteiligungsrechte besteht weder in der Theorie noch in der Praxis Einigkeit. Nach Känzig[2] ist einer steuerfreien Einbringung der Aktiven und Passiven einer Einzelfirma in eine Kapitalgesellschaft nicht wesentlich, dass der bisherige Firmeninhaber die Unternehmung weiterhin wirtschaftlich beherrscht. Soweit einer solchen Betrachtungsweise[3] gefolgt werde, verkenne diese das Wesen des steuerwirtschaftlichen Realisationstatbestandes. Die für die Umwandlung aufgestellten Kriterien der Erfolgsneutralität von Geschäftsübertragungen seien dahin zu verallgemeinern, dass von einer steuerlichen Erfassung der auf dem GV vorhandenen stillen Reserven dann abgesehen werden müsse, wenn der Veräusserer über das ihm geleistete Entgelt wirtschaftlich nicht frei verfügen könne[4].

Auch Grossmann fordert hinsichtlich des Kriteriums der gleichbleibenden Beteiligungsverhältnisse Toleranz: "Um jedoch die Umwandlung einer Einzelfirma in eine AG, die unternehmungswirtschaftlich wünschenswert ist, nicht steuerlich zu verhindern, darf das Kriterium der gleichbleibenden Beteiligungsverhältnisse nicht allzu

---

1) vgl. Schärrer, StR 23, 479; R/Z/S II ZH 19 b N 422 ff.; Reich, StR 33, 497; Z/S/F/R EB ZH 19 b N 422; ZH RB 1984 Nr. 34.
2) vgl. Känzig, Kom. 1982, WStB 21 N 179; derselbe, ASA 46, 580, Anm. 34.
3) ASA 38, 497; R/Z/S II ZH 19 N 424.
4) vgl. Känzig, Kom. 1982, WStB 21 N 179; Reich, StR 33, 499.

streng gehandhabt werden"[1]. Reich[2] will keine Zahlen nennen. Er verlangt, es sei im konkreten Fall unter Berücksichtigung aller Umstände zu entscheiden, ob der bisherige Betriebsträger subjektiv mit den übertragenen stillen Reserven verknüpft bleibe, oder ob er mit der Umstrukturierung seine unternehmerische Intention aufgebe und die erhaltenen Kapitalanteile als geldmässige, frei verfügbare Abfindung für die Betriebsveräusserung erachte[3]. "Je grösser die prozentuale Beteiligung an der übernehmenden Kapitalgesellschaft sein wird, desto eher kann auf Fortsetzung des Engagements geschlossen werden..."[4], denn die Möglichkeit, das künftige Schicksal des Betriebes mitbestimmen zu können, hängt auch von der Höhe der Beteiligung ab.

Die Praxis der Kantone hinsichtlich der tolerierten Aenderung der Beteiligungsverhältnisse ist unterschiedlich. Nach der Zürcher Praxis wird eine geringfügige Veränderung der bisherigen Beteiligungsverhältnisse toleriert[5]. Nach aargauischer Praxis gilt für die Umwandlung und die Fusion, dass eine Aenderung der Beteiligungsverhältnisse von mehr als 10 % als wesentlich qualifiziert und folglich eine Liquidationsgewinnbesteuerung ausgelöst wird[6]. Auch nach dem Bericht des Finanzdepartementes SO zum revidierten StG soll eine Veränderung bis zu 10 % zulässig sein[7]. Diese Beispiele mögen die Problematik verdeutlichen.

---

1) Grossmann, 211

2) Reich, Realisation, 218

3) Die gleichen Gedanken sind für die strukturellen Reorganisationen (Fusion, Teilung) anzustellen (vgl. Reich, Realisation, 245).

4) Reich, Realisation, 218

5) vgl. Z/S/F/R EB ZH 19 b N 424; danach dürfen z.B. die neben dem früheren Geschäftsinhaber notwendigen beiden anderen Gründeraktionäre je eine Aktie behalten. Im weiteren ist die Voraussetzung der unveränderten Beteiligungsverhältnisse auch erfüllt, wenn stille Teilhaber einer Kollektivgesellschaft Beteiligungsrechte im Verhältnis ihrer bisherigen Beteiligung übernehmen (ZH RB 1978 Nr. 82 = ZBl 80, 80 = RZ 77, Nr. 126).

6) vgl. AGStpr II 41

7) Bericht FD SO, 58; Diese grosszügigere Regelung steht im Gegensatz zur bisherigen Praxis der kantonalen Justizbehörden, wonach bei der Umwandlung einer Einzelfirma ein Steueraufschub nur gewährt wird, wenn eine minimale Veränderung von höchstens 2 % des nach OR 621 erforderlichen Aktienkapitals erfolgt (SO RK Entscheide 1976 Nr. 22).

Einen Ueberblick über die in der Praxis verschiedener Kantone erlaubten Aenderungen der Beteiligungsverhältnisse vermittelt die Dissertation von Rosenberger[1].

B. UEBERTRAGUNG INNERHALB DER SPERRFRIST

Verkauft der bisherige Geschäftsinhaber seine Beteiligungsrechte bald nach der Gründung der AG, entfällt ein wesentliches Motiv des Steueraufschubes[2]. Er gibt damit zu erkennen, dass es ihm letztlich nicht um die Umstrukturierung seiner Einzelunternehmung, sondern um die Aufgabe seines unternehmerischen Engagements gegangen ist[3]. Formell änderte der Geschäftsinhaber die Rechtsform, materiell realisierte er die stillen Reserven seiner Einzelunternehmung durch Veräusserung der Sachwerte an die Kapitalgesellschaft; über die stillen Reserven muss in diesem Falle nachträglich[4] beim Veräusserer abgerechnet werden. Insbesondere zur Verhinderung von Steuerumgehungen verlangen Doktrin und Praxis idR eine Sperrfrist, während der sich die Beteiligungsrechte nach steuerneutraler Umwandlung nicht verändern dürfen. Für die direkte Bundessteuer und die ihr folgenden Steuerordnungen beträgt diese Frist 5 Jahre[5]. Vereinzelt erfolgt eine Abrechnung unabhängig vom Vorliegen einer Steuerumgehung[6].

---

1) vgl. Rosenberger, 110 ff.; in SO ist seit 1.1.86 eine Veränderung von bis zu 10 % erlaubt (vgl. M. Leysinger, Das neue solothurnische Unternehmenssteuerrecht: Ueberlegungen und Ausblick, Der Schweizer Treuhänder 4/86, 138 f.).

2) vgl. Schärrer, StR 23, 481

3) vgl. Känzig, ASA 41, 91

4) vgl. BGE v. 5.7.79 (StR 35), 28

5) vgl. Masshardt, Kom. 1980, WStB 43 N 23 d und die dort zitierten Entscheide; für die kantonale Praxis z.B. ZH: Z/S/F/R EB ZH 19 b N 422 b; nach Truog (R. Truog, Die natürliche Vermutung im Steuerrecht, ASA 49, 114) erscheint die Frist von 5 Jahren als Teil der objektiv feststellbaren Vermutungsbasis als etwas willkürlich und allzu schematisch; vgl. dazu auch Reich, Realisation, 244 f.

6) VGr ZH v. 18.1.84, ZH RB 1984 Nr. 34 = StE 1984 B. 23.7 Nr. 2. Diese Behandlung ist m.E. nicht gerechtfertigt, denn der Verkauf innerhalb der fünfjährigen Frist kann aus Gründen erfolgen, welche die Beteiligten bzw. ihre Rechtsnachfolger nicht zu vertreten haben.

Im folgenden sind die steuerlichen Wirkungen eines Verkaufs zum Verkehrswert bzw. zum Anlagewert für den Anteilsinhaber innerhalb der gesetzlich verankerten oder durch die Praxis entwickelten Sperrfrist in Steuerordnungen mit und solche ohne Kapitalgewinnbesteuerung darzustellen. Für den Verkauf zum Verkehrswert ist auf die dogmatisch richtige Lösung hinzuweisen. Für die steuerliche Behandlung bei der Gesellschaft verweise ich auf die Literatur[1].

1. Uebertragung zum Verkehrswert

a) Steuerordnungen mit Kapitalgewinnbesteuerung

Wie erwähnt, werden in Kantonen, die eine Besteuerung der Gewinne auf beweglichem PV kennen, solche privaten Kapitalgewinne entweder zusammen mit dem übrigen Einkommen als Einheit besteuert[2], mit einer eigentlichen Sondersteuer erfasst[3] oder der Beteiligungssteuer[4] unterworfen. Der Fiskus holt hier die Abschöpfung

---

1) vgl. Reich, Realisation, 268 f.; derselbe, StR 33, 518 ff.; Schärrer, ASA 43, 285; Würth, 129 ff.; Känzig, ASA 39, 87.

2) SO, GR

3) BE, BS, JU; in BL und TG erfolgt eine gesonderte Besteuerung nach dem Tarif der Einkommenssteuer.

4) SG, VS; Die Beteiligungsgewinnsteuer interpretiert die steuerfreie Umwandlung als "Vorbereitung einer späteren Realisation durch die Veräusserung der Anteile an der Kapitalgesellschaft. Die Gewinnverwirklichung tritt als nachträglicher Geschäftsgewinn erst dann in Erscheinung, wenn die Anteile an der Kapitalgesellschaft mit Gewinn oder Verlust veräussert werden" (Reich, StR 33, 503 nach dem Urteil des Deutschen Bundesfinanzhofes vom 29.3.1972). SG VV 6 gewährt denn auch eine Uebernahme der bisherigen Einkommenssteuerwerte bei solchen Umwandlungen, sofern die Beteiligungsverhältnisse gleich bleiben und eine buchmässige Aufwertung nicht stattfindet. Bei einer späteren Veräusserung wird der Betrag, um den der Veräusserungserlös die Gestehungskosten übersteigt, mit der Beteiligungsgewinnsteuer erfasst (SG 39).

der Mehrwerte, die ihm bei der Buchwertübertragung des Personenunternehmens auf eine Kapitalgesellschaft entgangen sind, idR "mit der Besteuerung des Kapitalgewinnes anlässlich der <u>Veräusserung der Beteiligung</u> nach"[1)2)3)]. Für die Festsetzung des steuerbaren Kapitalgewinnes sind Anlagewert und idR Besitzdauer der Beteiligungsrechte zu ermitteln. Dabei bildet Ausgangspunkt der Ueberlegungen die Tatsache, dass die erfolgsneutrale Reservenübertragung bei allen Tatbeständen, bei welchen Betriebe als Sacheinlage gegen Einräumung von Beteiligungsrechten übertragen werden, zu einer steuerlichen Verdoppelung der stillen Reserven führt[4]. In Steuerordnungen mit Kapitalgewinnbesteuerung kann die Art und Weise der Ermittlung der Anlagekosten von Beteiligungsrechten Anlass zu einer mehrfachen Belastung wirtschaftlich derselben Mehrwerte sein[5]. "Dies ist dann der Fall, wenn die Anlagekosten einer gegen Sacheinlage erworbenen Beteiligung nach den dem Sacheinlagevertrag zugrunde gelegten Werten der eingelegten Aktiven und Passiven und nicht nach deren wirklichen Werten ermittelt werden"[6]. Diese Ermittlungsmethode der Anlagekosten lässt sich jedoch "weder mit dem Gedanken der Buchwertfortführung noch mit dem gleichbleibenden Unternehmerrisiko, sondern lediglich mit dem Steuerumgehungsgedanken begründen"[7]. Eine sachlich richtige Lösung ergibt sich durch Berechnung der Anlagekosten der Beteiligungsrechte nach dem Verkehrswert der

---

1) Reich, Realisation, 272 f. (Im Original Kursivgedrucktes ist unterstrichen).

2) Im Bereich der Beteiligungsgewinnsteuer setzt dies allerdings voraus, dass die gegen die Sacheinlage empfangenen Beteiligungsrechte die gesetzlich festgelegte Mindestquote (idR 20 %) erreicht.

3) Im System der Postnumerandobesteuerung (BS) stellt sich das Problem der nachträglichen Erfassung nicht, da die Mehrwerte hier mit der laufenden Einkommensteuer erfasst werden.

4) vgl. Reich, Realisation, 265 f.; die als gesonderte Objektsteuer ausgestaltete Grundstückgewinnsteuer (z.B. ZH) kennt den Verdoppelungseffekt nicht (vgl. Reich, Realisation, 267).

5) vgl. Reich, Realisation, 267

6) Reich, Realisation, 267

7) ASA 28, 170; David, 96

eingelegten Aktiven und Passiven[1]. Die neuere Praxis[2] hat diese Betrachtungsweise übernommen. "Die dadurch verursachte "Befreiung" des alten Trägers nach Ablauf der Sperrfrist hat nichts Stossendes an sich, da die Mehrwerte in der Kapitalgesellschaft der Besteuerung verhaftet bleiben"[3].

b) Steuerordnungen ohne Kapitalgewinnbesteuerung

Die Nichtbeachtung der eingangs erwähnten Sperrfrist gibt idR Anlass zur **nachträglichen Liquidationsbesteuerung**, d.h. zur rückwirkenden Erfassung der übertragenen Mehrwerte beim Sacheinleger[4)5)]. Die rückwirkende Liquidationsgewinnbesteuerung erlaubt die ertragssteuerfreie Aufwertung der versteuerten stillen Reserven des Betriebes bei der AG[6]. In Anlehnung an die Handelsbilanz muss die ertragsunwirksame Offenlegung der stillen Reserven auch im Steuerrecht mit einer Gutschrift auf einem Reservekonto erfolgen[7]. Für den Anteilinhaber hat dies gegenüber einer Gutschrift auf dem Kreditorenkonto den Nachteil, dass die Gesell-

---

1) vgl. Schärrer, StR 23, 481 f.; Reich, StR 33, 500; derselbe, Realisation, 268.

2) SO RB Entscheide 1982 Nr. 13: "Die Anlagekosten bestehen aus dem Verkehrswert der Aktien im Gründungszeitpunkt, zu welchem Wert die Unternehmung von einem Dritten erworben werden müsste. Deshalb gehört neben dem Nominalwert der Aktien und den stillen Reserven auch der Goodwill zu den Anlagekosten, zum wirklichen Wert".

3) Reich, Realisation, 274 f.

4) vgl. Reich, Realisation, 273; die Abrechnung über die stillen Reserven erfolgt in dem Ausmasse, wie diese sich im Zeitpunkt der Umwandlung präsentiert haben (vgl. Schärrer, StR 23, 482; Reich, StR 33, 501).

5) vgl. jedoch ASA 42, 400; Hier konnte der Steuerpflichtige, der die Beteiligungsrechte 2 Jahre nach der Umwandlung verkauft hatte, dartun, dass zwischen der Umwandlung und dem Verkauf kein Zusammenhang bestand. Deshalb wurde die Absicht der Steuerumgehung verneint, womit eine Steuerpflicht entfiel.

6) vgl. Z/S/F/R EB ZH 19 b N 422 b und 45 N 186.

7) vgl. R/Z/S III ZH 45 N 186; Reich, StR 33, 520; Schärrer (ASA 43, 285) vertritt dagegen die Ansicht, die Gutschrift könne auch auf dem Kreditorenkonto erfolgen. Nach Reich bedeutet die direkte Rückleistung der Kapitaleinlage über die Gutschrift auf dem Kreditorenkonto eine Verletzung der Kompetenzen der Generalversammlung und einen Verstoss gegen Vorschriften des OR zum Schutze der Gläubiger (vgl. Reich, M., Anmerkung zum BGE v. 5.7.79,StR 35 (1980),30)

schaft bei einer späteren Kapitalentnahme zulasten der Reserven idR die Verrechnungssteuer schuldet[1].

c) Sachgemässe Lösung

Wie vorne dargestellt, halten sich sowohl allgemeine Kapitalgewinn- wie Beteiligungsgewinnsteuer an den Zeitpunkt des Verkaufs der Beteiligungsrechte als Realisationsakt. Eine Interpretation, welche die Buchwertübertragung beim verfrühten Verkauf der Beteiligungsrechte nach der Umwandlung als <u>Vorbereitung</u> einer späteren Realisation und erst die Veräusserung als Gewinnverwirklichung eines nachträglichen Geschäftsgewinnes betrachtet[2], verkennt aber das Motiv für die steuerneutrale Behandlung der Umwandlung: Nur bei unveränderter Fortführung des Betriebes unter gleichbleibenden Beteiligungsverhältnissen während einer bestimmten Sperrfrist sind die für die Sacheinlage erhaltenen Beteiligungsrechte als Entgelt nicht frei verfügbar[3]. Nach Reich[4] verträgt sich die Kapitalgewinnbesteuerung im Zeitpunkt der Beteiligungsveräusserung nicht mit dem <u>Konzept der Steuerneutralität</u>. "Die steuerneutrale Reservenübertragung ist beim Beteiligungsverkauf innerhalb der Sperrfrist nicht nur eine Vorbereitungshandlung der späteren Reservenrealisation. Realisiert wird diesfalls bereits bei der Reservenübertragung, nicht erst bei Veräusserung der Beteiligungsrechte. Nur wenn das Kriterium der sub-

---

1) Sofern bei Sachentnahme die Voraussetzungen von VStV 24 erfüllt sind, kann die Verrechnungssteuer im Meldeverfahren erledigt werden.

2) Im andern Fall (Verkauf der Aktien kurz nach der Gründung) ist das Entgelt frei verfügbar und es ist deshalb über die stillen Reserven abzurechnen. "Der Unterschied zwischen den beiden Tatbeständen liegt darin, dass der Unternehmer bei der Umwandlung gleichsam eine unumgängliche "Ersatzbeschaffung" vornimmt, während er sich beim Verkauf seines Unternehmens vollständig entäussert" (ZH RB 1984 Nr. 34).

3) Dies ist z.B. die Auffassung bei der Beteiligungsgewinnsteuer.

4) vgl. Reich, Realisation, 274

jektiven Verknüpfung der stillen Reserven durch Fortführung des betrieblichen Engagements innerhalb der Sperrfrist erfüllt ist, sind die Voraussetzungen der Steuerneutralität gegeben"[1]. Veräussert der frühere Betriebsinhaber seine Beteiligungsrechte innerhalb der Sperrfrist, erhält er nachträglich ein negotiables Entgelt für seine Aktiven und Passiven. Er gibt damit zum Ausdruck, dass er sein unternehmerisches Engagement bereits bei der Umstrukturierung aufgegeben hat. "Die Steuerfolgen sind demzufolge an den Tatbestand der Umstrukturierung und nicht an die Beteiligungsveräusserung anzuknüpfen"[2]. Die rückwirkende Liquidationsgewinnbesteuerung erscheint daher als die dogmatisch richtige Lösung, denn hier werden rückwirkend jene Verhältnisse geschaffen, "die bestanden hätten, wenn die Buchwertübertragung nicht zugelassen und die Umstrukturierung des Personenunternehmens als Liquidationstatbestand betrachtet worden wäre"[3][4].

Mit Blick auf ein geschlossenes Konzept der Steuerneutralität ist Reich[5] zuzustimmen, nach dem sich die Besteuerung der Gewinne auf beweglichem PV nicht als flankierende Massnahme der steuerneutralen Reservenübertragung eignet. "Die Erfassung der in Personenunternehmen aufgelaufenen Mehrwerte bei Beteiligungsveräusserung während der Sperrfrist muss bei dogmatisch richtiger Beurteilung selbst im System der Besteuerung der privaten Kapitalgewinne mit der <u>rückwirkenden Liquidationsgewinnbesteuerung</u> nachgeholt werden. Die Kapitalgewinnsteuer hat hinter die Liquidationsgewinnsteuer zurückzutreten"[6].

---

1) Reich, Realisation, 274
2) Reich, Realisation, 274
3) Reich, Realisation, 273; gl.M. Zuppinger/Böckli/Locher/Reich, 117, 120.
4) "Dass die Kapitalgewinnsteuer die Liquidationsgewinnsteuer nicht ersetzen kann, zeigt sich vor allem dann, wenn Liquidationsgewinn und privater Kapitalgewinn nicht auf die gleiche Art und Weise ermittelt werden. Erhebliche Unterschiede können sich hier nicht nur aufgrund verschiedener Steuersätze oder Gewinnbemessungsbestimmungen, sondern auch zufolge unterschiedlicher Qualifikation der auf den Grundstücken ruhenden Mehrwerte auftreten" (Reich, Realisation, 274).
5) vgl. Reich, Realisation, 274
6) Reich, Realisation, 274

Die rückwirkende Liquidationsgewinnbesteuerung ist dogmatisch der Kapitalgewinnbesteuerung auch aus der Sicht der Sozialabgaben überlegen, denn die Beitragspflicht knüpft an die selbständige Erwerbstätigkeit an; diese aber hat nur bis zur Aenderung der Unternehmungsform bestanden[1].

Ist die Umwandlungseinschätzung im Zeitpunkt der Veräusserung der Beteiligungsrechte bereits in Rechtskraft erwachsen, ist für die direkte Bundessteuer eine nachträgliche Erfassung im Nachsteuerverfahren bei Vorliegen einer Steuerumgehung möglich. Im zürcherischen Steuerrecht bildet die Veräusserung innerhalb der Sperrfrist eine neue Tatsache[2].

2. Uebertragung zum Anlagewert

Eine Liquidationsgewinnbesteuerung entfällt, wenn die Uebertragung der Beteiligungsrechte innerhalb der Sperrfrist zum Anlage- d.h. Nominalwert erfolgt, denn der Veräusserer erzielt in diesem Falle keinen Liquidationsgewinn[3]. In diesem Sinne hat die Steuerrekurskommission I des Kantons Zürich entschieden[4], die Abtretung von Aktien an den Sohn zum Nominalwert innerhalb der Sperrfrist führe nicht zu einer Liquidationsgewinnbesteuerung[5]. Diese Behandlung ist sachlich begründet, denn die Umwandlung der Personenunternehmung ist eine reine Formsache; die stillen Reserven wären auch nicht besteuert worden, wenn der Geschäftsanteil an einer Personenunternehmung zu Buchwerten an den Sohn übertragen worden wäre.

---

1) Die Sozialabgaben auf den Liquidationsgewinnen aus der Umwandlung einer Personenunternehmung in eine Kapitalgesellschaft sind denn auch von den Personenunternehmen zu entrichten (BGE 98 V 245).

2) vgl. Reich, StR 33, 500 ff.

3) vgl. Reich, Realisation, 245

4) E v. 30.8.84 (n. publ.)

5) Dagegen kann in diesem Falle eine Schenkungssteuerpflicht gegeben sein (vgl. Cagianut/Höhn, Unternehmungssteuerrecht, § 17 N 30).

C. EINTRITT BZW. AUSTRITT EINES ANTEILSINHABERS IM ZUGE DER UMWANDLUNG (GEMISCHTE UMWANDLUNG)

Wird anlässlich der Umwandlung ein neuer Anteilsinhaber zur Erweiterung der Geschäftstätigkeit in die Kapitalgesellschaft aufgenommen oder tritt ein Beteiligter bei dieser Gelegenheit im Hinblick auf die Einschränkung der Geschäftstätigkeit aus, liegt eine gemischte Umwandlung vor; dabei ändern sich prozentual die Beteiligungsverhältnisse[1]. Wird damit die steuerneutrale Umwandlung gefährdet? Zur Beantwortung dieser Frage ist zum einen entscheidend, was unter dem Erfordernis der gleichbleibenden Beteiligungsverhältnisse zu verstehen ist; zum andern ist wesentlich, dass beim Austausch der Beteiligungen im Zuge der Umwandlung die wirtschaftliche Identität gewahrt bleibt.

In der Literatur[2] wird heute das Erfordernis der prozentual gleichbleibenden Beteiligungsverhältnisse weitgehend als wirklichkeitsfremd abgelehnt. Vielmehr wird verlangt, "dass die bisherigen In- oder Teilhaber an der Personenunternehmung ihre Beziehungen zur neuen Kapitalunternehmung wertmässig unverändert fortsetzen müssen"[3]. Die Beschränkung auf das Erfordernis wertmässig gleichbleibender Beteiligungsverhältnisse rechtfertigt sich aus dem Umstand, dass die Anteilsinhaber einer Kapitalgesellschaft - im Gegensatz zu den Personenunternehmern - nicht Eigentümer des Unternehmensvermögens sind. Eigentümerin ist vielmehr die Kapitalgesellschaft, bei welcher die Steuerpflicht für die stillen Reserven erhalten bleibt. Zudem werden die Anteilsinhaber für die ausgeschütteten Reserven einkommenssteuer- oder je nach Steuerordnung bei Veräusserung der Beteiligungsrechte kapitalgewinnsteuerpflichtig[4]. Voraussetzung des Steueraufschubs ist im weiteren die Wahrung der wirtschaftlichen Identität beim Austausch der Beteiligungen an einer Personenunternehmung gegen solche an

---

1) vgl. Cagianut/Höhn, Unternehmungssteuerrecht, § 17 N 31
2) vgl. Känzig, Kom. 1982, WStB 21 N 181; Reich, Realisation, 238 f.
3) Cagianut/Höhn, Unternehmungssteuerrecht, § 17 N 33
4) vgl. Cagianut/Höhn, Unternehmungssteuerrecht, § 17 N 33

einer Kapitalgesellschaft anlässlich der Umwandlung[1]. Diese ist gegeben, wenn die bisherigen Personenunternehmer ihr persönliches Engagement in der Kapitalgesellschaft innerhalb der Sperrfrist fortsetzen, ihre Beteiligungsrechte mithin nicht bloss eine private Kapitalanlage darstellen. Die Fortsetzung der Geschäftstätigkeit ist ein Indiz dafür, dass die Umwandlung eine blosse Reorganisationsmassnahme darstellte.

Im folgenden sind diese Grundsätze auf die Tatbestände des Eintritts bzw. Austritts jeweils zum Verkehrswert bzw. zum Nominalwert anzuwenden[2]. Dabei interessiert insbes. die Behandlung bei den bisherigen bzw. den verbleibenden Beteiligten, weil hier das Hauptgewicht der Umwandlung, nicht dem Eintritt oder Austritt zukommt.

1. Eintritt

Bei Eintritt **zum Verkehrswert** kann die gesamte Einlage in die Gesellschaft geleistet werden; im weiteren kann der neue Beteiligte die bisherigen Beteiligten für die Abtretung von Bezugsrechten direkt entschädigen. Im ersten Falle ändern sich die Beteiligungsverhältnisse bei den bisherigen Beteiligten wertmässig nicht, denn die neu erworbenen Beteiligungsrechte an der Kapitalgesellschaft stimmen auch nach dem Eintritt wertmässig mit den Kapitalanteilen an der Personenunternehmung überein. Im weiteren bleibt idR auch ihr geschäftliches Engagement gewahrt, sodass einem Steueraufschub nichts im Wege steht. Letzteres trifft idR auch zu, wenn der eintretende Beteiligte z.B. nur den Nominalwert in die neue Kapitalgesellschaft einlegt und zusätzlich den bisherigen Beteiligten für die Abtretung von Bezugsrechten eine Vergütung leistet. Die vermögensrechtliche Stellung der bisherigen Beteiligten erfährt in diesem Falle eine Aenderung, weshalb

---

1) vgl. Cagianut/Höhn, Unternehmungssteuerrecht, § 17 N 34
2) Es wird davon ausgegangen, die Einlage bzw. Entnahme erfolge in bar.

analog dem Verkauf eines Teils der Beteiligungsrechte während der Sperrfrist[1] im Verhältnis der geänderten Beteiligungsverhältnisse über die realisierten Mehrwerte abzurechnen ist.

Erfolgt der Eintritt zum Nominalwert, werden die Beteiligungsverhältnisse der bisherigen Beteiligten wohl wertmässig verändert, indem sich ihre vermögensrechtliche Stellung im Zuge von Umwandlung und Neueintritt verschlechtert; eine Einkommensbesteuerung könnte jedoch m.E. nur erfolgen, wenn mit der wertmässigen Veränderung eine Steuerumgehung beabsichtigt wäre. Da es bereits an der Absicht der Steuerersparnis fehlt, kommt eine Abrechnung m.E. nicht in Frage. Dagegen stellt sich für den neuen Anteilsinhaber die Frage der Schenkungssteuerpflicht.

2. Austritt

Mit dem Austritt zum Verkehrswert ändern sich die Beteiligungsverhältnisse der verbleibenden Beteiligten wertmässig nicht. Diese setzen idR auch das geschäftliche Engagement in der Kapitalgesellschaft fort, sodass einem Steueraufschub nichts entgegensteht. Dagegen ist beim austretenden Beteiligten für die realisierten Mehrwerte eine Liquidationsgewinnbesteuerung gegeben.

Erfolgt der Austritt zum Nominalwert, ist der innere Wert der Beteiligung der verbleibenden Beteiligten an der Kapitalgesellschaft gegenüber jenem an der Personenunternehmung grösser. Von einer Abrechnung der übertragenen Mehrwerte ist vorbehältlich einer Steuerumgehung abzusehen, da die steuerliche Doppelbelastung gewahrt bleibt. Ebenso fehlt beim austretenden Beteiligten idR mangels Entgelt die Absicht der Steuerersparnis, sodass eine Abrechnung auch hier entfällt. Dagegen stellt sich für die verbleibenden Beteiligten als Begünstigte die Frage der Schenkungssteuerpflicht.

---

1) vgl. Greminger, 145

II. Veräusserungsgewinn auf Grundstücken einer Immobiliengesellschaft durch Uebertragung von Verfügungsmacht

A. AUSGANGSLAGE

Gewinne aus der Veräusserung von privaten Grundstücken werden in sämtlichen Kantonen in irgend einer Form besteuert[1]. Soll ein dem zivilrechtlichen Grundeigentumswechsel entsprechendes wirtschaftliches Resultat erreicht werden, kann der Grundbesitz auf ein selbständiges Rechtssubjekt übertragen und die Beteiligungsrechte daran veräussert werden[2]. Damit wird eine steuerpflichtige zivilrechtliche Handänderung vermieden. Zur Bekämpfung der Steuerumgehung, mit der in den meisten Kantonen eine Steuerfreiheit der Kapitalgewinne aus der Veräusserung der Beteiligungsrechte an Immobiliengesellschaften erreicht werden sollte, existieren heute vor allem in diesen Kantonen gesetzliche Vorschriften, die den Verkauf solcher Beteiligungsrechte der Veräusserung des Grundbesitzes gleichstellen[3]. In der Praxis haben sich drei unterschiedliche Konzeptionen durchgesetzt: Die Romanische, die Berner und die Zürcher Lösung[4].

1. Die Romanische Lösung

Der Verkauf von Anteilen an vor allem in der welschen Schweiz verbreiteten "stockwerkeigentumsähnlichen" Mieter-Aktiengesellschaften wird dem Verkauf eines Miteigentumsanteils gleichge-

---

1) vgl. Nekola Anna, Besteuerung des Grundeigentums im Privatvermögen in der Schweiz; Die kantonalen Gesetzgebungen in rechtsvergleichender Darstellung betreffend Einkommens-, Vermögens-, Handänderungs- und Grundstückgewinnsteuer, Diessenhofen 1983.

2) Jäggi, SAG 46, 149 bezeichnet die Veräusserung einer Immobiliengesellschaft durch Verkauf der Anteile als geduldete Gesetzesumgehung, weil dadurch gegen die sachenrechtlichen Grundsätze des Grundstückverkehrs und der Oeffentlichkeit des Grundbuches verstossen werde.

3) vgl. Zuppinger/Böckli/Locher/Reich, 144

4) vgl. Zuppinger/Böckli/Locher/Reich, 145 ff.

stellt[1]) und mit der Grundstückgewinnsteuer erfasst. Um einen
Methodendualismus zu vermeiden, ist hier beim späteren Verkauf
der ganzen Liegenschaft zu beachten, "dass bereits anlässlich
allfälliger "Anteilsveräusserungen" über einzelne Grundstücksmehrwerte steuerlich abgerechnet worden ist"[2]).

2. Berner Lösung

Für Kantone, die Kapitalgewinne auf beweglichem PV besteuern,
besteht idR - abgesehen vom kollisionsrechtlichen Aspekt - kein
Grund, Beteiligungen an Immobiliengesellschaften, die zum PV gehören, der Grundstückgewinnsteuer zu unterstellen[3]). So unterliegt der Gewinn aus der Veräusserung von Beteiligungsrechten
an Immobiliengesellschaften im Kanton Bern der Vermögensgewinnsteuer[4]. Als Konzession an das Transparenzprinzip der Romanischen Lösung wird allerdings einerseits auf die 10-jährige Befristung der Besteuerung verzichtet, anderseits der Besitzdauerabzug gewährt[5]).

Dennoch werden in gewissen Kantonen mit privater Kapitalgewinnbesteuerung Gewinne auf Mehrheitsbeteiligungen an Immobiliengesellschaften ausdrücklich der Grundstückgewinnsteuer unterstellt[6]).
Ein Grund liegt wohl in der Gleichstellung von privaten und geschäftlichen Beteiligungen hinsichtlich des Besitzdauerabzuges.
"Entscheidend für die Sonderbehandlung derartiger Mehrheitsbeteiligungen ist indessen der Umstand, dass nach bundesgerichtlicher Rechtsprechung zum Doppelbesteuerungsverbot der beim Verkauf

---

1) vgl. Zuppinger/Böckli/Locher/Reich, 144
2) Zuppinger/Böckli/Locher/Reich, 145
3) vgl. Zuppinger/Böckli/Locher/Reich, 145
4) BE 77 II; vgl. Gruber, BE 77 N 5.
5) vgl. Zuppinger/Böckli/Locher/Reich, 146
6) So sind z.B. nach BL 72 II Gewinne aus Rechtsgeschäften, die hinsichtlich der Verfügungsgewalt wirtschaftlich wie Veräusserungen wirken, mit
der Grundstückgewinnsteuer zu erfassen (vgl. Christen, 90).

sämtlicher Anteilsrechte einer reinen Immobilienunternehmung erzielte Gewinn nicht der Steuerhoheit des Wohnsitzkantons des Veräusserers, sondern der Steuerhoheit des Liegenschaftenkantons untersteht"[1]. Deshalb hat auch die Unterstellung unter die Kapitalgewinnsteuer nach bernischem Muster kollisionsrechtlich nur eine beschränkte Tragweite[2].

3. Zürcher Lösung

Kantone, welche die Kapitalgewinne auf beweglichem PV steuerfrei belassen, nehmen eine Mittelstellung zwischen der Romanischen und der Berner Lösung ein, indem idR nur Gewinne aus der Veräusserung von Mehrheitsbeteiligungen mit der Grundstückgewinnsteuer erfasst werden[3]. Diese Steuerordnungen schliessen bei einem solchen Verkauf auf eine wirtschaftliche Handänderung, d.h. ein Rechtsgeschäft, das bezüglich der Verfügungsgewalt über ein Grundstück wie eine Veräusserung wirkt. Diese Behandlung ist nur solange folgerichtig, als Gewinne aus dem beweglichem PV grundsätzlich steuerfrei sind.

B. ABGRENZUNG DER ERFASSTEN TATBESTAENDE

Gemäss interkantonalem Steuerrecht gilt für alle drei Lösungen: Nur bei Qualifikation als Immobiliengesellschaft darf der vom Anteilsinhaber durch den Verkauf von Beteiligungsrechten erzielte Kapitalgewinn steuerlich einem Grundstückgewinn gleichgestellt werden. Es ist daher in jedem Falle zu prüfen, ob überhaupt eine Immobiliengesellschaft und nicht eine Betriebsgesellschaft vorliegt. Im weiteren ist abzuklären, in welchen Fällen Verfügungsmacht übertragen wird und sofern dies zutrifft, ob ihre Uebertragung grundsteuerlich relevant wird.

---

1) Zuppinger/Böckli/Locher/Reich, 146
2) BGE 85 I 97 = ASA 28, 302 = Locher, § 7 I D Nr. 14.
3) vgl. Zuppinger/Böckli/Locher/Reich, 147; ohne Einfluss bleibt ein allfälliger Durchgriff bei der direkten Bundessteuer, da dort überhaupt keine Besteuerung der Gewinne auf PV erfolgt (vgl. Grossmann, 170).

Nach allgemeinen Ausführungen zu diesen Fragen konzentriere ich mich auf das Staatssteuerrecht des Kantons Zürich.

1. Qualifikation als Immobiliengesellschaft

a) Allgemeines

Während Iseli[1] die tatsächliche Tätigkeit der Gesellschaft als massgeblich erachtet, auch wenn diese mit den Statuten nicht übereinstimmt, verlangt Locher[2] kumulativ, dass der statutarische oder tatsächliche Zweck, der Rohertrag der Unternehmung sowie die Vermögenswerte auf eine Immobiliengesellschaft schliessen lassen. Nach BGr[3] ist zuerst der statutarische Gesellschaftszweck, dann die tatsächliche Geschäftstätigkeit abzuklären.

In BGE 85 I 91[4] definierte das BGr die Immobiliengesellschaft als eine Gesellschaft, deren ausschliesslicher Zweck die Verwaltung und Nutzung einer Liegenschaft ist. In einem späteren Entscheid[5] erweiterte das BGr diese eng gefasste Begriffsumschreibung und führte aus, eine Immobiliengesellschaft liege dann vor, wenn der Zweck der Gesellschaft zur Hauptsache im Erwerb, in der Verwaltung und dem Wiederverkauf von Grundstücken bestehe. Diese Begriffsumschreibung hat es in einem jüngeren Entscheid[6] bestätigt.

---

1) vgl. Iseli, 327

2) vgl. Locher, Grundstückgewinnsteuer, 189

3) BGE 104 I a 251

4) = ASA 28, 302 = Locher, § 7 I D Nr. 14; mit diesem Entscheid wurde die Zuweisung des Gewinnes aus der Veräusserung von Beteiligungsrechten an den Liegenschaftskanton eingeleitet.

5) BGE 99 I a 465

6) BGE 104 I a 644 = ASA 48, 644 = Pr 65 Nr. 212: "Besteht dieser ausschliesslich oder mindestens zur Hauptsache darin, Grundstücke, d.h. Liegenschaften, in das Grundbuch aufgenommene selbständige und dauernde Rechte, Bergwerke oder Miteigentumsanteile an Grundstücken (Art. 655 ZGB), zu erwerben, zu verwalten, zu nutzen und zu veräussern, so kann von einer Immobiliengesellschaft gesprochen werden. Bildet dagegen der Grundbesitz bloss die sachliche Grundlage für einen Fabrikations-, Handels- oder sonstigen Geschäftsbetrieb, so liegt keine Immobilien-, sondern eine Betriebsgesellschaft vor".

Eine Gesellschaft braucht nicht unbedingt selbst Immobilieneigentümerin zu sein, um als Immobiliengesellschaft zu gelten. Vielmehr können Immobilien über einen Dritten gehalten werden.

Das BGr[1] stellt für die Qualifikation einer Holdinggesellschaft als Immobiliengesellschaft auf die tatsächliche Tätigkeit ihrer Tochtergesellschaft ab. Werden somit Anteile einer Holdinggesellschaft veräussert, deren Tochtergesellschaften Immobiliengesellschaften im Sinne der Rechtsprechung sind, wird an den Grundstücken der Tochtergesellschaften eine wirtschaftliche Handänderung vollzogen, die der Grundstückgewinn- und Handänderungssteuer unterliegt. Eine Einschränkung der ausdehnenden Auslegung einer wirtschaftlichen Handänderung hat demgegenüber das VGr SG mit seinem Entscheid vom 22.12.71[2] vorgenommen. Mit der Ablehnung, den Handwechsel der Aktien einer Holdinggesellschaft als wirtschaftliche Handänderung eines Grundstückes zu behandeln, das einer von der Holdinggesellschaft beherrschten Tochtergesellschaft gehört, hat es die wirtschaftliche Handänderung allein auf den Uebergang der <u>unmittelbaren</u> faktischen Verfügungsmacht eingeengt[3]. In diesem Zusammenhang ist ein Entscheid des Obergerichts SH[4] zu beachten, das die Behandlung des Kapitalgewinnes aus dem Verkauf einer 100 %igen Beteiligung an einer Liegenschaftengesellschaft durch eine ausserhalb des Liegenschaftenkantons domizilierte, aus einer Erbengemeinschaft umgegründete

---

1) BGE 103 I a 159 = Pr 66 Nr. 94
2) vgl. SAG 45, 89 ff. = GVP 1971 Nr. 13
3) vgl. Cagianut, SAG 45, 91; Der Kommentator kommt aufgrund der oft schwer abzusteckenden Grenzen der wirtschaftlichen Betrachtungsweise zum Schluss, dass es wünschbar wäre, "das Tauziehen zwischen wirtschaftlicher und zivilrechtlicher Deutung von Vorschriften der Steuerordnung aufzugeben zugunsten einer eigenständigen Auslegung steuerrechtlicher Begriffe, die sich nach dem Sinn der fraglichen Vorschrift richtet" (S. 92); gl.M. Höhn, Steuerrecht, 74.
4) StE 1985 B 72.11 Nr. 11; das Gericht qualifizierte den Liegenschaftsgewinn nicht als Grundstückgewinn der einzelnen Erben, sondern als Reingewinn der Muttergesellschaft, da für einen Durchgriff auf die Erben kein Grund bestehe. Dieser Gesellschaft könne jedoch das kantonale Holdingprivileg nicht gewährt werden, da die hiefür erforderlichen Voraussetzungen erst nach dem Verkauf der Liegenschaftengesellschaft eingetreten sei (Auf eine gegen diesen Entscheid gerichtete staatsrechtliche Beschwerde ist das BGr mit Urteil vom 27.3.84 nicht eingetreten).

Aktiengesellschaft zu beurteilen hatte. Es hielt dabei fest, der Verkauf der Beteiligung an dieser Immobiliengesellschaft sei dem Verkauf der betreffenden Liegenschaft gleichzusetzen; der sich daraus ergebende Liegenschaftengewinn unterliege daher der Steuerpflicht im Liegenschaftenkanton.

b) Zürcher Staatssteuern

Nach Ansicht der Zürcher Kommentatoren[1] ist für die Qualifikation als Immobiliengesellschaft grundsätzlich der Gesellschaftszweck massgebend. Stimmen indessen Zweck nach Statuten und tatsächliche Tätigkeit nicht überein, ist die tatsächliche Tätigkeit entscheidend[2]. Ohne Bedeutung ist auch nach Zürcher Grundsteuerrecht demnach die Gewichtung der Aktiven der Immobiliengesellschaft[3]. Abgrenzungsprobleme ergeben sich dort, "wo Immobilien einen wesentlichen Teil der Aktiven ausmachen und das Unternehmen diese hälftig sowohl in direkter (betrieblicher) wie in indirekter (nichtbetrieblicher) Weise nutzbar macht"[4][5].

Obwohl für die Qualifikation einer Muttergesellschaft als Immobiliengesellschaft grundsätzlich die tatsächliche Tätigkeit ihrer Tochtergesellschaft massgebend ist, hat das Zürcher Verwaltungsgericht entschieden[6], die Veräusserung sämtlicher Anteile einer Betriebsgesellschaft, welche ihrerseits als Alleinaktionärin einer Immobilienaktiengesellschaft (Tochtergesellschaft) deren Grundstück betrieblich nutzte, komme keiner wirtschaftlichen

---

1) vgl. R/Z/S IV ZH 161 N 63
2) vgl. ZH RB 1964 Nr. 70
3) vgl. Iseli, 327; ZH RB 1933 Nr. 66; ZH RB 1964 Nr. 70; VGr v. 26.3.1976 (nicht veröffentlicht) vgl. bei Iseli, 328 FN 19.
4) Iseli, 328
5) Der Autor führt hier als Beispiel eine Gesellschaft an, welche ihre Gebäulichkeiten zu Lagerzwecken vermietet, gleichzeitig aber einen Transportbetrieb unterhält. Nach Iseli (328) dürfte die Praxis in beiden Fällen wohl eher dazu neigen, den Gesellschaften den Immobiliencharakter abzusprechen.
6) ZH RB 1970 Nr. 47 = ZBl 72, 49 = StR 26, 79.

Handänderung im fraglichen Sinne gleich, da die Betriebsgesellschaft trotz Veräusserung ihrer Beteiligungsrechte Inhaberin der Beteiligungsrechte der Immobiliengesellschaft bleibe und das Grundstück dieser Aktiengesellschaft weiterhin als sachliche Grundlage des Geschäftsbetriebes diene. Als massgebender Zeitpunkt der Qualifikation als Immobilien- bzw. Betriebsgesellschaft wird grundsätzlich jener des Uebergangs der wirtschaftlichen Verfügungsgewalt erachtet[1)2)].

2. Uebertragung der Verfügungsmacht

a) Fehlende gesetzliche Verankerung der wirtschaftlichen Betrachtungsweise

Trotz fehlender gesetzlicher Grundlage betrachten verschiedene Steuerordnungen die Uebertragung der Mehrheit der Beteiligungsrechte an einer Immobiliengesellschaft in Anwendung einer wirtschaftlichen Betrachtungsweise als wirtschaftliche Handänderung[3)]. Das BGr selbst hat dieser Entwicklung Vorschub geleistet und die Schranken verwischt, indem es in BGE 79 I 19/20 ausführte: "Es ist vom Standpunkt des Art. 4 BV nicht zu beanstanden, die Handänderungssteuer ausser bei der zivilrechtlichen Handänderung auch bei der Uebertragung der Aktien einer Gesellschaft, deren einziges Aktivum eine Liegenschaft bildet, zu erheben und zwar auch ohne dass eine ausdrückliche Vorschrift ein solches Abweichen vom zivilrechtlichen Begriff der Handänderung gestattet".

---

1) ZH RB 1968 Nr. 30 = ZBl 69, 437.

2) Das VGr ZH RB 1972 Nr. 41 ist von dieser Regel bei der Veräusserung der Aktien einer Betriebsgesellschaft abgewichen: Gemäss Abrede hatten die Verkäufer für eine kurzfristige Liquidation des Betriebes zu sorgen; neben diesem bestanden die Aktiven im wesentlichen Zeitpunkt hauptsächlich aus Grundstücken. Obwohl der Betriebscharakter objektiv betrachtet offensichtlich noch nicht zu verneinen war, stellte das VGr auf den (subjektiven) Willen der Vertragsparteien ab, nach welchem der Gesellschaft der Immobiliencharakter erst nach der Veräusserung zukommen sollte.

3) z.B. LVGE 1975 II Nr. 47

Dank dieser kaum mehr eine Schranke bietenden Formel hat das BGr in neuerer Zeit als wirtschaftliche Handänderung "ganz allgemein die rechtsgeschäftliche Verschiebung von Grundeigentumswerten" bezeichnet[1]. In BGE 99 I a 459 ff. hat das oberste Gericht jedoch "die Gefahr einer immer weiter fortschreitenden Ausdehnung der sog. wirtschaftlichen Betrachtungsweise klar erkannt und die Grenzen ausdrücklich festgehalten"[2], indem es für die Annahme einer wirtschaftlichen Handänderung zumindest die Uebertragung einer überwiegenden Mehrheit der Beteiligungsrechte forderte.

Die Entwicklung der Rechtsprechung zeigt dennoch, dass "eine Generalklausel des "wirtschaftlichen Tatbestandes" die Normbezogenheit der Verwaltungstätigkeit mehr und mehr preisgeben"[3] würde. Böckli[4] befürchtet daraus eine bedrohliche Uferlosigkeit in den ableitbaren Rechtsfolgen. "Zugleich entsteht die Gefahr der Widersprüchlichkeit, damit der rechtsungleichen Besteuerung, weil <u>die von einem klaren Steuergegenstand losgelöste Rechtsanwendung</u> nicht mehr in den Denkprozess von Hauptnorm, Ausnahmenorm und Abgrenzung hineingezwungen ist, welcher allein die Widersprüchlichkeit und Unvorhersehbarkeit staatlichen Handelns verhindern kann"[5]. Deshalb muss das Abstellen auf die "wirtschaftliche Betrachtungsweise" gleichzeitig als Auftrag an den Gesetzgeber aufgefasst werden, "die von ihm gewählte, vom Zivilrecht losgelöste Betrachtungsweise in Normen zu fassen. Der Grundsatz der "Bestimmtheit" der Steuernormen muss hochgehalten bleiben"[6].

---

1) BGE 91 I 173
2) Böckli, Indirekte Steuern, 312
3) Böckli, Indirekte Steuern, 313
4) vgl. Böckli, Indirekte Steuern, 313
5) Böckli, Indirekte Steuern, 314
6) Böckli, Indirekte Steuern, 313 FN 67

b) Gesetzliche Verankerung im Zürcher Steuerrecht

Nach ZH 161 II a und 178 II a sind der zivilrechtlichen Handänderung an Grundstücken die wirtschaftlichen Handänderungen gleichgestellt.

Damit hat die wirtschaftliche Betrachtungsweise in beiden Normen ausdrücklich ihren Niederschlag gefunden[1]. Die wirtschaftliche Handänderung ist hier als Ergänzungstatbestand der zivilrechtlichen Handänderung konzipiert[2].

ba) Mehrheits- und abhängige Minderheitsbeteiligung

Die Rechtsprechung hat seit jeher anerkannt, dass die Handänderung einer beherrschenden Beteiligung den Tatbestand der wirtschaftlichen Handänderung erfüllen könne[3]. Später bestätigten und verdeutlichten die Rechtsanwendungsbehörden ihre Praxis und setzten die Grenze zwischen Mehr- und Minderheitsbeteiligung bei 50 Prozent[4] fest. Sie durchbrachen diesen Grundsatz im Falle der Veräusserung abhängiger Minderheitsbeteiligungen. Solche sind gegeben, wenn mehrere Minderheitsbeteiligungen zusammen mindestens 50 Prozent der Anteile umfassen und aufgrund einer besonderen Abrede - meistens in der Form einer einfachen Gesellschaft - gesamthaft "auf einen einzigen Erwerber oder auf mehrere Erwerber, die ihrerseits z.B. als einfache Gesellschafter eng miteinander verbunden sind"[5], veräussert werden. Liegen solche Abreden nicht vor und wird nur eine Minderheitsbeteiligung übertragen, ist der Tatbestand der wirtschaftlichen Handänderung nicht erfüllt[6]. Desgleichen fehlt eine wirtschaftliche

---

1) vgl. Iseli, 325 f.; Zuppinger, StR 24, 459.
2) vgl. Iseli, 335
3) ZH RB 1946 Nr. 71; ZH RB 1970 Nr. 47.
4) ZH RB 1955 Nr. 107; ZH RB 1958 Nr. 112; ZH RB 1976 Nr. 72; ZH RB 1977 Nr. 91.
5) Steiner, 318
6) vgl. Iseli, 330

Handänderung, wenn ein Erwerber erst durch die Uebertragung der
Minderheitsbeteiligung eine Mehrheit der Beteiligungsrechte erhält[1], denn das Vorliegen einer wirtschaftlichen Handänderung
bestimmt sich ausschliesslich aus der Sicht des Veräusserers,
der ja auch Steuersubjekt ist[2].

bb) <u>Unabhängige Minderheitsbeteiligung</u>

Soweit ersichtlich lässt sich zusammenfassend festhalten, dass
in der <u>Praxis</u> eine wirtschaftliche Handänderung grundsätzlich
nur dann vorliegt, wenn mindestens die Hälfte der Anteile einer
Immobiliengesellschaft die Hand wechselt[3]. Eine Ausnahme von
diesem Grundsatz ist nur dann zu machen, wenn mehrere veräussernde Minderheitsbeteiligte durch organisiertes Zusammenwirken einem bestimmten Erwerber oder mehreren, ihrerseits organisierten
Erwerbern eine Mehrheitsbeteiligung verschaffen[4].

Die <u>Lehre</u> ist sich über die Behandlung der unabhängigen Minderheitsbeteiligung nicht einig: Nach Graf[5] ist grundsätzlich jeder Anteilschein-Uebergang einer quotenmässigen Liegenschaften-Handänderung gleichzustellen. Die gleiche Forderung stellt Schubiger[6], wenn er in teleologischer Interpretation in der Uebertragung von Anteilen die Realisierung von Gesamt- oder Miteigentum an den Gesellschaftsgrundstücken durch die Gesellschaft erblickt. Guhl[7] betrachtet den Uebergang der Verfügungsgewalt als

---

1) ZH RB 1950 Nr. 82

2) vgl. Iseli, 330; Z/S/F/R EB ZH 154 N 41

3) gl.M. Iseli, 331; diese Praxis geht auf die Entscheide der ORK vom 29.2.1940 (ZP 39 Nr. 160) sowie ZH RB 1946 Nr. 41 zurück.

4) ZH RB 1958 Nr. 112

5) S. Graf, Handänderungs- und Grundstückgewinnsteuerpflicht beim Handel mit Grundstücken durch Uebergabe von Gesellschaftsanteilen, ZBl 34 (1933), 340.

6) W. Schubiger, Das zürcherische Grundstückgewinn- und Handänderungssteuerrecht, Diss. Zürich 1942, 51 ff.

7) vgl. Guhl, Grundstückgewinne, 103 ff.

ungeeignetes Kriterium für die Besteuerung eines Gewinnes aus der Veräusserung von Beteiligungsrechten. Massgebendes Kriterium ist, dass der Tatbestand seinem Wesen nach geeignet ist, einen Grundstückgewinn entstehen zu lassen. Dies trifft nach ihm auch bei Realisierung eines Gewinnes auf einer Minderheitsbeteiligung zu. Die Zürcher Kommentatoren[1] räumen ein, dass bei Uebertragung einer Minderheitsbeteiligung eine Grundstückgewinnsteuerpflicht schlechthin entfalle. Nach Ochsner[2] muss die aus dieser Besteuerungslücke entstehende Ungleichheit durch eine Besteuerung geschlossen werden. Auch für Grossmann[3] befriedigt die vorherrschende Praxis, wonach bei einer Beteiligung des PV nur Gewinne aus der Veräusserung von Mehrheitsanteilen an einer Immobiliengesellschaft der Besteuerung unterliegen, während die übrigen steuerfrei bleiben, nicht vollständig. Weder der Bundesrat noch weitere Autoren treten jedoch für eine Steuerbarkeit _aller_ Gewinne aus der Uebertragung von Beteiligungsrechten an Immobiliengesellschaften ein[4]. Iseli[5] geht daher m.E. zu weit, wenn er feststellt, dass die Lehre bei der Handänderung einer Minderheitsbeteiligung an einer Immobiliengesellschaft praktisch geschlossen eine Steuerpflicht befürworte.

In der Lehre hat es deshalb nicht an Verfechtern einer Besteuerung von Gewinnen aus der Veräusserung von unabhängigen Minderheitsbeteiligungen auf dem _Auslegungswege_ gefehlt. So hat Iseli[6] die Auffassung vertreten, durch Auslegung des Zürcher Steuergesetzes lasse sich auch die Uebertragung einer unabhängigen Minderheitsbeteiligung als wirtschaftliche Handänderung grundsteuerlich erfassen.

---

1) R/Z/S IV ZH 161 N 66; als Ersatz werde die Kapitalgewinnsteuer ausgelöst. Seit der Aufhebung von ZH 23 im Jahre 1970 bleiben solche Veräusserungsgewinne steuerfrei.
2) vgl. Ochsner N 230 ff.
3) vgl. Grossmann, 172
4) vgl. dazu § 20 I. A. 3. b) FN 3
5) vgl. Iseli, 333
6) vgl. Iseli, 321 ff.

Da die wirtschaftliche Handänderung einen wirtschaftlichen Sachverhalt betrifft, ist die wirtschaftliche Betrachtungsweise, welche nicht die Lösung eines Einzelfalles, sondern die generellabstrakte Auslegung einer gesetzlichen (Steuer)-Norm bezweckt, heranzuziehen. Diese wirtschaftliche Auslegung ist aber dort umstritten, wo die auszulegende Norm zivilrechtliche Begriffe enthält[1]. "Ob diese auf dem Zivilrecht basierende Norm der wirtschaftlichen Betrachtungsweise zugänglich ist oder nicht, ist letzten Endes selbst eine Frage der Auslegung und ihrer einzelnen Elemente"[2].

Iseli[3] hat denn auch versucht, die Gesetzesbestimmungen unter Zuhilfenahme der Auslegungselemente der wirtschaftlichen Betrachtungsweise auch bei der Veräusserung von Minderheitsbeteiligungen zugänglich zu machen. Ausgangspunkt ist dabei der zivilrechtliche Begriff des "Grundstücks"[4]. Aufgrund der Beurteilung aus grammatikalischer, systematischer, teleologischer, realistischer und historischer Sicht kommt er[5] zum Schluss, nur das historische Element beschränke den Begriff der Verfügungsgewalt auf eine Anteilsmehrheit. Das historische Element könne aber vernachlässigt werden, weil das Problem der Minderheitsübertragung während der Revision 1951 offensichtlich nur oberflächlich behandelt worden sei, ohne die Problematik auch nur ansatzweise auszulotsen[6]. Aufgrund der übrigen Auslegungselemente sei bei der Uebertragung von Minderheitsbeteiligungen eine grundsteuerlich zu erfassende wirtschaftliche Handänderung begründbar.

---

1) vgl. Iseli, 325
2) Iseli, 325
3) vgl. Iseli, 333 ff.
4) vgl. Iseli, 326 ff.
5) für detaillierte Argumentation vgl. Iseli, 333 ff.
6) vgl. Iseli, 342 f.

Die von Iseli vertretene Auffassung, der Begriff "Grundstück" sei hier in Anwendung der wirtschaftlichen Betrachtungsweise so auszulegen, dass jedes Beteiligungsrecht an einer Immobiliengesellschaft schlechthin einen Teil der Gesellschaftsgrundstücke als Surrogat repräsentiere, ist nicht haltbar[1]; denn diese Ansicht müsste in letzter Konsequenz zur grundsteuerlichen Erfassung auch von Beteiligungsrechten an Betriebsgesellschaften führen, da auch der Anteil an einer Betriebsgesellschaft mit Liegenschaftenbesitz über das Grundeigentum der Gesellschaft einen Teil der entsprechenden Gesellschaftsgrundstücke verkörpert[2]. Vielmehr ist davon auszugehen, dass der Gesetzgeber mit dem Tatbestand der "wirtschaftlichen Handänderung" an Grundstücken bloss eine Umgehungsnorm schaffen wollte, mit der eine grundsätzlich steuerfreie Uebertragung der Verfügungsmacht über Grundstücke verhindert werden sollte. Davon wird der sachenrechtliche Begriff "Grundstück" nicht berührt[3].

Aus der Auslegung des zivilrechtlichen Begriffs "Grundstück" kann somit m.E. nicht gefolgert werden, auch die Veräusserung von unabhängigen Minderheitsbeteiligungen seien als wirtschaftliche Handänderungen an Teilen der Gesellschaftsgrundstücke zu erfassen[4]. Die gesetzliche Verankerung des wirtschaftlichen Tatbestandes erlaubt somit nicht, in jedem Falle über die Bedeutung zivilrechtlicher Begriffe hinwegzusehen. Die wirtschaftliche Betrachtungsweise hat im Grundsteuerrecht vielmehr dort ihre Grenzen, wo von einer Steuerumgehung nicht mehr gesprochen werden kann.

---

1) vgl. Steiner, 317
2) vgl. Steiner, 317 FN 35
3) gl.M. Steiner, 317
4) gl.M. Steiner, 316

§ 13 BESTEUERUNG GELDWERTER LEISTUNGEN DER GESELLSCHAFT BEI ENTGELTLICHER UEBERTRAGUNG VON BETEILIGUNGSRECHTEN[1] (IM PV)

I. Uebertragung an Dritte

A. VERKAUF EINER WIRTSCHAFTLICH LIQUIDIERTEN BZW. ZU LIQUIDIERENDEN GESELLSCHAFT (FAKTISCHE LIQUIDATION)

1. Tatbestände

Gemäss langjähriger Praxis wird beim Mantelhandel auf eine faktische Liquidation der Gesellschaft geschlossen und damit eine geldwerte Leistung an den veräussernden Anteilsinhaber angenommen[2]. Die neuere Praxis tendiert jedoch dazu, eine faktische Liquidation auch dann anzunehmen, wenn die Gesellschaft erst nach der Veräusserung der Beteiligungsrechte auf Veranlassung des Erwerbers wirtschaftlich ausgehöhlt wird.

a) Mantelhandel

Ein Mantelhandel liegt vor, wenn "die bisher an der Gesellschaft Beteiligten den Willen haben, die durch die Gesellschaft ausgeübte Unternehmungstätigkeit aufzugeben und die Aktiven der Gesellschaft in liquide Form bringen, jedoch die Gesellschaft nicht formell liquidieren, sondern die Beteiligungsrechte an einen Dritten veräussern, welcher mit der Gesellschaft eine Unternehmungstätigkeit ausübt"[3]. Mit der Versilberung der Vermögenswerte wird die Gesellschaft ausgehöhlt, es wird ihr wirtschaftlich die Substanz entzogen[4]. Mit dem anschliessenden Mantelhandel beabsich-

---

[1] Zur grundsätzlichen Problematik sowie den Gründen der Besteuerung geldwerter Leistungen vgl. § 11 I. A. 2. b).
[2] vgl. insbes. die Praxis zu VStG 4 I b sowie CG 5 II Ziff. 7.
[3] Cagianut/Höhn, Unternehmungssteuerrecht, § 12 N 76
[4] vgl. Pfund, VStG 4 I b N 3.48

tigt der Verkäufer der Beteiligungsrechte steuerlich, "die mit
der Auflösung verbundenen Kosten (Stichwort Liquidationsbesteuerung) zu vermeiden, während der Erwerber des Aktienmantels die
mit einer Neugründung verbundenen Spesen (Emissionsstempel) sparen möchte"[1]. Handelsrechtlich ist der Mantelhandel unzulässig,
weil damit sowohl die Bestimmungen hinsichtlich der Liquidation[2]
wie jene der Neugründung[3] umgangen werden.

b) Nachträgliche Aushöhlung der Gesellschaft

In diesem Falle sind die Merkmale des Mantelhandels (Aktiven in
liquider Form) im Zeitpunkt der Uebertragung der Beteiligungsrechte nicht gegeben; vielmehr werden die bisherigen Aktiven
nach der Uebertragung nach dem Willen des Käufers der Beteiligungsrechte entweder veräussert oder in sein PV überführt, ohne
dass die Gesellschaft jedoch formell liquidiert wird[4]. Auch damit wird der Gesellschaft wirtschaftlich die Substanz entzogen.
Soweit dem Veräusserer hier keine Absicht zur Umgehung der Liquidationsbesteuerung anzulasten ist, besteht bei diesem kein
Anlass zur Erfassung einer geldwerten Leistung[5]. Dagegen kann
die wirtschaftliche Aushöhlung durch den Erwerber mit Beteiligungsrechten im PV[6] als "Teilliquidation" zur Besteuerung einer geldwerten Leistung führen. Zudem mag der Erwerber in der Absicht
gehandelt haben, die mit der Neugründung verbundenen Kosten zu
vermeiden; in diesem Falle können in Anwendung der wirtschaftlichen Betrachtungsweise die Stempelabgaben erhoben werden.

---

1) Stockar, Uebersicht/Fallbeispiele, 80
2) OR 739/747; 770; 823.
3) OR 625 ff.
4) vgl. Cagianut/Höhn, Unternehmungssteuerrecht, § 12 N 77
5) Auskunft EStV vom 7.8.85
6) Hält der Erwerber die Beteiligungsrechte im GV, hilft der Steuerbehörde
   die Berufung auf Teilliquidation der Gesellschaft nicht, weil der Erwerber
   einer Zurechnung als Einkommen bzw. Ertrag den Abschreibungsbedarf der
   Beteiligungsrechte entgegehalten kann.

2. Steuerliche Folgen

Nach bisheriger Praxis wird insbes. der Mantelhandel als Liquidation mit anschliessender Neugründung qualifiziert. Diese Behandlung stützt sich bei der auf dem Liquidationsüberschuss erhobenen Verrechnungssteuer auf die Theorie der Steuerumgehung, bei den Stempelabgaben auf StG 5 II b[1]. Sie bewirkt, "dass dem Veräusserer verrechnungssteuer- und einkommenssteuerrechtlich eine geldwerte Leistung zugerechnet wird und beim Erwerber eine Kapitaleinlage im Umfang des Erwerbspreises angenommen wird, welche die Emissionsabgabe (bei der Gesellschaft) unterliegt"[2].

a) Liquidation bei den Verrechnungssteuern

Ist der Kaufpreis für die Beteiligungsrechte der wirtschaftlich ausgehöhlten Gesellschaft höher als das einbezahlte Grundkapital, wird die Differenz zwischen diesen beiden Werten als geldwerte Leistung der Verrechnungssteuer unterworfen[3]. Dabei ist unwesentlich, dass die Gesellschaft den Liquidationsüberschuss nicht an den Anteilsinhaber auszahlt. Für die Erhebung der Verrechnungssteuer ist einzig entscheidend, ob wirtschaftlich eine Liquidation der Gesellschaft stattgefunden hat[4]. In diesem Sinne hat das BGr[5] entschieden, dass eine AG, welche den aus der Veräusserung aller Aktiven erzielten Erlös ihren Aktionären zur Verfügung stellt, für den Liquidationsüberschuss verrechnungssteuerpflichtig ist.

---

1) vgl. Stockar, Uebersicht/Fallbeispiele, 80
2) Cagianut/Höhn, Unternehmungssteuerrecht, § 12 N 76
3) ASA 52, 653; ASA 44, 384; Praxis II/1 VStG 4 Nr. 36.
4) Die Praxis betrachtet eine Gesellschaft vor allem dann als liquid, "wenn die im Zeitpunkt des Aktienverkaufs vorhandenen Aktiven aus Bankguthaben, kotierten Wertpapieren oder anderen leicht verwertbaren Vermögenswerten bestehen" (Stockar, Uebersicht/Fallbeispiele, 16).
5) BGr v. 16.11.1984; Praxis II/1 VStG 4 I b Nr. 144.

Im weiteren führt das BGr zu diesem Falle[1] aus:

"Wenn die betreffende, in der Folge förmlich liquidierte AG das Vorliegen eines steuerbaren Liquidationsüberschusses bestreiten will, indem sie geltend macht, sie habe die betreffenden Gelder in Wirklichkeit in Form eines Darlehens in eine ausländische Gesellschaft investiert, welche später zahlungsunfähig wurde, so obliegt es der inländischen AG, die Richtigkeit dieser Version anhand entsprechender Unterlagen (Darlehensverträge etc.) nachzuweisen. Wenn zu diesem Zweck lediglich die Bestätigung einer Drittperson beigebracht wird, so ist dieser Nachweis nicht geleistet, und es steht anzunehmen, dass die inländische Gesellschaft mit der Versilberung ihrer Aktiven und der Verteilung des dabei erzielten Erlöses faktisch liquidiert worden ist und dass die begünstigten Aktionäre (und nicht die AG) die angebliche Investition für eigene Rechnung vorgenommen haben".

Abgrenzungsschwierigkeiten können sich auch bei der Herausnahme einzelner Aktiva ergeben. Wird die Verwertung nicht als "stille" Liquidationshandlung angesehen, liegt in der Differenz zwischen Verkehrswert und niedrigerem Erwerbspreis eine verdeckte Gewinnausschüttung vor[2]. Der gleiche Vorgang kann aber auch Bestandteil einer faktischen Liquidation bilden, wenn "in Würdigung der gesamten Umstände eine Vermögensdisposition nicht mehr als eine ordentliche geschäftliche Transaktion, sondern als Aushöhlung der Gesellschaft bezeichnet werden muss"[3]. In diesem Falle "wird der steuerbare Liquidationsüberschuss auf Grund des Gesamtvermögens der AG berechnet; es ist dann durchaus möglich, dass die Differenz zwischen Verkehrswert und Erwerbspreis durch einen auf einem andern Aktivum erlittenen Verlust verringert oder aufgewogen wird, demzufolge die steuerbare Leistung (der Liquidationsüberschuss) kleiner ist als die isoliert zu besteuernde "verdeckte Gewinnausschüttung", oder überhaupt fehlt"[4].

---

1) Praxis II/1, VStG 4 I b Nr. 144 (Im Original Hervorgehobenes ist unterstrichen).
2) vgl. Pfund, VStG 4 I b N 3.48; vgl. Praxis II/1 VStG 4 I b Nr. 124.
3) ASA 47, 547; vgl. dazu auch Vuillemin, 22. Der entscheidende Zeitpunkt für das Vorliegen einer faktischen Liquidation ist somit derjenige, "in dem erstmals eine (erhebliche) Vermögensumdisposition - im kühlen Lichte der Nachwelt - nicht mehr als ordentliche, auf die Erreichung des gesellschaftlichen Zwecks ausgerichtete geschäftliche Transaktion erscheint" (Böckli, StR 40, 522).
4) Pfund, VStG 4 I b N 3.48

Liegt der für den Aktienmantel bezahlte Kaufpreis unter dem Grundkapital, kann von einem Liquidationsüberschuss nicht gesprochen werden[1]; in diesem Falle kann der Zweck des Mantelhandels in der Ausnutzung von Verlustverrechnungsmöglichkeiten bestehen. Wird im Anschluss an einen solchen Mantelhandel das statutarische Grundkapital nicht von den neuen Anteilsinhabern aufgebracht, sondern von der Gesellschaft selber aus den erwirtschafteten Reingewinnen wiederhergestellt, liegt darin nach der Praxis[2] eine der Verrechnungssteuer unterliegende Ausgabe von Gratisaktien. Die geschuldete Verrechnungssteuer bemisst sich nach der Differenz zwischen Verlustvortrag und Grundkapital.

Grundsätzlich gilt bei der faktischen Liquidation der Verwaltungsrat der Kapitalgesellschaft als Liquidator[3]. Er haftet mit der Gesellschaft solidarisch für die geschuldete Verrechnungssteuer[4]. Das BGr stellt jedoch in seiner Praxis zur Organhaftung[5] nicht nur auf die formalrechtlich-organisatorische Stellung in der Gesellschaft, sondern auch auf die tatsächlichen Machtverhältnisse in der Unternehmung ab. Es hat dabei ausgeführt, es sei nicht nötig, dass die mit der Liquidation betrauten Personen ein Organ i.S. von OR 698 seien; massgebend sei vielmehr, dass diese Personen nach der Stellung, die sie in der Unternehmung einnehmen, und den Befugnissen, die ihnen zugeordnet sind, tatsächlich und in entscheidender Weise an der Bildung des Gesellschaftswillens teilgenommen haben[6].

---

1) vgl. Stockar, Uebersicht/Fallbeispiele, 120
2) Praxis II/1 VStG 4 I b Nr. 52; vgl. Pfund, VStG 4 N 3.38.
3) vgl. Stockar, Uebersicht/Fallbeispiele, 80; in ASA 44, 314 hat das BGr aufgrund OR 740 I den einzigen Verwaltungsrat einer AG als Liquidator bezeichnet, selbst wenn er nicht als solcher im HR eingetragen wird. Haftbar wird auch jener Verwaltungsrat, der zugunsten des Aktionärs Vollmachten abgibt, welche es dem Aktionär erlauben, über die Aktiven der Gesellschaft zu verfügen (ASA 50, 435; vgl. dazu auch Béguelin, La responsabilité fiscale des liquidateurs, in: Mélanges Henri Zwahlen, Lausanne 1977, 535 ff.).
4) VStG 15 I a
5) BGE 87 II 187 f.; 96 I 479; vgl. Pfund, VStG 15 N 10.
6) ASA 47, 552 f.; zu den Qualifikationsmerkmalen vgl. Böckli, StR 40, 523.

Nach VStG 15 II entfällt die solidarische Mithaftung der Liquidatoren, soweit diese nachweisen, dass sie alles ihnen Zumutbare zur Feststellung und Erfüllung der Steuerforderung getan haben. Diese Bestimmung stellt jedoch strengere Anforderungen an den Exkulpationsbeweis als OR 55; "alles Zumutbare" geht weiter als was die "nach den Umständen gebotene Sorgfalt" verlangt[1]. Obwohl mit VStG 15 II keine Kausalhaftung angestrebt wird, sind an den Exkulpationsbeweis besonders strenge Anforderungen zu stellen, sofern es sich beim Liquidator einer faktisch liquidierten Gesellschaft um eine fachkundige Person[2] handelt[3]. Der maximale Haftungsbetrag der Liquidatoren richtet sich dabei nicht nach den durch die Liquidationshandlungen fällig gewordenen Verrechnungssteuern, sondern nach dem Betrag des Liquidationsergebnisses selber[4].

b) Neugründung bei den Stempelabgaben

Die Frage, ob ein Mantelhandel i.S. von StG 5 II b vorliegt, entscheidet sich grundsätzlich nicht nach rein formalen Kriterien (wie Sitzverlegung, Zweck- und Namensänderung oder Wechsel im Verwaltungsrat), sondern nach dem wirtschaftlichen Sachverhalt[5]. Anderseits ist die Tatsache, dass eine inländische Gesellschaft zu einer Sitzverlegung, einer Aenderung der Firma und der Statuten oder einem Verwaltungsratswechsel schreitet, wohl ein Indiz,

---

1) vgl. Pfund, VStG 15 N 20; vgl. dazu Böckli, StR 40, 523.

2) z.B. Anwalt, Notar, Treuhänder oder Büchersachverständiger.

3) ASA 50, 435; "Rechtsdogmatisch handelt es sich überhaupt nicht um ein Institut, das nach den Grundsätzen einer zivilrechtlichen ausservertraglichen Haftpflicht aufgebaut wäre, sondern ... um ein interessantes Beispiel der neuen Rechtsfigur der Garantenhaftung" (Böckli, StR 40, 523); zu letzterem vgl. Peter Böckli, Zur Garantenhaftung des Vorgesetzten im Verwaltungsstrafrecht, namentlich bei Steuersachen, StR 36 (1981), 1.

4) vgl. Pfund, VStG 15 N 7; ASA 47, 555; Böckli, StR 40, 526.

5) Praxis II/1 StG 5 II b Nr. 3

nicht aber eine Voraussetzung für das Vorliegen eines steuerbaren Mantelhandels; denn für die Erhebung der Emissionsabgabe ist nach StG 5 II b nur erforderlich, dass die Mehrheit der Beteiligungsrechte an einer wirtschaftlich liquidierten oder in liquide Form gebrachten Gesellschaft die Hand wechselt[1)2)]. Dazu hat das BGr[3)] entschieden, für die Besteuerung des Mantelhandels mache es keinen Unterschied, ob die Mehrheit der Beteiligungsrechte der wirtschaftlich liquidierten AG in einem oder in mehreren Paketen die Hand wechsle. Ein Mantelhandel könne auch vorliegen, wenn mehrere Minderheitsbeteiligungen zeitlich gestaffelt veräussert würden. Ebensowenig sei entscheidend, ob die Mehrheit der Beteiligungsrechte der wirtschaftlich liquidierten AG von einem Dritten oder von einem bisherigen Minderheitsaktionär erworben werden.

Liegen Indizien vor, dass die Mehrheit der Aktien einer inaktiven Gesellschaft die Hand gewechselt hat und folglich ein Mantelhandel gemäss StG 5 II b vorliegt, ist die betreffende Gesellschaft nach StG 35 verpflichtet, der EStV auf Verlangen die Identität der Aktionäre bekanntzugeben. Kommt die Gesellschaft der Aufforderung nicht nach, ist die EStV berechtigt, die Frage des Mantelhandels aufgrund der Indizien zu beurteilen[4)].

Hat eine AG, deren Beteiligungsrechte mehrheitlich die Hand gewechselt haben, im Zeitpunkt des Mantelhandels einen Verlust ausgewiesen, und wird in der Folge der Verlust durch Kapitalein-

---

1) Praxis II/1 StG 5 II b Nr. 4

2) In diesem Fall ist somit ausnahmsweise nicht die rechtliche Gestaltung des Geschäftes massgebend; vielmehr wird hier die wirtschaftliche Betrachtungsweise angewandt. Diese vom formalen Charakter der Stempelabgaben abweichende Beurteilung greift dort Platz, "wo das Gesetz selber wirtschaftlich geprägte Begriffe und Umschreibungen verwendet" (Stockar, Uebersicht/Fallbeispiele, 14). Die Handhabung der wirtschaftlichen Betrachtungsweise nach Stockar geht m.E. weiter als jene nach Vuillemin (Zur Revision des Bundesgesetzes über die Stempelabgaben, ASA 42 (1973/74), 113, welcher mit dem Ersatztatbestand des Handwechsels der Mehrheit der Beteiligungsrechte nur Steuerumgehungen verhindern will.

3) BGr vom 24.2.1984, ASA 52, 649 ff. = Praxis II/1 VStG 4 I b Nr. 138-140.

4) Praxis II/1 StG 5 II b Nr. 5

zahlungen der Aktionäre ausgeglichen, so gelten diese Einzahlungen bis zur Höhe des Nennwertes nicht als steuerbare Zuschüsse i.S. von StG 5 II a, wenn die Abgabe beim Mantelhandel nachweisbar gesetzmässig (StG 8 I c) auf dem Nennwert aller bestehenden Beteiligungsrechte entrichtet wurde[1].

c) Auswirkungen auf die direkten Steuern

Auch bei den direkten Steuern wird der Mantelhandel grundsätzlich wie eine Liquidation und eine anschliessende Neugründung der Gesellschaft behandelt. Für die <u>Gesellschaft</u> hat dies hinsichtlich der direkten Bundessteuer und den ihr folgenden Steuerordnungen eine Gegenwartsbemessung wegen Neueintritt in die Steuerpflicht zur Folge[2]. Weist eine wirtschaftlich liquidierte Gesellschaft im Zeitpunkt des Mantelhandels einen Verlust aus, wird dieser steuerlich nicht mehr anerkannt. Vielmehr muss die Gesellschaft den unter dem neuen Eigentümer erzielten Gewinn als Ertrag versteuern[3].

Da die Wiederherstellung des statutarischen Grundkapitals aus den jährlichen Gewinnen der Gesellschaft verrechnungssteuerlich als Ausgabe von Gratisaktien qualifiziert wird[4], stellt sich beim <u>Erwerber</u> auch das Problem der Einkommensbesteuerung[5]. Beim <u>Veräusserer</u> lassen auch Steuerordnungen mit Kapitalgewinnbesteuerung den aus dem Verkauf eines Aktienmantels entstandenen Verlust idR nicht zum Abzug zu[6].

---

1) Praxis II/1 StG 5 II a Nr. 1
2) vgl. Känzig, Kom. EB, WStB 58 N 7; Meili, 124.
3) vgl. Stockar, Uebersicht/Fallbeispiele, 121
4) vgl. vorne 1. letzter Absatz
5) vgl. Stockar, Uebersicht/Fallbeispiele, 121
6) BVR 1985, 68; danach entfällt die Verlustverrechnung im Rahmen der Vermögensgewinnsteuer schon deshalb, weil die überschuldete Kapitalgesellschaft hätte liquidiert werden müssen; Verluste aus der Einlösung von Wertpapieren anlässlich der Teil- oder Totalliquidation werden zudem nicht unter dem Titel der Vermögensgewinnsteuer, sondern allenfalls einkommenssteuerlich beachtlich.

B. FORMELLER MITVERKAUF NICHT BETRIEBSNOTWENDIGER FLUESSIGER MITTEL (FAKTISCHE TEILLIQUIDATION?)

In Anlehnung an die bei der faktischen Liquidation[1] aufgezeigten Tendenzen könnte die Veräusserung von Beteiligungsrechten an einer Gesellschaft, welche z.B. infolge wirtschaftlicher Redimensionierung vorübergehend über nicht betriebsnotwendige Mittel (in Form von Bankguthaben oder Wertschriften) verfügt, als faktische Teilliquidation betrachtet werden. Dieser Schluss wird bisher in der Steuerpraxis offensichtlich nicht gezogen, sofern der Erwerber selbst eine Privatperson ist, die einer Steuerordnung ohne private Kapitalgewinnbesteuerung untersteht[2], ein Systemwechsel somit nicht stattfindet[3]. Anders ist dagegen zu urteilen, wenn diese Reserven von einer Gesellschaft zur Finanzierung des Beteiligungserwerbs eingesetzt werden[4].

C. ENTNAHME VON AKTIVEN AUS DER GESELLSCHAFT GEGEN BEGRUENDUNG EINER DARLEHENSSCHULD VOR DER UEBERTRAGUNG (DIREKTE TEILLIQUIDATION)[5]

In diesem Zusammenhang hat das BGr kürzlich einen möglicherweise sehr bedeutsamen Entscheid gefällt. Daher werden Sachverhalt und Begründung hier zusammengefasst dargestellt[6]:

---

1) vgl. § 13 I. A.

2) vgl. Locher, Rechtsfindung, 226

3) Der Erwerber unterliegt für die Ausschüttungen der Gesellschaft dem Nennwertprinzip.

4) vgl. § 13 I. D.

5) Der Ausdruck der "direkten" Teilliquidation ist abgeleitet aus jenem der "indirekten Teilliquidation" (vgl. dazu Locher, Rechtsfindung, 223 ff.). Vereinfacht ausgedrückt steht der Leistung der Gesellschaft bei der direkten Teilliquidation keine gleichwertige Gegenleistung des Veräusserers, bei der indirekten Teilliquidation (vgl. hinten D.) keine solche des Erwerbers gegenüber.

6) BGr v. 19.12.84, ASA 54, 211 = StR 41, 263 = StE 1985 B 24.4. Nr. 5.

Sachverhalt (basiert auf: Peter Spori, Schweizer Treuhänder 11/85, 346):
Mit Kaufvertrag vom 14. November 1979 verkaufte X alle Aktien der Y-Holding
AG, Zürich, zum stolzen Preis von Fr. 24 227 000.- an die Z AG, Zürich. In
Anrechnung an den Kaufpreis übernahm die Z AG eine Kontokorrentschuld von X
gegenüber Tochtergesellschaften der Y-Holding AG im Gesamtbetrag von ca. 7,3
Mio Fr., welche zwei Entstehungsursachen hatte: Einerseits bezog X aus der
Y-Holding AG, seit sie im Jahr 1972 gegründet worden war, nie Dividenden.
Statt dessen liess er sich seit 1975, als die Gutschrift aus der Sachüber-
nahme-Gründung erschöpft war, Darlehen einräumen, welche sich schliesslich
(1979) auf ca. 1,8 Mio Fr. beliefen. Anderseits kaufte X unmittelbar vor dem
Stichtag des Aktienverkaufs von zwei Tochtergesellschaften der Y-Holding AG
nichtbetriebsnotwendige Vermögenswerte (Wertschriften und Gold) im Wert von
ca. 5,5 Mio Fr., dies gemäss einer im Aktienkaufvertrag mit der Z AG eingegangenen Verpflichtung. Nachdem sie die Y-Beteiligung erworben hatte, liess
sich die Z AG von der Y-Holding AG einen grossen Teil der Reserven ausschüt-
ten, nämlich 4,6 Mio Fr. im Jahr 1980 und 5 Mio Fr. im Jahr 1981. Diese Dividendengutschriften wurden u.a. mit der gegenüber der Y-Holding AG bestehenden Verbindlichkeiten verrechnet. Gleichzeitig schrieb sie die Beteiligung
unter anderem wegen dieser Ausschüttungen massiv ab.

Auffassung der Vorinstanzen: Der Steuerkommissär vertrat die Auffassung, der
formelle Mitverkauf der nicht betriebsnotwendigen, aus zurückbehaltenen Gewinnen der Y-AG finanzierten und damit ausschüttungsreifen Mittel stelle eine Steuerumgehung dar, weshalb bei wirtschaftlicher Betrachtungsweise im Umfang von 5,5 Mio Fr. eine verdeckt vorgenommene Gewinnausschüttung i.s. von
BdBSt 21 I c vorliege. Auch die Bst-RK ZH erkannte auf Steuerumgehung, ging
in ihrem Entscheid jedoch von der geschätzten Höhe der in den Jahren 72-79
bei der Y-AG gehorteten und nicht ausgeschütteten Gewinne aus, welche sie
auf 5 Mio Fr. bezifferte.

Auffassung des Steuerpflichtigen: Dieser versuchte zu argumentieren, der Aus-
schüttungsverzicht der Y-Holding AG sei nicht mit der Absicht, Steuern zu
sparen, sondern wirtschaftlich (mit Lagerhaltungsproblemen, stark schwanken-
den Preisen der gehandelten Waren usw.) und aktienrechtlich bedingt gewesen.
Er bestritt eine Pflicht zur Ausschüttung von Dividenden.

Erwägungen des Bundesgerichts: Das BGr hat in Anwendung der reformatio in
pejus festgestellt, eine Einkommensbesteuerung aufgrund BdBSt 21 I c im Umfang von 7,3 Mio Fr. komme dann in Frage, wenn diese Ausschüttungen sich als
geldwerte Leistung der Y-AG an den Steuerpflichtigen X erweise, denen keine
gleichwertige Gegenleistung des Steuerpflichtigen X gegenüberstehe. Dabei
sei davon auszugehen, dass BdBSt 21 I c eine Steuernorm mit wirtschaftlichen
Anknüpfungspunkten sei; die Zulässigkeit der wirtschaftlichen Betrachtungsweise sei somit nicht davon abhängig, ob die Voraussetzungen der Steuerumgehung erfüllt seien. Grundsätzlich sei festzustellen, dass der Steuerpflichtige sich ohne Begründung einer Darlehensschuld für die Herausnahme der nicht
betriebsnotwendigen Vermögenswerte und bei Verzicht der Rückzahlung der übrigen bestehenden Darlehensforderungen durch die Konzerngesellschaften die so
erlangten Leistungen als geldwerte Vorteile i.s. von BdBSt 21 I c hätte anrechnen lassen müssen. Hinsichtlich der nichtbetriebsnotwendigen Vermögenswerte (5,5 Mio Fr.) stehe zum vornherein fest, dass die Käuferin diese nicht
habe miterwerben wollen. Der Verkäufer habe somit die bei der Herausnahme
dieser Vermögenswerte begründete Darlehensschuld zum vornherein nicht zu begleichen gedacht. Mit dem Abschluss des Kaufvertrages habe sodann festgestan-
den, dass er auch die übrigen Kontokorrentschulden (ca. 1,8 Mio Fr.) nicht zurückbezahlen würde. Für den Steuerpflichtigen selber sei die Begründung der

Darlehensschuld somit eine blosse Formalität und wirtschaftlich völlig bedeutungslos gewesen. Insofern habe er der Gesellschaft keine reelle Gegenleistung für die ihm gewährten geldwerten Vorteile erbracht. Weiter führt das BGr aus, die Frage der Steuerumgehung hätte sich nur gestellt, wenn der wirtschaftliche Vorgang nicht wie dargestellt unter BdBSt 21 I c hätte subsumiert werden können. Es hat dabei durchblicken lassen, dass es wohl analog zu seinem Entscheid vom 11.12.81 betreffend die Verrechnungssteuer (ASA 50, 583) auf Steuerumgehung erkannt hätte. Ferner hat es in Anlehnung an Locher die Frage aufgeworfen, ob in solchen Fällen nicht ohnehin immer eine steuerbare Ausschüttung an den Käufer stattfinde, weil letztlich eine "indirekte" Teilliquidation vorliege. Wie jene auf Steuerumgehung musste diese hier jedoch nicht beantwortet werden. Bezüglich der Höhe der geldwerten Leistung hätte die Vorinstanz nach Ansicht des BGr richtigerweise grundsätzlich von den gesamten Kontokorrentschulden des Beschwerdeführers gegenüber der Holding bzw. deren Tochtergesellschaften ausgehen müssen. Dazu gehöre neben dem Gegenwert für die ins PV überführten Vermögenswerte von rund 5,5 Mio Fr. auch die Summe der schon vorher bestehenden Darlehensschulden, soweit sich aus den Akten nicht noch etwas anderes über deren Bedeutung ergeben sollte. In diesem Sinne hat es die Sache zur neuen Veranlagung an das kantonale Steueramt zurückgewiesen.

Bei gesamtheitlicher Würdigung fällt auf, dass das Steuerrecht sich offensichtlich vermehrt frei von jeder zivilrechtlichen Ausgestaltung entwickelt. Der Entscheid verneint die Gleichwertigkeit der Darlehensschuld mit dem blossen Hinweis auf deren wirtschaftliche Bedeutungslosigkeit, ohne die zivilrechtlichen Gesichtspunkte der Simulation (OR 18) und des Verbots der Rückzahlung des Grundkapitals (OR 680) einer näheren Prüfung zu unterziehen[1]. Im folgenden soll zum zweiten Punkt[2] Stellung bezogen werden. Dabei ist nach Kriterien zu suchen, aufgrund welcher die Rückzahlungspflicht des Darlehensnehmers und Verkäufers missachtet werden darf.

Für die Frage des Vorliegens einer reellen Gegenleistung ist zu unterscheiden zwischen der Entnahme von nichtbetriebsnotwendigen Vermögenswerten gegen Darlehensschuld und der Uebernahme der zwischen 1975 und 1979 aufgelaufenen Kontokorrentschulden. Bezüglich der Entnahme der Vermögenswerte wird dem Veräusserer eine offensichtlich vom Käufer für den Erwerb der Beteiligungsrechte gestellte Bedingung steuerlich angelastet, indem das BGr unter-

---

[1] vgl. dazu Grüninger, 45

[2] Zur Frage der Simulation vgl. Cagianut, SAG 57, 176; Grüninger, 45.

stellt, dieser habe die bei der Entnahme begründete Darlehensschuld von vornherein nie zu begleichen beabsichtigt. Aufgrund des Sachverhaltes hat aber die Käuferin auf diese Gestaltung gedrängt, denn mit der tatsächlichen Schuldübernahme war es ihr möglich, ihre Liquidität zu schonen. Nachdem die Schuld später beglichen wurde, stellte deren Begründung sehr wohl eine reelle Gegenleistung dar. Die Annahme einer geldwerten Leistung für die übrigen Kontokorrentschulden ist als eine Weiterentwicklung der bundesgerichtlichen Rechtsprechung zur wirtschaftlich nicht begründeten Darlehensgewährung an den Anteilsinhaber[1] zu werten[2]. Für beide Tatbestände argumentiert das BGr im übrigen widersprüchlich, indem es sich zur Anknüpfung an BdBSt 21 I c auf eine Hypothese stützt[3], eine alternative Gestaltungsweise durch den Steuerpflichtigen dagegen als solche verwirft[4]. Das BGr unterstellt hier als Anknüpfungspunkt der Besteuerung eine Gestaltung, die gar nicht realisiert wurde: Aus der Tatsache, dass der Steuerpflichtige den Gesellschaften vor dem Verkauf der Beteiligungsrechte gegen Begründung einer Darlehensschuld Vermögenswerte entnahm, und der Unterstellung, dass er diese "von vornherein nie zu begleichen gedachte", sowie aus dem Umstand, dass mit dem Vertragsabschluss feststand, dass er auch die übrigen Kontokorrentschulden nicht zurückbezahlen würde, schloss

---

1) ASA 53, 54 = StE 1984 B 24.4. Nr. 3; Spori (Schweizer Treuhänder 9/84, 296) hat aus der Sicht des Steuerpflichtigen m.E. richtigerweise schon in diesem Fall die bange Frage gestellt, "ob die Voraussehbarkeit und Berechenbarkeit der Steuerfolgen bei einer um sich greifenden wirtschaftlichen Betrachtungsweise noch gewährleistet sind". Nach dem vorliegenden Entscheid muss dies vollends verneint werden.

2) Stockar (ASA 53, 187) sieht in jenem Entscheid eine Auswirkung des Falles Bellatrix (BGE 107 I b 325 = ASA 51, 546) auf das Gebiet der direkten Steuern.

3) E. 4 a: "Hätte er (der Steuerpflichtige) die Titeldepots ohne Begründung einer Darlehensschuld aus der Holding herausgenommen, und hätte die Gesellschaft vor dem Verkauf auf die übrige bestehende Darlehensschuld verzichtet, müsste sich der Beschwerdeführer die so erlangten Leistungen als geldwerte Vorteile anrechnen lassen und gemäss Art. 21 Abs. 1 Bst c BdBSt dafür Einkommenssteuern bezahlen".

4) Der Einwand des Beschwerdeführers, die Parteien hätten den Kauf ohne weiteres anders handhaben und zu einem absolut identischen Ergebnis gelangen können, indem die Käuferin 24,3 Mio Fr. in bar bezahlt hätte, aus welchem Erlös der Beschwerdeführer den Tochterfirmen der Y-AG die Titeldepots hätte abkaufen können, wurde mit der Begründung abgelehnt, dass ein solches Vorgehen hier gar nicht realisiert wurde.

das BGr m.E. zu Unrecht auf dessen fehlenden Rückzahlungswillen sowie die mangelnde Rückzahlungsfähigkeit[1]; nur wenn es an diesen beiden Merkmalen kumulativ gefehlt hätte, wäre der Schluss gerechtfertigt gewesen, der Steuerpflichtige habe der Gesellschaft keine reelle Gegenleistung für die ihm gewährten geldwerten Vorteile erbracht. Aus handelsrechtlicher Sicht muss ein Darlehen an Aktionäre dann als Verstoss gegen die Ausschüttungsnormen betrachtet werden, wenn die Tilgungspflicht des Darlehensnehmers nicht ernst gemeint ist oder die Rückzahlung faktisch durch die ungenügende Zahlungsfähigkeit oder -willigkeit des Darlehensnehmers ernsthaft in Frage gestellt ist oder vereitelt wird[2]. Beides kann dem Verkäufer ohne Nachweis nicht vorgeworfen werden, weshalb auch steuerlich ein derartiger Vorwurf entfällt[3]. Uebernimmt der Erwerber eine vom Veräusserer begründete Darlehensschuld, ist nach Rivier[4] aufgrund der Umstände des Einzelfalles zu entscheiden, ob unter dem Titel der Steuerumgehung beim Käufer oder beim Verkäufer eine geldwerte Leistung zu besteuern ist.

---

1) Offensichtlich wollte die Käuferin die Darlehensschuld übernehmen. Auf die Einwendungen des Steuerpflichtigen, er hätte über die Mittel verfügt, um die Schulden vor dem Verkauf zurückzahlen zu können, ist das BGr in der Urteilsbegründung nicht einmal eingetreten.

2) vgl. Böckli, Darlehen, 542

3) Unabhängig vom Tatbestand der Uebertragung beurteilt die EStV (vgl. Rouiller, Aktionärsdarlehen, 8 ff.) die Frage der Besteuerung geldwerter Leistungen bei Darlehen an die Aktionäre aufgrund der Gesamtheit der Verhältnisse. Dabei sind die Verhältnisse bei beiden betroffenen Steuersubjekten, dem Aktionär als Borger und der Gesellschaft als Borgerin zu überprüfen. Als Abgrenzungskriterien fallen dabei insbesondere in Betracht:
- beim Aktionär (Borger)
  - Führt der beim das Darlehen verursachte Schuldzinsenabzug zu einem steuerbaren Einkommen, das mit dem Lebensaufwand des Steuerpflichtigen nicht in Einklang steht?
  - Bonität: Kann der Aktionär aufgrund seiner Einkommens- und Vermögensverhältnisse die üblichen Abzahlungen leisten und die anfallenden Schuldzinsen bezahlen?
  - Liegen die Merkmale der Darlehenssimulation vor? (Fehlende Rückzahlung, fehlender schriftlicher Vertrag über Höhe und Rückzahlung des Darlehens sowie dessen Verzinsung, Kumulation von Darlehen und Novation des Zinses in eine zusätzliche Darlehensschuld)
- bei der Gesellschaft (Borgerin)
  - Stellt das dem Aktionär gewährte Darlehen für die Gesellschaft ein gefährliches Klumpenrisiko dar?
  - Sieht der statutarische Zweck der Gesellschaft die Gewährung von Krediten vor?

4) vgl. Rivier, ASA 54, 26; vgl. Yersin, ASA 47, 594 ff.

Das BGr räumt ein, es könnte eingewendet werden, dass es aus der Sicht der verkauften Gesellschaft keineswegs auf das Gleiche herauskam, ob ihr der Beschwerdeführer die Vermögenswerte mit oder ohne Einräumung einer Gegenforderung entnahm. In der Tat unterscheiden sich die beiden Fälle, indem im letzteren eine Teilliquidation angenommen werden könnte. Da die Darlehensschuld jedoch vom Erwerber tatsächlich übernommen und später durch Verrechnung mit ausgeschütteten Dividenden zurückbezahlt wurde, entfällt die Anwendung der Teilliquidationstheorie[1]. Die Abschreibung der erworbenen Beteiligung stützt diese Theorie nicht. In methodendualistischer Art hält das BGr fest, für die Annahme einer geldwerten Leistung komme es nicht auf die Verhältnisse bei der Gesellschaft, sondern auf jene beim Veräusserer an; weil es vorher eine reelle Gegenleistung verneint hatte, konnte es aus dieser Sicht ohne weiteres auf einen Vermögenszuwachs i.S. von BdBSt 21 I c schliessen. Obwohl sich das Nominalwertprinzip, welches dieser Vorschrift zugrundeliegt, durch den Bezug auf die Verhältnisse bei der Gesellschaft und nicht jene beim Gesellschafter charakterisiert, hat das BGr hier keine Mühe, dieses Prinzip auch beim veräussernden Anteilsinhaber anzuwenden. Das Hin- und Herpendeln zwischen Gesellschaft und Anteilsinhaber, je nachdem, was fiskalistisch ergiebiger ist, muss jedoch als Verstoss gegen den Rechtsgrundsatz von Treu und Glauben, welcher in BV 4 verankert ist, betrachtet[2] und daher abgelehnt werden. Für Spori[3] ist es denn auch bedauerlich, zu welcher Strapazierung des Legalitätsprinzips der Umstand führt, dass unser Steuersystem im allgemeinen private Kapitalgewinne freistellt.

---

1) Dieser Ansicht neigt offenbar auch die Hauptabteilung Stempelabgaben und Verrechnungssteuer der EStV zu, indem sie in diesem Falle eher zur Annahme einer Steuerumgehung tendiert (Ausführungen von Dr. C. Stockar zu diesem Fall anlässlich des Weiterbildungsseminars des IFF für Kaderkräfte im Steuerrecht vom 14. - 16. 4. 86 innerhalb des Themas: Geldwerte Leistungen bei Verrechnungs- und Einkommenssteuer (insbesondere bei Aktienübertragungen und Gewährung von Darlehen an Aktionäre).

2) vgl. Höhn, ASA 46, 154

3) vgl. Spori, Schweizer Treuhänder 11/85, 347

Mit dem Verweis des BGr, im vorliegenden Falle könnte eine <u>Steuerumgehung</u> vorliegen, wird die nämliche Praxis bei den Verrechnungssteuern[1] bestätigt[2]. Das BGr deutet im weiteren in Anlehnung an die <u>Teilliquidationstheorie</u> von Locher[3] an, es könnte den Verkaufserlös der Aktien auch dann als Beteiligungsertrag qualifizieren, wenn der Erwerber den Kaufpreis aus Mitteln der neuerworbenen Unternehmung aufbringt. Damit "könnte ein Aktienverkäufer einen steuerfreien Kapitalgewinn nur noch unter der Voraussetzung erzielen, dass der Käufer den Kaufpreis aus eigenen Mitteln finanziert, resp. dass die gekaufte Gesellschaft dem Käufer für die Finanzierung keine Mittel zur Verfügung stellen kann, weil ihre Reserven notwendiges Eigenkapital bilden"[4]. Diese These wurde von Vallender abgelehnt[5]; sie entspricht aber offenbar der Praxis der EStV zu den direkten Bundessteuern[6].

Aus steuerplanerischer Sicht ist der beurteilte Sachverhalt wegen seiner einzigartigen ungünstigen Vorgeschichte m.E. nicht geeignet, als "Leading Case" für alle jene Fälle zu dienen, bei denen der Erwerber Schulden des Veräusserers gegenüber der Gesellschaft übernimmt. Da dieser Entscheid selbst in Kreisen der EStV als sehr weitgehend bezeichnet wird, bleibt zu hoffen, dass die Praxis Schuldübernahmen des Erwerbers einer Beteiligung weiterhin unter dem Gesichtspunkt der Steuerumgehung beurteilt[7].

---

1) BGr v. 11.12.81, ASA 50, 583 (vgl. dazu die Kritik von Peter Spori, Verrechnungssteuer: Ungewöhnliches Vorgehen, Der Schweizer Treuhänder 8/82, 47).

2) vgl. Spori, Schweizer Treuhänder 11/85, 347

3) vgl. dazu § 13 II. A. 3. b)

4) Spori, Schweizer Treuhänder 11/85, 347

5) vgl. dazu § 13 II. A. 3. b)

6) vgl. Masshardt, Kom. 1980, WStB 21 N 74.

7) Um eine Besteuerung u.U. zu vermeiden, könnte einem Veräusserer in Anlehnung an den entschiedenen Sachverhalt immerhin empfohlen werden,
   - kontinuierlich eine Dividende in Höhe einer normalen Verzinsung des Eigenkapitals auszuschütten;
   - die Liquiditätsreserven nicht offensichtlich zur Vermögensverwaltung (z.B. Anlage in Wertschriften oder Edelmetallen zu verwenden;
   - den Ausdruck "nicht betriebsnotwendige Aktiven" im Kaufvertrag nicht zu erwähnen.

D. FINANZIERUNG DES KAUFS AUS MITTELN DER ERWORBENEN GESELLSCHAFT (INDIREKTE TEILLIQUIDATION)

Von dem im folgenden darzustellenden Grundtatbestand lassen sich in der Praxis eine Vielzahl ähnlich gelagerter Fälle ableiten, die in letzter Zeit zu Diskussionen und Auseinandersetzungen zwischen Steuerbehörden und Steuerpflichtigen Anlass geben[1].

Grundtatbestand: Mehrere Privatpersonen sind zusammen beherrschende Anteilsinhaber einer Betriebsgesellschaft, welche über bedeutende Reserven verfügt. Aus verschiedenen Gründen veräussert ein Teil der Anteilsinhaber die Beteiligungsrechte an den einzigen verbleibenden Beteiligten (der anschliessend die Beteiligungsrechte in eine von ihm gegründete Holdinggesellschaft einbringt) oder direkt an eine von diesem gegründete und beherrschte Holdinggesellschaft. Da der Käufer bzw. die Käuferin jedoch nicht in der Lage ist, den Kaufpreis aus eigenen Mitteln aufzubringen, erfolgt die Finanzierung aus Mitteln der Betriebsgesellschaft durch die Begründung eines Schuld-/Forderungsverhältnisses zwischen der Holding- und der Betriebsgesellschaft. Die Schuld der Holdinggesellschaft (Mutter) wird durch eine oder mehrere Gewinnausschüttungen der Betriebsgesellschaft (Tochter) beglichen. Die ausgeschütteten Dividenden erscheinen wohl buchmässig als offene Reserven bei der Holdinggesellschaft, "werden aber früher oder später durch einen Abschreibungsbedarf praktisch gleichen Ausmasses neutralisiert"[2].

Dieser Grundtatbestand ist an zwei Modellfällen zu konkretisieren[3], die anschliessend im Gesamtzusammenhang zu würdigen sind.

Modellfall 1: In der Ausgangslage verfügen die Aktionärsgruppen A und B über je 50 % an der C-AG. In einem ersten Schritt gründet die Aktionärsgruppe B eine Holdinggesellschaft (B-Holding) durch Sacheinlage der Beteiligungsrechte an der C-AG (Bet. C-AG 1) zum Nominalwert (75). In einem zweiten Schritt kauft die B-Holding die übrigen Beteiligungsrechte an der C-AG (Bet. C-AG 2) von der Aktionärsgruppe A zum Preise von 2100. Die C-AG wird dadurch zur Tochtergesellschaft der B-Holding. Die Bezahlung des Kaufpreises an die Gruppe A erfolgt zeitlich gestaffelt und wird durch Darlehensaufnahme bei der Tochtergesellschaft finanziert. Die Darlehensschuld der B-Holding wird durch Dividendenausschüttungen der C-AG abgetragen. Im Endzustand nach Gewinnausschüttungen und den damit finanzierten Abtragungen des Schuld-/Forderungsverhältnisses zwischen der B-Holding und der C-AG ist die gesamte Beteiligung an der C-AG (Bet. C-AG-1/2) bei der B-Holding um den Einbringungswert (Nominalwert) der Bet. C-AG-1 überbewertet und muss bei dieser zulasten der Reserven abgeschrieben werden.

---

1) vgl. u.a. Masshardt, Kom. 1980, WStB 21 N 74; Meili, 66.
2) Rouiller, Konferenz 1980, 109
3) Die Modellfälle stützen sich auf Rouiller, Konferenz 1980, 110 ff.

Bei einer allfälligen Liquidation der B-Holding und der C-AG ergeben sich folgende Wirkungen:

- Die C-AG realisiert ihre stillen Reserven und schüttet die eigenen Mittel an die B-Holding aus;
- diese Ausschüttung ist bei der B-Holding den Reserven gutzuschreiben, wird aber gleichzeitig durch die Abschreibung der Beteiligung an der C-AG neutralisiert;
- die den Anteilsinhabern der B-Holding zufliessende Liquidationsausschüttung entspricht der Höhe des Kaufpreises der Bet. C-AG-2 (2100); davon ist der mit der Sacheinlage (Bet. C-AG-1) liberierte Nominalwert (75) steuerfreie Kapitalrückzahlung.

Modellfall 2: In der Ausgangslage verfügen D und E über je 32 %, F über 31 % und übrige Aktionäre über 5 % der Beteiligungsrechte an der G-AG. In einem ersten Schritt kauft F privat durch Bankverschuldung die Beteiligungsrechte von D und E zu 2600. In einem zweiten Schritt gründet F eine Holdinggesellschaft (F-Holding) durch Sacheinlage seiner ursprünglichen Beteiligung von 31 % an der G-AG zum Nominalwert (150). In einem dritten Schritt kauft die F-Holding die übrigen 64 % der Beteiligungsrechte an der G-AG von F ab. Die G-AG wird damit zu 95 % von der F-Holding beherrscht. Die Finanzierung erfolgt durch Darlehensaufnahme bei der G-AG, welche flüssige Mittel beschaffen kann. In einem vierten Schritt wird das Schuld-/Forderungsverhältnis zwischen der F-Holding (Muttergesellschaft) und der G-AG (Tochtergesellschaft) durch jährliche Gewinnausschüttungen von 650 während vier Jahren abgetragen. Die G-AG stellt die dazu erforderlichen Mittel aus Reserven (Annahme: 1000) sowie aus noch zu erarbeitenden Gewinnen (Annahme: 4 x 400 = 1600) bereit.

Die allfällige Liquidation beider Gesellschaften ergibt folgende Wirkungen:

- Die G-AG realisiert ihre stillen Reserven und schüttet die eigenen Mittel an die F-Holding aus;
- diese Ausschüttung ist bei der F-Holding den Reserven gutzuschreiben, wird aber gleichzeitig durch die Abschreibung der Beteiligung an der G-AG neutralisiert;
- die dem Anteilsinhaber der F-Holding zufliessende steuerbare Liquidationsausschüttung entspricht dem Liquidationserlös abzüglich die steuerfreie Kapitalrückzahlung (150).

Steuerlich ist entscheidend, ob sich die Steuerbehörden bei diesen Veräusserungstatbeständen an die zivilrechtliche Gestaltung halten müssen oder ob in bestimmten Fällen in wirtschaftlicher Betrachtungsweise auf eine Steuerumgehung zu schliessen ist. In letzter Zeit ist in Anwendung wirtschaftlicher Betrachtungsweise bei der Auslegung auch die Meinung vertreten worden, in Fällen der Kaufpreisfinanzierung aus Mitteln der erworbenen Gesellschaft liege eine indirekte Teilliquidation dieser AG vor.

Es stellt sich m.a.W. die Frage, ob der Veräusserer einen steuerfreien Kapitalgewinn erzielt bzw. beim Erwerber steuerlich anzuerkennende Gestehungskosten vorliegen, oder ob den Beteiligten in Anwendung der wirtschaftlichen Betrachtungsweise bei Vorliegen einer Steuerumgehung oder bei der Auslegung von BdBSt 21 I c ein Vermögensertrag zugerechnet werden kann.

Unter dem Gesichtspunkt der Steuerumgehung sind die Modellfälle unterschiedlich beurteilt worden. Die Aktienveräusserung durch D und E an F im <u>Modellfall 2</u> ist auch nach Ansicht der EStV[1] nicht ungewöhnlich; wegen Fehlens des objektiven Merkmals der Steuerumgehung bleibt der private Kapitalgewinn von D und E deshalb steuerfrei. Dagegen haben die Veranlagungsbehörden im <u>Modellfall 1</u> im zweiten Schritt (Veräusserung der Bet. C-AG 2 durch die Aktionärsgruppe A an die B-Holding und Finanzierung des Kaufpreises durch Mittelentnahme bei der C-AG auf dem Wege der Darlehensgewährung an die B-Holding)eine Steuerumgehung erblickt; der Kaufpreis sei somit nicht als Gestehungskosten zu betrachten; dieses Vorgehen führe zum endgültigen Verlust eines Steuersubstrates, das vom Gesetzgeber als steuerbar erklärt worden sei. Dieser Auffassung wurde von einer kantonalen Wehrsteuer-Rekurskommission[2] mit Hinweis auf die übrigen naheliegenden Finanzierungsmöglichkeiten (Erwerb der Aktien durch die Gruppe B aus vorhandenen flüssigen Mitteln oder durch Kreditaufnahme bei einem Dritten) widersprochen. Bezüglich der von der Aktionärsgruppe B im vorliegenden Fall gewählten dritten Möglichkeit der Finanzierung hat die Rekurskommission festgehalten, der Beschwerdeführer (B) habe weder von der C-AG noch von der B-Holding eine Gewinnausschüttung bezogen; die Aktionäre der Gruppe A hätten ihren Anteil an den stillen Reserven der C-AG durch den Verkauf ihrer Aktien zwar realisiert, diese Reservenrealisierung sei jedoch nicht zu Lasten der C-AG, sondern der B-Holding erfolgt (durch den Erwerb über pari); die Reserven der C-AG seien durch den Aktienverkauf nicht verändert worden, womit auch keine Ueberführung von Reserven an den Beschwerdeführer vorliege.

---

1) vgl. Rouiller, Konferenz 1980, 119
2) vgl. RK BE v. 20.4.82, NStP 37, 43

Gurtner[1] hat den Entscheid einer Kritik unterzogen und dabei im Ergebnis der kantonalen Rekurskommission zugestimmt. Eine Besteuerung bei der Aktionärsgruppe A käme seines Erachtens wohl nur dann in Betracht, wenn der Kauf der C-Aktien durch die (zu Steuerumgehungszwecken gegründete) B-Holding gestützt auf eine wirtschaftliche Betrachtungsweise als Erwerb eigener Aktien durch die C-AG zu qualifizieren wäre. Eine wirtschaftlich angenommene Teilliquidation stehe aber in Gegensatz zur Handelsbilanz, da hier das Aktienkapital nicht herabgesetzt werde. Auf den Erwerb eigener Aktien ohne Kapitalherabsetzung wird in § 13 III. eingegangen.

Locher[2] würdigt die Modellfälle, indem er von der Theorie der "indirekten Teilliquidation" ausgeht. Eine indirekte Teilliquidation ist dann anzunehmen, wenn eine ungenügend finanzierte Kapitalgesellschaft vom Anteilsinhaber die Beteiligungsrechte an einer reserveträchtigen Kapitalgesellschaft erwirbt, den Erwerb aus Mitteln der erworbenen Gesellschaft finanziert und damit die Kaufpreisschuld gegenüber dem Veräusserer tilgt. Vor diesem Hintergrund muss der veräussernde Anteilsinhaber nach Locher im <u>Modellfall 1</u> (Veräusserung an eine Gesellschaft) einen Beteiligungsertrag versteuern, da ein Teil des Kaufpreises nicht Veräusserungserlös, sondern verdeckte Gewinnausschüttung sei. Veräussert ein Anteilsinhaber dagegen seine Beteiligungsrechte dem andern Anteilsinhaber privat (<u>Modellfall 2</u>), realisiert dieser selbst nach Locher einen unanfechtbaren privaten Kapitalgewinn, zumal auch der Erwerber dem objektiven System unterstellt sei, ein Systemwechsel somit nicht stattfinde[3]. Die steuerlichen Fragen der Einbringung der neuerworbenen Beteiligung zum Verkehrswert in die neu gegründete Holding sind in diesem Zusammenhang nicht zu beurteilen. Darauf ist in § 13 II. einzugehen.

---

1) vgl. Gurtner, Schweizer Treuhänder 9/83, 20 f.

2) vgl. Locher, Rechtsfindung, 223 ff.

3) Dieser Kapitalgewinn würde indessen dann tiefer ausfallen, wenn dem Erwerber im Falle der Einbringung der Beteiligungsrechte in die zuvor gegründete Holding nicht der Erwerbspreis angerechnet, sondern auf den Nennwert der eingebrachten Beteiligungsrechte abgestellt würde. In diesem Falle würde der Erwerber beim Veräusserer die Ausschüttungssteuerlast als Kaufpreisminderung geltend machen (vgl. Locher, Rechtsfindung, 226).

Nach Locher[1] macht die Einordnung des Modellfalles 1 bei den verdeckten Gewinnausschüttungen auch deutlich, "dass von einer Verletzung des Legalitätsprinzips nicht die Rede sein kann, weil weder die ratio legis von Art. 21 Abs. 1 lit. c noch diejenige von lit. d WStB missachtet wird"; im übrigen sei in Erinnerung zu rufen, dass die wirtschaftliche Doppelbelastung nach schweizerischer Auffassung gewollt sei, und diese Lösung letztlich nur die gesetzgeberische Wertung durchgehend zum Tragen bringe.

Der Theorie der indirekten Teilliquidation ist aus verschiedenen Gründen entgegenzutreten. Zum einen ist sie stossend, weil eine Transaktion verschieden beurteilt wird, je nachdem, ob der Käufer eine natürliche Person ist, die dem Nennwertprinzip untersteht oder ob er eine Unternehmung ist, die den Erwerbspreis geltend machen kann. Die Theorie ist auch deshalb abzulehnen, weil sie die Steuerfolgen von der Art der Finanzierung des Erwerbs der Beteiligungsrechte abhängig macht und damit den "armen" gegenüber dem "reichen" Käufer benachteiligt. Schliesslich trifft es nicht zu, dass die Wahrung der wirtschaftlichen Doppelbelastung nur die gesetzgeberische Wertung zum Tragen bringt. Eine solche Wertung hat der Gesetzgeber gerade nicht vorgenommen, indem er durch die Ausnahmeregelung in BdBSt 21 I d die durchgehende Verwirklichung der wirtschaftlichen Doppelbelastung aufgegeben hat. Es geht somit nicht an, den Grundsatz der wirtschaftlichen Doppelbelastung als unantastbare Wertung des Gesetzgebers darzustellen, um eine Besteuerung zu rechtfertigen; vielmehr ist davon auszugehen, dass die steuerfreie Realisierung privater Kapitalgewinne eine gewollte Lücke im System der Gesamtreineinkommenssteuer darstellt.

Auch im Modellfall 1 liegt daher m.E. vorbehältlich einer Steuerumgehung ein steuerfreier privater Kapitalgewinn vor. Für eine Besteuerung aufgrund der Theorie der indirekten Teilliquidation bleibt dagegen schon deshalb kein Raum, weil sie den gleichen Tatbestand je nach Person und Vermögenslage des Käufers unterschiedlich beurteilt.

---

[1] vgl. Locher, Rechtsfindung, 226

II. Vermögensumdispositionen mit Umwandlung potentiell steuerpflichtiger Reserven in steuerfrei beziehbare Werte durch Uebertragung an eine beherrschte Gesellschaft (Transponierung)

Vermögensumdispositionen mit Umwandlung potentiell steuerpflichtiger Reserven in steuerfrei beziehbare Werte werden im Bereich der direkten Steuern[1] u.a. vorgenommen, indem ein Anteilsinhaber Beteiligungsrechte "von Gesellschaften, die er beherrscht, in eine ebenfalls von ihm beherrschte andere Gesellschaft (z.B. Holdinggesellschaft) einbringt und sich dabei einen höheren Nominalwert anrechnen oder ein Guthaben gutschreiben lässt"[2]. Steuerprobleme ergeben sich bei diesen Umschichtungen ("konzernrechtlichen Verfügungsgeschäften") insbesondere in Steuerordnungen ohne Kapitalgewinnbesteuerung[3]; diese werden hier ausgehend von der Praxis zu den direkten Bundessteuern dargestellt.

A. DAS KONZERNRECHTLICHE VERFUEGUNGSGESCHAEFT AN SICH

1. Problem

Ausgangspunkt sind BdBSt 21 I c sowie 21 I d bzw. die analogen kantonalrechtlichen Bestimmungen[4]. Nach BdBSt 21 I c bestimmen sich die steuerbaren Gewinnanteile nach dem Nominalwertprinzip. Gewinnanteile sind dabei alle durch Zahlung, Ueberweisung, Gutschrift, Verrechnung oder auf andere Weise bewirkten geldwerten Leistungen der Gesellschaft oder Genossenschaft an die Inhaber

---

1) Bei den Verrechnungssteuern werden Vermögensumdispositionen innerhalb des Vermögens zu diesem Zwecke unter dem Gesichtspunkt der Steuerumgehung beurteilt (vgl. Praxis II/1 VStG 4 I b Nr. 8).

2) Cagianut/Höhn, Unternehmungssteuerrecht, § 12 N 75

3) In Steuerordnungen mit Kapitalgewinnbesteuerung wird diese Veräusserung idR unter dem Gesichtspunkt der Kapitalgewinnsteuer beurteilt (vgl. Gurtner, Schweizer Treuhänder 9/83, 18).

4) z.B. ZE 19 Ingress und lit. c

gesellschaftlicher Beteiligungsrechte, die keine Rückzahlung der bestehenden Kapitalanteile darstellen. Nach BdBSt 21 I d zählen Kapitalgewinne, die in einem nicht zur Führung kaufmännischer Bücher verpflichteten Unternehmen erzielt worden sind, nicht zum steuerpflichtigen Einkommen. Bei der Veräusserung von Beteiligungsrechten an Dritte hat der nicht buchführungspflichtige Anteilsinhaber, wie oben ausgeführt[1] idR vorbehältlich einer Steuerumgehung auf dem erzielten Kapitalgewinn keine Bundessteuer und gegebenenfalls keine entsprechende kantonale Einkommens- oder Kapitalgewinnsteuer zu entrichten.

Steuerprobleme ergeben sich, wenn der Anteilsinhaber seine Beteiligungsrechte zu einem über dem Nominalwert[2] liegenden innern Wert an eine von ihm beherrschte Gesellschaft veräussert. Dabei ist entscheidend, dass der Anteilsinhaber vor der Veräusserung einen Anspruch gegen die Gesellschaft auf steuerfreie Rückzahlung des Nominalwertes und auf Ausrichtung eines steuerpflichtigen Anteils an den Reserven besass, während er nach der Veräusserung gegen die übernehmende Gesellschaft einen steuerfreien Anspruch auf Bezahlung oder Ausrichtung (in Form von Beteiligungsrechten) des inneren Wertes der übertragenen Kapitalanteile hat. Es findet eine Umdisposition potentiell steuerbarer in steuerfreie Werte statt.

2. Entwicklung der Rechtsprechung

Der mit dieser "Transponierung" angestrebten Steuerersparnis trat das BGr im St. Galler-Fall[3] mit dem Argument der Steuer-

---

1) vgl. § 11
2) Werden die Beteiligungsrechte zum Nennwert eingebracht, findet eine Verschiebung (Transponierung) von Vermögenswerten aus dem bei der Ausschüttung steuerbaren in den bei der Rückzahlung steuerfreien Bereich nicht statt (vgl. NStP 37, 43, kommentiert bei Gurtner, Schweizer Treuhänder 9/83, 18 ff.).
3) BGr 19.12.1967, BGE 93 I 722 = ASA 37, 43.

umgehung entgegen. Hier erfolgte die Veräusserung der Beteiligungsrechte an eine zu diesem Zweck gegründete Holdinggesellschaft einzig in der Absicht, die steuerliche Erfassung der ausserordentlichen Gewinnausschüttungen der Betriebsgesellschaft zu vermeiden. Für die These vom konzernrechtlichen Verfügungsgeschäft ist dieser Entscheid[1] einzig von Interesse, weil die spätere Rechtsprechung des BGr davon abweicht. Die Begründung vom konzernrechtlichen Verfügungsgeschäft wurde erstmals im Zürcher-Fall[2] vertreten. Hier brachte der Alleinaktionär Beteiligungsrechte verschiedener ihm gehörender Gesellschaften in eine dafür gegründete Holdinggesellschaft ein und liess sich den Kaufpreis als zinsloses Darlehen gutschreiben. Das Darlehen wurde dem Alleinaktionär in der Folge aus den erhöhten Dividenden der Tochtergesellschaften an die Holdinggesellschaft zurückbezahlt. Das BGr qualifizierte dieses Vorgehen nicht mehr als Steuerumgehung; es argumentierte, die Uebertragung der Beteiligungsrechte auf die Holdinggesellschaft stelle keine Veräusserung, sondern ein Rechtsgeschäft sui generis, ein "konzernrechtliches Verfügungsgeschäft" dar, mit dem der Aktionär die Art und Weise der Beherrschung seiner Gesellschaften umgestaltet habe. Er beherrsche in Zukunft die einzelnen Gesellschaften nicht mehr unmittelbar, sondern eine durch die andere. Den Gegenwert der Beteiligungsrechte betrachtete das BGr als geldwerte Leistung i.S. von BdBSt 21 I c und besteuerte die Differenz zwischen Gutschrift und Anschaffungswert der Beteiligungsrechte als Ertrag aus Beteiligung.

Noch weiter ging das BGr im Berner-Fall[3], bei dem der Alleinaktionär einer Holdinggesellschaft deren Grundkapital durch Sacheinlage von Beteiligungsrechten verschiedener Betriebsgesellschaften liberiert und sich den verbleibenden Teil des Uebernah-

---

1) Weitere Ausführungen zum St. Galler Holding-Fall finden sich in § 20 I. A. 1. b).

2) BGr vom 6.4.1973, ASA 42, 393 = StR 29, 404

3) BGr vom 14.3.1975, BGE 101 I b 44 = Pr 64 Nr. 125 = ASA 43, 588.

mepreises der Aktien als Darlehen hatte gutschreiben lassen. Mit gleicher Begründung wie im Zürcher-Fall wurde die Differenz zwischen Anschaffungs- und Uebernahmepreis der Beteiligungsrechte als geldwerte Leistung der Holdinggesellschaft an den Aktionär qualifiziert, obwohl im Anschluss an die Einbringung keine offensichtlichen Dividenden-Manipulationen stattgefunden hatten. Dabei hielt es insbesondere mit Verweis auf die Besteuerung von Gratisaktien[1] fest, einen steuerrechtlichen Grundsatz, wonach eine geldwerte Leistung stets mit einer Entreicherung der Gesellschaft verbunden sein müsse, gebe es nicht[2]. Die Theorie vom konzernrechtlichen Verfügungsgeschäft ist aus dieser Sicht eine folgerichtige Weiterentwicklung der mit der Ausgabe von Gratisaktien begründeten Gesetzesauslegung.

Die bundesgerichtliche Rechtsprechung zur direkten Bundessteuer wurde auch für kantonale Steuerordnungen[3] übernommen, deren gesetzliche Grundlage mit BdBSt 21 I c übereinstimmt oder gleich auszulegen ist.

Seit diesen Entscheiden lässt sich jedenfalls bei den direkten Bundessteuern eine Einbringung von Beteiligungsrechten nur noch steuerfrei durchführen, wenn die Reserven der übernommenen Gesellschaft auch bei der übernehmenden Gesellschaft wieder als Reserven erscheinen[4] bzw. dem Grundkapitalkonto oder dem Aktionärskreditorenkonto höchstens der Anlagewert des Einlegers gutgeschrieben wird.

---

1) z.B. ASA 20, 138; 40, 431.

2) "Auch bei der Ausgabe von Gratisaktien wird das Eigenkapital nur buchhalterisch umgruppiert, aber nicht vermindert. Die Entreicherung der Aktiengesellschaft ist kein taugliches Kriterium für die Abgrenzung der steuerbaren geldwerten Leistung" (ASA 43, 592).

3) z.B. ZH RB 1982, Nr. 59; mit diesem Entscheid hat sich auch das VGr ZH über die Rechtstatsache der Steuerfreiheit von Wertzuwachsgewinnen auf Gegenständen des PV hinweggesetzt (vgl. Känzig, ASA 53, 682).

4) vgl. Banderet, StR 36, 390; Böckli, ASA 47, 55.

3. Lehre

a) Transponierungstheorie

Die Rechtsprechung des Bundesgerichts ist in der Wissenschaft mehrheitlich auf heftige Kritik gestossen[1], hat teilweise Verständnis[2], jedoch auch Zustimmung[3] und gar Befürworter[4] gefunden. Hier ist nicht im einzelnen auf die Kritiken einzugehen. Immerhin wird die Argumentation einzelner Autoren summarisch wiedergegeben.

Höhn[5] und Känzig[6] beschuldigten das BGr, den Boden des Gesetzes verlassen zu haben. Höhn[7] wirft der verwaltungsrechtlichen Kammer vor, den gleichen Tatbestand gleichzeitig nach der wirtschaftlichen und der zivilrechtlichen Betrachtungsweise zu beurteilen, damit einem gegen den fundamentalen Rechtsgrundsatz von Treu und Glauben verstossenden Methodendualismus zu huldigen und die elementare Unterscheidung zwischen Vermögensertrag und Kapitalgewinn zu verwischen. Die angewandte extensive Auslegung des Begriffs des Vermögensertrages überschreite den Rahmen des Gesetzes. Nach Känzig[8] führt die bundesgerichtliche Rechtsprechung zwar zu einer steuerwirtschaftlich richtigen Lösung, verletzt aber den Willen des Wehrsteuergesetzgebers, wonach Gewinne aus der Veräusserung oder Verwertung von Vermögensgegenständen des PV steuerfrei sind. Die Erwägungen des BGr zur Auslegung von BdBSt 21 I c und d seien nicht wirtschaftlicher, sondern fiska-

---

1) vgl. Känzig, ASA 44, 1; Höhn, ASA 46, 145; Ryser, Réflexions, 665; weitere Autoren Gurtner, ASA 49, 586 FN 17; Oesch, 17 ff.; Yersin, ASA 50, 491 ff.; Noher, Besprechung, 590.
2) Böckli, ASA 47, 31
3) vgl. Banderet, StR 36, 383
4) vgl. Dubs, 569; Noher, Besprechung, 589 ff.
5) vgl. Höhn, ASA 46, 153 ff.
6) vgl. Känzig, ASA 44, 1 ff.
7) vgl. Höhn, ASA 46, 154 f.; nach der Praxis des BGr ist der Methodendualismus verboten. Ein solcher liegt insbesondere vor, wenn ein und derselbe Sachverhalt einmal nach der äusseren rechtlichen Form und ein anderes Mal nach dem wirtschaftlichen Hintergrund beurteilt wird (BGE 103 I a 23/25).
8) vgl. Känzig, ASA 44, 5, 21; derselbe, Kom. 1982, WStB 21 I d N 168.

lischer Natur. Nach Ryser wird mit einer falsch verstandenen wirtschaftlichen Betrachtungsweise zu Unrecht eine Ausschüttung fingiert, obwohl eine solche und damit eine Entreicherung der Gesellschaft gar nicht stattgefunden hat; und dies, "parce qu'on réfuse simplement d'appliquer la loi dans la mesure où elle déclare non imposables des plusvalues réalisées"[1]. Böckli[2] weist mit seiner dogmatischen Analyse überzeugend nach, dass das BGr dem Nettowertzufluss, der richtigerweise für den Einkommenstatbestand wesentlich ist, den virtuellen Steuervorteilszufluss gleichgestellt hat; durch die Besteuerung dieses virtuellen Steuervorteils sei das Gericht über die blosse Auslegung hinaus rechtsschöpferisch tätig geworden. Yersin[3] schliesslich stellt fest, die Rechtsprechung des BGr zu den Einbringungsfällen habe die Begriffe Kapitalgewinn und Gewinnanteil aus Beteiligungen modifiziert, was Probleme im System selber hervorrufen könne.

Banderet[4] anderseits gibt ohne weitere Begründung zu, die Wehrsteuerbehörden hätten mit diesen Entscheiden eine scharfe Waffe in der Hand, dem Weg der Ausnützung einer Gesetzeslücke, der in vielen Fällen die Züge einer Steuerumgehung trage, einen Riegel zu schieben. Damit bejahen die Wehrsteuerbehörden in diesen Fällen implizite die Kompetenz der Rechtsanwendungsbehörden zur Lückenfüllung.

Dubs[5] rechtfertigt die Haltung des BGr, das in wirtschaftlicher Betrachtungsweise eine Veräusserung verneint. Nur der bei einer eigentlichen Veräusserung von Wertschriften durch Private erzielte Kapitalgewinn solle steuerfrei sein. Lasse sich dagegen ein Aktionär bei einer internen "Umstrukturierung" seines Aktienbesitzes geldwerte Leistungen zufliessen, ohne dass er wirtschaftlich Wertschriften veräussere, fallen diese Leistungen unter BdBSt 21 I c; denn auch diese Bestimmung knüpfe an eine wirt-

---

1) Ryser, Réflexions, 683
2) vgl. Böckli, ASA 47, 56 f., 61
3) vgl. Yersin, ASA 50, 493
4) vgl. Banderet, StR 36, 388, 391
5) vgl. Dubs, 580

schaftliche Umschreibung des Steuertatbestandes an. Noher[1] schliesslich stimmt mit Dubs überein.

b) Teilliquidationstheorie

Einen von der herrschenden Lehre abweichenden Ansatzpunkt vertritt Locher[2]. Er stellt sich aus methodischer Sicht die Aufgabe, die vorliegenden Tatbestände im Gesamtzusammenhang zu würdigen. Dabei kommt er, in Anlehnung an die von der EStV[3] vertretene Ausschüttungstheorie und ausgehend von der Qualifikation des Liquidationserlöses als Ertrag aus Beteiligung sowie der analogen Betrachtungsweise bei der Teilliquidation, zum Schluss, ein Beteiligungsertrag sei hier wegen Vorliegens einer "indirekten Teilliquidation" gegeben[4]; "denn mit dem Aktienerwerb ohne eigene Mittel sind die Weichen für eine Aushöhlung der erworbenen Gesellschaft gestellt, und sobald die neuerworbene Gesellschaft entleert ist, sackt der Wert ihrer Beteiligungsrechte bei der Holdinggesellschaft entsprechend ab"[5]. Eine Entreicherung der Holdinggesellschaft ist somit bei ganzheitlicher[6] Betrach-

---

1) vgl. Noher, Besprechung, 590; Er macht ebenfalls geltend, dass ein wirtschaftlich geprägter Tatbestand müsse auch steuerrechtlich nach wirtschaftlichen Gesichtspunkten beurteilt werden; daher kommt er für den Berner-Fall in konzernrechtlicher Betrachtungsweise zum Schluss, dass der Steuerpflichtige bei der Umstrukturierung des von ihm weiterhin beherrschten Konzerns im Falle, dass dieser Leistungen an ihn erbrachte, zwangsläufig nur Ertragseinkommen aus Beteiligung tätigen konnte, auch wenn er dieses als steuerfreien Kapitalgewinn darstellte.

2) vgl. Locher, Rechtsfindung, 220 ff.

3) vgl. Noher, Protokoll, 56; Saurer, 51.

4) vgl. Locher, Rechtsfindung, 223

5) Locher, Rechtsfindung, 223 f.

6) Locher betrachtet im übrigen die vom BGr vertretenen Thesen des konzernrechtlichen Verfügungsgeschäftes sowie, isoliert betrachtet, der fehlenden Entreicherung der Gesellschaft, ebenfalls als unhaltbar (vgl. Locher, Rechtsfindung, 222).

tungsweise gegeben[1]. Wird die Annahme eines Beteiligungsertrages mit der Ausschüttungstheorie begründet, spielt auch das nach der Transponierungstheorie wesentliche Beherrschungsverhältnis keine Rolle[2]. Werden die Einbringungstatbestände unter die Fälle der Teilliquidation eingeordnet, entfällt auch der Vorwurf der Verletzung des Legalitätsprinzips, weil damit "weder die ratio legis von Art. 21 Abs. 1 lit. c noch diejenige von lit. d WstB missachtet wird"[3].

Die Grenzen der Ausschüttungstheorie liegen zum einen darin, dass mit dem Beteiligungsverkauf eine indirekte Teilliquidation der eingebrachten Betriebs-AG und damit im Ergebnis eine Ausschüttung verbunden sein muss; andernfalls kann dieses Argument nicht mehr erfolgreich vertreten werden[4]. Im weiteren kann sich das Problem einer verdeckten Gewinnausschüttung nur stellen, wo Beteiligungsrechte einer Betriebs-AG <u>verkauft</u> werden. Bei Vorliegen einer <u>Sacheinlage</u> ist nach Locher[5] eine verdeckte Gewinnausschüttung ausgeschlossen, solange die eingebrachten Beteiligungen nicht überbewertet sind. Eine verdeckte Gewinnausschüttung sei auch deshalb zu verneinen, weil bei der Sacheinlage nicht sofort liquide Mittel zu Konsumzwecken frei verfügbar seien. Bei einer <u>Sacheinlage</u> komme somit nicht mehr die Ausschüttungs-, sondern die Transponierungstheorie zur Anwendung, sofern Nominal-

---

1) "Die Bilanzierung der Beteiligung zum Anschaffungswert ist nämlich handelsrechtlich problematisch, da mit dem Erwerb untrennbar die Aushöhlung der Betriebsgesellschaft verbunden ist, so dass der Einbringungswert von Anfang an übersetzt ist. Wenn daher die Erwerberin gleichwohl den Verkehrswert im Zeitpunkt des Erwerbs vergütet, liegt im "Ueberpreis", d.h. in dem durch eine ausserordentliche Abschreibung zu neutralisierenden Ausmass, eine verdeckte Gewinnausschüttung der Muttergesellschaft (die allerdings wirtschaftlich Ausschüttungen der Tochter betrifft, da die Muttergesellschaft nur zivilrechtlich, nicht aber wirtschaftlich von dieser Substanz etwas hat) vor"(Locher, Rechtsfindung, 224).
2) vgl. Locher, Rechtsfindung, 224; vgl. hinten B.
3) Locher, Rechtsfindung, 226
4) vgl. Locher, Rechtsfindung, 226; so ist beim Verkauf einer Beteiligung, bei dem die Finanzierung des Kaufs nicht aus Mitteln der Betriebs-AG erfolgt, die Annahme einer verdeckten Gewinnausschüttung ausgeschlossen, da die Reserven bei der Betriebs-AG offensichtlich notwendiges Eigenkapital darstellen.
5) Locher, Rechtsfindung, 227

wertgewinne erzielt würden[1]. Auch Locher lehnt jedoch die Gleichstellung dieser "virtuellen Steuervorteilszuflüsse" - analog der Gratisaktienausgabe - mit den effektiven Ausschüttungen und damit eine sofortige Besteuerung ab, da sich eine derartige "Fiktion dritten Grades" gesetzlich nicht mehr abstützen lässt.[2]

Die Teilliquidationstheorie im Falle des <u>Verkaufs</u> von Beteiligungsrechten wurde von Vallender[3] in seiner Habilitationsschrift m.E. zu Recht abgelehnt. Dieser macht dabei vor allem geltend, dass die Annahme einer Teilliquidation eine Sachverhaltsfiktion darstelle, bei welcher aus der Veräusserung eine Teilliquidation und aus dem Kauf von Beteiligungen von Betriebsgesellschaften ein Kauf eigener Aktien werde. Aber selbst wenn man den fiktiven Sachverhalt als Ausgangspunkt akzeptiert, "scheint die handelsrechtliche Ueberlegungen einbeziehende Argumentation nicht zwingend"[4]. Vallender[5] kommt zum Schluss, dass gesamthaft betrachtet die gemachten Buchungen der Holding nicht erfolgswirksam seien. Es handle sich buchhalterisch gesehen vorläufig nur um eine Vermögensverschiebung, nicht um eine Vermögensveränderung. Die-

---

1) vgl. Locher, Rechtsfindung, 227

2) vgl. Locher, Rechtsfindung, 227; er stimmt Böckli (ASA 47, 61) zu, nach dem die Adäquanz des Auslegungszusammenganges abgebrochen ist, und deshalb dieser "virtuelle Steuervorteilszufluss" erst später steuerlich erfasst werden darf.

3) vgl. Vallender, 253 f.

4) Vallender, 254; der Autor begründet seine Ansicht wie folgt: "Wenn die Erwerberin den Verkehrswert der Beteiligungen aktiviert, ist sie vor und nach dem Kauf der Beteiligung nicht reicher oder ärmer. Dem Aktivposten entspricht ein gleich hoher Passivposten. Falls die "Aushöhlung", sprich die Ausschüttung von Reserven der Betriebsgesellschaft an die Holding, beginnt, nehmen die flüssigen Mittel (Aktivseite) im gleichen Mass zu, wie der Substanzwert der Beteiligungen abnimmt. Die Korrektur der Substanzwertabnahme geschieht in der Folge durch die Abschreibungen. Wenn die flüssigen Mittel zur Schuldentilgung benützt werden, vermindern sich Aktiven und Passiven gleichgewichtig. Von einem "Ueberpreis", von einer verdeckten Gewinnausschüttung, kann daher insofern nicht die Rede sein".

5) vgl. Vallender, 254

ser Würdigung ist zuzustimmen. Von einem Ueberpreis kann in der Tat nur dann gesprochen werden, wenn die Steuerbehörde schlüssig nachzuweisen vermag, dass einem Dritten für die von der Holdinggesellschaft erworbenen Beteiligungsrechte wegen der bevorstehenden Aushöhlung weniger bezahlt worden wäre. Dies wiederum dürfte schwer fallen, denn ein Einschlag würde wohl nur dann geltend gemacht, wenn sich eine nicht anerkannte Abschreibung ertragssteuerlich auswirken würde. Dies ist bei einer Holdinggesellschaft zumindest kantonalrechtlich nicht der Fall. Im Falle der <u>Sacheinlage</u> übernimmt Locher weitgehend die Argumentation von Böckli[1], d.h. die Transponierung selbst sei als steuerfreie Sacheinlage zu betrachten. Er stellt jedoch nicht klar, "wodurch die rechtsrelevante Unterscheidung von Verkauf und Sacheinlage im einzelnen begründet sein soll"[2]. Tatsächlich ist nicht einzusehen, wodurch sich Verkauf und Sacheinlage steuerlich unterscheiden sollen. Diese beiden Einbringungsarten sind nur hinsichtlich des Zeitpunktes der Bezahlung des Kaufpreises verschieden. Beim Verkauf gegen Schuld wird der Kaufpreis kontinuierlich mit den Ausschüttungen abgetragen. Bei der Sacheinlage kommt der Einleger erst mit der Liquidation der Holdinggesellschaft bzw. mit dem Verkauf deren Aktien zu flüssigen Mitteln. Dies vermag jedoch keine unterschiedliche Behandlung zu rechtfertigen.

B. BERECHNUNG DER GELDWERTEN LEISTUNG

1. Rechtsprechung

Während das BGr für die Berechnung der geldwerten Leistung im St. Galler-Fall[3] den Nominalwert zum Abzug zuliess, hat es so-

---

1) vgl. Böckli, ASA 47, 61
2) Vallender, 225
3) BGE 93 I 722 = ASA 37, 43

wohl im Zürcher- wie im Berner-Fall[1] den höheren Einstandspreis
berücksichtigt. Im Zürcher-Fall hat das BGr erklärt, das Abstellen auf den Einstandspreis möge zwar diskutabel sein, indessen
bestehe kein zwingender Grund, den angefochtenen Entscheid in
diesem Punkt zuungunsten des Steuerpflichtigen abzuändern, umso
weniger, als die Steuerbehörden selber keine weitergehende Besteuerung beantragt hätten. Das BGr hat hier zu erkennen gegeben,
dass auch aus seiner Sicht als Konsequenz aus der Konstruktion
des konzernrechtlichen Verfügungsgeschäftes an sich das Nominalwertprinzip anzuwenden wäre. Im Berner-Fall ist es ohne Kommentar bei dieser Rechtsprechung geblieben. Die Bundessteuer-Rekurskommission des Kt. Zürich hat sich in einem späteren Entscheid[2]
auf diese Praxis berufen, obwohl in diesem Falle die Steuerbehörde die Besteuerung in der Differenz zwischen dem Nominalwert und
dem Verkaufspreis verlangt hatte.

2. Auswirkungen in der Praxis

a) Aufspaltung der geldwerten Leistung

Bei der Einbringung von Beteiligungsrechten einer aussergewöhnlich ertragsstarken Unternehmung[3] liegt der Versuch nahe, den
innern Wert der Beteiligungsrechte in einen Ertrags- und Substanzwert aufzuspalten und einen steuerbaren Beteiligungsertrag
nur für die offenen und auf vorhandenen Aktiven angewachsenen
stillen Reserven anzunehmen. Ein allfälliger auf den Ertragswert
entfallender Mehrertrag wäre nach dieser Ansicht als Kapitalgewinn zu behandeln und bliebe steuerfrei. Die EStV[4] hat eine
solche Spaltungstheorie vor allem aus steuerrechtlichen Gründen
abgelehnt, denn das Rechtsgeschäft sei als Einheit zu betrachten;

---

1) ASA 42, 393 bzw. ASA 43, 588
2) BSt RK ZH 30.5.83, StE 1984 B 24.4 Nr. 1
3) bei der der Ertragswert weitgehend den innern Wert bestimmt.
4) vgl. Saurer, 50

beim Verkauf an sich selbst sei eine Ausschüttung unabhängig von der Zusammensetzung des innern Wertes erfolgt. Im weiteren gibt die EStV[1] zu bedenken, dass eine Aufteilung in einen Substanz- und Ertragswert problematisch wäre; diesem Argument kann nicht widersprochen werden, denn die in der Praxis angewandten Methoden der Unternehmungsbewertung lassen einen zu weiten Spielraum insbesondere bei der Berechnung des Ertragswertes zu[2].

b) Nach entgeltlichem Erwerb

Die Hauptabteilung dBSt der EStV[3] begründet ihre systemwidrige Methode zur Berechnung des Vermögensertrages mit dem defensiven Charakter ihrer Praxis und bezeichnet diese als vorweggenommenes neues Recht im Hinblick auf die Einführung einer Beteiligungsgewinnsteuer im Rahmen der Steuerharmonisierung. Dabei versteht sie unter dem massgeblichen Anschaffungs- oder Erwerbspreis grundsätzlich jenen Preis, den der Inhaber der Beteiligungsrechte aus eigenen versteuerten Mitteln aufgebracht hat. Dieses Kriterium ist m.E. zu Recht als zusammenhanglos, unsozial und wirklichkeitsfremd bezeichnet worden[4], denn die Frage der Finanzierung kann für die Bemessung des Anschaffungspreises nicht entscheidend sein. Banderet[5] ermuntert dennoch die Steuerbehörden unter Hinweis auf die Schwierigkeiten bei der Ermittlung des Erwerbspreises, zu versuchen, konsequent auf den Nominalwert der eingebrachten Beteiligungsrechte abzustellen[6].

---

1) vgl. Saurer, 50

2) Je nach den Verhältnissen werden z.B. nur die Ergebnisse der letzten 3 oder aber die letzten 5 Geschäftsjahre berücksichtigt. Im weiteren kann bei der Anwendung des Kapitalisierungszinssatzes ein erheblicher Ermessensspielraum bestehen; vgl. Blumer/Graf, 265 ff.

3) vgl. Banderet, StR 36, 391 f.

4) vgl. Duss, Steuerprobleme, 21

5) vgl. Banderet, StR 36, 392

6) Im E vom 19.4.85 (StR 41, 93) hat das BGr in Uebereinstimmung mit der Vorinstanz die Differenz zwischen Nennwert und der dem Steuerpflichtigen erteilten Gutschrift als geldwerte Leistung betrachtet, da dieser nie geltend gemacht habe, die eingebrachten Aktien zu einem über deren Nominalwert liegenden Preis erworben zu haben (E. 6).

c) Nach unentgeltlichem Erwerb

Bei Anwendung der Transponierungstheorie wird der zu ermittelnde Vermögensertrag idR wie ein Kapitalgewinn berechnet. Dieses inkonsequente Abstellen auf den Erwerbspreis verlangt auch beim unentgeltlichen Erwerb der eingebrachten Beteiligungsrechte die Bestimmung des Anlagewertes. Dabei stehen drei Möglichkeiten im Vordergrund[1]: Uebernahme des Wertes der beim Rechtsvorgänger zur Anrechnung gekommen wäre; Massgeblichkeit des Wertes, der bei einer Erbteilung zur Anrechnung gekommen und vom Erben aus eigenen Mitteln ausgeglichen worden ist; Abstellen auf den Erbschaftssteuerwert.

Nach der Praxis zu den direkten Bundessteuern und den ihr folgenden kantonalen Steuerordnungen ist bei ererbten bzw. geschenkten Beteiligungen **primär** auf den Wert abzustellen, der **beim Erblasser bzw. dem Schenkgeber** als **Erwerbspreis** zur Anrechnung gekommen wäre[2]. Damit übernimmt diese Praxis die Regelung, die bei sachgerechter Behandlung in Steuerordnungen mit Kapitalgewinnbesteuerung verwirklicht ist. Es wird auch hier in Kauf genommen, dass die Feststellung des massgebenden Erwerbspreises einige Mühe bereiten kann[3]. Aus systematischer Sicht ist diese Lösung im Rahmen der Vermögensertragsbesteuerung indessen abzulehnen, da "ein als Ueberschuss über den Anlagewert berechnetes Einkommen begrifflich nur Kapitalgewinn, nicht aber Vermögensertrag sein kann"[4].

Banderet[5] schlägt allenfalls vor, den Wert, der **bei der Erbteilung zur Anrechnung gekommen und vom Erben aus eigenen Mitteln ausgeglichen** worden ist, als Anschaffungswert zu berücksichtigen. Auch die Ermittlung dieses Wertes kann Schwierigkeiten bereiten,

---

1) vgl. Banderet, StR 36, 392
2) vgl. Banderet, StR 36, 392
3) vgl. Banderet, StR 36, 392
4) Höhn, ASA 50, 541
5) vgl. Banderet, StR 36, 392

zumal der die Beteiligungsrechte übernehmende Erbe versuchen wird, infolge der zu übernehmenden latenten Steuerlast diesen Anrechnungspreis möglichst hoch anzusetzen. Im weiteren wurde oben[1] bereits darauf hingewiesen, dass das Kriterium der Finanzierungsart in diesem Zusammenhang wirklichkeitsfremd anmutet. Hier ist gleich zu urteilen. Da letztlich auch nach dieser Berechnungsmethode auf einen Gestehungs- statt auf den Nominalwert abgestellt wird, ist diese Lösung ebenfalls als systemwidrig zu verwerfen.

Die Uebernahme des <u>Erbschafts- bzw. Schenkungssteuerwertes</u> ist auch nach Ansicht der EStV[2] als massgebender Anlagewert abzulehnen, weil der Erbgang bzw. die Schenkung nach BdBSt 21 III keine einkommensrechtlich relevanten Vorgänge sind.

Die Verwerfung der drei Möglichkeiten verdeutlicht, dass die systemwidrigen Folgen der Rechtsprechung zu den Einbringungstatbeständen auch durch den unentgeltlichen Erwerb nicht behoben werden[3].

3. Lehre

In der Berechnung der geldwerten Leistung ist sich die Lehre einig[4]. Sofern die Einbringungstatbestände mit der Theorie des konzernrechtlichen Verfügungsgeschäftes zum Anlass einer sofortigen Besteuerung eines bloss virtuell eingetretenen Steuervorteils genommen werden, sollte konsequenterweise die Differenz

---

1) vgl. vorne A. 3. b)

2) vgl. Banderet, StR 36, 392

3) Trotzdem stellt die EStV auch heute noch auf die beiden zuerst genannten Werte ab (Auskunft EStV v. 19.8.85).

4) z.B. Böckli, ASA 47, 63 f.; für die Teilliquidationstheorie, Locher, Rechtsfindung, 225.

zwischen Nominalwert und Anrechnungswert zur Besteuerung gelangen[1].

C. BEHERRSCHUNG

1. Rechtsprechung

Sowohl im Zürcher-Fall[2] wie im Berner-Fall[3] war der Veräusserer der Beteiligungsrechte Alleinaktionär der übernehmenden Gesellschaft. In einem neuesten Urteil hat das BGr entschieden[4], dass es nicht auf diese Qualifikation ankomme, sondern auf die Tatsache, dass der Veräusserer die übernehmende Gesellschaft "beherrscht". Auch die Praxis der Hauptabteilung dBSt der EStV geht offensichtlich dahin, dass von einem konzernrechtlichen Verfügungsgeschäft i.S. der bundesgerichtlichen Rechtsprechung in jedem Falle dann gesprochen werden kann, wenn eine "klare" Beherrschung vorliegt. "Dies ist bei eindeutigen Mehrheitsbeteiligungen sicher der Fall"[5].

Die Bundessteuer-Rekurskommission des Kt. Zürich hatte einen Fall zu beurteilen, bei dem ein Steuerpflichtiger im Zeitpunkt der Einbringung direkt und indirekt über zwei Drittel der Beteiligungsrechte an der übernehmenden Gesellschaft hielt, während sein Bruder über die komplementäre Minderheitsbeteiligung verfügte. Der Steuerkommissär hatte beiden Steuerpflichtigen in der Differenz zwischen Nominalwert und Anrechnungswert steuerbares Einkommen aufgerechnet. Die Beschwerde des Mehrheitsaktionärs wurde

---

1) Von Albertini (NZZ v. 30.8.83, 17) hat dagegen, wohl aus pragmatischer Sicht, das Abstellen auf den Erwerbspreis durch die Bst-RK ZH (StE 1984 B 24.4. Nr. 1) als Positivum gewürdigt. Aus dogmatischen Gründen kann dieser Beurteilung nicht gefolgt werden.
2) ASA 42, 393
3) ASA 43, 588
4) BGr v. 19.4.1985 = StR 41, 93 = StE 1986 B. 24.4. Nr. 6; in diesem Fall besass der Steuerpflichtige direkt und indirekt eine Beteiligung von über 70 % an der übernehmenden Gesellschaft.
5) Banderet, StR 36, 389

abgewiesen[1] mit der Begründung, der Steuerpflichtige sei in der
Lage, nicht nur einfache, sondern auch qualifizierte Mehrheitsentscheide (insbesondere gemäss OR 648 f.) herbeizuführen. Dagegen hiess die Bundessteuer-Rekurskommission die Beschwerde des
Minderheitsaktionärs gut, weil Zeitpunkt und Modalitäten der Aktualisierung eines steuerlichen Vorteils weitgehend ins Belieben
des Mehrheitsaktionärs gestellt seien, weshalb die Transaktion
für den Pflichtigen nicht einen eigentlichen virtuellen, sondern
lediglich einen hypothetischen Steuervorteil zur Folge habe[2].
In einem andern Fall[3] verfügte der Beschwerdeführer über 51 Prozent der Aktien der Holdinggesellschaft. Dennoch wurde beim
Mehrheitsaktionär die Konstruktion des konzernrechtlichen Verfügungsgeschäftes angewandt, weil sämtliche Transaktionen im
Zusammenwirken mit dem einzigen Mitaktionär, seinem Bruder, erfolgten, der sich abgesehen von der unterschiedlichen Beteiligung in einer absolut identischen Interessenlage befand und die
Aktien in der Zwischenzeit gemeinsam an Dritte verkauft worden
waren[4]. Da die Einschätzung des Minderheitsaktionärs ohne Aufrechnung des Veräusserungsgewinnes in Rechtskraft erwuchs, entfiel in diesem Falle die Möglichkeit einer Beurteilung durch das
BGr.

---

1) BSt-RK ZH v.21.12.82 (nicht veröffentlicht; weitergezogen).
2) BSt-RK ZH vom 21.12.82 (nicht veröffentlicht; rechtskräftig).
3) BSt-RK ZH vom 11.5.83, StE 1984 B 24.4 Nr. 1.
4) StE 1984 B 24.4 Nr. 1 ... "Nachdem die Aktien der Holding an Dritte verkauft worden sind, steht zudem fest, dass sich die Minderheitsstellung nicht zu Ungunsten des Bruders des Pflichtigen ausgewirkt und er insbesondere die selben steuerlichen Vorteile erlangt hat. Unter diesen Umständen liegt es aber auf der Hand, die beiden Brüder gemeinsam als "Beherrscher" der AG zu betrachten und die Uebertragung der Aktien der AG auf die Holding nicht als "Veräusserung" im Sinne des Gesetzes anzuerkennen".

2. Entwicklung in der Praxis

Schwieriger ist zu entscheiden, wenn mehrere Anteilsinhaber vorhanden sind, von denen keiner über die Mehrheit der Beteiligungsrechte verfügt. Die Hauptabteilung dBSt der EStV hat auch in solchen Fällen die Ausschüttungstheorie bejaht[1)2)]. Die Anwendung dieser Theorie lässt sich nur damit begründen, dass die Minderheitsaktionäre des gemeinsamen Zusammenwirkens "beschuldigt" und deshalb gemeinsam als "Beherrscher" betrachtet werden.

Die Unbestimmtheit des Rechtsbegriffes "Beherrschung" begünstigt die Anwendung der Transponierungstheorie und schiebt die Beweislast des "Nicht-unter einer Decke-Steckens" den einbringenden Aktionären zu[3)]. Dies "macht deutlich, dass die Transponierungstheorie das Problem nicht sauber löst. Sie verschiebt die Notwendigkeit, ein Missbrauchsproblem zu bewältigen, unnötigerweise und im Widerspruch zu schweizerischer Tradition auf eine andere Ebene"[4)].

Auch nach Ansicht der EStV[5)] dürfen jedoch die Folgen der Transponierungstheorie nicht unbesehen auf alle Fälle der echten Konzentration angewendet werden. So wäre eine steuerbare Ausschüttung trotz Erzielung von Nominalwertgewinnen oder Gutschriften

---

1) vgl. Banderet, StR 36, 389; als Beispiel nennt Banderet drei Aktionäre, die zu gleichen Teilen am Kapital der Gesellschaft A beteiligt sind; diese gründen gemeinsam die Gesellschaft B (Holding), in welche sie ihre Aktien A teils gegen Aktien B, teils gegen Gutschrift einbringen. Die Aktien der Gesellschaft B sind vinkuliert, sie können ohne Zustimmung der Mitaktionäre nicht an Dritte veräussert werden.

2) Als vollkommen abwegig erscheint dabei eine Praxis, bei der das Veräusserungsgeschäft nur im Umfang der von Dritten an der übernehmenden Gesellschaft gehaltenen Beteiligung als echte Realisation anerkannt wird, denn bei Einbringung in eine nicht beherrschte Gesellschaft geht die direkte Verfügungsmacht über die ganze Beteiligung verloren (gl.M. Ryser, Einfluss, 155 FN 35).

3) Dies bedeutet eine Beweislastumkehr gegenüber der Beurteilung nach der Steuerumgehungsdoktrin.

4) Duss, Steuerprobleme, 21

5) vgl. Saurer, 50 f.

auf Kreditorenkonti wohl nicht anzunehmen, wenn der Einleger
nach der Einbringung seiner Aktien in die Holdinggesellschaft
in diesem wirtschaftlichen Gebilde nur noch eine ganz untergeordnete Rolle spielt. Immerhin sei bei der Prüfung des Einzelfalles
zu bedenken, dass das gemeinsame Interesse, mit der Einbringung
die Voraussetzungen für eine spätere steuerfreie Herausnahme von
Reserven zu schaffen, auch bei primär wirtschaftlich begründeten
Konzentrationen mitbestimmend sein könne[1].

Um das Risiko des "gemeinsamen Tätigwerdens" zu reduzieren, wäre den Minderheitsbeteiligten jedenfalls zu empfehlen, von Aktionärbindungsverträgen und Vinkulierung der Aktien[2] abzusehen.
Im weiteren könnte unter den Einbringern vereinbart werden, dass
diese ihre Beteiligungsrechte gestaffelt z.B. nach einer bestimmten Karenzfrist an die Gesellschaft übertragen. Die Steuerfolgen
der Transponierung liessen sich im weiteren eventuell vermeiden,
wenn die Beteiligungsrechte der übernehmenden Gesellschaft an
eine Holdinggesellschaft verkauft werden könnten.

D. SACHGEMAESSE LOESUNG

Eine sachgemässe Lösung muss von der Auslegung der beim Verkauf
von Beteiligungsrechten anzuwendenden Normen ausgehen. Deshalb
ist zuerst die Habilitationsschrift Vallenders heranzuziehen, in
welcher die Einbringungstatbestände anhand des Falles einer echten Unternehmungskonzentration durch Auslegung von BdBSt 21 methodisch eingeordnet werden[3]. Da dem Ergebnis - Steuerfreiheit
des bei der Einbringung erzielten Kapitalgewinnes - grundsätzlich zuzustimmen ist, kann im Anschluss an diese Darstellung auf
die sachgerechte Bekämpfung von Missbräuchen verwiesen werden.

---

1) vgl. Saurer, 51
2) Dieser Empfehlung steht allerdings die heutige Praxis zu verstärkter Vinkulierung entgegen.
3) Vallender, 175 ff.

1. Konsensfähige Entscheidungsnorm durch Auslegung

Vallender hat die steuerliche Qualifikation der Einbringungstatbestände basierend auf einem Illustrationsbeispiel[1] als "Richter" der Rekursinstanz aus methodischer Sicht gewürdigt. Dabei wurden die Normhypothesen des Steuerpflichtigen (Hypothese A)[2] sowie der Vorinstanz (Hypothese V)[3] einander gegenübergestellt und insbesondere mit Hilfe der Auslegungsmethoden auf ihre Konsensfähigkeit geprüft. Dem Autor erscheint die Hypothese A, welche den Differenzbetrag zwischen Anlagewert und Anrechnungswert als steuerfreien Kapitalgewinn nach BdBSt 21 I d betrachtet, als

---

1) "A ist Alleinaktionär der A-AG. Die C-AG besitzt sämtliche Aktien der B-AG. Die A-AG und die B-AG sind Konkurrenzunternehmen und haben beide ihren Sitz in X, Kanton Y. Ihr Geschäftszweck besteht in der Herstellung und dem Vertrieb von Kleincomputern. Am 31. Dezember 1982 bringen A 151 seiner 300 A-Aktien, die C-AG sämtliche ihrer B-Aktien als Sacheinlage in die von A und der C-AG gegründete D-Holding-AG ein. Die Aktien des A mit einem Nominalwert von je Fr. 1000.-- werden zu Fr. 240'000.--, die 400 Aktien der C-AG mit einem Nominalwert von ebenfalls je Fr. 1000.-- zu Fr. 500'000.-- auf Grundkapital angerechnet. Die Anrechnung auf Grundkapital entsprach dem innern Wert der eingebrachten Aktien. Für Fr. 260'000.-- liberiert A 260 D-Aktien in bar.
Das Grundkapital der D-Holding-AG beträgt Fr. 1'000'000.-- und ist in 1000 Namenaktien zu Fr. 1000.-- eingeteilt. A und die C-AG erhalten je 500 Aktien, sind also zu je 50 Prozent, d.h. zu gleichen Teilen, an der D-Holding-AG beteiligt.
Die Gründung der D-Holding-AG erfolgte aus unternehmungspolitischen Erwägungen. Durch diese Gründung sollen eine gemeinsame Unternehmenspolitik ermöglicht, eine Kraftabnützung infolge gegenseitiger Konkurrenzierung vermieden und von der Kapitalseite her die Grundlage für eine kontinuierliche Innovations- und Diversifikationspolitik der Unternehmen gefördert werden" (Vallender, 181 f.). Strittig ist nur die Besteuerung von A. Hinsichtlich der Besteuerung der C-AG "kann ohne weiteres davon ausgegangen werden, dass der Differenzbetrag als steuerbarer Kapitalgewinn zum steuerbaren Ertrag der C-AG gehört, der in die Berechnung des steuerbaren Reinertrages nach Art. 49 BdBSt einzubeziehen ist" (Vallender, 190).

2) Hypothese A: "Der nichtbuchführungspflichtige Steuerpflichtige, der Aktien in eine Holdinggesellschaft einbringt, an deren Grundkapital er zu 50 Prozent beteiligt wird, realisiert, wenn die eingebrachten Aktien über dem Nominalwert angerechnet werden, im Umfang des Differenzbetrages zwischen Anlagewert und Anrechnungswert einen steuerfreien Kapitalgewinn im Sinne von Art. 21 Abs. 1 lit.d BdBSt" (Vallender, 190).

3) Hypothese V: "Der nichtbuchführungspflichtige Steuerpflichtige, der Aktien in eine Holding einbringt, an deren Grundkapital er zu 50 Prozent beteiligt wird, und seine Beteiligung über deren Nominalwert hinaus angerechnet erhält,

konsensfähig. "Besonderes Gewicht kommt dabei "tatsachenbezogenen Argumenten" zu, welche dem "<u>Bestimmtheitstopos</u>" Rechnung tragen und die Vorhersehbarkeit, Kalkulierbarkeit, von Pflichten befördern"[1].

Aufgrund seiner Analyse kommt Vallender[2] zum Schluss, dass die vom Gesetzgeber in BdBSt 21 gewählte Formulierung sowie das allgemeine Verständnis dieser Bestimmung für Normhypothese A und gegen Normhypothese V, die Rechtsprechung des BGr dagegen auf den ersten Blick für Normhypothese V spricht. Das BGr habe dabei in den massgebenden Holdingfällen[3] die Subnorm aufgestellt, dass die Differenz zwischen dem Anschaffungswert der von einem Anteilsinhaber in eine eigene Holding eingebrachten Beteiligungsrechte und dem Nennwert der dafür erhaltenen Holdingaktien als Vermögensertrag zu qualifizieren und folglich als Einkommen beim Einbringer zu versteuern ist. "Diese präjudizielle Subnorm führte grundsätzlich zur Wahl der Normhypothese V"[4]. Diese Rechtsprechung übernahm das in früheren Entscheiden für andere Sachverhalte[5] aufgestellte und verfestigte Nennwertprinzip. Sie zog eine Ausdehnung des Tatbestandes des steuerbaren Vermögensertrages nach sich und "bewirkte zumindest teilweise eine Einengung des Tatbestandes des steuerfreien Kapitalgewinnes"[6].

---

erzielt im Umfang des Differenzbetrages zwischen Anlagewert und Anrechnungswert einen steuerbaren Vermögensertrag im Sinne von Art. 21 Abs. 1 lit. c BdBSt, d.h. eine als Gewinnanteil aus Beteiligung zu versteuernde geldwerte Leistung der Holdinggesellschaft" (Vallender, 190).

1) Vallender, 266 (im Original Kursivgedrucktes ist unterstrichen).
2) Zur Begründung dieser Ergebnisse vgl. Vallender, 266 ff.
3) ASA 42, 393; ASA 43, 588.
4) Vallender, 267
5) ASA 20, 138 (Gratisaktien als Vermögensertrag); BGE 70 I 312 (Gratisnennwerterhöhung als Vermögensertrag); ASA 42, 319 (Rücknahme eigener Aktien als Vermögensertrag); BGE 83 I 276 (Liquidationsüberschuss als Vermögensertrag).
6) Vallender, 268

Nach Vallender[1] ist die Rechtsprechung des BGr aufgrund der Entstehungsgeschichte von BdBSt 21 konsensfähig. Dagegen sieht der Autor in der im Zürcher-Fall erstmals angewandten Entscheidungsnorm des konzernrechtlichen Verfügungsgeschäftes eine Erweiterung des Steuertatbestandes, wofür im Gesetz eine hinreichende Grundlage fehle. Die damit begründete Rechtsprechung könne sich auch nicht auf die von ihm erwähnte Gratisaktienbesteuerung abstützen; denn diese Rechtsprechung lasse sich im Gegensatz zu jener aus der Entstehungsgeschichte heraus rechtfertigen[2].

Interessant ist in diesem Zusammenhang, mit welchen Argumenten das BGr im neuesten Entscheid[3] das Vorliegen der gesetzlichen Grundlage bejaht: Das BGr geht von der Feststellung aus, dass BdBSt 21 I c primär mit Hilfe der teleologischen Methode auszulegen und dabei "in ihrem Kontext zum gesamten Steuergesetz zu sehen" sei. Weiter wird argumentiert: (E. 4a) - c)

"a) Der Wehrsteuergesetzgeber hat sich bewusst für die steuerliche Doppelbelastung der juristischen Personen und der Inhaber der gesellschaftlichen Beteiligungsrechte entschieden, indem er einerseits den Saldo der Gewinn- und Verlustrechnung der juristischen Personen unter Einbezug sämtlicher vorher ausgeschiedener Teile des Geschäftsergebnisses, die nicht zur Deckung geschäftsmässig begründeter Unkosten, Abschreibungen und Rückstellungen verwendet werden, der Reinertragssteuer unterwirft (Art. 48 ff. WStB, speziell Art. 49 WStB) und anderseits jede geldwerte Leistung der Gesellschaft an den Gesellschafter, die keine Rückzahlung der bestehenden Kapitalanteile darstellt, als steuerbares Einkommen betrachtet (Art. 21 Abs. 1 lit. c WStB). Entgegen der Auffassung des Beschwerdeführers ist diese steuerliche Doppelbelastung keineswegs "systemwidrig".
b) Art. 21 Abs. 1 lit. c WStB beruht auf einem formalisierten Ertragsbegriff, der für nicht buchführungspflichtige natürliche Personen ein in der Steuerrechtslehre sogenanntes "objektives System" der Einkommensbesteuerung zur Folge hat ... Diese vom Gesetzgeber gewählte formale Umschreibung des steuerbaren Beteiligungsertrages im Wehrsteuerrecht der natürlichen Personen führt zu einer Einschränkung der Steuerfreiheit von Kapitalgewinnen auf Privatvermögen ..., mit der die vom Gesetzgeber gewollte steuerliche Doppelbelastung der juristischen Personen und der Inhaber gesellschaftlicher Beteiligungsrechte erreicht wird. Ob Art. 21 Abs. 1 lit. c WStB, der inhaltlich

---

1) vgl. Vallender, 268 und die diesbezüglichen Ausführungen S. 211-216
2) vgl. Vallender, 269
3) BGr v. 19.4.85 = StR 41, 93 = StE 1986 B. 24.4. Nr. 6.

auf das Couponsteuergesetz in der Fassung von 1927 zurückgeht ..., allenfalls sachlich nicht zu befriedigen vermag ...ist für die Gesetzesauslegung nicht von Belang. Die vom Gesetzgeber getroffene Entscheidung, Kapitalgewinne auf dem Privatvermögen natürlicher Personen zwar grundsätzlich steuerfrei zu belassen, im Gegenzug aber zur weitgehenden Sicherung der wirtschaftlichen Doppelbelastung von juristischen Personen und den Inhabern gesellschaftlicher Beteiligungsrechte den Beteiligungsertrag in Art. 21 Abs. 1 lit. c WStB weit zu umschreiben, ist von den Steuer- und Steuerjustizbehörden zu respektieren ...

c) Dieser Normzweck macht es erforderlich, die Verschiebung eines Vermögenswertes aus dem Bereich der nicht zum Grundkapital einer Gesellschaft gehörenden eigenen Mittel (Reserven, gespeicherte Gewinne) in den Bereich des Grundkapitals oder der Darlehensschulden als geldwerte Leistung zu betrachten. Denn würde man solche ohne effektive Auszahlung erfolgende Umgestaltungen der Rechtsbeziehungen zwischen dem Aktionär und seinen Gesellschaften nicht als derartige geldwerte Leistungen erfassen, so könnten gespeicherte Gewinne auf verschiedenen Wegen - Ausgabe von Gratisaktien, Umtausch in Holdingaktien mit höherem Nennwert, usw. - steuerfrei in Grundkapital oder sogar in Darlehensforderungen des Aktionärs umgewandelt werden, und der Weg zur steuerfreien Auszahlung dieser Werte an den Aktionär wäre damit offen (BGE 101 Ib 49/50 E. 3c). Die Rechtsprechung des Bundesgerichts beruht demnach auf einer teleologisch-steuersystematischen Auslegung von Art. 21 Abs. 1 lit. c WStB. Die notwendige gesetzliche Grundlage geht ihr keineswegs ab. An der bisherigen Praxis ist festzuhalten".

An dieser Begründung erstaunt einerseits, wie nahtlos es dem BGr gelingt, die heutige extensive Auslegung des Vermögensertragsbegriffs als vom Gesetzgeber gewollt hinzustellen! Es tut m.a.W. so, als lasse sich die extensive Interpretation logisch aus aus dem Gesetz deduzieren. Dies trifft jedoch m.E. nicht zu; vielmehr nimmt das BGr mit der Auslegung nach der teleologischen Methode eine Wertung vor[1]. Darauf ist in anderem Zusammenhang näher einzugehen[2]. Anderseits verwundert, dass die Steuer- und Steuerjustizbehörden es offensichtlich als ihre Aufgabe betrachten, die wirtschaftliche Doppelbelastung möglichst weitgehend zu sichern. Zu diesem Zwecke wird BdBSt 21 I c jedoch m.E. über den zulässigen Rahmen hinaus "gedehnt". Mit Vallender[3] ist deshalb zu schliessen, dass das BGr mit seinem Vorgehen wohl eine Aenderung des Rechtszustandes beabsichtigt.

---

1) vgl. dazu Höhn, ASA 31, 419

2) vgl. § 20 II. A. 3. b)

3) vgl. Vallender, 269 f. und die dortigen Ausführungen zur Verfassungswidrigkeit der vom BGr gesetzten Entscheidungsnorm.

Nach Aufassung Vallenders[1] bedürfen Vorschläge, die von bekannten Lehren im Grundsatze abweichen, einer besonderen Begründung. Eine solche hat jedoch das BGr für den im Zürcher-Fall vollzogenen Normentausch bisher nicht erbracht. Das oberste Steuergericht hat folglich einen neuen Steuertatbestand geschaffen und damit gegen den aufgrund der Delegationsgrundsätze besonders beachtlichen "Bestimmtheitstopos" verstossen. Auch m.E. drängt sich daher aufgrund der Abgrenzung von Vermögensertrag und Kapitalgewinn nach der Beziehung des Anteilsinhabers zum Vermögensobjekt (Höhn) oder nach der Art und Weise der Realisation (Yersin) eine Aenderung der Rechtsprechung auf.

Unabhängig davon, ob die im Zürcher-Fall erstmals angewandte Entscheidungsnorm als bindendes Präjudiz angesehen wird, lassen die im Illustrationsfall angenommenen Beteiligungsverhältnisse die Normhypothese A als konsensfähige Entscheidungsnorm erscheinen, welche Vallender[2] als Richter im vorliegenden Fall zur Grundlage der Entscheidung machen würde. Er räumt allerdings ein, dass diese Normenwahl Ergebnis einer Wertung und folglich nicht wissenschaftlich zwingend sei. Für Vallender lässt jedoch die Tatsache, dass im vorliegenden Fall die Einbringung der Beteiligungsverhältnisse - auch wirtschaftlich betrachtet - keine blosse Umstrukturierung darstellt, diese Wahl als sehr naheliegend erscheinen. Offensichtlich würde jedoch die EStV diese Tatsache im gegenteiligen Sinne werten und daher Normhypothese V wählen[3].

Die Haltung der EStV[4], der Zweck der Holding, die Konzentration, liesse sich z.B. auch mit der Agio-Lösung erreichen, kann nicht akzeptiert werden; denn es ist nicht einzusehen, dass den Unternehmern eine z.B. aus Publizitätsgründen (Börsenkotierung) angestrebte möglichst hohe Anrechnung an das Grundkapital allein aus steuerlichen Gründen verweigert werden könnte.

---

1) vgl. Vallender, 270
2) vgl. Vallender, 271
3) Auskunft EStV (vgl. Vallender, 271)
4) vgl. Saurer, 50 f.

2. Besteuerung unter Berufung auf Steuerumgehung

Aufgrund der Auslegung ist m.E. auch der bei der Einbringung von Beteiligungsrechten in eine beherrschte Holdinggesellschaft erzielte Mehrwert als Kapitalgewinn zu qualifizieren. Erfreulicherweise hat diese Betrachtungsweise auf kantonaler Ebene bereits Einzug gehalten[1]. Dort war für einen Einbringungstatbestand gegen Darlehen eine kantonale Bestimmung[2] auszulegen, die sich grundsätzlich mit BdBSt 21 I c deckt.

Wie das BGr im St. Galler-Fall[3], hat das kantonale VGr AG festgestellt, die Gründung einer Holdinggesellschaft sei an sich nichts Aussergewöhnliches oder Absonderliches. Weiter könne auch in einer kurzen Zeit nach dieser Gründung erfolgten Veräusserung der Beteiligungsrechte an die Holdinggesellschaft an sich noch keine Steuerumgehung erblickt werden. Erst wenn ein enger (insbesondere zeitlicher) Zusammenhang zwischen der Veräusserung und Ausschüttungen der Betriebsgesellschaft(en) bestehe, könne der Vorwurf der sachwidrigen Rechtsgestaltung erhoben werden[4].

Das kantonale VGr[5] hatte denn auch im erwähnten Fall eine Steuerumgehung angenommen, da unmittelbar im Anschluss an die Einbringung von Aktien in eine Holdinggesellschaft neben einer Normaldividende von 5 % eine Superdividende von 400 % ausgeschüttet worden war[6]. Das BGr[7] hat diesen Entscheid geschützt.

---

1) AG StRK vom 7.2.1979 (n. publ.) sowie AG VGr vom 17.11.80; AGVE 1980, 195.

2) AG 23 I c

3) ASA 37, 49

4) Im Zusammenspiel mit dem subjektiven und dem effektiven Moment ist in einem solchen Fall der Tatbestand der Steuerumgehung zu bejahen.

5) AGVE 1980, 205

6) Nach der von Locher vertretenen, vorne jedoch abgelehnten Teilliquidationstheorie ist der Rückgriff auf die Steuerumgehung zur steuerlichen Erfassung der Ausschüttung nicht erforderlich, denn die Besteuerung der Superdividende als Beteiligungsertrag ist schon mit der Berufung auf verdeckte Gewinnausschüttung begründbar. Nach Locher ist daher unerheblich, ob der Beschluss auf Ausrichtung der Superdividende vor oder nach dem Aktienkauf gefasst worden war (vgl. Locher, Rechtsfindung, 225, FN 202). Dagegen würde Gurtner eine Teilliquidation wohl nur im Falle der Steuerumgehung unterstellen (vgl. Gurtner, Schweizer Treuhänder 9/83, 21).

7) BGr v. 26.8.1982 (Willkürbeschwerde), ASA 53, 170

III. Uebertragung an die emittierende Gesellschaft bzw. eine Tochtergesellschaft (Rückkauf eigener Aktien ohne Kapitalherabsetzung)

Eine weitere Einschränkung der Steuerfreiheit privater Kapitalgewinne ist nach heutiger Praxis dort zu machen, wo eine Aktiengesellschaft eigene Anteile zurückkauft, auch wenn sie diese nicht zur Kapitalherabsetzung verwendet. Das BGr[1] qualifiziert solche Fälle ohne Prüfung auf Steuerumgehung auf dem Auslegungswege in Anwendung der wirtschaftlichen Betrachtungsweise als Teilliquidation und besteuert die damit verbundene geldwerte Leistung in der Differenz zwischen dem Nominalwert der hingegebenen Aktien und dem Rückkaufsbetrag als Vermögensertrag. Es misst dabei nicht dem Umstand, dass das Kapital nicht herabgesetzt wurde, sondern der Tatsache, dass den zurückgenommenen Beteiligungsrechten kein Vermögenswert mehr zukommt, entscheidende Bedeutung bei. Die Vernachlässigung der ersten Tatsache wurde von Känzig[2] in seiner frühern Besprechung des massgebenden Entscheides mit Hinweis auf die Massgeblichkeit der Handelsbilanz kritisiert[3]. Neuerdings schliesst sich Känzig[4] der Praxis des BGr an und kommt zum Schluss, ein für Privatpersonen steuerfreier Kapitalgewinn werde vom Aktionär nur noch dann erzielt, wenn die AG ihre eigenen Aktien sofort an alte oder neue Gesellschafter weiterveräussere. Diese Haltung lässt zum einen die zivilrechtlich vertretbare Toleranz ausser Acht[5], wonach der Verwaltung ein Ermessensspielraum eingeräumt wird, wenn es darum geht, abzuschätzen, ob sie für die Aktien in näherer Zukunft einen besseren Preis erzielen wird; zum andern lässt man steuerrechtlich das Prinzip der Massgeblichkeit der Handelsbilanz fallen.

---

1) BGr v. 2.3.73, ASA 42, 319 = SAG 46, 88 f.

2) vgl. Känzig, SAG 46, 89 f. = Känzig, ASA 42, 156 f.

3) Känzig bezweifelt die Berechtigung zur vorbehaltlosen Anwendung der wirtschaftlichen Betrachtungsweise, weil diese hier gegen das Handelsrecht verstösst, indem keine Herabsetzung des Grundkapitals erfolgt ist. Würde dem Handelsrecht gefolgt, läge hier ein steuerfreier Kapitalgewinn vor (vgl. Känzig, SAG 46, 90 = ASA 42, 457).

4) vgl. Känzig, Kom. 1982, WStB 21 N 112.

5) vgl. Burckhardt, 103

Auch nach Locher[1] bekannte sich das BGr mit seiner Argumentation richtigerweise zum Faktizitätsprinzip[2]. Für ihn[3] ist in diesem Lichte sachgemässerweise auch dort, wo eine Tochtergesellschaft Beteiligungsrechte der Muttergesellschaft erwirbt[4], eine Teilliquidation gegeben; denn die Aktien der Muttergesellschaft bilden bei der Erwerberin einen Nonvaleur, weil ihr Wert ausschliesslich durch die eigene Substanz verkörpert wird[5][6].

Gegen diese Weiterung der Teilliquidationstatbestände wendet sich Ryser[7]; seiner Ansicht nach führt eine steuerliche Qualifikation als Teilliquidation, ohne dass bei der Kapitalgesellschaft eine Kapitalherabsetzung stattgefunden hat, zu einer drastischen Diskrepanz zwischen dem handelsrechtlichen und dem steuerrechtlichen Begriff der Liquidation. Folgt man der von Yersin[8] bevorzugten Begriffsbestimmung, kann aus der Sicht des Anteilsinhabers nur

---

1) vgl. Locher, Rechtsfindung, 223

2) Er übernimmt dabei die von Känzig für die Besteuerung des Liquidationserlöses bei Totalliquidation vorgebrachte Begründung: "Kapitalgewinn setzt die entgeltliche Veräusserung einer Beteiligung an einen Dritten voraus; demgegenüber erhält der Gesellschafter im Falle der Auflösung der Gesellschaft einen Liquidationsanteil gegen Ablieferung einer wertlos gewordenen Aktie" (Känzig, Kom. 1982, WStB 21 N 112).

3) vgl. Locher, Rechtsfindung, 223

4) In der Praxis wird die Frage der Teilliquidation vor allem dort gestellt, wo die Kapitalgesellschaft ein betrags- oder prozentmässig ins Gewicht fallendes Paket eigener Aktien durch eine Tochtergesellschaft erwerben lässt (vgl. Praxis II/1 VStG 4 I b Nr. 72, 78, 127).

5) vgl. Rouiller, Konferenz 1980, 117

6) Vom Grundsatz der Qualifikation als Teilliquidation kann nach Ansicht der Zürcher Kommentatoren nur insoweit abgewichen werden, als Publikumsgesellschaften eigene Aktien an der Börse zum Zwecke der Kurspflege zurückkaufen, denn der Aufkauf eigener Aktien muss hier als eigentliche Handelstätigkeit gewertet und kann nicht als Liquidationsmassnahme betrachtet werden (vgl. Z/S/F/R EB ZH 19 c und d N 54 a – 55 a).

7) vgl. Ryser, Einfluss, 176 f.

8) "Constitue un gain en capital toute plus-value obtenue à l'occasion de l'aliénation d'un élément de fortune à un tiers ou d'un autre mode de réalisation assimilable à une aliénation" (Yersin, ASA 50, 479; vgl. dieselbe, Thèse, 204 ff.).

Kapitalgewinn vorliegen, denn er veräussert seine Beteiligungsrechte. Zum gleichen Ergebnis führt das von Höhn[1] vertretene Abgrenzungskriterium der Beziehung des Anteilsinhabers zum Vermögensobjekt: Gewinne aus dem Rückkauf von Beteiligungsrechten durch die emittierende Gesellschaft selbst oder ihre Tochtergesellschaft sind beim Anteilsinhaber sachgerechterweise als privater Kapitalgewinn zu qualifizieren und daher in diesen Steuerordnungen nicht steuerbar.

Diesen systematischen Ueberlegungen steht die heutige Praxis gegenüber, zu welcher aber folgende Fragen offen bleiben[2]:

- Kann eine Gesellschaft die eigenen Aktien, bei deren Erwerb steuerlich eine Teilliquidation bzw. Amortisation angenommen worden ist, unentgeltlich oder wenigstens zum Nennwert an ihre Aktionäre abgeben, ohne dass diese Uebertragung als geldwerte Leistung qualifiziert wird? Die EStV scheint eine verrechnungs- und einkommenssteuerlich neutrale Veräusserung zum Nennwert zuzulassen[3].

- Muss eine Gesellschaft, die eigene Aktien mit Gewinn an einen Dritten veräussert, dafür Ertragssteuern entrichten oder wird die Veräusserung als Emission qualifiziert mit der Folge, dass die ganze oder ein Teil dieser Kapitaleinlage emissionsabgabepflichtig ist? Wurde der Erwerb steuerlich als Teilliquidation behandelt, müsste sachgerechterweise die Veräusserung spiegelbildlich als Emission anerkannt werden[4].

- Wie ist steuerlich zu urteilen, wenn ein originärer Erwerb eigener Aktien vorlag[5], sodass sich die Frage der Teilliquidation noch gar nicht stellte?

---

1) vgl. Höhn, ASA 50, 543
2) In Anlehnung an Spori, Eigene Aktien, 7 f.
3) vgl. Spori, Eigene Aktien, 7
4) gl.M. Spori, Eigene Aktien, 8
5) Ein originärer Erwerb eigener Aktien ist gegeben, wenn die Muttergesellschaft ihr AK erhöht und die neuen Beteiligungsrechte ganz oder teilweise durch die Tochtergesellschaft gezeichnet und liberiert werden (vgl. Spori, Eigene Aktien, 2).

§ 14 UNENTGELTLICHE AENDERUNGEN (IM PV)

I. Uebertragung

Hier wird nur auf die unentgeltliche Uebertragung von Beteiligungsrechten im PV auf natürliche Personen eingegangen. Besondere Tatbestände wie z.B. Einbringung von Beteiligungsrechten in eine Stiftung[1] werden wegen ihren speziellen zivilrechtlichen und steuerrechtlichen Problemen nicht behandelt.

A. ERBSCHAFTS- UND SCHENKUNGSSTEUERN

Für die Zwecke der Erbschafts- und Schenkungssteuern ist kein Unterschied zu machen zwischen Steuerordnungen mit und solchen ohne Kapitalgewinnbesteuerung. Im weiteren ergeben sich gegenüber den Beteiligungsrechten im GV (§ 9) nur insoweit Abweichungen, als die für die Staats- und Gemeindesteuereinschätzungen aufgerechneten stillen Reserven des GV von den Schenkungssteuerwerten der Beteiligungsrechte im PV abweichen[2].

1. Unternehmungswert als Bemessungsgrundlage

Wie für Beteiligungsrechte im GV bildet auch bei Beteiligungsrechten im PV der Wert der Unternehmung, deren Beteiligungsrechte übertragen werden, Ausgangspunkt der Bemessung. Im Gegensatz zu den Personenunternehmungen werden somit entweder ein Goodwill oder ein "Badwill" mitberücksichtigt[3].

---

1) vgl. dazu Harold Grüninger, Die Unternehmensstiftung in der Schweiz, Zulässigkeit - Eignung - Besteuerung, Diss. Basel 1984; Peter Nobel (Hrsg.), Die Unternehmensstiftung als Instrument der Unternehmernachfolge, in: Wirtschaft und Recht 37 (1985) Heft 1.
2) vgl. im übrigen § 9 I. A. 1.
3) vgl. Böckli, Schweizer Treuhänder 1/86, 3

2. Bewertungskorrekturen

a) Für Minderheitenstellung?

Soweit durch Schenkung oder Erbfolge eine Mehrheitsbeteiligung in mehrere Minderheitsbeteiligungen aufgespalten wird, stellt sich bei nichtkotierten Wertpapieren, die nach der "Wegleitung 1982" bewertet werden, die Frage, ob der einzelne Begünstigte einen Minderheitsabzug geltend machen kann. Ist die Erbschaftssteuer als Erbanfallsteuer ausgestaltet, muss die Minderheitsstellung auch bei der Erbschaftssteuer berücksichtigt werden, denn entscheidend ist, welchen Wert die Beteiligungsrechte für den einzelnen Erben bzw. Beschenkten haben[1].

b) Für latente Kapitalgewinn- bzw. Einkommenssteuern?

In Steuerordnungen mit Kapitalgewinnbesteuerung fragt sich, ob latente Kapitalgewinnsteuern vom Verkehrswert als Bemessungsgrundlage abgezogen werden können. Gleiches gilt m.E. für latente Einkommenssteuern auf der Schlussdividende in Steuerordnungen ohne Kapitalgewinnbesteuerung. Während ein Bewertungseinschlag im zweiten Fall, soweit ersichtlich, bisher nicht geltend gemacht wurde, hat die Praxis die Abzugsfähigkeit von latenten Kapitalgewinnsteuern schon verneint mit der Begründung, dass bei Abzug gegen das Prinzip der Bewertung zum massgebenden Stichtag verstossen würde[2]. Unter dem Gesichtspunkt der wirtschaftlichen Leistungsfähigkeit wäre die Abzugsfähigkeit sowohl für latente Kapitalgewinn- als auch Einkommenssteuern (auf dem präsumtiven Liquidationsüberschuss) zu bejahen, denn eine Bereicherung erfolgt, rückblickend betrachtend, nur im Ausmass des Nettozuflusses.

---

[1] ASA 45, 546; dagegen hat das VGr BL entschieden, die Geltendmachung eines Minderheitsabzuges entfalle, wenn eine Mehrheitsbeteiligung vererbt werde, denn das Beteiligungsverhältnis beziehe sich bei der Erbschaftssteuer auf den ganzen Nachlass, bei der Schenkungssteuer dagegen auf die einzelne Schenkung (BL StPr 1985, 31); da die Erbschaftssteuer in BL, soweit ersichtlich, als Nachlasssteuer konzipiert ist, kann dieser Beurteilung durch das VGr BL nicht zugestimmt werden.

[2] SO RK Entscheide 1975 Nr. 10

Gegen eine Abzugsfähigkeit sprechen der primäre Charakter der Erbschafts- und Schenkungssteuern als Rechtsverkehrssteuer sowie veranlagungstechnische Schwierigkeiten[1].

B. MASSGEBENDER ANLAGEWERT IN STEUERORDNUNGEN MIT KAPITAL-GEWINNBESTEUERUNG

Die unentgeltliche Uebertragung von Beteiligungsrechten durch Erbfolge oder Schenkung löst in Steuerordnungen mit Kapitalgewinnbesteuerung regelmässig keine Kapitalgewinnsteuerpflicht aus, da eine Realisation von Mehrwerten unterbleibt. In diesen Steuerordnungen fragt sich, welcher Wert bei einer späteren Veräusserung als Anlagewert massgebend und welche Besitzdauer für die Kapitalgewinnberechnung zu berücksichtigen ist. Grundsätzlich kommen als Anlagewert der Erwerbspreis der letzten steuerpflichtigen Handänderung oder der Verkehrswert im Zeitpunkt des steuerfreien Erwerbes in Betracht. Gegebenenfalls ist auch die Besitzdauer beim Rechtsvorgänger (mehrfache Besitzdauer) oder nur jene beim Veräusserer (einfache Besitzdauer) beachtlich. Darauf sowie auf den Anwendungsfall der Erbteilung ist im folgenden einzugehen.

1. Erwerbspreis des Rechtsvorgängers oder Verkehrswert im Zeitpunkt des steuerfreien Erwerbs?

Die kantonalen Steuergesetze haben beide Lösungen verwirklicht. In einer Minderheit der Kantone ist der Wert beim letzten eine Gewinnsteuerpflicht auslösenden Vorgang bzw. sind Gestehungskosten des Rechtsvorgängers einschliesslich der vom Erwerber geleisteten Kapitaleinlagen massgebend[2]. Die Mehrheit der Kantone stellt dagegen auf den Verkehrswert per Todestag bzw. den Zeit-

---

[1] vgl. § 21 II. C.
[2] SO, SG, BS; In BS ist seit der Gesetzesrevision vom 28.10.80 bei unentgeltlichem Erwerb neben dem Einstandswert des Rechtsvorgängers auch der Erbinventarwert massgebend (vgl. Jenny, 187).

punkt des schenkweisen Ueberganges ab[1]. Für die Besteuerung von Anlagewert und Besitzdauer stehen sich das Prinzip der Besteuerung nach der wirtschaftlichen Leistungsfähigkeit und das Wesen der Kapitalgewinnsteuer als Subjektsteuer gegenüber. Eine Besteuerung nach der wirtschaftlichen Leistungsfähigkeit verlangt die Erfassung auch der Mehrwerte des Rechtsvorgängers beim Rechtsnachfolger. Ebenso muss danach dessen Besitzdauer angerechnet werden. Diese Beurteilung betrachtet die Kapitalgewinnsteuer als Objektsteuer. Soll dagegen dem Charakter der Kapitalgewinnsteuer als Subjektsteuer Rechnung getragen werden, ist dem Veräusserer nur der während seiner Besitzdauer entstandene Mehrwert als steuerbarer Kapitalgewinn zuzurechnen[2].

Gilt als Anlagewert der Verkehrswert per Todestag des Erblassers bzw. vertraglich vereinbarter Schenkungszeitpunkt, entgeht der beim Erblasser bzw. Schenkgeber entstandene Mehrwert der Einkommens- bzw. Kapitalgewinnbesteuerung. Damit wird gegen den Einkommensbegriff der Reinvermögenszugangstheorie verstossen, denn in diesem Falle versteht man die auf diesem Mehrwert erhobene Erbschafts- bzw. Schenkungssteuer als Spezialeinkommenssteuer. Eine solche Qualifikation entspricht jedoch der Erbschafts- bzw. Schenkungssteuer als Bereicherungssteuer mit Rechtsverkehrscharakter nicht[3]. Die Erbschafts- und Schenkungssteuern dienen als wichtigste indirekte Steuern primär der Erfassung eines Verkehrsvorganges, einer Rechtsübertragung[4], denn trotz des Merkmals der Bereicherung kommt der Art der Handänderung eine überragende Bedeutung zu. Werden die auf Erbschaften und Schenkungen erhobenen Sondersteuern nicht als Spezialeinkommenssteuern betrachtet, fallen Einkünfte aus diesen Rechtsvorgängen weder unter den

---

1) BE, BL, GR, TG, JU, ZH unter dem Recht der Kapitalgewinnsteuer (vgl. R/Z/S II ZH 23 N 84, 86); in BE entfällt seit der Gesetzesänderung vom 11.2.74 (in Kraft seit 1.1.75) die Möglichkeit, sich bei der Veräusserung statt des für die Erbschafts- und Schenkungssteuer errechneten Verkehrswertes den (höheren) Erwerbspreis des Rechtsvorgängers anrechnen zu lassen (vgl. Gruber,193 f.)
2) vgl. Guhl, Grundstückgewinne, 75, 197; H.P. Flüge, Probleme der Kapitalgewinnbesteuerung, Diss. Basel 1956, 12.
3) vgl. Zuppinger, ZBl 66, 290;,derselbe, Steuerrecht II, 78.
4) vgl. Böckli, Indirekte Steuern, 324; Höhn, Steuerrecht, 347.

formellen noch den materiellen Einkommensbegriff[1]. Folglich
ist nicht einzusehen, weshalb als subjektiv zurechenbarer Gewinn
des Veräusserers nicht auch der bei seinem Rechtsvorgänger angewachsene Mehrwert gelten soll[2]. Unter dem Gesichtspunkt der
Steuerart der Erbschafts- und Schenkungssteuer ist somit als
Anlagewert der Erwerbspreis des Rechtsvorgängers zugrunde zu
legen. Damit wird auch verhindert, dass eine Kapitalgewinnbesteuerung umgangen wird, indem Beteiligungsrechte zuerst verschenkt und danach verkauft werden. Das BGr hat jedoch die Nichtbesteuerung des beim Rechtsvorgänger angewachsenen Mehrwertes als
nicht willkürlich erachtet[3].

Richtigerweise wird aber das Abstellen auf den Verkehrswert
per Todestag bzw. Zeitpunkt des schenkweisen Ueberganges nicht
mit systematischen Erwägungen begründet. Diese Steuerordnungen
machen idR praktische Gründe geltend, denn sehr oft weiss der
steuerpflichtige Veräusserer nicht, zu welchem Wert und in welchem Zeitpunkt der Rechtsvorgänger ein Vermögensobjekt erworben
hat[4].

Trotz den praktischen Schwierigkeiten empfiehlt der StHGE den
Kantonen in Anlehnung an den DBGE in diesen Fällen für die Berechnung der Gestehungskosten, auf die letzte steuerbegründende
Veräusserung abzustellen. Ist der Erwerbspreis nicht feststell-
bar, gilt als solcher der Verkehrswert im Zeitpunkt des Erwerbes durch den Veräusserer oder den Rechtsvorgänger[5].

Die Frage, ob die Erbschafts- bzw. Schenkungssteuer selbst vom
Gewinn abgezogen bzw. den Anlagekosten zugerechnet werden kann,
ist in der Praxis unterschiedlich beantwortet worden[6].

---

1) vgl. Höhn, Kapitalgewinnbesteuerung, 140
2) vgl. Höhn, Kapitalgewinnbesteuerung, 140
3) BGr v. 21.10.59, ZBl 60, 564 f.
4) vgl. Christen, 49, 148; Jenny, 189 ff.
5) DBGE 47 II und III
6) z.B. ZH RB 1957 Nr. 14: keine Abzugsmöglichkeit; SO RK Entscheide 1975
   Nr. 10: Abzug möglich.

2. Anwendungsfall Erbteilung

In Literatur[1] und Praxis[2] wird die Erbteilung idR als unentgeltliches Rechtsgeschäft behandelt, soweit die Zuteilung der Erbgegenstände aufgrund der nach Gesetz, Erbvertrag oder Testament vorgesehenen Erbanteile erfolgt. Im Normalfall werden die im Nachlass vorhandenen Vermögenswerte jedoch nicht entsprechend den Erbquoten auf die einzelnen Erben verteilt; vielmehr erfolgt die Erbteilung oft so, dass ein Erbe z.B. alle Beteiligungsrechte übernimmt, ein anderer alles Grundeigentum erhält, ein Dritter mit einer Unternehmung und ein Vierter mit andern Nachlasswerten oder Mitteln der übrigen Erben abgefunden wird[3]. Fraglich ist, ob in diesem Falle des Verzichts die einzelnen Erben für die ihnen quotenmässig auf den nicht übernommenen Vermögenswerten zustehenden stillen Reserven Mehrwerte realisieren, oder ob die Erbteilung insoweit als ein unentgeltliches Rechtsgeschäft zu behandeln ist, als der Wert der von den einzelnen Erben in der Teilung übernommenen Nachlassgegenständen den Wert ihres Erbanteils nicht übersteigt[4].

Verschiedene Steuerordnungen[5] bekennen sich zur ersten Ansicht. Nach andern Steuerordnungen[6] gilt die Erbteilung auch dann als steueraufschiebende Veräusserung, wenn die im Nachlass vorhandenen Vermögenswerte nicht entsprechend den Erbquoten auf die einzelnen Erben aufgeteilt, sondern in der oben erwähnten Art von den einzelnen Erben übernommen werden[7]. Die erste Ansicht hat

---

1) vgl. z.B. Christen, 118

2) BGr v. 8.3.1972, ZBl 73, 454; BJM 1984, 51.

3) vgl. Beispiel in § 6 I. A. 3.

4) BGE 90 II 90, E. 3 u. 4; ASA 39, 60; Oesch, 109; Rivier, Droit fiscal, 156; a.M. Blöchliger, 102 ff., 341 ff.

5) z.B. BE 81 I: vgl. Gruber, 181; BS: vgl. Christen, 149 f.

6) SG 36 I; Weidmann, Wegweiser, 103; GVP 1978 Nr. 10; BL: vgl. Christen, 150 f.

7) Diese Betrachtungsweise versteht die Erbteilung im zivilrechtlichen Sinne und unterscheidet nicht zwischen entgeltlicher und unentgeltlicher Erbteilung (vgl. GVP 1978 Nr. 27).

zur Folge, dass die Erben, welche einzelne Vermögenswerte nicht übernehmen, einen quotenmässigen Anteil des auf diesen Erbgegenständen in der Zeit zwischen dem Erwerb der Erbschaft und dem Miterbenauskauf entstandenen Wertzuwachses versteuern müssen, sofern dieser Mehrwert bei der Bemessung ihres Erbanteils berücksichtigt wird. Anderseits können die Erben, welche die Vermögenswerte übernehmen, anlässlich einer späteren Veräusserung den bereits versteuerten Gewinnanteil der Miterben als Anlagewert geltend machen[1]. Nach Ansicht des VGr SG[2] vermag eine solche Ordnung kaum zu befriedigen, denn sie engt den Geltungsbereich der für den Steueraufschub massgeblichen Erbteilungen erheblich ein, vermehrt die Zahl der Veranlagungen und stellt die Veranlagungsbehörde vor erhebliche praktische Schwierigkeiten.

In der Tat wirkt sich die Gewährung des Steueraufschubes ohne Unterscheidung zwischen Entgeltlichkeit und Unentgeltlichkeit des Erbteilungsaktes in verschiedener Hinsicht vorteilhaft aus[3]. Zum einen lässt sich die Erbteilung ohne steuerrechtliche Erschwernis durchführen[4]. Im weiteren entfallen heikle Schätzungsfragen, die mit der Besteuerung des Miterbenauskaufs verbunden sind. Schliesslich sind die Erben nicht gehalten, u.U. Vermögenswerte aus dem Nachlass oder aus dem eigenen Besitz zu veräussern, um die Mittel zur Bezahlung der Steuer aufbringen zu können. Als Nachteil dieser Behandlung ist dagegen zu werten, dass der Erbe, welcher z.B. Beteiligungsrechte aus dem Nachlass übernimmt, bei der Veräusserung an einen Dritten die von den Miterben anlässlich der Erbteilung realisierten Gewinne zu versteuern hat, denn er übernimmt den Anlagewert des Erblassers[5].

---

1) vgl. Ochsner, 127 f.

2) vgl. VGr SG v. 14.9.78, GVP 1978 Nr. 10

3) Die Argumentation ist Cagianut, StR 20, 240, entnommen und auch in GVP 1978 Nr. 10 wiedergegeben.

4) Nach Angaben von Christen (150) scheint allerdings auch die gegenteilige Behandlung "der Basler Steuerverwaltung bis anhin keine allzu grossen Schwierigkeiten bereitet zu haben".

5) vgl. Cagianut/Höhn, Unternehmungssteuerrecht, § 16 N 19; Cagianut, StR 20, 240 f.; dies trifft zu, wenn als Anlagewert der Erwerbspreis des Erblassers gilt.

Dieser Nachteil wird u.U. aufgewogen, da der übernehmende Erbe idR allein in den Genuss des Wertzuwachses kommt, welcher von der Erbteilung bis zur Weiterveräusserung angewachsen ist. Gesamthaft betrachtet überwiegen auch m.E. die Vorteile die Nachteile dieser Behandlung[1]. Ist jedoch realistischerweise nicht mit einem erheblichen Wertzuwachs auf den vererbten Beteiligungsrechten zu rechnen, tut der die Beteiligungsrechte übernehmende Erbe jedoch gut daran, die auf den Gewinnanteilen der Miterben übernommenen latenten Steuern bei der Anrechnung der Beteiligungsrechte an den Erbteil als Wertminderung geltend zu machen[2].

C. UNMASSGEBLICHKEIT DES ANLAGEWERTES IN STEUERORDNUNGEN OHNE KAPITALGEWINNBESTEUERUNG

Systembedingt bleibt der Anlagewert in Steuerordnungen ohne Kapitalgewinnbesteuerung unbeachtlich, denn bei fehlender Besteuerung ist auch die Berechnung eines Kapitalgewinnes nicht notwendig. Dagegen sind die Folgen des Nennwertprinzips zu beachten.

1. Folgen in der Erbteilung

Im Hinblick auf den Anrechnungswert der Beteiligungsrechte bei der Erbteilung ist deren Verkehrswert zu ermitteln. Dabei hat der übernehmende Erbe darauf zu achten, dass der anzurechnende Verkehrswert um die latenten Einkommenssteuern auf der Differenz zwischen Nominalwert und höherem Erwerbspreis des Erblassers gekürzt wird; denn der Nettoerlös des Uebernehmers im Falle der Liquidation der Kapitalgesellschaft enspricht nicht der Differenz zwischen Anlagewert des Erblassers und höherem Liquidationserlös. Vielmehr hat das Nennwertprinzip zur Folge, dass ihm einkommenssteuerlich die Differenz zwischen Nominalwert der Beteiligungsrechte und dem höheren Liquidationsergebnis zugerechnet wird.

---

[1] gl.M. VGr SG v. 14.9.78, GVP 1978 Nr. 10.
[2] vgl. § 8 I. A. 3.

Beispiel: Verkehrswert der Beteiligungsrechte 500; Anlagewert 300; Nominalwert 100; Anrechnungswert in der Erbteilung? Angenommener Einkommenssteuersatz beim übernehmenden Erben im Zeitpunkt der Liquidation der Kapitalgesellschaft 40 %; latente Einkommenssteuern 500-100=400x20 % (mit 50 % diskontierter Steuersatz (40 %) = 80; Anrechnungswert der Beteiligungsrechte 500-80=420.

2. Ausnahme: Einbringung zum Verkehrswert in eine beherrschte Gesellschaft

In der Praxis ist dagegen sachwidrigerweise der Anlagewert z.B. dann beachtlich, wenn die Beteiligungsrechte zu einem diesen übersteigenden Wert in eine vom Anteilsinhaber beherrschte Gesellschaft eingebracht werden. Auf die zur Ermittlung des Anlagewertes von der EStV angewandten Methoden und deren Problematik wurde in § 13 II. B. 2. c) hingewiesen.

II. Eintritt eines Anteilsinhabers

Der unentgeltliche Eintritt eines zusätzlichen Beteiligten ist ohne Uebertragung von Beteiligungsrechten durch bisherige Anteilsinhaber nur durch die Ausgabe von Gratisaktien möglich. Auf die damit für die kapitalerhöhende Gesellschaft verbundenen Steuerfolgen wurde oben hingewiesen[1]. Hier sind nur die Wirkungen bei den Beteiligten zu untersuchen. Nach den Einkommenssteuerfolgen der Ausgabe von Gratisaktien[2] ist auf die steuerlichen Konsequenzen der Abtretung von Bezugsrechten einzugehen.

Im weiteren ist im Hinblick auf eine allfällige spätere Kapitalgewinnbesteuerung Erwerbspreis und Erwerbszeitpunkt der Gratisaktien hinzuweisen.

---

1) vgl. § 9 II. A. 1.
2) Für die Praxis der Ausgabe von Gratisaktien in bezug auf Stempelabgabe auf Coupons sowie die Verrechnungssteuer kann verwiesen werden auf Praxis II/3 CG 5 II Ziff. 2. Gratisaktien sowie Praxis II/1 VStG 4 I b Nr. 2,9,17,31.

A. EINKOMMENSBESTEUERUNG VON GRATISAKTIEN

Steuerordnungen mit Kapitalgewinnbesteuerung liegt sachgerechterweise allein das subjektive System der Kapitalgewinnbesteuerung zugrunde[1]. "Beim System der subjektiven Kapitalgewinnbesteuerung kommt eine Kapitalgewinnbesteuerung anlässlich der nominellen Kapitalerhöhung grundsätzlich nicht in Frage, denn ein Gewinn wird nicht realisiert"[2]. Dagegen kann die Ausgabe von Gratisaktien in Steuerordnungen mit und ohne Kapitalgewinnbesteuerung Einkommenssteuerfolgen auslösen, wenn dieser Tatbestand im Gesetz ausdrücklich als steuerbar erklärt wird oder die Ausgabe als geldwerte Leistung aus der Beteiligung betrachtet wird. Da die konstante Rechtsprechung zur Einkommensbesteuerung von Gratisaktien zudem Ausgangspunkt der bundesgerichtlichen Praxis zum konzernrechtlichen Verfügungsgeschäft[3] bildet, ist im Ueberblick auf deren Behandlung in den beiden Systemen der Kapitalgewinnbesteuerung einzugehen.[4]

---

1) Die Begriffe "subjektives" und "objektives" System der Kapitalgewinnbesteuerung wurden erstmals von Flüge (202) verwendet. Das nach den persönlichen Verhältnissen des Steuerpflichtigen fragende System (Ausfluss von BdBSt 21 I d/f) wird als subjektives, das nach den Verhältnissen beim Vermögensobjekt fragende System (Ausfluss von BdBSt 21 I c) wird als "objektives" System bezeichnet. Flüge erachtet das objektive System als gesetzespolitisch verfehlt, weil es gegen den Grundsatz der Besteuerung nach der persönlichen Leistungsfähigkeit des Steuerpflichtigen verstosse (vgl. Flüge, 209).

2) Würth, 105

3) vgl. § 13 II. A.2.

4) Vallender (254, FN 266) bezeichnet die Besteuerung von Gratisaktien als eine gesetzliche Fiktion, die ihre Begründung in der Entstehungsgeschichte von BdBSt 21 I c hat: Diese Bestimmung wurde inhaltlich und systematisch weitgehend aus der Regelung des BRB vom 19.1.1934 über die eidg. Krisenabgabe (KAB 21 I Ziff. 3) übernommen (vgl. Vallender, 212 f.). Böckli (ASA 47, 52) sieht die unmittelbare Ursache für die Qualifikation der Gratisaktie als Vermögensertrag in der Uebernahme von CG 5 II in den BdBSt 21 I c.

1. Steuerordnungen mit Kapitalgewinnbesteuerung

Die Einkommenssteuerfolgen sind unterschiedlich je nachdem, ob die Praxis konsequent diesem (dem subjektiven) System folgt oder das Nennwertprinzip (objektives System der Kapitalgewinnbesteuerung) übernimmt[1].

Soweit ersichtlich folgt die Mehrheit der Kantone mit Kapitalgewinnbesteuerung konsequent diesem Besteuerungssystem und lässt die nominelle Kapitalerhöhung steuerfrei[2]. Diese Behandlung hat bis zum Zeitpunkt der Liquidation die Funktion eines Steueraufschubes, denn wo das subjektive System konsequent durchgeführt wird, unterliegt jede Ausschüttung von Gesellschaftsmitteln über das durch die Anteilsinhaber einbezahlte Kapital hinaus der Besteuerung[3], wobei diese Ausschüttungen sachgerechterweise als Kapitalgewinn zu qualifizieren sind. Hier ist somit belanglos, ob und in welchem Umfang das Grundkapital erhöht wird; denn dieses System betrachtet die Ausgabe von Gratisaktien "als blosse Neuverbriefung der gleichbleibenden Ansprüche des Aktionärs am Gewinn bzw. Liquidationsergebnis der Gesellschaft"[4].

Die restlichen Kantone mit Kapitalgewinnbesteuerung[5] übernehmen das Nennwertprinzip, nach welchem die Ausgabe von Gratisaktien in Höhe des Nennwertes - gleich wie Gratisnennwerterhöhungen - als Vermögensertrag besteuert wird. Darauf ist bei den Steuerordnungen ohne Kapitalgewinnbesteuerung zurückzukommen.

---

1) Die Auswirkungen dieser Systeme sind zusammenfassend beschrieben bei Gurtner, ASA 49, 582 ff. Der Begriff "objektives System der Kapitalgewinnbesteuerung" oder "objektivierte Kapitalgewinnsteuer" kann zu Missverständnissen Anlass geben, denn die anlässlich der Liquidation ausgeschüttete Schlussdividende wird als Folge des Nennwertprinzips als Beteiligungsertrag behandelt. Deshalb ist im folgenden nur noch von der Geltung des Nennwertprinzips die Rede.
2) SG; BL; SO; TG; VS.
3) vgl. Würth, 109; Z/S/F/R EB ZH 19 c + d N 54 - 55 b.
4) Zuppinger, StR 31, 13
5) BS; BE; JU; GR; TI.

Völlig sachwidrig handeln jene Steuerordnungen, welche die Ausgabe von Gratisaktien als Vermögensertrag besteuern und gleichzeitig die Differenz zwischen Gestehungskosten und Veräusserungserlös der Kapitalgewinnbesteuerung unterwerfen[1]. Die daraus entstehenden Probleme zeigen sich vor allem bei der Bestimmung des für die Kapitalgewinnberechnung massgebenden Erwerbspreises sowie bei der Festlegung des Erwerbszeitpunktes[2].

2. Steuerordnungen ohne Kapitalgewinnbesteuerung

a) Besteuerung anlässlich der Ausgabe

Eine steuerliche Erfassung anlässlich der Ausgabe kennen idR die Kantone ohne Kapitalgewinnbesteuerung sowie jene Kantone mit Kapitalgewinnbesteuerung, die das Nennwertsystem übernehmen[3]. Nach diesem System verkörpert die Gratisaktie Ertrag der alten Aktie; die Besteuerung wird damit gerechtfertigt, dass dem Anteilsinhaber geldwerte Leistungen über den ursprünglichen Nominalwert seiner Beteiligungsrechte hinaus zufliessen. Diese sowohl hinsichtlich Zeitpunkt wie Umfang sachwidrige Behandlung[4] ist die folgerichtige Ergänzung zur Erfassung des Liquidationsüberschusses, der unter Abzug des Nennwertes der Beteiligungsrechte als Vermögensertrag besteuert wird[5].

---

1) z.B. BE; vgl. dazu Gurtner, ASA 49, 589.

2) vgl. Würth, 109; Gurtner, ASA 49, 625; Christen, 79; nach Flüge (209) verstösst die gleichzeitige Besteuerung der Gratisaktien, Gratisnennwerterhöhungen und Liquidationsüberschüsse in Kantonen mit privater Kapitalgewinnbesteuerung gegen das Willkürverbot in BV 4.

3) Neben dem Bund besteuern 15 Kantone die Gratisaktien: AG 23 I e; AI 20 c; BS 40 II; BE 28 I c; JU 28 I c; NE 23 I k; SH 18 f; ZG 17 I Ziff. 3; FR 30 c; GL 18 II Ziff. 4; GR 18 I d; NW 24 Ziff. 2; SZ 19 I c; TI 19 I b; VD 20 II e.

4) Flüge (204) sieht den Grund für die mit der Gratisaktienbesteuerung verbundenen Unzulänglichkeiten vor allem darin, dass der neu geschaffene Nominalwert zusammen mit der Besteuerung des Liquidationsüberschusses integrierender Bestandteil eines unzulänglichen Systems der Besteuerung der auf Aktien angewachsenen Mehrwerte ist.

5) vgl. z.B. BGE 96 I 728; vgl. dazu H. von Waldkirch (Aktienkapital durch Verwendung von Reserven, ASA 40 (1971/72), 177) und R. Borkowsky (Zur Besteuerung von Gratisaktien als Einkommen des Aktionärs, ASA 40 (1971/72), 417).

b) Besteuerung bei der Liquidation der Gesellschaft

Eine Ausnahme von der Vermögensertragsbesteuerung für die Ausgabe von Gratisaktien ist nach der Zürcher Praxis[1] dann zu machen, wenn die Kapitalerhöhung aus Gesellschaftsmitteln geschäftsmässig begründet ist. Dies hat zur Folge, dass die in Grundkapital umgeschichteten Reserven bei ihrer Ausschüttung, die nunmehr nur noch in Form der Auszahlung von Grundkapital möglich ist, als Liquidationsüberschuss zu versteuern sind[2]. Diese Lösung ist steuerwirtschaftlich sachgemäss[3], wenn der neue Anteilsinhaber die Gratisaktien bis zur Liquidation der kapitalerhöhenden Gesellschaft in eigenen Händen hält; dannzumal hat er sachgerechterweise für die aus Gesellschaftsmitteln vorgenommene Kapitalerhöhung einzustehen. Der Verzicht auf die Besteuerung anlässlich der Ausgabe der Gratisaktien wirkt sich dagegen für jenen Anteilsinhaber nachteilig aus, der die Gratisaktien vom eintretenden Anteilsinhaber käuflich erworben und die latente Steuerlast auf dem Nominalwert der Kapitalerhöhung nicht vom Kaufpreis abgezogen hat.

c) Auswirkungen des Besteuerungszeitpunktes auf die subjektive Steuerpflicht

Vorne[4] wurde festgestellt, dass nur die bisherigen Anteilsinhaber handelsrechtlich zum Bezug der Gratisaktien berechtigt sind[5]. Sofern die Einkommensbesteuerung von Gratisaktien anlässlich

---

1) ZH RB 1974 Nr. 32 = ZBl 76, 216 = StR 30, 220; vgl. Schärrer, ASA 43, 302 f.

2) vgl. Z/S/F/R EB ZH 19 N 45 a; nach Flüge (209) bewirkt jede Bestimmung, wonach "geldwerte Leistungen, die keine Rückzahlungen der bestehenden Kapitalanteile darstellen", Kapitalertrag seien, "eine (verspätete) Besteuerung des auf den Aktien im Moment ihrer Emission bis zum Moment der Gratisaktienausgabe, ... oder Liquidation angewachsenen Kapitalgewinnes".

3) vgl. Gurtner, ASA 49, 612 FN 88

4) § 9 II. A. 2.; vgl. auch Zindel, 286.

5) Die einkommenssteuerliche Behandlung der Gratisaktien ist denn auch unabhängig von der Abtretung der Bezugsrechte an den eintretenden Anteilsinhaber zu beurteilen.

ihrer Ausgabe erfolgt, sind somit die bisherigen Anteilsinhaber steuerpflichtig. Dies gilt jedenfalls dann, wenn die bisherigen Anteilsinhaber zugunsten des neuen Beteiligten freiwillig auf die Ausübung der ihnen zustehenden Bezugsrechte verzichten. Die Einkommensbesteuerung trifft aber auch jene Minderheit der Anteilsinhaber, die sich der Abtretung der Bezugsrechte widersetzt hatte; denn eine allfällige handelsrechtliche Unzulässigkeit[1] des Bezugsrechtsentzuges bewirkt nur, dass diese bisherigen Beteiligten die Gratisaktien nicht unentgeltlich abtreten müssen. Die bisherigen Anteilsinhaber können einer Besteuerung auch nicht mit Hinweis auf die unentgeltliche Abtretung der Gratisaktien entgehen, denn Einkommensentstehung und Einkommensverwendung sind voneinander grundsätzlich unabhängig[2].

Wird die Ausgabe von Gratisaktien dagegen erst bei der Liquidation einkommenssteuerlich berücksichtigt, hat der neueintretende Anteilsinhaber dafür einzustehen. Seine Einkommenssteuer auf dem Nominalwert der Gratisaktien kann hier nachträglich als ein zu zahlender Eintrittspreis betrachtet werden. Muss sich ein eintretender Erbe die Beteiligungsrechte an seinen Erbteil anrechnen lassen, ist diese Tatsache wertmindernd zu berücksichtigen.

B. ABTRETUNG DER BEZUGSRECHTE ALS SCHENKUNG, KAPITALEINLAGE ODER GELDWERTE LEISTUNG

Die Ueberlassung von Gratisaktien an einen neueintretenden Anteilsinhaber stellt eine unentgeltliche Abtretung von Bezugsrechten durch die bisherigen Anteilsinhaber dar[3].

---

1) BGE 91 II 298

2) In diesem Sinne kritisiert Flüge (205), dass das objektive System die Mehrwerte grundsätzlich nicht beim Steuerpflichtigen, der bereichert wurde, sondern bei dem erfasse, der zufälligerweise bei der Gratisaktienausgabe, Gratisnennwerterhöhung oder Liquidation Eigentümer der betreffenden Aktie gewesen sei.

3) vgl. Cagianut/Höhn, Unternehmungssteuerrecht, § 16 N 32

Die Steuerfolgen sind unabhängig davon, ob die betreffenden Steuerordnungen die Kapitalgewinne auf beweglichem PV besteuern oder nicht. Dagegen ist wie beim Eintritt zum Nominalwert[1] entscheidend, ob die bisherigen sowie der neue Anteilsinhaber natürliche Personen oder Kapitalgesellschaften sind.

Sind die bisherigen und der neue Anteilsinhaber natürliche Personen, ist eine Schenkung an den neuen Anteilsinhaber in der Höhe des Verkehrswertes der neuen Beteiligungsrechte gegeben. Erfolgt die Abtretung von Bezugsrechten an eine Kapitalgesellschaft als neuen Anteilsinhaber, an der die bisherigen Anteilsinhaber (natürliche Personen) im Verhältnis ihrer Quoten an der kapitalerhöhenden Gesellschaft beteiligt sind, liegt nur eine Kapitaleinlage der bisherigen Anteilsinhaber in diese Kapitalgesellschaft vor. Weicht die Beteiligungsquote der bisherigen Anteilsinhaber am neuen Anteilsinhaber gegenüber jener an der kapitalerhöhenden Gesellschaft ab, erhalten die am neuen Gesellschafter gegenüber ihrer Beteiligung an der kapitalerhöhenden Gesellschaft überproportional beteiligten Anteilsinhaber von den übrigen bisherigen Anteilsinhabern eine Schenkung, indem sich der innere Wert ihrer Beteiligungsrechte gesamthaft erhöht. Sind die bisherigen Anteilsinhaber Kapitalgesellschaften und tritt eine natürliche Person in die kapitalerhöhende Gesellschaft ein, liegt darin eine geldwerte Leistung an eine nahestehende Person, welche bei den bisherigen Beteiligten als Gewinnvorwegnahme im Ausmass der Abnahme des innern Wertes der Beteiligungsrechte an der kapitalerhöhenden Gesellschaft ertragssteuerpflichtig ist sowie der Verrechnungssteuer unterliegt. Der neue Anteilsinhaber ist für diese Leistung einkommenssteuerpflichtig.

---

[1] vgl. § 10 II. B.; § 11 II. B.

C. ERWERBSPREIS UND ERWERBSZEITPUNKT VON GRATISAKTIEN IN STEUERORDNUNGEN MIT KAPITALGEWINNBESTEUERUNG

Das Problem der Ermittlung des Erwerbszeitpunktes und des Erwerbspreises von Gratisaktien resultiert daraus, dass mit der Zuteilung dem Anteilsinhaber wirtschaftlich gesehen keine geldwerte Leistung zufliesst, welcher eine gleichwertige Ausgabe gegenübersteht; vielmehr wird nur der innere Wert der Beteiligungsrechte umgeschichtet. Deshalb kann von einem <u>Erwerbszeitpunkt</u> der Gratisaktien nur insoweit gesprochen werden, als dem Anteilsinhaber Beteiligungsrechte ausgehändigt werden, die er vorher nicht besass. Nachdem beim Anteilsinhaber weder ein Vermögensabgang noch ein Vermögenszugang gegeben ist, kann auch von einem <u>Erwerbspreis</u> nur im Zusammenhang mit der Wertverminderung bei den Altaktien gesprochen werden[1].

Hier ist nicht im einzelnen auf die Probleme im Zusammenhang mit der Ermittlung von Erwerbspreis und Erwerbszeitpunkt einzugehen. Dazu kann auf die umfassende Darstellung von Gurtner[2] sowie die Arbeit von Kratz[3] verwiesen werden. Vielmehr sind nur die vier wirtschaftlich im Vordergrund stehenden Lösungen aufzuzeigen und anschliessend deren Annahmen zusammenfassend zu würdigen[4]:

1. Als Erwerbszeitpunkt wird der Zeitpunkt der Ausgabe der Gratisaktien angenommen; als Erwerbspreis gelten null Franken;
2. Erwerbszeitpunkt ist der Zeitpunkt der Zuteilung der Gratisaktien, der Erwerbspreis ist null Franken;
3. Der Erwerbszeitpunkt wird dem Zeitpunkt der Ausgabe der Gratisaktien gleichgesetzt, Erwerbspreis ist der Verkehrswert in diesem Zeitpunkt;
4. Als Erwerbszeitpunkt der Gratisaktien gilt jener der Altaktien. Ihr Erwerbspreis ist der anteilige Anschaffungswert der Altaktien.

---

1) vgl. Gurtner, ASA 49, 615 f.

2) vgl. Peter Gurtner, Die einkommen- und vermögensteuerliche Behandlung der Gratisaktien (ASA 49 (1980/81), 577 ff.).

3) Peter Kratz (Zur Behandlung der Gratisaktien im Rahmen der Vermögensgewinnsteuer, ASA 49 (1980/81), 289 ff.) analysiert die besonderen Verhältnisse bei der bernischen Vermögensgewinnsteuer.

4) vgl. Gurtner, ASA 49, 616

Die Zusammenfassung der Ergebnisse von Gurtner konzentriert sich auf die Behandlung in Steuerordnungen, die sachgerechterweise nur das subjektive System der Kapitalgewinnbesteuerung anwenden[1].

Hinsichtlich des Erwerbszeitpunktes sind sowohl zivilrechtlich wie wirtschaftlich alle Varianten sachgemäss[2]. Steuerrechtlich ist es in einem Steuersystem, das Kapitalgewinne auf Wertpapieren zeitlich unbeschränkt erfasst, ohne Belang, ob man als Erwerbszeitpunkt der Gratisaktien jenen ihrer Ausgabe oder jenen des Erwerbs der Altaktien bestimmt. Da bei allen Varianten der Anschaffungspreis der Altaktien und damit deren Erwerbszeitpunkt in irgend einer Form zu berücksichtigen ist, kann unter dem Gesichtspunkt der Praktikabilität keiner der Möglichkeiten der Vorzug gegeben werden[3].

Der wirtschaftliche Begriff des "Erwerbspreises" verlangt primär eine Beurteilung aus wirtschaftlicher Sicht[4]. Variante 1 beruht dabei auf einer Fiktion, da unterstellt wird, dass sich der wirkliche Wert der Altaktien nach deren Erwerb nicht verändert hat. Daher liegt nicht ein eigentlicher Erwerbspreis vor. Variante 2 vernachlässigt die Verwässerungstheorie und damit die am Anschaffungs- oder Verkehrswert gemessene Wertminderung auf den Altaktien. Bei Variante 3 müsste, um die Wertminderung auf den Altaktien zu berücksichtigen und den automatischen Ausweis der allenfalls darauf vorhandenen stillen Reserven zu verhindern, gleichzeitig deren Anschaffungswert reduziert werden. Dies ist ein Kunstgriff. Bei Variante 4 fällt der Erwerbspreis mit dem im Bewertungszeitpunkt massgebenden Wertansatz zusammen.

---

1) Die zusätzlichen Probleme, die aus der Uebernahme des Nennwertprinzips in diesen Steuerordnungen, insbesondere bei zeitlich beschränkter Erfassung der Gewinne entstehen, können hier nicht behandelt werden. Eingehende Darstellungen vermitteln Gurtner, ASA 49, 621 ff. sowie Kratz, ASA 49, 289 ff. Diese Beiträge wurden durch das Urteil des BGr v. 29.6.77 zur bernischen Vermögensgewinnsteuer ausgelöst (BGE 103 I a, 115).

2) die Argumentation folgt im wesentlichen Gurtner, ASA 49, 618 ff.

3) vgl. Gurtner, ASA 49, 619

4) die Argumentation folgt im wesentlichen Gurtner, ASA 49, 619 f.

Da bei zeitlich unbeschränkter Erfassung der Kapitalgewinne keine steuersystematischen Gesichtspunkte zu berücksichtigen sind, können steuerrechtlich die wirtschaftlichen Erwägungen übernommen werden. Nach Gurtner[1] ist somit der kapitalgewinnsteuerlichen Ermittlung des Erwerbspreises theoretisch am ehesten <u>Variante 4</u>, eventuell Variante 1, zugrunde zu legen, zumal steuerliche Praktikabilitätsüberlegungen nicht für eine andere Variante sprechen. Die Praxis von BL z.B. folgt Variante 2. Dies bedeutet, dass der gesamte Erlös aus der Veräusserung der Gratisaktien als Kapitalgewinn besteuert wird; dafür bleibt der Erwerbspreis der alten Aktie trotz Abspaltung der Gratisaktie unverändert[2]. Nach Christen[3] steht diese Praxis in krassem Widerspruch zu den tatsächlichen Gegebenheiten und ist daher unhaltbar. Richtigerweise müssten nach seiner Ansicht die Gestehungskosten der bisherigen Aktien gemäss ihrem jeweiligen Erwerbspreis zerlegt werden. Wird beispielsweise für vier bisherige Aktien eine neue Aktie gratis herausgegeben, muss bei der Berechnung der Gestehungskosten der Gratisaktie berücksichtigt werden, dass von jeder bezugsberechtigten bisherigen Aktie 1/5 der Gestehungskosten in die Gratisaktie übergeht, während die Gestehungskosten der alten Aktien entsprechend reduziert werden[4]. Diese Betrachtungsweise sieht in der Gratisaktie das Produkt der Aufspaltung der bezugsberechtigten Aktien[5]. Folglich ist die Besitzdauer der Gratisaktie identisch mit derjenigen der Aktien, die zum Bezug berechtigt waren[6]. Diese für BL vorgeschlagene Lösung deckt sich mit der oben aufgezeigten Variante 4 und ist m.E. als sachgerecht zu bezeichnen.

---

1) vgl. Gurtner, ASA 49, 620; der Autor zieht aus der Empfehlung im RHB (2.2. S.92), wonach Gratisaktien im GV gemäss OR 665 nicht aktiviert werden dürfen, wenn dies zu einer Bewertung der Position "Beteiligungen" über den bisherigen Anschaffungswert hinaus führen würde, den Schluss, dass Gratisaktien weder zivilrechtlich noch wirtschaftlich einen Erwerbszeitpunkt zu begründen brauchen und der Erwerbspreis der Gratisaktien ausgehend vom Anschaffungswert der Altaktien zu berechnen ist (FN 108).

2) vgl. Christen, 157
3) vgl. Christen, 157
4) vgl. Christen, 157
5) vgl. F./Z/S II ZH 23 N 139
6) vgl. Christen, 157

III. Austritt eines Anteilsinhabers

A. ABTRETUNG DES ERGEBNISSES DER TEILLIQUIDATION ALS SCHENKUNG, GELDWERTE LEISTUNG ODER KAPITALEINLAGE

Die unentgeltliche Abtretung des Anspruches auf das Ergebnis der Teilliquidation durch den austretenden an die verbleibenden Anteilsinhaber stellt je nach den Verhältnissen eine Schenkung, eine geldwerte Leistung oder eine Kapitaleinlage dar.

Sind die verbleibenden wie der austretende Anteilsinhaber natürliche Personen, ist idR eine Schenkung an die verbleibenden Anteilsinhaber gegeben. Wird der austretende Anteilsinhaber von den verbleibenden Beteiligten beherrscht, liegt im Verzicht auf das Ergebnis der Teilliquidation eine verrechnungs- und u.U. ertragssteuerpflichtige geldwerte Leistung. Die verbleibenden Anteilsinhaber (natürliche Personen) werden dafür einkommenssteuerpflichtig. Sind die verbleibenden Anteilsinhaber am austretenden Anteilsinhaber und an der kapitalherabsetzenden Gesellschaft ungleichmässig beteiligt, erbringen die am austretenden Anteilsinhaber gegenüber der Beteiligung an der kapitalherabsetzenden Gesellschaft überproportional beteiligten Anteilsinhaber den übrigen Anteilsinhabern zudem eine idR steuerpflichtige Schenkung. Beherrscht der austretende Anteilsinhaber die verbleibenden Anteilsinhaber vollständig, findet in jede dieser Konzerngesellschaften eine Kapitaleinlage statt. Ist der austretende Anteilsinhaber an den verbleibenden Anteilsinhabern nicht allein beteiligt, liegt u.U. zusätzlich eine steuerpflichtige Schenkung an die übrigen Beteiligten der verbleibenden Anteilsinhaber vor.

B. UNMASSGEBLICHKEIT EINES PRIVATEN KAPITALVERLUSTES

Der freiwillige Verzicht des Austretenden auf die Mehrwerte steht auch in Steuerordnungen mit privater Kapitalgewinnbesteuerung der Geltendmachung eines Kapitalverlustes entgegen.

3. KAPITEL: VERGLEICH DER UNTERNEHMUNGSFORMEN

Hier sind die Ergebnisse der Kapitel 1 (Personenunternehmungen) und 2 (Kapitalgesellschaften) miteinander zu vergleichen. Der Vergleich berücksichtigt somit nur die einmaligen Ereignisse der Uebertragung, des Eintritts und des Austritts und lässt die steuerlichen Belastungen auf dem jährlichen Einkommen bzw. Gewinn ausser acht. Ueberlegungen zur Gewinnverwendungs- bzw. Bezugsstrategie werden deshalb nur am Rande angestellt[1]. Zur Hauptsache ist ausgehend von gewählten Ereignissen (entgeltlichen bzw. unentgeltlichen Aenderungen) zu untersuchen, ob die in der Personenunternehmung bzw. auf den Beteiligungsrechten an Kapitalgesellschaften angewachsenen Mehrwerte in steuerlicher und wirtschaftlicher Hinsicht unterschiedlich behandelt werden. Aus wirtschaftlicher Sicht interessiert dabei vor allem die Frage, ob mit den Aenderungen im Bestand der Beteiligten latente Steuerlasten[2] verschoben werden, die von den Beteiligten bei der Ermittlung des Wertes ihrer Beteiligung zu beachten sind.

Latente Steuerlasten (Einkommens-/Gewinnsteuern und Sozialabgaben) sind immer dann zu berücksichtigen, wenn in der Unternehmung stille Reserven vorhanden sind. Dabei ist die Frage nach dem Uebergang latenter Steuerlasten idR unterschiedlich zu beantworten je nachdem, ob Aenderungen entgeltlich oder unentgeltlich erfolgen. Im folgenden Vergleich der Unternehmungsformen sind deshalb die _entgeltlichen_ (5. Abschnitt) und _unentgeltlichen Aenderungen_ (6. Abschnitt) getrennt zu behandeln. Bei den entgeltlichen Aenderungen bezieht sich die Gegenüberstellung auf alle Beteiligten an der Unternehmung, während sie sich bei den unentgeltlichen Aenderungen auf die Begünstigten beschränkt.

---

1) vgl. dazu z.B. Cagianut/Höhn, Unternehmungssteuerrecht, § 3; P. Ulrich, Die Besteuerung der Familienaktiengesellschaften, (Diss.) Zürich 1980; Gurtner, Steuerplanung, 147 ff.; Weidmann, StR 23, 58 ff.

2) "Latente Steuern sind Steuern, deren Berechnungsgrundlage zur Zeit der Uebertragung der Unternehmung schon vorhanden ist, die jedoch erst in der Zeit nach der Uebertragung einmal von einem Nachfolger, der den steuerbaren Tatbestand verwirklicht, geschuldet werden" (Cagianut/Höhn, Unternehmungssteuerrecht, § 3 N 15; vgl. auch Blöchlinger, 34 ff.).

5. ABSCHNITT: VERGLEICH BEI ENTGELTLICHEN AENDERUNGEN

Aufbauend auf der getrennten Behandlung in den §§ 8, 10 und 11-13 sind hier den Beteiligungen an Personenunternehmungen zuerst die Beteiligungsrechte an Kapitalgesellschaften, die sich im GV von Personenunternehmungen oder Kapitalgesellschaften befinden, gegenüberzustellen (§ 15). Weiter sind die Beteiligungen an Personenunternehmungen mit Beteiligungsrechten im PV von Anteilsinhabern in Steuerordnungen mit Kapitalgewinnbesteuerung zu vergleichen (§ 16). Einen Schwerpunkt bildet schliesslich der Vergleich zwischen Beteiligungen an Personenunternehmungen und Beteiligungsrechten im PV von Anteilsinhabern in Steuerordnungen ohne Kapitalgewinnbesteuerung (§ 17).

Haupttatbestand bildet jeweils der Vergleich der Uebertragung von Beteiligungen. Im weiteren sind die Wirkungen des Eintritts und Austritts eines Beteiligten bei einer Personenunternehmung bzw. einer Kapitalgesellschaft[1] miteinander zu vergleichen.

Als Vergleichskriterien werden dabei die Bestimmung der Steuerfaktoren, das Steuermass sowie, wenn erforderlich, der Zeitpunkt der Besteuerung herangezogen. Diese Kriterien sind für die einzelnen Beteiligten getrennt zu beurteilen. Anschliessend sind die Steuerfolgen für die Beteiligten tabellarisch zusammenzufassen und miteinander zu vergleichen. Im Rahmen einer Gesamtwürdigung stellt sich für die einzelnen Tatbestände die Frage, ob die Steuern beim richtigen, d.h. bei dem die wirtschaftliche[2] Leistungsfähigkeit steigernden Steuerpflichtigen erhoben werden.

---

[1] Im Interesse der Lesbarkeit wird bei den einzelnen Aenderungstatbeständen darauf verzichtet, Art der Vermögenssphäre und massgebende Steuerordnung stets zu wiederholen. Ich verweise auf die einmalige vollständige Zuordnung im Titel der einzelnen Paragraphen sowie die tabellarischen Vergleiche.

[2] Man spricht auch von objektiver Leistungsfähigkeit; die Besteuerung nach diesem Grundsatz verlangt, dass sich der Umfang der Steuerlast des Einzelnen nach der Gesamtheit aller Nettoeinkünfte zu richten hat, welche ihm zur Befriedigung seiner persönlichen Bedürfnisse zur Verfügung stehen (vgl. Zuppinger/Böckli/Locher/Reich, 5).

§ 15 BETEILIGUNGEN AN PERSONENUNTERNEHMUNGEN - BETEILIGUNGSRECHTE AN KAPITALGESELLSCHAFTEN IM GESCHAEFTSVERMOEGEN (GV)

I. Uebertragung

A. UEBERTRAGENDER BETEILIGTER

1. Bei Personenunternehmungen

Veräussert der Inhaber einer Einzelfirma oder der Teilhaber einer Personengesellschaft das ganze Geschäft bzw. den Geschäftsanteil zu Verkehrswerten gegen bar, wird der Liquidationsgewinn regelmässig zur Einkommensbesteuerung herangezogen. Diese erfolgt in den meisten Steuerordnungen in Form der vollen Jahressteuer[1], soweit mit der Veräusserung eine qualitativ wesentliche und dauernde Aenderung der Erwerbsgrundlagen verbunden ist[2]. Die besondere Jahressteuer ist keine reine Liquidationssteuer, sondern hat die Bedeutung einer steuerlichen Schlussabrechnung über die in den letzten Jahren der Betriebsführung aufgelösten, bisher nicht als Gewinn versteuerten Reserven[3]. Wird neben oder anstelle eines Kapitalbetrages für die entgeltliche Uebertragung eines Geschäftes bzw. eines Geschäftsanteils eine Rente, ein Wohnrecht oder eine Gewinn- bzw. Umsatzbeteiligung vereinbart, ist zu prüfen, ob der Kapitalwert dieser Leistung Bestandteil des massgebenden Kapital- bzw. Liquidationsgewinnes bildet oder nicht[4]. Trifft dies zu, müssen bei Veräusserung ein Liquidationsgewinn und beim späteren periodischen Zugang diese Leistungen nochmals besteuert werden. Soweit in solchen Fällen eine Liquidationsgewinnbesteuerung unterbleibt, ist idR auch bezüglich der Sozialabgaben mit einer Steuerbefreiung zu rechnen; für eine Besteuerung fehlt m.E. hier die Rechtsgrundlage.

---

1) für die BdBSt: 43; für die kantonalen Rechte z.B. ZH 32 V; SG 32 I a
2) Es muss m.a.W. ein Zwischenveranlagungsgrund gegeben sein.
3) vgl. Masshardt, ASA 26, 162; Cagianut/Höhn, Unternehmungssteuerrecht, § 20 N 22.
4) vgl. Masshardt, Kom. 1980, WStB 43 N 13; vgl. § 4 I. A. 2. a) S.68 a.E.

Im Einkommenssteuerrecht wird auch die Uebertragung des Erbanteils in der Erbteilung auf andere Erben oder einen Dritten als entgeltliches Rechtsgeschäft behandelt. Dies hat zur Folge, dass der aus der Erbengemeinschaft ausscheidende Miterbe einer Personenunternehmung für seine anteilmässige Berechtigung an den stillen Reserven auf den einzelnen Vermögenswerten einkommenssteuer- und sozialabgabepflichtig wird. Eine solche Behandlung widerspricht der zivilrechtlichen Beurteilung[1]; sie kann beim ausscheidenden Erben insbesondere dann zu einem gravierenden Liquiditätsengpass führen, wenn er mit einem Sachwert abgefunden wird und ihm deshalb zur Bezahlung der Einkommenssteuern und Sozialabgaben keine flüssigen Mittel zur Verfügung stehen.

Soweit geschäftliche Grundstückgewinne nach dem Zürcher-System besteuert werden, erfolgt für die Wertzuwachsquote eine von den übrigen Liquidationsgewinnen gesonderte Ermittlung[2]. In die Liquidationsgewinnbesteuerung werden nur die wiedereingebrachten Abschreibungen einbezogen. Deren Berechnung bereitet in der Praxis oft Schwierigkeiten[3].

Bei der Ermittlung des der Sondersteuer unterworfenen ausserordentlichen Gewinnes sind die ausserordentlichen Aufwendungen und Liquidationskosten sowie gegebenenfalls Betriebsverluste der Veranlagungs- und der Bemessungsperiode und u.U. sog. Vorjahresverluste abzuziehen[4].

Veräussert ein Personenunternehmer nur einen Teil des Geschäftes bzw. seines Geschäftsanteils, ist der realisierte Kapitalgewinn in die ordentliche Steuerberechnung einzubeziehen, soweit in diesem Falle keine Zwischenveranlagung vorzunehmen ist.

---

1) vgl. § 6 I. A. 3.
2) vgl. Grossmann, 271
3) vgl. nähere Ausführungen bei Grossmann, 283 ff.
4) vgl. dazu Känzig, Kom. 1982, WStB 43 N 11; Masshardt, Kom. 1980, WStB 43 N 11; Nold, 245 f.; Cagianut/Höhn, Unternehmungssteuerrecht, § 20 N 35 f., 42; für Grundsätze zur Berechnung des Liquidationsgewinnes vgl. z.B. VGr SG v. 26.9.85 = StE 1986 B 23.47.2 Nr. 2.

Unterliegen die ausserordentlichen Gewinne der Schlussabrechnung, werden sie idR zu dem Satze besteuert, der sich für dieses Einkommen allein ergibt[1]; die Progression des Steuersatzes richtet sich in diesem Falle allein nach diesen Einkünften. Soweit bei Veräusserung nur eines Teils des Geschäftes bzw. Geschäftsanteils keine Zwischenveranlagung vorgenommen wird, ist der anwendbare Steuersatz für die erzielten ausserordentlichen Gewinne dagegen abhängig vom übrigen steuerpflichtigen Einkommen[2].

Die anlässlich einer Total- oder Teilliquidation erzielten Kapitalgewinne unterliegen den Sozialabgaben für Selbständigerwerbende von zurzeit 9,4 %. Trotz der teilweise gewährten Abgabeerleichterungen für Steuerpflichtige ab dem 50. Altersjahr[3] werden Sozialabgaben hier generell mit 10 % in die Betrachtungen einbezogen[4].

Bei Uebertragung zu Buchwerten ist der veräussernde Personenunternehmer weder einkommenssteuer- noch sozialabgabepflichtig, sofern das Veräusserungsgeschäft als einheitliches Rechtsgeschäft betrachtet wird. Diese Behandlung rechtfertigt sich schon aus wirtschaftlichen Gründen, denn der Veräusserer erzielt keinen Liquidationsgewinn, weil der Kaufpreis die Buchwerte nicht übersteigt und diese zudem vom Rechtsnachfolger weitergeführt werden[5].

---

1) vgl. Känzig, Kom. 1982, WStB 42 N 21 (mit Berechnungsbeispiel N 22).

2) Im Kt. ZH beträgt der maximale Basissteuersatz bei Erfassung der ausserordentlichen Gewinne mit einer Sondersteuer 10 % (ZH 32 V), während bei Besteuerung zusammen mit dem übrigen Einkommen der Maximalsatz 13 % ausmacht (ZH 32 II).

3) vgl. § 3 VII. B.1. und C.

4) Dies rechtfertigt sich umso mehr, als langfristig eher mit einem Anstieg der Belastung aus Sozialabgaben gerechnet werden muss.

5) In § 10 I. B. 1. wurde für die Gewinnsteuer die Einheitstheorie vertreten und die Trennungstheorie abgelehnt.

2. Bei Kapitalgesellschaften

Befinden sich die veräusserten Beteiligungsrechte im GV eines buchführungspflichtigen Personenunternehmens oder im Eigentum einer Kapitalgesellschaft, werden die anlässlich der Uebertragung zum Verkehrswert realisierten Kapitalgewinne trotz ihres ausserordentlichen Charakters in die ordentliche Einkommens- bzw. Ertragsbesteuerung einbezogen.

Da die Erbteilung im Unternehmungssteuerrecht als entgeltliche Uebertragung qualifiziert wird, realisieren die Erben, welche Beteiligungsrechte im GV des Erblassers in der Teilung nicht übernehmen, im Umfang ihrer anteilmässigen Berechtigung an den stillen Reserven auf diesen Beteiligungsrechten einen Kapitalgewinn, der als ausserordentliches Einkommen aus selbständiger Erwerbstätigkeit steuerbar ist[1].

Die Gewinne aus selbständiger Erwerbstätigkeit sind idR mit einer höheren Gewinnsteuer belastet als jene einer Kapitalgesellschaft, da für Einkünfte aus Personenunternehmungen die progressiv ausgestalteten Sätze der Einkommenssteuer zur Anwendung gelangen[2], während Gewinne von Kapitalgesellschaften idR nach der relativen Höhe im Vergleich zum steuerbaren Eigenkapital[3] besteuert werden[4]. Kapitalgewinne von buchführungspflichtigen Personenunternehmungen unterliegen zudem den Sozialabgaben.

Als Kaufpreis kann ohne weiteres der Verkehrswert gelten, wenn der Veräusserer die Beteiligungsrechte (im GV) an einen Erwerber überträgt, der diese ebenfalls im GV hält oder diese ins PV übernimmt und einer Steuerordnung mit Kapitalgewinnbesteuerung untersteht. Der Erwerber hat in diesen Fällen keinen Anlass, vom Ver-

---

[1] vgl. § 8 I. A. 3.
[2] Die Höhe der Steuersätze richtet sich nach dem gesamten steuerbaren Einkommen (Grundsatz der Gesamtprogression).
[3] Besteuerung nach der Ertragsintensität.
[4] vgl. Cagianut/Höhn, Unternehmungssteuerrecht, § 2 N 74

kehrswert einen Preiseinschlag für latente Steuern geltend zu machen, denn bei ihm ist der Erwerbspreis als Anlagewert massgebend. Hält der Erwerber die Beteiligungsrechte im PV und hat er zudem sein Steuerdomizil in einer Steuerordnung ohne Kapitalgewinnbesteuerung, wird er wegen des hier geltenden Nennwertprinzips versuchen, die durch den Systemwechsel entstandene latente Steuerlast auf der Differenz zwischen Nominal- und höherem Verkehrswert als Kaufpreisminderung geltend zu machen. Der Veräusserer hat jedoch - vorbehältlich besonderer Marktverhältnisse - keinen Grund, dieser Forderung stattzugeben, denn für ihn spielt es grundsätzlich keine Rolle, an wen er die Beteiligungsrechte veräussert.

Bei Uebertragung von Beteiligungsrechten zum Buchwert ist idR aus Privatentnahme oder geldwerter Leistung über die überlassenen Mehrwerte abzurechnen. Ausnahmen können sich in bestimmten Fällen der Uebertragung an eine Schwestergesellschaft sowie bei Einlage in eine Tochtergesellschaft ergeben[1]. Für den folgenden Vergleich wird eine Realisation aus steuersystematischen Gründen angenommen.

3. Vergleich

Beispiel: Die Buchwerte eines veräusserten Geschäftes bzw. Geschäftsanteils betragen 40, der Veräusserungserlös ist 140; ebenso beläuft sich der Buchwert veräusserter Beteiligungsrechte im GV einer Personenunternehmung oder Kapitalgesellschaft auf 40, während beim Verkauf dafür 140 gelöst werden; die Anteilsinhaber der Beteiligungsrechte erzielen aus der übrigen Geschäftstätigkeit einen Gewinn von 60. Im folgenden wird angenommen, dieser Gewinn allein werde mit 20 %, der Liquidationsgewinn mit 30 % Einkommenssteuer belastet. Ebenso werde der Gesamtgewinn des Anteilsinhabers (160) wegen Erreichens des Maximalsatzes zu einem Satz von durchschnittlich 30 % besteuert.

---

[1] vgl. § 8 I. B. 2. a) insbes. Rundschreiben der EStV v. 2.12.77.

Bei der Ermittlung des steuerbaren Kapitalgewinnes sind die Unternehmungsformen einander gleichgestellt. Der Liquidationsgewinn des Personenunternehmers beträgt 100, der Kapitalgewinn der Anteilsinhaber ebenfalls 100. Hinsichtlich des Steuermasses ergibt sich eine Gleichstellung in Bezug auf die Besitzesdauer: ein Abzug wird idR weder für langfristig realisierte Liquidations[1]- noch Kapitalgewinne auf geschäftlichem Anlagevermögen gewährt. Dagegen unterscheiden sich die Unternehmungsformen bezüglich der marginalen Steuerbelastung. Da der Liquidationsgewinn idR gesondert besteuert wird, entsprechen sich, bezogen auf den Liquidationsgewinn, durchschnittlicher und marginaler Steuersatz[2]: (30 %)[3]. Für den Kapitalgewinn aus der Veräusserung von Beteiligungsrechten resultiert dagegen bei einer durchschnittlichen Steuerbelastung von 30 % ein marginaler Steuersatz von 36 %[4]. Zudem werden Kapitalgewinne aus der Veräusserung

---

1) Ausnahme: AG 29 II; nach dieser Bestimmung ermässigt sich der steuerbare Liquidationsgewinn bei einer Besitzesdauer von mindestens 5 Jahren um 10 % und für jedes weitere Jahr um 2 % mehr, höchstens jedoch um 50 %; vgl. auch Borkowsky, ASA 51, 592. In der BRD unterliegen Gewinne aus der vollständigen Veräusserung von Personenunternehmungen nach Abzug eines Freibetrages (EStG 16 IV) dem halben Steuersatz (EStG 34 II Nr. 1) (vgl. Tipke, 435).

2) Der marginale Steuersatz drückt aus, "wie stark sich in einem bestimmten Tarifbereich der Steuerbetrag ändert, wenn die Bemessungsgrundlage geringfügig (strenggenommen: um eine unendlich kleine Einheit) verändert wird... Mathematisch ist der marginale Steuersatz gleich der ersten Ableitung der Steuerbetragsfunktion. Geometrisch entspricht er dem Neigungswinkel der Steuerbetragskurve" (Safarik, 2 f.).

3) Tatsächlich beträgt der maximale Steuersatz für die dBSt 11,5 % des Gewinnes nach Steuern (BdBSt 40 I). Für die Kantonssteuer ist in ZH der Basissteuersatz auf max. 10 % des Gewinnes vor Steuern begrenzt (ZH 32 V). Daraus resultiert bei einem Steuerfuss in der Stadt Zürich von 240 (ohne Kirchensteuern) eine Belastung von 24 % des Gewinnes vor Steuern. Die effektive gesamte Einkommenssteuerbelastung in ZH beträgt somit z.B. für 1985 rund 31.85 % des Gewinnes vor Steuern.

4) - Einkommens- bzw. Ertragssteuer auf dem Gesamtgewinn
    (30 % von 160; bei Personenunternehmung: Einzelunternehmer)   48
   - Einkommens- bzw. Ertragssteuer auf dem übrigen Einkommen
    (20 % von 60)   12
   - Einkommens- bzw. Ertragssteuer auf dem Kapitalgewinn   36
    marginaler Steuersatz auf dem Kapitalgewinn (100)   36 %

von Personenunternehmungen in jedem Falle mit den Sozialabgaben belastet, während die Sozialabgabepflicht für Kapitalgewinne aus der Veräusserung von Beteiligungsrechten des GV auf buchführungspflichtige natürliche Personen beschränkt ist. Für den Vergleich ist weiter zu beachten, dass die auf dem Liquidations- bzw. Kapitalgewinn selbst geschuldeten Sozialabgaben bei der Ermittlung des Steuersubstrates der natürlichen Personen abgezogen werden können[1]. Die Gesamtbelastung beträgt somit im obigen schematischen Beispiel für einen veräussernden Personenunternehmer 37 %[2], für eine natürliche Person mit Beteiligungsrechten im GV 42.4 %[3] und eine Kapitalgesellschaft als Anteilsinhaber 36 %[4].

Da die Erbteilung im Unternehmungssteuerrecht entgegen der zivilrechtlichen Würdigung als entgeltliche Uebertragung behandelt wird, macht es bei dieser Konstellation keinen Unterschied, ob das Geschäft des Erblassers als Personenunternehmung oder Kapitalgesellschaft geführt wird. Der aus der Erbengemeinschaft ausscheidende Erbe hat in beiden Fällen für seine anteiligen stillen Reserven auf den nicht übernommenen Vermögenswerten Einkommenssteuern und Sozialabgaben zu entrichten[5].

---

1) Die Abzugsfähigkeit der Sozialabgaben rechtfertigt sich aus dem Umstand, dass diese Ausgaben Geschäftsunkosten und keine Steuern sind (gl.M. Dr.h.c. E. Schärrer, Auskunft v. 22.10.85).

2) Beispiel:
- Realisierter Liquidationsgewinn 100
  abzüglich Sozialabgaben 10 % − 10   10
- Steuerbarer Liquidationsgewinn 90
  Liquidationsgewinnsteuer 30 % von 90   27
- Gesamtbelastung (Einkommenssteuern und Sozialabgaben)   37

3) Beispiel:
- Realisierter Kapitalgewinn 100
  abzüglich Sozialabgaben 10 % − 10   10
- Steuerbarer Kapitalgewinn 90
  marginale Einkommenssteuer 36 % von 90   32,4
- Gesamtbelastung (Einkommenssteuern und Sozialabgaben)   42,4

4) Beispiel:
- Realisierter (= steuerbarer) Kapitalgewinn 100
- Ertragssteuer (marginaler Steuersatz 36 %)   36

5) Diese trifft den aus der Erbengemeinschaft ausscheidenden Erben auch, wenn dieser selbst nicht selbständigerwerbend ist; in diesem Falle wird seine selbständige Erwerbstätigkeit für einen Tag fingiert.

Bei Uebertragung eines Geschäftes bzw. Geschäftsanteils zu Buchwerten (40) entfällt für den veräussernden Personenunternehmer eine Steuerpflicht, da in diesen Fällen keine Privatentnahme vorliegt; veräussert ein Anteilsinhaber dagegen Beteiligungsrechte des GV zum Buchwert (40), wird er für die Differenz (100) zwischen Buchwert und Verkehrswert aus Privatentnahme bzw. Gewinnvorwegnahme steuerpflichtig. Ist der übertragende Anteilsinhaber eine Personenunternehmung, sind auf dieser Differenz zusätzlich die Sozialabgaben geschuldet; ist er eine Kapitalgesellschaft, unterliegt die geldwerte Leistung zudem der Verrechnungssteuer.

B. ERWERBENDER BETEILIGTER

1. Bei Personenunternehmungen

Der zu Verkehrswerten erwerbende Personenunternehmer ist berechtigt, den Anschaffungswert als massgebenden Einkommenssteuerwert geltend zu machen. Dies geschieht durch Bilanzierung der Vermögenswerte zu ihren Verkehrswerten. Da die in der Erbteilung aus der ererbten Personenunternehmung ausscheidenden Erben idR für die anteiligen stillen Reserven auf den einzelnen Vermögenswerten besteuert werden, sind die Unternehmererben ebenfalls berechtigt, den Bilanzansatz der einzelnen Vermögenswerte um die versteuerten stillen Reserven heraufzusetzen. Die ererbte Personenunternehmung weist somit nur noch stille Reserven im Umfang der Eigenquote der Unternehmererben auf.

Erfolgt die Uebertragung der Personenunternehmung zu Buchwerten, ist der erwerbende Beteiligte verpflichtet, die Einkommenssteuerwerte des Rechtsvorgängers weiterzuführen. Er übernimmt damit auf der Differenz zwischen den Buchwerten und den wirklichen Werten (inklusive Goodwill) latente Einkommenssteuern und Sozialabgaben. Im weiteren schuldet er für die Differenz zwischen den Buchwerten und dem Total der Substanzwerte idR die kantonale Schenkungssteuer. Ein unentgeltlich erworbener Goodwill bleibt somit idR unberücksichtigt.

2. Bei Kapitalgesellschaften

Erwirbt ein Anteilsinhaber die Beteiligungsrechte zum Verkehrswert, ist er berechtigt, den Anschaffungswert als massgebenden Einkommens- bzw. Ertragssteuerwert in der Steuerbilanz einzusetzen. Der die Beteiligungsrechte des GV in der Erbteilung[1] übernehmende Erbe muss die stillen Reserven im Umfang der Eigenquote idR nicht versteuern. Er ist deshalb auch nur berechtigt, die von den ausscheidenden Erben erworbene und damit versteuerte Fremdquote der stillen Reserven zu aktivieren.

Da bei Uebertragungen zum Verkehrswert (gleich wie bei den andern Uebertragungsarten) die Kapitalgesellschaft selbst nicht berührt wird, übernimmt der Erwerber latente Steuern auf Stufe der Unternehmung (latente Steuerlast 1. Stufe)[2]. In der Literatur[3] zur Unternehmungsbewertung wird der Berücksichtigung von Rückstellungen für latente Steuern auf stillen Reserven der Kapitalgesellschaft fast einmütig zugestimmt. In der Praxis wird der erwerbende Beteiligte dafür einen Einschlag vom Verkehrswert geltend machen. Der Veräusserer kann sich der Forderung auf Kaufpreisreduktion nicht verschliessen, denn versteuerte und unversteuerte Reserven haben für den Käufer nicht denselben Wert[4][5]. Eine bezüglich der Fälligkeit latente Steuerschuld

---

[1] vgl. § 8 A. 3.

[2] Ausnahmen ergeben sich nur bei Aufwertungen durch den Verkäufer oder bei Veräusserung von Beteiligungsrechten an Immobiliengesellschaften in Steuerordnungen des Zürcher-Systems (vgl. Helbling, Unternehmungsbewertung, 192 f.).

[3] vgl. Helbling, Unternehmungsbewertung, 199 und dort aufgeführte Autoren; das RHB empfiehlt auch für die Bewertung von Beteiligungen in der Bilanz, den Buchwert der Beteiligung mit dem Unternehmungswert der Beteiligungsgesellschaften zu vergleichen. Dabei errechnet sich der Unternehmungswert als Ganzes (aus dem sich der Wert je Beteiligungsrecht ableitet) "üblicherweise aus dem Ertragswert unter Berücksichtigung des Substanzwertes zu Fortführungswerten unter Einbezug stiller Reserven und latenter Steuern..." (RHB 2.2.S.94).

[4] vgl. Helbling, Unternehmungsbewertung, 201

[5] Letzlich entscheiden indessen die Marktverhältnisse, ob die latenten Steuern auf den stillen Reserven der Gesellschaft vollständig oder nur teilweise auf den Veräusserer zurückgewälzt werden können (vgl. Cagianut/Höhn, Unternehmungssteuerrecht, § 3 N 15).

ist zudem hinsichtlich der Höhe "bedingt", weil sich die Steuersätze ändern können[1]. In der Praxis[2] wird für die schweizerischen Verhältnisse wegen den Schwierigkeiten bei der Bestimmbarkeit des anwendbaren Steuersatzes zur Diskontierung der erwarteten Steuerbeträge auf den unversteuerten betrieblichen Reserven eine Pauschalierung zum halben maximalen Steuersatz vorgeschlagen. Das RHB[3] empfiehlt im weiteren, Grundstückgewinnsteuern separat zu berücksichtigen. Dasselbe gilt für Mehrwerte auf nicht betrieblichen Aktiven, bei welchen wegen der Bewertung zu Veräusserungswerten idR der volle Steuerbetrag zurückzustellen ist. Im folgenden wird für den Belastungsvergleich zwischen den Unternehmungsformen angenommen, die latenten Steuern auf Stufe der Kapitalgesellschaft seien mit dem halben maximalen Steuersatz auf den stillen Reserven bei der Kaufpreisfestsetzung wertmindernd berücksichtigt worden.

In **A.2.** wurde darauf hingewiesen, dass der Veräusserer selbst dann keinen Grund hat, dem Erwerber für die latente Steuerlast 2. Stufe (Ausschüttungsbelastung) eine Preisreduktion auf dem Verkehrswert zuzugestehen, wenn dieser seinen Wohnsitz in einer Steuerordnung ohne Kapitalgewinnbesteuerung hat. Deshalb ist auf diese Komponente im folgenden Vergleich nicht einzugehen.

Der <u>zum Buchwert</u> erwerbende Anteilsinhaber kann infolge Abrechnung über die stillen Reserven beim Veräusserer die Beteiligungsrechte zum Verkehrswert in seine Steuerbilanz einsetzen. Soweit die Schenkungssteuer geschuldet ist, dient als Bemessungsgrundlage der innere Wert der Beteiligungsrechte. Dieser berechnet sich für kotierte Wertpapiere nach dem Kurswert und muss für nichtkotierte Wertpapiere geschätzt werden[4].

---

1) vgl. Helbling, Unternehmungsbewertung, 200; dabei ist in schweizerischen Verhältnissen eher damit zu rechnen, dass die Steuersätze steigen und weniger, dass sie sinken werden.
2) vgl. RHB 2.2.S.94; Helbling, Unternehmungsbewertung, 226 f.
3) vgl. RHB 2.2.S.94
4) vgl. § 9 I. A.

3. Vergleich

Bei Uebertragung zu Verkehrswerten bzw. zum Verkehrswert ergeben sich auf der Stufe des erwerbenden Beteiligten keine Unterschiede, indem beide den Erwerbspreis als massgebenden Einkommens- bzw. Ertragssteuerwert geltend machen können. Diese Beurteilung gilt grundsätzlich auch im Falle der Erbteilung. Die Uebernahme latenter Steuerlasten auf Stufe des Erwerbers entfällt. Dagegen hat sich der erwerbende Anteilsinhaber vor dem Kauf der Beteiligungsrechte Rechenschaft zu geben, ob der Erwerbspreis tatsächlich dem Verkehrswert der Beteiligung entspricht. Zu diesem Zwecke ist zu prüfen, ob die Unternehmung stille Reserven enthält, auf denen latente Ertragssteuer lasten[1]. Je nach den Verhältnissen ist zu empfehlen, den wirklichen Wert durch eine Unternehmungsbewertung feststellen zu lassen.

Erfolgt die Uebertragung zu Buchwerten bzw. zum Buchwert, übernimmt der erwerbende Personenunternehmer als Folge des Steueraufschubes für die stillen Reserven eine latente Steuerlast, während der erwerbende Anteilsinhaber als Folge der Abrechnung beim veräussernden Beteiligten die Beteiligungsrechte als Kapitaleinlage zum wirklichen Wert in seine Handels- und Steuerbilanz aufnehmen kann. Ein weiterer Unterschied ergibt sich aus der unterschiedlichen Bemessungsgrundlage für eine geschuldete Schenkungssteuer[2].

Zusammenfassend lässt sich feststellen, dass sich der Vorteil der einen oder andern Unternehmungsform aus dem Ziel der Uebertragung ergibt. Will der übertragende Beteiligte die stillen Reserven bzw. Bezugsrechte auf seiner Beteiligung realisieren, ist wohl eine als Kapitalgesellschaft ausgestaltete Rechtsform zum mindesten dann vorzuziehen, wenn der Veräusserer eine Kapitalgesellschaft mit einem niedrigen Ertragssteuersatz oder gar eine Holdinggesellschaft ist. Beabsichtigt der übertragende Beteiligte, die auf der Beteiligung angewachsenen Mehrwerte auf den Rechtsnachfolger zu übertragen, drängt sich eine Gestaltung als Personenunternehmung auf.

---

1) Die lückenlose Feststellung stiller Reserven mag in der Praxis erhebliche Schwierigkeiten bereiten, wenn die erforderlichen Unterlagen (Bilanzen, Revisionsberichte) nicht zur Verfügung stehen.
2) vgl. § 18 III.

C. TABELLARISCHE DARSTELLUNG DER VERGLEICHE (BEI UEBERTRAGUNG)

Beteiligung an	Personenunternehmung (PUG)	Kapitalgesellschaft (KG)	Vergleiche (Unterschiede)
beim Beteiligten	im GV (immer)	im GV (PUG oder KG)	
Steuerfolgen Beteiligte in -Entgelt	§§ 4 I./6 I.	§ 8 I.	§ 15 I. A./B.
Uebertragender			
-vollständig entg.	zu Verkehrswerten	zum Verkehrswert	
Ganzes Geschäft	E'st als Jahresst. Soz.abg.	ord. E'st bzw. G'st Soz.abg. bei PUG	Steuermass KG: keine Soz.abg.bei KG
Anteil Geschäft	ord. E'st Soz.abg.	ord. E'st bzw. G'st Soz.abg. bei PUG	keine KG: keine Soz.abg.bei KG
Erbteilung	E'st als Jahresst. Soz.abg.	ord. E'st bei PUG Soz.abg. bei PUG	Steuermass keine
-teilweise entg.	zu Buchwerten	zum Buchwert	
Ganzes Geschäft	E'st neutral Soz.abg.: neutral	ord. E'st bzw. G'st Soz.abg. bei PUG	PUG: Steueraufschub
Anteil Geschäft	dito	dito	dito
Erwerbender			
-vollständig entg.	zu Verkehrswerten	zum Verkehrswert	
Ganzes Geschäft	Anschaffungswerte = E'stW	Anschaffungswerte = E'stW bzw. G'stW	keine
Anteil Geschäft	dito	dito	keine
Erbteilung	dito	Fremdquote aktiviert; Uebernahme latenter Steuern 1. Stufe	PUG: keine Uebernahme latenter Steuern 1. Stufe auf Fremdquote
-teilweise entg.	zu Buchwerten	zum Buchwert	
Ganzes Geschäft	Buchwerte = E'stW Uebernahme latenter E'st und Soz.abg.	Verkehrswert =E'stW bzw. G'stW; Uebernahme latenter Steuern 1. Stufe	KG: keine Uebernahme latenter Steuern 2. Stufe
	Schst: Bemessungsgrundlage: Substanzwert	Schst bei PUG: Bemessungsgrundlage: Unternehmungswert	idR Bemessungsgrundlage
Anteil Geschäft	dito	dito	dito

Legende: vgl. S. 316

D. GESAMTWUERDIGUNG

Hier sind die Unternehmungsformen danach zu beurteilen, ob die Steuerpflicht jenen Beteiligten trifft, der eine Steigerung der wirtschaftlichen Leistungsfähigkeit erfährt.

Bei der Uebertragung zu Verkehrswerten bzw. zum Verkehrswert ist dies bei beiden Unternehmungsformen der Fall. Der übertragende Personenunternehmer schuldet auf den ausserordentlichen Gewinnen die Einkommenssteuer idR in Form der gesonderten Jahressteuer sowie die Sozialabgaben. Der veräussernde Anteilsinhaber schuldet auf dem Kapitalgewinn zusammen mit dem übrigen Einkommen die Einkommenssteuern und Sozialabgaben bzw. mit dem übrigen Ertrag die Ertragssteuer. Der Nachteil einer u.U. höheren marginalen Steuerbelastung kann dabei für Kapitalgesellschaften als Anteilsinhaber durch die fehlende Sozialabgabepflicht wettgemacht oder gar überkompensiert werden. Für Personenunternehmungen als Anteilsinhaber besteht diese Möglichkeit nicht, da auf dem ganzen Vermögensstandsgewinn - vorbehältlich einer Verzinsung für das Eigenkapital - die Sozialabgaben geschuldet sind. Zudem liegt die marginale Einkommenssteuerbelastung der Kapitalgewinne auf Beteiligungen an Kapitalgesellschaften infolge Zusammenrechnung mit dem übrigen Einkommen idR höher als bei Uebertragung von Anteilen an Personenunternehmungen.

Legende zu Tabelle unter § 15 I. C.:

E'st(W)	Einkommenssteuer(werte)
G'st(W)	Gewinnsteuer(werte) = Ertragssteuer(werte)
Schst	Schenkungssteuer
Soz.abg.	Sozialabgaben

Dieser Unterschied wirkt sich auch für den seinen Erbanteil an einer Kapitalgesellschaft auf einen Miterben oder einen Dritten übertragenden Anteilsinhaber gegenüber dem übertragenden Personenunternehmer in der Erbteilung negativ aus.

Wird eine Beteiligung zu Buchwerten bzw. zum Buchwert auf einen Rechtsnachfolger übertragen, ist der Grundsatz der Besteuerung nach der wirtschaftlichen Leistungsfähigkeit nur bei Ausgestaltung als Personenunternehmung gewährleistet. Dies ergibt sich aus dem Umstand, dass für die übertragenen stillen Reserven einer Personenunternehmung ein Steueraufschub stattfindet, während die stillen Reserven auf Beteiligungsrechten aus steuersystematischen Gründen (als Privatentnahme oder geldwerte Leistung) besteuert werden. Der Steueraufschub im ersten Fall bewirkt, dass der erwerbende Personenunternehmer latente Einkommenssteuern und Sozialabgaben übernimmt. Diese Wirkung entspricht jedoch den wirtschaftlichen Gegebenheiten, denn im Unterschied zur Uebertragung zu Verkehrswerten realisiert bestenfalls der erwerbende Personenunternehmer in einem späteren Zeitpunkt die angewachsenen Mehrwerte. Die Abrechnung im zweiten Fall führt andererseits dazu, dass ein Steuerpflichtiger belastet wird, obwohl er keine Steigerung der wirtschaftlichen Leistungsfähigkeit erfahren hat[1].

Im Gegensatz zur Uebertragung an einen unabhängigen Dritten sind Veräusserer und Erwerber bei der Sacheinlage einer Personenunternehmung bzw. von Beteiligungsrechten des GV in eine beherrschte Gesellschaft zu Buchwerten bzw. zum Buchwert miteinander identisch. Deshalb werden diese Einbringungstatbestände einander hier gegenübergestellt. Die Anforderungen an die Steuerneutrali-

---

[1] Eine dem Leistungsfähigkeitsprinzip entsprechende Behandlung liesse sich nur erreichen, wenn auf die Besteuerung beim veräussernden Anteilsinhaber verzichtet würde, und der erwerbende Anteilsinhaber die Beteiligungsrechte nur in Höhe seines Anschaffungspreises bilanzieren könnte. Damit würde jedoch bei letzterem gegen den Grundsatz verstossen, dass Investitionen zum Verkehrswert zu bewerten sind. Wollte man (neben dem buchmässigen) auch den steuersystematisch bedingten Realisationstatbestand ausschalten, "so müsste die Steuerrechtsordnung in der Weise umgestaltet werden, dass der Tatbestand der echten Realisierung auf Privatvermögen erweitert würde" (Cagianut/Höhn, Realisierung, 270).

tät sind für die Sacheinlage einer Personenunternehmung zu Buchwerten bzw. von Beteiligungsrechten des GV zum Buchwert unterschiedlich ausgestaltet. Bei der <u>Umwandlung einer Personenunternehmung in eine Kapitalgesellschaft</u> wird nur verlangt, dass die Beteiligungsverhältnisse im wesentlichen gleich bleiben müssen; die Funktion der neuen Beteiligungsrechte beim (bei den) nunmehrigen Anteilsinhaber(n) ist dabei nicht entscheidend. Bei der <u>Sacheinlage von Beteiligungsrechten</u> ist dagegen erforderlich, dass die neuen Beteiligungsrechte mit den hergegebenen wirtschaftlich identisch sind. Die Steuerneutralität kann im ersten Fall bereits dadurch erreicht werden, dass der nunmehrige Anteilsinhaber sein wirtschaftliches Engagement nicht innerhalb der Sperrfrist aufgibt. Im zweiten Fall sind diese Anforderungen strenger, indem das allgemeine Kriterium des wirtschaftlichen Engagements das spezielle der wirtschaftlichen Identität der ausgetauschten Beteiligungsrechte ersetzt. Die unterschiedlichen Bedingungen erklären sich aus der Tatsache, dass im ersten Fall bloss die "neu geschaffene" wirtschaftliche Doppelbelastung während einer Sperrfrist gesichert werden soll, während im zweiten Fall das Unternehmungssteuerrecht für die Neutralität des Tauschvorganges eines einzelnen Wirtschaftsgutes eigene, idR strengere Anforderungen stellt. Wird im ersten Fall die wirtschaftliche Doppelbelastung durch eine Steuerumgehungsmassnahme vereitelt, setzt sachgerechterweise eine Liquidationsgewinnbesteuerung ein. Wird im zweiten Fall für die Gewährung des Steueraufschubes neben der wirtschaftlichen Identität der ausgetauschten Beteiligungsrechte ein äusserer Zwang zum Tausch verlangt, geht das Unternehmungssteuerrecht m.E. ohne Grund zu weit: denn mit der Sacheinlage wurde eine zusätzliche Besteuerungsstufe geschaffen, womit der Einbringer sein wirtschaftliches Engagement, wenn auch jetzt nur noch indirekt, fortgesetzt. Dies rechtfertigt eine steuerneutrale Umgestaltung der Beteiligungsrechte auch dann, wenn diese "nur" aus wirtschaftlichem Zwang heraus erfolgte[1].

---

[1] Wird die wirtschaftliche Identität bejaht, kommt die Ersatzbeschaffungstheorie nicht zum Tragen (vgl. Reich, Realisation, 207); zur Ersatzbeschaffungstheorie vgl. Brélaz, 2 ff.

II. Eintritt eines Beteiligten

A. EINTRETENDER BETEILIGTER

1. Bei Personenunternehmungen

Mit dem Eintritt <u>zu Verkehrswerten</u> erwirbt der neue Teilhaber einer Personengesellschaft einen seiner künftigen Gewinnbeteiligung entsprechenden Anteil an den in der Unternehmung vorhandenen stillen Reserven[1]. Für den neuen Beteiligten können sich aus der Einlage selbst Steuerfolgen ergeben. Werden Sachwerte aus dem PV in das GV eingelegt, löst diese Ueberführung die Besteuerung allfälliger Mehrwerte aus, sofern private Wertzuwachsgewinne steuerbar sind und mit einer anderen Steuer erfasst werden als Gewinne auf GV[2]. Hat der eingelegte Sachwert bereits zum GV gehört, sind die für die Behandlung der stillen Reserven auf dem GV massgebenden Regeln zu beachten, d.h. es ist idR über die stillen Reserven abzurechnen, soweit solche entgeltlich auf die neuen Mitgesellschafter übertragen werden. Immerhin kann eine Realisierung verhindert werden, wenn vereinbart wird, dass sämtliche stillen Reserven auf der eingelegten Sache weiterhin dem Einleger zustehen sollen[3]. Geht man davon aus, dass Investitionen aus zivil- und steuerrechtlichen Gründen zum Verkehrswert zu bewerten sind, bleibt grundsätzlich auch für Anrechnungen zu einem unter dem wirklichen Wert liegenden Ansatz[4] kein Raum, mit der Folge, dass die bei der Einlage realisierten Mehrwerte entweder besteuert werden oder steuerfrei bleiben. Bei Eintritt <u>zu Buchwerten</u> erfolgt eine anteilige Abtretung von stillen Reserven an den neueintretenden Teilhaber. Diese Uebertra-

---

1) vgl. Cagianut, Grundprobleme, 229
2) vgl. Cagianut/Höhn, Unternehmungssteuerrecht, § 12 N 11
3) vgl. Cagianut/Höhn, Unternehmungssteuerrecht, § 12 N 12
4) Von den handelsrechtlich unzulässigen Ueberbewertungen wird hier abgesehen.

gung von stillen Reserven wird in der Praxis einkommenssteuerlich neutral behandelt, sofern die Buchwerte fortgeführt werden[1]. Der eintretende Teilhaber wird jedoch in der Differenz zwischen dem Einlagewert und dem Verkehrswert seiner neuen Beteiligung schenkungssteuerpflichtig[2].

2. Bei Kapitalgesellschaften

Erfolgt der Eintritt zum Verkehrswert durch eine offene Kapitaleinlage, kann für die Behandlung beim eintretenden Anteilsinhaber auf die für den eintretenden Teilhaber gemachten Ausführungen verwiesen werden[3]. Tritt der neue Anteilsinhaber durch Einbringung einer unterbewerteten Sacheinlage ein, ist für die steuerliche Behandlung entscheidend, dass beim Einleger und bei der Gesellschaft übereinstimmende Werte als Erlös bzw. als Einbuchungswert angenommen werden, damit keine Besteuerungslücken oder Mehrfachbesteuerungen entstehen[4]. Bei Eintritt zum Nominalwert treten die bisherigen dem eintretenden Anteilsinhaber unentgeltlich Bezugsrechte ab. Die Steuerfolgen beim eintretenden Anteilsinhaber sind je nach den Beziehungen zu den bisherigen Anteilsinhabern sowie der Rechtsform verschieden[5]. Sind die bisherigen und der neue Anteilsinhaber natürliche Personen, wird der neue Beteiligte aus der Abtretung von Bezugsrechten idR schenkungssteuerpflichtig. Einkommenssteuerlich massgebender Buchwert ist der Verkehrswert der neuen Beteiligungsrechte. Ist die eintretende Kapitalgesellschaft eine Tochtergesellschaft der bisherigen Anteilsinhaber, stellt die unentgeltliche Abtretung von Bezugsrechten eine Kapitaleinlage der "Muttergesell-

---

1) vgl. § 4 II. B. sowie 6 II. B.
2) vgl. Cagianut, Grundprobleme, 229
3) vgl. § 4 II. A. 2. b)
4) vgl. § 8 II. A. 1. b) und 2.
5) vgl. § 8 II. B. 2.

schaften" dar, welche beim neuen Anteilsinhaber emissionsabgabepflichtig ist. Der neue Anteilsinhaber ist zur Einbuchung der neuen Beteiligungsrechte in Höhe des Verkehrswertes berechtigt. Tritt als neuer Anteilsinhaber eine Muttergesellschaft der bisherigen Anteilsinhaber in die kapitalerhöhende Gesellschaft ein, ist die unentgeltliche Ueberlassung von Bezugsrechten als Naturaldividende der Tochtergesellschaft zu werten. Diese ist als Beteiligungsertrag bei der Muttergesellschaft zu versteuern. Die Muttergesellschaft ist als Folge dieser Besteuerung berechtigt, die Beteiligungsrechte an der kapitalerhöhenden Gesellschaft zum Verkehrswert in ihre Bilanz aufzunehmen. Gleichzeitig kann ihr eine Abschreibung auf den Beteiligungen an den Tochtergesellschaften als bisherigen Anteilsinhabern nicht verwehrt werden, wenn der wirkliche Wert dieser Beteiligung durch die Bezugsrechtsabtretung unter ihren Buchwert sinkt. Zu Vergleichszwecken wird hier nur die Ueberlassung von Bezugsrechten zwischen Personenunternehmungen herangezogen.

3. Vergleich

Beispiel: Eine Unternehmung weist folgende Bilanzpositionen auf: UV 450, AV 300, FK 250, Kapitalkonten 500 (2 gleichmässig Beteiligte); stille Reserven 550. Der eintretende Beteiligte soll einen Sachwert in Höhe der anteiligen Verkehrswerte bzw. des anteiligen Verkehrswertes (525) oder der Buchwerte bzw. des Nominalwertes (250) einbringen.

Bei Eintritt zu Verkehrswerten bzw. zum Verkehrswert (525) ergeben sich zwischen den Unternehmungsformen idR keine Unterschiede. Der neue Beteiligte kann diese Kapitaleinlage als Anschaffungswert der Beteiligung geltend machen. Dies gilt jedenfalls bei einer Bareinlage oder bei einer Sacheinlage, wenn der eingebrachte Mehrwert bei ihm versteuert worden ist bzw. die Steuerordnung diesen Realisationstatbestand von der Besteuerung ausnimmt. Bei Eintritt zu Buchwerten (250) in eine Personenunternehmung entfällt eine Abrechnung über den überlassenen Anteil der stillen Reserven der Unternehmung. Beim neuen Personenunternehmer ist der Einlagewert (250) der massgebende Einkommens-

steuerwert. Damit übernimmt der neue Teilhaber für die Differenz
zum Verkehrswert der neuen Beteiligung latente Einkommenssteuern
und Sozialabgaben. Der zum Nominalwert (250) in eine Kapitalgesellschaft eintretende Anteilsinhaber übernimmt dagegen keine
latente Steuerlast auf Stufe Anteilsinhaber (latente Steuerlast
2. Stufe), da er als Folge der Besteuerung bei den bisherigen
Anteilsinhabern berechtigt ist, die neuen Beteiligungsrechte
zum Verkehrswert (433) in seine Bilanz einzusetzen. Soweit eine
Schenkungssteuer geschuldet ist, fällt die Bemessungsgrundlage
für die eintretenden Beteiligten bei den Personenunternehmungen
idR vorteilhafter aus[1].

B. BISHERIGE BETEILIGTE

1. Bei Personenunternehmungen

Bei Eintritt zu Verkehrswerten hängt die Besteuerung beim bisherigen Beteiligten[2] von der Höhe und der Verbuchung des vom
eintretenden Teilhabers geleisteten Aufgeldes ab[3]. Entspricht
das vom neuen Beteiligten geleistete Aufgeld dem vollen Wert
der stillen Reserven (Variante 1) und steht dieses nur dem Neubeteiligten zu, realisiert der bisherige Beteiligte die vorhandenen Altreserven nur bei deren Auflösung (Buchungsart A). Wird
vereinbart, dass die Altreserven nur dem bisherigen Beteiligten
zustehen sollen, kann auf eine buchmässige Auflösung dieser Reserven verzichtet und damit eine Realisierung vermieden werden
(Buchungsart B). Steht das geleistete Aufgeld dem bisherigen
und dem neuen Beteiligten anteilmässig zu, realisiert der bisherige Beteiligte einen Vermögensstandsgewinn im Umfang der
hälftigen stillen Reserven (Buchungsart C). Ueberträgt der bis-

---

1) vgl. § 18 III.

2) Hier wird der Eintritt in eine Einzelunternehmung unterstellt; gleiches gilt für die bisher Beteiligten an einer Personengesellschaft.

3) vgl. § 4 II. A. 1.

herige Beteiligte dem Neubeteiligten gegen Vergütung den anteiligen Wert der Altreserven (Variante 2), realisiert er den hälftigen Wert dieser Reserven. Soweit der bisherige Beteiligte stille Reserven realisiert, sind diese auch sozialabgabepflichtig. Bei Eintritt zu Buchwerten sind beim bisherigen Personenunternehmer mangels Realisation eines Kapitalgewinnes weder Einkommenssteuern noch Sozialabgaben geschuldet.

2. Bei Kapitalgesellschaften

Wird bei Eintritt zum Verkehrswert die ganze Kapitaleinlage in die Kapitalgesellschaft eingelegt, entfällt für die bisherigen Anteilsinhaber eine Realisation angewachsener Mehrwerte. Anders ist zu urteilen, wenn die bisherigen Anteilsinhaber durch Bezugsrechtsverkäufe eine Verwässerung des Wertes ihrer Beteiligungsrechte kompensieren; der Bezugsrechtserlös ist idR als Kapitalgewinn mit dem übrigen Einkommen bzw. Ertrag steuerbar[1].
Bei Eintritt zum Nominalwert ist der Verzicht auf Bezugsrechte zugunsten des eintretenden Anteilsinhabers je nach den Verhältnissen bei den bisherigen Anteilsinhabern als einkommenssteuerpflichtige Privatentnahme, als Kapitaleinlage oder als geldwerte Leistung zu würdigen[2]. Zu Vergleichszwecken wird wiederum nur die Abtretung von Bezugsrechten zwischen Personenunternehmungen herangezogen.

3. Vergleich

Soweit die bisherigen Anteilsinhaber anlässlich des Eintritts eines neuen Beteiligten zum Verkehrswert keine Bezugsrechtserlöse realisieren, hat der Eintritt auf diese Beteiligten keine steuerlichen Folgen. Dagegen hängt die Besteuerung der bisherigen Personenunternehmer bei Eintritt zu Verkehrswerten von der

---

1) vgl. § 8 I. A. 3.
2) vgl. § 8 I. B. 2.

Verwendung des geleisteten Aufgeldes ab. Soll bei Leistung des vollen Aufgeldes (Variante 1) die Besteuerung beim bisherigen Beteiligten vermieden werden (Buchungsart B), müssen im Gesellschaftsvertrag entsprechende Vorkehren getroffen werden. In den andern Fällen (Buchungsarten A und C) werden stille Reserven realisiert. Erhält der bisherige Beteiligte für die Ueberlassung des hälftigen Anteils der stillen Reserven eine Vergütung (Variante 2), setzt dafür ebenfalls eine Besteuerung ein. Werden im Zusammenhang mit dem Eintritt stille Reserven realisiert, sind die Unternehmungsformen einander hinsichtlich des Steuermasses idR gleichgestellt; bei beiden werden die Kapitalgewinne zusammen mit dem übrigen Einkommen bzw. Ertrag besteuert. Da ein Besitzdauerabzug für langfristig angewachsene realisierte Mehrwerte bei beiden Unternehmungsformen idR nicht gewährt wird, erfolgt die Besteuerung dieses Kapitalgewinnes zu einem idR hohen marginalen Steuersatz. Ist eine Personenunternehmung beteiligt, sind die Unternehmungsformen einander auch hinsichtlich der Sozialabgaben gleichgestellt. Ist der Anteilsinhaber dagegen eine Kapitalgesellschaft, entfällt für die realisierten Kapitalgewinne eine Sozialabgabepflicht. Bei Eintritt zu Buchwerten bzw. zum Nominalwert ist die Personenunternehmung die vorteilhaftere Unternehmungsform, da die bisherigen Beteiligten hier steuerlich nicht belangt werden; dagegen werden Personenunternehmer als bisherige Anteilsinhaber für die unentgeltliche Abtretung von Bezugsrechten aus steuersystematischen Gründen besteuert.

Legende zu Tabelle unter § 15 II. C.

E'st(W)	Einkommenssteuer(werte)
G'st(W)	Gewinnsteuer(werte) = Ertragssteuer(werte)
Schst	Schenkungssteuer
Soz.abg.	Sozialabgaben

C. TABELLARISCHE DARSTELLUNG DER VERGLEICHE (BEI EINTRITT)

Beteiligung an	Personenunternehmung (PUG)	Kapitalgesellschaft (KG)	Vergleich (Unterschiede)
beim Beteiligten	im GV (immer)	im GV (PUG oder KG)	
Steuerfolgen Beteiligte in -Entgelt	§§ 4 II./6.II.	§ 8 II.	§ 15 II. A./B.
Eintretender			
-vollständig entg.	zu Verkehrswerten	zum Verkehrswert	
Sachwerte aus PV	Abrechnung über Mehrwerte bei privater KG-Besteuerung	Abrechnung über Mehrwerte bei privater KG-Besteuerung	keine
Sachwerte aus GV	Abrechnung über stille Reserven; Ausnahme: Altreserven bleiben beim Eintr.	idR Abrechnung über stille Reserven	idR keine KG: Ausnahmeregelung wie bei PUG nicht möglich
-teilweise entg.	zu Buchwerten	zum Nominalwert	
Annahme: Einlagegut hat keine stillen Reserven	E'st-neutral; Uebernahme latenter E'st + Soz.abg.	Empfang Bezugsrechte als - Schenkung - Kapitaleinlage - geldw.Leistg.	KG: keine Uebernahme latenter Steuern
	Schst: Bemessungsgrundlage: Substanzwert	Schst bei PUG: Bemessungsgrundlage: Unternehmungswert	idR Bemessungsgrundlage
Bisherige			
-vollständig entg.	zu Verkehrswerten	zum Verkehrswert	
Kapitaleinlage in Höhe der(s) Verkehrswerte(s)	Aufgeld = stille Reserven (Var.1): Realisation hängt von vertraglicher Regelung und Buchungsart ab. vgl. S. 76 ff. sowie 107 ff.	keine Realisation	PUG: Unterschiede je nach Aufgeld und Buchungsart
Kapitaleinlage nur für einen Teil der(s) Verkehrswerte(s)	Aufgeld = anteilmässige stille Reserven (Var.2): anteilmässige Realisation	Realisation Kapitalgewinn aus Verkauf von Bezugsrechten	keine
-teilweise entg.	zu Buchwerten	zum Nominalwert	
	steuerfrei	Abtretung Bezugsrechte als - Privatentnahme - Kapitaleinlage - geldwerte Leistg.	KG: Realisation stiller Reserven bei Privatentnahme bzw. geldwerter Leistung

D. GESAMTWUERDIGUNG

Hier ist die Frage zu beantworten, ob eine allfällige Besteuerung den "richtigen" Beteiligten, d.h. den tatsächlich Bereicherten trifft. Soweit beim Eintritt zu Verkehrswerten der bisherige Personenunternehmer Altreserven realisiert, erfolgt die Besteuerung bei diesem Beteiligten nach der Massgabe seiner wirtschaftlichen Leistungsfähigkeit. Werden bei Eintritt zum Verkehrswert in eine Kapitalgesellschaft Bezugsrechte entgeltlich veräussert, wird sachgerechterweise ebenfalls der bisherige Beteiligte besteuert, da er seine wirtschaftliche Leistungsfähigkeit gesteigert hat. Wollen die bisherigen zugunsten des neuen Beteiligten auf einen Anteil an den stillen Reserven verzichten (Eintritt zu Buchwerten), ist für die bisherigen Beteiligten die Ausgestaltung als Personenunternehmung vorzuziehen, denn hier wird durch die Gewährung des Steueraufschubes erreicht, dass im Zeitpunkt einer späteren Realisation der Mehrwerte der begünstigte Beteiligte zur Besteuerung herangezogen wird. Diese Wirkung ist sachgerecht, denn besteuert wird in diesem Falle derjenige Steuerpflichtige, der eine Steigerung der wirtschaftlichen Leistungsfähigkeit erfahren wird.

Dagegen hat die Ausgestaltung als Kapitalgesellschaft bei Eintritt zum Nominalwert bei den bisherigen Anteilsinhabern aus steuersystematischen Gründen eine Besteuerung zur Folge, obwohl deren wirtschaftliche Leistungsfähigkeit durch die unentgeltliche Abtretung von Bezugsrechten abnimmt. Eine diesem Prinzip Rechnung tragende Behandlung liesse sich hier wiederum nur dadurch erreichen, dass auf die Besteuerung bei den bisherigen Anteilsinhabern verzichtet würde; in diesem Falle dürfte jedoch der eintretende Beteiligte die Beteiligungsrechte nur bis zur Höhe des Anschaffungswertes (Nominalwertes) aktivieren.

III. Austritt eines Beteiligten

A. AUSTRETENDER BETEILIGTER

1. Bei Personenunternehmungen

Beim Austritt zu den Verkehrswerten hat der austretende Teilhaber die Einkommenssteuer auf dem Kapitalgewinn zu entrichten, welcher der Differenz zwischen dem steuerlich massgebenden Kapitalkonto und dem höheren Abfindungsbetrag entspricht. Dabei sind sämtliche Leistungen der verbleibenden Teilhaber zum Austrittserlös zu zählen[1]. Sofern sich mit dem Austritt die Erwerbsgrundlagen wesentlich und dauernd ändern und deshalb eine Zwischenveranlagung vorzunehmen ist, erfolgt die Besteuerung zum Satz, der diesem ausserordentlichen Gewinn allein entspricht. Seit der Aenderung der AHVV (auf 1.1.84) sind Kapitalgewinne auch in Zwischeneinschätzungsfällen sozialabgabepflichtig[2]. Bei Abfindung mit einem Sachwert, dessen stille Reserven der Berechtigung des ausscheidenden Teilhabers an den gesamten stillen Reserven der Personengesellschaft entspricht, hat nur dieser Teilhaber Einkommens- bzw. Grundstückgewinnsteuern und Sozialabgaben zu entrichten. Soweit die stillen Reserven auf dem Sachwert die Berechtigung des ausscheidenden Teilhabers übersteigen, schulden auch die verbleibenden Beteiligten Einkommenssteuern und Sozialabgaben, während der ausscheidende Teilhaber für diese Differenz der Schenkungssteuer unterliegt. Im umgekehrten Falle ist nur der austretende Teilhaber einkommenssteuer- und sozialabgabepflichtig, während die verbleibenden Beteiligten zur Schenkungssteuer herangezogen werden. Verzichtet der austretende Personenunternehmer auf seinen Anspruch an den anteiligen stillen Reserven (Austritt zu Buchwerten), liegt darin idR eine Schenkung an die verbleibenden Teilhaber[3].

---

1) vgl. Cagianut, Grundprobleme, 230
2) vgl. § 3 VII. B. 1.
3) vgl. Cagianut, Grundprobleme, 230

2. Bei Kapitalgesellschaften

Der austretende Anteilsinhaber realisiert bei Abfindung zum Verkehrswert der zurückgegebenen Beteiligungsrechte insoweit einen Kapitalgewinn, als der Rückzahlungsbetrag den Buchwert der Beteiligung übersteigt[1]. Diese Differenz ist im Falle des Austritts einer Personenunternehmung idR bei den einzelnen Teilhabern anteilmässig als geschäftlicher Kapitalgewinn mit dem übrigen Einkommen steuerbar. Im weiteren sind darauf die Sozialabgaben von 9,4 % zu entrichten. Ist der austretende Anteilsinhaber eine Kapitalgesellschaft, unterliegt der Liquidationserlös als Beteiligungsertrag der ordentlichen Ertragsbesteuerung unter Geltendmachung des Beteiligungsabzuges oder bleibt bei Realisation durch eine Holdinggesellschaft kantonalrechtlich idR steuerbefreit. Bei Austritt zum Nominalwert[2] nimmt eine austretende Personenunternehmung zugunsten der als Anteilsinhaber verbleibenden natürlichen Personen in der Differenz zwischen Buchwert und Verkehrswert eine einkommenssteuer- und sozialabgabepflichtige Privatentnahme vor. Ist die austretende Kapitalgesellschaft Tochtergesellschaft der verbleibenden Anteilsinhaber, erbringt sie ihren Muttergesellschaften in der Differenz zwischen Buchwert und wirklichem Wert eine der Verrechnungs- und Ertragssteuer unterliegende Leistung. Ist sie Muttergesellschaft der verbleibenden Anteilsinhaber, liegt im Verzicht auf die Bezugsrechte eine Kapitaleinlage. Für den Vergleich wird unterstellt, der austetende Anteilsinhaber sei eine Personenunternehmung.

---

1) vgl. § 8 III. A. 2.
2) vgl. § 8 III. B.

3. Vergleich

Beispiel: Eine Unternehmung mit drei gleichmässig Beteiligten weist folgenden Vermögensstand auf: UV 400, AV 350, FK 300, Kapitalkonten 450 (stille Reserven 300). Der austretende Beteiligte wird alternativ zu den anteiligen Verkehrswerten bzw. zum Verkehrswert (250) oder den anteiligen Buchwerten bzw. dem Nominalwert (150) abgefunden. Der Buchwert der Beteiligungsrechte beim austretenden Anteilsinhaber beträgt ebenfalls 150.

Bei Austritt <u>zu anteiligen Verkehrswerten bzw. zum Verkehrswert</u> (250) besteht bei der <u>Ermittlung des steuerbaren Kapitalgewinnes</u> kein Unterschied: steuerbar ist für den austretenden Beteiligten beider Unternehmungsformen die Differenz (100) zwischen den Buchwerten bzw. dem Buchwert (150) und dem Abfindungsbetrag (250). Hinsichtlich des <u>Steuermasses</u> ist der austretende Teilhaber gegenüber dem Anteilsinhaber bevorzugt, soweit bei ihm der Erlös der Teilliquidation wegen Vornahme einer Zwischenveranlagung der Jahressteuer zum Satz dieses Einkommens unterliegt; der austretende Anteilsinhaber muss seinen Erlös mit dem übrigen Einkommen versteuern, was idR zu einer höhern marginalen Steuerbelastung führt. Vergleicht man die Unternehmungsformen bezüglich der Sozialabgabepflicht, ergibt sich bei dieser Konstellation (Anteilsinhaber ist eine Personenunternehmung) kein Unterschied: Beide Beteiligten sind für den Gewinn abgabepflichtig. Ist der austretende Anteilsinhaber eine Kapitalgesellschaft, ist er bezüglich den Gewinnsteuern (Beteiligungsabzug) als auch für die Zwecke der Sozialabgaben (Befreiung) gegenüber der Ausgestaltung als Personenunternehmung im Vorteil.

Wird der austretende Beteiligte <u>zu anteiligen Buchwerten bzw. zum Nominalwert</u> abgefunden (150), entfallen beim ausscheidenden Teilhaber einer Personenunternehmung mangels Realisation eines Mehrwertes Einkommenssteuern und Sozialabgaben; dagegen wird der austretende Anteilsinhaber aus Privatentnahme im Umfang von 100 einkommenssteuer- und sozialabgabepflichtig.

B. VERBLEIBENDE BETEILIGTE

1. Bei Personenunternehmungen

Soweit mit dem Austritt <u>zu Verkehrswerten</u> nicht eigene Reserveanteile aufgelöst werden, realisieren die verbleibenden Teilhaber keine steuerbaren Kapitalgewinne; m.a.W. tritt eine Besteuerung bei den verbleibenden Teilhabern nur ein, wenn diese zugunsten des ausscheidenden Teilhabers auf eigene Reserveanteile verzichten. Dies ist jedoch nicht gegeben, wenn ein austretender Teilhaber mit einem Sachwert abgefunden wird, dessen stille Reserven mit seiner Berechtigung an den Reserven des Gesamtvermögens übereinstimmen; denn zivilrechtlich betrachtet hat der einzelne Teilhaber nur Anspruch auf einen Anteil am Gesamtvermögen[1]. Eine Realisation rechtfertigt sich auch aus wirtschaftlicher Sicht nicht, da die verbleibenden Teilhaber ihr unternehmerisches Engagement fortsetzen[2]. Beim Austritt <u>zu den Buchwerten</u> ist die Zunahme der Berechtigung an den stillen Reserven für die verbleibenden Teilhaber unter dem Vorbehalt der Weiterführung ihrer Einkommenssteuerwerte erfolgsneutral[3]. Diese Teilhaber übernehmen jedoch auf den unentgeltlich erworbenen stillen Reserven latente Einkommenssteuern und Sozialabgaben. Zudem schulden sie auf diesen empfangenen Mehrwerten idR die Schenkungssteuer[4].

2. Bei Kapitalgesellschaften

Der Austritt <u>zum Verkehrswert</u> bleibt für die verbleibenden Anteilsinhaber ohne Steuerfolgen[5]. Beim Austritt <u>zum Nominalwert</u> sind die Steuerfolgen abhängig von der Unternehmungsform der

---

1) vgl. dazu die Argumentation bei der Erbteilung § 6 I. A. 3.
2) vgl. Reich, Realisation, 229
3) vgl. § 6 III. B. 2.
4) vgl. § 6 III. B. 1.
5) vgl. § 8 III. A. 3.

verbleibenden Anteilsinhaber und dem Verhältnis zum austretenden Beteiligten[1]. Ueberlässt eine ausscheidende natürliche Person die Mehrwerte an natürliche Personen, tätigt der austretende Anteilsinhaber eine Privatentnahme und erbringt den verbleibenden Anteilsinhabern idR eine Schenkung. Sind die verbleibenden Beteiligten "Muttergesellschaften" des austretenden Anteilsinhabers, liegt im Verzicht der Tochtergesellschaft eine geldwerte Leistung, welche bei den Muttergesellschaften als Naturaldividende steuerbar ist. Im Gegenzug sind die Beteiligungsrechte an der kapitalherabsetzenden Gesellschaft entsprechend aufzuwerten. Sind die verbleibenden Beteiligten Tochtergesellschaften des austretenden Anteilsinhabers, nehmen diese eine Kapitaleinlage vor, welche bei den Tochtergesellschaften als Zuschuss emissionsabgabepflichtig ist. Für den Vergleich wird nur die erste Konstellation berücksichtigt.

3. Vergleich

Grundsätzlich berührt der Austritt eines Anteilsinhabers <u>zum Verkehrswert</u> die verbleibenden Anteilsinhaber nicht. Dagegen können die verbleibenden Teilhaber selbst steuerlich betroffen sein, wenn der <u>zu Verkehrswerten</u> austretende Teilhaber mit einem unterbewerteten Sachwert abgefunden wird und den einzelnen Gesellschaftern eine anteilmässige Berechtigung an den stillen Reserven auf dem Sachwert zugeschrieben wird; eine solche Betrachtungsweise entspricht jedoch weder den zivilrechtlichen noch den wirtschaftlichen Gegebenheiten. Wird der austretende Beteiligte für die stillen Reserven in bar abgefunden, sind die verbleibenden Personenunternehmer als Folge der steuerlichen Erfassung dieser Mehrwerte beim austretenden Personenunternehmer berechtigt, die Vermögenswerte entsprechend aufzuwerten und damit zusätzliches Abschreibungspotential zu schaffen. Bei Austritt mit Barabfindung sind die verbleibenden Personenunternehmer gegenüber den Anteilsinhabern somit im Vorteil.

---

1) vgl. § 8 III. B. 2.

Der Austritt zu den Buchwerten ist für die verbleibenden Teilhaber bei gleichzeitiger Fortführung der eigenen Buchwerte einkommenssteuerlich und sozialabgaberechtlich unbeachtlich; sie haben jedoch wie die verbleibenden Personenunternehmer als Anteilsinhaber auf den übertragenen Mehrwerten die Schenkungssteuer zu entrichten. Die Teilhaber übernehmen zudem auf den unversteuerten Mehrwerten latente Einkommenssteuern und Sozialabgaben. Diesen Nachteil tragen die Personenunternehmer als verbleibende Anteilsinhaber einer Kapitalgesellschaft nicht; denn die steuerliche Abrechnung bei dem zum Nominalwert austretenden Anteilsinhaber berechtigt sie, die nunmehr versteuerten Mehrwerte zum eigenen Anschaffungswert zu schlagen.

C. TABELLARISCHE DARSTELLUNG DER VERGLEICHE (BEI AUSTRITT)

Beteiligung an	Personenunternehmung (PUG)	Kapitalgesellschaft (KG)	Vergleich (Unterschiede)
beim Beteiligten	im GV (immer)	im GV (PUG oder KG)	
Steuerfolgen Beteiligte in -Entgelt	§ 6 III.	§ 8 III.	§ 15 III. A./B.
Austretender			
-vollständig entg.	zu Verkehrswerten	zum Verkehrswert	
Abfindung in bar	E'st als Jahresst. + Soz.abg.	PUG: ord.E'st + Soz. abg. KG: ord.G'st (Beteiligungsabzug) oder steuerfrei (Holdingprivileg)	Steuermass KG: keine Soz.abg. bei KG KG: keine G'st + Soz.abg. bei KG
Abfindung in Sachwerten	E'st + Soz.abg. bis zur Höhe der Berechtigung an den stillen Reserven	dito (Naturaldividende)	dito
-teilweise entg.	zu Buchwerten	zum Nominalwert	
Annahme: Entnahmegut hat keine stillen Reserven	steuerfrei	Abtretung Bezugsrechte als - Privatentnahme - geldwerte Leistg. - Kapitaleinlage	KG: Realisation stiller Reserven bei Privatentnahme bzw. geldwerter Leistung

C. TABELLARISCHE DARSTELLUNG DER VERGLEICHE (BEI AUSTRITT); FORTSETZUNG

Verbleibende				
-vollständig entg.	zu Verkehrswerten	zum Verkehrswert		
Abfindung in bar	steuerfrei (Aufwertung um versteuerte Mehrwerte	steuerfrei		KG: u.U. Uebernahme latenter Steuern 1. Stufe
Abfindung in Sachwerten	E'st + Soz.abg. nur wenn Verkehrswert Sachwert > Berechtigung des Austr. an den stillen Reserven	steuerfrei		idR keine
-teilweise entg.	zu Buchwerten	zum Nominalwert		
	E'st-neutral; Uebernahme latenter E'st + Soz.abg.	Empfang Bezugsrechte als - Schenkung - geldwerte Leistg. - Kapitaleinlage		KG: keine Uebernahme latenter Steuern
	Schst: Bemessungsgrundlage: Substanzwert	Schst bei PUG: Bemessungsgrundlage: Unternehmungswert		idR Bemessungsgrundlage

Legende:

E'st	Einkommenssteuer
G'st	Gewinnsteuer = Ertragssteuer
Schst	Schenkungssteuer
Soz.abg.	Sozialabgaben

D. GESAMTWUERDIGUNG

Für den <u>austretenden Beteiligten</u> ist bei Abfindung <u>in Höhe des Verkehrswertes</u> der Beteiligung die Unternehmungsform der Kapitalgesellschaft idR vorteilhafter. Dies gilt jedenfalls, sofern der austretende Anteilsinhaber eine Kapitalgesellschaft ist und daher einerseits den Nettoerlös der Teilliquidation als Beteiligungsertrag versteuern kann und anderseits darauf keine Sozialabgaben entrichten muss. Will der austretende Beteiligte dagegen den verbleibenden Beteiligten den anteiligen Anspruch auf die stillen Reserven bzw. Mehrwerte abtreten, indem er <u>zu den Buchwerten bzw. zum Nominalwert</u> austritt, ist die Personenunternehmung der Kapitalgesellschaft idR überlegen, da die Besteuerung stiller Reserven hier aufgeschoben wird.

Umgekehrt ist für die verbleibenden Beteiligten die Unternehmungsform der Personenunternehmung insbesondere dann vorteilhafter, wenn der zu Verkehrswerten austretende Beteiligte für die stillen Reserven in bar abgefunden wird und sie in der Folge berechtigt sind, die Vermögenswerte um die versteuerten Mehrwerte aufzuwerten. Anderseits profitieren die verbleibenden Personenunternehmer als Anteilsinhaber bei Austritt zum Nominalwert davon, dass der austretende Anteilsinhaber die unentgeltlich überlassenen Mehrwerte aus Privatentnahme zu versteuern hatte und eine Uebernahme latenter Einkommenssteuern und Sozialabgaben damit entfällt.

Dem Grundsatz der Besteuerung nach der wirtschaftlichen Leistungsfähigkeit vermögen bei Austritt zu Verkehrswerten bzw. zum Verkehrswert grundsätzlich beide Unternehmungsformen zu genügen; denn die Besteuerung setzt bei jenen Beteiligten ein, welche durch die Abfindung für den Anspruch auf den stillen Reserven einen Zufluss an Vermögenswerten erfahren haben. Bei Austritt zu den Buchwerten bzw. zum Nominalwert wird eine der wirtschaftlichen Leistungsfähigkeit entsprechende Besteuerung in jedem Falle bei den Personenunternehmungen erreicht, da die Besteuerung stiller Reserven bis zur Realisierung bei den verbleibenden Teilhabern aufgeschoben wird. Dies trifft bei der Unternehmungsform der Kapitalgesellschaft nicht zu, denn hier wird beim austretenden Anteilsinhaber trotz fehlender Bereicherung aus steuersystematischen Gründen abgerechnet.

§ 16 BETEILIGUNGEN AN PERSONENUNTERNEHMUNGEN - BETEILIGUNGSRECHTE AN KAPITALGESELLSCHAFTEN IM PRIVATVERMOEGEN (PV) IN STEUERORDNUNGEN MIT KAPITALGEWINNBESTEUERUNG

Obwohl gegenwärtig nur eine Minderheit der Kantone Kapitalgewinne aus der Veräusserung von Beteiligungsrechten des PV besteuert[1], drängt sich der folgende Vergleich vor allem im Hinblick auf die mit der Steuerharmonisierung möglicherweise auf Bundes- wie auf Kantonsebene einzuführende Beteiligungsgewinnsteuer[2] auf[3]. Im weiteren werden für den Vergleich nur Steuerordnungen berücksichtigt, die für die private Kapitalgewinnbesteuerung de lege lata dieses System konsequent anwenden[4].

I. Uebertragung

A. UEBERTRAGENDER BETEILIGTER

1. Bei Personenunternehmungen

Für die steuerlichen Folgen bei entgeltlicher Veräusserung einer Personenunternehmung bzw. eines Anteils daran kann auf die zusammenfassenden Ausführungen an gleicher Stelle in § 15 sowie die ausführliche Darstellung in den §§ 4 und 6 verwiesen werden.

---

1) vgl. § 10 I. A. 2. a); Aus den dortigen Ausführungen ist ersichtlich, dass der Kreis der die Kapitalgewinne besteuernden Kantone offenbar immer kleiner wird.

2) DBGE 40 ff.; StHGE 13 f.; im Rahmen dieser Arbeit soll nicht auf die grundsätzliche Diskussion über Vor- und Nachteile einer Beteiligungsgewinnsteuer eingegangen werden. Dazu sei auf die Ausführungen in der Botschaft Steuerharmonisierung (38 ff.) sowie auf Zuppinger/Böckli/Locher/Reich (95 ff.) verwiesen.

3) Die vorberatende ständerätliche Kommission hat allerdings die Beteiligungsgewinnsteuer in erster Lesung verworfen (vgl. NZZ v. 7.5.85, 33).

4) Für Steuerordnungen mit Kapitalgewinnbesteuerung, die bei der Ausgabe von Gratisaktien sowie bei der Behandlung des Liquidationserlöses das Nennwertprinzip anwenden (z.B. BE), gelten die entsprechenden Ausführungen in § 17 sinngemäss.

Im weiteren vgl. die tabellarische Darstellung unter § 16 I. C.

2. Bei Kapitalgesellschaften

Die bei der Uebertragung zum Verkehrswert realisierten privaten Kapitalgewinne werden in der Differenz zwischen Anlagewert und höherem Verkehrswert je nach kantonaler Regelung zusammen mit dem übrigen Einkommen, gesondert nach dem Tarif und im Rahmen der allgemeinen bzw. einer speziellen Einkommenssteuer (Beteiligungsgewinnsteuer) oder mit einer umfassenden Sonderkapitalgewinnsteuer (Kapitalgewinn-, Vermögensgewinnsteuer) erfasst[1]. Im Hinblick auf einen Vergleich mit den Personenunternehmungen hat die Besteuerung zusammen mit dem übrigen Einkommen gegenüber den andern Besteuerungsarten den entscheidenden Nachteil, dass die marginale Steuerbelastung als Folge der idR vollumfänglichen Wirkung der Progression am höchsten ist[2]. Dagegen ermöglicht die Ausgestaltung als umfassende Sonderkapitalgewinnsteuer eine der Natur des Zuwachsgewinneinkommens angepasste autonome Festlegung des Tarifs im Interesse einer gleichmässigen und gerechten Belastung[3][4]. In Steuerordnungen mit der Beteiligungsgewinnsteuer[5] werden Kapitalgewinne aus "wesentlichen" und "nicht wesentlichen" Beteiligungen unterschiedlich behandelt.

---

1) vgl. § 10 I. A.

2) Dies gilt zum mindesten, solange der maximale Steuersatz nicht erreicht ist. Im Vergleich wird die gesonderte Besteuerung der Kapitalgewinne vorausgesetzt.

3) vgl. Zuppinger/Böckli/Locher/Reich, 108

4) In Frankreich sind die Gewinne aus der Veräusserung wesentlicher Beteiligungen (mindestens 25 %) seit 1974 einer Sondersteuer unterstellt (CG I 160). Gewinne aus der Veräusserung von nicht wesentlichen Beteiligungen (unter 25 %) unterliegen seit 1978 der Sache nach idR einer Börsengewinnsteuer; denn sie werden von dieser speziellen Kapitalgewinnsteuer erfasst, sofern die Beteiligungsrechte börsennotiert sind und auch nicht ausserbörslich gehandelt werden, bleiben damit völlig steuerfrei (vgl. Böckli, Rechtsvergleich, 349; derselbe, Die neue französische Kapitalgewinnsteuer, ASA 45 (1976/77, 433).

5) Die Beteiligungsgewinnsteuer nach St. Galler Muster lehnt sich an § 17 EStG. Entstehungsgeschichte, Motivierung und Wesensmerkmale des deutschen Vorbildes werden bei David, 41 ff. dargestellt.

Gewinne aus der Veräusserung "nicht wesentlicher" Beteiligungen bleiben in diesen Steuerordnungen grundsätzlich steuerfrei, haben aber die Wirkungen des Nennwertprinzips[1] zu tragen[2]. Gewinne aus der Veräusserung "wesentlicher" Beteiligungen werden gesondert nach dem Einkommenssteuertarif erfasst. Die Progression richtet sich somit allein nach der Höhe des Beteiligungsgewinnes.

Aufgrund der bundesgerichtlichen Rechtsprechung[3] werden Nachlassaktiven in der <u>Erbteilung</u> insoweit unentgeltlich erworben, als ihr gesamter Wert den Wert des einzelnen Erbteils nicht übersteigt. Werden somit von der Erbengemeinschaft Beteiligungsrechte auf einzelne Erben übertragen, realisieren die nicht übernehmenden Erben keinen Kapitalgewinn[4].

Da die Sozialabgaben nur von Buchführungspflichtigen zu entrichten sind, bleiben private Kapitalgewinne von der Belastung mit Sozialabgaben befreit. Zudem ist es wenig wahrscheinlich, dass diese Beiträge in Zukunft auf Gewinnen des PV erhoben werden, sodass eine Sozialabgabepflicht im folgenden Vergleich für private Kapitalgewinne ausser Betracht fällt.

Haben Veräusserer und Erwerber ihren Wohnsitz in Steuerordnungen mit Kapitalgewinnbesteuerung, bieten sich bei der Ermittlung des Erwerbspreises keine Probleme. Der Erwerber übernimmt keine latente Steuerlast; vielmehr ist der Anlagewert auch bei Liquidation der Kapitalgesellschaft Grundlage zur Feststellung des steuerbaren Kapitalgewinnes (Liquidationsergebnisses).

---

1) Für diese Kapitalgewinne kann, wie erwähnt, auf die Ausführungen in § 17 verwiesen werden.
2) Cagianut (F. Cagianut, Die Besteuerung der privaten Kapitalgewinne, Seminar des IFF v. 17./18.4.1969, 71) hat als Ergänzung zur Beteiligungsgewinnsteuer für Gewinne aus der Veräusserung kotierter Wertpapiere (Beteiligungen unter 20 %) eine Börsensteuer vorgeschlagen. Diese Lösung hat jedoch bisher keinen Eingang in die Steuergesetze gefunden.
3) ASA 39, 61; BGE 91 II 90 ff.
4) vgl. Cagianut/Höhn, Unternehmungssteuerrecht, § 16 N 19

Das Gleiche gilt, wenn der Erwerber die Beteiligungsrechte in sein GV nimmt. In beiden Fällen findet kein Systemwechsel statt. Der Ermittlung des Kaufpreises kommt jedoch dann erhöhte Bedeutung zu, wenn der Erwerber einer Steuerordnung unterstellt ist, welche bei Liquidation der Kapitalgesellschaft das Nennwertprinzip anwendet[1]. Der Käufer wird in diesem Falle bestrebt sein, die Ausschüttungsbelastung durch Reduktion des Kaufpreises auf den Verkäufer zurückzuwälzen. Da für den Verkäufer die Person des Erwerbers ohne Einfluss auf die Besteuerung ist, wird er einem Preiseinschlag und damit einer Reduktion seines Kapitalgewinnes nur zustimmen, wenn die Marktverhältnisse dies erfordern[2].

Für die Uebertragung zum Anlagewert wurde vorne[3] dargelegt, dass die Einheitstheorie im Kapitalgewinnsteuerrecht der Trennungstheorie vorzuziehen ist. Bei Anwendung der Einheitstheorie hat der Verkauf keine kapitalgewinnsteuerlichen Folgen[4]. Soweit der Einbringungstatbestand nicht ausdrücklich als kapitalgewinnsteuerlich relevanter Tatbestand gilt, ist eine Besteuerung m.E. bei Verkauf an eine beherrschte Gesellschaft höchstens zum Anlagewert mangels Gewinnrealisation nicht gerechtfertigt[5].

---

1) z.B. BE sowie die Steuerordnungen ohne Kapitalgewinnbesteuerung

2) Die Nettowirkung eines solchen Preisabschlages ergibt sich erst aus der Gegenüberstellung mit der Steuerersparnis aus dem tieferen Kapitalgewinn.
Beispiel: Preiseinschlag 100
marginale Steuerbelastung (50 %) 50
Nettowirkung des Preiseinschlages 50

3) vgl. § 10 I. B. 1.

4) Dagegen entsteht nach der in der BRD und offensichtlich auch in vereinzelten Kantonen mit Kapitalgewinnbesteuerung (z.B. BS) angewandten Trennungstheorie ein steuerbarer Kapitalgewinn (vgl. Kritik bei Kruse, IbFStR 1982/83, 165 ff.).

5) In der BRD ist dieser Tatbestand beteiligungsgewinnsteuerlich beachtlich (vgl. BFH vom 12.2.1980, VIII R 114/77 BStBL II 1980, 494, bei Knobbe-Keuk, Bilanz- und Unternehmenssteuerrecht, 568 FN 13).

3. Vergleich

Beispiel: Die Buchwerte eines veräusserten Geschäftes bzw. Geschäftsanteils betragen 40, der Veräusserungserlös ist 140. Der Anlagewert der Beteiligungsrechte im PV beträgt ebenfalls 40, während beim Verkauf dafür 140 gelöst werden. Im weiteren wird vorausgesetzt, die Gewinne aus der Veräusserung von Beteiligungsrechten des PV werden gesondert besteuert. Der angenommene Einkommenssteuertarif für die realisierten Liquidationsgewinne beträgt 30 %, während die Belastung der privaten Kapitalgewinne nach Berücksichtigung eines Besitzdauerabzuges auf 20 % geschätzt wird[1].

Bei der <u>Ermittlung des steuerbaren Kapitalgewinnes</u> ergeben sich zwischen den Unternehmungsformen keine Unterschiede. Liquidations- und privater Kapitalgewinn betragen je 100. Ebenso wird das <u>Steuermass</u> bei beiden Unternehmungsformen durch keine anderen Einkommensbestandteile beeinflusst. Die Liquidationsgewinnsteuer beträgt 30, die Kapitalgewinnsteuer beläuft sich auf 20[2]. Bleibt die Besitzdauer dagegen bei Besteuerung des privaten Kapitalgewinnes unberücksichtigt, kann dessen Steuerbelastung jene des Liquidationsgewinnes erreichen. Selbst in diesem Falle ist jedoch der Verkauf von Beteiligungsrechten gegenüber der Veräusserung einer Personenunternehmung als Folge der fehlenden Belastung mit Sozialabgaben vorteilhafter. Dieser Vorteil entspricht immerhin einer Differenz von rund 10 % der auf der Beteiligung angewachsenen stillen Reserven[3][4].

---

1) Die geltenden Einkommenssteuergesetze sehen idR keinen Besitzdauerabzug für Liquidationsgewinne vor (Ausnahme z.B. AG 29 II).

2) Eine solche unterschiedliche Belastung scheint auch nach den Harmonisierungsentwürfen ohne weiteres denkbar, wenn man davon ausgeht, dass der steuerbare Beteiligungsgewinn bei längerer Besitzdauer ermässigt wird (DBGE 49 I, StHGE 13 I), ein Besitzdauerabzug für Liquidationsgewinne dagegen nicht vorgesehen ist, obwohl eine Ermässigung auch hier sachlich gerechtfertigt wäre. Dieser Tatsache trägt der deutsche Gesetzgeber Rechnung, indem die Steuersatzermässigung von EStG 34 auch für Gewinne aus der Betriebs- oder Teilbetriebsveräusserung anwendbar ist (vgl. Tipke, 256 f.).

3) vgl. Höhn, ASA 47, 107

4) Grundsätzlich kann die Kapitalgewinnbelastung für den Anteilsinhaber durch Nettozinsvorteile gegenüber der Personenunternehmung aus nicht konsumierten Gewinnen reduziert werden. Dies ist jedoch nur möglich, wenn die laufende Besteuerung der Kapitalgesellschaft erheblich unter jener der Personenunternehmung liegt und mit einer längeren Verzinsungsdauer gerechnet werden kann (vgl. zum ganzen Cagianut/Höhn, Unternehmungssteuerrecht, § 3 N 64 ff.).

Eine unterschiedliche Behandlung - bereits hinsichtlich der Frage der Realisation von Mehrwerten - ergibt sich bei Erbteilung. Während die Erbteilung bei den privaten Kapitalgewinnsteuern idR als unentgeltliches Rechtsgeschäft gilt, sofern der Wert des von den einzelnen Erben in der Teilung übernommenen Nachlassgegenstände den Wert ihres Erbteils nicht übersteigt, behandelt die Praxis die Uebertragung eines Anteils an einer ererbten Unternehmung als anteilmässige Realisation der stillen Reserven auf den einzelnen Vermögensgegenständen, welche die Einkommensbesteuerung nach sich zieht. Die unterschiedliche Behandlung im Unternehmungs- und Kapitalgewinnsteuerrecht rechtfertigt sich m.E. nicht, denn es ist nicht einzusehen, weshalb die zivilrechtliche Beurteilung nur im zweiten Fall zur Anwendung gelangen soll. Zudem geht dem Fiskus durch die steuerneutrale Behandlung der Erbteilung im Unternehmungssteuerrecht kein Steuersubstrat verloren, denn der Steueraufschub hat analog zur Behandlung im Kapitalgewinnsteuerrecht zur Folge, dass der die Beteiligungsrechte übernehmende Erbe sich den Buchwert (Anlagewert) des Erblassers anrechnen lassen muss. Wie der übernehmende Anteilsinhaber latente Kapitalgewinnsteuern trägt, hätte der übernehmende Personenunternehmer jedoch bei neutraler Behandlung der Erbteilung latente Einkommenssteuern und Sozialabgaben zu tragen[1].

Bei Uebertragung zu den Buchwerten bzw. zum Anlagewert (40) ergeben sich bei beidseitiger Anwendung der Einheitstheorie idR keine Unterschiede; die übertragenden Beteiligten erzielten keinen geschäftlichen bzw. privaten Kapitalgewinn. Die Besteuerung der übertragenen Mehrwerte wird bis zur nächsten massgebenden Handänderung bei einem Rechtsnachfolger aufgeschoben.

---

[1] Diese Folge ergibt sich im übrigen bereits in jenen Steuerordnungen des Zürcher-Systems der Grundstückgewinnbesteuerung, die die Erbteilung als steueraufschiebenden Tatbestand behandeln (vgl. § 6 I. A. 3.).

B. ERWERBENDER BETEILIGTER

1. Bei Personenunternehmungen

Es gelten die zusammenfassenden Ausführungen an gleicher Stelle in § 15 sowie die detaillierte Darstellung in den §§ 4 und 6. Im weiteren vgl. die tabellarische Darstellung unter § 16 I. C.

2. Bei Kapitalgesellschaften

Der erwerbende Anteilsinhaber kann den tatsächlichen Kaufpreis als Anlagewert geltend machen. Dies ist bei Uebertragung <u>zum Verkehrswert</u> der dem Kaufvertrag zugrunde liegende wirkliche Wert der Beteiligungsrechte. Es wurde bereits dargelegt, dass der Erwerber nur dann einen Grund hat, vom Verkehrswert einen Preiseinschlag geltend zu machen, wenn er einer Steuerordnung mit dem Nennwertsystem untersteht (z.B. BE). Der Veräusserer hat jedoch keine Veranlassung, einer Preisreduktion stattzugeben. Da bei Uebertragung <u>zum Anlagewert</u> idR ein Steueraufschub gewährt wird, muss sich der Erwerber im Falle einer späteren Veräusserung oder bei Liquidation der Kapitalgesellschaft sachgerechterweise diesen Wert als Basis für die Kapitalgewinnbesteuerung anrechnen lassen. Damit übernimmt der Erwerber auf der Differenz zwischen Anlagewert und höherem Verkehrswert im Zeitpunkt der Uebertragung eine latente Steuerlast. Zudem schuldet er auf der gleichen Differenz idR die Schenkungssteuer.

3. Vergleich

Der Erwerb <u>zu Verkehrswerten</u> ermöglicht dem Personenunternehmer Abschreibungen von den Verkehrswerten der erworbenen Wirtschaftsgüter. Dem <u>zum Verkehrswert</u> erwerbenden Anteilsinhaber steht dieses Abschreibungspotential nicht offen. Der erwerbende Personenunternehmer erzielt daraus im Hinblick auf eine spätere Veräusserung einen Zinsgewinn auf den dannzumal zu versteuernden wiedereingebrachten Abschreibungen.

Wegen der unterschiedlichen Behandlung der Erbteilung im Unternehmungs- und Kapitalgewinnsteuerrecht tragen die übernehmenden Anteilsinhaber latente Kapitalgewinnsteuern, während die die Unternehmung weiterführenden Erben wegen der Abrechnung über die stillen Reserven bei den austretenden Erben für ihre Abschreibungen wiederum von erhöhten Buchwerten ausgehen können.

Wird die Beteiligung zu Buchwerten bzw. zum Anlagewert übertragen, sieht die Praxis für beide Unternehmungsformen einen Steueraufschub vor. Dieser Aufschub hat für die erwerbenden Beteiligten unterschiedliche Folgen, indem der erwerbende Personenunternehmer neben den latenten Einkommenssteuern auch latente Sozialabgaben übernimmt; auf den erworbenen Beteiligungsrechten lasten dagegen nur latente Kapitalgewinnsteuern. Die erwerbenden Beteiligten beider Unternehmungsformen schulden die Schenkungssteuer, wobei diese bei den Personenunternehmungen infolge der idR tieferen Bemessungsgrundlage günstiger ausfällt.

C. TABELLARISCHE DARSTELLUNG DER VERGLEICHE (BEI UEBERTRAGUNG)

Beteiligung an	Personenunternehmung (PUG)	Kapitalgesellschaft (KG)	Vergleich (Unterschiede)
beim Beteiligten	im GV (immer)	im PV (mit KG-Best.)	
Steuerfolgen Beteiligte in -Entgelt	§§ 4 I./6.I.	§ 10 I.	§ 16 I. A./B.
Uebertragender			
-vollständig entg.	zu Verkehrswerten	zum Verkehrswert	
Ganzes Geschäft	E'st als Jahresst. Soz.abg.	Kapitalgewinnsteuer	u.U. Steuermass KG: keine Soz.abg.
Anteil Geschäft	ord. E'st Soz.abg.	dito	u.U. Steuermass KG: keine Soz.abg.
Erbteilung	E'st als Jahresst. Soz.abg.	neutral	KG: keine Realisatio
-teilweise entg.	zu Buchwerten	zum Anlagewert	
Ganzes Geschäft	E'st: neutral Soz.abg.: neutral	KG'st: neutral	keine
Anteil Geschäft	dito	dito	keine

C. TABELLARISCHE DARSTELLUNG DER VERGLEICHE (BEI UEBERTRAGUNG); FORTSETZUNG

Erwerbender			
-vollständig entg.	zu Verkehrswerten	zum Verkehrswert	
Ganzes Geschäft	Anschaffungswerte = E'stW	Anschaffungswert = KG'stW	keine
Anteil Geschäft	dito	dito	keine
Erbteilung	dito	Uebernahme latenter Steuern 1.+2. Stufe	KG: Uebernahme latenter Steuern
-teilweise entg.	zu Buchwerten	zum Anlagewert	
Ganzes Geschäft	Buchwerte = E'stW Uebernahme latenter E'st und Soz.abg. Schst: Bemessungsgrundlage: Substanzwert	Anlagewert = KG'stW Uebernahme latenter KG'st Schst: Bemessungsgrundlage: Unternehmungswert	idR Bemessungsgrundlage
Anteil Geschäft	dito	dito	dito

Legende:

E'st(W)	Einkommenssteuer(werte)
KG'st(W)	Kapitalgewinnsteuer(werte)
Soz.abg.	Sozialabgaben
Schst	Schenkungssteuer

D. GESAMTWUERDIGUNG

Bei Uebertragung zu Verkehrswerten bzw. zum Verkehrswert trifft die Besteuerung richtigerweise den übertragenden Beteiligten, denn dieser hat durch die Realisierung der Mehrwerte seine wirtschaftliche Leistungsfähigkeit verbessert. Geht man für beide Unternehmungsformen davon aus, dass die Besteuerung getrennt vom übrigen Einkommen erfolgt, ergeben sich hinsichtlich der direkten Steuern idR keine ins Gewicht fallenden Belastungsunterschiede. Eine Besserstellung des Anteilsinhabers gegenüber dem Personenunternehmer ergibt sich jedoch für die Sozialabgaben, indem private Kapitalgewinne von der Abgabepflicht befreit sind.

Im Hinblick auf die steuerliche Behandlung in der <u>Erbteilung</u> ist
die Ausgestaltung als Kapitalgesellschaft vorzuziehen, denn das
Kapitalgewinnsteuerrecht gewährt bei Zuweisung der Vermögensgegenstände bis zur Höhe der einzelnen Erbteile für die übertragenen unversteuerten Mehrwerte einen Steueraufschub, während die
aus einer ererbten Personenunternehmung austretenden Erben auf
den einzelnen Vermögenswerten anteilmässig stille Reserven zu
versteuern haben.

Der mit der Uebertragung <u>zu Buchwerten bzw. zum Anlagewert</u> verbundene Steueraufschub bewirkt sachgerechterweise bei beiden Unternehmungsformen, dass die latente Steuerlast auf jenes Steuersubjekt übergeht, das anlässlich einer entgeltlichen Veräusserung einen Kapitalgewinn realisieren wird. Der erwerbende Personenunternehmer hat dabei neben den latenten direkten Steuern
auch die latenten Sozialabgaben zu tragen. Immerhin ist der erwerbende Personenunternehmer gegenüber dem Anteilsinhaber idR
bezüglich der Bewertung für die Schenkungssteuern bevorzugt.

Eine vergleichende Würdigung der <u>Sacheinlage</u> von Personenunternehmungen <u>zu Buchwerten</u> sowie von Beteiligungsrechten <u>zum Anlagewert</u> in eine Kapitalgesellschaft zeigt idR eine unterschiedliche Behandlung der Unternehmungsformen. Während eine Realisation stiller Reserven im ersten Fall zu verneinen ist, wenn die
Beteiligungsverhältnisse im wesentlichen unverändert bleiben,
nimmt die Steuerpraxis idR im zweiten Fall in Abweichung von
der Lehre, welche den Austausch von Beteiligungsrechten bei wirtschaftlicher Identität der Vermögensobjekte als Fortsetzung der
Kapitalanlage betrachtet, noch in vielen Fällen eine Realisation
an. Sachgerechterweise darf für die Beantwortung der Realisationsfrage für Beteiligungsrechte im PV nicht wie für Beteiligungsrechte im GV entscheidend sein, ob und inwieweit das neue
Vermögensobjekt mit dem alten wirtschaftlich identisch ist, sondern vielmehr nur, ob dieses aufgrund objektiver Feststellungen
das Surrogat des letzteren darstellt. Das Kriterium der wirtschaftlichen Identität hat somit für Beteiligungsrechte des GV

und des PV nicht dieselbe Bedeutung: es setzt für Beteiligungsrechte im GV strengere Massstäbe an (zum mindesten Erfordernis des innerbetrieblichen Zwanges zum Tausch) als für solche im PV (die Kapitalanlage muss mit den empfangenen Beteiligungsrechten fortgesetzt werden). Eine Fortsetzung der Kapitalanlage ist beim Tausch von Beteiligungsrechten des PV aufgrund einer Sacheinlage m.E. jedenfalls gegeben, wenn der einbringende Anteilsinhaber die empfangende Kapitalgesellschaft wirtschaftlich beherrscht. Das Vorliegen der wirtschaftlichen Beherrschung ist anhand der Beteiligungsverhältnisse des Einzelfalles zu beurteilen; eine wirtschaftliche Beherrschung ist jedoch mit Sicherheit anzunehmen, wenn der Anteilsinhaber über mindestens 2/3 des Kapitals bzw. der Stimmrechte verfügt. Die Gewährung eines Steueraufschubes ist somit auch nicht an dieselben strengen Beherrschungsverhältnisse zu binden wie die Sacheinlage von Personenunternehmungen in Kapitalgesellschaften. Kann für den Tausch der Beteiligungsrechte im PV ein Steueraufschub erreicht werden, sind die Unternehmungsformen einander gleichgestellt: die auf den übertragenen Vermögenswerten angewachsenen Mehrwerte werden beim Sacheinleger in neuer Form fortgesetzt. Der Zinsgewinn aus dem Steueraufschub erstreckt sich bei Personenunternehmungen auch auf die Sozialabgaben.

II. Eintritt eines Beteiligten

A. EINTRETENDER BETEILIGTER

1. Bei Personenunternehmungen

Es kann auf die zusammenfassenden Ausführungen an gleicher Stelle in § 15 sowie die detaillierte Darstellung in den §§ 4 und 6 verwiesen werden. Zudem verweise ich auf die tabellarische Darstellung unter § 16 II. C.

2. Bei Kapitalgesellschaften

Weder der Eintritt in bar zum Verkehrswert durch Agio-Einlage noch jener durch Nominalwert-Einlage verbunden mit Bezugsrechtskauf von den bisherigen Anteilsinhabern hat für den eintretenden Anteilsinhaber einkommens- oder kapitalgewinnsteuerliche Folgen. Dagegen kann die Einlage eines Sachwertes in die kapitalerhöhende Gesellschaft beim Einleger Steuerfolgen auslösen[1]. Bei Eintritt zum Nominalwert übertragen die bisherigen Anteilsinhaber unentgeltlich Bezugsrechte auf den neuen Anteilsinhaber. Je nach Rechtsform und Verhältnis der Beteiligten stellt die unentgeltliche Abtretung durch die bisherigen an den neuen Anteilsinhaber bei diesem eine Schenkung, eine Kapitaleinlage oder eine geldwerte Leistung dar[2]. Für den folgenden Vergleich wird vorausgesetzt, die Abtretung der Bezugsrechte erfolge zwischen Privaten; der neue und die bisherigen Anteilsinhaber halten somit ihre Beteiligungsrechte im PV.

3. Vergleich

Beispiel: Eine Unternehmung weist folgende Bilanzpositionen auf: UV 450, AV 300, FK 250, Kapitalkonto 500 (A und B sind zu je 50 % beteiligt); stille Reserven 550. Der eintretende Beteiligte erbringt eine Kapitaleinlage in Höhe der anteiligen Verkehrswerte bzw. des anteiligen Verkehrswertes (525) oder der Buchwerte bzw. des Nominalwertes (250).

Bei Eintritt zu Verkehrswerten bzw. zum Verkehrswert (525) stellt der wirkliche Wert der Kapitaleinlage für den neuen Beteiligten den massgebenden Einkommenssteuer- bzw. Anlagewert dar. Der Eintritt zu Buchwerten bzw. zum Nominalwert (250) ist verbunden mit

---

1) vgl. § 8 II. A. 2.
2) vgl. § 10 II. B.

dem unentgeltlichen Erwerb von stillen Reserven bzw. von Bezugsrechten in der Differenz (183) zum Verkehrswert der neuen Beteiligung. Da bei den bisherigen Beteiligten eine Besteuerung unterbleibt, übernimmt der eintretende Beteiligte auf den unentgeltlich erworbenen unversteuerten Mehrwerten latente Einkommenssteuern und Sozialabgaben bzw. latente Kapitalgewinnsteuern. Soweit der neue Beteiligte eine Schenkungssteuer schuldet, ist der Personenunternehmer gegenüber dem Anteilsinhaber idR bezüglich der Bemessungsgrundlage bevorzugt, da der anteilige Verkehrswert bei Personenunternehmungen aufgrund der Substanzwerte (ohne Berücksichtigung eines Goodwill), jener bei Kapitalgesellschaften dagegen nach dem innern Wert, ermittelt wird[1].

B. BISHERIGE BETEILIGTE

1. Bei Personenunternehmungen

Es kann auf die zusammenfassenden Ausführungen an gleicher Stelle in § 15 bzw. die detaillierte Darstellung in den §§ 4 und 6 verwiesen werden. Vgl. im weiteren die Tabelle unter § 16 II. C.

2. Bei Kapitalgesellschaften

Die Steuerfolgen richten sich bei Eintritt zum Verkehrswert nach der Art der Kapitaleinlage. Die Realisation eines Kapitalgewinnes entfällt, sofern eine Agio-Einlage geleistet wird. Erbringt dagegen der eintretende Anteilsinhaber eine Nominalwert-Einlage und entschädigt gleichzeitig die bisherigen Anteilsinhaber für die Verwässerung des innern Wertes ihrer Beteiligungsrechte, realisieren diese einen Bezugsrechtserlös, der je nach Steuerord-

---

1) vgl. § 18 III.; die Bewertung für Beteiligungsrechte bei Kapitalgesellschaften berücksichtigt mit dem Unternehmungswert auch einen Goodwill.

nung voll oder unter Abzug eines Gestehungskostenanteils als
Kapitalgewinn besteuert oder bei späterer Veräusserung von den
Gestehungskosten der bestehenden Beteiligungsrechte abgezogen
wird. Der Eintritt zum Nominalwert hat für Privatpersonen als
bisherige Anteilsinhaber kapitalgewinnsteuerlich keine Folgen.
Der Verzicht zugunsten einer natürlichen Person stellt eine
Schenkung, jener zugunsten einer Kapitalgesellschaft eine Kapitaleinlage dar. Verzichtet eine Kapitalgesellschaft als bisheriger Anteilsinhaber zugunsten einer Privatperson auf die Ausübung
von Bezugsrechten, erbringt sie dieser eine der Ertrags- und
Verrechnungssteuer unterliegende geldwerte Leistung. Der folgende Vergleich setzt wiederum voraus, dass der neue und die bisherigen Anteilsinhaber ihre Beteiligungsrechte im PV halten.

3. Vergleich

Der Eintritt eines neuen Teilhabers zu den Verkehrswerten löst
bei den bisherigen Personenunternehmern je nach der Verbuchung
des Aufgeldes Einkommenssteuern und Sozialabgaben aus oder
bleibt steuerlich neutral. Eine steuerlich neutrale Behandlung
ist dabei nur nach Variante 1, Buchungsart B, möglich, Dagegen
realisiert der bisherige Einzelunternehmer sowohl nach Variante 1, Buchungsart C, als auch nach Variante 2 die Hälfte der
vorhandenen stillen Reserven, während nach Variante 1, Buchungsart A, alle stillen Reserven zur Besteuerung gelangen. Der
Eintritt eines zusätzlichen Anteilsinhabers zum Verkehrswert
vermag dagegen bei den bisherigen Anteilsinhabern nur bei Realisierung eines Bezugsrechtserlöses Kapitalgewinnsteuerfolgen auszulösen, und dies auch nur, wenn die betreffende Steuerordnung
den Bezugsrechtserlös selbständig besteuert. Soweit bei den
bisherigen Beteiligten eine Besteuerung erfolgt, haben die Personenunternehmer im Gegensatz zu den Anteilsinhabern auf den
realisierten Mehrwerten auch die Sozialabgaben zu entrichten.
Der Eintritt zu Buchwerten bzw. zum Nominalwert bleibt für die
bisherigen Beteiligten beider Unternehmungsformen idR steuerfrei.

C. TABELLARISCHE DARSTELLUNG DER VERGLEICHE (BEI EINTRITT)

Beteiligung an	Personenunternehmung (PUG)	Kapitalgesellschaft (KG)	Vergleich (Unterschiede)
beim Beteiligten	im GV (immer)	im PV (mit KG-Best.)	
Steuerfolgen in Beteiligte -Entgelt	§§ 4 II./6 II.	§ 10 II.	§ 16 II. A./B.
Eintretender			
-vollständig entg.	zu Verkehrswerten	zum Verkehrswert	
Sachwerte aus PV	Abrechnung über Mehrwerte bei privater KG-Besteuerung	Abrechnung über Mehrwerte bei privater KG-Besteuerung	keine
Sachwerte aus GV	Abrechnung über stille Reserven; Ausnahme: Altreserven bleiben beim Eintr.	idR Abrechnung über stille Reserven	idR keine KG: Ausnahmeregelung wie bei PUG nicht möglich
-teilweise entg.	zu Buchwerten	zum Nominalwert	
Annahme: Einlagegut hat keine stillen Reserven	E'st-neutral; Uebernahme latenter E'st + Soz.abg.	Empfang Bezugsrechte: Schenkung;Uebernahme latenter Steuern 1.+2.Stufe	KG: zusätzlich Uebernahme latenter Steuern 1. Stufe
	Schst: Bemessungsgrundlage: Substanzwert	Schst: Bemessungsgrundlage: Unternehmungswert	idR Bemessungsgrundlage
Bisherige			
-vollständig entg.	zu Verkehrswerten	zum Verkehrswert	
Kapitaleinlage in Höhe der(s) Verkehrswerte(s)	Aufgeld = stille Reserven (Var.1): Realisation hängt von vertraglicher Regelung und Buchungsart ab. vgl. S. 76 ff. sowie 107 ff.	keine Realisation	PUG: Unterschiede je nach Aufgeld und Buchungsart
Kapitaleinlage nur für einen Teil der(s) Verkehrswerte(s)	Aufgeld = anteilmässige stille Reserven (Var. 2): anteilmässige Realisation	KG'st auf Kapitalgewinn aus Verkauf von Bezugsrechten	keine
-teilweise entg.	zu Buchwerten steuerfrei	zum Nominalwert Abtretung Bezugsrechte: Schenkung zwischen natürlichen Personen	keine

Legende: vgl. S. 350

D. GESAMTWUERDIGUNG

Aus der Sicht des <u>eintretenden Beteiligten</u> weist weder bei vollem Einkauf in die vorhandenen Mehrwerte noch bei Eintritt zu Buchwerten bzw. zum Nominalwert eine der Unternehmungsformen entscheidende Vorteile auf. Aus der Sicht der <u>bisherigen Beteiligten</u> ist bei Eintritt zum Verkehrswert wohl die Kapitalgesellschaft als Unternehmungsform vorzuziehen, da sich hier eine steuerlich neutrale Behandlung der Einlage einfacher erreichen lässt. Verzichten die bisherigen zugunsten der neuen Beteiligten auf einen Einkauf in die angewachsenen Mehrwerte, bietet keine der Unternehmungsformen entscheidende Vorteile.

Soweit beim Eintritt <u>zu Verkehrswerten bzw. zum Verkehrswert</u> angewachsene Mehrwerte realisiert werden, trifft die Besteuerung sachgerechterweise die bisherigen Beteiligten, denn diese haben durch die empfangenen Vergütungen für den Einkauf in die stillen Reserven bzw. die Bezugsrechtserlöse ihre wirtschaftliche Leistungsfähigkeit verbessert. Anderseits übernehmen die zu <u>Buchwerten bzw. zum Nominalwert</u> eintretenden Beteiligten bei beiden Unternehmungsformen bedingt durch den Steueraufschub eine latente Steuerlast, die im Falle einer späteren Veräusserung der Beteiligung oder anlässlich der Liquidation der Unternehmung fällig wird. Die Besteuerung wird somit sachgerechterweise auch hier bei jenem Steuersubjekt einsetzen, das eine Erhöhung der wirtschaftlichen Leistungsfähigkeit erfährt.

<u>Legende zu Tabelle unter § 16 II. C.</u>

E'st	Einkommenssteuern
KG'st	Kapitalgewinnsteuern
Schst	Schenkungssteuern
Soz.abg.	Sozialabgaben

III. Austritt eines Beteiligten

A. AUSTRETENDER BETEILIGTER

1. Bei Personenunternehmungen

Es kann auf die zusammenfassenden Ausführungen an gleicher Stelle in § 15 bzw. auf die ausführliche Darstellung in § 6 III. verwiesen werden. Vgl. im weiteren die Tabelle unter § 16 III. C.

2. Bei Kapitalgesellschaften

Sachgerechterweise ist beim Austritt **zum Verkehrswert** die Differenz zwischen Anlagewert und Liquidationserlös als Kapitalgewinn zu qualifizieren. Dieser Schluss wird im Harmonisierungsentwurf für eine direkte Bundessteuer für Liquidationserlöse aus "wesentlichen" Beteiligungen, nicht dagegen für das Liquidationsergebnis "nicht wesentlicher" Beteiligungen gezogen[1]. Für "wesentliche" Beteiligungen wird damit der wirtschaftlichen Leistungsfähigkeit Rechnung getragen, während für "nicht wesentliche" Beteiligungen wegen der Anwendung des Nennwertprinzips beim austretenden Anteilsinhaber idR nach wie vor fiktives Einkommen besteuert wird. Bei Austritt **zum Nominalwert** stellt die unentgeltliche Uebertragung von Mehrwerten je nach den Verhältnissen eine Schenkung, eine geldwerte Leistung oder eine Kapitaleinlage dar. Für den folgenden Vergleich ist wiederum davon auszugehen, austretender und verbleibender Anteilsinhaber halten ihre Beteiligungsrechte im PV.

---

[1] Nach DBGE 45 II sind dem Veräusserungsgewinn für die Zwecke der Beteiligungsgewinnsteuer gleichgestellt "die geldwerten Leistungen, die dem Inhaber einer wesentlichen Beteiligung bei der Liquidation einer Kapitalgesellschaft oder Genossenschaft erbracht werden". "Diese Ausnahme ergibt sich aus dem Wesen der Kapitalgewinnbesteuerung, die nur denjenigen Wertzuwachs erfasst, der zwischen Erwerb und Veräusserung des Vermögensobjektes entstanden ist" (Botschaft Steuerharmonisierung, 181). Bei der Harmonisierung der kantonalen Steuern wird die Umschreibung des Veräusserungsgewinnes den Kantonen überlassen (Botschaft Steuerharmonisierung, 99). Soweit geldwerte Leistungen aus nicht wesentlichen Beteiligungen herrühren, gilt weiter das Nennwertprinzip (DBGE 45 II).

3. Vergleich

Beispiel: Eine Unternehmung mit drei gleichmässig Beteiligten weist folgenden Vermögensstand auf: UV 400, AV 350, FK 300, Kapitalkonto 450,(stille Reserven 300). Der austretende Beteiligte wird alternativ zu den anteiligen Verkehrswerten bzw. zum Verkehrswert (250) oder den anteiligen Buchwerten bzw. dem Nominalwert (150) abgefunden. Der Anlagewert der Beteiligungsrechte beträgt 150 und als Variante 180.

Erfolgt der Austritt zu anteiligen Verkehrswerten bzw. zum Verkehrswert (250), wird der steuerbare Kapitalgewinn für beide Unternehmungsformen nach dem gleichen Prinzip ermittelt: Verkehrswerte bzw. Verkehrswert (250) abzüglich Buchwerte bzw. Anlagewert (150) ergeben den steuerbaren Liquidations- bzw. Kapitalgewinn[1]. Soweit private Kapitalgewinne nicht mit dem übrigen Einkommen besteuert werden, ergibt sich auch bezüglich des Steuermasses bei den direkten Steuern eine gleichwertige Behandlung, vorausgesetzt, im Kapitalgewinnsteuerrecht ist kein Besitzdauerabzug vorgesehen[2]. Wird ein solcher gewährt, sind die privaten Kapitalgewinne bereits bei den direkten Steuern bevorzugt. Auch bei Fehlen eines Besitzdauerabzuges ergibt sich indessen gesamthaft betrachtet eine Besserstellung der privaten Kapitalgewinne, weil diese realisierten Mehrwerte im Gegensatz zu den Liquidationsgewinnen von den Sozialabgaben befreit sind; dies entspricht einer Differenz von rund 10 % der stillen Reserven[3].

Bei Austritt zu anteiligen Buchwerten bzw. zum Nominalwert (150) wird die Besteuerung mangels Realisation eines Gewinnes bei beiden Unternehmungsformen aufgeschoben; Einkommenssteuer- und Sozialabgabe- bzw. Kapitalgewinnsteuerpflicht entfallen. Auch wenn unterstellt wird, der Anlagewert der zurückgegebenen Beteiligungsrechte des austretenden Anteilsinhabers betrage 180, kann der private Kapitalverlust in der Differenz (30) zum vergüteten Nominalwert (150) steuerlich nicht geltend gemacht werden[4].

---

1) Bei Anwendung der Variante (Anlagewert 180) beträgt der private Kapitalgewinn aus der Rückgabe der Beteiligungsrechte an die kapitalherabsetzende Gesellschaft 70 (250 - 180).
2) Für Liquidationsgewinne wird ein Besitzdauerabzug nicht gewährt.
3) vgl. Höhn, ASA 47, 107
4) Der Verzicht erfolgt freiwillig.

B. VERBLEIBENDE BETEILIGTE

1. Bei Personenunternehmungen

Es kann auf die zusammenfassenden Ausführungen an gleicher Stelle in § 15 sowie auf die Darstellung in § 6 III. verwiesen werden. Zudem verweise ich auf die Tabelle unter § 16 III. C.

2. Bei Kapitalgesellschaften

Wird der austretende Anteilsinhaber zum Verkehrswert seiner Beteiligungsrechte abgefunden, sind die verbleibenden Anteilsinhaber von dieser Transaktion steuerlich nicht betroffen. Erfolgt der Austritt zum Nominalwert, ist die unentgeltliche Ueberlassung des Liquidationsüberschusses je nachdem als steuerpflichtige Schenkung, geldwerte Leistung oder als Kapitaleinlage zu würdigen. Im hier interessierenden ersten Fall übernehmen die verbleibenden Anteilsinhaber auf dem Wert der unentgeltlich erworbenen Mehrwerte latente Kapitalgewinnsteuern.

3. Vergleich

Soweit die verbleibenden Teilhaber bei Austritt zu Verkehrswerten durch Abfindung mit einem Sachwert nicht selbst für ihren Anteil an den auf dem ausscheidenden Wirtschaftsgut angewachsenen stillen Reserven zur Besteuerung herangezogen werden, haben die verbleibenden Personenunternehmer gleich wie die Anteilsinhaber beim Austritt zum Verkehrswert keine Steuerfolgen zu tragen. Erfolgt der Austritt durch Barzahlung oder Einräumung einer Leibrente und wird der austretende Teilhaber für einen Liquidationsgewinn besteuert, steht den verbleibenden Teilhabern zudem aus der Aufwertung der Vermögenswerte für die laufende Besteuerung ein erhöhtes Abschreibungsvolumen offen.

Mit dem Aufschub der Besteuerung bei Austritt zu anteiligen Buchwerten bzw. zum Nominalwert übernehmen die verbleibenden Beteiligten für die unentgeltlich erworbenen stillen Reserven bzw. Mehrwerte latente Einkommenssteuern und Sozialabgaben bzw. Kapitalgewinnsteuern. Soweit bei den verbleibenden Beteiligten die Schenkungssteuer erhoben wird, sind die Personenunternehmer gegenüber den Anteilsinhabern wegen der idR tieferen Bemessungsgrundlage (Vernachlässigung eines Geschäftswertes) bezüglich dieser Steuerart besser gestellt.

C. TABELLARISCHE DARSTELLUNG DER VERGLEICHE (BEI AUSTRITT)

Beteiligung an	Personenunternehmung (PUG)	Kapitalgesellschaft (KG)	Vergleich (Unterschiede)
beim Beteiligten	im GV (immer)	im PV (mit KG-Best.)	
Beteiligte in -Entgelt / Steuerfolgen	§ 6 III.	§ 10 III.	§ 16 III. A./B.
Austretender			
-vollständig entg.	zu Verkehrswerten	zum Verkehrswert	
Abfindung in bar	E'st als Jahresst. + Soz.abg.	Kapitalgewinnsteuer	u.U. Steuermass KG: keine Soz.abg.
Abfindung in Sachwerten	E'st + Soz.abg. bis zur Höhe der Berechtigung an den stillen Reserven	dito (Naturaldividende)	dito
-teilweise entg.	zu Buchwerten	zum Nominalwert	
Annahme: Entnahmegut hat keine stillen Reserven	steuerfrei	Abtretung Bezugsrechte: Schenkung zwischen natürlichen Personen	keine
Verbleibende			
-vollständig entg.	zu Verkehrswerten	zum Verkehrswert	
Abfindung in bar	steuerfrei (Aufwertung um versteuerte Mehrwerte)	steuerfrei	PUG: Vergrösserung Abschreibungsvolumen
Abfindung in Sachwerten	E'st + Soz.abg. nur, wenn Verkehrswert Sachwert > Berechtigung des Austr. an den stillen Reserven	steuerfrei	idR keine

Legende: E'st   Einkommenssteuer
          Schst   Schenkungssteuer
          Soz.abg. Sozialabgaben

C. TABELLARISCHE DARSTELLUNG DER VERGLEICHE (BEI AUSTRITT); FORTSETZUNG

Verbleibende -teilweise entg.	zu Buchwerten	zum Nominalwert	
	Uebernahme latenter E'st + Soz.abg.	Empfang Bezugsrechte: Schenkung Uebernahme latenter Steuern 1. + 2. Stufe	keine
	Schst: Bemessungsgrundlage: Substanzwert	Schst: Bemessungsgrundlage: Unternehmungswert	idR Bemessungsgrundlage

D. GESAMTWUERDIGUNG

Für den zu Verkehrswerten bzw. zum Verkehrswert <u>austretenden Beteiligten</u> sind die Unternehmungsformen einander idR gleichgestellt. Eine Besteuerung erfolgt richtigerweise bei diesem bereicherten Beteiligten für die realisierten Mehrwerte. Erfolgt der Austritt des Beteiligten zu Buchwerten bzw. zum Nominalwert, sind die Unternehmungsformen für den austretenden Beteiligten einander gleichgestellt, indem ein Steueraufschub eintritt.

Für die <u>verbleibenden Beteiligten</u> mag die Personenunternehmung bei Austritt zu Verkehrswerten bzw. zum Verkehrswert dann vorteilhafter sein, wenn der austretende Beteiligte nicht Sachwerte entnimmt und infolge der Liquidationsgewinnbesteuerung zusätzliches Abschreibungspotential resultiert. Bei Austritt zu Buchwerten bzw. zum Nominalwert mag die Schenkungssteuer bei Personenunternehmungen wegen der günstigeren Bewertung tiefer ausfallen.

Soweit bei Austritt <u>zu Verkehrswerten bzw. zum Verkehrswert</u> eine Besteuerung einsetzt, ist das Prinzip der Besteuerung nach der wirtschaftlichen Leistungsfähigkeit gewahrt, denn die Steuern und Abgaben belasten, wenn auch in unterschiedlicher Höhe, den austretenden als tatsächlich bereicherten Beteiligten. Der Aufschub der Besteuerung bei <u>Austritt zu Buchwerten bzw. zum Nominalwert</u> bewirkt, dass diesem Prinzip hier ebenfalls Nachachtung verschafft wird: besteuert werden im Falle einer späteren Veräusserung der Beteiligung oder der Liquidation der Unternehmung die begünstigten verbleibenden Beteiligten.

§ 17 BETEILIGUNGEN AN PERSONENUNTERNEHMUNGEN - BETEILIGUNGSRECHTE AN KAPITALGESELLSCHAFTEN IM PRIVATVERMOEGEN (PV) IN STEUERORDNUNGEN OHNE KAPITALGEWINNBESTEUERUNG

Zwischen diesen Konstellationen liegt das Schwergewicht des Vergleiches[1]. Für die Beteiligten ist eine Gegenüberstellung insbesondere dann aufschlussreich, wenn man annimmt, dass private Kapitalgewinne auch nach künftigem Recht grundsätzlich steuerbefreit sein werden[2]. In diesem Falle behält das systemwidrige Nennwertprinzip seine Geltung, falls keine befriedigenden Ersatzlösungen gefunden werden[3].

I. Uebertragung

Im Zentrum des folgenden Vergleichs stehen Uebertragungen an unabhängige Dritte (neue oder bisherige Anteilsinhaber). Dabei ist für die Uebertragung von Beteiligungsrechten nicht im einzelnen auf Steuerumgehungstatbestände zurückzukommen[4]. Ebensowenig werden hier einzelne Sachverhalte herausgegriffen, die zur Besteuerung einer geldwerten Leistung führen können[5]. Dagegen sind die Einbringungstatbestände der Sacheinlage einer Personenunternehmung in eine Kapitalgesellschaft[6] und von Beteiligungsrechten im PV in eine Gesellschaft[7] gesamtheitlich zu würdigen (D.).

---

1) Für Beteiligungsrechte im PV in Steuerordnungen mit Kapitalgewinnbesteuerung und Anwendung des Nennwertprinzips gelten die Folgen sinngemäss. Zusätzlich sind jedoch dort die kapitalgewinnsteuerlichen Folgen der Veräusserung zu beachten.

2) Nach Ansicht des Präsidenten der vorberatenden ständerätlichen Kommission ist nicht damit zu rechnen, dass die Beteiligungsgewinnsteuer oder deren Varianten im Rahmen der laufenden Steuerharmonisierung auf gesamtschweizerischer Ebene eingeführt werden (Auskunft Dr. J. Binder v. 28.11.85).

3) gl.M. Cagianut, StuW 62, 411

4) vgl. dazu § 12 I. und II.

5) vgl. dazu Ausführungen in § 13 I.-III. sowie § 20 I. A.

6) vgl. dazu Ausführungen in § 12 I.

7) vgl. dazu Ausführungen in § 13 II.

A. UEBERTRAGENDER BETEILIGTER

1. Bei Personenunternehmungen

Hier ist auf die zusammenfassenden Ausführungen an gleicher Stelle in § 15 sowie die detaillierte Darstellung im ersten Kapitel (§§ 4 und 6) zu verweisen. Vgl. auch die tabellarische Darstellung unter § 17 I. C.

2. Bei Kapitalgesellschaften

Der anlässlich der Uebertragung an einen Dritten <u>zum Verkehrswert</u> erzielte Kapitalgewinn ist vorbehältlich der Qualifikation als geldwerte Leistung für den Veräusserer bei der direkten Bundessteuer und in einer Mehrheit der Kantone steuerfrei. Eine Qualifikation als geldwerte Leistung ist insbesondere in dem Umfang zu befürchten, als der Erwerber Darlehensschulden des Veräusserers gegenüber der Gesellschaft übernimmt[1].

Unabhängig von der Qualifikation des Veräusserungserlöses kann der Veräusserer mit dem Erwerber bei der Festsetzung des Verkehrswertes der Beteiligungsrechte in einen Interessenkonflikt geraten. Ist nämlich der Erwerber ebenfalls einer Steuerordnung ohne Kapitalgewinnbesteuerung unterstellt, wird er die latente "Ausschüttungsbelastung" als Kaufpreisminderung geltend machen. Eine derart vereinbarte Reduktion des Verkaufspreises trägt dem Umstand Rechnung, dass das dem letzten Erwerber zufliessende Liquidationsergebnis nach dem Nennwertprinzip besteuert wird[2]. Hält der Erwerber dagegen die Beteiligungsrechte im <u>GV</u> oder untersteht er für die erworbenen Beteiligungsrechte im <u>PV</u> einer

---

1) vgl. § 13 I. C. sowie § 20 I. A. 2. b) bb)

2) Die privaten Kapitalgewinne werden somit de lege lata nicht einfach nicht besteuert, sondern auf indirekte Art erfasst (vgl. Locher, Rechtsfindung, 218 FN 267; vgl. Känzig, ASA 44, 12). Mit dieser Ersatzlösung für die fehlende Kapitalgewinnbesteuerung huldigen diese Steuerordnungen dem Schwarzpeterprinzip (vgl. Locher, Rechtsfindung, 217) oder auch dem Prinzip "Den Letzten beissen die Hunde" (Böckli, ASA 42, 378 f.).

Steuerordnung mit Kapitalgewinnbesteuerung und konsequenter Anwendung dieses Systems, besteht systembedingt kein Grund, dem Erwerber einen Einschlag auf dem Verkehrswert zuzugestehen. Der Veräusserungspreis liegt in diesem Falle höher als bei Erwerbern in Steuerordnungen ohne private Kapitalgewinnbesteuerung. Der Erwerber kann jedoch versuchen, die Tatsache, dass der Veräusserer dem Nennwertsystem untersteht, für seine Zwecke zu nutzen; er kann eine Kaufpreisreduktion mit dem Argument geltend machen, er helfe dem Veräusserer mit seinem Erwerb, dem Nennwertprinzip zu entgehen.

Hat der Erblasser in seinem PV Beteiligungsrechte hinterlassen, sind die diese Vermögenswerte in der Erbteilung nicht übernehmenden Erben daran interessiert, die Beteiligungsrechte beim übernehmenden Erben zu einem möglichst hohen Wert an den Erbteil anrechnen zu lassen. Der aufgrund des innern Wertes ermittelte Verkehrswert der Beteiligungsrechte entspricht jedoch nicht dem wirklichen Wert nach Steuern, da beim Erwerber mit Beteiligungsrechten im PV auf der Differenz zwischen Nominalwert und präsumtiven Liquidationsergebnis latente Einkommenssteuern lasten.

Da der Veräusserer bei Uebertragung zum Anlagewert keinen Kapitalgewinn realisiert, ist die Gefahr einer Qualifikation der Differenz zwischen Nominal- und höherem Anlagewert als geldwerte Leistung m.E. gering. Dennoch besteht insbesondere bei gleichzeitiger Uebertragung einer Darlehensschuld des Veräusserers gegenüber der Gesellschaft auf den Erwerber theoretisch die Möglichkeit, dass ihm die Differenz zwischen Nominal- und Anlagewert als geldwerte Leistung der Gesellschaft zugerechnet wird.

3. Vergleich

Beispiel: Die Buchwerte eines veräusserten Geschäftes bzw. Geschäftsanteils betragen 40, der Veräusserungserlös desselben ist 140. Der Anlagewert der veräusserten Beteiligungsrechte im PV eines Anteilsinhabers in einer Steuerordnung ohne Kapitalgewinnbesteuerung beläuft sich ebenfalls auf 40; der Verkehrswert dieser Beteiligungsrechte ist 140. Der Nominalwert dieser Beteiligungsrechte beträgt 20. Der Liquidationsgewinn unterliegt einer Einkommenssteuer von 30 %. Der erwerbende Anteilsinhaber hat seinen steuerlichen Wohnsitz ebenfalls in einem Kanton ohne Kapitalgewinnbesteuerung.

Wird davon ausgegangen, dass der Verkaufserlös auch des Anteilsinhabers in vollem Umfang als Kapitalgewinn qualifiziert wird, ergibt sich ein <u>steuerbarer Kapitalgewinn</u> (100) nur für Personenunternehmungen. Der realisierte Kapitalgewinn des Anteilsinhabers bleibt steuerfrei. Daher trifft auch das <u>Steuermass</u> nur die Personenunternehmer: Dieses beträgt rund 37 % (Einkommenssteuern 27 %, Sozialabgaben 10 %)[1]. Dagegen hat der veräussernde Anteilsinhaber je nach den Verhältnissen eine Belastung aus der vom Erwerber geltend gemachten Ausschüttungsbelastung in Form einer Kaufpreisreduktion zu tragen[2]. Dabei entscheiden die Marktverhältnisse über die Höhe des gewährten Preiseinschlages. Die Höhe der zu erwarteten Ausschüttungsbelastung auf dem präsumtiven Liquidationsüberschuss basiert dabei auf einer Schätzung des Einkommenssteuersatzes im Zeitpunkt der Liquidation der Kapitalgesellschaft sowie auf einer Diskontierung dieser Belastung mit z.B. 50 %[3].

Es lässt sich somit nicht ohne weiteres schliessen, für die Beteiligten sei die Unternehmungsform der Kapitalgesellschaft gegenüber jener einer Personenunternehmung bei gleichen Ausgangswerten (Anlagewert = Buchwerte; Verkehrswert = Verkehrswerte)

---

1) vgl. § 15 I. A. 3.

2) Der Veräusserer kann der Forderung nach einem Preisabschlag gegebenenfalls mit dem Zinsvorteil durch eine - gegenüber der Personenunternehmung - tieferen Belastung aus der laufenden Besteuerung entgegentreten. In der Praxis ist in vielen Fällen ein solcher Zinsvorteil gegeben, denn allein bei den Sozialabgaben ergibt sich eine erhebliche Belastungsdifferenz zugunsten der Kapitalgesellschaft. Zudem ist die Steuerbelastung der Kapitalgesellschaften bei hohen Gewinnen eher etwas niedriger als jene der natürlichen Personen. Allerdings darf dieser Zinsvorteil nicht überschätzt werden, denn entscheidend ist nur die nach Abzug aller Steuern auf Erträgen aus nicht konsumierten Gewinnen verbleibende Nettozinsdifferenz. Dieser Nettozinsvorteil zugunsten der Kapitalgesellschaft fällt zudem für den Belastungsvergleich nur dann ins Gewicht, wenn mit einer Verzinsungsdauer von mindestens 10 Jahren gerechnet werden kann (vgl. Cagianut/Höhn, Unternehmungssteuerrecht, § 3 N 68 ff.).

3) Wird die Ausschüttungsbelastung diskontiert, profitiert der Veräusserer davon, "dass die latente Steuerlast bloss ausgehend vom halben Maximalsteuersatz berechnet wird. Dies hat zur Folge, dass die Hälfte des realisierten Kapitalgewinnes zulasten der Zinsausfälle beim Fiskus steuerfrei vereinnahmt werden kann" (Gurtner, ASA 49, 585 FN 16).

steuerlich vorteilhafter; vielmehr ist den Einkommenssteuern und Sozialabgaben auf dem Liquidationsgewinn die Reduktion des Kapitalgewinnes für die Einkommenssteuerbelastung auf der "Schlussdividende" gegenüberzustellen.

Im Unternehmungssteuerrecht wird idR eine entgeltliche Uebertragung angenommen, wenn Erben des Unternehmers anlässlich der Erbteilung ihre ererbten Anteile an Dritte veräussern oder auf Miterben übertragen. Die übertragenden Erben werden für ihren Anspruch auf die stillen Reserven besteuert. Werden dagegen Beteiligungsrechte des PV vererbt, können die diese Beteiligungsrechte nicht übernehmenden Erben ihre anteiligen Mehrwerte steuerfrei realisieren. Sie müssen jedoch damit rechnen, dass der diese Vermögenswerte übernehmende Erbe bei der Anrechnung an den Erbteil für die Uebernahme der latenten Einkommenssteuern einen Einschlag vom Verkehrswert geltend machen wird.

Bei Veräusserung zu den Buchwerten wird die Abrechnung der übertragenen stillen Reserven aufgeschoben. Mangels Realisation eines Gewinnes hat der Personenunternehmer weder Einkommenssteuern noch Sozialabgaben zu entrichten. Erfolgt die Uebertragung zum Anlagewert des veräussernden Anteilsinhabers, realisiert dieser keinen Kapitalgewinn.

B. ERWERBENDER BETEILIGTER

1. Bei Personenunternehmungen

Ich verweise wiederum auf die zusammenfassenden Ausführungen an gleicher Stelle in § 15 sowie die detaillierte Darstellung im ersten Kapitel (§§ 4 und 6) dieses Teils. Eine zusammenfassende Darstellung der Steuerfolgen ergibt sich auch aus der Tabelle unter § 17 I. C.

2. Bei Kapitalgesellschaften

Hat der Erwerber steuerrechtlichen Wohnsitz in einem Kanton, welcher dem Nennwertprinzip huldigt, muss er bei der Festsetzung des Erwerbspreises versuchen, die Einkommenssteuerbelastung auf dem im Zeitpunkt des Erwerbs der Beteiligungsrechte errechneten Liquidationsüberschuss vom <u>Verkehrswert</u> preismindernd geltend zu machen[1]. Känzig[2] erachtet es offensichtlich als selbstverständlich, dass der Erwerber der Beteiligungsrechte die bei der Auflösung der Kapitalgesellschaft zu erwartenden Steuern in Betracht zieht. Auch Borkowsky[3] geht davon aus, dass der Aktienverkäufer, der realistisch handelt, was sicher im Normalfall angenommen werden könne, den angeblich so unbilligen "Substanzverzehr" von Anfang an auf den Verkäufer zurückwälze. Locher[4] räumt immerhin ein, dass die Berechnung dieser latenten Steuerlast schwierig ist und nur annäherungsweise zu einer der wirtschaftlichen Leistungsfähigkeit entsprechenden Besteuerung der Beteiligten führt.

---

1) vgl. Böckli, ASA 42, 377; Helbling, Unternehmungsbewertung, 352; Gurtner, ASA 49, 585 FN 16; Spori, Steuerplanung, 21; Cagianut/Höhn, Unternehmungssteuerrecht, § 3 N 56.

2) vgl. Känzig, Kom. 1982, WStB 21 N 100 in Anlehnung an BGE v. 17.9.64, BGE 90 I 261 f. = Pr 53 Nr. 151 = ASA 33, 487: "Es ist Sache des Titelinhabers, der steuerlich voraussehbaren Belastung des Ertrages bei der Vereinbarung des Kaufpreises Rechnung zu tragen". Mit demselben Argument hat das BGr erneut den Hinweis eines Steuerpflichtigen abgelehnt, die Auffassung, wonach Marchzinsen für den Erwerber von Obligationen einen Teil des Kaufpreises darstelle und somit nicht vom fälligen Zinsertrag abgezogen werden könne, sei völlig wirklichkeitsfremd und führe zu stossenden Ungerechtigkeiten (ASA 51, 156 = NStP 36, 182).

3) vgl. Borkowsky, ASA 51, 606

4) vgl. Locher, Rechtsfindung, 217 FN 264

Mangels einer genauen Berechnungsmethode schlägt Gurtner[1] in
Anlehnung an die in der Praxis für die Unternehmungsbewertung[2]
gehandhabte Methode der Berechnung der latenten Steuerlast auf
Stufe der Aktiengesellschaft vor, "dass der den Nennwert der
Aktien übersteigende voraussichtliche Liquidationserlös der Aktiengesellschaft nach Reinertragssteuern mit dem halben Maximalsteuersatz multipliziert wird". Diese Berechnungsweise erscheint als taugliche Methode zur Erfassung dieser potentiellen
Belastung, obwohl die nachmalige Steuerbelastung damit nur ten-
denziell berücksichtigt wird[3].

Diese Berechnungsmethode kann auch dem Erben empfohlen werden,
der anlässlich der Erbteilung Beteiligungsrechte im PV des Erblassers übernimmt, wenn es im Hinblick auf die Anrechnung an den
Erbteil darum geht, den wirklichen Wert dieser ererbten Nachlassgegenstände zu ermitteln; denn er wird im Falle der Liquidation nicht den Verkehrswert steuerfrei realisieren; vielmehr
ist in diesem Zeitpunkt auf der Differenz zwischen Nominalwert
und Liquidationsergebnis die Einkommenssteuer zu entrichten.

---

1) Gurtner, ASA 49, 585: "Die Tatsache, dass die latente Steuerlast bloss
   vom halben Maximalsteuersatz berechnet wird, trägt dem Umstand Rechnung,
   dass die Steuerlast nur virtuell vorhanden ist und erst in einem späteren
   Zeitpunkt zu einer tatsächlichen Steuerbelastung führt. Die mit jedem
   Steueraufschub verbundenen Zinsgewinne werden damit dem Veräusserer und
   dem Erwerber der Aktien anteilsmässig gutgerechnet. Den Zinsgewinnen der
   Steuerpflichtigen stehen Zinsausfälle beim Fiskus gegenüber" (FN 16).

2) Helbling, Unternehmungsbewertung, 352

3) Anderseits wäre es m.E. wirtschaftlich verfehlt, als Hilfsmethode für die
   Bewertung der Unternehmungsanteile die Wegleitung 1982 für die Vermögenssteuern (ASA 51, 289) heranzuziehen und auf dem so errechneten Verkehrswert z.B. ebenfalls einen Pauschalabzug von 35 % als Abgeltung der latenten Steuerlasten beider Stufen geltend zu machen; denn ein künftiger Liquidationsüberschuss ist bestenfalls aus dem Ertragswert zu schätzen. Dieser ermittelt sich am ehesten durch Kapitalisierung der steuerlich korri-
   gierten Geschäftsergebnisse der letzten 3 - 5 Jahre sowie - sofern bekannt - der budgetierten Ergebnisse künftiger Geschäftsjahre.

Uebernimmt der Erwerber die Beteiligungsrechte in sein GV oder hat er sein Steuerdomizil in einer Steuerordnung mit Kapitalgewinnbesteuerung und konsequenter Anwendung dieses Systems, mag auch er eine Kaufpreisreduktion geltend machen. Er wird seine Forderung damit begründen, dass er dem Verkäufer mit seinem Erwerb behilflich sei, dem Nennwertprinzip zu "entgehen"[1]. Der Verkäufer wird sich diesem Argument nur bei einer für ihn günstigen Marktlage verschliessen können[2].

Sollen die zum <u>Anlagewert</u> übertragenen Beteiligungsrechte beim Erwerber an den Erbteil angerechnet werden, ist dafür nicht unbesehen auf die Differenz zwischen Erwerbspreis (Anlagewert) und höherem Verkehrswert abzustellen. Vielmehr ergibt sich der Anrechnungswert durch Abzug der (diskontierten) Einkommenssteuerbelastung auf der Differenz zwischen Nominalwert und Anlagewert vom Verkehrswert[3].

3. Vergleich

Die <u>zu Verkehrswerten bzw. zum Verkehrswert</u> erwerbenden Beteiligten werden je nach Unternehmungsform verschieden behandelt. Während sich die Einkommenssteuerwerte des Personenunternehmers nach dem Erwerbspreis richten, ist dieser für den Anteilsinhaber im Hinblick auf die Liquidation der Kapitalgesellschaft ohne Belang[4]. Vielmehr ist für ihn stets der Nominalwert als Ausgangswert zur Berechnung einer Steuerbelastung massgebend. Der erwerbende Anteilsinhaber hat somit zur Feststellung des ihm richtig erscheinenden Verkehrswertes selbst eine Berechnung der

---

1) Nach Flüge (206) können sich daraus Unterbelastungen ergeben.
2) Nach Cagianut/Höhn (Unternehmungssteuerrecht, § 3 N 24, 61) ist eine Kaufpreisreduktion in diesem Falle kaum begründet; gl.M. Gurtner, ASA 49,585 FN 16.
3) Beispiel: Verkehrswert 500; Uebertragungs-(= Anlage-)wert 300; Nominalwert 100; geschätzte Einkommenssteuerbelastung bei Liquidation der Kapitalgesellschaft 30 %; Anrechnungswert an den Erbteil? Vom Erwerber übernommene latente Einkommenssteuer: 500-100 = 400x15 % (mit 50 % diskontierte latente Einkommenssteuer) = 60; Anrechnungswert 500-300 = 200-60 = 140.
4) Auf die Funktion der Anlagewerte bei Einbringung von Beteiligungsrechten in eine Gesellschaft wurde in § 13 II. B. 2. b) und c) hingewiesen.

latenten Steuerbelastung vorzunehmen. Neben einer notwendigen Berechnung der "richtigen" Ausschüttungsbelastung entscheiden die Marktverhältnisse, ob der Erwerber für die Beteiligungsrechte im schlechteren Fall "zuviel" oder im besseren u.U. sogar "zuwenig" bezahlt. Die Verhandlungsposition des erwerbenden Anteilsinhabers ist zudem unterschiedlich, je nachdem, welchem System der Veräusserer der Beteiligungsrechte untersteht.

Diese Feststellungen treffen grundsätzlich auch im Falle der Erbteilung zu. Der Unternehmererbe ist als Folge der Realisation bei den ihre Erbanteile übertragenden Erben berechtigt, die Vermögenswerte entsprechend aufzuwerten. Dagegen muss der die Beteiligungsrechte übernehmende Erbe bestrebt sein, die latenten Einkommenssteuern auf der Differenz zwischen Nominalwert und präsumtivem Liquidationsergebnis für die Anrechnung der Beteiligungsrechte an den Erbteil wertmindernd zu berücksichtigen.

Bei Uebertragung zu Buchwerten übernimmt der erwerbende Personenunternehmer auf den stillen Reserven latente Einkommenssteuern und Sozialabgaben. Trotz Uebertragung zum (gegenüber dem Nominalwert) höheren Anlagewert des erwerbenden Anteilsinhabers lastet auf den Beteiligungsrechten eine latente Einkommenssteuer auch auf der Differenz zwischen Nominalwert und Anlagewert.

Legende zu Tabelle unter § 17 I. C.

E'st(W)	Einkommenssteuer(werte)
Schst	Schenkungssteuer
geldw. L.	geldwerte Leistungen
VE-Best.	Vermögensertrags-Besteuerung
Soz.abg.	Sozialabgaben

C. TABELLARISCHE DARSTELLUNG DER VERGLEICHE (BEI UEBERTRAGUNG)

Beteiligung an	Personenunternehmung (PUG)	Kapitalgesellschaft (KG)	Vergleich (Unterschiede)
beim Beteiligten	im GV (immer)	im PV (ohne KG-Best.)	
Steuerfolgen Beteiligte in -Entgelt	§§ 4 I./6 I.	§ 11 I.	§ 17 I. A./B.
Uebertragender			
-vollständig entg.	zu Verkehrswerten	zum Verkehrswert	
Ganzes Geschäft	E'st als Jahresst. Soz.abg.	grundsätzlich steuerfrei, u.U. E'st aufgrund geldw.L. der Gesellschaft	Steuersubstrat, aber: Einschränkung steuerfreier KG durch -VE-Besteuerung -Reduktion wegen Berücksichtigung Nennwertprinzip bei der Liquidation
Anteil Geschäft	ord. E'st Soz.abg.		
Erbteilung	E'st als Jahresst. Soz.abg.	steuerfrei	
-teilweise entg.	zu Buchwerten	zum Anlagewert	
Ganzes Geschäft	E'st: neutral Soz.abg.: neutral	idR steuerfrei	idR keine
Anteil Geschäft	dito	dito	idR keine
Erwerbender			
-vollständig entg.	zu Verkehrswerten	zum Verkehrswert	
Ganzes Geschäft	Anschaffungswerte = E'stW	Anschaffungswert idR unbeachtlich; Uebernahme latenter E'st wegen Nennwertprinzip	KG: Uebernahme latenter E'st wegen Nennwertprinzip
Anteil Geschäft	dito	dito	dito
Erbteilung	dito	dito	dito
-teilweise entg.	zu Buchwerten	zum Anlagewert	
Ganzes Geschäft	Buchwerte = E'stW Uebernahme latenter E'st und Soz.abg.	Uebernahme latenter E'st wegen Nennwertprinzip	keine
	Schst: Bemessungsgrundlage: Substanzwert	Schst: Bemessungsgrundlage: Unternehmungswert	idR Bemessungsgrundlage
Anteil Geschäft	dito	dito	dito

D. GESAMTWUERDIGUNG

Die Gegenüberstellung der steuerlichen Belastung eines theoretisch gleichen Kapitalgewinnes aus der Veräusserung der Beteiligung an einer Personenunternehmung und einer Kapitalgesellschaft führt zu unzulässigen Schlussfolgerungen: Ein solcher isolierter steuerlicher Belastungsvergleich fällt immer zugunsten der Kapitalgesellschaft aus, da der Kapitalgewinn des privaten Anteilsinhabers weder den Einkommenssteuern noch den Sozialabgaben unterworfen ist. Richtigerweise ist davon auszugehen, dass der veräussernde Anteilsinhaber einen kleineren Kapitalgewinn erzielen wird als der Personenunternehmer. Die Begründung ist einleuchtend: Da der letzte Erwerber auf dem Liquidationsüberschuss die Einkommenssteuer wird entrichten müssen, versucht jeder Erwerber in Unkenntnis eines allfälligen Liquidationsdatums, diese Ausschüttungsbelastung über eine Kaufpreisreduktion auf den jeweiligen Veräusserer zurückzuwälzen. Für den veräussernden Beteiligten ist somit jene Unternehmungsform vorteilhafter, die ihm das höhere Nettoeinkommen verschafft. Dieses errechnet sich für Beteiligungen an Personenunternehmungen aus dem realisierten Kapitalgewinn abzüglich der darauf anfallenden Steuerbelastung (Einkommenssteuern und Sozialabgaben); für Beteiligungen an Kapitalgesellschaften ist dagegen die Höhe des steuerfreien Kapitalgewinnes selbst entscheidend; diese hängt vom Preiseinschlag ab, den der Erwerber für die Ausschüttungsbelastung aushandelt.

Erfolgt die Uebertragung zu Verkehrswerten bzw. zum Verkehrswert, ist das Prinzip der Besteuerung nach der wirtschaftlichen Leistungsfähigkeit nur bei Uebertragung von Beteiligungen an Personenunternehmungen gewährleistet, denn die Besteuerung erfolgt hier "direkt" aufgrund des erzielten Gewinnes beim veräussernden Beteiligten. Bei der Verkehrswert-Uebertragung von Beteiligungsrechten an Kapitalgesellschaften entscheiden dagegen einerseits die "Weitsicht" der Vertragsparteien und anderseits die Marktverhältnisse darüber, ob der veräussernde Anteilsinhaber gemäss der Steigerung seiner wirtschaftlichen Leistungsfähigkeit belastet wird.

Vergleicht man die Unternehmungsformen in der Erbteilung, steht der Besteuerung beim übertragenden Erben einer Personenunternehmung die steuerfreie Realisation der anteiligen Mehrwerte des Erben von Beteiligungsrechten im PV gegenüber. Im ersten Fall erfolgt eine Besteuerung nach der wirtschaftlichen Leistungsfähigkeit, indem derjenige Erbe belastet wird, der durch die entgeltliche Uebertragung seine wirtschaftliche Leistungsfähigkeit gesteigert hat. Die Besteuerung erfolgt jedoch entgegen der zivilrechtlichen Situation, die einen Steueraufschub verlangt. Der die Beteiligungsrechte in der Erbteilung nicht übernehmende Erbe schiebt auch seinen Anteil an der Ausschüttungsbelastung auf den übernehmenden Erben weiter. Die Steuerfreiheit für die Kapitalgewinne kann deshalb die Besteuerung nach der wirtschaftlichen Leistungsfähigkeit erheblich beeinträchtigen, wenn der übernehmende Erbe die latente Einkommenssteuerlast nicht angemessen in Rechnung stellt.

Werden Beteiligungen zu den Buchwerten bzw. zum Anlagewert veräussert, übernimmt der erwerbende Personenunternehmer latente Einkommenssteuern und Sozialabgaben auf der Differenz zwischen den Buchwerten und den Verkehrswerten; der erwerbende Anteilsinhaber trägt dagegen eine latente Ausschüttungsbelastung auf der Differenz zwischen dem einbezahlten Nominalwert und dem Verkehrswert der Beteiligungsrechte. Für den erwerbenden Beteiligten ist somit idR jene Unternehmungsform vorteilhafter, die ihm nach Abzug der Steuern und u.U. Sozialabgaben den höheren Betrag an stillen Reserven bzw. präsumptivem Netto-Liquidationsergebnis belässt. Unter dem Gesichtspunkt der wirtschaftlichen Leistungsfähigkeit ist wiederum die Personenunternehmung vorzuziehen, denn bei Ausgestaltung als Kapitalgesellschaft wird anlässlich der Liquidation fiktives Einkommen besteuert.

Eine Gegenüberstellung der Sacheinlagen von Personenunternehmungen und Beteiligungsrechten im PV ist nur sinnvoll, wenn man vom Endziel dieser Vermögensumschichtungen ausgeht: Realisierung eines steuerfreien privaten Kapitalgewinnes. Der Unterschied zwischen beiden Transaktionen besteht darin, dass die erste dieses Ziel über eine Zwischenstufe (Steueraufschub durch Buchwert-Einlage einer Personenunternehmung in eine Kapitalgesellschaft) anstrebt, während die zweite (mit der Verkehrswert-Einbringung von Beteiligungsrechten des PV in eine Gesellschaft) dieses direkt verwirklichen will. Im ersten Fall ist vom Zeitpunkt der Sacheinlage bis zur möglichen Realisation eines steuerfreien Kapitalgewinnes idR eine Sperrfrist von 5 Jahren einzuhalten, während dieses Ziel im zweiten Fall theoretisch sofort erreicht werden kann. Die Praxis zu diesen beiden Einbringungstatbeständen hat sich indessen ganz unterschiedlich entwickelt: Einschliesslich St.Galler-Fall[1] waren die Unternehmungsformen zum mindesten bezüglich den Anforderungen an die Steuerfreiheit der erzielten Kapitalgewinne für die direkte Bundessteuer gleichgestellt: Eine Besteuerung war bei beiden grundsätzlich nur im Falle der Steuerumgehung möglich. In diesem Falle führte die Einlage einer Personenunternehmung in eine Kapitalgesellschaft zur Liquidationsgewinnbesteuerung.Dagegen bewirkte die Einbringung zum Verkehrswert auf Schuld oder gegen neue Beteiligungsrechte bei Vorliegen eines Steuerumgehungstatbestandes die Besteuerung als Vermögensertrag. Mit den Entscheiden im Zürcher[2]- und später im Berner Fall[3] haben sich die Wege getrennt. Der Steueraufschub anlässlich der Aenderung der Rechtsform wird bei Erfüllung der Voraussetzungen ohne weiteres gewährt; damit kann die Steuerfreiheit der bei der Veräusserung der Beteiligungsrechte realisierten Kapitalgewinne unter dem Vorbehalt der Steuerumgehung wie bisher erreicht werden. Dagegen ist eine steuerfreie Realisierung durch die Einbringung zu einem den Anlagewert dieser Beteiligungen übersteigenden Wert aufgrund der vom BGr entwickelten These von der konzernrechtlichen Umgestaltung der Beteiligungsverhältnisse des Aktionärs nur noch beschränkt möglich.

---

1) ASA 37, 43
2) ASA 42, 397
3) ASA 43, 588

Der Einleger muss seither[1] hinnehmen, dass dieselbe Transaktion unterschiedlich beurteilt wird, je nachdem, ob seine Beteiligung in der Ausgangsphase rechtsgemeinschaftlich oder körperschaftlich strukturiert war. Diese Benachteiligung der Kapitalgesellschaft ist umso gravierender, als sich bei sachgerechter Beurteilung durch die Rechtsanwendungsbehörden bei der Einbringung von Beteiligungsrechten grundsätzlich die vom Gesetzgeber gewollte Bevorzugung dieser Unternehmungsform als Ersatzmassnahme zur Milderung der wirtschaftlichen Doppelbelastung auswirken müsste[2]. Bei umgekehrter Konstellation (Sacheinlage einer Personenunternehmung zu Verkehrswerten, Einbringung von Beteiligungsrechten im PV zum Anlagewert) sind die Steuerfolgen gegeben. Im ersten Fall erfolgt eine Abrechnung über die aufgelösten stillen Reserven beim Einbringer, im zweiten Fall werden die angewachsenen Mehrwerte in die Gesellschaft übertragen und damit der latente Steueranspruch des Fiskus gewahrt[3][4].

II. Eintritt eines Beteiligten

A. EINTRETENDER BETEILIGTER

1. Bei Personenunternehmungen

Ich verweise auf die zusammenfassenden Ausführungen in § 15 an derselben Stelle sowie die detaillierte Darstellung in den §§ 4 und 6. Im weiteren vgl. die Tabelle unter § 17 II. C.

---

1) und wohl noch verstärkt in der Zukunft (vgl. dazu § 20 I. A. 1.)

2) vgl. Höhn, ASA 50, 543; eine ersatzweise Besteuerung kann m.E. auch nicht mit der Begründung gerechtfertigt werden, die Nichtbesteuerung privater Kapitalgewinne stelle eine Anomalie des fraglichen Steuersystems dar (a. M. offensichtlich Locher, Rechtsfindung, 207).

3) vgl. Banderet, StR 36, 390

4) Dieselbe Wirkung wird erreicht, indem der den Nominal- bzw. höheren Anschaffungswert übersteigende Anrechnungswert dem Reservekonto gutgeschrieben wird.

2. Bei Kapitalgesellschaften

Die negativen Wirkungen des Nennwertprinzips zeigen sich bereits beim Eintritt des zusätzlichen Anteilsinhabers <u>zum Verkehrswert</u>: Will dieser anlässlich der Liquidation nicht einen Teil des eingelegten Kapitals als Einkommen versteuern, muss eine Kapitalerhöhung im Ausmass des innern Wertes der neuen Beteiligungsrechte vorgenommen werden, d.h. die Liberierung erfolgt allein auf Grundkapital (ohne Agio); damit dürften aber die bisherigen Anteilsinhaber nicht einverstanden sein, weil daraus ein kapitalmässiges und insbesondere stimmrechtsmässiges Ungleichgewicht resultiert. Soll das Stimmrechtsverhältnis trotz vollständiger Anrechnung an das Grundkapital ausgeglichen bleiben, muss das neue Grundkapital gegenüber den bisherigen Beteiligungsrechten eine geringere Stückelung aufweisen, sodass der Nennwert eines neuen Beteiligungsrechtes höher wird[1]. Jede andere Lösung[2] wirkt sich für den neuen Anteilsinhaber negativ aus, denn anlässlich der Liquidation der Kapitalgesellschaft ist grundsätzlich der Nominalwert und nicht der tatsächlich geleistete Kapitaleinsatz für die Berechnung der steuerpflichtigen geldwerten Leistung massgebend.

Bei Eintritt <u>zum Nominalwert</u> erbringen die bisherigen dem neuen Anteilsinhaber je nach den Verhältnissen eine Schenkung, eine Kapitaleinlage oder eine geldwerte Leistung. Abgesehen vom Fall der späteren Einbringung zum Verkehrswert in eine Unternehmung ist der Anlagewert der neuen Beteiligungsrechte unbeachtlich[3]. Für den folgenden Vergleich wird vorausgesetzt, der neue und die bisherigen Anteilsinhaber halten ihre Beteiligungsrechte im PV.

---

1) Mit der Ausgabe von Kapitalanteilen mit höherem Nennwert erlangen die bisherigen Beteiligungsrechte nachträglich die Stellung unechter Stimmrechtsaktien (OR 693 I).

2) Agio-Einlage oder Liberierung des Nominalwertes und Vergütung für die abgetretenen Bezugsrechte an die bisherigen Anteilsinhaber.

3) vgl. § 11 II. B.

3. Vergleich

Beispiel: Eine Unternehmung weist folgende Bilanzpositionen auf: UV 450, AV 300, FK 250, Kapitalkonten 500 (A und B sind zu je 50 % beteiligt); stille Reserven 550. Der eintretende Beteiligte erbringt eine Kapitaleinlage in Höhe der Verkehrswerte bzw. des Verkehrswertes (525) oder der Buchwerte bzw. des Nominalwertes (250).

Der zu Verkehrswerten (525) eintretende Personenunternehmer kann den gesamten Kapitaleinsatz als Einkommenssteuerwert geltend machen. Da für den zum Verkehrswert (525) eintretenden Anteilsinhaber bei der Liquidation für die Einkommensermittlung der Nominalwert als Ausgangswert dient, kann aus seiner Sicht nur die volle Anrechnung seiner Kapitaleinlage auf Grundkapital befriedigen. In den andern Fällen wird ihm jeder potentielle Käufer beim Aushandeln des Kaufpreises die diskontierte Ausschüttungsbelastung auf der Differenz zwischen Nominalwert und präsumtivem Liquidationsergebnis als Einschlag auf dem Verkehrswert der Beteiligungsrechte entgegenhalten.

Mit dem Eintritt zu Buchwerten bzw. zum Nominalwert (250) übernehmen sowohl eintretender Personenunternehmer als auch Anteilsinhaber eine latente Einkommenssteuerbelastung auf der Differenz (183) dieser Werte zum Verkehrswert (433) der neuen Beteiligung. Der eintretende Personenunternehmer trägt auf dieser Differenz zusätzlich latente Sozialabgaben. Dieser Benachteiligung gegenüber dem eintretenden Anteilsinhaber steht idR eine Bevorzugung hinsichtlich der Bewertungsvorschriften bei den Schenkungssteuern gegenüber, sofern der Ertragswert grösser ist als der Substanzwert.

B. BISHERIGE BETEILIGTE

1. Bei Personenunternehmungen

Es kann auf die zusammenfassenden Ausführungen an gleicher Stelle in § 15 und auf die detaillierte Darstellung der §§ 4 II. und 6 II. verwiesen werden. Vgl. auch die Tabelle unter § 17 II. C.

2. Bei Kapitalgesellschaften

Die bisherigen Anteilsinhaber sind steuerlich nur betroffen, wenn ihnen der zum Verkehrswert eintretende Anteilsinhaber eine Vergütung für die Ueberlassung der Bezugsrechte leistet. Dieser Bezugsrechtserlös bleibt als privater Kapitalgewinn steuerfrei. Die Verwässerung des innern Wertes ihrer Beteiligungsrechte senkt gleichzeitig die latente Ausschüttungsbelastung, da sich das präsumtive Liquidationsergebnis vermindert hat. Letztere Wirkung hat auch der Eintritt zum Nominalwert, ohne dass die bisherigen Anteilsinhaber jedoch in irgend einer Form von der Verwässerung des Verkehrswertes ihrer Beteiligungsrechte profitiert hätten. Sie erbringen dem eintretenden Beteiligten je nach den Verhältnissen eine Schenkung, eine Kapitaleinlage oder eine geldwerte Leistung. Für den Vergleich wird nur die Schenkung unter Privaten herangezogen.

3. Vergleich

Beim Eintritt zu den Verkehrswerten in eine Personenunternehmung ist ein Aufschub der Besteuerung nur bei entsprechender Ausgestaltung des Gesellschaftsvertrages bezüglich der Berechtigung an den Altreserven zu erreichen (Variante 1, Buchungsart C)[1], während bei den übrigen Eintrittsarten ein Teil[2] oder alle[3] stillen Reserven besteuert werden. Erfolgt der Eintritt in eine Kapitalgesellschaft zum Verkehrswert durch Liberierung des ganzen Eintrittspreises, werden die bisherigen Anteilsinhaber nicht betroffen. Liberiert der eintretende Anteilsinhaber dagegen nur den Nominalwert, und leistet den bisherigen Anteilsinhabern eine Entschädigung für die Abtretung der Bezugsrechte, realisieren diese einerseits einen steuerfreien Kapitalgewinn und reduzieren anderseits die latente Ausschüttungsbelastung.

---

1) vgl. § 4 II. A. 1. a) ab)
2) Variante 1, Buchungsart C sowie Variante 2
3) Variante 1, Buchungsart A

Die unentgeltliche Abtretung von stillen Reserven bzw. Bezugsrechten beim Eintritt zu Buchwerten bzw. zum Nominalwert bewirkt für die bisherigen Beteiligten auch eine Abnahme der latenten Steuerbelastung auf ihren Beteiligungen auf der Differenz der Verkehrswerte vor und nach dem Eintritt. Diese Reduktion der latenten Belastung erstreckt sich für Beteiligte bei Personenunternehmungen auf Einkommenssteuern und Sozialabgaben, während sie sich für Anteilsinhaber bei Kapitalgesellschaften auf die Einkommenssteuern (auf der Schlussdividende) beschränkt.

C. TABELLARISCHE DARSTELLUNG DER VERGLEICHE (BEI EINTRITT)

Beteiligung an	Personenunternehmung (PUG)	Kapitalgesellschaft (KG)	Vergleich (Unterschiede)
beim Beteiligten	im GV (immer)	im PV (ohne KG-Best.)	
Steuerfolgen Beteiligte in -Entgelt	§ 4 II./6 II.	§ 11 II.	§ 17 II. A./B.
Eintretender			
-vollständig entg.	zu Verkehrswerten	zum Verkehrswert	
Sachwerte aus PV	Abrechnung über Mehrwerte bei privater KG-Besteuerung	idR keine Abrechnung über Mehrwerte; idR Uebernahme latenter E'st wegen Nennwertprinzip	KG: Uebernahme latenter E'st, wenn Nennwert < als Verkehrswert des Einlagegutes
Sachwerte aus GV	Abrechnung über stille Reserven; Ausnahme: Altreserven bleiben beim Eintretenden	idR Abrechnung über stille Reserven	dito
-teilweise entg.	zu Buchwerten	zum Nominalwert	
Annahme: Einlagegut hat keine stillen Reserven	E'st-neutral; Uebernahme latenter E'st + Soz.abg.	Empfang Bezugsrechte Schenkung; Uebernahme latenter Steuern (1. + 2. Stufe)	KG: zusätzlich Uebernahme latenter Steuern 1. Stufe
	Schst: Bemessungsgrundlage: Substanzwert	Schst: Bemessungsgrundlage: Unternehmungswert	idR Bemessungsgrundlage

Legende:
E'st(W)   Einkommenssteuer(werte)
Schst   Schenkungssteuer
Soz.abg. Sozialabgaben

C. TABELLARISCHE DARSTELLUNG DER VERGLEICHE (BEI EINTRITT); FORTSETZUNG

Bisherige			
-vollständig entg.	zu Verkehrswerten	zum Verkehrswert	
Kapitaleinlage in Höhe der(s) Verkehrswerte(s)	Aufgeld = stille Reserven (Var.1): Realisation hängt von vertraglicher Regelung und Buchungsart ab. vgl. S. 76 ff. sowie 107 ff.	keine Realisation	PUG: Unterschiede nach Aufgeld und B chungsart
Kapitaleinlage nur für Teil der (s) Verkehrswerte(s)	Aufgeld = anteilmässige stille Reserven (Var. 2): anteilmässige Realisation	steuerfreier Kapitalgewinn aus Verkauf von Bezugsrechten	KG: steuerfreie Re lisation von Mehrwerten
-teilweise entg.	zu Buchwerten steuerfrei	zum Nominalwert Abtretung Bezugsrechte: Schenkung zwischen natürlichen Personen	keine

D. GESAMTWUERDIGUNG

Bei Eintritt zu Verkehrswerten bzw. zum Verkehrswert ist die Ausgestaltung als Personenunternehmung aus der Sicht des eintretenden Beteiligten jener als Kapitalgesellschaft wegen des hier geltenden Nennwertprinzips und der damit verbundenen Uebernahme einer latenten Ausschüttungsbelastung vorzuziehen, soweit der eintretende Anteilsinhaber nicht den ganzen Eintrittspreis auf Grundkapital anrechnen kann. Bei Eintritt zu den Buchwerten bzw. zum Nominalwert mag der eintretende Beteiligte die Ausgestaltung als Kapitalgesellschaft vorziehen, weil er hier eine latente Einkommenssteuer, nicht aber wie als Personengesellschafter zusätzlich latente Sozialabgaben übernehmen muss[1].
Für die bisherigen Beteiligten bietet idR. die Kapitalgesellschaft Vorteile, auch wenn der Eintrittspreis vollständig in die Gesellschaft eingelegt wird, denn der Aufschub der Besteuerung ist hier nicht wie für die bisherigen Personenunternehmer an kom-

---

[1] Der eintretende Beteiligte hat anderseits zu berücksichtigen, dass die marginale Einkommenssteuerbelastung für den präsumtiven Liquidationsüberschuss infolge Zusammenrechnung mit dem übrigen Einkommen höher sein kann als für den erwarteten Liquidationsgewinn, der idR mit einer Sondersteuer erfasst wird.

plizierte gesellschaftsrechtliche Abmachungen bezüglich der Gewinnberechtigung an den Altreserven gebunden[1].

Soweit beim Eintritt zu Verkehrswerten stille Reserven realisiert werden, trifft die Besteuerung sachgerechterweise jenen Personenunternehmer, der seine wirtschaftliche Leistungsfähigkeit gesteigert hat. Realisieren die bisherigen Anteilsinhaber im Zusammenhang mit dem Eintritt zum Verkehrswert einen Bezugsrechtserlös, bleibt dieser dagegen als privater Kapitalgewinn steuerfrei. Kann der zum Verkehrswert eintretende Anteilsinhaber nicht den ganzen Eintrittspreis auf Grundkapital anrechnen, übernimmt er sachwidrigerweise und im Gegensatz zum Personenunternehmer eine latente Einkommenssteuerlast für die den Nominalwert übersteigende Kapitaleinlage. Der Eintritt zu Buchwerten bzw. zum Nominalwert hat dagegen für die eintretenden Beteiligten beider Unternehmungsformen sachgerechterweise und in Uebereinstimmung mit dem Prinzip der Besteuerung nach der wirtschaftlichen Leistungsfähigkeit auch die Uebernahme einer latenten Belastung auf den unentgeltlich erworbenen stillen Reserven bzw. Bezugsrechten zur Folge.

III. Austritt eines Beteiligten

A. AUSTRETENDER BETEILIGTER

1. Bei Personenunternehmungen

Es gelten die zusammenfassenden Ausführungen von § 15 an gleicher Stelle sowie die detaillierte Darstellung in § 6 III. C. Im weiteren verweise ich auf die Tabelle unter § 17 III. C.

---

[1] Bei voller Anrechnung des Eintrittspreises auf Grundkapital müssen jedoch die neuen Beteiligungsrechte mit einem höheren Nennwert versehen werden, um das stimmenmässige Gleichgewicht gegenüber den bisherigen Beteiligten zu wahren. Die "alten" Beteiligungsrechte nehmen damit den Charakter unechter Stimmrechtsaktien an.

2. Bei Kapitalgesellschaften

Als Folge des Nennwertprinzips wird nach heutiger Praxis zu den direkten Bundessteuern und den ihr folgenden kantonalen Steuerordnungen bei Austritt _zum Verkehrswert_ sachwidrigerweise die Differenz (Liquidationsüberschuss) zwischen Nominalwert und höherem Ergebnis der Teilliquidation besteuert. Das Liquidationsergebnis wird auch dann in diesem Umfang erfasst, wenn der austretende Anteilsinhaber oder bei unentgeltlichem Erwerb sein Rechtsvorgänger die zur Kapitalherabsetzung an die Gesellschaft übertragenen Beteiligungsrechte seinerzeit zu einem den Nominalwert oder gar den Liquidationserlös übersteigenden Preis erworben hatte und damit im letzten Fall sogar einen Verlust erlitten hatte[1]. Soweit der Anlagewert über dem (einbezahlten) Nominalwert liegt, werden somit fiktive Einkünfte besteuert[2]. Bei Austritt _zum Nominalwert_ erleidet der private Anteilsinhaber einen steuerlich unbeachtlichen Kapitalverlust, sofern der Anlagewert seiner Beteiligung über dem Nominalwert liegt.

3. Vergleich

Beispiel: Eine Unternehmung mit drei gleichmässig Beteiligten weist folgenden Vermögensstand auf: UV 400, AV 350, FK 300, Kapitalkonten 450, (stille Reserven 300). Der austretende Beteiligte wird alternativ zu den anteiligen Verkehrswerten bzw. zum Verkehrswert (250) oder den anteiligen Buchwerten bzw. zum Nominalwert (150) abgefunden. Der Anlagewert der zurückgegebenen Beteiligungsrechte beträgt 150 und als Variante 180.

---

1) vgl. § 11 III. A. 2.

2) Eine Ausnahme von der Besteuerung des ganzen Liquidationsüberschusses war nach bisheriger Praxis nur zu machen, wenn eine unter dem Verkehrswert in der Gesellschaft angerechnete Sacheinlage vom gleichen Gesellschafter in natura zurückgenommen wurde (vgl. § 11 III. A. 3.).

Wird im Vergleich für die Beteiligungsrechte die Variante zugrunde gelegt, ergeben sich bereits bei der Ermittlung des steuerbaren Einkommens Unterschiede. Während der steuerbare Liquidationsgewinn (100) des Personenunternehmers sachgerechterweise durch Gegenüberstellung des Ergebnisses der Teilliquidation (250) und der Buchwerte (150) ermittelt wird, vernachlässigt die Einkommensberechnung für den austretenden Anteilsinhaber den höheren Anlagewert (180), sondern basiert auf dem tieferen Nominalwert (150). Trotz einer gegenüber dem Personenunternehmer (150) um 30 höheren Investition (180) fällt das steuerbare Einkommen des Anteilsinhabers gleich hoch aus (100). Soweit der Liquidationsgewinn des Personenunternehmers gesondert besteuert wird, ist der Anteilsinhaber zusätzlich bezüglich des Steuermasses benachteiligt, denn sein Liquidationsüberschuss unterliegt der Einkommensbesteuerung zusammen mit dem übrigen Einkommen. Da der Steuersatz idR progressiv ausgestaltet ist, liegt die marginale Einkommensteuerbelastung des Anteilsinhabers idR erheblich über jener des Personenunternehmers.

Bei Abfindung zu Buchwerten bzw. zum Nominalwert sind die austretenden Beteiligten einander gleichgestellt, soweit der Anlagewert des Anteilsinhabers den Nominalwert nicht übersteigt. In diesem Falle verläuft der Austritt für beide Beteiligten steuerlich neutral. Die Unternehmungsform der Kapitalgesellschaft wirkt sich jedoch bei Annahme der Variante (Anlagewert 180) nachteilig aus, indem der Kapitalverlust unbeachtlich bleibt. Dagegen könnte der austretende Personenunternehmer steuerlich einen Liquidationsverlust geltend machen, wenn eine Abfindung unter dem Buchwert aufgrund einer aleatorischen Bestimmung im Gesellschaftsvertrag erfolgt wäre.

B. VERBLEIBENDE BETEILIGTE

1. Bei Personenunternehmungen

Es kann auf die zusammenfassenden Ausführungen an gleicher Stelle in § 15 sowie auf die detaillierte Darstellung in § 6 III. verwiesen werden; vgl. zudem die Tabelle unter § 17 III. C.

2. Bei Kapitalgesellschaften

Wie in Steuerordnungen mit Kapitalgewinnbesteuerung werden die verbleibenden Anteilsinhaber durch den Austritt zum Verkehrswert steuerlich nicht berührt. Der Austritt hat lediglich zur Folge, dass sich ihr prozentualer Anteil am Gesellschaftskapital vergrössert. Auch der Austritt zum Nominalwert hat grundsätzlich die gleichen Wirkungen wie in Steuerordnungen mit Kapitalgewinnbesteuerung: die verbleibenden Anteilsinhaber übernehmen auf den unentgeltlich überlassenen Mehrwerten latente Einkommenssteuern. Im weiteren schulden sie in diesem Falle idR für die Differenz der Verkehrswerte der Beteiligungsrechte vor und nach dem Austritt die Schenkungssteuer.

3. Vergleich

Erfolgt der Austritt zu Verkehrswerten bzw. zum Verkehrswert in bar, sind die verbleibenden Personenunternehmer gegenüber den Anteilsinhabern insofern bevorzugt, als die Einkommenssteuerwerte der einzelnen Vermögenswerte wegen der Realisierung stiller Reserven beim austretenden Teilhaber heraufgesetzt werden können und sich damit das Abschreibungsvolumen der weiterbestehenden Personenunternehmung vergrössert.

Die unentgeltliche Uebertragung von stillen Reserven bzw. Abtretung von Mehrwerten bei Austritt zu Buchwerten bzw. zum Nominalwert bewirkt für die verbleibenden Anteilsinhaber auch eine Uebernahme der darauf lastenden latenten Steuern. Diese ist für die Anteilsinhaber auf die Einkommenssteuern beschränkt, während sie sich für die Personenunternehmer auch auf die Sozialabgaben erstreckt. Die zu übernehmende marginale latente Einkommenssteuer dürfte allerdings für die verbleibenden Personenunternehmer wegen der Sonderbesteuerung eines allfälligen Liquidationsgewinnes tiefer sein als für die verbleibenden Anteilsinhaber mit Wohnsitz in einer Steuerordnung ohne Kapitalgewinnbesteuerung. Im weiteren sind die Personenunternehmer gegenüber den Anteilsinhabern bei den Schenkungssteuern oft wegen der günstigeren Bewertung bevorzugt.

C. TABELLARISCHE DARSTELLUNG DER VERGLEICHE (BEI AUSTRITT)

Beteiligung an	Personenunternehmung (PUG)	Kapitalgesellschaft (KG)	Vergleich (Unterschiede)
beim Beteiligten	im GV (immer)	im PV (ohne KG-Best.)	
Steuerfolgen Beteiligte in -Entgelt	§ 6 III.	§ 11 III.	§ 17 III. A./B.
Austretender -vollständig entg.	zu Verkehrswerten	zum Verkehrswert	
Abfindung in bar	E'st als Jahresst. + Soz.abg.	ord. E'st auf Nennwertüberschuss	Steuersubstrat Steuermass KG: keine Soz.abg.
Abfindung in Sachwerten	E'st + Soz.abg. bis zur Höhe der Berechtigung an den stillen Reserven	dito (Naturaldividende)	dito
-teilweise entg.	zu Buchwerten	zum Nominalwert	
Annahme: Entnahmegut hat keine stillen Reserven	steuerfrei	Abtretung Bezugsrechte: Schenkung zwischen natürlichen Personen	keine

C. TABELLARISCHE DARSTELLUNG DER VERGLEICHE (BEI AUSTRITT); FORTSETZUNG

Verbleibende			
-vollständig entg.	zu Verkehrswerten	zum Verkehrswert	
Abfindung in bar	steuerfrei (Aufwertung um versteuerte Mehrwerte)	steuerfrei	PUG: Vergrösserung Abschreibungsvolumen
Abfindung in Sachwerten	E'st + Soz.abg. nur, wenn Verkehrswert Sachwert > Berechtigung des Austretenden an den stillen Reserven	steuerfrei	idR keine
-teilweise entg.	zu Buchwerten Uebernahme latenter	zum Nominalwert Empfang Bezugsrechte: Schenkung; Uebernahme latenter Steuern 1.+2. Stufe	keine
	Schst: Bemessungsgrundlage: Substanzwert	Schst: Bemessungsgrundlage: Unternehmungswert	idR Bemessungsgrundlage

Legende:
E'st   Einkommenssteuer
Schst   Schenkungssteuer
Soz.abg. Sozialabgaben

D. GESAMTWUERDIGUNG

Für den austretenden Beteiligten wirkt sich bei Abfindung in der Höhe des Verkehrswertes der Beteiligung die Unternehmungsform der Kapitalgesellschaft nachteilig aus; denn soweit der Anlagewert seiner Beteiligung den einbezahlten Nominalwert übersteigt, wird anlässlich der Teilliquidation fiktives Einkommen besteuert. Diese sachwidrige Behandlung hat ihre Ursache im Nennwertprinzip.
Für die verbleibenden Beteiligten kann grundsätzlich auf die Ausführungen in § 16 III. C. verwiesen werden.

Bei der Unternehmungsform der Kapitalgesellschaft wird das Prinzip der Besteuerung nach der wirtschaftlichen Leistungsfähigkeit insbes. beim Austritt zum Verkehrswert missachtet, soweit der Anlagewert der Beteiligungsrechte über dem einbezahlten Nominalwert liegt. In diesem Falle wird fiktives Einkommen besteuert.

6. ABSCHNITT: VERGLEICH BEI UNENTGELTLICHEN AENDERUNGEN

§ 18 ERBSCHAFTS- UND SCHENKUNGSSTEUERN

Erbschafts- und Schenkungssteuern schuldet idR der aus einer Aenderung begünstigte Beteiligte. Dies ist bei der unentgeltlichen Uebertragung der erwerbende, beim unentgeltlichen Eintritt der eintretende und sind beim unentgeltlichen Austritt die verbleibenden Beteiligten. Gleiches gilt für teilweise entgeltliche Aenderungen; im Gegensatz zu den unentgeltlichen Aenderungen erbringt der Begünstigte hier eine Gegenleistung, auch wenn deren Wert unter jenem der erhaltenen Leistung liegt; folglich fällt die Bemessungsgrundlage gegenüber den unentgeltlichen Aenderungen tiefer aus[1].

Ein Vergleich zwischen den Unternehmungsformen konzentriert sich im wesentlichen auf Bewertungsfragen. Dabei sind zuerst die Bemessungsgrundlagen einander gegenüberzustellen. Im weiteren sind allfällig gewährte Bewertungskorrekturen miteinander zu vergleichen. Schliesslich ist die schweizerische Praxis gesamtheitlich zu würdigen und mit dem Rechtszustand in der BRD zu vergleichen. Der Vergleich geht von der Annahme ertragsstarker Unternehmen aus.

I. Bemessungsgrundlage

A. FUER BETEILIGUNGEN AN PERSONENUNTERNEHMUNGEN

Die geltende Praxis geht für die Bemessung idR vom Verkehrswert der einzelnen Vermögensobjekte aus. Dieser wird z.B. in ZH beim beweglichen Vermögen nach den für die Staats- und Gemeindesteuereinschätzungen geltenden Kriterien ermittelt, d.h. es werden

---

[1] Auf die teilweise entgeltlichen Aenderungen wird hier nicht mehr näher eingegangen. Immerhin ist hier nochmals darauf hinzuweisen, dass der Wertunterschied zwischen Leistung und Gegenleistung in diesem Falle erheblich sein muss, um eine Erbschafts- bzw. Schenkungssteuerpflicht auszulösen (vgl. § 2 II. A.).

die auf den einzelnen Wirtschaftsgütern angewachsenen stillen
Reserven aufgerechnet[1]. Obwohl die Bewertung von Liegenschaften
idR nach denselben Grundsätzen erfolgt[2], ist die Veranlagungsbehörde nicht an diese Werte gebunden, sondern kann den Verkehrswert nach allgemeinen Bewertungsgrundsätzen ermitteln[3]. Als Bemessungsgrundlage dient somit idR nur der Substanzwert der einzelnen übertragenen Wirtschaftsgüter, obwohl bei der Erbfolge und
bei der Schenkung ein Geschäft bzw. ein Geschäftsanteil als Ganzes auf den Rechtsnachfolger übertragen wird und dieser somit
auch vom nicht substanzgebundenen Goodwill (Geschäftswert) profitiert; ein solcher Wert bleibt hier jedoch unberücksichtigt.

B. FUER BETEILIGUNGSRECHTE AN KAPITALGESELLSCHAFTEN

Soweit die Beteiligungsrechte an der Börse kotiert sind, ergibt
sich für die Bemessung idR kein Unterschied zwischen Beteiligungsrechten des GV und solchen des PV: als Verkehrswert ist der
Kurswert am Todes- bzw. Schenkungstag massgebend[4]. Für nichtkotierte Wertpapiere können die Bewertungsergebnisse uneinheitlich sein, weil für Beteiligungsrechte des GV idR die Bewertungsgrundsätze der Staats- und Gemeindesteuern angewendet werden,
während für solche des PV vielfach die Wegleitung zur Bewertung
von Wertpapieren ohne Kurswert für die Vermögenssteuer "Wegleitung 1982" zur Anwendung gelangt[5]. Alle Bewertungsmethoden für

---

1) vgl. Zuppinger, Steuerrecht II, 121; zur Frage der Uebernahme von Bemes-
   sungsvorschriften aus dem Einkommens- und Vermögenssteuergesetz vgl.
   Styger Fredy, Objekt und Bemessung der kantonalen Erbanfall- und Schenkungssteuern, Diss. Zürich 1950, 134 ff.
2) vgl. Zuppinger, Steuerrecht II, 114
3) Zu diesem Zweck hat die FD ZH spezielle Weisungen über die Bewertung von
   Liegenschaften bei der Erbschafts- und Schenkungssteuer erlassen; diese
   werden im Einzelfall neben primären Kriterien wie Anlagewert, Verkaufspreis oder Erbteilungswert zur Bewertung herangezogen (Auskunft Rechts-
   abteilung Steueramt ZH, Abt. Erbschafts- und Schenkungssteuern vom 28.10.
   85); vgl. auch ZH RB 1967 Nr. 41; 1984 Nr. 65.
4) vgl. § 9 I. A. 1. a) und § 14 A. 1.
5) Eine Bindung der Bewertung für Beteiligungsrechte des GV an die Bewertungsgrundsätze für Zwecke des PV (z.B. "Wegleitung 1982") besteht m.W. nicht.

Beteiligungsrechte haben jedoch gemeinsam, dass sie sich am Unternehmungswert orientieren. Die Bemessungsgrundlage enthält folglich im Gegensatz zur Bemessung bei Personenunternehmungen auch einen nicht substanzbezogenen Goodwill der Unternehmung.

C. VERGLEICH

Bei den Personenunternehmungen erfolgt die Bewertung im allgemeinen[1] "ausschliesslich aufgrund des Substanzwertes. Der Goodwill bzw. die Ueberrendite der Unternehmung wird nicht erfasst und deshalb auch nicht besteuert"[2]. Dagegen stellt die Bewertung kotierter Beteiligungsrechte grundsätzlich auf den Kurswert ab. Die Bewertung nichtkotierter Beteiligungsrechte wird meistens nach der für die Vermögenssteuer geltenden "Wegleitung 1982" vorgenommen. Bei Anwendung dieser Bewertungsgrundsätze "richtet sich der Aktienwert schwergewichtig nach dem Ertragswert der Unternehmung und kann damit bedeutend höher ausfallen als der anteilige Substanzwert"[3].

Für <u>Beteiligungen an Personenunternehmungen</u> kann einerseits aus dem Verkehrswertprinzip sowie den Grundsätzen über die Unternehmungsbewertung gefolgert werden, dass auch der Erbschafts- und Schenkungssteuerwert einer Einzelunternehmung bzw. eines Geschäftsanteils bei einer Personengesellschaft nach dem quotalen Unternehmungswert bemessen werden müsste[4]. Anderseits kann geltend gemacht werden, die Ausgestaltung der Erbschaftssteuer[5]

---

1) Grundlage: BGE 73 I 256
2) Spori, Steuerplanung, 14; vgl. Wettstein, 156.
3) Spori, Steuerplanung, 14; vgl. Wettstein, 156.
4) vgl. Gnehm, 4
5) Eine Ausgestaltung als Nachlasssteuer kennen nur die Kantone SO, GR und NE, wobei diese in SO und NE nicht allein, sondern kumulativ zur Erbanfallsteuer erhoben wird; in GR können die Gemeinden zusätzlich zur kantonalen Nachlasssteuer eine Erbanfallsteuer erheben (vgl. Steuerinformationen D 12, S. 5 Stand Juli 1985).

und der Schenkungssteuer als Anfallsteuer verlange die Bewertung aus der Sicht des Rechtsnachfolgers; deshalb dürfe dem durch die Person des Altunternehmers bedingten Geschäftswert nicht oder nur reduziert Rechnung getragen werden.

Für Beteiligungsrechte an Kapitalgesellschaften könnte gegen die Uebernahme des Vermögenssteuerwertes bei nichtkotierten Wertpapieren eingewendet werden, dass eine rechtliche Bindung der Erbschafts- und Schenkungssteuern an den Vermögenssteuerwert gar nicht besteht, zumal dessen Massgeblichkeit schon wegen des oftmals weit zurückliegenden Bewertungsstichtages erschüttert wird[1]. Für eine Uebernahme des Vermögenssteuerwertes spricht anderseits die Veranlagungsökonomie.

II. Bewertungskorrekturen

A. FUER BETEILIGUNGEN AN PERSONENUNTERNEHMUNGEN

Ausgehend vom Vollsubstanzwert stehen hier Bewertungskorrekturen für die Betriebsgebundenheit bestimmter Vermögensbestandteile im Vordergrund. Dagegen werden latente Steuern und Sozialabgaben auf übertragenen stillen Reserven nach geltendem Recht nicht wertmindernd berücksichtigt[2].

Eine Vorzugsbewertung von geschäftlichen Zwecken dienenden Liegenschaften wird in ZH sowohl nach dem geltenden[3] als auch nach dem Antrag des RR zum neuen Recht[4] zugestanden. Die Vorzugsbewertung mit 3/4 des Verkehrswertes bedingt jedoch, dass der Be-

---

1) vgl. Spori, Steuerplanung, 30
2) vgl. § 21 II. C.
3) ZH ESchG 14 III
4) Antrag RR ZH ESchG zu § 16

trieb vom/von den Begünstigten in den betreffenden Liegenschaften fortgeführt wird. Sie wird somit nur für betriebsnotwendige Liegenschaften gewährt[1]. Daraus folgt, dass für Liegenschaften, welche teilweise einem Geschäftsbetrieb und teilweise privaten Zwecken dienen, nur eine anteilmässige Vorzugsbewertung erfolgt[2]. Die Zürcher Regelung wurde, soweit ersichtlich, nur von TG übernommen[3].

Mit Ausnahme der Freistellung eines Maximalbetrages[4] für das zur Ausübung des Berufes oder Handwerks übernommene betriebsnotwendige Mobiliar fehlen in den geltenden Steuergesetzen idR begünstigende Bewertungsvorschriften für bewegliches GV.

B. FUER BETEILIGUNGSRECHTE AN KAPITALGESELLSCHAFTEN

Vorne[5] wurde festgestellt, dass die kantonalen Erbschafts- und Schenkungssteuergesetze für Beteiligungsrechte idR keine begünstigenden Bewertungsvorschriften vorsehen. Gründe für eine Vorzugsbewertung könnten jedoch auch hier vorgebracht werden. Dies gilt in erster Linie für die einzelnen Erben, bei denen durch den Erwerb von Beteiligungsrechten vom Erblasser neu eine Minderheitsstellung entsteht und die Anwendung der "Wegleitung für die Vermögenssteuer" mit der Begründung abgelehnt wird, Bemessungsgrundlage bei der Erbschaftssteuer sei der gesamte steuerbare Nachlass[6]. Diesfalls ist nämlich der einzelne Beschenkte gegenüber dem einzelnen Erben bevorzugt, was sich m.E. nicht rechtfertigt. Für Beteiligungsrechte im GV könnte wie für Beteiligungen an Personenunternehmungen die Betriebsgebundenheit als wertmindernder Faktor geltend gemacht werden.

---

1) vgl. Zuppinger, Steuerrecht II, 120
2) vgl. ZH RB 1962 Nr. 86; Antrag RR ZH ESchG, 58.
3) TG ErbStG § 14 III; vgl. Wettstein, 145.
4) ZH ESchG 8 I a: Fr. 15'000
5) § 9 I. A. sowie 14 I. A. 2.
6) vgl. Spori, Steuerplanung, 30

C. VERGLEICH

Den Bewertungskorrekturen für Geschäftsliegenschaften als Bestandteile von Beteiligungen an Personenunternehmungen steht in ZH und TG je nach den Verhältnissen bestenfalls ein Abzug für die Minderheitsstellung des Rechtsnachfolgers von nichtkotierten Beteiligungsrechten gegenüber. Ein Vergleich der Bewertungskorrekturen fällt somit in diesen Steuerordnungen zugunsten der Personenunternehmung aus[1].

III. Gesamtwürdigung

Beispiel: Eine ertragsstarke, über beträchtlichen Liegenschaftsbesitz verfügende Unternehmung ist als Personenunternehmung oder als Kapitalgesellschaft ausgestaltet. Die unentgeltliche Uebertragung der Beteiligung erfolgt im Rahmen der Erbfolge vom Geschäfts- bzw. Anteilsinhaber auf seine drei Erben.

Die Erben von Beteiligungsrechten sind gegenüber jenen der Beteiligung bei der Personenunternehmung idR bereits infolge der unterschiedlichen Methoden zur Ermittlung des Verkehrswertes benachteiligt, denn der Verkehrswert der Beteiligungsrechte bestimmt sich unter Einbezug auch des nicht substanzbezogenen Goodwill, d.h. aufgrund des Unternehmungswertes. Eine zusätzliche Bevorzugung der erwerbenden Personenunternehmer ergibt sich in einzelnen Kantonen (ZH, TG) aus der Vorzugsbewertung für Geschäftsliegenschaften (3/4 des Verkehrswertes)[2]. Soweit die nicht kotierten Beteiligungsrechte nach der "Wegleitung 1982" bewertet werden, kann als "Ersatz" für fehlende Bewertungskorrekturen aus der Minderheitsstellung ein Bewertungseinschlag vorgenommen werden[3].

---

1) vgl. hinten III.

2) Diese problematische Sonderordnung (Locher, ASA 54, 96) wird von Wettstein (156) ebenfalls mit Hinweis auf die ungleiche Behandlung gegenüber den Kapitalgesellschaften abgelehnt.

3) Im Falle der Vinkulierung der Beteiligungsrechte beträgt die pauschale Wertkorrektur 35 %.

Eine Ungleichbehandlung sowohl hinsichtlich der Bemessungsgrundlage als auch der Bewertungskorrekturen mag die Rechtsformen der Kapitalgesellschaft gegenüber jenen der Personenunternehmungen erheblich benachteiligen, sodass sich im Einzelfall substantielle Belastungsunterschiede ergeben können[1], welche m.E. sachlich nicht gerechtfertigt sind.

Unabhängig vom Beispiel lassen sich folgende Schlussfolgerungen ziehen: Für die Beurteilung entscheidend ist die Tatsache, dass bei der Personenunternehmung für die Ermittlung der Bemessungsgrundlage idR der Ertragswert nicht berücksichtigt wird, während er bei der Kapitalgesellschaft gleichgewichtig oder gar doppelt so stark wie der Substanzwert in die Unternehmungsbewertung und damit in die Bewertung der Beteiligungsrechte eingeht. Der Vorteil der einen oder andern Unternehmungsform für die Bewertung bei den Erbschafts- und Schenkungssteuern hängt somit vom erwarteten Zukunftsnutzen und dessen Gewichtung ab. Bei der Kapitalgesellschaft ist der Zukunftsnutzen (Ertragswert) durch Kapitalisierung der jüngsten Vergangenheitszahlen (z.B. Geschäftsergebnisse der letzten drei Jahre) zu schätzen. Der Einfluss des Ertragswertes auf die Bewertung hängt sodann von der Gewichtung gegenüber dem Substanzwert ab. Sein Einfluss ist um 1/6 höher, wenn Ertragswert und Substanzwert im Verhältnis 2:1 statt im Verhältnis 1:1 Basis der Unternehmungsbewertung bilden.

Liegt der Ertragswert unter dem Substanzwert, ist eine als Kapitalgesellschaft ausgestaltete Unternehmung im Vorteil, denn die Bemessungsgrundlage sinkt durch die Berücksichtigung des Ertragswertes unter den bei der Personenunternehmung massgebenden Substanzwert. Liegt der errechnete Ertragswert über dem Substanzwert, ist die Personenunternehmung im Vorteil, denn dem Ertragswert wird bei der Bewertung ihrer Beteiligung im Gegensatz zur Bewertung der Beteiligungsrechte bei der Kapitalgesellschaft nicht Rechnung getragen.

---

[1] Aus diesem Grunde können die Erbschafts- und Schenkungssteuern m.E. entgegen der Auffassung von Cagianut/Höhn (Unternehmungssteuerrecht, § 3 N 14) bei Belastungsvergleichen zwischen den Beteiligten nicht generell vernachlässigt werden.

Unter steuerplanerischen Gesichtspunkten kann der letzten Konstellation (gute Ertragslage) bei der Kapitalgesellschaft u.U. durch die Ausnützung steuerlich zugelassener Abschreibungen im Hinblick auf eine unentgeltliche Aenderung im Bestand der Beteiligten entgegengewirkt werden, womit der Ertragswert in den betreffenden Jahren tiefer ausfällt[1].

IV. Rechtsvergleich: BRD

Im deutschen Steuerrecht ist erbschaftssteuerlich der Erwerb der Beteiligung an einer Kapitalgesellschaft gegenüber jenem eines Anteils an einer Personengesellschaft in doppelter Hinsicht benachteiligt. Zum einen werden die Beteiligungen unterschiedlich bewertet[2]. Bei der Personengesellschaft bemisst sich der für die Erbschaftssteuer massgebende Wert nach den dem Gesellschafter zuzurechnenden Anteil am Steuerwert des Betriebsvermögens der Gesellschaft. Wie in der Schweiz wird ein Geschäftswert nicht in die Bemessung einbezogen[3]. Im weiteren sind die Betriebsgrundstücke bloss mit 140 % des Einheitswertes angesetzt[4]. Die

---

1) Zu den gesetzgeberischen Möglichkeiten für eine unternehmungsformunabhängige Erbschafts- und Schenkungsbesteuerung vgl. § 21 II. sowie die Schlussfolgerungen in § 22 II.

2) vgl. Knobbe-Keuk, Bilanz- und Unternehmenssteuerrecht, 637; für detaillierte Ausführungen zur Bewertung von Personenunternehmungen und Kapitalgesellschaften vgl. Schild, 186 ff. und 196 ff.

3) Zwar ist die Berücksichtigung des originären Geschäftswertes nicht von vornherein ausgeschlossen. Der Geschäftswert wird nach der Rechtsprechung berücksichtigt, wenn er "realisiert" oder "konkretisiert" ist. Die Rechtsprechung ist hier jedoch äusserst zurückhaltend, denn Erbfolge bzw. Schenkung sind idR keine Vorgänge, durch die ein Geschäftswert "konkretisiert" oder "realisiert" würde. Dies trifft selbst dann zu, "wenn der Erblasser bei seinen Anordnungen oder die Beteiligten bei ihrer Auseinandersetzung einen Geschäftswert zugrunde gelegt haben" (Knobbe-Keuk, StbJb 1978/79, 436).

4) vgl. Knobbe-Keuk, Bilanz- und Unternehmenssteuerrecht, 637 f.; zum Begriff und Bedeutung der Einheitsbewertung vgl. Uelmer A., Die Problematik der Einheitsbewertung, in: A. Raupach (Hrsg.), Werte und Wertermittlung im Steuerrecht, Köln 1984, 275 ff. sowie Hofmann R.: Die Anwendung der Einheitswerte bei der Erbschaftsteuer, daselbst, 377 ff.

Bewertung von Beteiligungen an Kapitalgesellschaften erfolgt dagegen unter Einbezug des Geschäftswertes wie auch höherer Grundstückswerte; dies ergibt sich aus dem Umstand, dass kotierte Wertpapiere mit dem Kurswert anzusetzen sind. Die Ermittlung des massgebenden gemeinen Wertes von nichtkotierten Anteilen nach dem Stuttgarter Verfahren erfolgt unter Berücksichtigung des Ertragswertes. Grundbesitz wird hier mit dem Verkehrswert bewertet, dieser beträgt 280 % des Einheitswertes[1]. Grundsätzlich ergeben sich daraus für die begünstigten Anteilsinhaber die gleichen Nachteile wie nach der schweizerischen Praxis.

Zum anderen resultiert eine Schlechterstellung aus der Regelung der Stundungsmöglichkeiten für die Erbschaftssteuer[2]. Das Gesetz[3] gewährt dem Erwerber von Einzelunternehmen und Anteilen an einer Personengesellschaft einen Anspruch auf Stundung bis zu 7 Jahren, soweit dies zur Erhaltung des Betriebes notwendig ist[4]. Einen solchen Anspruch hat der Erwerber von Anteilen an Kapitalgesellschaften nicht, da es sich hier um sonstiges Vermögen i.S. von § 110 des Bewertungsgesetzes handelt[5]. Diese Einschränkung wirkt sich vor allem für wesentliche Beteiligungen an Kapitalgesellschaften nachteilig aus, da diese idR innerhalb der geforderten Frist nur schwer veräusserbar sein werden[6]. Diesen Nachteil haben die unentgeltlich erwerbenden Anteilsinhaber schweizerischer Kapitalgesellschaften nicht zu tragen, denn einseitige Stundungsmöglichkeiten sind im geltenden schweizerischen Recht, soweit ersichtlich, nicht vorgesehen.

---

1) vgl. Knobbe-Keuk, Bilanz- und Unternehmenssteuerrecht, 638
2) vgl. Knobbe-Keuk, Bilanz- und Unternehmenssteuerrecht, 638
3) ErbStG 28 I
4) vgl. Knobbe-Keuk, Bilanz- und Unternehmenssteuerrecht, 638
5) vgl. Schild, 350
6) vgl. Schild, 350

§ 19 AUSWIRKUNGEN DER UNENTGELTLICHEN AENDERUNGEN AUF ANDERE STEUERARTEN (AUS DER SICHT DES/DER BEGUENSTIGTEN)

Ausgangspunkt der folgenden Betrachtungen bildet die Tatsache, dass bei unentgeltlichen Aenderungen die auf den Begünstigten übertragenen stillen Reserven bzw. Mehrwerte idR nicht besteuert werden. Aus dem Steueraufschub ergeben sich für diese Beteiligten Auswirkungen, welche hier zu untersuchen sind. Im Mittelpunkt stehen dabei die vom Begünstigten zu übernehmenden latenten fiskalischen Belastungen. Dabei sind neben den direkten Steuern vor allem die Sozialabgaben als gewinnabhängige Abgaben zu berücksichtigen[1]. Es ist jedoch darauf hinzuweisen, dass sich die Ermittlung latenter Steuern nur aufdrängt, wenn beim Begünstigten im Hinblick auf die Anrechnung an den Erbteil der wirkliche Wert der Beteiligung ermittelt werden soll.

Wie erwähnt[2], wird bei unentgeltlicher Uebertragung der Erwerber, bei unentgeltlichem Eintritt der neue Beteiligte begünstigt; bei unentgeltlichem Austritt sind die verbleibenden Beteiligten die begünstigten Beteiligten. Im Hinblick auf den Vergleich wird für die Beteiligung an Kapitalgesellschaften im GV davon ausgegangen, Verzichtender und Begünstigter seien natürliche Personen.

I. Unentgeltliche Uebertragung aus der Sicht des Erwerbers

Für den Erwerber ist beim Vergleich der Unternehmungsformen entscheidend, ob er unversteuerte Reserven zu übernehmen hat, aus denen ihm später Nachteile erwachsen[3].

---

1) Dagegen werden die gewinnunabhängigen latenten Steuern (insbesondere Handänderungssteuern und Umsatzabgaben von Effektenhändlern) hier vernachlässigt. Es empfiehlt sich jedoch, solchen Abgaben im Einzelfall durch Diskontierung der anteiligen Belastung ebenfalls Rechnung zu tragen.

2) vgl. § 18 Einleitung

3) vgl. Helbling, Unternehmungsbewertung, 204 f.

A. BEI PERSONENUNTERNEHMUNGEN

1. Berücksichtigung latenter Steuern und Sozialabgaben

Die unentgeltliche Uebertragung einer Personenunternehmung bzw. des Anteils an einer solchen stellt keine Realisation stiller Reserven dar, sondern bewirkt für diese einen Steueraufschub. Mit den unentgeltlich übertragenen stillen Reserven geht auch eine latente Steuerlast auf den/die erwerbenden Beteiligten über[1].

Soll der wirkliche Wert einer Beteiligung ermittelt werden, ist folglich eine Unternehmungsbewertung durchzuführen, wobei zur Ermittlung des Substanzwertes eine Rückstellung für latent-bedingte Einkommens- und/oder Grundstückgewinnsteuern sowie Sozialabgaben auf den zu übernehmenden unversteuerten Reserven einzusetzen ist[2]. Auf das Vorgehen sowie mögliche Methoden zur Berechnung der latent-bedingten Steuern ist hier nicht im einzelnen einzugehen. Dazu kann auf die Ausführungen bei Helbling[3]

---

1) vgl. Cagianut/Höhn, Unternehmungssteuerrecht, § 15 N 27, 35

2) vgl. Helbling, Unternehmungsbewertung, 204; Soweit ersichtlich, haben sich in der Schweiz noch keine Gerichte mit der Frage befasst, ob bei der Bewertung oder Substanzwertberechnung die latente Steuerlast auf den unversteuerten Reserven zu berücksichtigen sei; eine Uebersicht über Gerichtsurteile in der BRD geben Koppenberg Hans-Jürgen, Bewertung von Unternehmungen, Höchstrichterliche Entscheidungen nach dem Umwandlungsgesetz, Düsseldorf 1964 und Helbling, Unternehmungsbewertung, 205 ff. Das Problem der Berücksichtigung latenter Steuern für die Ermittlung des Ertragswertes stellt sich hier nicht, weil dabei keine unversteuerten Reserven vorliegen, denen Rechnung zu tragen ist; vielmehr ist der Ertragswert selbst eine kapitalisierte Nettogrösse, welche bereits um die durch sie verursachte Steuer reduziert ist (vgl. Helbling, Unternehmungsbewertung, 249 ff.). Immerhin ist festzustellen, dass ein im Vergleich zur Substanz ungenügender Ertrag oder ein Verlust dazu führen können, dass "für die Beurteilung einer Beteiligung der Liquidationswert beigezogen werden muss" (RHB 2.2.S.94 f.).

3) vgl. Helbling, Unternehmungsbewertung, 210 ff.; als Methoden sind dort insbesondere das in der BRD häufig angewandte Verfahren der Barwertrechnung aufgrund der gemäss Umschlags- und Abschreibungsdauer einzelner Bilanzpositionen freiwerdenden und zur Besteuerung gelangenden unversteuerten Reserven, die Methode der Barwertrechnung aufgrund der entgangenen steuerfreien Gewinnthesaurierungsmöglichkeiten sowie die Berechnung der latent-bedingten Steuerschuld aufgrund der hypothetischen vollen Steuerschuld am Bewertungsstichtag abzüglich dem Barwert der Zinseinsparungen bis zum präsumtiven Zahlungstermin, näher behandelt.

hingewiesen werden. Es ist jedoch hervorzuheben, dass in der schweizerischen Bewertungspraxis wegen ihrer leichten Verständlichkeit vielfach die Pauschalierung zum halben maximalen Steuersatz ("Halbwert-Methode") angewandt wird[1]. Diese Methode ist am ehesten dort geeignet, wo die Steuergesetzgebung bei unversteuerten Reserven in verschiedenen Bilanzpositionen bis zu einem gewissen Ausmass Freizügigkeit gewährt, die latent-bedingten Steuern hinsichtlich der Fälligkeit und der Höhe des Steuerfusses unsicher sind und/oder z.B. infolge komplizierter Steuerausscheidungen der Steuersatz nicht oder nur schwer bestimmt werden kann. Die Bedenken der Kritiker richten sich hauptsächlich gegen die undifferenzierte Berücksichtigung der stillen Reserven; denn dieses Verfahren unterscheidet "nur ungenügend zwischen den verschiedenen Arten von unversteuerten Reserven. Es wird vom ganzen die Hälfte genommen, ungeachtet der Wahrscheinlichkeit einer Realisierung und des Risikos einer Besteuerung"[2]. Trotzdem erachte ich diese Methode als den schweizerischen Gegebenheiten am angemessensten. Immerhin ist zu fordern, dass besonderen Verhältnissen (z.B. Liegenschaften), steuerlich "gefährdeten" sowie unversteuerten Reserven in nicht-betrieblichen Vermögenswerten durch separate Behandlung gebührend Rechnung getragen wird[3].

Parallel zu den Einkommens- bzw. Grundstückgewinnsteuern sind die latenten Sozialabgaben als wertmindernder Faktor in die Unternehmungsbewertung einzubeziehen[4]. Dabei rechtfertigt sich ebenfalls eine Diskontierung mit 50 %, sodass künftige Sozialabgaben mit einem Barwert von 5 % der unversteuerten Reserven berücksichtigt werden können[5].

---

1) Bei Annahme des "halben" maximalen Steuersatzes schätzt man den Diskontierungseffekt auf 50 %. Dies ist ein Kompromiss und als solcher nie beweisbar (vgl. Helbling, Unternehmungsbewertung, 227; RHB 2.2.S.94).
2) Helbling, Unternehmungsbewertung, 228
3) vgl. Helbling, Unternehmungsbewertung, 227 f.; RHB 2.2.S.94
4) vgl. Helbling, Unternehmungsbewertung, 360
5) Zu Vergleichszwecken wird für die Sozialabgaben, wie in § 3 VII. B. erwähnt, pauschal eine Belastung mit 10 % angenommen.

2. Anwendungsfall Erbteilung (de lege ferenda)

Wird die Erbteilung entgegen der heutigen Praxis[1] insoweit als unentgeltliches Rechtsgeschäft behandelt, als der Wert der vom einzelnen Erben übernommenen Vermögensgegenstände den Wert seines Erbanteils nicht übersteigt, ist der latenten Belastung für den oder die die Personenunternehmung übernehmenden Erben durch Reduktion des Anrechnungspreises Rechnung zu tragen[2]. Ihrer Einfachheit wegen ist grundsätzlich der Methode der Pauschalierung zum halben maximalen Steuersatz (z.B. 25 %)[3] der Vorzug einzuräumen, womit der Nettowert der stillen Reserven mit z.B. 75 % eingesetzt werden kann.

Enthält die zu übernehmende Personenunternehmung Geschäftsgrundstücke mit stillen Reserven, stellt sich in Kantonen mit dem Zürcher-System der Grundstückgewinnbesteuerung die Frage der zweckmässigerweise anzuwendenden Methode zur Ermittlung der latenten Grundstückgewinnsteuer. Eine Diskontierung auf den Bilanzstichtag wird hier erschwert durch den idR in diesem System gewährten Besitzdauerrabatt. Diese steuerliche Erleichterung bewirkt, "dass die latente Grundstückgewinnsteuer mit zunehmender Besitzdauer reduziert wird. Bei Ungewissheit über die künftige Besitzdauer ist es daher schlechthin undenkbar, dass eine Methode gefunden werden könnte, welche es erlauben würde, im Zeitpunkt des Vermögensübergangs auch nur annähernd - analog der Bewertung unversteuerter Reserven - die auf dem Erwerber lastende latente Steuerschuld zu ermitteln"[4]. Blöchlinger[5] kommt deshalb m.E. richtigerweise zum Schluss, dass es falsch wäre, bei Uebernahme künftiger, bloss möglicher Grundstückgewinnsteuern

---

1) vgl. § 6 I. A. 3.
2) Die Notwendigkeit der Berücksichtigung latenter Steuern und Sozialabgaben ergibt sich auch bei Erbvorbezug und u.U. Vermächtnis.
3) Barwert der Einkommenssteuerbelastung: 20 %; Barwert der Sozialabgaben: 5 %.
4) Blöchlinger, 98
5) vgl. Blöchlinger, 98

eine Berechnungsmethode aus dem Bereich der Unternehmungsbewertung anzuwenden, denn infolge des Besitzdauerrabattes würde jede Methode eine Genauigkeit vortäuschen, die es realistischerweise nicht geben kann. Als praktikable Möglichkeit wird daher empfohlen, den latenten Grundstückgewinnsteuern mittels vertraglicher Vorbehaltsklauseln individuell Rechnung zu tragen[1]. Auch das RHB[2] schlägt vor, allfällige Grundstückgewinnsteuern getrennt zu berücksichtigen, ohne jedoch eine Berechnungsmethode zu empfehlen[3].

---

1) Nach Ansicht von Blöchlinger (101 f.) scheint es "als sachlich gerechtfertigt, dass die Erbengemeinschaft (= Veräusserer) einen Anteil an allfälligen spätern Grundstückgewinnsteuern trägt im Verhältnis: hypothetischer Gewinn im Zeitpunkt der Teilung zu gesamtem Grundstückgewinn im Zeitpunkt der späteren Realisation durch den Uebernehmer; dies unter der selbstverständlichen Voraussetzung, dass der realisierte Grundstückgewinn mindestens den der Teilung zugrunde gelegten hypothetischen Gewinn erreicht. Sinkt jener nämlich unter diesen infolge Absinkens des Verkehrswertes, wird die Erbengemeinschaft keineswegs gewillt sein, dem Uebernehmer unter dem Titel "latente Steuern" mehr zurückzuerstatten, als effektiv angefallen ist ... Zusammenfassend ist daher bei Uebernahme von Nachlassgrundstücken durch einen (oder mehrere Erben) zu empfehlen,
   - den hypothetischen Grundstückgewinn im Zeitpunkt der Teilung vertraglich festzuhalten und
   - eine Zahlungspflicht der ausscheidenden Erben gegenüber dem Uebernehmer zu vereinbaren, welche mit der Fälligkeit der Grundstückgewinnsteuern bei einem späteren Verkauf zusammenfällt und sich nach der Formel errechnen lässt: zu zahlende Grundstückgewinnsteuern, dividiert durch den dieser Steuer zugrundegelegten Grundstückgewinn, multipliziert mit dem hypothetischen Grundstückgewinn. Der so errechnete, auf den bis zur Teilung angewachsenen Mehrwert entfallende Steuerbetrag ist nach Massgabe der einzelnen Erbquoten auf die ausgeschiedenen Erben zu verlegen".

2) vgl. RHB 2.2.S.94

3) Lehnt sich der Erbteilungsvertrag an ein Bewertungsgutachten, sind vom Experten Vorschläge zur Quantifizierung der latenten Steuerlast zu fordern, denn mit der lediglich textlichen Erwähnung des dafür erforderlichen Abzuges am Unternehmungsgesamtwert wälzt der Gutachter eine der schwierigsten Fragen der Unternehmungsbewertung auf seine Auftraggeber ab, welche idR selbst nicht in der Lage sind, die Höhe der latenten Steuerlast auch nur einigermassen abzuschätzen. Dieses "Verfahren" wird daher von Helbling (Unternehmungsbewertung, 230) als ungenügend abgelehnt.

B. BEI KAPITALGESELLSCHAFTEN

Gegenstand der folgenden Ausführungen bilden nur die latenten Einkommens- bzw. Kapitalgewinnsteuern auf Stufe des Anteilsinhabers (latente Steuerlast 2. Stufe). Die latenten Ertragssteuern der Kapitalgesellschaft werden von der unentgeltlichen Uebertragung der Beteiligungsrechte nicht berührt. Sie sind jedoch wie bei entgeltlichen Uebertragungen[1] im Rahmen einer Unternehmungsbewertung zu berücksichtigen.

Infolge der unterschiedlichen Behandlung der unversteuerten Mehrwerte ist im folgenden zu trennen zwischen Beteiligungsrechten im GV und solchen im PV. Bei letzteren ist wegen der unterschiedlichen Berechnungsart des steuerbaren Liquidationsergebnisses auch für die Ermittlung der latenten Steuerlast zweckmässigerweise zu unterscheiden zwischen Steuerordnungen mit und solchen ohne Kapitalgewinnbesteuerung.

1. Beteiligungsrechte im GV

Bei Uebertragung aus dem GV des Veräusserers in dasjenige des Erwerbers stellt sich das Problem der Berücksichtigung latenter Steuerlasten der 2. Stufe nicht, soweit sachgerechterweise beim Veräusserer über die auf dem übertragenen einzelnen Aktivum angewachsenen stillen Reserven abgerechnet wird. Die Besteuerung des/der Personenunternehmer(s) aus Privatentnahme bewirkt, dass der erwerbende Anteilsinhaber die Beteiligungsrechte zum Verkehrswert in seine Handels- und Steuerbilanz einsetzen kann[2]. Da nach der geltenden Praxis in der <u>Erbteilung</u> die die Beteiligungsrechte des GV nicht übernehmenden Erben für ihren Anteil an den stillen Reser-

---

[1] vgl. § 15 I. B. 2.

[2] Diese Behandlung trägt dem Umstand Rechnung, dass es aus der Sicht der Unternehmung nicht darauf ankommt, ob die Investition auf einem entgeltlichen oder einem unentgeltlichen Rechtsgeschäft beruht (vgl. Cagianut/Höhn, Unternehmungssteuerrecht, § 8 N 37 f.).

ven besteuert werden, können die Beteiligungsrechte beim/bei den Unternehmererben um die versteuerten Mehrwerte aufgewertet werden.

Bei unentgeltlicher Uebertragung aus dem PV des Veräusserers in das GV des Erwerbers wird beim ersten Anteilsinhaber idR von einer Besteuerung abgesehen. Der Erwerber wird idR schenkungssteuerpflichtig. Die anschliessende Kapitaleinlage kann in offener oder verdeckter Form erfolgen[1]. Im letzten Fall übernimmt die Gesellschaft je nach Anrechnungswert beim Einleger und dessen Kapitalgewinnsteuerpflicht auf dem PV latente Steuern auf den eingebrachten Mehrwerten oder ist davon befreit[2].

2. Beteiligungsrechte im PV in Steuerordnungen mit Kapitalgewinnbesteuerung

Hat der Veräusserer die Beteiligungsrechte im PV gehalten, bewirkt die Nichtbesteuerung zufolge Fehlens eines steuerbaren Tatbestandes, dass der Erwerber auf der Differenz zwischen dem Anlagewert des Rechtsvorgängers und dem Verkehrswert im Zeitpunkt der Begünstigung eine latente Kapitalgewinnsteuer übernimmt[3], sofern ihm die Besitzdauer des Rechtsvorgängers angerechnet wird. Deren Höhe hängt bei zeitlich unbeschränkter Erfassung der Kapitalgewinne von der Ausgestaltung des Besitzdauerabzuges ab. Da der Zeitpunkt einer steuerlich massgebenden Veräusserung ungewiss ist, bietet die Festsetzung dieser latenten Steuern hier die gleichen Probleme wie in Steuerordnungen, welche private Kapitalgewinne zeitlich nur beschränkt erfassen. Eine pauschale Berücksichtigung der latenten Kapitalgewinnsteuern kann

---

1) vgl. § 8 II. A. 1.

2) vgl. § 8 II. A. 1. b)

3) In Steuerordnungen mit Kapitalgewinnbesteuerung und gleichzeitiger Anwendung des Nominalwertprinzips ist zusätzlich eine latente Einkommenssteuer auf der Differenz zwischen einbezahltem Nennwert und Anlagewert des Rechtsvorgängers zu berücksichtigen.

aus den bereits oben[1] für die Grundstückgewinnsteuern[2] angeführten Gründen nicht empfohlen werden; daher ist in solchen Verhältnissen ebenfalls die Möglichkeit vertraglicher Vorbehaltsklauseln in Betracht zu ziehen. Diese Empfehlung gilt auch hinsichtlich der Berechnung der latenten Steuerlast, soweit die Erbteilung als unentgeltliches Rechtsgeschäft behandelt wird; denn diesfalls muss sich der die Beteiligungsrechte übernehmende Erbe (als Folge des Steueraufschubs bei den nicht übernehmenden Erben) den Anlagewert des Erblassers anrechnen lassen[3].

Werden die Beteiligungsrechte aus dem GV des Veräusserers in das PV des Erwerbers überführt, erfolgt beim ersten eine Abrechnung über die angewachsenen Mehrwerte; der Erwerber kann kapitalgewinnsteuerlich den Verkehrswert als Erwerbspreis geltend machen, sodass er keine latente Steuerlast übernimmt.

3. Beteiligungsrechte im PV in Steuerordnungen ohne Kapitalgewinnbesteuerung

Bei Uebertragung aus dem PV des Veräusserers in jenes des Erwerbers erwirbt der Begünstigte, wirtschaftlich betrachtet, nicht den fälschlicherweise als Verkehrswert bezeichneten Wert der Beteiligungsrechte. Vielmehr muss davon für die Ermittlung des wirklichen Wertes die latente Einkommenssteuerlast auf der Differenz zwischen Nominalwert und präsumtiven Liquidationsergebnis abgezogen werden.

---

1) vgl. vorne A. 2. a.E.

2) Zwischen Kapitalgewinn- und Grundstückgewinnsteuern bestehen keine qualitativen Unterschiede. Die latenten Grundstückgewinnsteuern haben jedoch in der Praxis grössere Bedeutung, da diese Steuer verbreitet ist und ihre Steueraufschubtatbestände idR weiter gefasst sind als bei der Kapitalgewinnsteuer (vgl. Blöchlinger, 106).

3) vgl. § 14 I. B. 2.

Da die unbestimmten Determinanten[1] für ihre Bestimmung hier entfallen, lassen sich die latenten Einkommenssteuern des Erwerbers durch Pauschalierung mit dem halben maximalen Einkommenssteuersatz ermitteln. Auch der die Beteiligungsrechte in der Erbteilung übernehmende Erbe tut folglich gut daran, die latenten Einkommenssteuern für die Anrechnung an den Erbanteil vom Verkehrswert in Abzug zu bringen. Damit wird dem Umstand Rechnung getragen, dass er im Falle der Liquidation der Kapitalgesellschaft für die Differenz zwischen dem Nominalwert und dem höheren Liquidationsergebnis einkommenssteuerlich einstehen muss.

Werden Beteiligungsrechte des GV z.B. infolge Erbvorbezug oder Schenkung in das PV des Erwerbers übertragen, wird beim Veräusserer systembedingt über die angewachsenen Mehrwerte abgerechnet; weil diese Einkommensbesteuerung im Nennwertsystem unbeachtlich ist, übernimmt der Erwerber in der Differenz zwischen Nominalwert und höherem Verkehrswert der Beteiligungsrechte zusätzlich latente Einkommenssteuern.

C. VERGLEICH

Dem Vergleich zwischen den einzelnen Konstellationen liegt folgendes Beispiel zugrunde:

Die Buchwerte eines veräusserten Geschäftes bzw. Geschäftsanteils betragen 40, der Verkehrswert der Beteiligung beläuft sich auf 140. Der Buch- bzw. Anlagewert der übertragenen Beteiligungsrechte ist ebenfalls 40, während ihr Verkehrswert auf 140 geschätzt wird. Der Nominalwert dieser Beteiligungsrechte beträgt 20. Die Beteiligungen werden unentgeltlich übertragen.

Für Beteiligungsrechte an Kapitalgesellschaften sind vorerst jene Fälle zum Vergleich heranzuziehen, welche durch die Uebertragung keinem Systemwechsel (GV ins PV, PV ins GV) unterworfen sind. Im Anschluss daran werden die Uebertragungen von Beteiligungsrechten des GV in das PV des Erwerbers in Steuerordnungen mit bzw. ohne Kapitalgewinnbesteuerung miteinander verglichen.

---

[1] Der Liquidationsüberschuss wird weder nach einer bestimmten Besitzdauer steuerbefreit noch wird bei der Besteuerung ein Besitzdauerrabatt gewährt.

Der erwerbende Personenunternehmer übernimmt latente Einkommenssteuern und Sozialabgaben (Barwert 25) auf den übertragenen stillen Reserven (100)[1]. Dagegen werden idR die stillen Reserven (100) auf Beteiligungsrechten im GV beim veräussernden Anteilsinhaber aus steuersystematischen Gründen erfasst[2]; der erwerbende Anteilsinhaber ist damit berechtigt, die Beteiligungsrechte zum Verkehrswert (140) in die Handels- und Steuerbilanz aufzunehmen. Dieser neue Beteiligte übernimmt somit keine latente Steuerlast. Aus der Sicht des erwerbenden Beteiligten ist bei dieser Konstellation die Ausgestaltung als Kapitalgesellschaft vorzuziehen, weil ihm einerseits eine künftige Belastung mit Einkommenssteuern und Sozialabgaben bzw. Ertragssteuern erspart bleibt und anderseits durch die Besteuerung beim veräussernden Anteilsinhaber in seinem GV Abschreibungspotential geschaffen wird. Die erworbenen Beteiligungsrechte haben somit einen höheren Nettoverkehrswert als die Personenunternehmung. Dagegen wird das Prinzip der Besteuerung nach der wirtschaftlichen Leistungsfähigkeit nur bei Ausgestaltung als Personenunternehmung gewahrt; denn allein bei dieser Rechtsform wird im Falle einer späteren gewinnbringenden Veräusserung der tatsächlich bereicherte Anteilsinhaber besteuert.

Während sich die latente Steuerlast auf den übertragenen stillen Reserven (100) für die erwerbenden Personenunternehmer auf die Einkommenssteuern und Sozialabgaben (Barwert 25)[3] erstreckt, beschränkt sie sich für einen Anteilsinhaber mit Beteiligungsrechten im PV in Steuerordnungen mit Kapitalgewinnbesteuerung

---

[1] Der angenommene Barwert (25) beruht auf einem Diskontierungseffekt von 50 %: 1/2 von 40 % maximale Einkommenssteuern im Zeitpunkt der Realisierung = 20 %; 1/2 von 10 % Sozialabgaben = 5 %.

[2] bei einer Personenunternehmung als Privatentnahme, bei einer Kapitalgesellschaft als geldwerte Leistung bei der Verrechnungssteuer sowie als Gewinnvorwegnahme bei den Ertragssteuern.

[3] Barwerte: Einkommenssteuern 20 %; Sozialabgaben 5 %; vgl. dazu Cagianut, Steuerplanung, 19.

auf die latente Kapitalgewinnsteuer (maximal 20)[1]. Aus dem
niedrigeren Barwert der Belastung resultiert für den erwerbenden
Anteilsinhaber gegenüber dem Personenunternehmer zusätzlich ein
Zinsvorteil. Die Ausgestaltung als Kapitalgesellschaft ist für
den erwerbenden Beteiligten auch bei dieser Konstellation günstiger, denn der "Nettoverkehrswert" der unentgeltlich erworbenen
Beteiligungsrechte liegt höher als jener der Personenunternehmung. Das Prinzip der Besteuerung nach der wirtschaftlichen Leistungsfähigkeit bleibt hier infolge des Steueraufschubs beim
veräussernden Anteilsinhaber auch bei der Ausgestaltung als Kapitalgesellschaft gewahrt.

Bei einem Vergleich zwischen dem erwerbenden <u>Personenunternehmer</u>
und dem <u>Anteilsinhaber mit Beteiligungsrechten im PV in Steuerordnungen ohne Kapitalgewinnbesteuerung</u> unterscheiden sich die
Unternehmungsformen bereits hinsichtlich der Bemessungsgrundlage für die Ermittlung der latenten Steuerlast. Für den Personenunternehmer berechnen sich die latenten Einkommenssteuern und
Sozialabgaben (Barwert 25) nach den tatsächlich übertragenen
stillen Reserven (100). Dagegen übernimmt der Anteilsinhaber
als Folge des Nennwertprinzips sachwidrigerweise latente Einkommenssteuern auch auf der Differenz (20) zwischen Nominalwert (20)
und Anlagewert (40); der Barwert der latenten Einkommenssteuern
auf dem Liquidationsüberschuss (120) beträgt 24[2]. Trotz Befreiung von den Sozialabgaben liegt in diesem Beispiel die latente
Belastung für den erwerbenden Anteilsinhaber nur geringfügig unter jener für den erwerbenden Personenunternehmer. Aus dem Beispiel kann abgeleitet werden, dass der Vergleich umso eher zuungunsten der Kapitalgesellschaft ausfällt, je grösser bei gegebenem Umfang der übertragenen unversteuerten Mehrwerte

---

1) Barwert von 40 % maximale Einkommens- bzw. Kapitalgewinnsteuern: 20 %
   (ohne Reduktion für zeitlich beschränkte Kapitalgewinnbesteuerung oder
   Besitzdauerrabatt).

2) 1/2 von 40 % von 140 - 20

a) die Differenz von Nominal- zu Anlagewert der Beteiligungsrechte und b) der marginale Einkommenssteuersatz bei den erwerbenden Beteiligten ist. Das Postulat der Besteuerung nach der wirtschaftlichen Leistungsfähigkeit wird beim erwerbenden Anteilsinhaber insofern verletzt, als er als Folge des Nennwertprinzips eine latente Steuerlast auf fiktivem Einkommen übernehmen muss.

Für den Erwerber von Beteiligungsrechten aus dem GV des Veräusserers sind die Wirkungen je nach Wohnsitz unterschiedlich. Hat der Erwerber sein Steuerdomizil in einer Steuerordnung mit Kapitalgewinnbesteuerung, bewirkt die Abrechnung beim Veräusserer, dass er den Verkehrswert der Beteiligungsrechte bei einer späteren Veräusserung oder anlässlich der Liquidation als Erwerbspreis geltend machen kann. Diese sachgerechte Behandlung ist dem Erwerber in Steuerordnungen ohne Kapitalgewinnbesteuerung infolge der Geltung des Nennwertprinzips versagt. Trotz Abrechnung beim Veräusserer über die auf dem Vermögenswert angewachsenen stillen Reserven übernimmt der Erwerber hier latente Einkommenssteuern auf der Differenz zwischen Nominal- und Verkehrswert der Beteiligungsrechte. Diese sachwidrige Wirkung ist unter dem Nennwertprinzip hinzunehmen[1].

Zusammenfassend kann festgestellt werden, dass für den erwerbenden Beteiligten ein Vergleich zwischen den Unternehmungsformen unterschiedlich ausfällt, je nachdem, ob der erwerbende Anteilsinhaber seine Beteiligungsrechte im GV oder PV hält und im letzten Falle, ob er einer Steuerordnung mit oder einer solchen ohne Kapitalgewinnbesteuerung untersteht. In Steuerordnungen mit Kapitalgewinnbesteuerung kommt es zudem darauf an, ob mit der Uebertragung für die Beteiligungsrechte ein Wechsel in der Vermögenssphäre (vom GV ins PV) verbunden ist. Geht man vom geltenden Recht aus, ergibt sich für die Erbteilung folgendes:

---

[1] Ist mit einer Liquidation der Kapitalgesellschaft zu rechnen, was im Falle einer gut rentierenden Unternehmung in der Praxis idR nur bei Immobiliengesellschaften vorkommt, wäre für den Erwerber u.U. ein Wohnsitzwechsel in eine Steuerordnung mit Kapitalgewinnbesteuerung und konsequenter Anwendung dieses Systems in Betracht zu ziehen.

Ein Ueberblick über die Steuerfolgen des Erbanfalles, der Erbengemeinschaft und der Erbteilung zeigt, dass die steuerlichen Klippen idR bei der Erbteilung liegen[1]. Bei Personenunternehmungen kann die teilweise Erfassung stiller Reserven idR nicht vermieden werden. Dies hat bei den Unternehmererben den Vorteil höherer Buchwerte für die im GV verbleibenden Vermögenswerte. Bei Kapitalgesellschaften kann die Erbteilung idR steuerfrei durchgeführt werden; für den die Beteiligungsrechte übernehmenden Erben können sich daraus jedoch erhebliche Finanzierungs- und Bewertungsprobleme ergeben[2].

II. Unentgeltlicher Eintritt aus der Sicht des eintretenden Beteiligten

Beispiel: Eine Unternehmung weist folgende Bilanzpositionen auf: UV 450, AV 300, FK 250, Kapitalkonto 500, (stille Reserven 550). Die beiden bisherigen nehmen einen zusätzlichen Beteiligten unentgeltlich als gleichberechtigten Gesellschafter auf. Sie selbst hatten ihre Beteiligungen zu den heutigen Buchwerten (je 250) bzw. dem Nominalwert (je 250) erworben.

A. BEI PERSONENUNTERNEHMUNGEN

Soweit der dem eintretenden Teilhaber überlassene Kapitalanteil (250) durch Auflösung stiller Reserven gebildet wird, realisieren die bisherigen Personenunternehmer anlässlich des unentgeltlichen Eintritts einen Kapitalgewinn im Umfang von je 125. Der Realisationstatbestand der Aufwertung begründet die Einkommenssteuer- und Sozialabgabepflicht. Vorbehältlich einer anderslautenden gesellschaftsrechtlichen Bestimmung wird der eintretende

---

1) vgl. Feldmann, 9; vgl. Böckli, Schweizer Treuhänder 1/86, 6.
2) vgl. Feldmann, 9; vgl. Böckli, Schweizer Treuhänder 1/86, 6.

Personenunternehmer zudem zu gleichen Teilen wie die bisherigen Personenunternehmer an den verbleibenden unversteuerten Reserven (300) berechtigt. Er übernimmt damit auch latente Einkommenssteuern und Sozialabgaben (Barwert 25) auf den unentgeltlich erworbenen stillen Reserven (100).

B. BEI KAPITALGESELLSCHAFTEN

Sofern die ausgegebenen Gratisaktien (Nominalwert 250) aus unversteuerten Reserven der kapitalerhöhenden Gesellschaft liberiert werden, setzt bei dieser Gesellschaft eine Ertragssteuerpflicht infolge Aufwertung von Vermögenswerten ein. Zudem sind die Verrechnungssteuer[1] und Emissionsabgabe zu entrichten.

1. Beteiligungsrechte im GV

Die bisherigen Anteilsinhaber treten im Umfang des Verkehrswertes der neuen Beteiligungsrechte (350) unentgeltlich Bezugsrechte an den eintretenden Anteilsinhaber ab. In diesem Umfang werden die bisherigen Beteiligten einkommenssteuer- und sozialabgabepflichtig. Der eintretende Beteiligte ist in der Folge berechtigt, die unentgeltlich erworbenen Beteiligungsrechte zu einem vorsichtig geschätzten Verkehrswert in die Handels- und Steuerbilanz einzusetzen. Er übernimmt damit keine latenten Einkommenssteuern und Sozialabgaben.

2. Beteiligungsrechte im PV in Steuerordnungen mit Kapitalgewinnbesteuerung

Hier ist die Gratisaktienausgabe einkommenssteuerlich neutral. Soll beim eintretenden Anteilsinhaber zum Zweck der Anrechnung an den Erbteil der wirkliche Wert der Beteiligung ermittelt wer-

---

[1] Diese kann bei Vorliegen der Voraussetzungen von VStV 24 durch das Meldeverfahren erledigt werden.

den, ist nach dem Umfang der zu übernehmenden latenten Steuerlast zu fragen. Nachdem in diesen Steuerordnungen auch der Liquidationserlös sachgerechterweise als Kapitalgewinn qualifiziert wird, lastet auf der Differenz zwischen dem Anlagewert der Gratisaktien und ihrem voraussichtlichen Veräusserungs- bzw. Liquidationserlös eine latenten Kapitalgewinnsteuer[1]. Bei der Ermittlung des Anlagewertes ergeben sich u.U. zusätzliche administrative Probleme aus der Tatsache, dass die Eigentümer von Altaktien und Gratisaktien nicht identisch sind. Folgt man bei der Festsetzung des Anlagewertes der für richtig befunden Variante 4[2], gilt als Erwerbspreis der Gratisaktien der anteilige Anschaffungswert der Altaktien (2 x 125 = 250). Beim unentgeltlichen Eintritt sind die latenten Kapitalgewinnsteuern somit aufgrund der Differenz zwischen dem anteiligen Anschaffungswert der Altaktien (250) und dem Verkehrswert der Gratisaktien (350) im Zeitpunkt des Erwerbs zu bestimmen.

3. Beteiligungsrechte im PV in Steuerordnungen ohne Kapitalgewinnbesteuerung

Als Folge des Nennwertprinzips werden die Gratisaktien idR bei ihrer Ausgabe im Umfang des Nominalwertes (250) beim Eigentümer der Altaktien besteuert. Der eintretende Anteilsinhaber übernimmt deshalb latente Einkommenssteuern (Barwert 20) nur auf der Differenz (100) zwischen dem Nominalwert (250) und dem präsumtiven Liquidationserlös (350). Zum Zwecke der Anrechnung an den Erbteil reduziert sich der Verkehrswert der Gratisaktien somit um den Barwert der Belastung des im Zeitpunkt des Eintritts erwarteten Liquidationsüberschusses (350 - 20 = 330).

Wurden die Gratisaktien anlässlich ihrer Ausgabe einkommenssteuerlich nicht erfasst, übernimmt der eintretende Anteilsinhaber

---

1) vgl. Christen, 79
2) vgl. § 14 II. C.

auf dem gesamten präsumtiven Liquidationserlös (350) latente Einkommenssteuern (70)[1]. Diese Beteiligung ist daher richtigerweise nur mit dem Nettowert (280) an den Erbteil anzurechnen.

Der wirkliche Wert der Gratisaktien ist für den Eintretenden somit verschieden, je nachdem, ob der Nominalwert der neu geschaffenen Beteiligungsrechte anlässlich der Ausgabe bei den bisherigen Anteilsinhabern als Einkommen besteuert worden ist oder erst bei der Liquidation der Gesellschaft erfasst wird.

C. VERGLEICH

Im Gegensatz zum eintretenden Personenunternehmer übernimmt der eintretende Anteilsinhaber mit Beteiligungsrechten im GV keine latente Steuerlast auf den unentgeltlich überlassenen stillen Reserven. Bei dieser Konstellation ist die Ausgestaltung als Kapitalgesellschaft für den eintretenden Beteiligten somit vorteilhafter. Der eintretende Anteilsinhaber mit Beteiligungsrechten im PV in Steuerordnungen mit Kapitalgewinnbesteuerung ist dagegen im Vergleich zum Personenunternehmer nur dann eindeutig bessergestellt, wenn der ermittelte Anschaffungswert der Gratisaktien nicht unter dem Nominalwert liegt; in diesem Falle stehen bei gleicher Bemessungsgrundlage den latenten Einkommenssteuern und Sozialabgaben nur die latenten Kapitalgewinnsteuern gegenüber. Ist der eintretende Anteilsinhaber mit Beteiligungsrechten im PV einer Steuerordnung ohne Kapitalgewinnbesteuerung unterstellt, hängt der Vergleich wesentlich davon ab, ob die Gratisaktien anlässlich ihrer Ausgabe bei den bisherigen Anteilsinhabern steuerlich erfasst wurden; traf dies nicht zu, übernimmt der eintretende Anteilsinhaber auch eine latente Einkommenssteuerlast auf dem Nominalwert, sodass u.U. der Vorteil gegenüber dem Personenunternehmer aus der fehlenden Sozialabgabepflicht auf den erworbenen unversteuerten Mehrwerten dahinfällt.

---

1) 1/2 von 40 % von 350

III. Unentgeltlicher Austritt aus der Sicht der verbleibenden Beteiligten

Beispiel: Eine Unternehmung mit drei gleichmässig Beteiligten weist folgenden Vermögensstand auf: UV 400, AV 350, FK 450, Kapitalkonto 300, (stille Reserven 150). Der austretende Beteiligte verzichtet auf eine Abfindung. Der Buchwert bzw. Anlagewert der Beteiligung beim Austretenden war 100.

A. BEI PERSONENUNTERNEHMUNGEN

Der Kapitalanteil des austretenden Personenunternehmers (100) wächst den verbleibenden Beteiligten anteilmässig (je 50) zu. Soweit der austretende Personenunternehmer einen Anspruch auf stille Reserven hatte, fällt dieser anteilmässig an die verbleibenden Teilhaber (je 25)[1]. Jeder begünstigte Beteiligte übernimmt jedoch auf den unversteuerten Reserven latente Einkommenssteuern und Sozialabgaben (Barwert 6.25)[2].

B. BEI KAPITALGESELLSCHAFTEN

1. Beteiligungsrechte im GV

Der innere Wert der Beteiligungsrechte der verbleibenden Anteilsinhaber nimmt als Folge des unentgeltlichen Austritts zu (75)[3]. Dies erklärt sich aus der unentgeltlichen Ueberlassung des Kapitalanteils (je 50) sowie des Reservenanspruchs (je 25). Da beim austretenden Anteilsinhaber in der Differenz zwischen Buchwert und Verkehrswert der Beteiligungsrechte der zurückgegebenen Beteiligungsrechte eine Einkommensbesteuerung vorgenommen wurde,

---

[1] Annahme: Anspruch des austretenden Teilhabers 50; dieser wird hälftig auf die beiden verbleibenden Beteiligten aufgeteilt.

[2] Diese Belastung resultiert aus der Diskontierung mit 50 % der angenommenen künftigen maximalen Gesamtbelastung von 50 % der stillen Reserven von 25 (= 6.25).

[3] von je 150 vor dem Austritt auf je 225 nach dem Austritt

sind die verbleibenden Anteilsinhaber berechtigt, den durch Schenkung erhaltenen anteiligen Verkehrswert der vernichteten Beteiligungsrechte als zusätzlichen Anschaffungswert ihrer Beteiligungsrechte der kapitalherabsetzenden Gesellschaft in ihre Steuerbilanz einzusetzen. Sie übernehmen daher auf diesen eingelegten Mehrwerten keine latenten Einkommenssteuern und Sozialabgaben, sind aber in diesem Umfang (je 75) idR schenkungssteuerpflichtig.

2. Beteiligungsrechte im PV in Steuerordnungen mit Kapitalgewinnbesteuerung

Auf dem Zuwachs des innern Wertes ihrer Beteiligungsrechte (75) schulden die verbleibenden Anteilsinhaber idR die Schenkungssteuer. Im Umfang der unentgeltlich erworbenen unversteuerten Mehrwerte (je 25) übernehmen sie zudem eine latente Kapitalgewinnsteuer. Dagegen kann der Anlagewert des austretenden Beteiligten (100) von den verbleibenden Anteilsinhabern anteilmässig (je 50) geltend gemacht werden.

3. Beteiligungsrechte im PV in Steuerordnungen ohne Kapitalgewinnbesteuerung

Die verbleibenden Anteilsinhaber schulden auf dem Zuwachs des innern Wertes (je 75) die Schenkungssteuer. Zudem lasten auf diesen Mehrwerten im Nennwertsystem latente Einkommenssteuern. Die Unmassgeblichkeit des Anlagewertes des austretenden Anteilsinhabers hat somit zur Folge, dass beim begünstigten Beteiligten anlässlich einer Liquidation fiktive Einkünfte besteuert werden. Diese erstrecken sich auch auf den herabgesetzten Nominalwert, welcher bei Rückzahlung an den früher ausgetretenen Anteilsinhaber steuerfrei gewesen wäre. Das Nennwertprinzip bewirkt in diesem Falle eine Vermehrung des fiktiven zu versteuernden Einkommens.

C. VERGLEICH

Während die verbleibenden Personenunternehmer eine latente Belastung (Einkommenssteuern und Sozialabgaben) nur für die unversteuerten Mehrwerte zu übernehmen haben, hängt die zu übernehmende latente Steuerlast für die verbleibenden Anteilsinhaber davon ab, welcher Vermögenssphäre die Beteiligungsrechte des austretenden Anteilsinhabers angehörten und ob die begünstigten Anteilsinhaber mit Beteiligungsrechten im PV ihren Wohnsitz in einer Steuerordnung mit oder einer solchen ohne Kapitalgewinnbesteuerung haben. Die verbleibenden Anteilsinhaber sind am besten gestellt, wenn der ausscheidende Beteiligte seine Beteiligungsrechte im GV hielt und für die abgetretenen Mehrwerte besteuert wurde und ihre Beteiligungsrechte selbst zum GV gehören oder sie selber mit Beteiligungsrechten im PV einer Steuerordnung mit Kapitalgewinnbesteuerung unterstehen. In diesem Falle entfällt eine Einkommensbesteuerung bei den begünstigten Beteiligten vollständig, obwohl sich ihre wirtschaftliche Leistungsfähigkeit erhöht hat. Eine sachgerechte Behandlung ist gewährleistet, wenn der ausscheidende Anteilsinhaber seine Beteiligungsrechte im PV hielt und die verbleibenden Beteiligten mit Beteiligungsrechten im PV einer Steuerordnung mit Kapitalgewinnbesteuerung unterstanden. In diesem Falle übernehmen die verbleibenden Beteiligten nur für die unversteuerten Mehrwerte eine latente Steuerlast, während sie den Anlagewert des ausscheidenden Anteilsinhabers geltend machen können. Die verbleibenden Anteilsinhaber sind am schlechtesten gestellt, wenn der ausscheidende Anteilsinhaber seine Beteiligungsrechte im PV hielt und sie selber mit Beteiligungsrechten im PV einer Steuerordnung ohne Kapitalgewinnbesteuerung unterstanden. In diesem Falle übernehmen die verbleibenden Beteiligten im Umfang der gesamten unentgeltlich erworbenen Mehrwerte eine latente Steuerlast.

IV. Gesamtwürdigung

Aus dem Vergleich bei <u>unentgeltlicher Uebertragung</u> wurde deutlich, dass die Besteuerung nur dann den richtigen, d.h. den begünstigten Beteiligten trifft, wenn die Unternehmung als Personenunternehmung oder wenn sie als Kapitalgesellschaft ausgestaltet ist, und in diesem Fall die Anteilsinhaber ihre Beteiligungsrechte im PV halten und einer Steuerordnung mit Kapitalgewinnbesteuerung unterstehen. Bei beiden Konstellationen wird im Falle einer späteren gewinnbringenden Veräusserung der tatsächlich bereicherte Anteilsinhaber besteuert. Gehören die Beteiligungsrechte dagegen zum GV oder zum PV eines Begünstigten in einer Steuerordnung ohne Kapitalgewinnbesteuerung, ist die Besteuerung nach der wirtschaftlichen Leistungsfähigkeit nicht gewahrt. Im ersten Fall wird der übertragende Anteilsinhaber sachwidrigerweise aus Privatentnahme (bzw. Gewinnvorwegnahme) besteuert, mit der Folge, dass der Erwerber als Begünstigter später für die empfangenen Mehrwerte keiner Steuerpflicht unterliegt. Im zweiten Fall führt das Nennwertprinzip zu einer Ueberbesteuerung des Begünstigten. Auch beim unentgeltlichen Eintritt bzw. Austritt vermögen die beiden letzten Konstellationen dem Leistungsfähigkeitsprinzip nicht zu genügen. Beim <u>unentgeltlichen Eintritt</u> werden die bisherigen Anteilsinhaber mit Beteiligungsrechten im PV für die Gratisaktien zur Besteuerung herangezogen, obwohl sich ihre wirtschaftliche Leistungsfähigkeit zugunsten des eintretenden Anteilsinhabers verschlechtert hat. Beim <u>unentgeltlichen Austritt</u> wird der austretende Anteilsinhaber mit Beteiligungsrechten im GV aus steuersystematischen Gründen besteuert, obwohl sich seine wirtschaftliche Leistungsfähigkeit zugunsten der verbleibenden Anteilsinhaber verschlechtert hat.

Die aufgezeigten Systemwidrigkeiten bei Beteiligungsrechten im GV (Privatentnahme) sowie im PV in Steuerordnungen ohne Kapitalgewinnbesteuerung (Nennwertprinzip) sind Folge der fehlenden Besteuerung der Kapitalgewinne auf beweglichem PV; sie könnten vermieden werden, wenn diese Kapitalgewinne besteuert würden.

DRITTER TEIL: GESAMTBEURTEILUNG, SCHLUSSFOLGERUNGEN UND POSTULATE

Im Regelfall[1] wird den steuerlichen Aspekten der Wahl der Unternehmungsform neben Kriterien wie Verhältnis zwischen Kapitalgeber und Unternehmungsführung, Uebertragbarkeit der Anteile, Finanzierungsmöglichkeiten, Erhaltung eines gut eingeführten Firmennamens nur untergeordnete Bedeutung beigemessen, zumal "die Steuerbelastungsvergleiche in vielen Fällen weniger ins Gewicht fallen als gemeinhin angenommen wird"[2]. Immerhin können die steuerlichen Aspekte infolge der bisher stets gestiegenen Gesamtbelastung zu einem immer wichtigeren Entscheidungskriterium für die geeignete Wahl werden[3]. Dazu kommt, dass die Erhebung der Sozialabgaben auf dem Veräusserungsgewinn des Personenunternehmers auch im Falle der Zwischenveranlagung seit 1.1.84 die Unternehmungsform der Kapitalgesellschaft für den Beteiligten noch attraktiver erscheinen lässt.

Aus der Sicht des Steuerrechts ist jene Unternehmungsform am günstigsten, bei der ceteris paribus das Einkommen des Unternehmers bzw. der Gesellschafter oder der Anteilsinhaber nach Steuern das grösstmögliche ist[4]. Bei einem Vergleich zwischen Personenunternehmungen und Kapitalgesellschaften ist folglich nicht in erster Linie entscheidend, wie hoch die Belastung beim jeweiligen Beteiligten ausfällt, "sondern wieviel diesem vom Erlös nach Bezahlung der Steuern verbleibt"[5].

Vor diesem Hintergrund ist für entgeltliche und unentgeltliche Aenderungen eine Gesamtbeurteilung vorzunehmen (§§ 20 und 21).

---

1) vgl. Boemle, 131 ff.; Böckli, StR 28, 395 ff.; Lanz, 52 ff.

2) Cagianut/Höhn, Unternehmungssteuerrecht, § 3 N 8

3) In der BRD hat sich die unterschiedliche steuerliche Belastung einzelner Rechtsformen zu einem der wichtigsten Entscheidungskriterien bei der Wahl der Unternehmungsform entwickelt (vgl. Wöhe, 19 ff.).

4) Diese Feststellung gilt selbstverständlich nicht nur für private Investoren, sondern auch für Unternehmungen (vgl. Safarik, 4).

5) Cagianut/Höhn, Unternehmungssteuerrecht, § 3 N 15 (Im Original Hervorgehobenes ist unterstrichen).

Schliesslich sind mit dem Ziel der Wahrung der Neutralität der Unternehmungsformen sowie des Prinzips der Besteuerung nach der wirtschaftlichen Leistungsfähigkeit Schlussfolgerungen und Postulate für die Behandlung von Mehrwerten aus Beteiligungen an Unternehmen sowie Postulate für die Erbschafts- und Schenkungssteuern aufzustellen (§ 22).

§ 20 ENTGELTLICHE AENDERUNGEN

Der Vergleich der Unternehmungsformen hat deutlich gemacht, dass für die Beteiligten bei Personenunternehmungen idR eine systemgerechte Besteuerung einsetzt, indem die Beteiligten nach Massgabe ihrer wirtschaftlichen Leistungsfähigkeit besteuert werden. Für die Beteiligten bei Kapitalgesellschaften ist eine solche systemgerechte Behandlung nur bei umfassender Besteuerung privater Kapitalgewinne möglich[1]. Dagegen führt die fehlende Besteuerung von Kapitalgewinnen auf beweglichem PV zu systemwidrigen Ergebnissen, indem die extensive Interpretation des Begriffes "Vermögensertrag" nicht nur eine Besteuerung des Substrates "Kapitalgewinn", sondern sogar eine Erfassung fiktiven Einkommens erlaubt. Zudem hat die Geltung des Nennwertprinzips idR eine Berücksichtigung latenter Steuerlasten bei der Festsetzung des Kaufpreises zur Folge. Diesen Einschränkungen der steuerfreien Realisierbarkeit privater Kapitalgewinne soll im folgenden zuerst nachgegangen werden (I.). Sodann ist zu Wertungsproblemen, die sich aus der Nichtbesteuerung privater Kapitalgewinne bei der Qualifikation des Veräusserungs- und Liquidationsergebnisses ergeben, Stellung zu nehmen (II.). Schliesslich sind Lösungsmöglichkeiten zur Behandlung des Liquidationsergebnisses sowie privater Kapitalgewinne de lege lata und de lege ferenda aufzuzeigen (III.).

---

1) Auf die sachwidrige Behandlung für Beteiligungsrechte im PV von Anteilsinhabern mit Wohnsitz in Steuerordnungen mit Kapitalgewinnbesteuerung, in welchen das Nennwertprinzip übernommen wird, ist im weiteren nicht mehr einzutreten; vgl. dazu die Ausführungen in den § 10 III. A. 2. b) sowie 14 II. C. mit dem Verweis auf Gurtner, ASA 49, 577 ff.

I. Einschränkungen der Realisierbarkeit privater Kapitalgewinne bei der Uebertragung von Beteiligungsrechten

Die Realisierbarkeit privater Kapitalgewinne wird heute durch die Besteuerung aufgrund der Rechtsprechung zu den Uebertragungstatbeständen sowie durch die Berücksichtigung der einkommenssteuerlichen Wirkungen der Liquidation der Kapitalgesellschaft bei der Festsetzung des Erwerbspreises von Beteiligungsrechten eingeschränkt.

A. BESTEUERUNG TROTZ GRUNDSAETZLICHER STEUERFREIHEIT AUFGRUND DER ANWENDUNG DER WIRTSCHAFTLICHEN BETRACHTUNGSWEISE

In der heutigen Steuerpraxis muss trotz grundsätzlicher Steuerfreiheit privater Kapitalgewinne mit einer Besteuerung gerechnet werden. Diese Tatsache hat ihren Grund weitgehend in der Rechtsprechung des BGr. Dabei geht die Tendenz dahin, beim übertragenden Anteilsinhaber nicht nur die Besteuerung der privaten Kapitalgewinne sicherzustellen; vielmehr ermöglicht die Geltung des Nennwertprinzips auch im Einkommenssteuerrecht, ein den Nennwert übersteigendes Substrat in Form des Vermögensertrages zu erfassen. Eine Besteuerung als Vermögensertrag ergibt sich, wenn das Entgelt an den veräussernden Anteilsinhaber als geldwerte Leistung der Gesellschaft und nicht als Gegenleistung des Erwerbers für die Uebertragung der Beteiligungsrechte betrachtet wird.

Die Besteuerung eines Kapitalgewinnes oder Vermögensertrages hat ihren Ursprung in der Anwendung der wirtschaftlichen Betrachtungsweise. Diese bewirkt in Fällen der Steuerumgehung, dass der steuerrechtlichen Beurteilung nicht die äussere zivilrechtliche Form, sondern der wirtschaftliche Gehalt eines Sachverhaltes zugrunde gelegt wird. Erfüllt ein Sachverhalt bei wirtschaftlicher Betrachtungsweise einen steuerbaren Tatbestand, ist eine Besteuerung die Folge. Im weiteren ist sie nach der Praxis des BGr zulässig, wenn eine Steuernorm nicht vorab an zivilrechtliche, sondern an wirtschaftliche Gegebenheiten anknüpft; in diesen Fällen tritt eine Besteuerung ein, wenn ein Sachverhalt bei wirtschaftlicher Betrachtungsweise unter diese Steuernorm subsumiert werden kann. Die Besteuerung kann somit ihren Rechtsgrund im Vorliegen einer Steuerumgehung oder in den wirtschaftlichen Anknüpfungspunkten einer Steuernorm haben; es erscheint daher zweckmässig, im folgenden zwischen diesen Rechtsgründen der Besteuerung zu unterscheiden.

1. Rechtsgrund der Besteuerung: Steuerumgehung

Die Anwendung der wirtschaftlichen Betrachtungsweise lässt sich im Falle der Steuerumgehung damit begründen, dass die vom Steuerpflichtigen gewählte zivilrechtliche Form eines Rechtsgeschäftes gemessen am wirtschaftlichen Sachverhalt ungewöhnlich, sachwidrig oder absonderlich (objektives Merkmal) ist, bloss der Steuerumgehung dient (subjektives Merkmal) und mit dieser Gestaltung eine Steuerersparnis auch erreicht wird (effektives Merkmal). Sie kann bewirken, dass der übertragende Anteilsinhaber ein Substrat versteuern muss, das dem Kapitalgewinn entspricht; sie kann jedoch bei Qualifikation als geldwerte Leistung der Gesellschaft infolge des Nennwertprinzips zu einem höheren Steuersubstrat in Form des Vermögensertrages führen.

a) Besteuerung von Kapitalgewinn

Erscheint eine Uebertragung von Beteiligungsrechten als Steuerumgehung, kann der Sachverhalt steuerlich als Realisierung eines Gewinnes auf den im Eigentum der Unternehmung stehenden Aktiven behandelt werden. Dies ist z.B. der Fall bei Uebertragung von Beteiligungsrechten an einer Kapitalgesellschaft "kurz" nach der Umwandlung einer Personenunternehmung sowie bei der Uebertragung von Beteiligungsrechten einer Immobiliengesellschaft.

In diesen Fällen erfolgt die Besteuerung aufgrund der wirtschaftlichen Leistungsfähigkeit, denn Steuersubstrat ist nur der andernfalls steuerfrei realisierte Kapitalgewinn. Voraussetzung der steuerlichen Erfassung muss jedoch in jedem Falle der Nachweis einer Steuerumgehung bleiben[1][2]; denn die wirtschaftliche Betrachtungsweise hat dort keinen Platz, wo nicht alle Elemente der Steuerumgehung erfüllt sind.

b) Besteuerung von Vermögensertrag

Die Annahme einer Steuerumgehung kann auch dazu führen, dem übertragenden Anteilsinhaber eine geldwerte Leistung der Gesellschaft als Vermögensertrag zuzurechnen. In diesem Falle kann das Steuersubstrat wegen der Geltung des Nennwertprinzips höher sein als die tatsächliche Bereicherung des Anteilsinhabers.

Im St. Galler Holding-Fall[3] hat das BGr den Verkauf von Beteiligungsrechten zum Verkehrswert an eine vom Veräusserer beherrschte Holdinggesellschaft wegen Vorliegens einer Steuerumgehung ignoriert. Der Veräusserer wurde in der Folge so besteuert, wie wenn ihm die übertragenen Gewinne vorgängig ausgeschüttet worden wären, d.h. für Gewinnanteile aus gesellschaftlicher Beteiligung i.S. von BdBSt 21 I c. Die Zurechnung einer geldwerten Leistung nach dieser Bestimmung verletzt das Prinzip der Besteuerung nach der wirtschaftlichen Leistungsfähigkeit, wenn der Anlagewert der Beteiligungsrechte deren Nominalwert übersteigt und dem Nennwertprinzip konsequent Nachachtung verschafft wird. Erfolgt eine Einkommensbesteuerung nur insoweit, als der Anrechnungswert bei der einbringenden Gesellschaft über dem Anlagewert liegt, wird

---

1) Zum Verkauf innerhalb der Sperrfrist gl.M. Cagianut/Höhn, Unternehmungssteuerrecht, § 17 N 47; a.M. VGr ZH v. 18.1.84, ZH RB 1984 Nr. 34 = StE B 23.7 Nr. 2
2) Zur wirtschaftlichen Handänderung gl.M. Steiner, 316; a.M. Iseli, 333 ff.
3) BGE 93 I 722 = ASA 37, 43

dem Grundsatz der Besteuerung nach der wirtschaftlichen Leistungsfähigkeit zwar Rechnung getragen, das Nennwertprinzip jedoch sachwidrigerweise nicht durchgesetzt[1].

2. Rechtsgrund der Besteuerung: Wirtschaftliche Anknüpfungspunkte einer Steuernorm

Knüpft eine Steuernorm in erster Linie an wirtschaftliche und nicht an zivilrechtliche Gegebenheiten an, ist die Anwendung der wirtschaftlichen Betrachtungsweise nach der Praxis des BGr zulässig, ohne dass bei einem Sachverhalt die Voraussetzungen der Steuerumgehung erfüllt sein müssen. Die Besteuerung setzt vielmehr dann ein, wenn ein Sachverhalt in wirtschaftlicher Betrachtungsweise unter eine solche Steuernorm subsumiert werden kann. Das BGr hat BdBSt 21 I c als Steuernorm mit wirtschaftlichen Anknüpfungspunkten bezeichnet. Bei Subsumtion unter diese Norm wird stets Vermögensertrag besteuert. Trotz Anknüpfung an ein und dieselbe Norm fällt allerdings in der Praxis die Bemessung des Steuersubstrates je nach dem zu beurteilenden Sachverhalt unterschiedlich aus: der steuerbare Vermögensertrag kann einerseits ein Substrat sein, das einem Kapitalgewinn entspricht (Differenz zwischen Veräusserungserlös abzüglich Anlagewert der Beteiligungsrechte); der Steuerpflicht kann jedoch auch ein Substrat unterliegen, das nach den Regeln der Vermögensertragsbesteuerung bemessen wird (Differenz zwischen geldwerter Leistung der Gesellschaft abzüglich Nominalwert der Beteiligungsrechte).

a) Berechnung von Vermögensertrag nach den Regeln der Kapitalgewinne

In Zusammenhang mit der Einbringung von Beteiligungsrechten in eine beherrschte Gesellschaft hat das BGr in wirtschaftlicher Auslegung von BdBSt 21 I c in der Differenz zwischen Anlagewert

---

[1] vgl. dazu § 13 II. A. 2.

des Einbringers und höherem Anrechnungswert (als Aktienkapital oder Darlehensschuld der Gesellschaft) auf das Vorliegen einer geldwerten Leistung erkannt[1]. Aus Billigkeitsgründen wurde bisher das Nennwertprinzip, welches konsequenterweise eine Besteuerung in der Differenz zwischen Nominalwert der Beteiligungsrechte und höherem Anrechnungswert bei der empfangenden Gesellschaft verlangt hätte, ausser acht gelassen. Obwohl das Vorliegen einer zivilrechtlichen Veräusserung negiert wurde, erfolgte die Bemessung des Steuersubstrates nach den Regeln des bei der Veräusserung effektiv erzielten Kapitalgewinnes.

b) Besteuerung des Nennwertüberschusses

Die Besteuerung von Vermögensertrag aufgrund von BdBSt 21 I c erfordert das Abstellen auf das dort verankerte Nennwertprinzip. Sie erfolgt in Zusammenhang mit der Uebertragung von Beteiligungsrechten insbes. bei konsequenter Behandlung der Transponierungsfälle, bei Annahme einer direkten oder indirekten Teilliquidation sowie bei Annahme einer faktischen Liquidation bzw. Teilliquidation. Hat der veräussernde Anteilsinhaber die Beteiligungsrechte zu einem über dem Nominalwert liegenden Preis erworben, wird er in allen Fällen zur Besteuerung fiktiven Einkommens herangezogen. Damit wird der Grundsatz der Besteuerung nach der wirtschaftlichen Leistungsfähigkeit verletzt.

ba) Bei richtiger Behandlung der Transponierungsfälle

Wird das Nennwertprinzip konsequent angewendet, ist in Fällen der Einbringung von Beteiligungsrechten in eine beherrschte (oder u.U. auch nicht beherrschte) Gesellschaft die Differenz

---

[1] § 13 II. B.

zwischen dem Nominalwert der eingebrachten Beteiligungsrechte und dem höheren Anrechnungswert als geldwerte Leistung der empfangenden Gesellschaft an den Einbringer als Vermögensertrag zu besteuern. Soweit ersichtlich scheint die EStV, Hauptabteilung direkte Bundessteuer, gewillt, diesen Weg einzuschlagen.

bb) <u>Bei Annahme einer direkten bzw. indirekten Teilliquidation</u>

In Anlehnung an die Ausführungen von Locher[1] muss wohl in Zukunft zwischen den Theorien der direkten und der indirekten Teilliquidation unterschieden werden.

Von einer <u>direkten Teilliquidation</u> in Zusammenhang mit der Uebertragung von Beteiligungsrechten an Dritte ist wohl dann zu sprechen, wenn der Veräusserer der Gesellschaft vor der Uebertragung Vermögenswerte entnimmt und dafür eine Darlehensschuld begründet, die er in der Folge auf den Erwerber überträgt[2][3]. Die Besteuerung als Vermögensertrag lässt sich direkt damit begründen, die Rückzahlung des Darlehens sei nie beabsichtigt gewesen; der fehlende Rückzahlungswille ist mithin entscheidend für den Schluss, das Erbringen einer Gegenleistung sei nur formal vereinbart worden, tatsächlich aber nie beabsichtigt gewesen. Die Uebernahme der Darlehensschuld des Veräusserers gegenüber der Gesellschaft durch den Erwerber führt zu einer Reduktion des Kaufpreises; dies macht auch einen "armen" Käufer konkurrenzfähig. Die mangelnde Solvenz des Käufers kann jedoch für den Veräusserer gefährlich werden, "weil mit der Auswahl eines "armen" Käufers die Weichen für die spätere Aushöhlung der gekauften Gesellschaft bereits gestellt sind"[4].

---

1) vgl. Locher, Rechtsfindung, 223 ff.
2) vgl. § 13 I. C.
3) Als Fall der direkten Teilliquidation ist nach der heutigen Praxis auch die Uebertragung an die emittierende Gesellschaft bzw. eine Tochtergesellschaft zu betrachten (vgl. § 13 III.).
4) Grüninger, 46

In diesem Sinne kann der Stand der heutigen Praxis bezüglich der Erfassung geldwerter Leistungen bei Vorliegen von Darlehen der Gesellschaft an Anteilsinhaber im Zusammenhang mit der Uebertragung von Beteiligungsrechten wie folgt zusammengefasst werden[1)2)].

- Begründung des Darlehens an den Anteilsinhaber <u>vor</u> (und unabhängig von) der Uebertragung der Beteiligungsrechte

  - Veräusserer solvent, Erwerber insolvent: Erfassung der geldwerten Leistung beim Erwerber

  - Veräusserer insolvent, Erwerber solvent: Erfassung der geldwerten Leistung beim Veräusserer

  - Veräusserer und Erwerber insolvent: Erfassung der geldwerten Leistung beim Veräusserer

- Begründung des Darlehens an den Anteilsinhaber <u>anlässlich</u> der Uebertragung der Beteiligungsrechte

  - Begründung durch Veräusserer: Erfassung der geldwerten Leistung beim Veräusserer (BGr v. 19.12.84, ASA 54, 211 = StE 1985 B 24.4. Nr. 5 bez. Darlehensbegründung von 5,5 Mio Fr.)

  - Begründung durch Erwerber: Erfassung der geldwerten Leistung beim Erwerber

- Begründung des Darlehens an den Anteilsinhaber <u>nach</u> Uebertragung der Beteiligungsrechte

  - für früheren Veräusserer: keine Steuerfolgen

  - für Erwerber im Hinblick auf erneute Veräusserung: wie bei der Begründung des Darlehens vor (und unabhängig von) der Uebertragung der Beteiligungsrechte (Kriterien siehe oben)

---

1) In Anlehnung an die Ausführungen von Rouiller, Aktionärsdarlehen, Fallbehandlung.

2) Für die Erfassung geldwerter Leistungen aus solchen Darlehen ohne Zusammenhang mit der Aktienübertragung ist ASA 53, 54 massgebend; vgl. dazu die von der EStV vorrangig angewandten Kriterien zur Beurteilung von Darlehen an Aktionäre (§ 13 I. C.).

Demgegenüber ist eine <u>indirekte Teilliquidation</u> anzunehmen, wenn
der Erwerber den Kaufpreis aus nichtbetriebsnotwendigen Mitteln
der erworbenen Gesellschaft finanziert. Dies geschieht indirekt,
indem der private Erwerber z.B. eine Holdinggesellschaft gründet,
welche die Beteiligungsrechte vom Veräusserer dank einer Darlehensgewährung der erworbenen Gesellschaft kaufen kann. Die Kaufpreisschuld wird in der Folge durch Dividendenausschüttungen der
erworbenen Tochtergesellschaft abgetragen.

Nach Locher[1] realisiert der Veräusserer in diesem Falle einen
Vermögensertrag, weil ein Teil des Kaufpreises eine verdeckte Gewinnausschüttung darstellt.

Im Gegensatz zum Tatbestand der direkten Teilliquidation ist hier
durchaus beabsichtigt, die Gegenleistung zu erbringen. Diese bewirkt aber eine finanzielle Aushöhlung der erworbenen Gesellschaft, was für den Veräusserer steuerlich schädlich sein soll.
Ansatzpunkt bildet dabei die Tatsache, dass im Anschluss an den
Beteiligungserwerb durch die jetzige Muttergesellschaft bei der
Tochtergesellschaft die Gewinnthesaurierungs- einer Ausschüttungspolitik Platz macht[2].

Locher[3] zeigt wohl die Grenzen seiner Theorie auf, gibt aber
nicht zu erkennen, ob sich der veräussernde Aktionär in irgend
einer Form der Besteuerung entziehen kann. Hier liegt m.E. der
schwache Punkt sowie die Nahtstelle zur Theorie der direkten
Teilliquidation: Es ist nicht einzusehen, aus welchen Gründen
die finanzielle Situation sowie das Verhalten des Käufers für
die Besteuerung des Veräusserers wesentlich sein sollen.

---

1) vgl. Locher, Rechtsfindung, 226
2) vgl. Yersin, Thèse, 287; Locher, Rechtsfindung, 225.
3) vgl. Locher, Rechtsfindung, 226 : Mit dem Beteiligungsverkauf muss eine
   finanzielle Aushöhlung der Gesellschaft verbunden sein, indem zur Kaufpreisfinanzierung nicht betriebsnotwendige Reserven der erworbenen Gesellschaft eingesetzt werden.

bc) Bei Annahme einer faktischen Liquidation bzw. Teilliquidation

Im Gegensatz zu den Tatbeständen der direkten und indirekten Teilliquidation wird hier keine finanzielle, sondern bloss eine wirtschaftliche Liquidation bzw. Teilliquidation zum Anlass genommen, um eine Einkommenssteuerpflicht des Veräusserers von Beteiligungsrechten zu begründen. Anders als im Stempelsteuerrecht, wo eine Steuerpflicht von der Möglichkeit der Subsumtion des Sachverhaltes unter den Ersatztatbestand von StG 5 II b abhängt und auch anders als im Verrechnungssteuerrecht, wo Voraussetzung der Besteuerung idR eine Steuerumgehung ist[1], genügt bei der direkten Bundessteuer aufgrund der extensiven Auslegung von BdBSt 21 I allein die Tatsache der wirtschaftlichen Aushöhlung der Gesellschaft zur Besteuerung des Veräusserers[2]. Erfolgt die wirtschaftliche Entleerung auf Veranlassung des Veräusserers, ist das Ausmass der Aushöhlung im Zeitpunkt der Uebertragung der Beteiligungsrechte bekannt. Sie erstreckt sich in jedem Falle auf die nichtbetriebsnotwendigen ausschüttungsfähigen Reserven. Diese können im Falle der faktischen Liquidation der Differenz zwischen den gesamten Eigenmitteln und dem Nominalwert der Beteiligungsrechte entsprechen. Das Nennwertprinzip trägt hier wiederum dazu bei, fiktives Einkommen zu besteuern, wenn der Anlagewert den Nominalwert übersteigt.

In der Steuerpraxis besteht nun die Gefahr, dass eine faktische Teilliquidation bzw. Liquidation nicht nur dann angenommen wird, wenn eine teilweise oder vollständige wirtschaftliche Liquidation vor dem Verkauf der Beteiligungsrechte stattfindet; vielmehr neigen die Steuerbehörden offenbar in jüngster Zeit vermehrt dazu, das Faktizitätsprinzip[3] auch in Fällen anzuwenden, in denen anlässlich der Uebertragung noch keine Aktiven in liquider

---

1) vgl. Bourquin, 39 ff.; 64 ff.

2) vgl. Bourquin, 84

3) Nach dem Faktizitäts- (oder Wirklichkeitsprinzip) wird ein Steuertatbestand "dann als verwirklicht angesehen, wenn die rein tatsächlich festzustellenden Vorgänge so zu deuten sind" (Peter Böckli, Darlehen an Aktionäre als aktienrechtlich kritischer Vorgang, Der Schweizer Treuhänder 2/80, 5, FN 22).

Form vorliegen, sondern bisherige Aktiven <u>erst nach der Uebertragung der Beteiligungsrechte</u> auf Veranlassung des Erwerbes entweder veräussert oder in sein Vermögen überführt werden, ohne dass die Gesellschaft formell teilweise oder ganz liquidiert wird[1]. Vermag sich eine solche Betrachtungsweise durchzusetzen, muss der Veräusserer selbst dann mit einer Zurechnung von steuerbarem Vermögensertrag rechnen, wenn in der Gesellschaft wirtschaftliche Liquidationshandlungen vorgenommen werden, auf die er keinen Einfluss mehr hatte. Als Indizien müssten wohl Aenderung von Zweck, Sitz, Verwaltungsräten etc. der Gesellschaft nach der Uebertragung der Beteiligungsrechte herangezogen werden. Könnten sich die Steuerbehörden allein auf solche Merkmale stützen, um eine Besteuerung eintreten zu lassen, müsste eine zunehmende Rechtsunsicherheit die Folge sein; denn der Veräusserer könnte sich nicht mehr auf die Verhältnisse verlassen, wie er sie geschaffen hat und wie sie im Zeitpunkt der Uebertragung bestanden haben. Eine solche Praxis käme einer zusätzlichen Weiterung der extensiven Auslegung des BGr zu BdBSt 21 I c gleich: denn noch im jüngsten Falle der Uebernahme einer Darlehensschuld des Veräusserers gegenüber der Gesellschaft wurde die Zurechnung einer geldwerten Leistung u.a. mit dem fehlenden Rückzahlungswillen des Verkäufers begründet[2]. Man müsste von einer kaum mehr zu überbietenden Ausdehnung der Besteuerungsmöglichkeit des Fiskus sprechen. Neben diesen grundsätzlichen Bedenken wäre eine Besteuerung in jedem Falle problematisch nicht nur hinsichtlich des zu ermittelnden Steuersubstrates, sondern auch hinsichtlich des Nachweises eines Kausalzusammenhanges zwischen der Uebertragung und später vorgenommenen Liquidationshandlungen. Dieser Nachweis müsste dem Steuerkommissär umso schwerer fallen, je weiter Zeitpunkt der Uebertragung und erste erkennbare Liquidationshandlungen auseinanderliegen.

---

1) vgl. Cagianut/Höhn, Unternehmungssteuerrecht, § 12 N 77
2) vgl. ASA 54, 211 = StR 41, 263 = StE 1985 B 24.4. Nr. 5.

Im Interesse der Rechtssicherheit ist deshalb zu fordern, eine Besteuerung beim Veräusserer nur im Falle des Nachweises seines Liquidationswillens und tatsächlich vorgenommener Liquidationshandlungen im Zeitpunkt der Uebertragung eintreten zu lassen. Handlungen und Absichten des Erwerbers dürfen deshalb unter keinen Umständen dem Veräusserer angelastet werden. Fehlt es aber beim Veräusserer an solchen Absichten und/oder Handlungen, realisiert er einen Kapitalgewinn, welcher vom Gesetzgeber als Ausnahme vom Grundsatz der wirtschaftlichen Doppelbelastung steuerbefreit wurde.

3. Zusammenfassung

Wird ein privater Kapitalgewinn unter Berufung auf Steuerumgehung besteuert, lässt sich eine sachgerechte Behandlung (Besteuerung nach der wirtschaftlichen Leistungsfähigkeit) nur erreichen, sofern der Vermögenszugang nicht als geldwerte Leistung der Gesellschaft i.S. von BdBSt 21 I c erscheint; denn bei Subsumtion eines Sachverhaltes unter diesen Tatbestand muss wegen der Geltung des Nennwertprinzips bei höherem Anlagewert mit einer Besteuerung fiktiven Einkommens gerechnet werden.

Nachdem das BGr BdBSt 21 I c als Steuernorm mit wirtschaftlichen Anknüpfungspunkten qualifiziert hat, sind der wirtschaftlichen Betrachtungsweise bei der Auslegung kaum noch Grenzen gesetzt. Dies führt in der Praxis zu einer stets zunehmenden Subsumtion von Sachverhalten unter BdBSt 21 I c bzw. die analogen kantonalen Vorschriften. Folge ist die Umqualifikation eines grundsätzlich steuerfreien Kapitalgewinnes in eine geldwerte Leistung der Gesellschaft. Das führt wegen der Geltung des Nennwertprinzips zur Besteuerung fiktiven Einkommens, sofern der Anschaffungswert der Beteiligungsrechte deren Nominalwert übersteigt.

Abschliessend ist festzustellen, dass sich nach der heutigen Praxis selbst bei Uebertragungen an unabhängige Dritte eine Beurteilung, welche nur auf die gesetzlichen Regeln über die Besteuerung von Kapitalgewinnen auf beweglichem PV abstellt, als zu eng erweist. Ein Steuerberater wäre deshalb naiv anzunehmen, im Falle einer Veräusserung von Beteiligungsrechten "könne nur ein Kapitalgewinn und kein Vermögensertrag resultieren, sodass bei fehlender Kapitalgewinn-Besteuerung keine Steuerpflicht gegeben sein könne"[1].

B. REDUKTION DES REALISIERBAREN KAPITALGEWINNES ALS FOLGE DER GELTENDMACHUNG DER AUSSCHUETTUNGSBELASTUNG DURCH DEN ERWERBER

In Steuerordnungen ohne Kapitalgewinnbesteuerung[2] unterliegt der einem Anteilsinhaber anlässlich der Liquidation einer Kapitalgesellschaft ausgeschüttete Liquidationsüberschuss (Differenz zwischen einbezahltem Nennwert der Beteiligungsrechte und höherem Liquidationsergebnis) nach konstanter Praxis der Einkommenssteuer[3]. Ein allfälliger über diesem Nennwert liegender Anlagewert des Erwerbers oder seines Rechtsvorgängers bleibt damit unberücksichtigt. Untersteht der Erwerber von Beteiligungsrechten einer solchen Steuerordnung, wird er bereits beim Kauf der Beteiligungsrechte versuchen, die anlässlich einer Liquidation der Gesellschaft potentiell zu erwartende Steuerbelastung ("Ausschüttungsbelastung") durch Reduktion des Kaufpreises auf den Veräusserer zurückzuwälzen. Die Antwort auf die Frage, ob ihm der Verkäufer eine entsprechende Kaufpreisminderung zugestehen wird, hängt einerseits von der Steuerordnung ab, welcher dieser untersteht; anderseits sind die Marktverhältnisse im Verhandlungszeitpunkt entscheidend[4]. Je nachdem kann der Käufer z.B. die

---

1) Höhn, ASA 50, 531

2) Gleiches gilt für einen Anteilsinhaber, der einer Steuerordnung mit privater Kapitalgewinnbesteuerung untersteht, in der aber gleichzeitig das Nennwertsystem zur Anwendung kommt (z.B. BE).

3) vgl. § 11 III.

4) vgl. Cagianut/Höhn, Unternehmungssteuerrecht, § 3 N 15

präsumtive Ausschüttungsbelastung voll (Variante 1), zur Hälfte (Variante 2) oder überhaupt nicht (Variante 3) auf den Veräusserer zurückwälzen. Im folgenden Beispiel wird zudem angenommen, die Ausschüttungsbelastung werde wegen der Unbestimmtheit der Höhe ihres Anfallens und des Zinsgewinnes bis zur Liquidation mit der Hälfte des maximalen Steuersatzes (40 %) in Rechnung gestellt.

	Variante 1	Variante 2	Variante 3
1. Veräusserer			
− Erwerbspreis (Nennwert 100)	150	150	150
+ Wertzunahme während Besitzdauer (potentieller Kapitalgewinn)	50	50	50
− Verkaufspreis brutto	200	200	200
./. Abzug für Ausschüttungsbelastung max. 20% von 200-100; min. 0	20	10	−
− Verkaufspreis netto (= Verkaufserlös)	180	190	200
./. Erwerbspreis	150	150	150
− Effektiver Kapitalgewinn	30	40	50
2. Erwerber			
Zu tragende diskontierte Ausschüttungsbelastung	0	10	20

Der **Erwerber** mit Wohnsitz in einer Steuerordnung ohne Kapitalgewinnbesteuerung ist gegenüber dem Veräusserer von Beteiligungsrechten schon deshalb benachteiligt, weil er eine Preisreduktion geltend machen muss, die nur auf Schätzungen beruht. Diese Verhandlungsposition kann sich je nach den Marktverhältnissen negativ auswirken, sodass er die Ausschüttungsbelastung z.B. nur zur Hälfte (Variante 2) oder überhaupt nicht (Variante 3) zurückwälzen kann. Anders gesagt realisiert der **Veräusserer** einen umso höheren steuerfreien Kapitalgewinn, je mehr es im gelingt, die Schätzungsgrundlagen in Zweifel zu ziehen (z.B. dass es infolge der hohen gegenwärtigen Ertragslage und den Zukunftsaussichten der Kapitalgesellschaft nicht realistisch sei, eine Liquidation in Betracht zu ziehen). Sofern der Veräusserer auch bei Anerkennung der Schätzungsgrundlagen infolge des regen Kaufinteresses eine Rückwälzung überhaupt nicht zulassen muss (Variante 3), realisiert er einen Verkaufspreis, der jenem in

Steuerordnungen mit Kapitalgewinnbesteuerung entspricht[1]; im Gegensatz zu diesem hat jener Anteilsinhaber jedoch keine Kapitalgewinnsteuer zu entrichten.

Hatte der Veräusserer selbst anlässlich des Erwerbs eine Kaufpreisreduktion zugestanden erhalten, erleidet er auch dann keinen Nachteil, wenn er eine solche dem Erwerber in gleichem Umfang einräumen muss. Seine Gewinnsituation verbessert sich jedoch, wenn er selbst als Erwerber eine solche Reduktion durchsetzen konnte, diese dem Erwerber bei der Veräusserung aber nicht oder nicht im gleichen Umfang gewähren muss. Sie verschlechtert sich anderseits, wenn ihm als Erwerber eine Kaufpreisreduktion nicht zugestanden wurde, er dagegen dem Erwerber anlässlich der Veräusserung eine solche einräumen muss.

Der Veräusserer mit Wohnsitz in einer Steuerordnung ohne Kapitalgewinnbesteuerung hat somit gegenüber dem Mitveräusserer in einer Steuerordnung mit Kapitalgewinnbesteuerung den Vorteil, dass er keine Kapitalgewinnsteuern zu bezahlen hat, jedoch den Nachteil, dass er je nach den Verhältnissen einen geringeren Kapitalgewinn erzielt[2]. Der Vorteil der fehlenden Steuerbelastung kann somit je nach den Verhältnissen ganz oder teilweise dadurch ausgeglichen werden, dass der Veräusserer latente Einkommenssteuern in Form einer Erlösminderung übernehmen muss[3].

Auch wenn angenommen wird, dass sich die Steuerlast "über das Ganze gesehen"[4] gerecht verteilt, ist gegenüber den Steuerordnungen mit Kapitalgewinnbesteuerung sowie den Verhältnissen bei

---

1) Dort muss der Erwerber keine Kaufpreisreduktion geltend machen, denn dieser kann im Falle einer Liquidation der Kapitalgesellschaft den Erwerbspreis als Ausgangswert für die Berechnung des steuerbaren Liquidationsergebnisses geltend machen.

2) Er profitiert jedoch in den Varianten 1 und 2 davon, "dass die latente Steuerlast bloss ausgehend vom halben maximalen Steuersatz berechnet wird. Dies hat zur Folge, dass die Hälfte des realisierten Kapitalgewinnes zulasten der Zinsausfälle beim Fiskus steuerfrei vereinnahmt werden kann" (Gurtner, ASA 49, 585 FN 16).

3) vgl. Cagianut/Höhn, Unternehmungssteuerrecht, § 3 N 18

4) vgl. Borkowsky, ASA 51, 605

Personenunternehmungen der entscheidende Nachteil der Steuerordnungen ohne Kapitalgewinnbesteuerung darin zu sehen, dass die Vertragsparteien als Folge des Nennwertprinzips die Verteilung der Steuerlast aushandeln müssen. In einem Steuersystem, das dem Prinzip der Besteuerung nach der wirtschaftlichen Leistungsfähigkeit vorrangige Bedeutung beimisst, kann es jedoch nicht Aufgabe privater Abmachungen sein, Planwidrigkeiten des Gesetzgebers[1] zu korrigieren.

C. FOLGERUNGEN

Nach Prüfung der rechtlichen und wirtschaftlichen Gegebenheiten muss ernüchtert festgestellt werden, dass der Veräusserer mit Wohnsitz in einer Steuerordnung ohne private Kapitalgewinnbesteuerung trotz grundsätzlicher Steuerbefreiung solcher Kapitalgewinne letztlich idR nicht mehr besser, sondern u.U. schlechter gestellt ist als der Veräusserer in einer Steuerordnung mit Kapitalgewinnbesteuerung oder ein veräussernder Personenunternehmer.

Auch wenn der realisierte Mehrwert steuerlich als privater Kapitalgewinn anerkannt wird, kann die vollständige oder teilweise Uebernahme der latenten Steuerlast dazu führen, dass das verfügbare Nettoentgelt des Anteilsinhabers nicht höher oder nicht wesentlich höher liegt als jenes des Personenunternehmers[2]. Die Antwort auf die Frage nach der steuerlich günstigeren Unternehmungsform hängt somit für die Beteiligten nicht nur davon ab, ob im Zeitpunkt der Realisierung der angewachsenen Mehrwerte private Kapitalgewinne besteuern werden; auch wenn dies nicht zutrifft, kann der Vorteil der Kapitalgesellschaft je nach dem Umfang der zu übernehmenden latenten Steuern reduziert oder gar aufgehoben werden[3].

---

1) Uebernahme des Nennwertsystems aus dem Couponsteuergesetz in das System der Einkommenssteuern.
2) vgl. Cagianut/Höhn, Unternehmungssteuerrecht, § 3 N 15
3) vgl. Cagianut/Höhn, Unternehmungssteuerrecht, § 3 N 18

Fatal kann sich für den Veräusserer mit Wohnsitz in einer Steuerordnung ohne Kapitalgewinnbesteuerung der Verkauf von Beteiligungsrechten dann auswirken, wenn er dem Erwerber durch Uebernahme eines Teils oder der ganzen latenten Steuerlast eine Kaufpreisminderung zugestanden hat, der verbleibende vermeintlich steuerfreie Kapitalgewinn jedoch nachträglich von den Steuerveranlagungs- oder -justizbehörden als Folge der heute verbreiteten, sehr extensiven Interpretation des Vermögensertragsbegriffs besteuert wird. In diesem Fall wird der "Netto-Kapitalgewinn" durch eine weitere Steuerlast vermindert, sodass der Veräusserer in diesen Steuerordnungen erheblich schlechter gestellt ist als der Veräusserer einer Beteiligung an einer Personenunternehmung oder an einer Kapitalgesellschaft jedoch mit Wohnsitz in einer Steuerordnung mit Kapitalgewinnbesteuerung.

Gelingt es anderseits dem Veräusserer, die Rückwälzung der latenten Steuerlast durch den Erwerber ganz oder teilweise zu vermeiden, kann er einen Kapitalgewinn realisieren, der über jenem liegt, der einem Personenunternehmer nach Bezahlung von Liquidationsgewinnsteuern und Sozialabgaben verbleibt. Damit darf jedoch bei einem steuerlich gut beratenen Erwerber heute nicht mehr gerechnet werden. Soweit allerdings der _Erwerber_ die Geltendmachung einer Kaufpreisminderung unterlässt, hat _er_ schliesslich die systembedingt sachwidrige Ausschüttungsbelastung allein zu tragen.

Diese Ueberlegungen verdeutlichen, dass letztlich die "Aufklärung" des Erwerbers über das Nennwertprinzip sowie die Marktverhältnisse über die Verteilung der Ausschüttungsbelastung entscheiden. Die Belastung erfolgt somit nicht notwendigerweise nach Massgabe der wirtschaftlichen Leistungsfähigkeit und ist wesentlich von den spezifischen Verhältnissen im Zeitpunkt der Uebertragung der Beteiligungsrechte abhängig. Diese in jedem Fall bestehende Unsicherheit der Verteilung der Steuerlast befriedigt nicht und muss durch eine "durchsichtigere" Gesetzgebung beseitigt werden.

II. Nichtbesteuerung privater Kapitalgewinne als Wertungsproblem

A. QUALIFIKATION DES VERAEUSSERUNGSERGEBNISSES ALS WERTUNGSPROBLEM

1. Die Nichtbesteuerung als Lücke des Gesetzes

Die Nichtbesteuerung privater Kapitalgewinne stellt einen Einbruch in das im schweizerischen Steuerrecht grundsätzlich geltende Prinzip der Gesamtreineinkommenssteuer dar[1]. Sie ist eine unechte Lücke[2] im Steuergesetz, ein rechtspolitischer Fehler oder eine beabsichtigte Abweichung des Gesetzgebers vom sog. gesetzgeberischen Plan[3]. Solche rechtspolitischen Mängel des Gesetzes dürfen im Gegensatz zu den echten Lücken[4] nur vom Gesetzgeber behoben werden[5].

2. Beachtung dieser Lücke in der Rechtsprechung?

Die schweizerische Rechtsprechung hält dieses traditionelle Lückenverständnis allerdings nicht mehr konsequent aufrecht, indem sie unter bestimmten Voraussetzungen auch die Ausfüllung solcher unechter Lücken durch den Richter zulässt[6]. So ist die Rechtsprechung bei der Auslegung zum Teil der Gefahr erlegen, die gesetzgeberischen Absichten und Pläne (z.B. Besteuerung von privaten Kapitalgewinnen aus wesentlichen Beteiligungen durch die

---

1) vgl. Zuppinger/Böckli/Locher/Reich, 97; Höhn, Kapitalgewinnbesteuerung,263 ff.
2) vgl. Höhn, Steuerrecht, 74; derselbe, StR 29, 146; derselbe, StuW 61, 257 FN 21; Häfelin, 92.
3) vgl. Höhn, StuW 61, 258
4) Echte Lücken liegen nur vor, "wenn das Gesetz ohne ihre Ausfüllung nicht angewendet werden kann, was im materiellen Steuer- und Verwaltungsrecht höchst selten der Fall ist" (Höhn, StuW 61, 258). Eine echte Lücke (des formellen Steuerrechts) ist z.B. gegeben, wenn das Gesetz ein Rechtsmittel vorsieht, ohne die Rechtsmittelinstanz zu nennen. Solche echten Lücken müssen geschlossen werden (vgl. Höhn, Steuerrecht, 75).
5) vgl. Höhn, StuW 61, 257; Häfelin, 93.
6) vgl. Höhn, StuW 61, 257. Wohl mit aus diesem Grunde fordert Häfelin (100), dass auf die traditionelle Unterscheidung von echten und unechten Lücken verzichtet werden sollte.

Beteiligungsgewinnsteuer im Rahmen der Steuerharmonisierung) bei ihren notwendigen Wertungen mitzuberücksichtigen[1]. Dieses Bestreben nach Einschränkung der Steuerfreiheit privater Kapitalgewinne führt jedoch zu einer uferlosen extensiven Auslegung des Steuerrechts[2]. Die daraus resultierende steuerverschärfende Wirkung wurde vorne[3] insbesondere am Beispiel der Ausdehnung des Begriffs des Vermögensertrages bei der Einbringung von Beteiligungsrechten in eine Holdinggesellschaft sichtbar.

Das steuerverschärfende Ergebnis ist letztlich die Folge einer in der Rechtsprechung verbreiteten Auffassung, wonach die Auslegung des Steuerrechts nicht strikte an den "möglichen Wortsinn" gebunden ist, sondern eine Abweichung vom Wortlaut als zulässig erachtet, "wenn triftige Gründe dafür vorliegen, dass dieser den Sinn der Bestimmung nicht richtig wiedergibt, indem Grund und Zweck der Bestimmung, ihre Entstehungsgeschichte oder der Gesetzeszusammenhang eine andere Lösung nahelegen ... Die Entscheidungen werden regelmässig so begründet, als ob sie sich durch blosse Deduktion aus dem Gesetz "ergeben" würden"[4].

3. Tendenzen in der Steuerrechtslehre

a) Möglicher Wortsinn als Schranke der Auslegung

Vor allem das von der Rechtsprechung betonte teleologische Element birgt bei der Auslegung die Tendenz zur Ausweitung der steuerbaren Tatbestände in sich[5]. Dies hat eine Mehrheit der

---

1) vgl. Höhn, StuW 61, 256; Diese Tendenz wird auch von den Rechtsanwendungsbehörden nicht bestritten (vgl. Banderet, StR 36, 392).

2) vgl. Höhn, StuW 61, 256

3) § 13 II.

4) Höhn, StuW 61, 256 (im Original Hervorgehobenes ist unterstrichen). Als Beispiel diene die Begründung im Urteil v. 19.4.85 (vgl. § 13 II. D. 1. Erwägung 4. b).

5) vgl. Höhn, StuW 61, 258

Autoren in der schweizerischen Steuerrechtslehre[1] in Anlehnung an Larenz[2] und die heutige deutsche Rechtsprechung[3] veranlasst, - im Gegensatz zu allen anderen Rechtsgebieten - den "möglichen Wortsinn" als Schranke der Auslegung zu postulieren. "Diese Autoren gehen ebenfalls vom traditionellen Deduktionsmodell aus, wonach Auslegung und Rechtsfortbildung in methodischer Hinsicht als zwei wesensverschiedene Vorgänge erscheinen"[4]. Höhn[5] erachtet die Wortsinnschranke nicht als taugliches Mittel gegen die Tendenz zur Ausweitung der steuerbaren Tatbestände, denn zum einen bildet der "mögliche Wortsinn" nur scheinbar eine objektiv erkennbare Schranke der Auslegung, weil sich dieser ebensowenig wertungsfrei ermitteln lässt wie der Sinn der Norm als Ganzes und daher ebenfalls in einem mehr oder weniger grossen Ausmass von den Wertungen der Interpreten abhängt; zum andern "kann nicht zum vornherein ausgeschlossen werden, dass Sinn und Zweck des Gesetzes auch im Steuerrecht in bestimmten Fällen eine grössere Bedeutung beigemessen werden muss als dem Wortlaut und dem sog. möglichen Wortsinn. All dies legt es nahe, dem teleologischen Element bei der Auslegung zwar Rechnung zu tragen, ihm dabei jedoch mit Zurückhaltung zu begegnen. Dies kann am ehesten dadurch geschehen, dass es im Auslegungsprozess mit den anderen Elementen konfrontiert wird"[6]. Dieser Anforderung vermag die im folgenden darzustellende neuere Richtung der Lehre gerecht zu werden.[7]

---

1) Gurtner, ASA 49, 631; Reich, Realisation, 207; vgl. Locher, Rechtsfindung, 78 mit Nachweisen in FN 17.
2) Larenz K., Methodenlehre der Rechtswissenschaft, 4. Auflage, Berlin/Heidelberg/New York 1979.
3) vgl. Beisse, 1 ff.; 7; Tipke 92 f.
4) Höhn. StuW 61, 258
5) vgl. Höhn, StuW 61, 258
6) Höhn. StuW 61, 258
7) vgl. Höhn, ASA 51, 385 ff.; bes. 388 ff.; Locher, Rechtsfindung, 135 f.; Vallender, 262 ff.

b) Unerlässlichkeit von Wertungen bei der Auslegung

Die Vertreter dieser unter dem Einfluss der neuen Hermeneutik Gadamers[1] stehenden Lehre unterstreichen die <u>Unerlässlichkeit von Wertungen bei der Auslegung</u> und betonen damit deren rechtsschöpferischen Charakter. Gleichzeitig lehnen sie den möglichen Wortsinn als Auslegungsschranke ab[2].

Grundsätzlich sollen hier bei der Auslegung und Anwendung des Steuerrechts alle für die Fall-Lösung relevanten Gesichtspunkte in ein und demselben Verfahren berücksichtigt und gegeneinander abgewogen werden. Nur die gleichzeitige Erfassung aller Kriterien vermag die Bedeutung des einzelnen Argumentes für die Besteuerung oder Nichtbesteuerung einer Tatsache zu ermessen. Die integrierte Berücksichtigung erfordert aber auch eine Gewichtung der zahlreichen Kriterien im Hinblick auf die Gesamtbeurteilung[3]. Dabei ist jenen Auslegungselementen, die sich direkt mit der auszulegenden Norm beschäftigen (Wortlaut, Entstehungsgeschichte, systematischer Standort), als speziellen Gesichtspunkten ein grösseres Gewicht beizumessen als den allgemeinen Gesichtspunkten (Gesetzeszweck, gesetzgeberisches Programm und Verfassungsgrundsätze wie Grundrechte, Gewaltentrennung, subjektive Leistungsfähigkeit), denn der Umfang der Steuerpflichten muss sich in erster Linie aus den einzelnen Normen der Steuergesetze und nicht aus allgemeinen Prinzipien ableiten lassen[4]. Dies bedeutet, "dass die aus den speziellen Gesichtspunkten sich ergebende Bedeutung die Vermutung der Richtigkeit für sich hat. Die allgemeinen Gesichtspunkte wie Gesetzeszweck usw. tragen m.a.W. die Begründungslast; sie vermögen sich gegenüber den speziellen nur durchzusetzen, wenn sie deutlich überzeugender sind als je-

---

1) H.G. Gadamer, Wahrheit und Methode, 3. A., Tübingen 1972; vgl. dazu die Ausführungen bei R. Zäch, Tendenzen der juristischen Auslegungslehre, ZSR NF 96 (1977) I, 313 ff.
2) vgl. Höhn, ASA 51, 393 und die dort in FN 34 aufgeführten Autoren.
3) vgl. Höhn, StuW 61, 258
4) vgl. Höhn, StuW 61, 258

ne"[1]. Nach Höhn[2] dürfte die integrierende Berücksichtigung
aller Elemente in den meisten Fällen auch zeigen, dass den allgemeinen Gesichtspunkten, insbesondere den gesetzgeberischen
Absichten, weniger Gewicht beizumessen ist, als dies bei isolierter Betrachtung angenommen wird. Entgegen der Ansicht von
Locher[3] führt jedoch eine sachgerecht gewichtete Berücksichtigung aller sich aus der Rechtsordnung ergebenden relevanten Gesichtspunkte "keineswegs eo ipso zu einer extensiven Auslegung
und Anwendung des Steuerrechts. Sie ist vielmehr geeignet, den
sehr begrenzten Nutzen des teleologischen Elementes für die
Auslegung des Steuerrechts erkennbar zu machen und damit die Bejahung einer gesetzlichen Grundlage der Besteuerung strengen
Anforderungen zu unterwerfen"[4].

4. Qualifikation des Veräusserungsergebnisses bei integrierender Berücksichtigung und Gewichtung aller Auslegungselemente

Als Beispiel der integrierenden Berücksichtigung und Gewichtung
aller Auslegungselemente hat Vallender[5] den Tatbestand der Aktienübertragung auf Holdinggesellschaften herangezogen. Er hat
dabei unter Berücksichtigung (des speziellen Gesichtspunktes)
der gesetzessystembezogenen Argumentation auf das Vorliegen eines steuerfreien Kapitalgewinnes erkannt[6].

---

1) Höhn, StuW 61, 258; "Die Ueberzeugungskraft von Argumenten und Entscheidungshypothesen lässt sich am ehesten am Grad ihrer Widerlegbarkeit messen. Eine Entscheidungshypothese ist um so überzeugender, je schwieriger es ist, sie zu widerlegen. Deutlich überzeugender sind die allgemeinen Gesichtspunkte somit dann, wenn die auf sie gestützte Entscheidungshypothese wesentlich schwieriger zu widerlegen ist als die auf spezielle Gesichtspunkte begründete" (Höhn, StuW 61, 258 f.).

2) vgl. Höhn, StuW 61, 259

3) vgl. Locher, Rechtsfindung, 139 inkl. FN 19.

4) Höhn, StuW 61, 259

5) vgl. Vallender, 210, 268 f.

6) Diese Qualifikation geht aus von der Tatsache, dass die direkte Bundessteuer eine allgemeine Einkommenssteuer mit Ausnahmen sein soll. Da mit BdBSt 21 I d eine Ausnahme gesetzt wird und das BGr verlangt, dass Absichten des Gesetzgebers nur ausschlaggebend sein sollen, wenn sie ihren Niederschlag im Gesetz gefunden haben, fehlt hier eine gesetzliche Grundlage.

Während Vallender[1] jedoch einräumt, dass sein Resultat das Ergebnis einer Wertung ist, gibt die Rechtsprechung vor, den gegenteiligen Schluss (Qualifikation als Vermögensertrag) aus dem Gesetz deduzieren zu können. Eine solche Deduktion fällt jedoch schon deshalb ausser Betracht, weil der Gesetzgeber in Steuerordnungen ohne private Kapitalgewinnbesteuerung den Grundsatz der wirtschaftlichen Doppelbelastung durch eben diese Ausnahmebestimmung (Steuerfreiheit von Kapitalgewinnen auf beweglichem PV) aufgegeben hat. Diese Ausnahme ist höher einzustufen als der Grundsatz, weshalb sich eine Besteuerung nicht auf die vom Gesetzgeber gewollte wirtschaftliche Doppelbelastung berufen kann; vielmehr muss Ausgangspunkt einer Wertung diese Ausnahme sein.

Es geht somit im Interesse der Rechtssicherheit nicht an, "dass rechtsanwendende und rechtsprechende Behörden dort, wo eine Kapitalgewinnsteuer fehlt, diese unter Missachtung der Gewaltentrennung in das Gesetz hineininterpretieren"[2] oder besser: "hineinwerten".

B. QUALIFIKATION DES LIQUIDATIONSERGEBNISSES ALS WERTUNGSPROBLEM

1. Behandlung des Liquidationserlöses als Ergebnis einer Wertung

Obwohl Steuerveranlagungs- und -justizbehörden vielfach vorgeben, eine steuerliche Erfassung aus dem Gesetz ableiten zu können, beruht das Resultat einer notwendigerweise vorzunehmenden Auslegung auf einer Wertung. Dass diese Wertung im Zeitablauf unterschiedlich ausfallen kann, wurde am Beispiel der Qualifikation des Liquidationsergebnisses durch die ORK bzw. das VGr im Kanton Zürich deutlich[3].

---

1) vgl. Vallender, 271
2) Grüninger, 46
3) vgl. § 11 III. A. 2. b)

Aus der Entwicklung der Rechtsprechung nach Abschaffung der Kapitalgewinnsteuer (1.1.71) ist ersichtlich, dass die Mehrheit der Richter ihre Wertung (Besteuerung des Liquidationsüberschusses als Vermögensertrag) offensichtlich einseitig aufgrund bestimmter Auslegungselemente (Wortlaut, Entstehungsgeschichte) vornahm, dabei aber andere Auslegungselemente (Zweck der Abschaffung von ZH 23, Wahrung des Leistungsfähigkeitsprinzips) ohne ersichtlichen Grund vernachlässigte.

Im folgenden (3.) wird deshalb versucht, das Liquidationsergebnis aufgrund der integrierenden Berücksichtigung und Gewichtung aller Auslegungselemente zu qualifizieren. Vorher (2.) soll jedoch auf die Frage der Verfassungsmässigkeit der Besteuerung des Liquidationsüberschusses eingetreten werden.

2. Verfassungsmässigkeit der Besteuerung?

Eine Bestimmung, welche dem Nennwertsystem huldigt, nimmt bei der Besteuerung des Liquidationsergebnisses keine Rücksicht auf den Preis, den der Anteilsinhaber für die Beteiligungsrechte bezahlt hat. Liegt der Erwerbspreis über dem Nennwert, ist das Leistungsfähigkeitsprinzip als Folge des sachwidrigen Systems nicht mehr gewährleistet. Verschiedene Autoren[1] bezeichnen ein System, welches die wirtschaftliche Leistungsfähigkeit nur bedingt berücksichtigt, a priori als verfassungswidrig.

Höhn erachtet nur die Besteuerung fiktiver Einkünfte anlässlich der Liquidation als Verstoss gegen die Rechtsgleichheit[2].

---

1) vgl. Ryser, Réflexions, 677; Gurtner, ASA 49, 586.

2) vgl. Höhn, ZBl 80, 251; derselbe, ASA 50, 542, 545. In diesem Sinne sieht eine Minderheit des VGr ZH in der Besteuerung des Liquidationsüberschusses immer dann einen Verstoss gegen den verfassungsrechtlichen Grundsatz der Besteuerung nach der wirtschaftlichen Leistungsfähigkeit, wenn und soweit im konkreten Fall der Erwerbspreis der Aktien über dem einbezahlten Kapital der liquidierten Gesellschaft liegt (nicht publ. Minderheitserwägungen zu ZH VGr v. 13.11.79, ZH RB 1979 Nr. 30 bei Reich, ASA 53, 19).

Dagegen gehört es nach Locher[1] zum Wesen einer Objektsteuer, dass die wirtschaftliche Leistungsfähigkeit nur bedingt berücksichtigt wird. Im gleichen Sinne folgert Borkowsky[2], Steuer-"Gerechtigkeit" brauche nicht für den einzelnen Steuerpflichtigen angestrebt zu werden, vielmehr genüge, wenn sich diese insgesamt über den Markt durchsetze. Auch Reich[3] fordert, es seien neben den durch die Steuerfreiheit privater Kapitalgewinne bedingten Systemargumenten Ueberlegungen zur Steuertraglast bzw. zur Ueberwälzungsmöglichkeit der umstrittenen Steuer anzustellen, bevor die Verfassungsmässigkeit der Liquidationsüberschussbesteuerung aberkannt werde.

Bei rechtlicher Beurteilung für den einzelnen Anteilsinhaber müssen solche betriebswirtschaftlich motivierten Rechtfertigungen der Besteuerung von fiktivem Einkommen aus Gründen der Rechtsgleichheit zurückgewiesen werden; denn eine den wirtschaftlichen Gegebenheiten widersprechende Besteuerung kann nicht mit dem Vertrauen darauf begründet werden, dass der Markt für die als "richtig" betrachtete Verteilung der Steuerlasten sorgt, sodass der einzelne betroffene Steuerpflichtige nur noch einen Teil des

---

[1] "Ein derartiges - nicht zuletzt aus Gründen der Praktikabilität gewähltes - System ist keineswegs a priori verfassungswidrig. Diese Lösung setzt bloss voraus, dass bei einem allfälligen Beteiligungsverkauf die "Ausschüttungssteuerlast" preismindernd in Rechnung gestellt wird, so dass der "schwarze Peter" zu guter Letzt doch grosso modo zu einer der wirtschaftlichen Leistungskraft entsprechenden Besteuerung kommt". (Locher, Rechtsfindung, 217); gl.M. Zuppinger/Böckli/Locher/Reich, 116.

[2] vgl. Borkowsky, ASA 51, 608; nach Neumark gilt das Leistungsfähigkeitsprinzip primär für die Gesamtheit aller Steuerlasten, so dass Mängel bei gewissen Steuerarten durch andere Abgaben kompensiert werden können. Das Prinzip soll jedoch auch im Bereich der einzelnen Steuer Anwendung finden (vgl. Neumark F., Grundsätze gerechter und ökonomisch rationaler Steuerpolitik, Tübingen 1970, 127).

[3] vgl. Reich, ASA 53, 19 FN 62

fiktiven Einkommens zu versteuern hat[1]. Rechtlich ist einzig entscheidend, dass über das Ganze gesehen in der Differenz zwischen dem Nennwert und dem höheren Erwerbspreis fiktives Einkommen besteuert wird. Die steuerliche Erfassung des fiktiven Einkommens an sich ist verfassungswidrig[2].

Schliesst man nicht a priori auf Verfassungswidrigkeit, kann versucht werden, das Liquidationsergebnis bei integrierender Berücksichtigung und Gewichtung aller Auslegungselemente zu qualifizieren.

3. Qualifikation des Liquidationsergebnisses bei integrierender Berücksichtigung und Gewichtung aller Auslegungselemente

Die bei der Rechtsprechung durch die zürcherischen Rechtsmittelinstanzen zu beobachtende kontinuierlich weiterentwickelte Formalisierung des Einkommensbegriffes stützte sich im wesentlichen auf die speziellen Auslegungselemente des Wortlautes[3] und der Entstehungsgeschichte[4] von ZH 19 c sowie den allgemeinen Ge-

---

1) Entgegen Reich (ASA 53, 19) kann die Beurteilung der Verfassungsmässigkeit somit u.a. nicht davon abhängen, ob für die umstrittene Steuer eine Ueberwälzungsmöglichkeit besteht; die Ueberwälzung der latenten Steuerlast ist eine rein betriebswirtschaftliche Frage, die unabhängig von den rechtlichen Erwägungen zu lösen ist.

2) A.M. ist offensichtlich immer noch das BGr, das bis anhin noch keine entsprechende kantonale Regelung wegen Verstosses gegen das Leistungsfähigkeitsprinzip als willkürlich bezeichnet hat (vgl. Reich, ASA 53, 17, inkl. FN 55).

3) "Es kann sich nur fragen, ob § 19 lit. c StG mit "Leistungen, die keine Rückzahlung ... des Gesellschaftsanteils darstellen", das nämliche Steuerobjekt umschrieben habe wie Art. 21 lit. c WstB mit "Leistungen, die keine Rückzahlung der bestehenden Kapitalanteile darstellen". Das ist - die Frage der Gratisaktien und Gratisnennwerterhöhungen bleibt hier ausgeklammert - zu bejahen, wenn Gesellschaftsanteil und Kapitalanteil Synonyme sind, was nach dem Gesagten zutrifft" (ZH RB 1972 Nr. 27 = ZBl 74,46).

4) "Art. 21 Abs. 1 lit. c WstB hat den Steuertatbestand im Vergleich zu Art. 5 Abs. 2 BG betreffend die Stempelabgaben auf Coupons vom 25. Juni 1971 abgekürzt umschrieben (BGE 83 I 284) und § 19 lit. c StG hat die Vereinfachung weitergeführt, ohne den Sinn zu verändern" (ZH RB 1972 Nr. 27 = ZBl 74, 46).

sichtspunkt von Sinn und Zweck des Gesetzes[1)2)]; dagegen ist andern speziellen Gesichtspunkten wie z.b. Sinn und Zweck der Abschaffung von ZH 23 und damit dem Verhältnis von ZH 19 zum abgeschafften § 23 sowie dem allgemeinen Gesichtspunkt der Verfassungsprinzipien (Rechtsgleichheit und Besteuerung nach der wirtschaftlichen Leistungsfähigkeit) offensichtlich keine Beachtung geschenkt worden.

Es mag sein, dass analog zu BdBSt 21 insbesondere aus **Wortlaut und Entstehungsgeschichte** von ZH 19 c gewichtige Gründe für die Gesetzmässigkeit der steuerlichen Erfassung des Liquidationsüberschusses sprechen[3)]. Indessen kann m.E. aus der Tatsache, dass der eidgenössische Gesetzgeber mit der Couponsteuer auch den Liquidationsüberschuss erfassen wollte, nicht geschlossen werden, dass dieser Wille auch für die Behandlung innerhalb der direkten Bundessteuer und - abgeleitet davon - der Zürcher Staatssteuer gegeben war. Die blosse Uebernahme des Wortlautes von CG 5 II in WstB 21 I c und deren Nachbildung in ZH 19 c lässt allein nicht auf den Besteuerungswillen des zürcherischen Gesetzgebers schliessen, zumal die unterschiedlichen Zielsetzungen von Einkommenssteuer und Couponsteuer anlässlich der parlamentarischen Beratung offensichtlich nicht in ihrer vollen Tragweite erfasst worden waren[4)]; dass die frühere Praxis in ZH auf Kapitalgewinn erkannte, zeigt, dass dem Wortlaut sowie der Entstehungsgeschichte von ZH 19 c damals nur untergeordnete Bedeutung beigemessen wurde.

---

1) "Der Liquidationsüberschuss ... muss dem Wortlaut und Sinn des Gesetzes entsprechend als Vermögensertrag qualifiziert werden, ohne dass eine Steuerumgehung nachzuweisen wäre" (ZH RB 1972 Nr. 27 = ZBl 74, 46).

2) ZH 19 Ingress: Sicherung der wirtschaftlichen Doppelbelastung als Ausfluss des Bekenntnisses zur Gesamtreineinkommenssteuer (vgl. ZH RB 1975 Nr. 35).

3) vgl. Vallender, 216

4) Im Gegensatz zur Couponsteuer verfolgt die Einkommenssteuer keinen Sicherungszweck zur Erfassung aller den Nominalwert übersteigenden Vermögenszuflüsse an die Anteilsinhaber; zum Begriff des steuerbaren Ertrages im Verrechnungssteuerrecht vgl. z.B. Vuillemin, 20 ff.

Deshalb darf sowohl dem Wortlaut wie der Entstehungsgeschichte nicht entscheidendes Gewicht zukommen[1]. Anderseits hat der Gesetzgeber durch die Abschaffung dieser Kapitalgewinnsteuer das Postulat der wirtschaftlichen Doppelbelastung nur teilweise verwirklichen wollen. Es lässt sich daher insbesondere aus teleologisch-steuersystematischer Sicht nicht geltend machen, dass die Lücke, die aus der Abschaffung von ZH 23 entstanden ist, durch Besteuerung des Liquidationsüberschusses geschlossen werden müsste. Denn wie die durch BdBSt 21 I d bestehende Lücke im System der allgemeinen Einkommenssteuer ist auch die durch den Wegfall von ZH 23 entstandene Lücke klar gewollt, sodass die Absicht ihrer Schliessung kein zusätzliches Argument für die Besteuerung abzugeben vermag[2]. Im weiteren kann das Argument der Sicherung der wirtschaftlichen Doppelbelastung m.E. nicht dazu dienen, über die mit der Abschaffung der Kapitalgewinnsteuer in Kauf genommene Besteuerungslücke hinwegzusehen und zu diesem Zwecke ZH 19 c nach dem 31.12.70 anders auszulegen als vorher. Dies aber tat das VGr ZH, indem der Liquidationserlös vorher nicht unter die Einkünfte i.S. von ZH 19, sondern subsidiär als Kapitalgewinn i.S. von ZH 23 qualifiziert wurde. Zu derselben Wertung hätte eine Auslegung nach der Abschaffung führen müssen, mit der Folge, dass der nun geschaffene Freiraum zu respektieren gewesen wäre[3]. Hinsichtlich der Verfassungsprinzipien ist festzustellen, dass die mit der Erfassung des Liquidationsüberschusses verbundene Besteuerung fiktiven Einkommens gegen das Prinzip der wirtschaftlichen Leistungsfähigkeit und dabei insbesondere gegen den Grundsatz der horizontalen Steuergerechtigkeit verstösst[4].

---

1) a.M. Vallender, 215 f., 237

2) vgl. Vallender, 217

3) Das VGr hat jedoch weder in ZH RB 1972 Nr. 27 noch in ZH RB 1975 Nr. 35 begründet, weshalb der Liquidationserlös nicht mehr als Kapitalgewinn zu qualifizieren war; die Uebernahme der Qualifikation für die Wehrsteuer kann nicht als Resultat einer selbständigen Wertung akzeptiert werden, zumal dort Kapitalgewinne auf beweglichem PV zu keiner Zeit steuerbar waren.

4) vgl. Reich, ASA 53, 18 f.

Bei Berücksichtigung und Gewichtung der speziellen Auslegungselemente ist somit festzustellen, dass Wortlaut und Entstehungsgeschichte insbesondere für die Zürcher Staatssteuern keine genügende Rechtsgrundlage für die Besteuerung des Liquidationsüberschusses als Vermögensertrag abgeben. Ebensowenig vermag eine teleologisch-steuersystematische Auslegung eine Besteuerung zu begründen. Vielmehr sprechen insbesondere Sinn und Zweck der Abschaffung der Kapitalgewinnsteuer, die damit anzuerkennende (und nicht unter Berufung auf ZH 19 Ingress zu schliessende) Besteuerungslücke gegen eine Besteuerung als Vermögensertrag.

Soll der formalisierte Ertragsbegriff dennoch als "gesetzliche Grundlage" zur Einschränkung der Steuerfreiheit privater Kapitalgewinne herangezogen werden können, müssen allgemeine Wertungsgesichtspunkte ins Feld geführt werden können, die insbes. gegenüber dem speziellen Wertungsgesichtspunkt des Normzwecks überwiegen. Je allgemeiner die Wertungsgesichtspunkte für eine Besteuerung dabei sind, desto gewichtiger müssen sie sein, um gegenüber den speziellen bestehen zu können[1]. Für eine Besteuerung sprechen sowohl das Gebot der Rechtsgleichheit als auch der Grundsatz der Besteuerung nach der wirtschaftlichen Leistungsfähigkeit. Diese allgemeinen gesetzgeberischen Postulate konnten offensichtlich nicht durchdringen, als sich derselbe Gesetzgeber entschloss, die privaten Kapitalgewinne (und damit nach der damaligen Wertung auch das Liquidationsergebnis) von der Besteuerung auszunehmen. Die allgemeinen Gesichtspunkte sind somit nicht überzeugender als die speziellen, sodass m.E. der Liquidationserlös in der Differenz zwischen Anlagewert und höherem Liquidationserlös als Kapitalgewinn zu qualifizieren und daher in den Steuerordnungen ohne Kapitalgewinnbesteuerung steuerfrei bleiben muss.

---

[1] "Deutlich überzeugender sind die allgemeinen Gesichtspunkte somit dann, wenn die auf sie gestützte Entscheidungshypothese wesentlich schwieriger zu widerlegen ist als die auf spezielle Gesichtspunkte begründete" (Höhn, StuW 61, 258 f.).

III. Lösungsmöglichkeiten zur Behandlung privater Kapitalgewinne de lege lata und de lege ferenda

Im folgenden geht es vorerst darum, bei angenommener Steuerfreiheit privater Kapitalgewinne auf dem Auslegungswege, und sofern dies nicht möglich ist, auf gesetzgeberischem Wege zu einer sachgemässen Behandlung des Liquidationsergebnisses zu gelangen. Danach ist auf die politisch im Vordergrund stehenden Möglichkeiten der Besteuerung privater Kapitalgewinne sowie deren Folgen einzugehen. In der laufenden Steuerharmonisierung wurde dabei insbes. die Einführung einer Beteiligungsgewinnsteuer sowie die Behandlung wesentlicher bzw. beherrschender Beteiligungen im PV als GV und im Gefolge dieser steuerbegründenden Regelungen die Milderung der wirtschaftlichen Doppelbelastung diskutiert. Hier wird bewusst auf eine vertiefte Auseinandersetzung mit diesen Problemkreisen verzichtet[1)2)]. Vielmehr soll im Ueberblick auf die Vor- und Nachteile dieser steuerbegründenden bzw. steuermildernden Massnahmen hingewiesen werden.

A. BEHANDLUNG DES LIQUIDATIONSERGEBNISSES BEI STEUERFREIHEIT VON KAPITALGEWINNEN AUS VERAEUSSERUNG

1. Nichtbesteuerung bei Abgrenzung von Kapitalgewinn und Vermögensertrag aufgrund der Beziehung des Anteilsinhabers zum Vermögensobjekt (Vorschlag Höhn)

Höhn[3)] hat die Abgrenzung einmaliger ausserordentlicher Einkünfte[4)] nach den Kriterien der wirtschaftlichen Quelle, der perso-

---

1) Zur Besteuerung privater Kapitalgewinne vgl. z.B. Zuppinger/Böckli/Locher/Reich, 96 ff.

2) Zur Milderung der wirtschaftlichen Doppelbelastung vgl. Gutachten Milderung Doppelbelastung.

3) vgl. Höhn, ASA 50, 529 ff.

4) aus (A) grösseren Ausschüttungen aus den Reserven, (B) Liquidationsergebnis, (C) Rückkauf von Aktien, (D) Anteilsverkauf an Dritte, (E) Anteilsverkauf an eine beherrschte Kapitalgesellschaft.

nellen Herkunft sowie der Beziehung des Anteilsinhabers zum
Vermögensobjekt untersucht. Dabei hat er sich für die Wertung
der Vor- und Nachteile der möglichen Lösungen vorrangig vom verfassungsmässigen
Prinzip der Besteuerung nach der wirtschaftlichen
Leistungsfähigkeit leiten lassen[1]. Er kommt zum Schluss,
dass die Abgrenzung nach der <u>Beziehung zum Vermögensobjekt</u> die
geringsten Nachteile aufweist[2]. "Entscheidend fällt dabei ins
Gewicht, dass nur die Zuwendung der Einkünfte aus Liquidation
und Aktienveräusserung in den Bereich des Kapitalgewinns dem
Leistungsfähigkeitsprinzip entspricht. Denn aus Liquidation und
Aktienveräusserung kann Einkommen von vornherein nur entstehen,
soweit der Erlös den Anlagewert übersteigt, also ein echter Gewinn
erzielt wird"[3]. Nach dieser Konzeption ist somit der Nettoliquidationserlös
als privater Kapitalgewinn von der Einkommensbesteuerung
ausgenommen[4].

Gegen diese Abgrenzung kann eingewendet werden, die untrennbare
Verbindung zwischen Qualifikation des Vorganges und deren Folge
für die Bemessung erschwere eine praktikable und politisch realisierbare
Lösung. Es ist indessen zuzugeben, dass sie sich abgesehen
von der Abgrenzung nach der wirtschaftlichen Quelle theoretisch
am überzeugendsten begründen lässt.

---

1) vgl. Höhn, ASA 50, 541

2) "Der theoretische Vorzug der Abgrenzung nach der wirtschaftlichen Quelle...
wird durch die praktischen Schwierigkeiten erheblich beeinträchtigt. Will
man diese Schwierigkeiten vermeiden und dennoch eine Verbesserung durch
Annäherung an das theoretisch richtige Konzept erreichen, so kommt am ehesten
die Abgrenzung nach der Beziehung zum Vermögensobjekt ... in Betracht"
(Höhn, ASA 50, 541); nach dieser Abgrenzung werden nur Reservenausschüttungen
(A) als Vermögensertrag qualifiziert und entsprechend besteuert,
während die Einkünfte aus den übrigen Vorgängen (D, E, C und B) als Kapitalgewinne
sind und daher grundsätzlich steuerfrei bleiben (vgl. Höhn,
ASA 50, 540, 543).

3) Höhn, ASA 50, 541

4) "Eine verfassungskonforme Auslegung muss daher zum Schluss führen, dass
aus Liquidationen und anderen Veräusserungsgeschäften über Beteiligungsrechte
nur Kapitalgewinn, nicht aber Vermögensertrag entstehen kann. Der
Entscheid über die Besteuerung solcher Kapitalgewinne ist daher vom Gesetzgeber
ausdrücklich zu fällen; er steht den Rechtsanwendungsbehörden nicht
zu" (Höhn, ASA 50, 542).

Verwirft man diese Konzeption der Abgrenzung zwischen Kapitalgewinn und Vermögensertrag als mit dem positiven Recht nicht im Einklang stehend[1], oder sucht man einen politisch gangbaren Weg, muss zum mindesten die Besteuerung fiktiven Einkommens vermieden werden. Dieser Anforderung genügen die beiden folgenden Lösungen.

2. Besteuerung im Umfang der tatsächlichen Bereicherung

a) Aufgrund einer Neudefinition des Begriffs "Rückzahlung bestehender Kapitalanteile"

In der Lehre[2] ist man sich weitgehend einig, dass es sachgerecht wäre, für die Besteuerung des Liquidationsergebnisses auf das einbezahlte Kapital statt auf den Nennwert als Bezugsgrösse zum Liquidationserlös abzustellen[3]. Damit wäre Vermögensertrag nur, was dem Anteilsinhaber "über seine Einlagen und jene seiner Rechtsvorgänger hinaus zufliesst"[4]; denn Rückzahlung von einbezahltem Kapital "kann niemals Vermögensertrag im Sinne des Einkommensteuerrechts sein, gleichgültig, ob diese Anschauung bei der Verrechnungssteuer beibehalten wird oder nicht"[5].

---

1) vgl. Locher, Rechtsfindung, 217 FN 265, 218 FN 274; es ist Locher allerdings entgegenzuhalten, dass das BGr in einem neuen Entscheid zur Abgrenzung von Vermögensertrag und Kapitalgewinn genau das Kriterium der Beziehung zum Vermögensobjekt als massgeblich erachtete, als es die bei Obligationenkauf bezahlten Marchzinsen den Anlagekosten des Käufers und nicht dessen Gewinnungskosten zuwies (vgl. ASA 51, 153 = NStP 36, 12).

2) vgl. Böckli, ASA 47, 53; Ryser, Réflexions, 678; Gurtner, ASA 49, 585; Höhn, ASA 50, 544; Würth, 118 ff.; Zuppinger/Böckli/Locher/Reich, 117; Locher, 218.

3) Die Interpretation des Begriffs "Rückzahlung bestehender Kapitalanteile" in BdBSt 21 I c und den ihm folgenden Steuerordnungen stützt sich ursprünglich auf Art. 5 Abs. 2 des BG vom 25.6.21, betreffend die Stempelabgabe auf Coupons, wonach man unter dem Begriff "Einlage" von Anfang an nur Einlagen auf das Nennkapital verstand. Einen fundierten historischen Abriss gibt Böckli in ASA 47, 40 ff.).

4) Höhn, ASA 50, 544 (im Original Kursivgedrucktes ist unterstrichen).

5) Höhn, ASA 50, 544; eine weitere Bedingung der steuerfreien Rückzahlung wäre, dass die Kapitaleinlagen aus versteuerten Mitteln erbracht würden (vgl. Locher, Rechtsfindung, 218 FN 269).

Verschiedene Autoren[1] halten dafür, dass eine Neuinterpretation des Begriffs der steuerfreien Kapitalrückzahlung i.s. des einbezahlten Kapitals im Rahmen der geltenden Einkommenssteuergesetze möglich ist. Die grammatikalische Auslegung spricht gegen eine solche Möglichkeit, denn dem neutralen deutschen Begriff "bestehende Kapitalanteile" steht im Französischen[2] als auch im Italienischen[3] der Begriff "Grundkapital" gegenüber. Die gesetzessystematische Auslegung steht einer Anwendung des Nominalwertprinzips m.E. nicht entgegen, wenn man BdBSt 21 I c als Besteuerungsnorm zum mindesten für die regelmässigen, aus dem Jahresgewinn bezahlten Dividenden versteht. Aus historischer Sicht wird allein durch die Uebernahme von CG 5 II in BdBSt 21 I c eine Bindung an das Nominalwertprinzip nicht gestützt, da sich der Gesetzgeber dessen Auswirkungen wohl nicht bewusst war. Bei objektiv-teleologischer Argumentation schliesslich ist m.E. eine Abkehr vom Nennwertprinzip zu befürworten. Die Wertung der verschiedenen Auslegungsmethoden führt m.E. zum Schluss, dass insbes. aufgrund der grammatikalischen Auslegung eine Neuinterpretation des Begriffs "bestehende Kapitalanteile" i.S. der Steuerfreiheit des gesamten einbezahlten Kapitals im geltenden Recht nicht ernsthaft erwogen werden kann[4]. Eine sachgerechte Lösung liesse sich somit nur de lege ferenda mit Hilfe einer Neudefinition erreichen[5].

---

[1] vgl. Gurtner, ASA 49, 613; Würth, 124.

[2] "qui ne constituent pas un remboursement des parts au capital social existantes".

[3] "che non costituisce un rimborso delle esistenti quote di capitale sociale".

[4] Böckli (ASA 47, 62) und offensichtlich Vallender (247) postulieren die Auslegung des Begriffs "steuerfreie Kapitalrückzahlung" i.S. der Besteuerung nur des effektiv zurückbezahlten, den früher einbezahlten Teil des Grundkapitals übersteigenden Betrages.

[5] vgl. den Vorschlag von Oesch (85 f.) zu einer entsprechenden Aenderung von BdBSt 21 I c. Eine gleiche Interpretation bei der Verrechnungssteuer würde ebenfalls eine Anpassung von VStV 20 bedingen (vgl. Locher, Rechtsfindung, 218 FN 268).

b) Aufgrund der Unabhängigkeit von Qualifikation bei der Gesellschaft und der Bemessung beim Anteilsinhaber[1]

Die Abgrenzung von Kapitalgewinn und Vermögensertrag nach dem Kriterium der Beziehung des Beteiligten zum Vermögensobjekt[2] qualifiziert den Liquidationserlös als Kapitalgewinn und führt zu dessen Steuerbefreiung. Anderseits führt die Anwendung des Nennwertprinzips, welches den Liquidationsüberschuss aus der Warte der Gesellschaft betrachtet, das gleiche Substrat aber beim Anteilsinhaber in vollem Umfang als Einkommen erfasst, zu einer Besteuerung fiktiven Einkommens. Mit der vorgeschlagenen Neudefinition des Begriffs "Rückzahlung bestehender Kapitalanteile" i.S. des einbezahlten Kapitals[3] in BdBSt 21 I c wird das Problem der Besteuerung des Liquidationsergebnisses nicht gelöst, denn bei einer Liquidation oder Teilliquidation wird das Beteiligungsverhältnis des Anteilsinhabers wie beim Verkauf aufgelöst, weshalb ein Kapitalgewinn i.S. von BdBSt 21 I d entsteht.

Eine Synthese der Betrachtungsweisen ist nur de lege ferenda möglich, wenn man, ausgehend von Yersin[4], Qualifikation bei der Gesellschaft und Bemessung des Steuersubstrates beim Anteilsinhaber als voneinander unabhängige Probleme betrachtet[5]. Die Qualifikation als "geldwerte Leistungen" aus der Sicht der Gesellschaft könnte bei dieser Betrachtungsweise bestehen bleiben;

---

1) Den Anstoss zu den folgenden Ueberlegungen verdanke ich weitgehend lic.oec. et lic.iur. Robert Waldburger.

2) vgl. vorne 1.

3) vgl. vorne 2. a)

4) vgl. Yersin, ASA 50, 478: "Qualification et mode de calcul du rendement de fortune sont donc des problèmes indépendants l'un de l'autre. Ainsi l'excédent de liquidation pourrait être qualifié de rendement de fortune; le montant imposable comprendrait la différence entre le montant touché de la société et le prix d'acquisition des actions, qui représenterait alors des frais d'acquisition du revenu".

5) Auch Ryser fordert in anderem Zusammenhang (ASA 53, 491) für das Verhältnis zwischen VStV 20 I und BdBSt 21 I c "une interprétation intelligente et plus en harmonie avec certains principes constitutionnels fondamentaux".

denn die Anwendung des Nennwertprinzips ist idR erforderlich, um
die Sicherungsfunktion der Verrechnungssteuer zu gewährleisten.
Dagegen müsste die <u>Bemessung des steuerbaren Einkommens aus der
Sicht des Anteilsinhabers</u> erfolgen; denn das Postulat der Besteuerung nach der wirtschaftlichen Leistungsfähigkeit erfordert,
dass der Anteilsinhaber nur im Ausmass seiner Bereicherung besteuert wird[1]. Die Bezeichnung des steuerbaren Einkommens als
Vermögensertrag ist aus Definitionsgründen[2] abzulehnen; dagegen
könnte die Differenz zwischen Anlagewert und Liquidationserlös
zur Unterscheidung gegenüber den steuerfreien Kapitalgewinnen
aus Uebertragung als "Kapitalgewinn aus Liquidation" ("KaL")
bezeichnet werden. Dieser Ausdruck berücksichtigt einerseits,
dass die beteiligungsrechtliche Beziehung wie bei der Uebertragung an Dritte aufgegeben wird, präzisiert aber anderseits die
abweichende Herkunft des Kapitalgewinnes. Eine Besteuerung als
"KaL" verlangt sachgerechterweise die Abzugsfähigkeit der durch
die Liquidation oder Teilliquidation entstandenen Kapitalverluste.

Die Besteuerung eines "Kapitalgewinnes aus Liquidation" ist de lege
lata unmöglich, da dieses Substrat Kapitalgewinn darstellt. Dagegen könnte damit de lege ferenda zum mindesten für die Fälle der Liquidation bzw. Teilliquidation die Anwendung des Nennwertprinzips beim Anteilsinhaber vermieden und seine Geltung
auf die Ebene der Gesellschaft beschränkt werden. Es ist jedoch
zuzugeben, dass mit der sachgerechten Behandlung dieses Falles
die Abgrenzungsprobleme zwischen Kapitalgewinn und Vermögensertrag nicht allgemeingültig gelöst werden können. Im weiteren ist
für die sachgerechte Erfassung der steuerbaren Leistung bei Weiterbestehen der Beziehung des Anteilsinhabers zum Beteiligungsrecht erforderlich, dass der Begriff der "Rückzahlung bestehender Kapitalanteile" i.S. der"Rückzahlung einbezahlter Kapitalanteile" neu definiert wird.

---

1) Nach Cagianut/Höhn (Unternehmungssteuerrecht, § 21 N 25) lässt sich eine sachgerechte Ordnung nur durch "Berechnung des Vermögensertrages nach den Grundsätzen der Kapitalgewinnermittlung (Anlagewert statt Nennwert als Basis) erreichen".

2) Vermögenserträge sind geldwerte Leistungen der Gesellschaft bei Weiterbestehen des Beteiligungsverhältnisses.

B. BESTEUERUNG WESENTLICHER BZW. BEHERRSCHENDER BETEILIGUNGSGEWINNE IM RAHMEN DER STEUERHARMONISIERUNG UND/ODER MILDERUNG DER WIRTSCHAFTLICHEN DOPPELBELASTUNG

Die Wertungen in § 20 II. haben ergeben, dass sämtliche Veräusserungs- und Liquidationsergebnisse grundsätzlich als private Kapitalgewinne zu würdigen sind.

Die Konsequenzen der Steuerfreiheit sämtlicher Veräusserungsgewinne auf dem beweglichen PV (einschliesslich Gewinne aus der Einbringung zu einem über dem Anlagewert liegenden Verkehrswert in eine Kapitalgesellschaft) müssen bei einem gesetzgeberischen Entscheid gegen die Kapitalgewinnbesteuerung akzeptiert werden[1]. Folge davon ist, dass die thesaurierten Gewinne durch Veräusserung steuerfrei realisiert werden können, soweit keine Steuerumgehung vorliegt. Diese Konsequenz "mag als stossend empfunden werden, ist aber im Grunde genommen eine Form der Milderung der Doppelbelastung von AG und Aktionär. Solange andere Massnahmen zur Milderung dieser Doppelbelastung fehlen, hat die Nichtbesteuerung der Kapitalgewinne einen gewissen Sinn"[2].

1. Beteiligungsgewinnsteuer

Will man die bei fehlender Kapitalgewinnbesteuerung auf beweglichem PV zu beachtenden steuerlichen "Freiräume" nicht in Kauf nehmen, bleibt, wie erwähnt, nur die gesetzliche Anordnung einer Kapitalgewinnbesteuerung[3]. Die rechtsgleichwirksamste Lösung ist m.E. eine allgemeine Kapitalgewinnsteuer. Die Bemühungen um eine Steuerharmonisierung sehen dagegen eine partielle Einkom-

---

1) vgl. Höhn, ASA 50, 543

2) Höhn, ASA 50, 343

3) vgl. Höhn, ASA 50, 544; Höhn (ASA 50, 544) erachtet die Besteuerung im Rahmen des Einkommenssteuersystems im Gegensatz zu Ryser (Réflexions, 670) durchaus als sachgerecht, da private Kapitalgewinne die subjektive Leistungsfähigkeit zweifellos vermehren.

menssteuer in Form einer Beteiligungsgewinnsteuer im Vordergrund[1].
Der Bundesrat führt als entscheidende Vorteile der Beteiligungsgewinnsteuer an, sie erlaube die "seit langem angefochtene Gratisaktienbesteuerung fallenzulassen ... und die Liquidationsausschüttungen im Bereich der wesentlichen Beteiligungen nur noch im Umfang der tatsächlichen Bereicherung des Empfängers zu besteuern"[2]. Diese Argumente sind neben den ebenfalls angeführten der Systemkonformität, der Steuergerechtigkeit sowie der Verunmöglichung der Steuerumgehung wohl aus verschiedenen Gründen zu wenig gewichtig, um die Beteiligungsgewinnsteuer politisch halten zu können: Zum einen würde mit der Einführung einer Beteiligungsgewinnsteuer nicht nur die vom Bundesrat in erster Linie angestrebte Rechtsvereinheitlichung[3] verwirklicht, sondern zudem eine Rechtsreform durchgesetzt, die offensichtlich dem Willen der Mehrheit der Kantone widerspricht[4]. Im weiteren ist die Aufgabe fiskalischer Ersatzlösungen (Gratisaktienbesteuerung sowie Besteuerung der Liquidationsüberschüsse) auch ohne Einführung der Beteiligungsgewinnsteuer möglich[5]. Schliesslich mögen weitere Argumente der Kritiker[6] - z.B. die Beteiligungsgewinnsteuer sei ungerecht, weil sie eine Sondersteuer für Fa-

---

1) DBGE 40 ff.; StHGE 13 f.; Die Beteiligungsgewinnsteuer scheint dem Anforderungsdreieck "Steuergerechtigkeit - Ergiebigkeit - Verfahrensökonomie" am ehesten zu entsprechen (vgl. Zuppinger/Böckli/Locher/Reich, 102 ff.). Sie soll vor allem den in § 11 I. A. 2. a. aa. aufgezeigten Akkumulationsfall verunmöglichen (vgl. Cagianut, ASA 42, 437); auf die Nachteile der Beteiligungsgewinnsteuer (Verletzung der Rechtsgleichheit, mögliche Dreifachbesteuerung, unzulässige Verallgemeinerung der Steuerumgehungsabsichten, Benachteiligung der Eigentümer von Minderheitsbeteiligungen, übertriebener Perfektionismus) wurde an anderer Stelle (vgl. Böckli, ASA 42, 369 ff.; Zuppinger/Böckli/Locher/Reich, 110 ff.) hingewiesen.

2) Botschaft Steuerharmonisierung, 39

3) vgl. Botschaft Steuerharmonisierung, 11

4) vgl. Staehelin, Schweizer Treuhänder 6/84, 197

5) vgl. Staehelin, Schweizer Treuhänder 6/84, 198; Cagianut (StuW 62, 411) verweist in diesem Zusammenhang auf die Behandlung wesentlicher Beteiligungen als GV (vgl. 2. hienach).

6) vgl. Staehelin, Schweizer Treuhänder 6/84, 199 f.

milienaktionäre darstelle, sie wirke innovationshemmend und diskriminiere die Eigenfinanzierung - dazu beigetragen haben, dass der Ständerat auf Empfehlung seiner vorberatenden Kommission die Beteiligungsgewinnsteuer abgelehnt hat[1]. Die Beratung im Nationalrat steht z.Z. noch aus.

2. Behandlung wesentlicher bzw. beherrschender Beteiligungen im PV als GV (Geschäftsvermögenstheorie)

Obwohl vom Bundesrat wegen den damit verbundenen Nachteilen verworfen[2], hat die vorberatende Kommission des Ständerates erwogen, anstelle der Beteiligungsgewinnsteuer wesentliche bzw. beherrschende[3] Beteiligungen im PV steuerlich dem GV gleichzustellen und Gewinne aus der Veräusserung im Rahmen der ordentlichen Einkommenssteuer zu erfassen[4]. Als Vorteile einer solchen Lösung werden insbesondere die Möglichkeit der Geltendmachung von Abschreibungen und Sonderabschreibungen auf diesen Beteiligungen, der Verrechnung von Verlusten im Rahmen des kaufmännischen Steuerrechts sowie der Wegfall der Dreifachbelastung bei der Umwandlung von Reserven in Grundkapital genannt[5]. Als Hauptargumente gegen eine solche Behandlung bringen die Gegner vor, dass wie mit der Beteiligungsgewinnsteuer eine Sondersteuer für Anteilsinhaber von mittleren und kleineren Gesellschaften geschaffen, eine unerwünschte Perfektionierung der steuerlichen Doppelbelastung bewirkt, Beteiligungsgewinne und Dividendenerträge auch mit den Sozialabgaben erfasst und die Besteuerung der Beteiligungsgewinne mit dem übrigen Einkommen die Pro-

---

1) vgl. NZZ v. 22.5.86, 35; Zuppinger, ZSR 104, 580 f.; ASA 54,564.
2) vgl. Botschaft Steuerharmonisierung, 42 f.
3) je nachdem eine Beteiligungsquote von mindestens 20 bis 33 1/3 %.
4) vgl. Staehelin, Schweizer Treuhänder 6/84, 201, Höhn, ZBl 62, 206.
5) vgl. Zuppinger/Böckli/Locher/Reich, 115 f.; Cagianut, StuW 62, 411.

gression verschärfen würde[1]. Schliesslich spricht gegen eine
solche Lösung, dass der Tod des Inhabers einer wesentlichen Beteiligung idR zur Folge hätte,"dass die Beteiligung ins Privatvermögen überführt werden müsste und damit auf dieser Privatentnahme die Steuer (und die Sozialabgaben) zu entrichten wären
(ohne dass überhaupt ein Liquiditätszugang durch Veräusserung
beim Steuerpflichtigen zu verzeichnen ist)"[2]. Neben diesen
Nachteilen mag die in weiten Kreisen gegen die Besteuerung von
Kapitalgewinnen auf beweglichem PV bestehende Opposition dazu
beigetragen haben, dass bereits die vorberatende ständerätliche
Kommission auch diese Alternative zur Beteiligungsgewinnsteuer
verworfen hatte[3].

3. Besteuerung von Beteiligungsgewinnen und Milderung der wirtschaftlichen Doppelbelastung

Werden Kapitalgewinne auf beweglichem PV in irgend einer Form
besteuert, muss nach Ansicht der hauptsächlich betroffenen Kreise die damit gesicherte wirtschaftliche Doppelbelastung gemildert werden, wenn die Unternehmungsform der Kapitalgesellschaft
gegenüber den Personenunternehmungen nicht einen entscheidenden
Wettbewerbsnachteil erleiden soll[4]. Dies kann nach dem Bericht
einer von der Schutzorganisation der privaten Aktiengesellschaften eingesetzten Expertenkommission für die schweizerischen Verhältnisse am ehesten mit dem Abzug einer Normaldividende vom
steuerbaren Reinertrag der Kapitalgesellschaft erreicht werden[5].

---

1) vgl. Staehelin, Schweizer Treuhänder 6/84, 201 f.; Nach Böckli (ASA 42, 390 FN 63) ist die Unterstellung unter die Sozialversicherungsabgabe schon deshalb nicht begründet, weil der Beteiligte nicht "Selbständigerwerbender i.S. der Sozialversicherungsgesetzgebung ist (vgl. AHVG 8 f.).

2) Staehelin, Schweizer Treuhänder 6/84, 202 (Im Original Hervorgehobenes ist unterstrichen); vgl. Zuppinger/Böckli/Locher/Reich, 119 f.

3) vgl. NZZ v. 7.5.85, 33

4) Zum Problem der Milderung und deren grundsätzlichen Lösungsmöglichkeiten vgl. Ernst Känzig, Die Aktiengesellschaft im Einkommenssteuersystem, Bern 1953; Gutachten Milderung Doppelbelastung.

5) vgl. Gutachten Milderung Doppelbelastung, 117

Ein solcher Vorschlag würde jedoch nach Ansicht des Bundesrates stark in den den Kantonen nach BV 42 quinquies vorbehaltenen Bereich der Tarifhoheit eingreifen, sodass sich allfällige Milderungsmassnahmen zum vornherein auf die Bundessteuer beschränken müssten[1]. Zudem hält der Bundesrat den Nachweis für die sachliche Begründetheit solcher Milderungsmassnahmen als bisher nicht erbracht[2], sodass der Vorschlag der Expertenkommission, die abzugsfähige Normaldividende auf 5 % des steuerbaren Eigenkapitals festzusetzen, jedoch in allen Fällen auf höchstens 50 % des steuerbaren Reingewinnes zu beschränken, auch nicht in den Entwurf zu einem BG über die direkte Bundessteuer[3] aufgenommen wurde. Jung[4] rechnet u.a. nach, dass bei einem solchen Abzug vom steuerbaren Ertrag der proportionale Gewinnsteuersatz für juristische Personen (nicht wie vom Bundesrat vorgeschlagen auf 8 %, sondern auf 16 % festgesetzt werden müsste, sofern man nicht substantielle Steuerausfälle in Kauf nehmen will. Im wei-

---

[1] vgl. Botschaft Steuerharmonisierung, 56; Auch nach Ansicht von Zuppinger/Böckli/Locher/Reich (229) ist die verfassungsrechtliche Frage, "ob der Bund kompetent ist für eine solche alle Kantone bindende Neuerung, nicht völlig klar, weil diese Alternativlösung der Belastungsmilderung sowohl nach ihrem Namen wie nach ihrem Zweck und im Ergebnis einer Tarifvorschrift weitgehend gleichkommt". Die von der Schutzorganisation privater Aktiengesellschaften eingesetzte Expertenkommission ist offensichtlich der Ansicht, die vorgeschlagene Lösung der Abzugsfähigkeit der Normaldividende verfassungsrechtlich zulässig sei (vgl. Staehelin, ASA 53, 259; neuestens Paul Rickli, Rechtsprobleme im Zusammenhang mit der Verbesserung der steuerlichen Rahmenbedingungen für die Wirtschaft, ASA 54 (1985/86), 117 f.).

[2] Vielmehr wird aufgrund von Untersuchungen der EStV aus dem Jahre 1975 dargelegt, "dass im Gegenteil die Gesamtsteuerbelastung des Gewinns der Aktiengesellschaft in vielen Fällen deutlich unter jener einer vergleichbaren Personenunternehmung liegt ... Die wirtschaftliche Doppelbelastung scheint mithin kein ins Gewicht fallendes Hindernis für die Wahl dieser Rechtsform darzustellen" (Botschaft Steuerharmonisierung, 58 f.).

[3] Der Text des vorgeschlagenen neuen Absatzes StHGE 27 V ist in der Botschaft Steuerharmonisierung, 57, sowie bei Staehelin, ASA 53, 255 f. abgedruckt.

[4] vgl. Beat Jung, System der Besteuerung juristischer Personen nach den Gesetzesentwürfen zur Steuerharmonisierung, StR 39 (1984), 114; Staehelin kritisiert, dass der Steuerausfall kein allgemeingültiges Argument gegen den Lösungsvorschlag der Expertenkommission darstelle, da dieses ein exogenes Element darstelle. Im weiteren vermöge der vom Bundesrat gegen die sachliche Begründetheit vorgebrachte, aus dem Jahre 1955 stammende Vergleich der Gesamtbelastung von Aktiengesellschaft und Aktionär zu derjenigen einer Personenunternehmung heute nicht mehr standzuhalten (vgl. Staehelin, ASA 53, 260 f.; Gutachten Milderung Doppelbelastung, 35/36 FN 28).

teren führen solche Spezialmassnahmen[1] in der Praxis zu Komplikationen und erschweren Veranlagung oder Steuerberechnung[2].

Aus praktischer Sicht ist wenig verständlich, wenn einerseits eine Besteuerung von Beteiligungsgewinnen vorgeschlagen, anderseits aber eine Milderung der wirtschaftlichen Doppelbelastung gefordert wird, denn von beiden Massnahmen sind mehrheitlich die Anteilsinhaber personenbezogener Aktiengesellschaften betroffen[3]. Fraglich bleibt weiter, ob dem Ziel der Sicherung der wirtschaftlichen Doppelbelastung für einen möglichst grossen Kreis von Beteiligten mit Massnahmen begegnet werden soll, die die steuerliche Wettbewerbsfähigkeit einer Unternehmungsform (Kapitalgesellschaft) verbessern[4]. Nach Zuppinger[5] kann die wirtschaftliche Doppelbelastung am zweckmässigsten und rechtsgleichwirksamsten durch vernünftige Steuersätze gemildert werden,

---

[1] Abzug einer Normaldividende oder System des "gespaltenen Steuergesetzes" bei der Ertragsbesteuerung der Kapitalgesellschaft; das System des gespaltenen Steuersatzes als theoretisch für die Schweiz wohl probatestes Mittel zur Milderung der Doppelbelastung hat für die Expertenkommission den ausschlaggebenden Nachteil, dass es "der Steuerharmonisierung entzogen ist, weil es im Bereich der verfassungsmässig den Kantonen vorbehaltenen Steuer- und Tarifhoheit liegt" (Staehelin, ASA 53, 251).

[2] "Beim Abzug einer Normaldividende bei der Aktiengesellschaft würden demgegenüber einseitig die Sitz- bzw. Betriebsstättekantone und Betriebsstättegemeinden betroffen. Vor allem bei den Gemeindesteuern können daraus für die grossen Städte schwerwiegende Finanzprobleme entstehen. So müsste beispielsweise die Stadt Zürich mit hohen Steuerausfällen rechnen" (Zuppinger, ASA 53, 534).

[3] vgl. Zuppinger, ASA 53, 534; Borkowsky, ASA 49, 635 ff.

[4] Die Wirkung der Doppelbelastung ist, wie die Ergebnisse einer im Expertenbericht erwähnten Untersuchung zeigen, vom Ausschüttungsverhalten der Kapitalgesellschaft abhängig:
"- bei sehr langer Einbehaltung der erzielten Gewinne in der juristischen Person verflüchtigt sich der Doppelbelastungseffekt weitgehend - das geltende System ist also ausschüttungsfeindlich und selbstfinanzierungsfreundlich;
- bei sofortiger und weitgehender Ausschüttung der erzielten Gewinne wirkt sich die Doppelbelastung voll aus und kann zu Steuerbelastungen führen, welche die Marke von 67 % des erzielten Gewinnes deutlich übersteigen;
- langfristige Gewinnrückbehaltung ist häufig, weitgehende Sofortausschüttung selten, weshalb rein statistisch die Nachteile des geltenden Systems sich nicht so stark auswirken". (Zuppinger/Böckli/Locher/Reich, 230; vgl. Gutachten Milderung Doppelbelastung, 80 ff.

[5] vgl. Zuppinger, ASA 53, 534

und zwar sowohl für natürliche wie für juristische Personen; m.a.W. ist die Milderung der wirtschaftlichen Doppelbelastung "umso dringender, je höher die Steuersätze angesetzt werden und je näher die Steuersätze der juristischen Personen bei jenen der natürlichen Personen liegen. Da in der Schweiz vor allem die zweite Bedingung nicht erfüllt ist - die in juristischen Personen erzielten Gewinne werden mit oft deutlich geringeren Steuersätzen erfasst als jene der natürlichen Personen - und weithin eine Politik langfristiger Gewinnrückbehaltung betrieben wird, dürften die Nachteile einer Milderungslösung - der sofort notwendige Ausgleich der Steuerausfälle zulasten der zurückbehaltenen Gewinne - die Vorteile überwiegen"[1]. In diesem Sinne hat die vorberatende ständerätliche Kommission in ihrer zweiten Lesung beschlossen, auf den in der ersten Lesung gutgeheissenen Abzug einer Normaldividende (bis 3 % des steuerbaren Kapitals zu Beginn des Bemessungsjahres, höchstens aber 50 % des Reingewinnes im Bemessungsjahr) zu verzichten[2]. Der Ständerat hat sich dieser ablehnenden Haltung angeschlossen.

---

1) Zuppinger/Böckli/Locher/Reich, 231

2) Zum Ergebnis der ersten Lesung der ständerätlichen Kommission vgl. Zuppinger, ZSR 104, 580 ff.; zum Schlussergebnis vgl. ASA 54, 568.

§ 21 UNENTGELTLICHE AENDERUNGEN

I. Eignung der Lösungsmöglichkeiten (§ 20 III.) in bezug auf die Behandlung von Gratisaktien am Beispiel des unentgeltlichen Eintritts eines Anteilsinhabers

In der Literatur[1] ist man sich weitgehend einig, dass die Besteuerung von Gratisaktien bei ihrer Ausgabe sachwidrig ist. Die Kritiker dieser Besteuerung[2] wehren sich sowohl gegen Zeitpunkt als auch Umfang der Besteuerung. Hier ist nicht der Raum, im einzelnen darauf einzugehen. Vielmehr muss untersucht werden, ob und inwieweit die oben aufgezeigten Lösungsmöglichkeiten eine sachgerechte Behandlung der Ausgabe von Gratisaktien gewährleisten; Beurteilungskriterium ist dabei der Fall des unentgeltlichen Eintritts eines zusätzlichen Anteilsinhabers.

A. BEI BESTEUERUNG VON BETEILIGUNGSGEWINNEN

1. Beteiligungsgewinnsteuer

Zugunsten der Beteiligungsgewinnsteuer wird u.a. geltend gemacht, sie erlaube, die in der Doktrin seit langem angefochtene Gratisaktienbesteuerung fallenzulassen[3]. Dagegen argumentieren die Gegner einer Beteiligungsgewinnsteuer, die Gratisaktienbesteuerung könne auch ohne Beteiligungsgewinnsteuer aufgegeben werden[4]; dies zeige schon die Tatsache, dass der Bundesrat[5] die Zuteilung von Gratisaktien, soweit die Vermögensrechte zum Privatvermögen gehören, auch dann als steuerfrei erkläre, wenn

---

1) für viele vgl. Flüge, 201 ff.; Würth, 112 ff.; zuletzt Gurtner, ASA 49, 590 - 613.
2) eingeleitet mit BGE v. 16.3.51, ASA 20, 138.
3) vgl. Botschaft Steuerharmonisierung, 39; Cagianut, ASA 42, 444.
4) vgl. Staehelin, Schweizer Treuhänder 6/84, 193; Cagianut, StuW 62, 411.
5) StHGE 8 III a

es sich bei diesen Vermögensrechten nicht um (wesentliche) Beteiligungen i.S. der Beteiligungsgewinnsteuer handle.

Entfällt anlässlich der Ausgabe eine Besteuerung, übernimmt der eintretende Anteilsinhaber auf den erworbenen Gratisaktien eine latente Steuerlast; diese erstreckt sich für wesentlich beteiligte neue Anteilsinhaber sachgerechterweise auf die Differenz zwischen dem auf die Gratisaktien entfallenden, anteiligen einbezahlten Grundkapital der Altaktien und dem Verkehrswert der Gratisaktien im Zeitpunkt ihrer Ausgabe; dagegen übernimmt der nicht wesentlich beteiligte neue Anteilsinhaber infolge des für diese Beteiligungsrechte immer noch geltenden Nennwertprinzips eine latente Steuerlast auf dem gesamten Verkehrswert der Gratisaktien im Zeitpunkt der Ausgabe. Die Beteiligungsgewinnsteuer vermag somit m.E. das Problem der Gratisaktienbesteuerung wegen der Rechtsungleichheit zwischen wesentlich- und nicht wesentlich beteiligten neuen Anteilsinhabern hinsichtlich der zu übernehmenden latenten Steuerlast nicht befriedigend zu lösen.

2. Behandlung von Beteiligungsrechten als GV

Auch nach dieser Lösung wird zwischen zwei Aktionärsgruppen (wesentlich bzw. beherrschenden und nicht wesentlich bzw. nicht beherrschenden Beteiligten) unterschieden ; während für die erste Gruppe anlässlich der Liquidation auch bezüglich des Umfangs der Besteuerung eine sachgerechte Behandlung gewährleistet werden kann, bleibt die zweite Gruppe weiterhin an das Nennwertprinzip gebunden, welches eine der wirtschaftlichen Leistungsfähigkeit entsprechende Besteuerung verhindert.

Wegen der ungleichen Behandlung des eintretenden Anteilsinhabers bezüglich der zu übernehmenden latenten Steuerlast, je nachdem, ob dieser eine wesentliche bzw. beherrschende oder eine nicht wesentliche bzw. nicht beherrschende Beteiligung erwirbt, müssen gegenüber dieser Lösungsmöglichkeit die gleichen Vorbehalte angebracht werden wie gegenüber der Beteiligungsgewinnsteuer.

B. BEI STEUERFREIHEIT AUCH DES LIQUIDATIONSERGEBNISSES BZW. DESSEN BESTEUERUNG IM UMFANG DER BEREICHERUNG

1. Steuerfreiheit des Liquidationsergebnisses

Nach der von Höhn[1] vorgeschlagenen Abgrenzung von Kapitalgewinn und Vermögensertrag aufgrund der Beziehung des Beteiligten zum Vermögensobjekt ist der Liquidationserlös als Kapitalgewinn zu qualifizieren und bleibt steuerfrei. Dagegen sind nach diesem Abgrenzungskriterium Reservenausschüttungen grundsätzlich als Vermögensertrag zu behandeln. Soll jedoch eine sachgerechte Behandlung von Gratisaktien gewährleistet werden, darf nur als Vermögensertrag gelten, was dem Beteiligten über seine Einlagen oder jene seines Rechtsvorgängers hinaus zufliesst[2]. Diese Regelung lässt sich de lege ferenda durch eine Neudefinition des Begriffs der "bestehenden Kapitalanteile" i.S. des "einbezahlten Kapitals" erreichen[3].

Aufgrund dieser Neudefinition, welche für die Fälle des Weiterbestehens der Beziehung des Beteiligten zum Vermögensobjekt von Bedeutung ist, darf eine Besteuerung von Gratisaktien nur erfolgen, wenn das neue Grundkapital aus thesaurierten Gewinnen gebildet worden ist[4]. Da eine Besteuerung anlässlich der Ausgabe gegen das Bereicherungsprinzip verstösst, müsste eine solche bei der Liquidation der Kapitalgesellschaft vorgenommen werden. Im Falle des Eintritts eines neuen Anteilsinhabers hätte somit der begünstigte Beteiligte anlässlich der Liquidation nachzuweisen, dass die Gratisaktien aus einbezahlten Reserven liberiert wurden, wenn eine Besteuerung in der Höhe des Nominalwertes vermieden werden soll[5]. Dagegen bliebe, dem Vorschlag von

---

1) vgl. Höhn, ASA 50, 543; vgl. § 20 III. A. 1.
2) vgl. Höhn, ASA 50, 544
3) vgl. § 20 III. A. 2. a)
4) vgl. Gurtner, ASA 49, 612 f.
5) vgl. Böckli, ASA 47, 53; Gurtner, ASA 49, 613 FN 90.

Höhn folgend, das verbleibende Liquidationsergebnis (Liquidationserlös abzüglich Nennwert) steuerfrei. Die Besteuerung der Gratisaktien beim eintretenden Beteiligten ist sachgemäss, da dieser Anteilsinhaber durch den unentgeltlichen Erwerb der Gratisaktien bereichert worden ist.

2. Besteuerung eines "Kapitalgewinnes aus Liquidation"

Bekennt man sich zur alleinigen Besteuerung des Liquidationsergebnisses im Umfang der tatsächlichen Bereicherung, ist wegen der Geltung des Nennwertprinzips im Verrechnungssteuerrecht eine Trennung der Qualifikation des Liquidationsergebnisses bei der Gesellschaft und der Bemessung des steuerbaren Einkommens beim Anteilsinhaber erforderlich[1]. Eine sachgerechte Behandlung der Gratisaktien kann hier de lege ferenda durch eine Neudefinition des Begriffs der "bestehenden Kapitalanteile" i.S. des einbezahlten Grundkapitals ohne weiteres verwirklicht werden[2].

Damit wird gewährleistet, dass im Falle der Liquidation der Kapitalgesellschaft das gesamte Liquidationsergebnis aus Gratisaktien beim eintretenden Anteilsinhaber als "Kapitalgewinn aus Liquidation" ("KaL") der Einkommensbesteuerung unterliegt. Von dieser Bemessung ist nur dann eine Ausnahme zu machen, wenn der unentgeltlich eingetretene Anteilsinhaber nachzuweisen vermag, dass die Gratisaktien nicht aus thesaurierten Gewinnen der Gesellschaft, sondern aus einbezahltem Aufgeld der bisherigen Anteilsinhaber gebildet worden ist. Die Besteuerung des vollen oder teilweisen Nennwertes der Gratisaktien zusammen mit dem Liquidationsüberschuss beim eingetretenen Anteilsinhaber entspricht dem Prinzip der Besteuerung nach der wirtschaftlichen Leistungsfähigkeit.

---

1) vgl. Yersin, ASA 50, 478; vgl. § 20 III. A. 2. b)
2) vgl. § 20 III. A. 2. a)

II. Anforderungen an eine von der Unternehmungsform unabhängige Gestaltung des Erbschafts- und Schenkungssteuerrechts

Die Gesamtwürdigung in § 18 III. führt zu vier (A-D) Anforderungen an eine unternehmungsformunabhängige Gestaltung des Erbschafts- und Schenkungssteuerrechts. Unter Berücksichtigung ihrer Realisierbarkeit in der Praxis sind in § 22 II. Postulate an den Gesetzgeber abzuleiten.

A. EINHEITLICHE BEMESSUNGSGRUNDLAGE

Eine Gleichstellung der Unternehmungsformen verlangt in erster Linie eine einheitliche Ermittlung der Bemessungsgrundlage. Obwohl in der Praxis für die Bemessung bei beiden Unternehmungsformen auf den Verkehrswert abgestellt wird[1], ergeben sich hier Unterschiede; denn für Beteiligungen an Personenunternehmungen wird dieser i.S. des Substanzwertes der einzelnen übertragenen Wirtschaftsgüter, für Beteiligungsrechte an Kapitalgesellschaften i.S. des Unternehmungswertes verstanden. Zur Behebung dieser ungleichen Behandlung müsste bei Personenunternehmungen neben den substanzgebundenen stillen Reserven auch der künftige, nachhaltig erzielbare Nettoerlös in die Bemessung einbezogen werden, denn dieser bestimmt den Verkehrswert entscheidend mit[2].

---

[1] In der Praxis (Kammertagung 1981, 207) wurde für das GV auch schon die Aargauer Lösung (AG ErbStG 2 I, AG VErbStG 5 II) postuliert, wonach in Anlehnung an die Bewertung für die Einkommenssteuern auch für die Erbschafts- und Schenkungssteuern die Buchwerte des Erblassers bzw. Schenkgebers massgebend sein sollten. Eine solche Lösung würde das GV einseitig bevorzugen, was sich m.E. nicht rechtfertigen lässt. Aber auch bei Gleichstellung von Beteiligungsrechten des PV, d.h. bei Massgeblichkeit von Buchwerten des GV bzw. des Anlagewertes des Rechtsvorgängers als Erbschafts- und Schenkungssteuerwerte, würde gegen BV 4 verstossen; denn bei beiden Unternehmungsformen würde Ungleiches gleich behandelt, indem die geschuldete Steuer unabhängig vom idR unterschiedlichen wirklichen Wert der übertragenen Beteiligung zu bemessen wäre.

[2] gl.M. Böckli, Schweizer Treuhänder 1/86, 3.

B. GLEICHWERTIGE BEWERTUNGSKORREKTUREN

Die volle Berücksichtigung der stillen Reserven durch Zugrundelegung des Unternehmungswertes verlangt aus betriebswirtschaftlicher Sicht eine Bewertungskorrektur für die Bindung der Beteiligung an die Unternehmung[1]. Bei Personenunternehmungen liegt der Grund direkt in der Betriebsgebundenheit bzw. der fehlenden Verwertbarkeit der Vermögenswerte, bei Kapitalgesellschaften in der Minderheitenstellung bzw. in Vinkulierungsbestimmungen.

Einzelne Steuerordnungen tragen der Betriebsgebundenheit des GV durch die privilegierte Bewertung bestimmter Wirtschaftsgüter (Liegenschaften und Hausrat) Rechnung. Eine solche Vorzugsbewertung wurde vorne[2] abgelehnt und verdient auch unter dem Postulat der Vermögensverteilungsgerechtigkeit keine Unterstützung[3]. Dagegen liesse sich für die Betriebsgebundenheit bei Personenunternehmungen eine pauschale Bewertungskorrektur von z.B. 20 % vom Unternehmungswert denken. Damit würde dem Umstand Rechnung getragen, dass Beteiligungen bei Personenunternehmungen gegenüber andern unentgeltlich erworbenen Vermögenswerten schwerer verwertbar sind. Für Beteiligungen bei Kapitalgesellschaften könnten statutarische Vinkulierungsbestimmungen ebenfalls mit einem Bewertungseinschlag von 20 % berücksichtigt werden. Ein zusätzlicher Abzug für Minderheitsbeteiligte (z.B. 15 %) könnte sich insbes. für Beteiligungsrechte nicht kotierter Kapitalgesellschaften aufdrängen, sodass in Anlehnung an die Bewertungskorrekturen nach der "Wegleitung 1977" für die Vermögenssteuer eine pauschale Wertberichtigung von 35 % vertretbar wäre[4].

---

1) vgl. Böckli/Staehelin, 331

2) vgl. § 18 II. B.

3) vgl. ZH Bodenrechtsbericht, 241; dort wird im Hinblick auf eine Konzeption für ein rationaleres Steuersystem für die Erbschafts- und Schenkungssteuern verlangt, "dass sämtliche Vermögenswerte - ohne Ausnahmen - zum Verkehrswert einzuschätzen sind".

4) Zum Problem der Bewertung von Anteilen minderheitsbeteiligter Erben aus der Sicht des Erbrechts vgl. Jean Nicolas Druey, Unternehmer, Unternehmen und Erbrecht, SJZ 74 (1978), 337, insbes. 341.

C. BERUECKSICHTIGUNG LATENTER STEUERN

In der Literatur[1] wird insbesondere für die Erbschafts- und Schenkungssteuern geltend gemacht, dass in vielen Fällen ein scheinbar sauber errechneter Verkehrswert in Wirklichkeit zu hoch sei, weil der Empfänger solcher Vermögenswerte einen Wertzuwachs übernimmt, über den steuerlich noch nicht abgerechnet worden ist; diese latente Steuerlast sei bei der Ermittlung des Verkehrswertes zu berücksichtigen.

Für Personenunternehmungen würde der wirkliche Wert nur durch die Steuerlast auf Stufe der Unternehmung gemindert. Soweit ersichtlich hat die Steuerpraxis dieser aus betriebswirtschaftlicher Sicht berechtigten Forderung bisher nicht Rechnung getragen. Vielmehr wird die Berücksichtigung nicht fälliger Steuern aus rechtlichen Gründen abgelehnt, weil andernfalls gegen das Stichtagsprinzip und damit letztlich gegen die Rechtsgleichheit verstossen würde[2].

Bei Kapitalgesellschaften wird der wirkliche Wert unentgetltlich erworbener Beteiligungsrechte durch eine doppelte latente Steuerlast beeinträchtigt. Erstens wird er durch die latente Steuerlast auf den stillen Reserven der juristischen Person und zweitens durch die latente Steuerlast auf dem Wertzuwachs der Beteiligungsrechte gegenüber dem massgebenden Basiswert (Buch-, Anlage- oder Nennwert) gemindert[3]. Im weiteren ist die latente Steuerlast der zweiten Stufe verschieden, je nachdem, ob die Beteiligungsrechte einer juristischen oder natürlichen Person gehören und im zweiten Fall, ob sie Bestandteil des GV oder PV sind. Im letzten Fall ist diese latente Steuerlast wiederum unterschiedlich, je nachdem, ob überhaupt eine allgemeine Kapital-

---

1) vgl. Böckli/Staehelin, 327 f.
2) vgl. dagegen Knobbe-Keuk, Bilanz- und Unternehmungssteuerrecht, 617
3) vgl. Böckli/Staehelin, 328

gewinnsteuer oder ob eine spezielle Beteiligungsgewinnsteuer erhoben wird[1].

In der schweizerischen Praxis wird, wenn überhaupt, nur der latenten Steuerlast der ersten Stufe Rechnung getragen. Dies trifft zu für Steuerordnungen, welche bei der Bewertung nicht kotierter Wertpapiere die Verkehrswertermittlung der Vermögenssteuer übernehmen. Wie vorne[2] erwähnt, beträgt der Abzug für latente Steuern nach der Wegleitung 1982 20 % vom Verkehrswert[3]. Diese Berücksichtigung der latenten Steuerlast der ersten Stufe für nichtkotierte Wertpapiere schafft jedoch Ungleichheiten gegenüber der Behandlung für kotierte Wertpapiere, soweit dort eine Bewertungskorrektur im Kurswert unterbleibt. Der betriebswirtschaftlich berechtigten Forderung nach Berücksichtigung auch der latenten Steuerlast der zweiten Stufe wird bisher, soweit ersichtlich, nicht Rechnung getragen[4]. Die Vernachlässigung ist neben veranlagungstechnischen Schwierigkeiten mit dem Hinweis auf die rechtsungleiche Behandlung verschiedener Gruppen von Anteilsinhabern zu begründen. Im übrigen würde dieser Abzug gegen das Stichtagsprinzip verstossen.

Wird bei der Festsetzung der kantonalen Erbschafts- und Schenkungssteuern auf den Verkehrswert des GV oder des PV abgestellt, ohne die latenten Steuern zu berücksichtigen, erfolgt die Steuererhebung auf einer unrealistischen Bemessungsbasis, da dieser

---

1) vgl. Böckli/Staehelin, 328

2) vgl. § 9 I. A. 2.

3) Diese Bewertungsänderung wurde durch einen Entscheid des VGr ZH vom 25.5.78 (ZH RB 1978 Nr. 39 = ZBl 80, 232, bestätigt durch das BGr mit Entscheid vom 5.12.78, ZBl 80, 234) eingeleitet. Nachdem auch der Kanton Luzern in einem Entscheid (LGVE 1981 II Nr. 9) und der Kanton Bern in einer amtlichen Verfügung (vom 16.8.81, vgl. bei Helbling, Unternehmungsbewertung, 433 FN 19 a) einen solchen Abzug zugelassen hatten, wurde diese Bewertungskorrektur auch in der "Wegleitung 1982" zur Behebung von Rechtsungleichheiten berücksichtigt (vgl. Jost, ASA 51, 289).

4) In Anlehnung an die latente Steuerlast 1. Stufe wäre als Abzug 50 % des maximalen Steuersatzes des erwerbenden Anteilsinhabers denkbar.

Wert von den Begünstigten nicht realisiert werden kann[1]. Da
die Berücksichtigung latenter Steuern betriebswirtschaftlich
gerechtfertigt ist, muss nach Lösungsmöglichkeiten gesucht werden, um die latenten Steuern auf Stufe des Beteiligten wertmindernd zu berücksichtigen[2].

Bei Beachtung des Bereicherungsprinzips darf nur der wirkliche
Wert der unentgeltlich erworbenen Beteiligung als Bemessungsgrundlage herangezogen werden[3]. Dies verlangt, dass der Verkehrswert um die latenten Einkommens- bzw. Kapitalgewinnsteuern
zu reduzieren ist[4]. Da der Berücksichtigung dieser Forderung
das Stichtagsprinzip entgegensteht, bietet sich als Korrekturmöglichkeit eine Revision der Erbschafts- und Schenkungssteuerveranlagung im Zeitpunkt der entgeltlichen Veräusserung der
Beteiligung an. Eine solche Revision würde jedoch erfordern,
dass die im Zeitpunkt des unentgeltlichen Erwerbs vorhandenen
stillen Reserven in der Unternehmung bzw. auf den Beteiligungsrechten festgestellt werden müssten, denn es sollen nur jene latenten Einkommens- bzw. Kapitalgewinnsteuern von der Bemessung
ausgenommen werden, welche beim Rechtsvorgänger angewachsen
sind.

D. GLEICHE ZAHLUNGSERLEICHTERUNGEN

Da mit dem unentgeltlichen Erwerb von Beteiligungen an Personenunternehmungen bzw. Kapitalgesellschaften idR kein Liquiditätszufluss verbunden ist, mit dem die u.U. erheblichen Erbschafts-
und Schenkungssteuern beglichen werden könnten, ergeben sich
für die Erwerber je nach den Verhältnissen Liquiditätsengpässe,

---

1) vgl. Kammertagung 1981, 207
2) gl.M. Böckli/Staehelin, 328
3) gl.M. Böckli/Staehelin, 328; IFA-Kongress 1979, Resolution 2a)
4) vgl. Böckli, Indirekte Steuern, 346

die eine Verschuldung nötig machen[1]. Die Aufnahme fremder Mittel lässt sich weitgehend vermeiden, wenn für die Bezahlung der Erbschafts- und Schenkungssteuern Zahlungserleichterungen bestehen.

Deshalb verdient eine Resolution des IFA-Kongresses 1979[2] Unterstützung, wonach gegen eine die Fortführung von Familienunternehmungen gefährdende Steuerbelastung durch Zahlungserleichterungen einschliesslich Stundung, Ratenzahlung oder durch sonstige Vorzugsbedingungen Vorsorge getroffen werden sollte. Für die schweizerischen Verhältnisse postulieren die Landesvertreter[3] eine gestaffelte Entrichtung über fünf Jahre ohne Zwischenzins[4]. Denkbar wäre auch eine Stundung der Erbschafts- und Schenkungssteuern[5]. Im Gegensatz zur BRD, wo nur der steuerpflichtige Erwerber einer Personenunternehmung einen Rechtsanspruch auf Stundung hat[6], wäre m.E. ein solcher auch für Erwerber von Beteiligungsrechten bei Kapitalgesellschaften gerechtfertigt.

---

1) vgl. Böckli, Indirekte Steuern, 384; Böckli/Staehelin, 330 f.

2) Resolution 2 c) (bei Böckli/Staehelin, 334).

3) vgl. Böckli/Staehelin, 331

4) In den USA hat der Gesetzgeber 1958 ein Abzahlungsprivileg zur Begleichung der Nachlasssteuern eingeführt und seither wiederholt revidiert sowie mit weiteren Erleichterungen gekoppelt, um die Erhaltung von Farmen und Unternehmen in Familienhand zu fördern (vgl. H. Grünninger, Aenderungen im amerikanischen Steuerrecht betreffend unentgeltliche Vermögensübertragungen, ASA 52 (1983/84), 177, insb. 187 ff.).

5) vgl. Wettstein, 157

6) vgl. § 18 IV.

§ 22 SCHLUSSFOLGERUNGEN UND POSTULATE

I. Behandlung von Mehrwerten aus Beteiligungen an Unternehmungen beim Beteiligten

A. BEHANDLUNG VON MEHRWERTEN AUS BETEILIGUNGEN AN PERSONENGESAMTHEITEN

1. Aufschub der Besteuerung bei Erbteilung

Vorne[1] wurde eine unterschiedliche Behandlung der angewachsenen Mehrwerte bei Erbteilung für Beteiligungen an Personenunternehmungen sowie an Kapitalgesellschaften im PV festgestellt. Das Postulat der Rechtsformneutralität verlangt auch im Unternehmungssteuerrecht eine erfolgsneutrale Behandlung. Dies rechtfertigt sich jedenfalls, wenn der Erblasser das Geschäft durch letztwillige Verfügung einem bestimmten Erben zugewiesen hat und die Erben das Erbschaftsvermögen innert kurzer Frist rückwirkend auf den Todestag entsprechend aufteilen[2]. Nach Cagianut/Höhn[3] liegt diesfalls aus zivilrechtlicher Sicht eine unentgeltliche Uebertragung per Todestag vor, weshalb eine Realisation zu verneinen ist. Da die heutige Praxis dieser Ansicht bisher, soweit ersichtlich, nicht gefolgt ist, muss mit Reich[4] zur Erhaltung mittlerer und kleinerer Personenunternehmen die Aufnahme eines entsprechenden gesetzlichen Steueraufschubtatbestandes gefordert werden[5].

---

1) vgl. § 16 I. A. 3.; § 17 I. A. 3.
2) vgl. Reich, Realisation, 292; Cagianut/Höhn, Unternehmungssteuerrecht, § 14 N 46; In Anlehnung an die rückwirkende Besteuerung der Kapitalgesellschaft bei Umwandlung einer Personengesellschaft liesse sich z.B. eine Frist von 6 Monaten rechtfertigen (vgl. Jakob, 59, insbes. FN 79).
3) vgl. Cagianut/Höhn, Unternehmungssteuerrecht, § 14 N 46
4) vgl. Reich, Realisation, 292 f.
5) Die Gewährung eines Steueraufschubes erleichtert im übrigen sowohl die Erbteilung als auch die Veranlagungsarbeit (vgl. Cagianut/Höhn, Unternehmungssteuerrecht, § 15 N 39).

Bei Steueraufschub übernimmt der als Nachfolger bestimmte Erbe mit den massgebenden Einkommenssteuerwerten des Erblassers auch latente Einkommenssteuern und Sozialabgaben. Er tut deshalb gut daran, diese Tatsache bei der Anrechnung des Geschäfts an seinen Erbteil durch Abzug eines Barwertes (z.B. 25 % der stillen Reserven[1]) vom Verkehrswert zu berücksichtigen[2].

2. Sonderbesteuerung aller Kapitalgewinne im Rahmen der Steuerharmonisierung

Die Harmonisierungsentwürfe schlagen auch für natürliche Personen die Gegenwartsbemessung (Postnumerando-Methode) vor[3]. Danach werden Kapitalgewinne aus der Veräusserung von Beteiligungen an Personenunternehmungen zusammen mit den übrigen Einkünften besteuert, soweit die Steuerpflicht des Uebertragenden nicht im Laufe der Steuerperiode endigt. Soweit jedoch solche ausserordentlichen Einkünfte bei Beendigung der Steuerpflicht nicht oder nicht für eine volle Steuerperiode erfasst worden sind, sehen die Gesetzesentwürfe[4] die Besteuerung mit einer vollen Jahressteuer zum Satz vor, der sich für diese Einkünfte allein ergibt. Die Zusammenrechnung mit dem übrigen Einkommen im ersten Fall ergibt als Folge der progressiven Ausgestaltung der Steuersätze idR eine höhere marginale Belastung der Kapitalgewinne als im zweiten Fall; ausserordentliche Einkünfte weisen somit je nach Realisationszeitpunkt eine unterschiedliche marginale Steuerbelastung auf, was sich unter dem Gleichheitsgebot m.E. nicht rechtfertigt. Dem ausserordentlichen Charakter entsprechend ist

---

1) 1/2 des maximalen Steuersatzes (Einkommenssteuern 40 %, Sozialabgaben 10 %).
2) vgl. auch § 19 I. A. 2.
3) DBGE 52; StHGE 18; diese Regelung ist sachgemäss, denn einzig "die Gegenwartsbemessung steht mit dem verfassungsrechtlichen Fundamentalprinzip der Besteuerung nach der wirtschaftlichen Leistungsfähigkeit völlig in Einklang, nicht aber die Vergangenheitsbemessung" (Zuppinger/Böckli/Locher/Reich, 198).
4) StHGE 20 I, DBGE 53 I.

deshalb für eine Harmonisierungsregelung zu fordern, dass für
diese Kapitalgewinne in jedem Falle eine gesonderte Besteuerung
stattfindet.

Eine getrennte Besteuerung aller Kapitalgewinne, unabhängig von
Zeitpunkt der Realisation, bildet Ausgangspunkt für eine gleichmässige Besteuerung aller Kaufleute. Weiter wäre m.E. sachgerechterweise der wirtschaftlichen Leistungsfähigkeit des Steuerpflichtigen durch einen Besitzdauerabzug auf langfristig angewachsenen Mehrwerten Rechnung zu tragen. Begrüssenswert sind daher kantonale Regelungen, die für solche Gewinne bereits nach geltendem Recht Satzmilderungen vorsehen[1].

B. BEHANDLUNG VON MEHRWERTEN AUS BETEILIGUNGEN AN KAPITALGESELLSCHAFTEN IM GV

1. Aufschub der Besteuerung bei Erbteilung

Mit Blick auf die gleiche Behandlung mit Beteiligungsrechten
des PV in Steuerordnungen mit Kapitalgewinnbesteuerung[2] muss
gefordert werden, dass die heutige Praxis[3], welche die Erbteilung als entgeltliche Uebertragung betrachtet, aufgegeben wird.
Eine steuerneutrale Behandlung ergibt sich nach Cagianut/Höhn[4]
bereits aus der Beachtung der zivilrechtlichen Situation sowie
der Rechtsprechung des BGr zur Behandlung der Erbteilung bei
den Kapitalgewinnsteuern auf PV auch im Unternehmungssteuerrecht.

---

1) vgl. Zuppinger, StR 31, 59; z.B. SO (47/1) lässt nach dem neuen Steuergesetz eine Besteuerung zum Rentensatz zu; in AG (29 II) ermässigt sich der steuerbare Gewinn bei einer Besitzesdauer von mindestens 5 Jahren um 10 % und für jedes weitere Jahr um 2 % mehr, höchstens jedoch um 50 %.
2) vgl. § 16 I. A. 3.
3) vgl. R/Z/S II ZH 19 b N 401
4) vgl. Cagianut/Höhn, Unternehmungssteuerrecht, § 14 N 46

Da jedoch kaum zu erwarten ist, dass die geltende Ordnung dieser auch wirtschaftlich sachgemässen Beurteilung durch analoge Anwendung auf das GV folgt, sollte de lege ferenda ein Steueraufschub gesetzlich verankert werden[1].

Der die Beteiligungsrechte übernehmende Erbe hat diesfalls bei der Anrechnung der Beteiligungsrechte an seinen Erbteil die latenten Einkommenssteuern und Sozialabgaben wertmindernd[2] in Rechnung zu stellen, denn die stillen Reserven sind im Falle einer späteren Veräusserung bei ihm als ausserordentliches Einkommen aus selbständiger Erwerbstätigkeit steuerbar.

2. Sonderbesteuerung der Kapitalgewinne

Schärli[3] schlägt u.a. zur effizienteren Investitionsförderung vor, den "ausgetretenen Weg der Ersatzbeschaffungstheorie" zu verlassen und an seiner Stelle die Kapitalgewinne des GV nach dem französischen Muster[4] zu besteuern: danach werden Gewinne aus der Veräusserung von Gegenständen des Anlagevermögens gesondert erfasst und je nach Haltedauer unterschiedlich belastet[5]. Ein Gesetzesentwurf[6] könnte daher vorsehen, kurzfristige Gewinne (Besitzdauer weniger als 2 Jahre) der Einkommens- bzw. Ertragssteuer zu einem festen Satz von 30 %, langfristige Gewinne (Besitzdauer mindestens 2 Jahre) einem solchen von 5 % zu unterstellen. Im weiteren wären bei der Ermittlung der steu-

---

1) vgl. Reich, Realisation, 293
2) z.B. mit einem Barwert von 25 % der stillen Reserven.
3) vgl. Schärli, 133, 138 f.
4) CGI, Art. 39 duodecies (1)
5) In der Schweiz wurde das Postulat, gelegentliche Geschäftsgewinne mit einer Sondersteuer zu erfassen, soweit ersichtlich, erstmals von Höhn (Kapitalgewinnbesteuerung, 284) im Hinblick auf die Verlustverrechnung vertreten.
6) vgl. Schärli, 138 f.

erbaren Kapitalgewinne alle kurzfristigen Verluste von allen kurzfristigen Gewinnen, alle langfristigen Verluste von allen langfristigen Gewinnen des gleichen Geschäftsjahres abzuziehen. Zudem könnten Verlustüberschüsse aus den vier vorangegangenen Geschäftsjahren mit Kapitalgewinnen des Bemessungsjahres verrechnet werden. Eine Verrechnungsmöglichkeit mit übrigem Einkommen bzw. Ertrag besteht nach diesem Vorschlag nicht.

Obwohl im Rechtsvergleich sowohl dem deutschen[1] als auch dem schweizerischen System[2] sachlich überlegen, halte ich die französische Lösung der Tarifbegünstigung in unseren Verhältnissen als politisch nicht realisierbar[3]. Die Harmonisierungsentwürfe haben diesen Vorschlag denn auch nicht übernommen. Vielmehr sehen die Entwürfe vor, Kapitalgewinne des GV wie bisher mit den übrigen Einkünften natürlicher Personen[4] bzw. dem übrigen Reingewinn juristischer Personen[5] zu besteuern[6]. Mit dieser Beibehaltung der Gesamteinkommenssteuer ist einerseits eine vollständige Verlustverrechnung gewährleistet, anderseits werden aber auch langfristige Kapitalgewinne bei den natürlichen Personen voll von der Progression des Steuersatzes erfasst und "jagen" diese ebenfalls für das übrige Einkommen "in die Höhe". Für Kapitalgesellschaften trifft letzterer Nachteil zum mindesten bei den direkten Bundessteuern nicht zu, da dort ein proportionaler

---

1) Reinvestitionsbegünstigung gemäss § 6 b EStG
2) idR Ersatzbeschaffungstheorie; AG: Reinvestition (AStG 14)
3) gl.M. offensichtlich David, Rezension der Dissertation von Schärli in: ASA 50, 591 f.
4) DBGE 18 II; StHGE 9 I.
5) DBGE 64 I a; StHGE 27 I b.
6) In der Botschaft des Bundesrates wird die Problematik der gesonderten Besteuerung von Kapitalgewinnen des GV nicht einmal aufgeworfen (vgl. Botschaft Steuerharmonisierung, 36); nach Zuppinger (StR 31, 65) ist der Umstand, "dass im Rahmen des Unternehmungssteuerrechts alle Gewinne gleich behandelt werden, ... sowohl aus der Sicht des Steuerpflichtigen wie auch der Administration zu begrüssen".

Tarif vorgeschlagen wird[1].

Als Mittellösung muss unabhängig von der Lösung der Ersatzbeschaffungsproblematik auch hier eine gesonderte Besteuerung aller Kapitalgewinne des geschäftlichen Anlagevermögens gefordert werden; damit würde dem ausserordentlichen Charakter dieser Einkünfte Rechnung getragen. Bei Besteuerung mit einem proportionalen Satz liesse sich die Besitzdauer z.B. durch eine dreistufige[2] gemässigte[3] Satzsenkung berücksichtigen. Bei Besteuerung mit einem progressiven Satz müsste der Besitzdauerabzug entsprechend ausgebaut werden.

Es ist zuzugeben, dass die Ermittlung des Unternehmungsgewinnes auch nach diesem Vorschlag bei den Steuerbehörden zu Mehraufwand und Abgrenzungsschwierigkeiten führen kann[4]. Selbst wenn diese Komplikationen nicht unterschätzt werden dürfen, müssen sie m.E. doch in Kauf genommen werden, wenn es gilt, auf legislatorischer Ebene eine gegenüber dem heutigen Rechtszustand sachlich bessere Lösung zu finden[5][6].

---

1) Die proportionale Besteuerung des Gewinnes der Kapitalgesellschaften (und Genossenschaften) hätte den Vorteil, dass dadurch die geltende Doppelbelastung von Gesellschaft und Anteilsinhaber etwas gemildert werden könnte (vgl. Bericht Kapitalgesellschaften, 35). Als Folge der Einführung einer proportionalen Gewinnsteuer müsste jedoch auf die Kapitalsteuer verzichtet werden (vgl. Zuppinger/Böckli/Locher/Reich, 233).

2) für kurzfristig (innerhalb von zwei Jahren), für mittelfristig (zwischen drei und fünf Jahren) und für langfristig (nach fünf Jahren) realisierte Kapitalgewinne.

3) Steuersatz für kurzfristige Kapitalgewinne 30 %, für mittelfristige 20 % und für langfristige 10 %.

4) Insbesondere sind auch nach dieser Mittellösung komplizierte Vorschriften für die Verlustverrechnung erforderlich (vgl. David, ASA 50, 592).

5) gl.M. Marti, 156; Schärli, 137.

6) Im übrigen ist darauf hinzuweisen, dass die ausserordentlichen Gewinne auch im Falle des Abzugs einer Normaldividende zum Zweck der Milderung der Doppelbelastung zwischen Gesellschaft und Aktionär ermittelt werden müssten; denn die Abzugsfähigkeit soll nur bis 50 % des ordentlichen Jahresergebnisses möglich sein; dies entspricht dem Kerngedanken dieses Vorschlages, der nur eine Begünstigung der Ausschüttungen des laufenden Gewinnes beabsichtigt (vgl. Gutachten Milderung Doppelbelastung, 76 f.).

C. BEHANDLUNG VON KAPITALGEWINNEN AUS BETEILIGUNGEN AN KAPITAL-
GESELLSCHAFTEN IM PV

In der gegenwärtigen politischen Diskussion um die Besteuerung privater Kapitalgewinne hat m.e. bestenfalls die Qualifikation beherrschender Beteiligungen als GV eine Chance, weiterverfolgt zu werden[1]; dieser Möglichkeit kann als Alternative die in § 20 III. A. 2. b) vorgeschlagene generelle Besteuerung eines Kapitalgewinnes aus Liquidation gegenübergestellt werden. Nach einem Vergleich ist ein Postulat an den Gesetzgeber abzuleiten.

1. Bei Qualifikation nur "beherrschender" Beteiligungen als GV

Neben den Problemen der Besteuerung von Kapitalgewinnen aus "beherrschenden" Beteiligungen ist der Vollständigkeit halber auf die Folgen der Steuerfreiheit von Kapitalgewinnen aus "nicht beherrschenden" Beteiligungen hinzuweisen.

a) Probleme der Besteuerung von Kapitalgewinnen aus "beherrschenden" Beteiligungen

Hier können nur die wichtigsten offenen Fragen stichwortartig dargestellt werden.

- Massgebende Beteiligungsquote

Da eine 20 %ige Beteiligung am Grundkapital bzw. an den Stimmrechten bei Familienaktiengesellschaften idR keinen beherrschenden Einfluss auf die Geschäftsführung gewährleistet, muss diese Limite höher angesetzt werden. Als Varianten bieten sich 25 % oder 33 1/3 % an. Letztere Lösung erscheint sachgerechter[2],

---

1) vgl. Zuppinger/Böckli/Locher/Reich, 116
2) Auch Zuppinger/Böckli/Locher/Reich (115) verlangen, dass eine Beteiligung mindestens einen Umfang von 33 1/3 % erreichen muss, um als beherrschend angesehen zu werden; denn wer eine Beteiligung unter dieser Quote als beherrschend ansieht, verlässt nach Ansicht dieser Autoren das dogmatische Konzept der Geschäftsvermögenstheorie.

wenn verhindert werden soll, dass die Qualifikation als GV die gleiche Wirkung hat wie die Beteiligungsgewinnsteuer; die Beteiligungsgewinnsteuer wird nämlich nach zwei oder drei Generationen zu einer allgemeinen Kapitalgewinnsteuer[1]. Wie bei jeder willkürlich getroffenen Abgrenzung der massgebenden Beteiligungsquoten bleibt die Frage der Verfassungsmässigkeit dieser Unterscheidung offen[2]. Die Problematik der Festsetzung einer Beteiligungsquote für die Qualifikation als "beherrschende" (GV) bzw. "nicht beherrschende" Beteiligung (PV) wird verstärkt durch die Tatsache, dass auch für die laufenden Einkünfte eine unterschiedliche Belastung eintritt, denn die "beherrschenden" Beteiligten haben als selbständig erwerbende Steuerpflichtige auf den Kapitalerträgen neben den Einkommenssteuern die Sozialabgaben zu entrichten[3].

- <u>Getrennte Besteuerung "beherrschender" Beteiligungsgewinne</u>
Soll der Nachteil der Progressionswirkung als Folge der Zusammenrechnung mit dem übrigen Einkommen vermieden werden, muss die getrennte Besteuerung und u.U. die Anwendung eines Sondertarifs vorgesehen werden[4]. Eine befriedigende Lösung verlangt im weiteren eine umfassende Verrechnungsmöglichkeit für Verluste auf "beherrschenden" Beteiligungen sowie die Gewährung eines Besitzdauerabzuges.

- <u>Aufschub der Besteuerung bei "Privatentnahme"</u>
Wird eine "beherrschende" Beteiligung (GV) durch Erbgang oder Schenkung in mehrere "nicht beherrschende" Beteiligungen (PV) aufgeteilt, tritt nach dieser Theorie eine "Privatentnahme" ein,

---

1) vgl. Staehelin, Schweizer Treuhänder 6/84, 200

2) gl.M. Hensel, 89; sie entscheidet sich regelmässig daran, ob die Sicherung der Doppelbelastung für die "beherrschenden" Anteilsinhaber gegenüber der fehlenden Notwendigkeit dieser Massnahme für die "nicht beherrschenden" Anteilsinhaber sich mit sachlichen Gründen rechtfertigen lässt (vgl. David, 112 f.).

3) vgl. § 20 III. B. 2.

4) vgl. Zuppinger/Böckli/Locher/Reich, 116

bei der die Erwerber über die Mehrwerte abzurechnen haben. Die in diesem Falle einsetzende Besteuerung kann zu Liquiditätsproblemen führen[1]. Die Harmonisierungsentwürfe[2] überlassen deshalb den Erwerbern die Wahl, die Besteuerung aufzuschieben und sich bei einer späteren Veräusserung den anteiligen Erwerbspreis des Rechtsvorgängers anrechnen zu lassen oder die steuerliche Abrechnung zu verlangen. Auf der einen Seite ist David[3] zuzustimmen, der in der Möglichkeit der Wahl des Abrechnungszeitpunktes den grossen Nachteil erblickt, dass das Realisationsprinzip nicht gewahrt bleibt; denn es ist ungewiss, ob der im Zeitpunkt der steueraufschiebenden Veräusserung vorhandene Mehrwert überhaupt einmal realisiert werden kann. Anderseits hat die steuerliche Abrechnung den Vorteil, dass sich der Erwerber von der latenten Steuerlast befreien kann[4].

Insbesondere die Probleme bei der Bestimmung der massgebenden Beteiligungsquote mögen dafür verantwortlich sein, dass diese Variante zur Beteiligungsgewinnsteuer bereits im Vorstadium der parlamentarischen Beratungen auf erheblichen Widerstand stiess[5].

b) Folgen der Steuerfreiheit von Kapitalgewinnen aus "nicht beherrschenden" Beteiligungen

Auch nach der Geschäftsvermögenstheorie bleiben "nicht beherrschende" Beteiligungsgewinne steuerfrei. Somit führen die Vertragsparteien die Preisverhandlungen stets mit Blick auf das Nennwertprinzip, das für solche Beteiligungen vorbehältlich einer Neudefinition des "Vermögensertragsartikels" angewendet wird.

---

1) vgl. § 20 II. B. 2.
2) DBGE 43 II; StHGE 13 VII.
3) vgl. David, 176
4) vgl. Botschaft Steuerharmonisierung, 180
5) Die vorberatende ständerätliche Kommission hatte dem Ständerat empfohlen, die Behandlung "beherrschender" oder "wesentlicher" Beteiligungen an Kapitalgesellschaften als GV zu verwerfen (Auskunft Dr. J. Binder v. 29.11.85).

Soll ein Feilschen um die Verteilung der Ausschüttungssteuerlast vermieden werden, muss auch hier im Hinblick auf die steuerneutrale Rückzahlung von Aufgeldern der Begriff der "Rückzahlung bestehender Kapitalanteile" durch "Rückzahlung einbezahlter Kapitalanteile" ersetzt werden; damit erübrigt sich ebenfalls die Besteuerung der Gratisaktien bei ihrer Ausgabe[1].

2. Bei der Besteuerung eines "Kapitalgewinnes aus Liquidation"

Vorne[2] wurde erwogen, die Kapitalgewinne auf beweglichem PV steuerfrei zu lassen, jedoch die Differenz zwischen Anlagewert und höherem Liquidationsergebnis beim austretenden Anteilsinhaber (in Abweichung von der Qualifikation des Liquidationsüberschusses bei der Gesellschaft) als "Kapitalgewinn aus Liquidation" ("KaL") zu besteuern. Damit könnte anlässlich der Liquidation der Gesellschaft beim Beteiligten auf das Nennwertprinzip verzichtet werden[3]. Mit dieser Alternative sind jedoch Probleme verbunden, die hier kurz aufzugreifen sind. Der Vollständigkeit halber ist auf die sachgerechte Behandlung der Kapitalgewinne aus Uebertragung hinzuweisen.

a) Probleme der Besteuerung dieses Kapitalgewinnes

Lösungen sind insbesondere bezüglich der Ausgestaltung der Besteuerung und der Veranlagung zu suchen.

- Gesonderte Besteuerung des "Kapitalgewinnes aus Liquidation"
Ihrem ausserordentlichen Charakter entsprechend sind "Kapitalgewinne aus Liquidation" getrennt vom übrigen Einkommen nach dem Tarif der Einkommenssteuer oder einem Sondertarif zu erfas-

---

1) vgl. Zuppinger/Böckli/Locher/Reich, 117

2) § 20 III. A. 2.b)

3) Dagegen betrachten offenbar Zuppinger/Böckli/Locher/Reich das Nennwertprinzip als adequates Mittel, um dem Akkumulationsfall "wenigstens bei der Liquidation des Unternehmens die "Spitze" zu brechen" (120).

sen. Das Prinzip der Besteuerung nach der wirtschaftlichen Leistungsfähigkeit verlangt, dass Kapitalverluste aus der Liquidation von Kapitalgesellschaften zum mindesten von Kapitalgewinnen aus Liquidation innerhalb der Bemessungsperiode in Abzug gebracht werden können[1]. Analog dem Vorschlag von Schärli für das GV[2] lässt sich auch eine Verlustverrechnung mit Kapitalgewinnen früherer Jahre vertreten. Dagegen scheint eine Verrechnung überschiessender Verluste mit dem übrigen Einkommen nicht gerechtfertigt[3]. Im weiteren ist langfristig angewachsenen Mehrwerten durch Gewährung eines Besitzdauerabzuges Rechnung zu tragen.

- Veranlagungsprobleme

Die bisherige Geltung des Nennwertprinzips sowohl bei den Verrechnungs- als auch bei den Einkommenssteuern verursacht keine veranlagungstechnischen Probleme. Weichen Qualifikation des Steuersubstrates bei der Gesellschaft (Bemessungsgrundlage für die Verrechnungssteuern) und Bemessungsgrundlage für die Einkommenssteuern voneinander ab, müssen Koordinationsprobleme überwunden werden[4]. Der zu ihrer Lösung erforderliche administrative Mehr-

---

1) Diese Lösung ist jedenfalls dem Vorschlag von Gurtner vorzuziehen, der Liquidationserlöse, die den Nennwert nicht erreichen, als negatives Einkommen aus beweglichem Vermögen qualifizieren will, sodass Liquidationsüberschüsse und Liquidationsverluste gleichermassen berücksichtigt werden (vgl. Gurtner, Schweizer Treuhänder 10/84, 344). Nach dem Vorschlag von Gurtner würde einerseits weiterhin fiktives Einkommen besteuert, anderseits zumindest dann ein fiktiver Verlust berücksichtigt, wenn der Anlagewert unter dem Nennwert liegt. Ziel einer sachgerechten Lösung muss jedoch m.E. sein, nur effektive Vermögenszu- bzw.-abgänge zu berücksichtigen.

2) vgl. vorne B. 2.

3) Eine solche Verlustverrechnung bis zu Fr. 10'000 sah der vom Souverän am 22.9.85 verworfene BB über die Innovationsrisikogarantie (IRG) zugunsten von kleinen und mittleren Unternehmen für die direkte Bundessteuer vor (Art. 13). Eine solche Abzugsfähigkeit ist m.E. auch aus ordnungspolitischen sowie steuerlichen Gründen (Besteuerung nach der wirtschaftlichen Leistungsfähigkeit) höchst fragwürdig, denn damit würde nur ein Teil der Privataktionäre begünstigt (gl.M. Gurtner, Schweizer Treuhänder 10/84, 344).

4) Die ungleiche Bemessung führt zu Problemen im Zusammenhang mit den Verrechnungssteuern; bei entsprechender Konstellation kann die unterschiedliche Bemessung des Steuersubstrates bei der Gesellschaft sowie beim Empfänger des Liquidationsergebnisses zu einem Rückforderungsanspruch des Steuerpflichtigen führen. Beispiel: Der austretende Anteilsinhaber (Verkehrswert der Beteiligungsrechte 200, Anlagewert 150, Nominalwert 100)

aufwand lässt sich mit dem Hinweis auf die angestrebte sachgerechte Besteuerung der Anteilsinhaber rechtfertigen.

Hinsichtlich der Feststellung der Gewinnerzielung bietet die Veranlagung der "Kapitalgewinne aus Liquidation" keine Schwierigkeiten, da die Beteiligungsrechte im Wertschriftenverzeichnis aufzuführen sind und ein Verkauf dort als solcher zu bezeichnen ist. Bei der Liquidation der Kapitalgesellschaft dürfte die Sicherungsfunktion der Verrechnungssteuer dazu beitragen, dass der erzielte "Kapitalgewinn" ordnungsgemäss deklariert wird.

b) Steuerfreiheit von Kapitalgewinnen aus Uebertragung unter dem Vorbehalt der Steuerumgehung

Der anlässlich des Verkaufs an einen Dritten oder an einen Mitbeteiligten bzw. an eine von diesem beherrschte Gesellschaft realisierte Wertzuwachs bleibt nach diesem Vorschlag unter dem Vorbehalt der Steuerumgehung steuerfrei[1]. Für die Subsumtion solcher Tatbestände in Anwendung einer "wirtschaftlichen Betrachtungsweise" unter BdBSt 21 I c bzw. eine dieser entsprechenden kantonalen Bestimmung bleibt kein Raum. Die Steuerumgehung bildet auch die einzige Grenze der Steuerfreiheit bei der Veräusserung von Beteiligungsrechten an die emittierende Gesellschaft bzw. an deren Tochtergesellschaft. Dasselbe muss gelten für die Uebertragung von Beteiligungsrechten "kurz" nach der Umwandlung

---

verfügt über kein zusätzliches steuerpflichtiges Einkommen. Die kapitalherabsetzende Gesellschaft hat auf dem Liquidationsüberschuss von 100 die Verrechnungssteuer abzuliefern (35). Beträgt der Steuersatz beim Anteilsinhaber für die Staats- und Gemeinde- sowie die direkte Bundessteuer z.B. 20 %, schuldet der Steuerpflichtige Einkommenssteuern von 10 (20 % von 50). Sein Rückforderungsanspruch (ohne Berücksichtigung übriger Einkommens- und Vermögenssteuern) würde 25 betragen.

1) Zuppinger/Böckli/Locher/Reich (120) schlagen neben der Geltung des Nennwertprinzips vor, den Akkumulationsfall durch Erhöhung des Ausschüttungsanreizes - beispielsweise durch Abzug einer "Normaldividende" bei der Ermittlung des Unternehmensgewinnes - zu relativieren.

einer Personenunternehmung in eine Kapitalgesellschaft[1] sowie beim Mantelhandel. Auch der bei der Einbringung von Beteiligungsrechten des PV in eine Gesellschaft realisierte Kapitalgewinn bleibt nach diesem Vorschlag unter dem Vorbehalt des Rechtsmissbrauchs steuerfrei. Es ist allerdings einzuräumen, dass mit der steuerlichen Erfassung des Systemwechselfalls die heutige m.E. gesetzwidrige und daher höchst unbefriedigende Situation behoben werden könnte.

3. Postulat: Besteuerung eines "Kapitalgewinnes aus Liquidation"

Geht man davon aus, dass sich eine allgemeine Besteuerung privater Kapitalgewinne auch künftig nicht realisieren lässt, und misst man die erwogenen Lösungen am Prinzip der Rechtsgleichheit sowie der wirtschaftlichen Leistungsfähigkeit, ist der Besteuerung allein eines "Kapitalgewinnes aus Liquidation" der Vorzug einzuräumen. Diese Alternative zu den heute diskutierten Lösungen der Besteuerung privater Kapitalgewinne ermöglicht bei der Liquidation für alle Beteiligten das Nennwertprinzip auszuschalten[2]; das bedeutet, dass beim Kauf von Beteiligungsrechten auf die Geltendmachung einer Kaufpreisminderung verzichtet werden kann, da die Uebernahme einer latenten Steuerlast entfällt. Schliesslich scheinen die mit der steuerlichen Erfassung verbundenen technischen Probleme lösbar.

Im einzelnen liegt ein entscheidender Vorteil der steuerlichen Erfassung eines "Kapitalgewinnes aus Liquidation" in der Gewährleistung einer sachgerechten Behandlung des Akkumulationsfalles[3]. Dagegen vermag dieser Vorschlag zur Lösung des Transponierungs-

---

[1] Zuppinger/Böckli/Locher/Reich (120) betrachten den Umstrukturierungsfall mit der Einführung des Schaffhauser-Modells (vgl. Reich, StR 33, 500 ff.) als weitgehend gelöst.

[2] Dagegen gilt das Nennwertprinzip vorbehältlich einer Gesetzesänderung weiter bei Reserveausschüttungen.

[3] Die Beibehaltung des Nennwertprinzips zur Entschärfung des Akkumulationsfalles (Vorschlag Zuppinger/Böckli/Locher/Reich, 120) erscheint dagegen sachwidrig.

sachverhalte (Systemwechselfälle) nur dann etwas beizutragen, wenn die Praxis für die Berechnung des Steuersubstrates auf den Nennwert (statt wie bisher auf den Anlagewert) abstellt. Entscheidet man sich grundsätzlich für eine Besteuerung des "Systemwechselfalls" (Einbringung von Beteiligungsrechten vom PV in das GV), muss anstelle der systemwidrigen bisherigen Praxis des BGr eine klare gesetzliche Grundlage gefordert werden[1].

Wird als Kapitalgewinn aus Liquidation die Differenz zwischen Anlagewert und Liquidationserlös besteuert, lässt sich das ganze Liquidationsergebnis[2] aus Gratisaktien unter Berufung auf die entsprechende Gesetzesvorschrift erfassen, soweit der Empfänger die Gratisaktien bis zur Liquidation der Gesellschaft behält. Veräussert er dagegen diese Beteiligungsrechte, steht der Besteuerung im Umfang des Anlagewertes die Gesetzesvorschrift selbst im Wege. Eine sachgerechte Behandlung der Gratisaktien lässt sich in diesen überwiegenden Fällen nur durch eine Neudefinition des Begriffs der bestehenden Kapitalanteile i.S. des einbezahlten Kapitals erreichen[3].

Als Nachteil ist zu werten, dass die vorgeschlagene Lösung zu neuen Formen der Steuerumgehung einladen kann. So wird z.B. der Anteilsinhaber kurz vor der Liquidation der Kapitalgesellschaft versuchen, die Beteiligungsrechte zu veräussern, um einen steuerfreien Kapitalgewinn zu realisieren; dem Erwerber seinerseits erwächst aus dem Kauf kein Nachteil, da er für die Besteuerung bzw. Verlustverrechnung des Liquidationsergebnisses den Erwerbspreis als massgebenden Anlagewert geltend machen kann. Solche Rechtsmissbräuche sind unter Berufung auf Steuerumgehung zu bekämpfen.

---

1) gl.M. Locher, Rechtsfindung, 220; Zuppinger/Böckli/Locher/Reich, 118, 120.
2) vgl. § 21 I. B. 2. sowie unten b.
3) Verkauft der Empfänger die Gratisaktien vor der Liquidation der Kapitalgesellschaft, übernimmt der Erwerber auf dem Nominalwert der Gratisaktien eine latente Steuerlast. Die Geltendmachung eines Kaufpreiseinschlages wird erleichtert, indem man die Papiere bei ihrer Ausgabe besonders gekennzeichnet hat (vgl. Würth, 118).

II. Postulate für die Erbschafts- und Schenkungssteuern

In der Praxis dürften insbesondere Bemessungsprobleme die Verwirklichung der oben[1] aufgezeigten Anforderungen an eine rechtsformunabhängige Gestaltung des Erbschafts- und Schenkungssteuerrechts erschweren. So ist kaum damit zu rechnen, dass sich bei Personenunternehmungen die Einbeziehung des erwarteten zukünftigen Nutzens in die Bemessungsgrundlage durchführen lässt. Dagegen steht der Berücksichtigung von Bewertungskorrekturen für die fehlende Verwertbarkeit (bei Personenunternehmungen) bzw. die Vinkulierung sowie die Minderheitenstellung der Erwerber (bei Kapitalgesellschaften) nichts entgegen. Obwohl auch der Abzug latenter Steuern sachlich gerechtfertigt erscheint, dürften der Verwirklichung dieses Postulates vor allem veranlagungstechnische Schwierigkeiten entgegenstehen.

Im Gegensatz zu den Fragen der Bemessung bietet die gesetzliche Anordnung von Zahlungserleichterungen[2] keine Probleme. Diesem Postulat kommt daher m.E. die grösste Bedeutung zu. Dabei kann dem Gesetzgeber überlassen bleiben, ob er die Liquiditätsprobleme des Erwerbers durch Gewährung von Ratenzahlungen oder durch die Möglichkeit einer Stundung der Erbschafts- und Schenkungssteuern entschärfen will.

Gesamthaft betrachtet lässt sich indessen feststellen, dass nach dem heutigen Recht nicht die Erbschafts- und Schenkungssteuern den entscheidenden Beitrag zu einer gleichmässigen Behandlung der Unternehmungsformen zu leisten vermögen[3]. Diese Aufgabe fällt vielmehr den direkten Steuern zu.

---

1) § 21 II. A.- C.

2) § 21 II. D.

3) In diesem Sinne schliesst Feldmann (Erbgang, 6), dass diese Steuern normalerweise weder ausschlaggebende Argumente pro oder contra die Umwandlung einer Personenunternehmung in eine Kapitalgesellschaft liefern.